신학총론

세계기독교고전 39

신학총론

최·종·판

LOCI COMMUNES

필립 멜란히톤

이승구 옮김

크리스챤 다이제스트

Loci communes 1555

세계 기독교 고전 전집을 발행하면서

한국에 기독교가 전해진 지 벌써 100년이 되었습니다. 그동안 수많은 기독교 서적들이 간행되어 한국의 교회와 성도들에게 많은 공헌을 해왔습니다. 그러나 기독교 역사 100년을 넘어선 우리의 교회와 성도들에게 보다 큰 영적 성숙과 진실한 신앙을 심어주기 위해서는 가치있는 기독교 서적들이 더 많이 나와야 한다고 생각합니다. 그리하여 영혼의 양식이 될 수 있는 훌륭한 기독교서적들이 모든 성도들의 가정뿐만 아니라 믿지 않는 일반 가정에도 흘러 넘쳐야만 합니다.

성도들은 신앙의 성장과 영적 유익을 위해서 끊임없이 좋은 신앙서적들을 읽고 명상해야 하며 친구와 이웃 사람들의 구원을 위하여 신앙 서적 선물하기를 즐기고 읽도록 권해야 할 것입니다. 이것은 하나님의 백성으로서 살기 원하는 사람이면 누구나 마땅히 해야 할 의무라고도 하겠습니다.

존 웨슬리는 "성도들이 책을 읽지 않는다면 은총의 사업은 한 세대도 못 가서 사라져 버릴 것이다. 책을 읽는 그리스도인만이 진리를 아는 그리스도인이다"라고 말했습니다. 우리는 이제 한국에서 최초로 세계의 기독교 고전들을 망라하여 한국의 교회와 성도들에게 소개하고자 합니다. 전세계의 기독교 고전은 모든 기독교인들에게 영원한 보물이며 신앙의 성숙과 영혼의 구원을 위하여 이 보다 더 귀한 것은 없을 것입니다.

이러한 취지로 어언 2천여년의 세월이 지나는 동안 세계 각국에서 쓰여진 가장 뛰어난 신앙의 글과 영속적 가치가 있는 위대한 신앙의 글만을 모아서 **세계 기독교 고전 전집**으로 편찬하고자 합니다.

우리는 이 **세계 기독교 고전 전집**을 알차고, 품위 있고, 저렴하게 제작하여 오늘날 한국의 교회와 성도들에게 제공하고 후손들에게도 물려줄 기획을 하고 있습니다. 우리는 다시 한번 다니엘 웹스터가 한 말을 깊이 생각해 보아야 할 것입니다.

> "만약 신앙 서적들이 우리 나라의 대중들에게 광범위하게 유포되지 않고, 사람들이 신앙적으로 되지 않는다면, 우리 나라가 어떤 나라가 될지 걱정스럽다. ……만약 진리가 확산되지 않는다면 오류가 지배할 것이요, 하나님과 그의 말씀이 전파되고 인정받지 못한다면, 마귀와 그의 궤계가 우세를 점할 것이요, 복음의 서적들이 모든 집에 들어가지 못한다면, 타락하고 음란한 서적들이 거기에 있을 것이요, 우리 나라에서 복음의 능력이 나타나지 못한다면, 혼란과 무질서와 부패와 어둠이 끝없이 지배할 것이다."

독자 여러분의 성원과 지도 편달을 바라마지 않습니다.

크리스챤 다이제스트사
발행인 박 명곤

차례

영역자 서문 ··· 9
한스 엥겔란트의 서론 ··· 39
필립 멜란히톤의 헌정사 ··· 64
필립 멜란히톤의 서문 ··· 67

제 1 장　하나님에 대하여 ··· 77
제 2 장　삼위에 대하여 ·· 88
제 3 장　하나님께서 모든 다른 것들을 창조하셨음에 대하여 ······· 128
제 4 장　죄의 기원에 대하여 ···································· 136
제 5 장　인간의 능력과 자유 의지에 대하여 ············· 146
제 6 장　원죄에 대하여 ·· 174
제 7 장　하나님의 율법에 대하여 ····························· 194
제 8 장　계명과 권고의 구별에 대하여 ····················· 263
제 9 장　복음에 대하여 ·· 278
제10장　사람이 어떻게 하나님 앞에서 죄 용서를 받고,
　　　　의롭다 함을 얻는가? ······························· 291
제11장　"믿음"이라는 말에 대하여 ·························· 303
제12장　"은혜"라는 말에 대하여 ···························· 306
제13장　"칭의"라는 말과 "칭의 받음"이란 말에 대하여 ············· 308
제14장　선행에 대하여 ·· 329
제15장　영원한 예정과 유기에 대하여 ····················· 346

제16장 구약과 신약의 차이에 대하여 ·· 354
제17장 기독교인의 자유에 대하여 ·· 359
제18장 문자와 영에 대하여 ··· 368
제19장 성례에 대하여 ·· 370
제20장 세례에 대하여 ·· 376
제21장 유아 세례에 대하여 ··· 380
제22장 주의 만찬에 대하여 ··· 393
제23장 의식들, 성례들, 그리고 희생 제사들의 구별 ···························· 402
제24장 고해와 사죄에 대하여 ··· 413
제25장 성령을 훼방하는 죄에 대하여 ··· 418
제26장 죄 고백에 대하여 ·· 430
제27장 만족에 대하여 ·· 435
제28장 교회의 권세, 또는 열쇠의 권한에 대하여 ································· 448
제29장 교회에 대하여 ·· 465
제30장 그리스도의 왕국에 대하여 ·· 477
제31장 죽은 자들의 부활에 대하여 ··· 486
제32장 환난과 십자가를 짊에 대하여 ··· 495
제33장 기도에 대하여 ·· 509
제34장 교회 안에 있는 인간들의 규례에 대하여 ·································· 523
제35장 '실족케하는' 범과에 대하여 ·· 539
제36장 세속 권위에 대하여 ··· 548

역자 후기 ··· 581

약어표

CR Philip Melanchthon, *Corpus Reformatorum, Philippi Melanchthonis opera, quae supersunt omnia*, C. G. Bretschneider and H. E. Bindsell, eds. (Halis Saxonium, 1834-60), I-XXVⅢ.

ZKG. *Zeitschrift für Kirchengeschichte*, Th. Brieger et al, eds. (Gotha, 1877ff.). IV.

영역자 서문

역사적 고찰

1. 서문: 멜란히톤의 수수께끼

필립 멜란히톤(Philip Melanchthon, 1497-1560)은 400년 이상이나 연구자들을 당혹하게 하는 수수께끼를 제기한다고 할 수 있다. 한편으로 그는 개신교 종교개혁의 최초의 조직 신학자로, 고대 로마 시대 이후로 최초의 공식적 학교 제도의 수립자로, 개신교 대학들에서 뿐만 아니라 가톨릭에서도 교육을 장려함을 통한 독일의 교사로서 많은 칭찬을 받는다. 그는 루터(Martin Luther)에 의해서 이제까지 살았던 최대의 신학자로 높임을 받았고, 그의 『신학총론』(*Loci*)은 성경 다음에 오는 것으로 여겨졌다. 그는 개신교의 기본적 신조인 『아우그스부르크 신앙고백서』(*The Augsburg Confession*)를 작성했고, 또한 신학적으로 예리한 『아우그스부르크 신앙고백서에 대한 변증』(*Apology of the Augsburg Confession*)에서 이 고백서를 변호하였는 바, 이 두 문서는 장차 루터파 사상을 상징하게 된다. 그는 28년 동안 루터의 굳건한 동료요 친구였고, 논쟁 등을 수습하고 열매있는 에큐메니컬적 관계를 수립하려는 노력에서 그는 그 당시의 거의 모든 중요한 종교 회담(colloquy of religion)에 참여했었다.

그러나 또 한편으로는 그가 칭송받은 바로 그 노력 때문에 그는 인문주의자로, 합리주의자로, 신인협력주의자로, 반역자로 비난받기도 했었다. 그의 학교 개편 작업, 고전 교양의 증진, 교과서들, 또한 그의 지도 아래서 훈련받은 수백여 명의 교사들을 통해서, 그는 복음주의 학교 제도에 '오직 믿음으로만 말미암는 칭의' 라는 종교적 원리와 갈등하는 이성의 원리들을 도입시켰다고들 한다. 또한 그는 1530년에 아우그스부르크에서 가톨릭 대표단과의 절충으로써 복음주의적 특색을 약화시켰다고 비난받기도 한다. 그리고 아우그스부르크 고백서의 후기판들을 변화시킴으로써 신학적으로 파괴적이라고 나타나기도 했다. 초기의 『신학총론』(*Loci*)과 후기의 『신학총론』의 차이들은 그와 동시대에 있던 이들과 후기 연구자들로 하여금 멜란히톤이 루터에 의해서 수립된 복음주의적 토대에서 벗어났다고 말하게끔 하였다.

또한 그가 인간의 의지란 돌이 아니고, 적어도 회심(conversion)에서 말씀과 성령에 의해 주어지는 바를 받아들여야만 한다고 설명하려 했을 때, 그는 (구원론에 있어서) 신인협력주의자라는 명칭을 얻게 되었다. 불안과 염려에도 불구하고 믿음으로 말미암는 칭의는 말하나, 많은 가톨릭 제의들을 아디아포라(adiaphora)의 문제로, 즉 비본질적인 요소들로 허용하는 라이프치히 가신조 협정(the Leipzig Interim)을 받아들였을 때, 그는 (가톨릭의) 협력자로 비방받았다. 이런 칭찬과 비난 모두 근거 없는 것은 아니기에, 이 수수께끼는 쉽게 풀릴 수 있는 것이 아니다. 멜란히톤은 그의 생전에 인정된 "독일의 교사"(precepter of Germany)였고,[1] 신학자·성경 주석가·복음주의적 주장의 적극적 옹호자로서의 그의 작업이 높이 평가된 것은 바른 일이나,[2] 그에 대한 비난 역시 역사적 근거를 가진 것이고, 그런 비난은 16세기부터 20세기까지 계속해서 나타난 것이다. 이와 같은

---

1) Cf. Karl Hartfelder, *Philipp Melanchthon als Praeceptor Germaniae* (Berlin, 1899); Friedrich Paulsen, *The German Universities*, E. D. Perry, tr. (New York, 1895). 1528년의 장학규칙(the *Unterricht der Visitatoren of 1528*)은 많은 독일 공립학교의 모델이 되었고, 멜란히톤은 12개의 최고의 대학들을 창설하거나 재건하였다. Cf. *CR* 26:7-28, 49-96: 그리고 Clyde L. Manschreck, *Melanchthon: The Quiet Reformer* (New York, 1958), 제10장-11장.

2) 그의 작품을 보려면 *Corpus Reformatorum*을 보라. 또한 연도 별로 그의 작품을 열거한 것을 위해서는 K. Hartfelder, *Melanchthon*, 579-620을 보라.

상이한 평가들은 다음과 같은 요인들에 기인한 것이라고 할 수 있다: (1) 멜란히톤의 평생에 걸친 인문주의적 관심, (2) 그가 신학의 논쟁적인 몇몇 쟁점에서 그의 사상을 바꾸었으며, 점차 루터로부터 떨어져 나가는 것처럼 보였다는 사실, 그리고 (3) 개신교가 군사적으로 패한 것과, 그에 대한 복음주의 지도자들의 반동.

2. 수수께끼의 원인 (1):인문주의적 교육과 성향

멜란히톤이 1518년 비텐베르크(Wittenberg)에 오기 전에도 그는 그 시대에 가장 유망한 인문주의 학자들 중의 하나로 인정되었었다. 그는 인문주의 전통에서 몇몇 작품을 썼었고,[3] 에라스무스로부터 격찬을 받기도 했다.[4] 그의 큰 아버지 요한 로이힐린 (Johann Reuchlin)은 그의 재능을 아주 일찍부터 인정하여, 그의 이름을 '검은 땅'이란 뜻의 '슈바르체르트'(Schwartzerd)로부터 당시 인문주의자들의 관습을 따라 이에 상당하는 희랍어인 '멜란히톤'으로 바꾸는 일을 주도하였다.[5] 또한 멜란히톤을 비텐베르크 대학교의 희랍어 교수로 추천한 이도 독일의 주도적 인문주의 학자들 중의 한 사람인 이 로이힐린(Reuchlin)이었던 것이다.[6] 멜란히톤의 강한 인문주의적 정향(定向, orientation)은 부인할 수 없으니, 이는 그의 공식 교육에 근거한 것이기 때문이다.

포르츠하임에서 온 요한 웅거(John Unger from Pforzheim)가[7] 라틴어 문법을 가르쳤고, 그 뒤엔 포르츠하임 라틴어 학교(the Pforzheim

---

3) Cf. *CR* 1:1, 9, 14, 15, 18, 24, 46; 11:1; 17:1123, 1145; 18:124; 19:655; 20:3

4) *CR* 1:cxlvi, Carl Schmidt, *Philipp Melanchthon* (Elberfeld, 1861), 29.

5) Cf. *CR* 10:469; 20:765:1: cxxxi, 9: 2:520, 542, 558: 3:210f. G. Töpke, *Die Matrikel der Universität Heidelberg* (Heidelberg, 1844), I, 472.

6) Cf. *CR* 1:27-34.

7) Cf. *CR* 4:715: 25:448f.: 28(*Annales Vitae*), 2: S. Bierordt, *D. John Unger, Melanchthonis praeceptore* (Karlsruhe, 1844): Schmidt, *Melanchthon*, 3: J. W. Richard, *Philip Melanchthon* (New York, 1898), 7.

Latin School)에서 지믈러(George Simler)가[8] 라틴어를 깊이 가르치고, 개인적으로 희랍어를 가르쳤었다. 멜란히톤이 1509년 하이델베르크 대학에 들어갔을 때, 그는 나이든 교수들의 사랑을 받았고,[9] 특히 수사학 (rhetoric) 분야에서 그에게 큰 영향을 미친 루돌프 아그리콜라 (Rudolph Agricola, 1445-1485)의 저작들의 영향을 받았다.[10] 그는 하이델베르크에서 2년만 공부한 뒤인 1511년 6월 11일에 학사(B. A.) 학위를 받았으나, 석사(M. A.) 학위 청구는 너무 젊다는 이유로 기각되었다.[11] 그의 성난 심정은 이해할 만하다.

그런 상태에서 그는 1512년에 튀빙겐 (Tübingen)대학교로 옮겨서 아리스토텔레스, 윌리엄 오브 오캄, 요한 베쎌(Johann Wessel), 베르길리우스, 키케로, 테렌스(Terence), 리비(Livy), 헤시오드(Hesiod)와 성경을 공부하고 "새로운 학문"에 자신을 침잠시켰다.[12] 1514년 1월 25일에 그가 원하던 석사(M. A.) 학위를 수여받고서, 사강사(Privatdocent)로서 고전 (classics)에 대한 강의를 하기 시작했으며, 1518년에 『희랍어 기초』 (*Rudiments of the Greek Language*)를 저술하고, 테렌스(Terence), 플루타르크(Plutarch), 피타고라스(Pythagoras), 그리고 리시다스(Lycidas) 등의 작품을 번역하기 시작하였다.[13]

멜란히톤의 성공적인 가르침과 출판 활동은 튀빙겐에서 다른 교수들의

8) *CR* 4:715; 10:259; 11:100; cf. L. Geiger, *Johann Reuchlin* (Leipzig, 1891), 79; J. G. F. Pflüger, *Geschichte der Staat Pforzheim* (Pforzheim, 1862), 292.

9) K. Harkfelder, *Melanchthon*, 23. Cf. CR 4:715.

10) Cf. *CR* 4:716, 720; 11:280, 396, 439-42; Leonard Cox, *The arte or Crafte of Rhetoryke*, F. I. Carpenter, ed. (Chicago, 1899); ZKG, IV, 327, n. 7.

11) *CR* l:cxlvi; 10:260.

12) *CR* 1:15, 87f, 321, 1083; 4:718, 720f.; 10:192, 259f.; 11:332; 19:271f.; 24:309; Joachim Camerarii, *De Vita Melanchthonis Narratio*, G. T. Strobel, ed. (Halle, 1777), 15f.; *Farrago rerum, theolog.*, Wesselo autore (Wittenberg, 1521)의 서문.

13) Cf. CR 1:cxlvii, 9ff., 13f., 15, 24; 10:260, 297; 11:1, 14; 17:1123, 1137; 18:124; 19:655; 20:3. 멜란히톤이 교정자였던 안스헬름(Anshelm)출판사에서 나온

견제를 불러일으켰고, 다른 대학들과 에라스무스나 뉘른베르크의 빌리발트 필크하이머(Willibald Pirkheimer of Nürnberg) 같은 인문주의 지도자들의 주목을 얻게 되었다.[14] 잉골스타트(Ingolstadt)와 라이프치히(Leipzig) 대학교가 각기 그를 교수로 초빙하려 하였으나,[15] 그는 로이힐린(Reuchlin)의 추천으로 바로 그 전 해에 마르틴 루터가 성(城) 교회(the Catstle Church) 문에 95개조를 붙였던 비텐베르크 대학교의 청빙을 받아들이게 된다. 1518년 8월 29일, 그가 비텐베르크에 도착한지 나흘 후에 그는 "젊은이들의 교육의 증진에 대하여"(*De corrigendis adolescentiae studiis*)라는 취임 강연을 하였다.[16] 이 강연에서 그는 고전어, 히브리어, 희랍어, 라틴어에 대한 교육의 쇠퇴를 한탄하면서, 고전 문학과 기독교의 원천의 회복과 기독교적 경건으로 돌아갈 것을 요청하였다. 그는 호머와 디도서에 대한 강연을 공고했으니, 이는 그가 고전 철학과 성경 연구를 통한 도덕성의 개혁을 기대했음을 나타내 주는 것이다.

루터는 모험하기를 두려워하지 않는 이 불붙는 심령을 가진 사람을 열정적으로 환영하였다. 14세 연상인 루터의 영향 아래서 신학에 대한 멜란히톤의 관심이 불붙기 시작했다.[17] 그는 루터의 희랍어 공부를 도왔고, 1519년 6월 27일부터 7월 8일 사이에 열렸던 라이프치히 논쟁(the Leipzig Disputation)에서 적극적인 역할을 하였으며, 루터가 시작한 개신교 투쟁의 전선에 있는 자신을 발견하게 되었다.[18] 신학에 대한 그의 관

많은 인문주의적 출판들을 보려면 K. Steiff, *Der Erste Buchdruck in Tübingen* (Tübingen, 1881); 그리고 Richard, *Melanchthon*, 22.

14) 위의 각주 4를 보라. 또한 CR 1:cxlvi, 22f., 27f., 347; 그리고 C. F. Ledderhose, *Philip Melanchthon* (Philadelphia, 1855), 267를 보라.

15) *CR* 1:cxlviii, 42; 10:260f.; Camerarius, *De Vita Melanchthonis*, 26.

16) *CR* 11:15-25.

17) *CR* 10:302; Hartfelder, *Melanchthon*, 63; *Dr. Martin Luthers Briefwechsel*, E. L. Enders and G. Kawerau, eds. (Stuttgart and Leipzig, 1884ff.), 1:220ff., 226f., 2:280ff.; *Martin Luthers Briefe*, Wilhelm Martin Leberecht de Wette, ed. (Berlin, 1825-28), 1:143, 196, 380.

심은 그로 하여금 신학사(B. D.) 학위를 위해 공부하도록 하였고, 그 결과 1519년 비텐베르크 대학교에서 신학사 학위를 수여받게 되었는 바,[19] 이를 위해 준비한 논문에서 그는 화체설(transubstantiation)을 거부하고 믿음으로 말미암는 칭의와 성경의 권위를 옹호하였다.[20] 1521년에 그가 처음으로 『신학 총론』(*Loci*)를 썼을 때,[21] 그의 입장은 루터의 입장과 같은 것이었다. 특히 인간이 자애(自愛)의 시궁창에 빠져 있다고 본 것이나, 너무나도 죄악에 차 있어서 외식 이외엔 그 어떤 것도 할 수 없다고 본 점에 있어서 그러하였다. 그것이 그리스도에 의해서 극복되지 않는 한(限) 칭의에 관한 한 이 자애가 자유 의지를 막는다고 그는 선언하였다.

그러나 이때에도, 어떤 학자들에 의하면, 멜란히톤의 인문주의적 관점은 숨어 있었다고 한다.[22] 루터가 바르트부르크(Wartburg)에 붙잡혀 있고, 비텐베르크의 급진파들이 옛 종교적 형태를 파괴하려는 우상 파괴적 폭력을 사용하던 때인 1521~22년 동안의 비텐베르크의 혼란기에, 멜란히톤은 모든 사람을 규제하는 일정한 윤리적 요구를 법과 자연, 그리고 이성에서 찾을 필요성을 보았다고 많은 연구가들은 주장한다. 그런 것이 인간 이성의 자연적 빛에 내재해 있다고 그는 보았다.[23]

이로써 그는 그리스도에 대한 믿음으로 말미암는 성경적 칭의와 구별되는 철학적 윤리와 사람의 법의 자리를 만든 것이다. 그러나 멜란히톤은 그

---

18) Cf. Manschreck, *Melanchthon*, 제3장.

19) Cf. *Martin Luthers Briefe*, 1:341, 380; *Martin Luthers Briefwechsel*, 280ff.; *CR* 1:cxlix; Richard, *Melanchthon*, 59.

20) Ibid.; *CR* 1:137-46

21) *CR* 21, 22; *Loci communes von 1521*, Hans Engelland, ed. (Gütersloh, 1952), Ⅱ, 1, *Melanchthons Werke*, Robert Stupperich, ed.; *Loci Communes*, C. L. Hill, tr. (Boston, 1944).

22) Cf. Adolf Sperl, *Melanchthon zwischen Humanismus und Reformation* (München, 1959); W. H. Neuser, *Der Ansatz der Theologie Philipp Melanchthon* (Neukirckeu Kr. Moers, 1957).

23) Cf. Engelland (ed.). *Loci 1521.* 위의 각주 21 참조.

런 윤리적 법을 지킨다고 해서 사람이 하나님 앞에서 칭의 받을 수 있다고 시사한 일은 한 번도 없다. 그는 칭의란 오직 그리스도 때문에 믿음을 통해서만 오는 것이고, 인간의 어떤 공적에 의지하는 것이 아님을 강하게 여러 번 말했던 것이다. 그는 단지 인간의 합리성과 공동 생활이 그러한 외적인 규제를 필요로 한다고 느꼈다.[24] 이것이 루터의 사상과 좀 다르다고 해도 루터는 결코 이에 반대하지 않았다.

루터는 그의『기독교인의 자유』에서, 기독교인, 즉 믿음에 의해서만 칭의 받은 사람은 그리스도 안에서 하나님께서 해 주신 것에 대한 기쁨과 감사를 표현하기 위해 선행을 한다고 선언하였다. 그런 구속받은, 또는 칭의받은 사람은 율법을 필요로 하지 않는다. 그의 심령은 성령으로 가득차 있으므로, 자발적으로 사랑에 따라서 행동하는 것이다.[25] 바울은 이것을 사랑으로 역사하는 믿음이라고 불렀다(갈 5:6). 루터는 칭의된, 구속된 사랑과 관련해서 이런 행위를 말하였다. 멜란히톤은 여기에 전적으로 동의할 수 있었다. 그런데 그는 또한 구속받지 못한 이들을 위한 외적 규제에 대해서도 관심이 있었던 것이다. 교육과 도덕성에 대한 그의 관심은 그로 하여금 복음주의적 개혁의 통찰을 파괴하는 일에가 아니라, 회개하지 않는 자들에게 적용되는 규제와 치리의 근거를 수립하기 위해 인문주의의 도구를 사용하도록 하였다. 멜란히톤에게는 구속받지 않은 사람을 위한 외적이고 규제된 행위의 근거로서의 자연적 빛은 내적인 용서와 그리스도인들의 신앙에는 아무런 의미가 없다. 그는 믿음으로 말미암는 칭의를 왜곡하기 위해 인문주의적 원리를 사용한 것이 아니다.[26]

그가 유럽의 주도적 인문주의자들이었던 에라스무스와 로이힐린(Reuchlin)과 관계를 끊고서,[27] 20여년 동안 루터 곁에 있었다는 것은 의

---

24) Ibid.: cf. Lauri Haikola, "Melanchthons und Luthers Lehre von der Rechtfertigung," in *Luther and Melanchthon*, Vilmos Vajta, ed. (Philadelphia, 1961); Hill (tr.), *Loci*, 50-65, 71-76, 81-120, 154ff., 166ff., 170-77, 202-7.

25) *Works of Martin Luther*, II, W. A. Lambert, tr. (Philadelphia, 1943).

26) 위의 각주 24를 보라.

미심장한 일이다. 이 사실을 인정하면서 루터는 멜란히톤이 교양 과목(the liberal arts)을 포함하는 식으로 교과 과정을 폭넓혔을 때에 그것에 대해 반대하지 않았던 것이다. 또한 그가 신학부와 인문학부 모두의 교수였다는 것은 그의 폭넓은 관심의 표현이라고 할 수 있다.[28]

3. 수수께끼의 원인 (2):루터와의 차이

A. 율법의 제 3 용법에 대한 강조

1555년의 『신학총론』(*Loci*)에서 멜란히톤은 구속받은 사람이 십계명을 지켜야 하니, 이는 하나님의 뜻에 대한 외적인 표명이기 때문이라고 하였다. 구속받은 이는 하나님의 뜻에 순종하기를 원하고, 하나님의 뜻과 일치하기를 원하리라고 한다. 이는 칭의의 공적을 쌓기 위한 것이 아니고, 십계명에 따르는 것이 하나님의 표현된 뜻이기 때문에 내주하시는 성령 때문에 그리한다고 했다.[29] 구속받지 않은 사람들 역시 적어도 외면적으로라도 십계명에 따라야 하니, 그것은 타락이 아니었더라면 사람의 자연적 빛에 분명히 나타났을 하나님의 신적인 자연법의 구체적 표현이기 때문이다. 구속받지 않은 사람이 온전히 (특별히 첫 계명은) 내면적으로나, 외면적으로도 지킬 수 없으나, 합리성 즉 자연의 빛은 그에게 외적인 순종이 인간의 사회 생활에 의해 요구된다고 말해 준다는 것이다.[30] 고대 철학자들은 이

---

27) 멜란히톤은 1524-25년에 있었던 루터와 에라스무스 사이의 자유 의지에 관한 논쟁의 결과로 에라스무스와 절연하였다. 로이힐린은 1519년 잉골스타트 대학교 교수가 되면서 멜란히톤과 절연하였는 바, 이곳은 라이프지히 논쟁에서 루터의 적수였던 존 에크(John Eck)가 주도하던 곳이었다. 로이힐린은 조카에게 자신과 합류할 것을 간청했으나 멜란히톤이 거절하였고, 로이힐린은 자신이 이단과 연관되었다고 할까봐 1521년에 서신 교환도 중단하였다. 로이힐린의 진귀한 도서들은 결국 포르츠하임(Pforzheim)의 수도사들에게 주어졌다(그가 증인들 앞에서 멜란히톤에게 물려 주기를 원한다고 서원했음에도 불구하고 말이다). Cf. *CR* 1:149f., 362, 646.

28) 할일이 너무 많고, 너무 많이 일해야 하고, 봉급은 적고 어학을 가르치는 일이 아주 중요함을 인식하고서 멜란히톤은 신학부에서 가르치는 것을 주저하기도 했다. 더구나 그가 1520년 11월 25일 캐더린 크랩(Katherine Krapp)과 혼인하여, 점증하는 가족의 부양을 담당해야 했었다. Cf. Manschreck, *Melanchthon*, 제7장.

것을 분명히 인식하고서, 이에 대해서 뛰어난 글들을 썼다고 멜란히톤은 말하였다. 멜란히톤의 인문주의는 르네상스의 정신 안에 있는 것이었지만, 그것의 중심은 자충족적인 사람이 아니라, 오직 믿음의 중요성이다.[31] 루터는 이 시기 동안의 멜란히톤의 활동에 아주 깊은 감명을 받아서 고린도서에 대한 멜란히톤의 강의를 출판하였고, 창세기·마태복음·요한복음에 대해서는 자신의 주(annotations)를 붙여서 그리하겠다고 위협하였고, 또 그리했던 것이다.[32]

B. 예정에 대하여

멜란히톤 역시도 비텐베르크에 있던 이 초기에 루터에 의해 깊은 영향을 받았고, 심지어 사로잡히기까지 했다고 할 수 있다. 그러나 그렇다고 그의 사상이 고정된 것은 아니었다. 1524년과 1525년에 에라스무스와 루터 사이에 있었던 자유 의지에 관한 논쟁은 멜란히톤으로 하여금 이 논의에서 사람의 의지의 위치를 다시 점검하도록 하였다. 예정의 함의에 관한 멜란히톤의 의심은 1527년에 낸『골로새서 주석』에 나타났고, 루터의 관심을 불러일으켰다.[33] 1521년『신학총론』(*Loci*)에서는 하나님께서는 신적 예정의 신비를 통해서 모든 것을 통제하신다고 주장하였으나, 사람이 하나님의 신비에 대해 너무 호기심을 가져서는 안 된다는 이유에서 이에 대한 논의는 하지 않았다. 1527년 이후와 그가『신학총론』의 최종판을 쓸 때〔1555년〕에는 "하나님께서는 어떤 강력한 취하심으로 당신을 취하실 것이니, 원하든 원하지 않든 믿어야만 한다"는 개념을 거부하였다.[34]

---

29) Cf. 제5항-8항, 14항.

30) Ibid.; 또한 색인에서 "본성의 빛"(자연의 빛) 항목을 찾아 보라.

31) Cf. Haus Engelland의 서론, pp. xxv-xlii.

32) Cf. Richard, *Melanchthon*, 104f.; *Martin Luthers Briefe*, 2:238; *CR* 14:1043.

33) Cf. F. Galle, *Versuch einer Charakteristik Melanchthons als Theologen, und einer Entwickelung seines Lehrbegriffs* (Halle, 1840), 274; *CR* 1:893; 2:457.

34) *CR* 24:43.

그는 아우그스부르크 신앙고백에 예정에 관한 조항을 넣지 않았으니, 이는 그것을 설명하려는 시도가 더 혼동을 일으키지 않도록 하려는 의도에서였다.[35] 두 가지 점이 멜란히톤의 마음에 걸렸던 것이다. 첫째로, 그는 "스토아주의적 운명론"이나 결정론을 받아들일 수 없었다. 그것은 하나님이 자연의 인과적 법칙에 붙잡혀 있음을 의미하기 때문이다. 그것은 이적들, 기도 등을 부인하는 것이 된다. 그는 성경 가운데서 결정론을 찾을 수 없었다. 또한 그는 하나님이 인간의 죄에 대해 책임이 있다는 결정론에 내재해 있는 관념을 허용할 수 없었다. 둘째로, 미리 결정된 선택은 모든 사람의 구원에 대한 성경의 메시지를 깎아내는 것으로 보여졌다. 또한 하나님께서 주도하신 칭의는 사람이 그저 돌과 같은 취급을 받는 것이 된다고 여겼다. 그는 하나님의 약속을 받아들일 책임이 사람에게 있고, 하나님은 마치 사람이 무생물인 것처럼 구원을 사람에게 강요하지 않는다고 느꼈다.[36]

만일 자비를 베푸시겠다는 하나님의 약속들이 보편적이라면, 즉 모든 사람에게 주어진 것이라면, 어떤 이들은 구원받고, 어떤 이들은 구원받지 못하는 이유가 어떤 방식으로든 사람에게 있어야만 하는 것이 된다.[37] 이것이 '오직 믿음'(*sola fides*)과 모순된다는 이유에서 사람이 이를 잘 이해할 수 없을까봐, 멜란히톤은 그의 *Catechesis Puerilis* (1532)에서 하나님의 말씀은 모든 이에게 속한다는 약속을 강조함으로써 이를 해결하려고 한다.[38] 멜란히톤은 그의 『로마서 주석』(1532)에서, 칭의에는 "넓혀진 약속을 그가 거부하지 않았다는 수납자 편에 어떤 원인이 있는 것이다"고

---

35) *CR* 2:546.

36) Cf. 제4항, 5항, 9항, 15항(이런 우려가 멜란히톤으로 하여금 하나님의 예정을 유보하도록 하는 결과를 낸 것이다. 그러나 이런 생각의 궁극적 결과가 무엇인지를 더 깊이 생각해야 할 것이다 — 역주).

37) *CR* 15:678ff. (이런 점이 후기 루터파와 알미니안주의가 가까울 수 있는 근거라고 할 수 있다 — 역주).

38) *CR* 23:179(가능한 일일까? — 역주).

주장했다. 멜란히톤은 사람의 개별성과 책임을 평가해 보려고 하였지, 사람이 칭의의 주체라고 주장하는 것은 아니었다.[39] 사람이 말씀을 선포하고, 사람에게 회개하라고 요구하는 것은 듣는 자가 무엇인가를 한다는 것을 함의한다는 것이다.

멜란히톤은 예정이나 선택이 종교적 경험에 반대되고, 사람의 윤리적 책임을 무시하는 것이라고 느꼈다. 이것이 멜란히톤으로 하여금 그의 유명한 "동시발생적 원인"(*causa concurrens*)을 말하도록 한 것이다: 성령과 말씀이 회심(conversion)에서 먼저 역사하나, 사람의 의지가 전혀 비활동적인 것은 아니라는 것이다. 사람은 그저 동상과 같은 것은 아니므로 하나님이 이끄시나, 스스로 원하는 자를 하나님이 이끄신다는 것이다.[40] 사람은 하나님이 없애버리지 아니하는 진정한 자유와 책임을 가진다는 것이다. 구원은 선물로 주어지는 것이니, 강요되면 선물일 수 없다고 한다.

멜란히톤은 이런 입장을 1535년 『신학총론』에서 표현하면서, 자신들이 무엇을 하든지 그들은 선택되었으므로(또는 선택되지 않았으므로) 도덕적으로 살 필요가 없다고 생각하고 행하는 이들을 호되게 꾸짖었다. 그는 사울과 다윗을 지적하면서 "사울이 버림을 받고, 다윗은 받아들여진 이유가 다 사람에게 있다"고 말한다.[41]

멜란히톤은 신적인 예지와 인간의 의지를 조화시킬 수는 없으면서도, 어떤 이들은 구원되었고, 어떤 이들은 정죄되었다고 무정하게 말하게 되는 하나님 안에 있는 은밀한 작정을 받아들일 수 없었다.[42] 그래서 그는 자비에 대한 하나님의 말씀만을 의지하기로 선택한 것이다.[43] 1558년에 그는 "스토아적 필연성은 분명한 거짓말이고, 하나님을 비난하는 것"이며, "외적

---

39) Cf. Galle, *Charakteristik Melanchthons als Theologen*, 291f.

40) *CR* 21:271-74, 330: 1:637(문제는 궁극적 주체가 누구냐에 달린 것이 된다. 인간이 궁극적 주체인 것으로 제시되면 항상 문제가 제기됨에 유의하라 — 역주).

41) *CR* 21: *Lutheran Church Review*, XXVIII(1909), 325f.

42) *CR* 5:109, 칼빈에게 보낸 편지(1554).

43) *CR* 22:417: 24:478: 25:438(여기에 그의 일면적 강조가 있다고 볼 수 있다

인 도덕성에서 의지는 간음을 하고, 도적질하도록 강요되는 것이 아니며," 회심(conversion)에서 사람이 하나님과 신인협력주의적인 협동자는 아니나, 하나님이 은혜를 받도록 강요하는 것도 아니라고 선언하였다.[44] 그와 반대로 말하는 것은 "하나님의 말씀에 반(反)하는 것이며, 모든 규례에 해가 되는 것이며, 하나님께 대한 신성모독이다"고 한다.[45]

이와 비슷한 사상이 1544-45년의 『신학총론』에도 나타났는 바, 이는 루터도 알았던 것인데 반론을 제기하지 않았다.[46] 그의 『영혼론』(De Anima, 1540)에서 멜란히톤은 사람의 의지는 도덕적 투쟁에서 비활동적이지 않다고 주장했다.[47] 그 이후로 다른 이들이 신인협동설(synergism)이라고 명명한 것(즉, 회심을 이룸에 있어서 사람이 하나님과 협동한다는 사상)은 공적적인 행위의 의와는 거리가 멀다는 것이다. 그것은 성경적 요구와 복음적 경험에 대한 멜란히톤적인 해결이었다. 1555년의 『신학총론』에서는 이런 관점들을 좀더 드러내고 있다.

C. 멜란히톤의 성찬론

인문주의적 성향과 칼빈주의에로 좀더 가까이 가려는 시도가 성찬에 관한 멜란히톤의 입장 변경의 이유라고 비난받은 일이 있다.[48] 이것은 특히 1540년에 멜란히톤이 아우그스부르크 고백서에 가한 변경에서 잘 나타난

— 역주).

44) *Lutheran Quarterly*, XXV(1905), 303-45: *CR* 9:766ff.(이 세 가지 진술 중에서 처음 두 가지는 예정론과 관련이 없는 것이고(예정론은 스토아적 필연성을 말하는 것이 아니고, 예정이 인간의 의지에 어떤 강요를 하는 것도 아니므로), 마지막 진술은 옳은 것이나, 그러나 하나님이 은혜를 주시면 사람은 반드시 그 은혜 안에 있게 된 다른 점을 또한 생각해야 할 것이다 — 역주).

45) *CR* 9:766.

46) *CR* 3:380: *Lutheran Quarterly*, XLVI (April, 1916), 184-88: J. W. Richard, *Confessional History of the Lutheran Church* (Philadelphia, 1909), 467f.(이런 점에 루터 사상의 모호성이 있다. 후기에는 예정론에 대한 신념을 버렸는가? — 역주).

47) *CR* 12:481: *Lutheran Quarterly*, XXXV (April, 1905), 303f.

48) Cf. Peter Fraenkel, "Ten Questions Concerning Melanchthon, the Fathers

다. 이렇게 변경된 고백서는 『변이문』(*Variata*)이라고 알려지게 되었다. 아우그스부르크에서 황제 카를 5세에게 주어진 공식적 라틴어본은 후에 스페인의 필립에 의해서 파기되었고, 독일어본은 제국 재판소(imperial chancery)에서 사라졌다. 그래서 멜란히톤은 자신이 가지고 있었던 사본과 기록으로부터 『원문』(*Invariata*)으로 불리는 아우그스부르크 고백서의 초판을 출판하였다. 비록 이 고백서가 공식적인 문서였지만, 멜란히톤은 때때로 그 내용을 더 정확히 하고, 그 표현을 가다듬는 일을 하였다.

1530년의 아우그스부르크 고백서 제10항은 다음과 같은 것이었다: "주의 만찬에 대하여, 그들은 그리스도의 몸과 피가 참으로 현존하시고, 주의 만찬에 참여하는 이들에게 분배된다고 가르치며, 다르게 가르치는 이들을 허용하지 않는다." 그러나 1540년의 『변이문』(*Variata*)의 제10항은 다음과 같다: "주의 만찬에 대하여 그들은 떡과 포도주와 함께 그리스도의 몸과 피가 주의 만찬에 참여하는 이들에게 참으로 제공되어진다." "분배된다"(distributed)란 표현이 "제공되어진다"(tendered)로 바뀌었음과 허용하지 않는 것에 대한 언급이 생략되었음을 주목하라.[49]

이때에 독일의 루터파는 칼빈에게 좀 가까이 가서, 주의 만찬에 대한 칼빈주의적 해석을 허용하려고 하는 분위기를 가지고 있었다. 왜냐하면 멜란히톤 자신이 루터에 의해서 주장된, 물리적으로 "분배될 수 있는", "이것은 나의 몸이다"는 생각에서 떠나서 "참된 영적 임재"(real, spiritual presence)를 믿게 되었기 때문이다. 멜란히톤이 화체설(transubstantiation)을 완전히 거부한 것은 1519년이었다. 그리고 1544년에는 비텐베르크에서 떡을 높이 드는 것을 금했다.[50] 합리주의적 인문주의가 이 변화

---

and the Eucharist," in *Luther and Melanchthon*, Vajta (ed.): S. S. Schmucker, *American Lutheranism Vindicated* (Baltimore, 1856): M. Reu, *Augsburg Confession* (Chicago, 1930).

49) Cf. H. Heppe, *Die Bekenntnisschriften der altprotestantischen Kirche Deutschlands* (Cassel, 1855), 340ff.; H. E. Jacobs, ed., *The Book of Concord* (Philadelphia, 1882-93).

에 작용한 것은 사실이다. 즉, 그는 초대 기독교의 문서를 찾아 보았던 것이다. 1544년에 멜란히톤은 꼭 필요한 경우라면 비텐베르크를 떠날 준비까지 하고 있었다. 그는 이 문제로 10년 이상 투쟁을 하였다.[51] 그럼에도 불구하고, 긴장이 궁극적 결렬로 나아가지는 않았다.[52]

1529년 마르부르크 회담(the Marburg Colloquy)의 주의 만찬에 대한 논의에서 멜란히톤은 츠빙글리와, 루터는 오이콜람파디우스(Oecolampadius)와 같이 하여 서로 의견을 달리하기로 합의를 보았다.[53] 그 후에 성찬에 대한 멜란히톤의 생각은 점차 변경되었으니, 이는 주로 1530년에 오이콜람파디우스(Oecolampadius)와 나눈 대화 때문이었다고 할 수 있다. 이 대화는 (그리스도의 몸의) 물리적 임재에 대한 그의 확신을 뒤흔들었으니,[54] 이는 오이콜람파디우스가 (그리스도의 몸의) 물리적 임재설이 유행하기 전, 4세기 동안 초대 교회는 성찬에 대한 신비적이고 상징적 견해를 가지고 있었다고 밝혀 주었기 때문이다. 츠빙글리와 오이콜람파디우스 사후엔 1531년 부처(Bucer)는 츠빙글리파와 루터파의 연합을 제안하였다. 그것이 성취되지는 못했지만,[55] 멜란히톤은 루터가 믿는 바 (그리스도 몸의) 물리적 임재에 대한 강한 의심을 기르고 있었다고 할 수 있다.[56] 멜란히톤에게는 (성찬에서의 그리스도의 몸의) 임재가 신앙에 대한 신비가 되었다.[57] 1533년에 부처(Bucer)는 멜란히톤에게 몇 가지 교회 일치적 약속을 주장하는 『연합을 위한 준비』(In Preparation for Union)라는 소책자를 보냈다. 그러나 멜란히톤은 낙관적이지 않았으니,[58] 그는 (1534년

50) ZKG, XXXII, 292f,: CR 7:877-89.

51) CR 3:537.

52) CR 5:474: Dr. Martin Luthers sämmtliche Werke (Erlaugen, 1826ff.), 32:29f.

53) CR 1:1048, 1065, 1098: 23:727.

54) CR 2:217, 822, 824.

55) CR 2:470, 498, 787.

56) Cf. Schmidt, Melanchthon, 318f.

57) CR 2:620, 뮌스터의 로트만(Rothmann)에게 보낸 편지(1532년 12월 24일자).

카셀[Cassel]에 있던) 부처에게 루터의 견해는 "그리스도의 몸이 성찬에
서 실재적으로 먹히며, 그의 몸이 실제로 씹혀지고 먹혀진다"는 것임을 제
시해야만 했기 때문이다.[59] 그럼에도 불구하고 부처와 멜란히톤은 그리스
도의 몸은 떡과 포도주와 함께 주어지고 받아지나, 그 본질이 연합함 없이
성례전적으로 연합하는 것이라고 합의하였다.[60] (즉, 그리스도의 몸의 본질
과 떡의 본질이 연합되는 것이 아니라, 그것이 성례전적으로 연합되어져서
신앙으로 떡과 포도주를 받을 때 그리스도의 몸과 피가 영적으로 주어지
고, 받아진다고 의견의 일치를 본 것이다—보역).

멜란히톤은 확신하기를 루터와 자신의 초기 견해는 초대 교회 교부들의
견해와 반대되는 것임을 확신하게 되었다.[61] 그래서 1535년의 『신학총론』
에서 그는 그리스도와의 내적이고 영적인 교제가 성찬의 본질적인 측면이
라는 견해를 제시하고 있다.[62] 이것이 1536년의 비텐베르크 협약(the
Wittenberg Concord)을 인도하였으니, 여기서 스위스 개혁자들과 독일의
개혁자들은 (성찬에서는) "단지 떡과 포도주만이 아니라, 그리스도의 참된
몸과 피가 주어지고 받아들여진다"는 것과[63] 성례전적 연합이 일어난다는
것, 그리고 "떡이 제시될 때, 그리스도의 몸이 동시에 임재하시고, 참으로
제공된다"는 것에 합의하였다.[64] 그러나 멜란히톤은 이런 말의 동의가 오
래갈까를 의심하였다. 그리고 그가 성례전주의자(sacramentarian)라는 헛
소문이 나돌았다.[65]

1538년에 멜란히톤은 성례전적 임재가 있고, 그리스도께서 참으로 임재
하시고 유효하시다면, 성례전적 연합은 불과 철의 연합과 같다고 주장하였

---

58) *CR* 2:675, 776: Schmidt, *Melanchthon*, 318f.

59) Richard, *Melanchthon*, 251; Schmidt, *Melanchthon*, 319; *Martin Luthers Briefe*,
4:569.

60) *CR* 2:807f.

61) *CR* 2:824.

62) Cf. Schmidt, *Melanchthon*, 371.

63) Cf. H. Eells, *Martin Bucer* (New Haven, 1931), 201: J. Köstlin and G.
Kawerau, *Martin Luther* (Leipzig, 1903), 349.

다.[66] 1543년에 멜란히톤은 성례전적 연합은 성찬이 끝날 때까지만 지속되고, 성찬이 끝나면 빵과 포도주는 다시 단순한 빵과 포도주이니 그런 것으로 다루어질 수 있다고 주장했다.[67] 루터가 1544년에 『광신자들에 대항한 성례에 대한 짧은 고백』(*A Short Confession on the Holy Sacrament, Against the Fanatics*)을 썼을 때, 멜란히톤이 공격을 받으리라고 예상되었다.[68] 그러나 루터는 "나는 필립에 대해서는 추호의 의심도 없다"고 말하였다.[69] 그럼에도 불구하고 선제후는 루터로 하여금 멜란히톤을 공격하지 말도록 미리 주의를 주었다.[70] 1544년의 긴장에도 불구하고 멜란히톤의 성찬관을 드러내고 있는 1544-45년판의 『신학총론』(*Loci*)을 루터는 아낌없이 추천하고 높이 샀다.[71] 1546년 2월 18일 루터가 죽은 후에는 성찬에 (그리스도께서) 육체적으로 임재하신다는 견해를 멜란히톤은 우상 숭배로 여겼다.[72]

4. 수수께끼의 원인 (3):루터파의 군사적 패배와 그 결과

A. 루터파의 패배와 라이프치히 가신조 협정

작센의 모리츠 공(Duke Maurice of Saxony)에게 배반당한 개신교 부대는 1547년 4월 24일에 뮐베르크(Mühlberg)에서 카를 5세의 제국 군대에 의해서 격파되었다. 그리하여 작센의 선제후와 헤세의 영주가 모두 감옥에 갇히게 되었다. 이때 멜란히톤과 그의 가족은 젤브스트(Zerbst)로 피하였고, 그는 가톨릭이 강력하게 수립되어서 개신교를 뿌리째 뽑아버릴

64) Jacobs (ed.), *Book of Concord*, II, 284ff.: *CR* 3:75ff.
65) *CR* 2:837: 3:81, 180: Camerarius, *De Vita Melanchthonis*, 163.
66) *CR* 3:514.
67) ZKG, XXXII (1911), 292f.: *CR* 7:877-88.
68) *CR* 5:474: *Luthers Werke*, 32:39f.
69) *Martin Luthers Briefe*, 5:645, 697.
70) *CR* 5:746.
71) *Lutheran Quarterly*, XXXVI (April, 1916), 68.
72) 1555년판 『신학총론』에 나타난 견해를 보려면 제 **XIX, XXII, XXIII**장들을 살

까봐 상당히 두려워하였다.[73] 그러나 비텐베르크의 모든 작업이 계속되기를 원한다는 작센 공 모리츠(Duke Maurice of Saxony)의 주장으로,[74] 멜란히톤은 개신교를 할 수 있는 한 보존하려는 마음으로 되돌아왔다.[75] 이때 다른 루터파 교수들은 예나(Jena)로 가서 새로운 대학교를 시작하였다.

카를 5세가 1548년 5월 15일 아우그스부르크 가신조 협정(the Augsburg Interim)으로 작센에 가톨릭을 강압적으로 강요하려고 했을 때, 그것이 감독 제도와 7성례, 교황의 성경 해석, 화체설, 공로적 선행, 성자들을 부르는 것과 같은 것들을 요구한다는 점 때문에 멜란히톤은 그것을 받아들이기를 거부하였다.[76] 그러나 굉장한 협상 끝에 멜란히톤은 첼레(Celle)에서 군주들에 의해서 받아들여진 별로 애호할 수 없는 가신조 협정이 작센에도 강요될 것임을 확신하게 되었다.[77] 그래서 멜란히톤은 아주 결사적으로 그 문서의 일정한 부분을 다시 써서, 믿음으로 말미암는 칭의가 보존되도록, 미사가 공식적 희생 제사가 된다는 개념이 생략되도록, 그리고 교회 안에 성경이 유지되어서 "교회가 성경에 어긋나는 것을 명령하지 않도록 또 할 수 없도록" 하였다. 그러나 주교 제도는 받아들여졌고, 견신례, 종부 성사는 유지되고, 고해 제도 중 자신의 죄를 일일이 나열하는 것은 없어도 그 기본적인 통회, 고백, 용서의 선언은 유지되도록 되었고, 성직자들이 혼인할 수 있으며, 종을 사용하는 것, 독특한 옷과 같은 것 등이 비본질적인 것(adiaphora)으로 유지되었다.[78]

물론 멜란히톤은 이런 상황이 만족스럽다고는 생각하지 아니하였으나,

펴 보라.

73) *CR* 6:198ff., 230f., 238f., 381-90., 409, 520-33, 559., 599.

74) *CR* 6:563 578-80.

75) *CR* 6:x-xvi, 26, 605, 610., 640: *Annales Vitae*, 1548.

76) *CR* 6:839ff.: 참조. B. J. Kidd, *Documents Illustrative of the Continental Reformation* (New York, 1911), no. 148.

77) *CR* 6:839ff., 846, 853-85: 7:12-45, 92, 97, 113ff., 215-21, 246-49, 255-59.

78) *CR* 7:260ff.

그래도 이때의 정황 가운데서는 최선의 길이라고 믿었다.[79] 이 라이프치히 가신조 협정(Leipzig Interim)은 1548년 12월에 시작되어서 모리츠 (Maurice)가 두번째 배반하여 황제 카를 5세로 하여금 파싸우 협약(the Peace of Passau, 1552)을 하도록 하였고, 이는 결국 한 지역의 종교를 그 군주의 종교로 하는 아우그스부르크 협약(the Peace of Augsburg, 1555)을 낳게 하였다. 그러나 라이프치히 가신조 협정 때문에 멜란히톤은 상당히 비판을 받았었다.[80]

B. 논쟁들

멜란히톤에 대한 가장 끈질긴 대립자는 비텐베르크에서 공부하고 가르쳤던 마티아스 플라키우스 일리리쿠스(Matthias Flacius Illyricus, 1520-1575)였다. 1547년 비텐베르크 대학교가 해산되었을 때 그는 브룬스빅 (Brunswick)으로 피신하였다가 후에는 마그데부르크(Magdeburg)로 가서 일단의 엄격한 루터파 인사들의 지도자가 되었다. 그를 둘러싼 인사들로는 암스도르프(Amsdorf), 갈루스(Gallus), 파버(Faber), 비간트 (Wigand), 쉬네프(Schnepf), 스톨츠(Stolz) 같은 이들을 들 수 있다. 후에 플라키우스가 그에 합세한 예나의 신학 교수단과 함께 이들은, 멜란히톤이 바알 숭배자요, 배만을 위하는 자요, 사마리아인이요, 교황주의자라고 하면서 멜란히톤을 호되게 공격하였다. 멜란히톤은 이런 적의에 찬 혐의들에 대답하려고 하지 않았으니, 이는 그 공격자들이 두 가지 협정의 차이를 구별하지 못한다고 생각했기 때문이다.[81]

---

79) *CR* 7:275.

80) *CR* 7:292-301, 332, 364-80.

81) *CR* 8:171f., 455: Flacius, *Wider Das Interim* (Magdeburg, 1549).
(여기서 두 가지 가신조 협정(two interims)이란 1548년 5월 15일의 아우그스부르크 가신조 협정(the Augsburg Interim)과 1548년 12월의 라이프치히 가신조 협정(the Leipzig Interim)을 말한다. 전자는 철저히 구교적이나, 후자는 위에서 언급한 최소한의 개신교적 요소가 있는 가신조 협정이다 — 역주).

플라키우스는 모든 그리스도인들에게 문둥병 같은 아디아포라 (adiaphora)를 피하고, 가신조 협정을 받아들이는 이들이 절충해 없애려고 하는 진리의 검을 휘두를 것을 요청하였다.[82] 『참된 아디아포라와 거짓된 아디아포라』(*True and False Adiaphora*, 1549)에서 플라키우스는 설교, 세례, 성찬, 그리고 죄사함(absolution)이 하나님에 의해서 명령된 것같이, 타당한 제의들도 역시 명령되었으니, 제의(cultus)는 교리를 반영하기 때문이라고 논의하였다.[83] 멜란히톤은 이것을 새로운 형태의 "무시무시한 교황 제도"라고 하면서 거부하였다.[84] 그는 아디아포라에 대한 이런 견해가 그와 루터가 이전에 가졌던 것과 같은 견해라고 하면서 "신학자들의 격노"를 한탄하였다.[85]

아우그스부르크 평화협정 이후에도 플라키우스와 그 동료들은 멜란히톤으로 하여금 과거의 잘못을 공개적으로 고백하도록 하려고 하였다(1557년에 코스빅[Coswig]에서가 대표적인 예이다). 그러나 멜란히톤은 전적으로나 의도적으로 잘못하였다고 시인하지 않으려고 했다.[86] 상당히 신랄한 논쟁 끝에 형성된 협화 신조(*the Formula of Concord*, 1580)는 아디아포라에 대해서 핍박 때에 행한 잘못에 대해서는 강한 고백을 요구하였다.[87] 플라키우스의 극단적 견해는 결국 1562년 예나 교수직의 박탈을 가져왔고, 더구나 사람의 본성은 본질적으로 그리고 전적으로 부패되었으며, 원죄란 부차적인 어떤 것이 아니라 인간성의 본질에 속한 것이라고 논의

---

82) *CR* 6:649ff.: Flacius, *Omnia latina scrpta contra adiaphoricas fraudes* (Magdeburg, 1550).

83) Flacius, *De Veris et Falsis Adiaphora* (Magdeburg, 1549).

84) *CR* 7:366ff., 456-57(1549년에 몰러(Moller)에게 보낸 편지).

85) *CR* 7:477-78, 506ff.: 9:1098. (여기서 "신학자들의 격노"(the rage of the theologians)란 루터같은 이가 격노하여 하는 말이 미치는 영향 등에 관한 언급임에 유의하라 — 역주).

86) *CR* 9:41-72: 8:840f.

87) Jacobs (ed), *Book of Concord*: Richard, *Confessional History* (위의 번역은 협화 신조 제10항에 근거하여 의역한 것이다 — 역주).

한 원죄에 대한 논문 때문에 더 고립되게 되었다.[88] 멜란히톤에게 주어진 의심은 이 논쟁의 중요한 결과들 중의 하나였다.[89]

1555년판 『신학총론』에서 멜란히톤이 십계명에 대해 취한 입장은 부분적으로는 요하네스 아그리콜라(Johannes Agricola, 1494-1566)의 율법에 대한 반대에서 기인한 것이라고 할 수 있다.[90] 1528년과 1537년에 아그리콜라는 그리스도인이 율법을 준수해야 하는가 하는 문제로 루터와 멜란히톤과 다툰 적이 있었다. 아그리콜라는 그리스도인들은 법으로부터 자유롭다고 하였다. 즉, 믿음으로 말미암는 칭의가 십계명을 비롯한 그 어떤 도덕법의 준수를 면제시킨다는 율법폐기론 입장을 주장한 것이다. 그는 모세는 교수형을 당해야 한다고 말할 정도로 지나치게 나아갔다. 이 논쟁은 아주 험악하게 진행되어서 루터는 선제후에게 아그리콜라를 이단자로 처단해야 한다고 요청하였으나, 아그리콜라는 서둘러서 비텐베르크를 떠나서 베를린으로 갔다. 거기서 그는 자신의 견해를 철회하는 듯한 내용의 작센 선제후 앞으로 보내는 편지를 출판하였다.[91]

그러나 루터는 이것이 그의 입장 철회라고 받아들이지 않았다. 루터는 모세의 법과 도덕법이 죄인으로 하여금 죄를 의식하게 하고, 그래서 그를 은총을 향해 준비시키고, 또 그리스도인에게 있어서 율법은 그의 삶의 규제와 죄와의 투쟁을 도울 수 있다고 주장하였다. 십계명에 대한 멜란히톤의 강조는 실질적으로 같은 내용의 것이다.[92]

아그리콜라와의 이 논쟁과 관련된 것이 안드레아스 오시안더(Andreas Osiander, 1498-1552)와의 논쟁이다. 오시안더는 『칭의에 대해서』(De Justificatione)와 『율법과 복음에 대해서』(De Lege et Evangelio, 1550)에서 의(義)가 그리스도인에게 단지 전가되는 것이 아니라, 신자들에 의해

---

88) Flacius, *De peccati originalis* (Basel, 1562).
89) Richard, *Confessional History*, 특히 제19장-27장을 보라.
90) 1555년판 『신학총론』(*Loci*), 제5항, 7항, 8항.
91) G. Kawerau, *Johann Agricola von Eisleben* (Berlin, 1881), 231f., 486.
92) 1555년판 『신학총론』(*Loci*), 제5항, 7항, 8항을 보라.

서 "본질적인" 의로 실제로 소유된다고 주장하였다. 왜냐하면 그리스도는 칭의받은 사람 안에 있으며, 이 그리스도를 통해서 우리는 하나님의 은혜와 자비와 의(義)와 진리와 지혜와 능력을 얻기 때문이라는 것이다.[93]

프란츠 힐데브란트(Franz Hildebrandt)는 ① 루터파 전통의 이 부분이 오시안더를 통해서 존 웨슬리와 감리교도들에게 전달되었고, ② 멜란히톤과 오시안더 모두가 사람 안에서의 성령의 활동을 믿었으며, ③ 이 점에서 오시안더는 가톨릭적 사상을 가진 것이 아니며, 멜란히톤도 단순히 법정주의적인 것은 아니라고 주장한다.[94] 불행하게도 이런저런 논쟁들이 멜란히톤의 생존 기간과 그의 사후의 루터파 사상을 파손시켰다고 여겨진다.

5. 멜란히톤의 영향

인문주의, 변화된 견해, 군사적 패배, 그리고 신랄한 논쟁들이 멜란히톤에 대한 점증하는 수수께끼를 더욱 성장시켰다. 멜란히톤의 사상의 상당한 부분이 루터파 교회의 공식적 신조들과 개혁파 교회의 하이델베르크 요리문답에 나타나 있지만, 개신교 전통에 대한 멜란히톤의 공헌은 아직도 가리워져 있다고 여겨진다. 프랑스 도서관 책에는 그의 이름이 드물고[95] 멜란히톤주의(Melanchthonianism)란 말은 루터로부터의 인문주의적 일탈을 의미하는 좀 낮추어 말하는 용어가 되었다. 멜란히톤에 대한 연구도 19세기 중반에 와서야 굉장한 유인을 얻게 되었으니, 그것은 브레트슈나이더(Bretschneider)와 빈드셀(Bindsell)에 의해서 멜란히톤의 작품이 출판되고, 칼 슈미트(Carl Schmidt)의 멜란히톤 전기가 출판된 것이다.

---

93) *CR* 7:726: E. Hirsch, *Die Theologie des Andreas Osiander und ihre geschichtlichen Voraussetzungen* (Göttingen, 1919).

94) Franz Hildebrandt, *Melanchthon: Alien or Ally?* (Cambridge, 1946), 44-55. Cf. *CR* 8:557ff., 783, 892ff.; 9:403; 23:517; *Works of the Rev. John Wesley*, M. A. Thomas Jackson, ed. (London, 1829-31), V, 236ff.

95) "Melanchthon," in *Biographie Universelle*, XXVII, 546.

A. 개혁파 교회에 미친 영향.

그러나 멜란히톤의 자취는 1563년 『팔라티네이트 교회 규례』(the Palatinate Church Order)에 있는 하이델베르크 요리문답을 통해서,[96] 특히 그의 제자들중 한 사람이었던 자카리우스 우르시누스(Zacharius Ursinus)를 통해서 개혁파 전통에도 남겨졌다.[97] 또한 개념사(概念史)를 추적한다는 것은 거의 불가능하지만, 아우그스부르크 신앙고백에 나타난 멜란히톤의 천재성은 영국 교회의 39개조에로 넘겨졌고, 그로부터 다시 감리교회의 25신조에로 넘겨졌다고 할 수 있다. 도르트 회의(1618)와 웨스트민스터 신앙고백서(1648)에 영향을 미쳤음은 말할 것도 없고 말이다.[98]

B. 영국에 미친 영향

멜란히톤의 『신학총론』(*Loci*)은 케임브리지에서 필독서였고, 엘리자베스 1세 여왕은 신학을 많이 배운 이들과 대화하기 위해 이 책의 상당한 부분을 암기하였다고 한다.[99] 또한 케임브리지에 대한 1535년의 왕의 훈령(the Royal Injunction)에서 헨리 8세는 "스코투스(Scotus), 부를레우스(Burleus), 안토니 트롬베(Anthony Trombet), 브리코(Bricot), 브룰리페리우스(Bruliferius) 등의 사소한 질문과 모호한 글 모음말고, 아리스토텔레스(Aristotle), 로돌푸스 아그리콜라(Rodolphus Agricola), 필립 멜란

---

96) *Bekenntnisschriften und Kirchenordnungen der ··· Reformierten Kirche*, Wilhelm Niesel, ed. (Zurich, 1938), 136-218.

97) Cf. Bard Thompson, "The Palatinate Church Order of 1563," *Church History* XXIII (December, 1954), 339-54: 그리고 J. W. Nevin, "Zacharius Ursinus," *Mercersburg review*, III(September, 1851), 490-512.(또한 Fred H. Klooster, 「하이델베르그 요리문답에 나타난 기독교 신앙」(서울: 여수룬, 1993)도 참조하라).

98) *Lutheran Quarterly Review*, NS XXVII (1897), 12ff.

99) T. W. Baldwin, *William Shakspere's Small Latine and Lesse Greeke* (Urbana, Ill., 1944), I, 259.

히톤, 트라페준티우스(Trapezuntius) 등을" 가르칠 것을 명령하였다.[100]

1535년 헨리 8세가 대륙의 개신교도들의 환심을 사려고 할 때에 멜란히톤은 자신의 1535년판 『신학총론』(*Loci*)을 헨리 8세에게 헌정하였고, 헨리 8세의 종교적 위임을 받은 이들과 비텐베르크 신학자들의 동의를 얻은 13개조를 쓰기도 했다.[101] 이 13개조는 영국 교회의 39개조와 1553년의 42개조와 밀접한 관련을 가지고 있다. 1536년 6월의 10개조는 상당히 멜란히톤의 어투를 그대로 쓰고 있다. 토머스 크랜머(Thomas Cranmer)를 통해서 멜란히톤은 영국에 많이 알려지게 되었다. 이는 크랜머가 멜란히톤의 저작을 많이 사용하고 많이 보급할 뿐만 아니라, 여러 번 멜란히톤을 영국으로 초청했기 때문이기도 하다.[102] 크랜머는 부처와 멜란히톤이 1543년에 쾰른 교구를 개혁하기 위해 작성했던 문서인 『쾰른의 헤르만을 상담』(*The Consultation of Hermann of Cologne*)을 자신의 1548년의 『성찬 규례』(*Order of the Communion*)의 근거로 사용하였다.[103] 멜란히톤은 이 『헤르만을 도와서』를 완전히 만족스러운 것으로는 생각하지 않았지만, 이것은 복음주의적 개혁의 한 연장이었고, 크랜머의 저작들, 특히 설교들은 그것을 통해서 멜란히톤이 존 웨슬리의 감리교회에 칭의, 선행, 그리고 확신에 영향을 미치게된 통로라고 할 수 있다.[104]

개혁자들은 심지어 영국의 예배 모범(흔히 "기도서"로 불리움)을 작성

---

100) Ibid., II, 34: *Annals of Cambridge*, I, 375.

101) 헌정에 대해서는 *CR* 2:921-30을 보라. 그리고 13개조에 대한 논의를 위해서는 Reu, *Augsburg Confession*, II, 454ff.와 *CR* 2:1032-36: 3:1396f.; 149를 참조하라.

102) Cf. *CR* 2:92-95: 6:715, 790-91, 801, 894, 918; 7:573; 8:119; 14:415; James Bass Mullinger, *The University of Cambridge* (Cambridge, 1884), II, 103ff.

103) 이 「헤르만의 상담」은 영국에서 독일어로는 1543년에, 라틴어로는 1545년에, 그리고 영어로는 1547년과 1548년에 출판되었다. Cf. C. H. Smyth, *Cranmer and the Reformation under Edward VI*(Cambridge, 1926).

104) Cf. Manschreck, *Melanchthon*, 제18장: *CR* 5:112, 142f., 461, 464, 474, 708: Albert C. Outler, ed., *John Wesley* (New York, 1964), 122-23, 306.

하도록 초청받기도 했던 것이다! 비록 멜란히톤이 이 초청을 수락하지는 못했지만, 그의 제자 프란시스코 드리안더(Francisco Dryander)를 추천하여, 그가 케임브리지의 희랍어 선임 강의자(Reader)가 되도록 했던 것이다.[105] 한 해 뒤인 1549년에는 부처도 케임브리지에서 가르치기 시작했다. 1559년 크랜머 사후에 엘리자베스 여왕은 학생들로 하여금 그들이 "모든 경건으로 인도되기 위해" 멜란히톤을 읽도록 지시하였다.[106]

수사학에 대한 멜란히톤의 견해는 독일에서 나은 변증법과 좋은 라틴어를 사용하는 일에 박차를 가하도록 하였고, 영국에서도 거의 2세기 동안 그의 수사학이 널리 사용되었다. 1530년경에 영국의 문법 학교들에서는 『필립 멜란히톤의 수사학』(*In Rhetorica Philippi Melancthonis*)이 상급 학년 교육 과정 전체의 5가지 주요 과목 중 하나였던 것이다.[107] 멜란히톤을 알고 그와 서신 왕래를 하였던 레오나르도 콕스(Leonard Cox)는 수사학은 널리 사용될 수 있도록 하였다.[108] 수사학은 윌리엄 셰익스피어(WIlliam Shakespeare)와 연결 고리가 되었다고도 할 수 있다. 왜냐하면 1511년에 에라스무스가 어떤 연극의 구조를 설명하기 위해 테렌스(Terence)를 사용하였다면, 멜란히톤은 1524년에 "이 적용이 어떻게 이루어질 수 있는지를 보이면서 그 세대의 가장 위대한 교육적인 판을 사용했기 때문이다."[109]

테렌스(Terence)는 영국의 초등학교에서 폭 넓게 공부되었는데, 여기서 셰익스피어는 테렌스의 연극을 공부하는 토대로 아이들이 사용한 5막극 구조를 알게 되었던 것이다.[110] 철학자 피터 라무스 마터(Peter Ramus

---

105) Cf. Smyth, *Cranmer and the Reformation*, 144

106) Baldwin, *Shakspere's Latine and Greeke*, I, 276.

107) Ibid., 161.

108) Leonard Cox, *The arte or crabte of Rhetoryke*, F. I. Carpenter, ed. (Chicago, 1899).

109) Baldwin, *Shakspere's Latine and Greeke*, I, 641.

110) Ibid., cf. II, 109ff.

Martyr)의 수사학과 단순화된 논리가 영국에서 아주 인기 있었는데, 그도
멜란히톤의 인문주의저적 측면의 연장이라고 할 수 있다.[111] 왜냐하면 그의
수사학과 변증법은 키케로(Cicero), 퀸틸리안(Quintillian), 아리스토텔레
스(Aristotle), 리비(Livy), 플라우투스(Plautus), 타키투스(Tacitus) 등의
고전적 작가들에게 상당히 의존하고 있기 때문이다. 1573년 이후에는 멜
란히톤의 『연설에 대해서』(*De Oratore*)와 『연설자』(*Orator*)가 수사학에
서의 완벽을 추구하는 학자들에 의해서 널리 사용되었다.[112] 또한 멜란히
톤의 다음 세 저작을 스코틀랜드의 제임스 6세, 즉 영국의 제임스 1세가
공부하였다는 사실을 간과할 수 없다: *Chronicon Melancthonis,
Syntaxis Melancthonis,* 그리고 *Erotemata Dialectices.*[113] 이와 같은 방
식으로 멜란히톤이 성공회 전통의 한 부분이 된 예는 무수(無數)하다.

C. 개신교 역사 기술에 미친 영향

그뿐만 아니라 개신교 연구는 역사 기술에 그가 제시한 새로운 방향으
로 인해서 멜란히톤에게 깊은 빚을 지고 있다. 루터는 역사에서 세속적인
요인들과 영적인 요인들의 동등한 가치를 돌리는데 있어서 멜란히톤을 앞
서 갔으나, 멜란히톤은 교육적 배열과 "학문적" 접근을 수립했다고 할 수
있다. 르네상스 인문주의자들은 주로 교회사는 무시했으나, 개혁의 지도자
들은 그럴 수 없었다. 멜란히톤은 그의 역대기에서만이 아니라, 특히 『마르
틴 루터의 생애』에서 하나님의 인도하심을 강조하면서 교훈적 역사
(didactic history)를 도입하였다.[114]

---

111) Ibid., cf. II, 4-9, 20f.: *CR* 1:1079f.: 2:542-44: 13, 413-16: 16:807f.
112) Baldwin, *Shakspere's Latine and Greeke*, II, 19f.: cf. *CR* 16:685ff.
113) Ibid., I, 235, 245f., 248f.
114) 역사 기술(historiography)에 대한 그의 공헌에 대한 논의로서는 Emil
Menke-Glueckert, *Die Geschichtsschreibung der Reformation und
Gegenreformation* (Leipzig, 1912): 그리고 L. W. Spitz, "History as a Weapon in
Controversy," in *Concordia Theological Monthly*, XVIII (1947), 747ff. 을 보라.

D. 절충적·관용적 정신의 영향

그가 참여한 많은 종교회의에서 나타났던 멜란히톤의 절충적이고 관용적 정신은 교회 일치적 유산에서 크게 부각되고 있다. 피터 메이델린(Peter Meiderlin)이 『교회의 평화를 위하여』(*Paraenesis Votiva pro pace ecclesiae*, 1626)에서 마지막으로 제시한 말은 멜란히톤에서 나온 말은 아니지만, 그의 정신을 잘 표현해 준다: "본질적인 일에서는 일치를, 비본질적인 일에서는 자유를, 그리고 그 모두에서 사랑을." 이 소책자는 아우그스부르크 신앙고백서의 신학자들에게 주어진 것이라는 것이 의미심장하다. 이는 영국에서 아주 대중적인 모토가 되었고, 리처드 백스터(Richard Baxter)는 이를 그의 『일치를 위한 참되고 유일한 길』(*True and Only Way to Concord*, 1679)에서 사용하였다.[115]

교회간의 완전한 통일을 주장하던 휴고 그로티우스(Hugo Grotius, 1583-1645)는 사람들이 통일을 논의할 때에 루터나 칼빈을 말하지 않고, 에라스무스와 멜란히톤을 말하기를 원했다고 한다.[116] 독일의 루터파 교회 통일론자로서 가장 뛰어난 칼릭스투스(George Calixtus, 1586-1656)에게서 평화로운 조화와 일치의 멜란히톤적 전통이 계속 살아 남았다고 할 수 있다.[117] 그의 아버지가 멜란히톤의 제자요 흠모자였던 것이다. 또한 멜란히톤의 절충적 정신은 모라비안 교회의 조직자인 루드비히 폰 진젠도르프 백작(Count Ludwig von Zinzendorf, 1700-1760)에게서 계속되었다. 그럼에도 불구하고, 굉장한 투쟁과 내란에 휩쓸렸던 17세기와 18세기에는 통일의 원칙은 살아 남았으나, 멜란히톤 같은 이의 "교회 통일에 대한 야망에 찬 이상은 거의 상실되었다"고 할 수 있다.[118]

---

115) Cf. John T. McNeill, *Unitive Protestantism* (Richmond, Va., 1964); Ruth Rouse and Stephen C. Neill, *A History of the Ecumenical Movement* (London 1954).

116) Ibid., 95.

117) McNeill, *Unitive Protestantism*, 271.

118) Ibid.; cf. Mullinger, *University of Cambridge*, II, 106.

19세기에 미국에서 멜란히톤주의가 부흥했을 때, 멜란히톤은 "개신교 교회들의 분열을 극복하기 위해서 자신의 의견을 조정할 준비가 된 … 진보적 정신의 챔피온"이라고 높여졌다.[119] 멜란히톤 대회(the Melanchthon Synod)는 그를 "화해, 진보, 발전, 그리고 적응에 대한 초기 루터파의 주도적 대변자"로 여겼다.[120] 그러나 수수께끼는 아직도 남아있으니, 그는 여러 가지 다른 점들로 인해 비난받기도 하고, 높이 평가받기도 하기 때문이다.[121] 우리가 바라는 바는 이 1555년판 『신학총론』(Loci)의 번역이 우리 전통에서 멜란히톤의 의의(意義)를 명료하게 하는데 도움이 될 수 있었으면 하는 것이다.

6. 『신학총론』에 대하여

1555년판 『신학총론』(Loci)은 이 번역이 나오기까지는 영역(英譯)된 바가 없다. 그러나 이 책은 멜란히톤 사상의 후기의 영향력 있는 시기를 대표하는 책이라고 할 수 있다. 1521년에 출판된 『신학총론』(Loci)의 초판은 복음주의 개신교 신학에 대한 최초의 체계적인 진술이었다. 그후 수년간에 걸쳐서 멜란히톤은 자신의 사상의 발전을 반영하는 상당한 변경을 가한 바 있다.

멜란히톤이 처음 『신학총론』(Loci)을 출판한 직접적 이유는 그의 학생

---

119) Theodore G. Tappert, "Melanchthon in America," in *Luther and Melanchthon*, Vajta (ed.), 189f.

120) Ibid., 194(이런 평가에 상당한 진리의 요소가 있으나, 그가 나타낸 이런 절충과 관용이 현대적 에큐메니컬 운동과 연관되는 것은 좀 위험한 발상일 수도 있음에 유의하라. 특히 McNeill 등의 생각과 Melanchthon의 연관성으로 갈 수 있는가는 깊은 사고를 요구하는 문제가 아닐 수 없다 — 역주).

121) Cf. R. R. Caemmerer, "The Melanchthonian Blight," *Concordia Theological Monthly* XVIII (1947), 321-38: Hildebrandt, "Melanchthon: Alien or Ally?": Jaroslav Pelikan, *From Luther to Kierkegaard* (St. Louis, 1950), 24-48: Adolph Spaeth, "Melanchthon in American Lutheran Theology," *The Lutheran Church Review* XVI (1897).

들 중의 몇몇이 『로마서』에 대한 그의 강의 노트에 대한 아직 이르고, 불만족스러운 판을 인쇄했기 때문이었다. 대중적인 『신학총론』은 1521년에 두 번 발행되었는데, 한 번은 비텐베르크에서, 또 한 번은 바젤에서 나왔다. 『신학총론』의 초기인 1521-25년 동안에 18번의 라틴어판과 스팔라틴(Georg Spalatin)에 의한 독일어역이 출판되었다. 테오도르 스트로벨(Theodore Strobel)에 의하면,[122] 멜란히톤은 1525-35년 사이에 이 책의 상당한 부분을 확대하고, 편집하고, 고쳤다고 한다. 그러나 가장 큰 변화는 혹은 1535년부터 시작되었다고도 하고, 혹은 1540년대부터 그의 생애 말까지 계속되는 제3기에 일어났다고 할 수 있다. 그리고 1555년 이후에는 사소한 변경만이 있었을 뿐이다. 이 제3기에 『신학총론』은 원래의 거의 4배되는 분량으로 확대되었을 뿐만 아니라, 근본적으로 개정되었다. 둘째 시기에는 유스투스 요나스(Justus Jonas)가 주된 독일어 번역자이었는데, 제3기에는 『신학총론』을 보다 넓은 독자층에 주기 위해 멜란히톤 자신이 독일어역을 하였다.

이 영어역은 1555년에 출판된 『신학총론』 (이는 현재 브레텐 [Bretten]에 있는 멜란히톤 박물관에 있다)과 하이델베르크 대학교 도서관에 있는 1558년판 『신학총론』에 근거하여 나온 것이다. 역자는 이 두 판을 사용해서 연구하고 번역할 수 있도록 해준 존 사이몬 구겐하임 기념 재단(the John Simon Guggenheim Memorial Foundation)과 풀브라이트, 스미스-문트 령(the Fulbright and Smith-Mundt Acts)에 의해 주어지는 연구비를 수여해준 위원회에 감사를 표하고 싶다.

『신학총론』(*Loci*)를 번역하는 데는 상당한 문제가 있었다. 역자는 그것들이 만족스럽게 해결되었기만을 바랄 뿐이다. 성경 인용은 멜란히톤의 독어의 의미를 해치지 않는 한 RSV(the Revised Standand Version of

---

122) Versuch einer Litterär Geschichte von Philipp Melanchthons Loci Theologicis als dem ersten evangelischen Lehrbuche (Altendorf und Nürnberg, 1776).

the Bibie)에서 인용을 하였다(한역에서는 개역 성경에서 인용하였다). 예외가 있다면, 멜란히톤이 성구의 특별한 독법(reading)을 통해 어떤 요점을 맺고자 할 때는 그 의미를 살려서 옮겼다. 그러므로 곳곳에 이런 특색이 있는 곳에서는 그런 특징이 각기 다르게 나타날 것이다. 때때로 몇 가지를 설명하기 위해서 영역자 주를 단 곳이 있다. 그러나 책의 분량을 너무 확대시키지 않으려고 이런 역주를 최소한으로 줄이려고 노력하였다. 그리고 멜란히톤이 2인칭으로 쓴 대부분의 구절들은 영어로 표현될 때 이상스러운 비일관성을 갖지 않도록 하기 위해서 1인칭이나 3인칭으로 옮겼다.

한스 엥겔란트의 서론을 초역해 준 테오 클라이드 맨쉬렉(Theo Clyde Manschreck), 다양한 전문적 요점들을 도와준 에드워드 메이어 여사(Mrs. Edward Meyer), 편집을 담당해 준 다이안 아무쎈 여사(Mrs. Diane Amussen), 그들의 이전 작업이 없었다면 이 번역이 불가능했을 여러 학자들에게 특별한 감사를 드려야만 하겠다. 또한 『개신교 사상 총서』(A Library of Protestant Thought)의 고문 편집자들인 자로슬라브 펠리칸(Jaroslav Pelikan), 로버트 스투페리히(Robert Stupperich), 한스 엥겔란트(Hans Engelland), 그리고 존 딜렌버거(John Dillenberger)에게 그들의 자문과 격려에 대해서 감사를 드려야만 할 것이다.

클라이드 L. 맨쉬렉
1964년 여름
오하이오주 델라웨어
오하이오 감리교 신학교에서

서론

한스 엥겔란트(Hans Engelland)

1518년 8월 29일에 작고 가냘프며, 젠체하지 않는 별로 중요해 보이지 않는 인물인 필립 멜란히톤이 비텐베르크 대학교의 대강당으로 사용되던 비텐베르크 성채 교회(the Wittenberg Castle Church)에 들어서서, 대학 교육의 개혁(*De corrigendis adolescentiae studiis*)에 관한 취임 연설을 하기 위해서 강단으로 나아갔다. 이로써 고등 교육에 뿐만 아니라 신학과 교회에도 영향을 미친 이 사람의 경력이 시작되었으니, 멜란히톤의 영향력은 약 150년 동안 지속된 독일 복음주의 교회에 영적인 전망을 가져다 주었기 때문이다. 대학들과 그가 창설한 중등학교를 통해서 멜란히톤의 영향력은 독일의 영적인 삶 전체에 확대되었던 것이다.

병기공이었던 게오르그 슈바르체르트(George Schwartzerd)의 아들인 멜란히톤은 1497년 2월 16일에 팔라티네이트의 브레텐(Bretten)에서 태어났다. 그는 유명한 인문주의자인 요한 로이힐린(Johann Reuchlin)의 큰 조카였고, 그의 추천으로 비텐베르크 대학교 인문학부(the faculty of arts)와 철학부에서 희랍어와 희랍 문학을 가르치도록 초빙되었다. 그러나 그는 루터에게, 따라서 신학에 경도(傾倒)되었다. 그가 비텐베르크에서 가르치던 첫해에도 그의 특별한 사랑의 대상이었던 호머를 가르치는 일에 더해서 그는 디도서를 해석하는 일도 할 정도로 자신의 전공 분야를 넘어서 신학에 관심을 가졌다. 그 다음 해인 1519년 8월 19일에 신학사(Bachelor of Theology) 학위를 수여받은 후에는 자신의 분야보다는 신학에 대한 강의를 더 많이 하기 시작했다. 그래서 창세기, 시편, 마태복음,

요한복음, 골로새서, 고린도전후서에 대한 강의를 했고, 로마서는 1519년부터 1521년 사이에 세 번이나 강의했다. 이 신학 강의에는 사람들이 많이 참석하여 강의실이 비좁은 경우가 많았는데, 이에 비해서 그의 철학 강의엔 몇 사람이 참석하지 않았고, 학생들이 학기말까지 견디기가 힘들었다고 한다. 그러나 1524년에 루터가 고전어학을 그만 강의하고, 1519년부터 강의해 온 신학부에 전적으로 힘써 주기를 요청하였을 때, 멜란히톤은 이 이중의 직무를 그만두기를 거부했다. 이는 그가 처음부터 각 분과화를 반대했음을 보여주는 징표라고 여겨진다.

멜란히톤은 그의 관심의 범위를 넓혀서 거의 모든 학문에 관심을 가졌는데, 그중의 많은 것이 그의 강의 가운데서 다루어졌다. 후의 라이프니츠처럼 그도 많은 부분의 역사가(*ein Polyhistor*)였고, 역사적 내용과 정치적 이해를 담고 있는 많은 라틴어 연설(*Declamationes*)을 쓴 바 있다. 예를 들어서, 그는 카를 5세의 선출에 대해서도 말하였고, 교회사만이 아니라 세계사도 담고 있는 『카리온의 역대기』(*The Chronicle of Carion*)를 개정했으며, 그가 아주 높이 평가했던 타키투스(Tacitus)의 『게르마니아』(*Germania*)와 같은 고전 역사들을 많이 편집하였다. 고전학자로서 그는 많은 라틴어 저자들과 희랍어 저자들의 작품을 편집했고, 희랍어를 라틴어로 번역하고 그것을 해석하는 일(*Ennarationes*)을 자주 하였다. 예를 들어서, 데모스테네스(Demosthenes)의 연설, 호머의 어떤 구절들, 그리고 아리스토텔레스의 윤리적·정치적 저작들에 대해 그리했던 것이다.

또한 그는 법적인 주제와 의학적인 주제들도 다루었으며, 당대의 해부학적 지식에 근거해서 심리학에 대해 쓴 일도 있다. 자연과학 영역에서는 천문학, 지리학, 기하학, 대수학, 해부학, 그리고 식물학에 관심을 가졌었고, 물리학에 대한 책도 쓴 바 있다. 그의 의학지식은 해부학 강의실에서나 병자를 치료하는데서 얻어진 것은 아니고, 고대에 대한 당대의 인문주의자들의 관례를 따라 갈렌(Galen)과 다른 이들의 저작들을 읽음으로써 얻게 된 것이다. 그렇다고 해서 그가 모든 지식을 다 책으로부터만 얻은 것은 아니다. 그는 해부학에서든지, 천문학에서든지 개인적 관찰의 중요성을 알고 있었다. 그의 강의들은 과거와의 연속성을 부여해주는 책들을 통해서만이 아니라, 외국의 학자들, 군왕들과의 상당한 서신교환을 통해서도 확대되었다. 그러므로 멜란히톤은 그 당시의 전체 대학을 다 망라한 인물이라고 할 수 있다. 그는 자신이 보편적 학문(*universitas litterarum*)의 상징이 되었다고 할 수 있다. 그의 사후에는 이것이 더 자명해졌으니, 주해, 윤리학, 어학, 그리고 역사에 대한 그의 강의를 네 사람이 나누어 맡았기 때문이다.

후기 멜란히톤의 신학에 대한 접근

모든 학문들의 신학적 과제

모든 학문에 대한 멜란히톤의 관심은 궁극적으로는 사람에 대한 관심에서만이 아니라, 모든 학문이 다 공통된 신학적 과제를 가지고 있다는 그의 신념 때문에 나타나게 된 것이다. 모든 학문은 결국은 서로가 만나게 되고, 그 각각이 모두 사람을 하나님에 대한 지식에로 이끌게 된다고 그는 생각한다.

멜란히톤의 『물리학』(*Physics*, 1549)에 의하면, 자연에 대한 탐구는 영적 삶에의 지침을 발견하도록 해준다고 한다. 이는 특히 하나님과 그의 섭리에 대한 에피쿠로스적인 부인과 스토아적인 결정론을 반박할 수 있는 논의를 찾을 수 있는 의학에서 그러하다고 한다.[1] 물리학 교과서에서도 그는 하나님의 존재와 섭리의 문제를 다루면서, 하나님에 대한 증명을 하나님에 의해서 생성된 자연 안에 나타난 결과들로부터의 후험적인 인과적 결론들로부터 시작하고 있다.[2] 그의 『변증법』(*Dialectics*, 1547)에서 멜란히톤은 정확하고 질서있으며, 분명한 가르침의 방법의 주된 과제는 사람들에게 하나님에 대한 지식, 덕스러운 삶, 그리고 자연에 대한 관조를 가르치는 것이라고 주장한다.[3] 대수(수학)는 하나님의 통일성을 지시하여 다신론

---

1) *CR* 13:190.
2) *CR* 13:200.

을 방지해야 한다고 말하는 것이다. 우리는 "우리가 성부와 주 예수 그리스도의 통일성을 들을 때, 무수한 신들이 있다고 결론내리지 않는 방식으로 숫자들을 분별해야만" 한다.[4] 이와 비슷한 방식으로 대수와 밀접히 연관되어 있는 기하도 실용적 적용에만 사용되어서는 안 되고, 우리의 눈을 땅으로부터 하늘로 높여서 우리에게 세상의 놀라운 일과 경영을 시사해 줄 수 있도록 해야만 한다.[5]

천문학도 온전케 되기 위해서는 하늘에 대한 고려로부터 피조계와 하나님의 섭리에 대한 성찰로, 그리고 그로부터 덕(德)으로 나아가야만 한다고 주장한다: "움직임의 법칙들은 세상이 우연히 나타난 것이 아니라, 영원하신 영에 의해 피조된 것이며, 인간성이 이 창조자의 마음에서 온 것임을 증언해 준다."[6] 심지어는 점성술(astrology)에도 관심을 기울였던 바, 이는 그것이 병을 고치고 국가를 인도해 내는데 도움을 주어서가 아니라, 종교적 교훈을 주기 때문이라고 한다. 그는 "천체의 징조들"에서 무시해서는 안 되는 하나님의 신탁을 찾았던 것이다.[7] 지리에 대한 연구는 "하나님께서 어떻게 제국(諸國)들을 질서지우는지, 어디서 언제 자신을 나타내시고, 자신의 흔적을 남기시며, 자신에 대한 증언을 하셨는지, 그래서 그의 가르침의 진리를 확인하고, 그것을 전유(專有)하기 위해서 필요하다."[8]

역사학은 "세속적 유용성"도 가지고 있음이 분명하지만, 그 이상으로 윤리적이고 교육적인 의미도 가지고 있으니, 역사학의 과제는 종국적으로는 종교적이라고 한다. 우리는 역사학으로부터 종교의 시작과 진행 과정을, 그리고 교회의 교리적 논쟁과 같은 것들을, 그리고 그것들이 어떻게 결정되었는지를 배운다는 것이다. 그러므로 역사학 없이는 선지자들과 성경을

---

3) *CR* 12:513.
4) *CR* 13:657.
5) *CR* 3:108.
6) *CR* 11:297.
7) *CR* 11:265.(이런 곳에 근대인인 Melanchthon의 중세적 잔재가 나타나고 있다고 볼 수 있다 ― 역자 주).
8) *CR* 9:481.

이해할 수 없다고 그는 주장한다.[9]

또한 고전학의 과제는 언급된 말의 전달을 넘어가는 것이니, 라틴어와 희랍어는 지상적인 것들만이 아니라 "천상적 교리들"의 그릇들(즉 그것을 표현하는 것들)이기 때문이라고 한다. 희랍어는 하나님의 아들과 복음서 기자들과 사도들과 "통역 없이도" 말할 수 있게 해준다. 희랍어만으로도 기독교회의 역사와 제1세기의 교리들에 접근할 수 있게 된다. 또한 히브리어에 대한 지식은 구약에 대한 필수적 준비가 된다.[10] 마지막으로, 철학적 윤리는 인간 삶의 외적인 질서지움에로만이 아니라, 하나님에 대한 지식에로도 우리를 인도한다고 한다. 즉 선악의 구별과 인간의 목적에 대한 질문으로써 우리를 하나님께로 인도해 간다는 것이다.[11]

이렇게 학문은 모두가 어디서든지 그 정상에 오를 수 있으며, 그 모두가 하나님에 대한 지식이라는 하나의 봉우리에서 완성되는 커다란 산과 같다고 멜란히톤은 생각한다. 각각의 개별학문들은 이 지식의 순환에서 그 나름의 지위를 가지나, 모든 것은 공통된 중심을 가지고 있으니, 그것이 하나님에 대한 지식(the knowledge of God)이라는 것이다. 그러므로 각 학문은 각기 다른 방향에서 이 하나님에 대한 지식에 접근하나, 우리는 그 안에서 그 종국적 통일성을 찾을 수 있는 공통된 영적인 지침을 갖게 된다고 한다. 그 모두가 하나님을 찬양하는 하나의 합창이 되는 것이라고 하는 것이다.[12]

모든 학문적 지식의 기초

이제까지 제시한 각 학문들에 대한 개요는 키케로적 개념에서 파생한 일정한 지식론이라는 공통의 근본적 가정 위에 근거한 것이다. 왜냐하면 멜란히톤은 사람 안에 있는 "본성의 빛"(the natural light, *naturalis lux*

---

9) *CR* 3:481, 877f., 882.
10) *CR* 11:859, 709.
11) *CR* 16:166ff., 171f.
12) *CR* 11:414.

in intellectu, 또는 *lux humani ingenii*, 또는 *lumen divinitus insitum mentibus*)에 근거해서 그의 지식관을 발전시켰기 때문이다.[13] 이 본성의 빛이 모든 학문에서의 확실성의 근거이다. 이 본성의 빛은 감각들에 의해 파악되는 사람의 보편적 경험(the *experientia universalis*)과 일치한다고 한다. 따라서 이는 건전한 정신을 가진 모든 사람들에게서 비슷한 방식으로 공통적으로 나타난다. 예를 들어서, 불은 누구에게나 다 뜨겁다. 둘째로, 멜란히톤은 지식의 내재적이며 궁극적인 전제들(*notitiae nobiscum nascentes*), 즉 개별 학문의 원천을 근거로 하여서 그의 지식관을 발전시켰다. 이 지식의 궁극적 전제를 통해서 각각의 학문은 알려지고, 분명해지며, 그 안에서 더 이상의 확언 없이도 의견은 일치할 수 있게 된다는 것이다.[14] 멜란히톤은 지식의 내재적, 궁극적 전제(the *notitiae nobiscum nascentes*)를 ① 사상의 궁극적 전제들, 즉 (예를 들어서, 전체는 그 부분보다 더 크다는 것과 같은) 물리학과 수학의 '사변의 원리'(the *principia speculabilia*)와 ② 행위의 궁극적 전제들, 즉 우리의 도덕적인 삶을 지시하며, 무엇보다도 선과 악을 구별하는 윤리의 "실천적 원리"(the *principia practica*)로 나누었다.[15] 셋째로, "본성의 빛"은 삼단논법적 사유를 가능하게 한다고 한다. 이를 통해서 우리는 함께 속하는 것들을 엮을 수 있고, 어울리지 않는 것들을 구별할 수 있다는 것이다.[16]

이런 영적인 성향으로부터 내재적 지식은 신의식(consciousness of God)을 인도해 낸다. 그래서 멜란히톤은 무신론자를 의도적으로 거짓말하는 자로 여긴다.[17] "본성의 빛"을 사용해서 그는 하나님에 대한 논증을 수립해 보려고 했고, 실제로 아홉 가지 논증을 제시했다. 사변의 원리(the *principia speculabilia*) 덕분에 우리가 지각할 수 있는 영향력들로부터

---

13) *CR* 13:150, 647; 21:712.
14) *CR* 13:647f.
15) *CR* 13:649; 21:711.
16) *CR* 13:648.
17) *CR* 15:565.

그 원인이 되시는 하나님께로 후험적으로 추론해 나아가는 것이 가능하고, 실천적 원리(the *principia practica*) 덕분에 직접적 신의식을 당연한 것으로 받아들일 수 있다는 것이다. 그런데 직접적 신(神)의식은 선악을 구별하는 자연적 능력과, 하나님을 순종해야만 하고 불순종에 대해서는 벌을 받아야 한다는 의식으로 구성된다고 한다. 이 직접적 신의식도 항상 불변하는 사유의 원리만큼이나 우리 안에 분명하고 확실하게 있어야 하는데, 사람들이 하나님에게서 벗어나 나아가므로 사람의 정신과 마음에 장벽이 생겨져서, 이제는 마음이 선과 악에 대한 본유적 판단에 반(反)하는 충동들에 의해 움직여지고, 결과적으로 사람들은 그 본유적 판단을 승인하기를 망설이게 된다고 한다. 그러나, "영혼 안에 있는 이 신적인 빛"이 퍼질 수는 없으므로, 이것은 "강하게 일으켜지고, 그 감각이 강화되어서, 실천적 원리들도 사변의 원리들만큼이나 분명하고 확실한 것으로, 즉 불변하는 하나님의 판단으로까지 인식되고, 주장되며, 확언되어야만 한다"는 것이다.[18]

멜란히톤은 이런 윤리-종교적 성향을 하나님의 형상 개념에서 찾는다. 하나님의 형상은 비록 타락 이후에는 왜곡되었지만, 특히 법 개념에서 표현되어진다는 것이다. 그리고 멜란히톤은 신법(神法), 자연법(自然法), 그리고 인간법(人間法)을 구별한다. 신법(神法, the divine law)은 하나님께서 인간의 영혼에 "신적 정신의 외적이고 불변하는 규범으로, 즉 죄에 대한 심판으로 심어 놓으신 법"으로서,[19] 때때로 하나님의 말씀에서 선포된다. 자연법(自然法, the law of nature)은 실천 원리(the *principia practica*)에서 주어진 것이고, 멜란히톤이 "하나님께서 사람들에게 수에 대한 지식과 같이 심어 놓으신 선과 악에 대한 판단이나 도덕에의 지침, 그리고 자연적 신지식"이라고 정의한 것으로서, 십계명에 요약된 "하나님의 도덕법"에 상응하는 "자연 안의 질서"이다. 그래서 멜란히톤은 자연법을 "인간성 안에 심겨진 신법(神法)의 지식"이라고 묘사할 수 있었다.[20]

---

18) *CR* 21:641ff., 711f.
19) *CR* 21:712, 686, 687.

하나님에 대한 첫째 증명에서 멜란히톤은 우연이나 물질의 발전에 의해서는 나타날 수 없고, 오직 질서있는 영에 의해서만 주어질 수 있는 질서를 나타내는 자연을 바라본다. 그의 둘째 증명은 합리적인 존재로부터만 나올 수 있는 인간의 합리적 성질로부터 추론해 가는 것이다. 그런가 하면 셋째 논증은 선과 악을 구별하여, 질서와 수를 셀 수 있는 자연적인 능력으로부터의 후험적 추론이다. 신(神)만이 그런 능력을 만드실 수 있다는 것이다. 넷째로, 그는 하나님의 존재가 모든 사람이 하나님에 대한 '자연적 믿음'(*notitia naturalis*)을 가지고 있다는 것으로부터 후험적으로 추론된다고 한다. 다섯째로, 범죄자의 양심의 가책으로부터 하나님이 이런 판단을 정해 주셨다는 결론이 나온다고 한다. 여섯째로는, 정치 사회로부터 "영원하신 신(神)이 정치적 공동체를 유지하시기 위해 사람에게 질서있는 이해를 주셨다"는 결론이 나온다고 한다. 일곱째로, 원인과 결과의 연관으로부터 이런 인과 관계가 무한히 역추론될 수 없으니, 그렇게 되면 원인들의 필연적 연관이 없게 되겠기 때문이라고 멜란히톤은 추론한다. 즉 하나의 최초의 원인이 있어야만 한다는 것이다. 여덟째로, 목적을 향한 의도적인 추론은 하나님을 그 시원자(originator)로 하는 결론적 최종적 원인(*causae finales*)의 존재를 함의한다고 한다. 마지막 아홉째로, 미래 사건에 대한 예언적 선언들은 신(神)이 그 사건 이전에 변화를 선언하고 지시함을 시사해 준다는 것이다.

이성과 계시, 철학과 신학

멜란히톤 신학의 이런 자연주의적 접근으로부터 성경 가운데서 드러난 하나님의 계시는 보조적인 의미만을 지닐 수 있을 뿐이라는 결론이 나올 수 있다. 계시는 사람 스스로가 하나님께 대해 말할 수 있고, 또 말해야만 하는 것에 조금만을 더해 줄 뿐이라는 것이다. 이런 이성과 계시의 융합은 하나님의 섭리에 대한 논의에서 분명해진다. 하나님의 존재에 대한 증명들

---

20) *CR* 13:649f.; 21:687f., 712.

은 하나님의 존재에 대해서 확신시켜 주고, 그의 존재 안의 특정한 특성들, 예를 들어서 그의 섭리적 돌보심을 시사해 주어야만 한다고 그는 말한다.[21] 그러나 삶의 현실이 하나님의 섭리를 항상 반영해 주는 것같이 보이지는 않으므로,[22] 하나님의 섭리를 받아들이는 것은 하나님의 존재를 받아들이는 것보다 더 어렵다고 한다. 그러므로 하나님의 섭리에 대한 믿음을 일깨우고 강화시키기 위해서는 성경 말씀이 필수적이라는 것이다.[23] 그러므로 계시는 하나님의 존재에 대한 지식에 그의 섭리적 돌보심에 대한 확실성을 더해 준다고 그는 이해한다.

이성과 계시의 이런 상보적(相補的)관계를 우리는 그의 구속론에 나타난 신개념에서도 찾아볼 수 있다. 멜란히톤은, 하나님은 영원한 영이시요, 자연 안에 있는 모든 선한 것의 원천이시라는 플라톤적 신개념에서 시작하여, "그러나 또 다른 좀더 분명하고 더 궁극적인 신개념의 정의를 추구해야만 하니" 그는[플라톤] 아직도 "하나님께서 계시하신 대로 하나님을 묘사하지 않기" 때문이라고 한다. 즉, 삼위일체적 방식으로 당신에 대해서 하나님이 계시하신 것을 덧붙일 필요가 있다는 것이다. 구속과 관련해서 사람은 자연법 덕분에, 하나님은 의로우시고 그의 뜻을 이루는 이들에게 자애로우시며 그리하지 않는 이들에게 진노하신다는 것을 안다. 그러나 복음을 통해서라야만 우리는 비로소 하나님께서 그리스도 때문에 그럴 자격이 없는 이들에게도 하나님은 자애로우시기를 원하심을 알게 되니, 하나님은 죄인을 의롭다고 하시기 때문이다. 이런 것은 크세노폰(Xenophon), 플라톤(Plato), 키케로(Cicero), 그리고 폼파니우스 아티쿠스(Pompanius Atticus)에게서는 찾아볼 수 없는 면이다.[24]

멜란히톤은 이와같이 계시와 "본성의 빛"을 상보적(相補的) 관계로 파악한다. 그는 말하기를 교회에서는 일반 경험, 원리들, 그리고 삼단논법들

---

21) *CR* 21:643.
22) *CR* 13:203.
23) *CR* 21:641.
24) *CR* 21:610, 733, 291.

외에 "네번째 확실성의 기준, 즉 신적 계시를 가지니, 이는 예언서와 사도들의 글에 분명히 나타나 있는 것이다"고 한다.[25] 여기서 멜란히톤은 이성과 계시를 서로 평화롭게 공존하여 살아가는 두 나라와 같이 공존하는 것으로 여기는 것이다. 이성은 이성의 규제를 넘어서며, 그 논리 이상의 것이고, 그 이성의 지식에 반하는 것, 즉 하나님을 관용한다는 것이다. 즉 일반적 경험이나 논리적 준칙과는 독자적인 지식의 방도를 허용한다는 것이다. 또한 계시는 계시대로 하나님에 관한 문제에 있어서 배타적인 전권을 주장하지 않고, 오직 마무리하고 완성하는 데만 관여한다고 말한다. 이성과 계시 모두가 서로에 의해서 제한을 받고, 위협을 받으며, 억압된다는 것이다.

물론 계시가 그 주장에 대해서 수학적 확실성을 주장할 때 이성은 그 자체가 위협받는다고 느끼지 않는다. 건전한 정신을 가진 이는 누구나가 2×4=8 이라고 확신하는 것처럼 "하나님의 경고와 약속인 신앙의 조항들은 우리에게 확실하고 불변하는 것이어야만 한다. 또한 잘못을 행한 자는 하나님의 아들 덕분에 죄가 용서된다고 확신해야만 한다. 그 덕분에 그는 하나님께 자신을 아뢸 수 있고, 영생의 상속자가 되었기 때문이다. 그러나, 그 확실성의 근거는 좀 다른 것이다. 이성은 그 자신의 판단에 따라서 숫자들에 대한 진술을 파악한다. 그러나 신앙의 조항들은 죽음으로부터의 부활이나 다른 이적들에 의해서 확실하고 분명한 증거를 통해서 하나님께서 확언해 주신 계시 덕분에 확실한 것이다."[26]

이성과 계시의 이런 상보적(相補的) 관계는 결국 신학과 철학, 또 다른 모든 학문의 관계를 규정하는 것이기도 하다.[27] 성경 계시에 근거한 신학은 철학의 자연적 신지식을 확대하고, 이와 같은 방식으로 성역사(聖歷史, 혹 구속사, *Heilsgeschichte*)는 교의학의 구성을 규제한다.[28] 그러나 역사

---

25) *CR* 13:150f.
26) *CR* 21:604f.
27) *CR* 12:689. .
28) *CR* 21:605f.

안에서 계시된 이 신지식은 언제나 경험과 원리들에서 출발하는 철학의 증명 방법과는 거리가 먼 것이다.[29] 그러므로 신학과 철학은 구별되어야만 한다. 부엌에 있는 고기국 같이 섞여져서는 안되는 것이다.[30]

그러나 또한 계시를 증시하거나, 증명할 수 없다고 해서 방법론적 사유를(즉 철학적 사고를 — 보역) 부인해 버려도 안 되니, 방법론적 사유는 신학에 학문적 성격을 부여해 주고, 그것이 없이는 신학이 "교육받지 못한 신학"(*inerudita theologia*)이 될 것이라는 것이다. 이런 "교육받지 못한 신학"에서는 "중요한 것들이 질서있는 방식으로 발전되지 않고, 구별되어 져야 할 것들이 섞여지고, 그 성질상 연관되어져야 할 것들이 구별되며, 서로 상충하는 것들이 말해지기 일쑤고, 직접적인 것들이 진리로 여겨지고, 독특한 것들이 영향을 받게되고… 그리하여 여기서는 모두가 다 뿔뿔이 흩어지게 된다. 우리는 출발점도 찾을 수 없고, 진보의 단계도 결론도 찾을 수 없게 되는 것이다."[31]

그렇기 때문에 그 개념화에 있어서 신학은 정의하고, 한정지우며, 비교하고, 환원시킬 수 있어야만 하는 것이다.[32] 그러므로 신학도 기본적으로 "말하는 방법과 스타일"(*methodus et forma orationis*)을 가지기 위해서는 변증법을 필요로 한다.[33] 그러나 다른 학문들, 특히 물리학과 철학적 윤리들도 필요하니, 개념을 구성하고 그 지식의 내용을(예를 들어서 영혼과 의지에 대한 이해) 얻기 위해서 그러한 것이다. 그러므로 철학은 신학의 돕는 배필이 되며,[34] 다른 학문들은 "신적 교리를 위한 도움"(*adminicula in doctrina coelesti*)이 되는 것이다.[35]

이와 같은 것이 멜란히톤이 구성하고, 그 안에서 수 세대의 젊은이들이

---

29) *CR* 21:603f.
30) *CR* 11:282.
31) *CR* 11:280.
32) *CR* 7:577.
33) *CR* 11:654, 280.
34) *CR* 11:282.
35) *CR* 13:657.

자라난 흥미로운 영적인 구조물이다. 멜란히톤은 이것을 사상의 유일한 목적인 하나님에 대한 지식 위에 세운 것이다. 이것이 학교와 대학을 도왔고, 이 신지식에 대한 추구에서 학교와 대학들은 그 특별한 사명을 인식한 것이다. 그리고 그 구조들은 "본성의 빛"이 하나님을 알 수 있다는 한 가지 가정에 근거하고 있다. "본성의 빛"에 대한 이 교리로 멜란히톤은 대학에 확고한 영적인 기초를 주었고, 그 모든 학문들을 최대한 풍성하게 기독교 신앙과 연관시킨 것이다. 그는 이런 학문의 체계를 통해서 먼저는 "독일의 교사"(*Praeceptor Germaniae*)가 된 것이다.

그의 신학의 이런 자연주의적 접근이 과연 옳은 것인가, 그른 것인가 하는 질문은 복음주의 교회의 최초의 조직신학서인 1521년의 『신학총론』 (*Loci Communes*)의 독창적이고 다른 접근을 통해서 멜란히톤 자신에 의해서 제기되었다고 할 수 있다.

청년 멜란히톤이 행한 신학 접근 방법

이와같이 젊은 멜란히톤에게서는 우리가 전적으로 다른 접근을 발견하게 된다. 이는 1521년 『신학총론』의 죄에 대한 장(章)에서 사람의 타락에 대한 하나님의 반응에 나타나 있다. 문제는 사람이 하나님에게서 떨어져 나온 것이 사람의 종교적 기능만을 약화시키고 손상시켰는가, 아니면 하나님과의 영적인 유대(紐帶)를 파괴시켜서 자연 상태에 있는 사람은 그 창조주와 유지자이신 하나님을 온전히 상실하였는가 하는 것이다.

멜란히톤은 (사람의 죄에 대한) 하나님의 반응을 하나님의 영이 떠난 데서 찾고 있다: "하나님께서 사람을 죄 없이 창조하셨을 때는 하나님께서 사람을 옳은 행동들에로 움직여 가시기 위해서 그의 영을 통해서 그와 함께 하셨다. 만일 아담이 타락하지 않았다면, 이 영은 모든 아담의 후손들을 인도하셨을 것이다. 그러나 아담이 타락한 후에는 하나님께서 사람에게서 곧 떠나셨고, 더 이상 그의 인도자가 되지 않으시는 것이다."[36] 이렇게

---

36) *CR* 21:97.

성령의 떠나심은 하나님과 사람 사이의 영적인 유대의 종언(終焉)을 가져왔고, 다음과 같은 결과를 내었다고 한다:

1. 사람의 지식에 미친 결과. 멜란히톤은 하나님의 영의 떠나심이 지식에 미친 영향을 "칭의와 신앙"에 관한 장(章)에서 말하고 있다. 그의 주장의 신학적 입장은 아주 중요하니, 하나님의 영의 떠나심이 지식적 기능에 미친 영향이 의지와 행동의 기능에 미친 영향과 관련된다고 시사하기 때문이다. 개혁자들 가운데서는 이 청년 멜란히톤만이 모든 자연적 학문 사이의 엄밀한 균형 상태를 파괴하였다. 그는 하나님의 활동에 관한 질문에서, 그의 후기의 관점과는 대조적으로, 아주 참되고 중요하며 심각한 문제를 보는 것이다. 이는 1523년 창세기에 대한 설명에서 다음과 같이 표현되어졌다: "하나님은 계시는가? 이 세상은 신적인 능력에 의해서 창조되었는가? 이 세상은 신적인 존재에 의해 통제되는가?"[37]

이에 대한 멜란히톤의 대답은 실질적으로 그가 철학적 전통과 신학적 전통에서 알게된 자연적 신지식에 이르는 두 가지 길, 즉 자연으로부터의 길과 사람들로부터의 길을 끊어내는 것이다.

첫째로, 자연으로부터 하나님을 아는 것에 대해서는 이렇게 말한다. 사람은 "창조와 이 세상의 인도를 다 파악할 수 없다. 그는 일들이 우연히 일어나고, 기원하며, 사라지고, 또다시 일어난다고 생각한다. 모든 육체가 이렇게 생각하는 것이다." 또는 사람은 "질서있고 규제된 움직임은 우리가 보는 자연의 과정일 뿐"이라고 생각한다. 그들은 "작고 제한된 피조물들과 하나님이 관계하신다고 생각하지 않는다. 각각의 사물은 그 스스로의 능력에 의해 움직일 뿐이라고 생각하는" 것이다.[38] "끊임없이 읽고, 또 읽고, 거룩한 책과 교리 속에 뒹굴어 봐도, 이성(*Verstand*)은 그런 식으로는 하나님이 존재하신다고, 그가 자비로우시고, 의로우시다고 결코 믿지 않을 것이다. 말(words)은 듣고, 성령의 말씀을 위선적으로 흉내낼 수는 있으나,

---

37) *CR* 13:761.
38) *CR* 13:761, 767.

실제로는 그것을 이해하지 못하고, 하나님의 존재를 시적인 허구로만 주장할 것이다. 인간의 암매(暗昧)는 (이처럼) 깊은 수렁과 같다."

이렇게 말한 후에 멜라히톤은 그의 기본적 선언으로 나아간다: "하나님의 존재, 하나님의 분노, 하나님의 자비는 영적인 것들이다. 그러므로 그것들을 육체로 알 수 있는 길은 없다."[39] 그렇기 때문에 "모든 것이 신적인 섭리에 의해 통제되며, 우연히 일어나는 것은 아무것도 없다는 믿음은, 하나님의 존재를 부인하고 우리에 대한 그의 돌보심을 부인하는 우리의 이성을 끊어내는 것이다." 하나님의 존재에는 "영적인 것들"만이 아니라, 그의 존재 사실(existence)도 속한다. 이것은 적극적으로 말하자면, "오직 하나님께서 우리의 심령에 영향을 미치시고, 피조계가 그로부터 왔으며, 그 안에 있으며, 그를 통해 만물이 있음을 시사하셔야만 우리의 심령이 하나님을 신뢰할 수 있다"는 것을 의미한다.[40]

둘째로, 멜란히톤은 자연적 양심으로부터 신지식을 얻을 수 있는가를 물으면서 양심이 그 자체로 하나님과 그의 뜻을 알 수 있다는 것을 부인한다. 여기서 자연법(自然法) 문제가 등장한다. 멜란히톤은 3가지 법을 나누어 말한다. 하나님을 경외하고 높이기를 요구하는 법, 누군가를 해하는 것을 금하는 법, 그리고 모든 것을 공동으로 사용하기를 권하는 법으로 말이다. 이중에서 둘째와 셋째 법은 인간의 공동 생활에서, 첫째 법은 성경, 특히 로마서 1:20에서 이끌어내고 있다. 비록 그는 바울 자신이 자연법 아래서 하나님의 존재를 다루고 있다는 것을 확신하고 있지만, 하나님의 존재가 합리적 명제로부터 결론내려질 수 있다고 논의하는 것은 경건에서 온 것이 아니라 호기심에서 온 것이라고 생각한다.

1535년의 제2판 『신학총론』(*Loci Communes*)에서는 그 의미가 더 분명히 나타나고 있다: "사람의 이성은 나머지 두 가지 법을 쉽게 추론할 수 있다. 그러나 이성이 어떻게 첫째 법을 추론할 수 있는지는 나도 잘 모르

---

39) *CR* 21:94, 160.
40) *CR* 13:762.

겠다. 이성은 아담의 타락 이후에는 아주 어두움에 빠져 있기 때문이다…
첫째 법이 어떻게 자연법에 포함될 수 있는지는 다른 이들로 판단하게 하
자. 히브리서 11장은 창조는 믿음으로 알 수 있다고 말하고 있다."[41]

멜란히톤은 복음에 대한 부분에서 자연법을 통해 신지식을 얻을 수 있
다는 것을 아주 분명하게 부인한다. 그곳에서는 심지어 두번째 법 안에 있
는 자연법의 측면을 제거하기도 하는 것이다. 사실 그는 자연법 개념을 제
거하는 것이다: "사람의 영에 하나님께서 심어 놓으신 자연법 외에 하나
님께서는 아담에게 선과 악을 알게 하는 나무의 실과를 먹지 말라고 하셨
으며, 가인에게는 살인을 방지하기 위해서 분노를 금하며, 그 형제에 대한
죄를 금하는 법을 주셨다. 이와같은 방식으로 하나님의 영은 사람의 영이
죄를 통해서 어두워졌기 때문에 자연 안에서 모호하게 된 자연법에 대한
지식을 새롭게 하신다. 그러므로 나는 자연법을 자연에 의해서 사람의 영
에 내재해 있거나, 심겨진 판단이라고 부르기보다는 우리 조상들로부터 받
아 우리 후손에게로 전달해 주는 명령이라고 부르고 싶다. 아담이 그 자손
들에게 세상의 창조와 하나님을 높이는 것에 대해 가르쳐 주었듯이, 가인
에게 그 형제를 죽이지 말라고 가르쳤던 것이다."[42]

아담은 처음부터 가인 안에 있어서 그의 본성 안에 숨어 있던 어떤 것
을 기억하게 일깨우는 일을 한 것이 아니다. 마치 오래 전에 쓴 글자같이
희미하게 된 것, 그 자연법을 재생시킨 것이 아니고, 이전에는 알지 못하던
새로운 것을 말해 준 것이다. 하나님의 활동에 대한 확실성에 대해서 멜란
히톤은 말씀을 통해서 선포될 필요가 있는 하나님의 확실성과 신비를 말
하고 있다.

멜란히톤은 여기서 한 걸음 더 나아간다. 그는 자연적 지식의 두 가지
길을 수단으로 해서 하나님의 존재와 뜻을 확언하려는 사람들의 모든 시
도들의 가치에 대해서 날카로운 종교적 판단을 하는 것이다. 그런 시도들

---

41) *CR* 21:117f.
42) *CR* 21:140.

은 원하는 목적에 이르지 못할 뿐만 아니라, 실제로 하나님께 대한 저항과 반역의 표현이라고 하는 것이다.

"우리의 심령을 새롭게 하시며 빛을 비추어 주시는 하나님의 영이 없이 하나님의 어떠하심에 대해서 안다고 하는 것은 분명히 신앙은 아니고, 냉엄한 사상일 뿐이다. 따라서 이로부터는 하나님에 대한 조작과 위선, 무지, 그리고 그에 대한 경멸만이 나올 뿐이다. 육체의 눈으로는 이 위선을 볼 수 없다고 해도 말이다. 영은 모든 것을 질서지우신다."[43] 하나님을 증명하려고 하는 것은 하나님의 엄위에 대한 경멸과 불신일 뿐이다. 증명에 의해서는 믿음과 불신이 구체화되지도 반박되지도 않는 것이다.

2. 사람의 의지와 행동에 대하여. 하나님으로부터 사람은 자기 자신에게로 돌아서서 자애(自愛)라는 근본적 감정의 통치를 받는다. 이 자애는 인간성을 지배하는 첫째되며 가장 강력한 기본적 동기(*primus affectus et summus naturae hominis*)이다. 이것은 "사람을 압도하고, 이것 때문에 사람은 자신에게 좋고, 유쾌하며, 달콤하고, 영광스러운 것만을 추구하고 갈망하며, 자신에게 적대적인 것으로 나타나는 것은 모두 미워하고 증오하며, 적대적인 것과 자신을 주관하려는 것을 피하고 자신에게 불쾌한 것은 추구하지 않게 되는 것이다."[44] 사람이 이 기본적 동기를 지배하지 못하므로, 사랑하거나 미워하기를 자유롭게 선택해서 할 수 없게 된다. 이제까지 사랑했던 이가 자신에게 피해를 주면 그 순간에 그의 사랑이 그쳐지는 것이다. [45]

이로부터 오캄의 윌리엄(William of Ockham)과 가브리엘 비엘(Gabriel Biel)에게서 개혁자들이 직면했던 스콜라 신학에 대한 반립(反立)이 필연적으로 따라나오게 된다. 스콜라 신학은 사람이 하나님께 반역한 후에도 인간성은 손상을 받지 않았다고 생각했다. 즉 사람은 처음 창조

---

43) *CR* 21:160.
44) *CR* 21:98.
45) *CR* 21:90.

받을 때와 마찬가지로 선한 행동을 이끌어 낼 수(actus bonos elicere)[46] 있는 자유와 심지어 무엇보다도 하나님을 더 사랑할 수 있는 자유를 가졌다고 생각한 것이다.[47] 따라서 이런 견해를 가진 이들은 사람의 칭의의 첫 발걸음을 내디딜 수 있으며, 따라서 칭의를 받을 수 있다고 하였다. 다음과 같은 고전적 진술에서 잘 나타난 바와 마찬가지로 말이다: "네가 하여야 할 일을 다하라. 그리하면 하나님께서 네게 은혜를 주시리라."[48]

멜란히톤은 이에 대해서 대답하기를, 사람의 자기 사랑[自愛]은 부가적인 하나님에 대한 증오를 낳았으니, 하나님은 사람에게 소멸하는 불과 같다고 하였다. 오직 하나님의 긍휼히 여기심만이 이 증오를 극복할 수 있으니, 이 하나님의 긍휼히 여기심은 하나님을 사랑하는 새로운 감정을 낳으며, 그래서 사람이 하나님을 사랑하고 그에게 받은 사랑에 대한 보답의 사랑을 할 수 있게 한다는 것이다. 이처럼 성령으로 말미암지 않고는 그 누구도 죄를 미워하고 회개할 수 없는 것이다.[49]

이와같이 청년 멜란히톤은 사람이 하나님에 대한 지식에 있어서나 하나님의 뜻에 따라 의도하고 행동하는 능력에 있어서나 하나님을 떠나서는 전적으로 무력하다는 것을 분명히 하고 있다. 그렇기 때문에 하나님만이 그의 영을 통해서 사람을 다시 회복시켜 줄 수 있는 것이다. 그러므로 청년 멜란히톤의 접근법은, 하나님의 유비를 얻기 위하여 인간이 무엇인지 더 정확히 정의하는 것이기보다는 하나님의 영에로 돌아가는 것이었다. 왜냐하면 말씀에서 사람에게 말씀하시는 하나님의 영만이 그의 지식을 지시하고, 그 의지와 행동을 하나님께로 돌이킬 수 있기 때문이다.

후기 멜란히톤의 "본성의 빛"을 통한 접근을 다시 회고해 볼 때, 우리는

---

46) *CR* 21:91.

47) *Melanchthons werke*, II, 1, *Loci Communes von* 1521, Haus Engelland, ed.(Gutersloh, 1952), 31, n. 19.

48) Ibid., 33, n. 27(이 얼마나 우리의 귀에 익숙한 구절인가? 이것이 개혁자들이 반대했던 스콜라 신학적 진술임에 유의하라 ― 역자 주).

49) *CR* 21:98, 154.

그의 후기 신학에서 멜란히톤이 사람 안에서의 하나님의 영의 활동을 덜 강조했다고 확언해야만 한다. 새로운 지식의 찬연한 빛에 의해서 처음에는 퇴색하고 어둡게 되었던 전통의 구조가 후에 다시 전면에 나서게 된 것이다. 하나님으로부터 타락의 결과들이 더 이상 보편적으로 이해되지 않고, 오히려 사람 안에 있는 "본성의 빛"이 (우리가 신지식 문제에서 보았듯이) 성령께 돌려졌던 영역을 차지하게 된 것이다.

이 급진적인 변화는 1532년 멜란히톤의 로마서 주석에서 처음으로 분명히 나타나게 된다. 여기서 처음으로 위에 제시했던 하나님에 대한 증명을 만나게 된다. 이때에는 1535년의 『신학총론』(제2판)에서와 같이 여섯 개의 증명이 나타나고, 1543-44년의 개정판(제3판:최종판)에서는 그 증명이 9개로 확대되었다. 멜란히톤은 이런 전환의 이유를 결코 분명히 표현한 일이 없다. 아마도 이것은 말씀을 떠나서 성령만을 강조하는 열광주의자들에 대한 방어 때문이거나, 그들의 교육에 대한 적개심에 반대한 윤리교육적 관심 때문이거나, 복음의 선포를 위한 출발점에의 요구 때문이거나, 고대 철학자들에 대한 연구 때문이거나, 아니면 이 모든 이유들의 합성 때문이었을 것이다.

멜란히톤 해석의 논쟁점들

하나님의 행위와 인간들의 행위의 관계

사람을 통해 신학에 접근하는 방식에로 되돌아감으로써 전통에로 복귀한 멜란히톤의 이 복귀는 무엇보다도 이것이 종교개혁의 핵심적 조항인 칭의에 영향을 미치는가, 그리고 율법의 완성과 구원의 획득 문제에 있어서 멜란히톤 사상에 신인협동설(synergism)이 파고들게 되는 것은 아닌가 하는 문제를 제기한다.

자연법에 대한 요약적 설명과 해석으로 이해된 십계명과 관련해서, 사람은 그의 자연적인 힘으로는 두번째 부분만을 이룰 수 있을 뿐이다. 그것도 시민법(*iustitia civilis*)과 외적 규제(*disciplina externa*)의 의미에서 외면적으로만 이룰 수 있는 것이다. 그러나 멜란히톤은 이것의 구체적 실현에 대해서 많은 유보를 가지고 있었다. 왜냐하면 그는 원죄의 연약함과 사탄의 능력에 의해서[50]사람이 그것을 실천할 수 있음이 위협되고 있는 것으로, 그래서 사람은 하나님이 그들을 보존해주지 않으시면 이 "외적 규제"에서도 쉽게 실패함을 알고 있었기 때문이다.[51]사람은 내면적인 의미에서는 하나님의 뜻을 온전히 이룰 수 없고, 그렇게 하기를 시작할 수도 없는 것이다.[52]"성령이 없이는 하나님이 요구하시는 영적인 감정, 즉 하나님을 참으로 경외하며, 하나님의 사랑에 대한 참된 신뢰를 가지고, 하나님을 참으로 사랑하며, 어려움과 죽음 가운데서도 인내와 용감함을 가지는 그런 영적인 감정을 이루어낼 수 없기 때문이다."[53]

이로부터 멜란히톤이 자연적인 의지에 은혜를 융화시키는 일을 할 수 없었다는 것을 기대할 수 있다. 물론 그는 때때로 좀 오해하면 신인협동설의 혐의를 받을 만한 진술을 한 일이 있다. 특히 하나님의 말씀, 성령, 그리고 하나님의 말씀에 저항하지 않고 그에 동의하는 사람의 의지가 동시에 협력한다는 것과 같은 진술 말이다. 그는 분명히 옛날의 전통적 신학의 표현을 그대로 받아들여 사용하고 있다. 예를 들어서, 그는 의지는 은혜에 일치하는 그 능력(*facultas applicandi se ad gratiam*)에 있어서 자유롭다고 한다. "즉, 의지는 (은혜의) 약속을 듣고, 동의하여 양심에 반(反)해서 고의적으로 죄짓는 일을 그만 두기로 할 수 있다"는 것이다.[54]

그러나 멜란히톤이 함께 역사하는 세 가지 원인을 말할 때 그는 자연적인 의지를 말하는 것이 아니라, (하나님의 말씀에) 동의하는 의지를 말하는 것이고, 또한 "은혜에 일치하는 능력"에 대해 말할 때, 야곱 룽게(Jacob Runge)에 의해 기록된 대화가 보여 주듯이,[55]이미 중생한 사람에 대해서

---

50) *CR* 21:392, 401, 655.
51) *CR* 25:328.
52) *CR* 15:950.
53) *CR* 21:656.
54) *CR* 21:658f.

말하는 것이다. 많은 비슷한 언급들이 이를 뒷받침해 준다. "마음의 신뢰와 기쁨은 성령의 직접적 사역들이다."[56] "하나님께서 그것을 치유하신 한"(quatenus sanari divinitus coepit)[57] 의지는 회심에서 능동적이다. 성령께서 이끄실 때에라야 의지의 성령에 대한 무저항이 나오게 된다.[58] 그렇다! 하나님께서는 회심 기간 중이나 그 이후에도 역사하신다. 따라서 의지는 능동적이지 않고, 전적으로 피동적이다.

"성령에 대해 이 규칙을 아는 것은 아주 유용하다. 왜냐하면 회심에서와 성도들의 삶 전체에 있어서 하나님께서 놀라운 빛을 비추심과 활동을 하시기 때문이다. 이에 대해서 인간의 의지는 수납할 수 있을 뿐이니, 인간의 의지는 협동자가 아니라, 하나님의 활동을 수동적으로 받는 것이기 때문이다. 그럼에도 불구하고 우리는 우리의 모든 유혹 중에서 하나님의 말씀을 생각하도록 가르침을 받아야만 한다. 우리는 그의 도움을 요청하고, 그의 말씀으로 우리를 강화시켜 주시기를 기원해야 한다." 그리고 "이 투쟁에서 의지는 비활동적이다"(in hoc certamine voluntas non est otiosa).[59]

이와 비슷한 주장들은 멜란히톤이 의지의 활동에 대해 말할 때 일종의 신인협동설을 주장했다는 것을 의심하도록 만든다. 그가 제한을 붙이지 않고, 또 잘못 말하는 주장들은 그가 서 있는 맥락에 따라서 이해해야만 하는 것이다. 그는 자신을 열광주의자들에 대한 적대자로, 복음 전도의 사역(ministerium evangelicum)을 무용(無用)으로 만드는 마니교도들에 대한 적대자로 자처했고, 성령이 사람을 동상이나 나뭇조각이나, 돌 같이 다룬다는 오해를 강력하게 거부하였다.[60] 하나님께서는 위기의 때만이 아니라,

---

55) Cf. A. Herrlinger, *Die Theologie Melanchthons in ihrer geschichtlichen Entwicklung*(Gotha, 1879), 92; Fr. H. R. Frank, *Die Theologie der konkordienformel* (Erlangeu, 1858), 198.

56) *CR* 15:97.

57) *CR* 24:316.

58) *CR* 15:680.

59) *CR* 9:468; 21:658.

60) *CR* 21:659, 663; 15:329.

언제나 사람에게 역사하신다. 이것은 하나님께서 논리적 사유 양식에 따라 묘사될 수 있는 방식으로가 아니라, 역설적으로만 역사하신다는 것을 의미한다. 따라서 신앙은 한편으로 보면 성령의 결단으로 나타나고, 한편으로 보면 사람의 결단으로 나타나게 된다.[61]

그러나 사람의 활동에 대한 멜란히톤의 말에는 또 다른 동기가 나타난다. 많은 주장들이 목회적 성격을 지니고 있다. 그는 낙담과 절망의 때에 사람들을 돕기를 원하며, 신앙에로의 결단을 도우려고 한다. "당신은 '나는 할 수 없다'고 말한다. 그러나 어떤 방식으로든 할 수 있는 것이다. 복음의 목소리가 당신 안에서 일어날 때는 하나님께 도움을 구하고, 성령께서 그 안에서 역사하심을 믿으라. 그와 같은 방식으로 하나님께서는 당신이 회심하기를 원하시는 것이다. 그의 약속을 바라보면서 우리는 노력을 하고, 그를 부르며, 우리의 불신과 다른 파괴적 감정들과 투쟁해야만 하는 것이다."[62]

칭의와 성화의 관계

둘째 질문은 멜란히톤이 후기에는 (그가 처음 루터와 함께 작업을 시작했을 때에는 가르쳤던) 칭의와 성화의 연관성을 포기했는가[63]하는 것이다. 그럼으로써 중생을 칭의와 구별하고, 칭의를 하나님의 두번째 행위로 여기고, 칭의 자체를 "우리 밖에서 오는 그리스도의 의"(*aliena justitia Christi*)의 전가로, 단순한 죄 용서로 이해했는가 하는 것이다.

사실 멜란히톤은 종종 칭의를 단순한 죄 용서로, 또는 그리스도의 의의 전가로, 또는 하나님에 의해 받아들여지는 것으로, 또는 의의 선언으로 말한다. 성화를 전혀 언급하지 않고 말이다. 그러나 그는 성화를 배제할 의도

61) *CR* 9:468의 인용문에 있는
62) *CR* 21:659.(이런 중도적 입장이 최선의 것일까? 그런 생각을 하면서도 무엇인가 안타까운 감이 불안한 감이 나타나고 있음을 부인할 수 없다 — 역주).
63) 특히 Karl Holl, *Die rechtfertigungslehre in Licht der Geschichte des Protestantismus*(Tübingen, 1923)을 보라. Cf. Karl Holl, *The Cultural Significance of the Reformation*, tr by Karl and Barbara Hertz and T. H. Lichtblau(New York, 1959).

가 없었고, "하나님의 심판 아래서 두려워하는 양심"(*conscientia perterre facta*)을 위로하고, 가톨릭적 오해를 비켜 보려고 한 것이다.

근본적으로 그가 성화와 칭의를 서로 떼어내지 않았다는 것은 그가 그리스도의 사명에 대해 말하는 방식에서 분명히 드러난다. 1543-44년판의 『신학총론』(*Loci*)에서 그는, 그리스도께서 "우리의 죄를 용서하시고, 성령을 통해서 새로운 의와 영생을 우리 안에서 시작하게 하시려고" 오셨다고 말한다.[64] "그리스도는 우리의 의(義)이시다. 즉, 우리는 영원하신 아들이 의로우시기 때문에 의로운 것이 아니라, 그의 공로가 죄 용서와 화목을 위해 우리에게 돌려지기 때문에, 또한 그가 우리 안에서 우리를 갱신시키기 때문에 의로운 것이다. 그러나 언젠가 영생에서는 우리가 온전한 의를 가지게 된다."[65] 그는 그의 공로와 임재와 우리 안에서 역사하시는 그의 강력한 역사를 통해서 "우리의 의와 거룩과 구속이시다."[66]

멜란히톤이 그리스도의 사명 안에서 죄 용서와 성화의 연관성을 주장하였으므로, 칭의에 대한 그의 많은 가르침에서 그 주장은 계속 나타난다. "우리가 칭의받고, 우리의 죄가 없어졌으며, 새롭고 영원한 생명이 실제로 우리 안에서 시작되어야 하기 때문에, 즉 하나님을 향한 새로운 빛과 순종이 시작되었으므로" 새로운 순종은 반드시 시작되어야만 한다.[67] 그러나 성화는 칭의의 목적일 뿐만 아니라, 그 내용이기도 하다. "칭의 자체는 언제나 그와 함께 새로운 삶과 순종을 가져온다."

그리고 "갱신의 시작은 언제나 칭의와 동시에 시작된다."[68] 복음을 믿는 이들은 "칭의 받았다. 즉, 아들을 통해서, 아들 덕분에 신앙으로 받아들여졌으며, 그를 통하여 성령의 덕분으로 영생에로 성화된 것이다." 우리는 "그 아들 덕분에, 새롭고 순수한 삶의 시작을 통해서 하나님께서 전가해

---

64) *CR* 21:854.
65) *CR* 12:410, 제34 테제.
66) *CR* 8:612.
67) *CR* 13:1342.
68) *CR* 21:442; 28:401.

주신 의(義) 덕분에" 믿음으로 칭의되었다.[69] 의(義)는 "아들 때문에 우리를 의로운 자로 선언하시는 아버지를 통해서 오는 의의 전가이고 화목"이다. 그리고 "우리 안에 있는 그 의와 생명의 은사와 활동은 영원할 것이다." 그래서 멜란히톤은 성경과 함께 온전한 의미의 의(義)를 말할 때 칭의에 성화를 포함시키고 있다.[70]

그가 비록 칭의에 있어서 죄 용서에 대해서만 말했을지라도, 성화는 같이 따라오는 것이다. 왜냐하면 죄 용서는 하나님께서 죄를 전가하지 않으신다는 것뿐만 아니라, 그것이 "동시에 성령과 영생, 그리고 하나님께서 우리를 받아주시고, 도와주시며, 보호하시는 모든 복음의 약속의 은사를" 포함하기도 하기 때문이다. 짧게 말해서, 복음의 모든 은사(*omnia beneficia Evangelii*)는 죄 용서 개념 안에 포함되어져 있는 것이다."[71] 죄 용서와 성화는 마치 태양의 빛과 열과 같다: "태양으로 인해 세상이 빛나고 따뜻하게 된다. 그럼에도 불구하고, 빛과 열은 서로 다른 것이다."[72] 그래서 멜란히톤은 오시안더에 대해서도 성화를 칭의에 포함시킨 것에 대해서 보다는, 그것을 가톨릭식으로 말하는 것에 대해서 비난했던 것이다. 이와같이 멜란히톤은 칭의와 성화의 연관성을 보호했다.

예정

세번째 질문은 멜란히톤이 후에는 예정 개념을 버렸는가 하는 것이다. 원래 그가 루터와 함께 작업을 시작했을때는 그는 강하게 예정을 옹호했었다.

첫째로, 그가 구원의 약속의 보편성을 언급하고, 인간 의지의 무력만을 비난한다는 것을 주목하라. 하나님은 "죄의 원인"(*causa peccati*)이 아니시고, 그 안에는 "모순되는 의지"(*contradictoriae voluntates*)가 없으시기

---

69) *CR* 14:1185, 579.
70) *CR* 12:410, 제39 테제; 7:678f.
71) *CR* 15:429.
72) *CR* 24:815; 14:86.

때문이다. 반면에 이런 제한에 맞지 않는 주장들이 있는 듯하다. 1556년의 로마서 주석에서 그는 "왜 그렇게 많은 이들이 상실되고, 적은 이들만이 구원되며, 왜 교회가 그렇게도 많은 방식으로 수난받아야만 하는가?"라는 질문에 대해서 다음과 같이 답하고 있다:

"하나님의 모든 계획은 인간의 생각으로 이해될 수 있는 것이 아니다. 그래서 우리는 하나님의 계시된 말씀만을 의존해야 한다 … 언젠가 영원한 학교에서 우리는 신적인 계획의 이유를 배울 수 있을 것이다."[73] 이와 연관해서 그는 때때로 하나님의 숨겨진 작정(*arcanum decretum, consilium arcanum*), 또는 숨겨진 엄위(*arcana maiestas*)를 말하기도 한다. 에서와 야곱에 대한 하나님의 결정을 생각하면서, 그는 순종의 경우에만 같은 척도가 주어진다고 선언한다. "은사나 긍휼히 여기심의 경우에는 같은 척도를 준다는 것이 불필요하다."[74]

"영원한 선택이 있다는 문장은 옳다. 그럼에도 불구하고 우리는 하나님의 말씀 없이 또는 그 말씀을 넘어서는 선택을 탐구할 수 없다는 것도 사실이다."[75]

"비록 우리가 모든 상황 가운데서 모순되게 제시된 것(*quae se in contrarium offerunt*)을 볼 수 없을지라도, 그 말에는 동의해야 한다."[76]

"당신의 선택에 대해서 선험적(*a priori*)으로는 판단할 수 없고, 오직 후험적(*a posteriori*)으로만 판단할 수 있다는 것을 알아야 한다. 즉, 당신이 선택받았는지를 발견하기 위해서 하나님의 숨겨진 경륜을 찾을 수는 없는 것이다. 오직 계시된 말씀만을 찾을 수 있을 뿐이다."[77]

이런 진술들은 멜란히톤이 원리상 예정론을 거부하지 않았음을 시사해 준다. 심지어 유기에 대해서도 말이다. 단지 이에 대해서 실천적으로, 그리

---

73) *CR* 15:997f.
74) *CR* 15:683, 981.
75) *CR* 25:681.
76) *CR* 24:921.
77) *CR* 24:478.

고 목회적으로 권고하고 있을 뿐이다. 이것은 구원의 수납과 거부에 있어서 사람의 책임있는 결단과 하나님의 주권적 결정이 동시적으로 발생한다는 것을 의미한다. 이런 이중적 행위에 대한 진술에서 멜란히톤은 역설적인 방식으로 말하는 것이다. 마치 신앙의 형성에 대해서도 하나님의 행위와 인간의 행위를 그런 식으로 말하듯이 말이다.

그러므로, 멜란히톤은 전통적 견해가 시사하는 것보다는 신학적으로 루터에게 좀더 가까이 서 있다. 멜란히톤 이후의 중요한 신학적 결점들은 멜란히톤이 하나로 만들었던 것을 단편화한 학도들의 책임인 것이다.

성찬에 대한 가르침에서는 멜란히톤이 가능한 여러 곳에서 그리스도께서 실재로 임재하심(**Multivolipräsenz**)을 수립했다는 점에서 루터와 구별될 수 있다. 교회에 대한 가르침에서 멜란히톤은 교회의 치리(治理)를 아주 강하게 부각시켰다. 그래서 후에 정통주의 내에서 소위 목회적 교회들이 발전할 수 있었던 것이다. 그리고 국가를 십계명의 두 부분 모두에 대한 보호자로 높임으로써, 그는 후에 "제후들의 지역에서는 제후들의 종교를 가진다"(*Cuius regio eius religio*)는 표현으로 나타난 것과 국가 교회(**Staatskirchentum**)의 발전을 도입시켰다고 할 수 있다. 그리고 마지막으로, 크리스챤 볼프(**Christian Wolff**) 학파의 계몽 운동과 그 학파의 하나님에 대한 증명과 이성과 계시의 연관은 직접적으로 멜란히톤에게까지 거슬러 올라갈 수 있는 것이다.

멜란히톤의 헌정사

이 책을 우리가 존경하는 요아킴 카메라리우스(Joachim Camerarius)의 존경스럽고 덕스러운 아내인 안나(Anna)에게 헌정합니다. 그들에게 나 필립 멜란히톤은 우리의 구주요 참된 돕는 자이신 하나님의 독생자 예수 그리스도를 통해서 하나님의 은총이 있기를 원합니다.

또한 모든 존경스럽고 덕스러운 이들에게 문안합니다. 하나님의 말씀과 그를 아는 지식을 통해서 그 존경스러움, 믿음, 신뢰, 기도와 감사가 일깨워지고 강화되기 위해서는 모든 그리스도인들이 날마다 일정한 시간을 내어서 은혜스러운 하나님의 계시와 선지자들과 사도들의 글과 신조들에 있는 가르침을 내적으로 성찰해야만 합니다. 왜냐하면 이것들은 우리의 신앙의 원천이요, 근거이고, 토대이며, 또 영원히 그런 것으로 남아 있을 것이기 때문입니다.

그러나 하나님의 말씀과 선지자들과 사도들의 말에 낯선 의미를 주는 많은 책들이 씌어져서, 그것이 온갖 다툼의 원인이 되어 왔습니다. 그러므로 선지자들과 사도들의 말의 바른 의미를 명확히 하고 보존할 바르게 교육받은 교사들이 필요합니다. 이런 참된 교사들은 하나님에 관한 새롭고, 이상한 교리들을 만들어 내지 않습니다. 오히려 그들은 선지자들과 사도들의 글과 신조들에서 발견되는 말씀을 통해서 하나님께서 친히 계시하신 순전한 의미에 될 수 있으면 가까이 있으려 합니다.

하나님께서 그에 대한 공예배와 공적인 모임을 위해 세우신 설교의 직무는 사람들에게 선지자들과 사도들의 글과 신조들 외에는 그 어떤 다른 것도 제시하지 말아야 합니다. 그리고 이 말씀의 참된 의미를 드러내야 합니다. 하나님이 어떻게 불리셨는지, 피조계는 무엇인지, 몸, 영혼, 인격, 율법, 죄, 복음, 약속, 신앙, 은혜, 칭의, 그리고 예배란 용어들은 무엇을 의미하는지를 드러내어야 한다는 말입니다. 이 용어들과 글의 참된 의미를 배운다는 것은 지고한 지혜와 신적인 빛을 인정한다는 것입니다. 이것이 요리문답의 목적이어야만 할 것입니다.

전능하신 "하나님의 아들" 예수 그리스도께서 존경스러운 마르틴 루터 박사를 통해 그의 교리가 다시 한 번 빛나도록 은혜롭게 허용하신 후에, 또한 그가 교황들과 수도사들의 잘못과 우상숭배를 꾸짖은 후에, 그리고 미약한 학도인 나 자신이 감히 작센 교회의 학교 개혁문과 신앙고백서를 작성한 후에, 나는 여러 사람들과 여러 문제에 대해서 논의하게끔 되었습니다. 이것이 내게 입문서라고 할 수 있는 『신학총론』(*Locos Theologicos*)를 쓰게 된 동기라고 할 수 있습니다.

이것을 쓸 때 나는 오직 한 가지 목적만을 가지고 있었습니다. 그것은 처음이나 지금이나 마찬가지인 바, 1530년 아우그스부르크(Augsburg)에서 통과된 작센 교회들의 신앙고백서에 포함된 교리만을 전달하려는 것입니다. 이를 염두에 두고서, 요리문답에서 기본적인 용어들을 설명하려고 하는 것처럼 나는 이 입문서를 젊은이들을 위해 작성하였습니다. 이것이 쉽게 되었는지, 어렵게 되었는지는 이해력을 가진 이들이 판단할 수 있는 문제입니다.

그러나 나 자신은 그것이 얼마나 어려운지를 잘 알고 있기 때문에 나는 독자들이 날카로운 판단자들이 되지 않도록 요청하는 바입니다. 그리고 나는 앞서 언급한 아우그스부르크 신앙고백서에 충실한 교회들과 대학교들의 판단에 나 자신과 나의 모든 글들을 맡깁니다. 비록 많은 분들이 이 교리와 나에 반해서 글을 썼지만(Cochlaus, Alfonsus, Perionius, Osiander 등) 나는 참된 교회의 판단 가운데서 스스로를 위로합니다. 논란은 계속 일어나지만, 만일 어떤 이가 하나님 앞에서 자신이 옳게 가르치고 있으며, 참된 교회에 대한 소명과 증언에서 신실하게 섬기고 있음을 알고 있다면, 자신의 적들에 반해서 충분한 위로를 얻게 될 것입니다.

제가 이 책을 당신께 보내는 이유는 하나님에 대한 바른 지식과 기도 가운데서 사는 그리스도인, 그 자녀들을 같은 교훈 가운데서 양육하려고 애쓰는 이들에게는 독일어로 된 이 책이 유용할 것이기 때문입니다. 우리 주 예수 그리스도의 아버지이신 전능하신 하나님께서, 그의 아들 예수 그리스도 덕분에 당신의 사랑하는 남편 요아킴 카메라리우스(Joachim Camerarius)와 당신, 그리고 당신들의 모든 자녀들을 은혜롭게 지키시고 인도하시기를 원합니다.

1553년 사도 마태의 날에
비텐베르크에서
필립 멜란히톤 드림

멜란히톤의 서문

하나님은 지혜로우시며, 영원하시고, 전능하시며, 모든 피조물들과는 다르시고, 참되시며, 선하시고, 자비로우시며, 의로우시고, 순수하시며, 썩지 아니하시며, 독자적이신 영적인 존재이시다. 그는 모든 마음을 아시며, 모든 죄를 판단하시고 벌하시나, 또한 자비로우시다. 하나님은 영원하신 아버지시다. 그는 영원에서 그의 아들, 그의 형상을 낳으셨다. 따라서 하나님은 영원한 아버지의 영원한 형상이신 아들이시다. 그리고 하나님은 아버지와 아들에게서 나오시는 성령이시다. 하나님께서 그의 교리와 믿을 만한 증언을 통해서 은혜스럽게 계시하신 대로, 영원하신 아버지는 그의 아들과 성령과 함께 천지(天地)와 그 안에 있는 모든 것을 무로부터 창조하셨고, 보존하신다. 그리고 복음에 따라서 그는 그의 아들 예수 그리스도 덕분에 인류 가운데서 영원한 하나의 교회(an eternal Church)를 자신에게로 모으신다. 그는 거룩한 자들에게는 영원한 복을 주실 것이고, 경건하지 않은 자들은 영원한 심판에 던지실 것이다.

성부는 신성의 영원한 제1위이시다. 그는 낳아지지 않으셨고, 다른 이로부터 나오시지도 않으신다. 그러나 아들은 영원부터 성부에 의해 낳아졌고, 성령은 성부와 성자에게서 나오신다. 그리고 성부는 성자와 성령과 함께 무(無)로부터 하늘과 땅과 그 안에 있는 모든 것을 창조하셨고, 그것들을 보존하신다.

영원하신 아들은 신성의 영원한 제2위이시다. 그는 성부의 본질적 형상으로서, 성부는 자기 자신의 존재로부터 그를 내셨고 그 안에서 자신을 성찰하신다. 이 성자는 우리에게 그가 그를 통해서 성부께서 전체의 계획과 창조의 질서와 사람의 화목을 표현하시는 분이심을 계시해 주셨다. 그는 우리에게 복음을 계시해 주시고, 성부의 은혜스러운 의지를 선언하시고, 인성(human nature)을 취하셔서 화목자, 우리의 구주, 그리고 교회의 보존자가 되기 위해 보냄을 받으셨다.

성령은 신성의 영원한 제3위이시고, 성부와 성자로부터 나오시며, 본질적으로 아버지의 아들에 대한, 그리고 아들의 아버지에 대한 사랑과 기쁨이시다. 그는 우리를 움직이게 하고, 사랑하게 하며, 기뻐하도록 하며, 우리를 영생에로 성화시키기 위해 신실한 자들의 심령에 보냄을 받은 분으로 계시되었다.

자기 자신을 유익하게 가르치거나 다른 이들이 이해할 수 있게 가르치기를 원하는 이는 누구나 먼저 주어진 사물의 처음부터 끝까지를 온전히 이해하고, 각각의 부분이 어떻게 앞에 있는 것과 연관되는지를 조심스럽게 살펴 보아야 한다. 마치 어떤 건축가가 집을 하나 지으려고 하는 경우에 먼저 그의 사유 가운데 그 집 전체를 그려 보고서, 스스로에게 그 그림을 투사해 보아야 하는 것처럼 말이다.

그러므로 모든 기술과 가르침에 있어서는 처음·중간·끝의 모든 주요 부를 주목해 보고, 각각의 부분이 어떻게 서로 들어 맞는지, 어떤 부분이 필요하고, 어떤 것이 쓸데없이 들어간 것이며, 어떤 것이 그 토대와 반대되는 것인지 등을 조심스럽게 생각하는 것이 아주 필수적이다. 그리고 교사와 듣는 이들은 아주 질서지워진 전체의 관점에서 이것을 이해해 보려고 스스로를 적응시켜야만 하는 것이다. 왜냐하면 만일 어떤 이가 교리에 있어서 부주의하여 몇 가지 필수적인 부분을 빠뜨리게 되면 다른 부분에서도 오해와 잘못이 따라나오기 때문이다. 그리고 만일 우리가 그 종국을 미리 보고 있지 않으면, 그것은 마치 여행은 시작하였으나 자신이 가고자 하는 도시에 대한 생각이 전혀 없는 것과 같겠기 때문이다.

특별히 다른 이들을 가르치려고 하면 각 부분들이 구성하는 그 순서를 알아야만 한다. 어떤 이루어진 사역에는 다 그 원인이 앞서기 마련이므로 먼저 하나님에 대해서 말하도록 하자. 그후에 하늘과 땅과 사람들의 창조에 대해서 말하기로 하자. 그후에 사람의 타락을, 그후에 구속을 말하기로 하자. 그리고 만일 우리가 무엇이 앞서고, 무엇이 뒤따라 오는지를 생각하기만 하면, 이 순서를 염두에 두는 것은 어려운 것이 아니다.

하나님 자신은 선지자들과 사도들의 글에서 가장 적절한 순서를 제시해 주셨다. 그는 자신의 교리를 이야기의 형태로 표현하셨는데, 창세기는 하나님께서 하늘과 땅을 만드시고, 그후에 사람을 만드셨다고 말하는 것이다. 그후에 처음의 두 사람인 아담과 하와가 죄와 죽음에 빠진 이야기가, 그후에 그러나 그들이 어떻게 은혜롭게 받아들여졌는지의 이야기가 나오는 것이다. 그리고는 율법과 죄와 죽음을 제거하시는 구주에 대한 약속에 대한 교리가 주어졌다.

그리고 이 약속으로 하나님께서는 다시 한 번 영원한 구원을 얻게 될 자기 자신의 백성인 교회를 수립하셨다. 왜냐하면 하나님께서는 인류의 창조가 전적으로 헛되게 되거나, 인류가 모두 영원한 정죄에 빠지기를 원하지 않으셨기 때문이다. 그의 아들 예수 그리스도 때문에 하나님께서는 사람들 가운데서 그를 알고 그에게 기도하는 적은 무리(Häuflein)를 가지시기를 원하신다. 후에는 이들이 영원한 복됨과 지혜와 의와 기쁨 가운데서 그와 함께 살 것이다. 이 하나님의 교회는 이처럼 하나님의 아들에 대한 다음의 약속으로 아담과 하와를 위로하실 때에 재구성되었다고 할 수 있다: "여인의 후손이 뱀의 머리를 상하게 할 것이요"(창 3:15)!

즉, 이 약속과 함께 교회가 다시 한 번 세워졌고, 아담과 하와는 그 약속된 구주 때문에 그들이 은혜로 받아들여졌으며, 다시 한 번 칭의되고 하나님의 자녀들로 여겨졌음을 알게 된 것이다. 그들은 자신들이 이 구주에 대한 지식을 보존하고, 이 구주에 대한 지식 가운데서 하나님을 부르며, 하나님께서는 이 구주 때문에 분명히 그들에게 은혜스러우시리라는 것을 믿으며, 이 구주에 대한 지식이 없이는 하나님을 바르게 부르는 것도 없고, 참된 교회도 있을 수 없다는 것을 아는 것이다.

후에 하나님께서는 자신의 교회와 백성이 어떤 상황에 있는지를 반복해서 선언하셨다. 가인과 다른 이들이 교회로부터 떨어지게 되었을 때, 하나님께서는 다시 한 번 돌이키사 그의 은혜스러운 약속을 선언하셨으니, 아브라함을 부르신 것이다. 동시에 하나님께서는 자신의 교회에 대한 특정한 땅을 주셨으니, 왜냐하면 하나님께서는 자신의 교회가 언제나 알려지기를 원하셨고, 그 누구도 듣거나 볼 수 없는 어두운 구석에 처박혀 있기를 원치 않으셨기 때문이다. 하나님께서는 자신의 교회가 멀리서도 볼 수 있는 아름다운 성처럼 산 높은 곳에 있기를 원하신다. 하나님께서는 인류가 그와 구주를 알고, 그의 교리와 율법과 약속, 그의 공의와 은혜를 배우고 믿기를 원하시는 것이다.

선지자들의 글에는, 하나님께서 어떻게 자신의 교회를 보존하시고 인도하시는가, 자신의 율법과 약속을 어떻게 선언하셨는가, 하나님께서 어떻게 죄를 심판하시며, 그럼에도 불구하고 그에게 부르짖고 회개한 적은 무리들을 어떻게 지키시는가 하는 이야기들이 여러 번 반복되어 있다. 또한 인류가 언제나 두 부분으로 나뉘어져 있어서, 한 부분은 하나님의 백성이고, 또 한 부분은 하나님을 멸시하는 큰 무리들로 이루어져 있음에 대한 이야기들도 있다. 하나님을 무시하는 이들은 자기 자신들의 지혜를 따르며, 하나님의 말씀을 듣거나 받아들이기를 원하지 않고, 오히려 그것을 핍박한다. 그들은 하나님의 원수인 악하고 저주받은 영들에 의해 지배당하는 것이다.

그러나, 하나님의 아들은 모든 시대에 걸쳐서 하나님의 참된 교회 안에 계셔왔다. 그는 그들 가운데서 자신의 말씀이 빛나는 적은 무리를 돌아보시며, 악마들을 멸시하시고, 그 전체가 자신의 교회를 완전히 삼켜버리는 것을 허락하지 아니하신다.

이 모든 것들은 선지자들의 글에서 차서있게 이야기 되었다. 심지어 언제 어떤 나라에서 어떤 이들에 의해서 이런 일이 이루어졌는가를 말함으로써 우리가 언제, 어디서, 그리고 어떻게 하나님께서 놀라우신 이적으로 자신을 계시하셨으며, 자기 자신과 그의 아드님과 말씀에 대한 증언을 주셨는지를 알 수 있게 하시는 것이다. 왜냐하면 그는 모르기를 원치 않으셔서 이 세상 많은 사람들의 눈 앞에 자신의 증거를 공개적으로 제시하셨기 때문이다. 애굽에서 그리하셨던 것처럼, 그리고 후에 여호수아, 기드온, 삼손, 사무엘, 다윗, 히스기야, 그리고 바벨론에서 다니엘 앞에서 그리하셨던 것처럼 말이다.

마지막으로 사도들의 글들은 약속된 구주가 유대 땅에서 동정녀 마리아에게서 나셨으며, 하나님의 말씀을 선포하셨고, 죽은 자들로부터의 부활과 다른 이적들을 통해서 자신의 가르침에 대한 증거를 주셨으며, 십자가에 죽으시고, 죽은 자 가운데서 영화롭게 살아나셨으며, 그의 부활 이후에 많은 사람들이 그를 보았으며, 그와 여러 번 말하였으며, 그가 말씀하셨음을 들었음을 선언하고 있다. 사도들의 글은 또한 그가 눈에 보이는 가운데서 승천하셨으나, 그후에도 반복적으로 그가 영원히 우리의 구주이심에 대한 증거를 주셨고, 성령을 가시적으로 주실 것이며, 사도들을 통해 위대한 일을 하실 것이며(죽은 자들의 부활과 다른 이적적 사역들), 그리고 마지막 심판의 날까지 자신에게로 그의 교회를 모으실 것이며, 심판 날에는 자신의 교회에는 영원한 축복을 주시고, 불경건한 자들은 악마들과 함께 영원한 멸망에 던져 넣으시리라는 것을 선언한다.

이렇게 선지자들과 사도들의 글은 온전하고 아름다운 이야기를 이루도록 구성되어 있고, 이 이야기는 가르침의 좋은 방도가 된다. 마치 의사가 질서있게 인체(人體)를 검토하고 각 부분의 질병을 찾아 그에 따라서 약을 처방하듯이, 이 이야기도 하나님의 존재, 인간의 연약함, 율법, 죄, 그리고 형벌, 약속, 하나님의 아들이신 구원자, 그의 수난과 부활, 통치하심과 그 은혜와 의(義), 교회를 모으심과 영원한 복과 영원한 심판에 대한 모든 교리들을 반복적으로 제시하고 있다.

독자들은 이 이야기와 교리 모두를 주목해 보고서, 각 교리의 독특성들을 염두에 두고, 특히 율법과 복음의 차이를 자세히 주목하며, 특히 복음이 우리의 공로를 통해 오는 것이 아니라 믿음으로 하나님의 아들을 통해서 얻게 되는 구주의 약속과 구속임을 잘 알아야 할 것이다. 율법과 복음 또는 약속의 차이는 이 책의 뒷부분에서 설명될 것이다. 이를 잘 구별하는 것은 아주 중요한 일이니, 왜냐하면 복음 즉 하나님의 아들을 통한 은혜와 구속의 약속은 하나님의 백성과 세속적인 불경건한 무리들을 구별하기 때문이다. 이방인들은 합리적인 사람들로서 문제를 자연의 빛에 따라서 어떻게 해결해야 하는지를 안다. 그들은 또한 율법, 즉 덕스러운 일들에 대해서도 조금은 아는 것이다. 즉, 부모는 자녀를 사랑해야 하며, 이유없이 다른 이나 그 재산을 손상해서는 안 되며, 사람들은 조화롭게, 그리고 서로 도우면서 함께 살아야만 한다는 것을 아는 것이다.

그러나 이방인들은 복음과 은혜에 대해서는 아무것도 모른다. 왜냐하면 이것은 모든 천사들과 사람들의 자연적 이성 너머에 있는 특별하신 하나님의 경륜을 통해 오는 것이기 때문이다. 자신의 측량할 수 없는 자비 가운데서 하나님께서는 가련한 사람을 그의 아들 예수 그리스도를 통해서 구속하시고, 은혜로 영접하시고, 복주시려고 하심을 계시하셨던 것이다.

이 가르침은 하나님의 백성을 반드시 일깨운다. 왜냐하면, 바울이 말하듯이 "이 닦아 둔 것 외에 능히 다른 터를 닦아 둘 자가 없으니, 이 터는 곧 예수 그리스도라"(고전 3:11)고 하기 때문이다. 그런데 이 터는 교회라는 이름을 가진 사람들에 의해서 완전히 무색케 된 일이 많다. 바리새인들의 경우나 후에 좀더 잘 드러내어질 것처럼 교황주의자들의 경우가 이에 해당한다. 이것을 이렇게 앞에서 언급한 이유는 이로써 독자들이 선지자들과 사도들의 글을 좀더 열심히 주목할 수 있도록 하기 위해서 이다. 이 글에서 우리는 율법의 선포를 듣고, 하나님의 아들의 약속과 죄 용서, 은혜와 복을 받으며, 그것에 대한 설명을 얻게 되는 것이다.

더구나 이 문제 전체에 있어서 기독교 교리가 모호하지 않다는 것을 생각하는 것 역시 필요한 일이다. 우리는 이것을 하늘로부터 들려온 하나님의 음성으로 확실히 믿어야만 하는 것이다. "이는 내 사랑하는 아들이요, 내 기뻐하는 자라"(마 3:17). 또한 요 3:36: "아들을 믿는 자는 영생이 있고, 아들을 순종치 아니하는 자는 영생을 보지 못하고 도리어 하나님의 진노가 그 위에 머물러 있느니라."

우리는 이와 비슷한 진술들을 조심스럽게 생각해야 한다. 그래서 우리가 참된 신앙을 가지고 참된 기독교 교리를 받도록 해야 한다. 우리가 사상에 있어서 흔들리거나, 악마적인 논의를 창안해 내지 않고 말이다. 켈수스

(Celsus), 포르피리(Porphyry), 줄리안(Julian), 마호메트, 그리고 기독교 교리를 비웃는 다른 이들과 같은 많은 악한 이들이 그러했듯이 말이다. 우리는 악마들이 우리의 심정에 던져 넣기를 원하는 치명적인 침들에 대해서 믿음과 기도로 우리 자신을 조심스럽게 지켜야만 하는 것이다.

그리고 사도들의 시대의 교회는 사도신경으로 기독교의 주된 교리를 제시했고, 그후에는 사도신경의 참된 설명이라고 할 수 있는 니케아 신조와 아타나시우스 신조를 내었다. 여기서 나는 나의 영원한 신앙고백을 하기 원한다: 이 신조들의 모든 조항들을 나는 참으로 신봉하고 믿으며, 신적인 진리로 받아들이고, 하나님의 은혜로 그것을 항상 지킬 수 있기를 바란다. 그리고 나는 모든 천사들과 사람들이 이 신조들을 참된 믿음으로 받아들여야만 한다고 덧붙일 수 있을 것이다.

나는 또한 이 책의 주된 부분들을 이 신조들의 조항의 순서에 따라 배열할 것이고, 하나님께서 내게 은혜를 주시는 대로 이 순서대로 설명하려고 한다. 나는 어떤 독특한 견해나 공상적인 것을 창안해 내지 않을 것이고, 모든 조항에 있어서 1530년에 아우그스부르크에서 우리의 교회를 통해 나온 신앙고백에 따르는 경건하며 하나님을 경외하는 설교자들이 일반적으로 선포하고, 이해하며, 설명하는 대로의 교리를 충실하게 진술할 것이다. 하나님께서 이 교회를 영원에 이르기까지 그분의 참된 교리 가운데서 연합되도록 지키시기를 원하나이다! 아멘

기독교 교리의 가장 중요한 조항들

하나님에 대해서.

영원하신 성부, 영원하신 성자, 영원하신 성령의 구별되는 삼위가 그
　　안에 계시는 한 분의 신적 존재에 대해서.

모든 피조물들의 창조에 대해서.

죄의 시작에 대해서.

자유 의지와 인간의 능력에 대해서.

죄와 죄에 대한 형벌에 대해서.

율법에 대해서.

성경 안의 명령 또는 경륜의 의미에 대해서.

하나님의 약속들에 대해서.

복음, 하나님의 아들을 통해 얻는 풍성한 은혜에 대해서.

율법과 복음의 구별에 대해서.

우리가 하나님 앞에서 어떻게 칭의받는가에 대해서.

은혜와 영원한 복락에 대해서.

믿음에 대해서.

선행에 대해서.

중죄(重罪)와 다른 죄들의 구별에 대해서.

영원한 예정에 대해서.

구약과 신약의 차이에 대해서.

영과 문자에 대해서.

성례전에 대해서.

세례에 대해서.

유아 세례에 대해서.

주의 만찬에 대해서.

희생제에 대해서.

고해 또는 회개에 대해서.

성령을 거스르는 죄에 대해서.

죄고백에 대해서.

만족에 대해서.

천국의 열쇠와 교회의 권세에 대해서.

교회에 대해서.

인간의 제도에 대해서.

기독교인의 자유에 대해서.

범과(Scandal, offense)에 대해서.

칼로 다스려지는 세상 나라가 아닌 그리스도의 나라에 대해서

영생과 지혜, 그리고 의의 나라에 대해서.

죽은 자들의 부활에 대해서.

어려움과 고난에 대해서.

기도에 대해서.

세상 권세에 대해서.

이와 같은 것들이 이 책에서 다룰 중요한 내용들이다. 내가 이를 서두에 언급한 것은 이로써 독자들이 이 제목들을 한 번 훑어 보고서, 기독교 교리의 질서와 전체를 더 잘 이해할 수 있도록 하기 위해서이다.

제 1 장

하나님에 대하여

하나님을 간절하게 부르기 위해서는 자신이 아뢰고자 하는 것, 하나님이 누구신가, 그가 어떻게 알려지시는가, 어디서 어떻게 그가 자신을 계시하셨는가, 그리고 그가 우리의 호소와 부르짖음을 들으시는가, 또 왜 들으시는가 등을 고찰하는 것이 필수적이다. 그리고 우리의 생각은 하나님이 전능(全能)하시며, 지혜로우시고, 의로우신 주님으로 모든 것을 창조하셨다고 그에 대해서 상당히 많이 알면서도, 그가 어디서 찾아질 수 있는지, 그가 우리의 부르짖음을 들으시는지에 대해서는 알지 못하는 이교도의 생각처럼 흔들려서는 안된다. 이교도들은 그저 습관적으로 하나님께 부르짖는다. 그들은 그의 계시, 구속자, 약속들을 전혀 모르는 것이다. 이런 맹목적인 부르짖음에 대해서 주 그리스도께서는 요한복음 4장 [22절]에서 "너희는 알지 못하는 것을 예배한다"고 말씀하신다. 그렇기 때문에 그리스도인들은 이교도들과 터키 사람들의 기도를 피하고 멀리하며, 자신들을 가르쳐서 그들도 하나님이 아닌 것들을 하나님으로 언급하고 그것에 기도하는 오류에 빠지지 않도록 해야 한다. 하나님의 율법의 첫째 계명은 "내 앞에 다른 신들을 두지 말라"는 것이다. 즉, "주 너희 하나님만 섬기고, 그만을 경배하라"는 것이다. 하나님 자신을 분명한 증거로 당신의 백성들에게 계시하신 이 유일하시고 참된 하나님만을 부르고, 그에게 기도하고, 다른 신들을 찾아 생각이 요동하지 않도록 하라는 말이다.

이것이 아주 필수적인 것임을 기억하면서, 특별히 기도가 고려될 때는 이것이 자주 반복될 것이다. 우리는 맨처음에 이것을 진술한다. 이는 우리의 생각이 이교도들, 터키인들, 믿지 않는 유대인들, 그리고 모든 불경건한 자들의 생각과 같이 정처없이 떠돌지 않고, 참된 겸손과 진지한 기도 가운데서 하나님의 어떠하심을, 그가 어떻게 알려질 수 있고, 어떻게 발견될 수 있는지를, 그리고 우리가 그를 어떻게 부르고, 기원할 수 있는지를 생각할 수 있도록 하기 위한 것이다.

사도들은 바로 이런 것들을 염려하고 생각했으니, 그들 중 하나가 말하기를 "주여 아버지를 우리에게 보여 주옵소서. 그리하면 족(足)하겠나이다"(요 14:8)고 하였음에서 그것이 나타난다. 이것은 하찮고 시시한 요구가 아니니, 모든 지각있는 사람들은 그들의 눈으로 하나님을 보기를 원하며, 어디서 어떻게 하나님을 찾을 수 있는지를 추구하기 때문이다. 하나님의 아들 예수 그리스도는 이 질문에 대해서 위로하면서 유용한 가르침을 가지고 대답하셨으니, 그는 말씀하시기를 "나를 본 자는 아버지를 보았거늘 어찌하여 아버지를 보이라 하느냐? 나는 아버지 안에 있고 아버지는 내 안에 계신 것을 네가 믿지 아니하느냐?"[9, 10절].

아! 이 얼마나 놀라운 위로인가? 우리의 생각이 오류 가운데 정처없이 방황해서는 안 되니, 하나님께서는 우리 앞에 그의 아들 예수 그리스도를 세워 주셨기 때문이다. 그는 십자가에 못박히시고, 죽은 자들 가운데서 다시 일어나셨으며, 그의 말씀을 주시고, 그와 함께 분명한 증거들, 심지어 죽은 자들로부터의 부활도 주신 분이시다. 이렇게 그리스도 안에서 그를 통하여 자신을 계시하신 이 하나님은 우리의 심령이 바라보고 말해야 할 분이시다. 그리고 우리는 그의 어떠하심과 뜻이 그 아들을 통하여 우리에게 선포되신 이 하나님을 확고하게 붙들어야만 한다. 이와 같은 방식으로 우리의 심령은 참되신 하나님께 말하며, 하나님이 아닌 어떤 것에게 기도하지 않게 되는 것이다. 그리고 주 예수 그리스도의 이 말씀을 깊이 생각해 보도록 하자: "나로 말미암지 않고는 아버지께로 올 자가 없느니라… 나를 본 자는 아버지를 보았느니라"(요 14:6, 9). 우리는 하나님의 아들이신 예수 그리스도에게서 하나님을 찾아야 하고, 우리의 마음과 생각은 그에게 연관되어 있으므로, 우리가 참 하나님을 그의 아들 안에서 자신을 계시하신 분으로 여길 때 우리는 참 하나님을 찾고, 그에게 말하게 된다고 분명히 말할 수 있을 것이다. 하나님께서 자신을 그렇게 계시하셨으므로, 우리도 그를 그렇게 여겨야만 한다.

우리가 하나님을 불러 아뢸 때 그리스도의 세례를 생각하는 것이 아주 적절하다. 그리스도께서 세례받으실 때 삼위(the three persons)가 분명히 구별되어 계시되었다. 즉, 성부께서는 "이는 내 사랑하는 아들이라"(마 3:17)고 선언하시고, 성자는 요단 강에 서시어 모든 이들이 보는 중에 세례를 받으시고, 성령은 그 위에 임하셨던 것이다. 그러므로 우리는 하나님의 존재[Wesen]와 뜻을 이해하기 위해서 하나님의 말씀과 계시를 성찰해야만 한다. 그리고 그 때문에, 후에 더 잘 설명될 바와 같이, 성자 때문에 그의 말씀을 들었다고 인정하고 믿어야만 한다.

이제 이 문제를 분명히 하였으니, 다른 문제를 더 생각할 수 있게 되었다. 여기서 우리는 "하나님께서 그리스도를 통하여 이렇게 알려지셨으면, 아담이나 아벨, 아브라함, 그리고 모세와 같이 오래 전에 살던 이들은 어떻게 하나님을 알았는가?" 하고 물을 수 있다.

이에 대한 대답은 분명하고 확실하다. 세례 요한이나 베드로, 그리고 바울이 하나님을 알고, 그에게 아뢰었던 것과 같이 옛 성도들도 하나님을 알았고, 그에게 아뢰었던 것이다. 아담과 하와를 자신의 은총에로 다시 받아들이셨을 때에 하나님께서는 구주에 대한 자신의 은혜스러운 약속을 계시하셨기 때문이다. 그는 그들에게 그들이 그 심중에 느꼈던 죽음으로부터 구원되었다는 분명한 증언을 주셨다. 그리고 그 옛 성도들은 후에 그들이 드린 희생 제물들이 하늘로서 내려온 불에 의해 태워지는 것을 보기도 하였다. 그들에게 이 약속을 주신 이 참 하나님을 그들은 하나님으로 알았고, 그들에게 선언되어지고, 그들과 말씀하시고, 후에 성육신하신 구속자를 의지하여 하나님께 아뢰었던 것이다. 그렇기에 예수께서는 다음과 같은 의미심장한 말씀을 하실 수 있었던 것이다: "너희 조상 아브라함은 나의 때 볼 것을 즐거워하다가 보고 기뻐하였느니라"(요 8:56).

후에 이 한 분 유일한 참되신 하나님께서 첫 계명 가운데서 크고 불같은 표적을 세우셔서 말씀하시기를 "나는 너를 애굽으로부터 이끌어낸 너희 하나님 여호와니라"(출 20:2)고 하셨다. 이 분명한 표적으로써 하나님께서는 자신과 상상적인 다른 모든 신들을 분명히 구분하셨다. 우리는 이 모든 계시들은, 선지자들이 잘 이해하고 선언한 바와 같이, 구주 그리스도에 대한 약속의 확언으로 일어났음을 알아야만 한다.

이제까지 말한 것으로부터 우리는 아담부터 지금에 이르기까지 하나님의 백성 가운데서는 언제나 참 하나님에 대한 지식이 이처럼 주장되어져 왔고, 약속된 구주를 포함하고 있었다고 이해해야만 한다. 가인과 다른 불경건한 사람들이 그 약속을 비웃고, 그것을 잊자마자, 그들은 더 이상 이 참 하나님을 부르지 않았으니, 그들이 하나님이라고 부르던 것은 그들 자신의 잘못된 생각의 투사였기 때문이다. 그리고 하나님의 말씀 없이 사람들이 더 어두워지고 악해졌어도, 그들은 여전히 계속해서 하나님을 무마시키고, 건강·승리·땅의 열매, 그리고 다른 축복들을 얻기 위해서 하나님을 경배하고 다른 거룩한 일을 하기를 원했다. 이 어두움[暗昧] 가운데서 그들은 주피터(Jupiter), 전쟁의 신 마르스(Mars), 미의 신 비너스(Venus), 주노(Juno), 바쿠스(Bacchus)와 같은 새로운 신들과 그들에게 대한 제사를 만들어 내었고, 악마들은 이 어두운 백성을 잘못된 환상 가운데로 이끌고 나가서 이들을 신격화시키고, 참 하나님을 모독하도록 했던 것이다.

이 무시무시한 예들이 생각되어져야 하는 것은, 우리가 어디서 어떻게 하나님을 찾고, 그에게 기도를 드릴 수 있는지를 더 잘 이해할 수 있도록 하기 위한 것이니, 이는 사도 바울이 고린도전서 1:21에서 말하는 바와 같이 그의 아들과 그 복음에 대한 지식에서 가능한 것이다: "하나님의 지혜에 있어서는 이 세상이 자기 지혜로 하나님을 알지 못하는 고로 하나님께서 전도의 미련한 것으로 믿는 자들을 구원하시기를 기뻐하셨도다."

이에 저항하여 어떤 이들은 이렇게 묻는다: "하나님에 대한 인간의 합리적 지식은 수학에 대한 지식과 같지 않은가?" 본성상 모든 사람은 지혜와 선하심, 의(義)가 충만하신 영원하신 한 분의 전능자가 계시며, 그가 모든 피조물들을 창조하셨으며 보존하시고, 이 전능하시며, 지혜로우시고, 선하시며, 의로우신 주님이 하나님이라고 불리심을 자연적 이해력(Verstand)으로 안다는 것이다. 그러므로 소크라테스, 크세노폰, 플라톤, 아리스토텔레스 그리고 키케로 등 많은 현명한 사람들이 그런 전능하시고, 지혜로우시며, 선하고, 의로우신 하나님이 계시며, 그가 우리의 본성에 덕과 악의 구별 능력을 주셨으므로 우리는 이 한 분의 주님께 순종하며 그를 섬겨야만 한다고 말하였다는 것이다. 즉, 하나님께서는 사람들 안에 덕에 대한 지식을 심으셨으니, 이는 우리로 하나님이 계시며, 그가 덕으로 가득찬 지혜로우신 분이시며, 그가 우리를 사랑하시고, 우리가 그와 같이 되기를 원하신다는 말이다. 즉, 그가 우리 안에 형성해 놓으신 빛에 따라서 그에게 순종하도록 하시기를 원하신다는 것이다.

하나님에 대한 이런 이해는 충분한 것인가? 이에 대한 우리의 대답은 다음과 같다. 하나님께 대한 이런 법적인 이해[Gesetzverstand]는 충분하지 않고, 더구나 사람들은 이런 자연적 이해에서는 평안을 찾을 수 없으니, 왜냐하면 우리가 볼 수 있듯이 많은 현명한 사람들이 하나님께서 사람들을 도우시기 원하시는지에 대해서 심각한 의심을 가지고 있고, 언제나 많은 신들이 창안되어지기 때문이다.

첫째로, 하나님에 대한 자연적 이해는 율법과 형벌에 대해서만 말하므로 자연적 이해는 충분하지 않다. 자연적 신이해(神理解)는 하나님께서 자신의 아들 때문에 은혜로 우리의 죄를 용서하시며, 우리에게 의(義)와 영원한 복됨을 주시기를 원하신다는 것을 말하지 않는다. 이것에 대해서는 소크라테스, 크세노폰, 플라톤, 아리스토텔레스, 키케로와 카토는 아무것도 모르는 것이다. 이에 대해서는 후에 율법과 복음의 구별에 대해 말할 때 좀 더 논의해 보기로 하자.

더구나 이 현자들은 자연적 신이해(神理解)에서 평안을 얻지 못하였고, 오히려 신을 명백히 경멸하고 수많은 사람들을 학대하는 독재자들이 그럼에도 불구하고 부유하고 즐거운 삶을 산데 비해서, 덕스러운 사람들은 비참과 슬픔 가운데서 살며, 독재자들에 의해서 무참히 죽임을 당하는 것이 얼마나 불공평한 것인가를 보았으므로 오히려 회의 가운데 빠졌던 것이다. 그래서 카토와 폼페이(Pompey)는 그들이 선하다고 생각하는 것을 행하면서 불행을 당하는 한 그들은 하나님께서 통치하시는지 아닌지 알 수 없다고 말하였던 것이다. 그리하여 현자들 안에 있는 자연적 본성의 빛이 완전히 그 분별을 잃을 수 있어서, 그들은 신(神)이 심판자도 아니고, 도움을 주시는 분도 아니라고 생각하는 것이다. 그러자 그들은 다른 환상을 추구해서는 에피쿠로스 학파나 스토아 학파가 되어버리는 것이다. 에피쿠로스 학파는 "하나님은 무(無)다"고 말하였다. 스토아 학파는 하나님이 무엇이라고는 인정하였으나, 그의 수족을 묶고서는 말하기를 "선한 일이나 악한 일이나 발생하는 모든 것은 자연의 불변하는 질서에 따라서 필연적으로 일어나는 것이다"고 하였다.

이와같이 악마는 신전들 안에 있는 거짓된 신들이나 무례한 에피쿠로스 학파나 스토아 학파들을 통해서 세상에 상당한 신성모독을 퍼뜨린 것이다. 이로부터 우리는 이교도들이 (사람의) 본성의 빛 안에서 평안을 찾지 못하였음을 쉽게 볼 수 있는 것이다.

가인 이후에는 몇몇 사람들만이 때때로 하나님의 말씀과 약속에 주의를 기울여 왔고, 지금도 이 세상에서는 그러하다. 그러나 반면에 에피쿠로스 학파와 같이 되지 않으려고 하는 많은 사람들이 하나님께 대해 큰 두려움을 가지고 있기도 하다. 그들은 자신들의 행위로 하나님을 무마시켜 보려고 한다. 그래서 때로는 더 많은 희생 제사들과 행위를 창안해 내기도 한다. 이로부터 이전에 있던 거짓된 신들만큼이나 많은 우상들이 창안되는 일이 따라 나온 것이다. 어떤 이는 기후의 이미지를 만들고(천둥과 벼락을 가진 주피터), 또 어떤 이는 전쟁의 이미지를 만들고(그 철모와 창을 가진 마르스), 사람들은 그 각각의 상에 대한 특별한 희생 제사를 만들어 내었다. 사람들은 이와같이 조야하고, 무시무시하며, 악마적인 일을 막 하고 있는 것이다. 그들이 복음을 참으로 이해하지 않고, 그들의 심정이 하나님에 대한 바른 지식과 부름으로 성령을 통해 유지되지 않으면 새로운 형태의 예배와 거짓된 우상들과 거짓된 신들을 만들어 내는 것이다.

우리가 하나님의 계시와 그가 분명히 표현하신 말씀 가운데서 하나님에 대한 지식을 추구해야 하며, 겸손 가운데서 그것을 확고한 믿음으로 받아들여야 한다는 것을 다시 말하고, 이런 하나님의 말씀이 없는 인간의 이해가 큰 몽매와 회의에로 이끌어져 간다는 것을 말했으나, 우리는 이제 하나님이 어떠하신 분이신지, 이 유일하신 신적인 존재와 진리를 우리가 무엇이라 불러야 하는지를 주목해 보기로 하자.

우리는 젊은이들에게 하나님을 다른 모든 것과 구별하도록 끊임없이 상기시킬 필요가 있다. 즉, 우리는 처음부터 하나님이 지혜와 의, 선하심, 진리, 순결로 충만하신 전능하신 영원한 존재이시며, 다른 모든 것들은(그것이 하늘이든지, 땅이든지, 태양이든지, 달이든지, 별이든지, 사람이든지를 막론하고) 모두 피조된 것으로서 전능하지 않고, 따라서 그것들은 불러 아뢰서는 안 될 것임을 끊임없이 상기시켜야 하는 것이다. 후에 제1계명과 연관해서 이에 대해서 좀더 언급할 것이다. 그리고 하나님에 대한 설명과 정의는 오직 하나님이 내신 성경에서만 찾아져야 한다.

하나님은 하늘이나 땅이나 다른 모든 요소들과 같은 물리적 존재(physical being)가 아니시다. 그 반대로 그는 전능하시며, 영원하시고, 그 지혜와 선하심과 의로우심은 측량할 수 없는 영적인 존재이시요, 참되시고 순수하시며, 독자적이시고, 자비로우신 분이시다. 그런 분이 영원하신 아버지, 아버지의 형상이신 성자, 성령 하나님이시고, 이 삼위께서 하늘과 땅과 모든 피조물들을 창조하셨던 것이다. 또 하나님께서는 율법과 복음의 선포를 통해서와 분명한 이적들로써 은혜롭게 자기 자신을 계시하셨다. 그리하여 하나님께서는 누가 참 하나님이시며, 그가 어떻게 인정되고 존중되어야 하며, 또한 복음을 통해서 그가 사람들을 영원한 교회로 자신에게 모으시며, 자신의 약속에 따라 그 교회를 축복하시기를 원하심을 증거하신 것이다.

이와 같은 설명은 수많은 분명한 신적인 진술들에서 이끌어낸 것이다.

하나님이 영적인 존재이심은 "하나님은 영이시니"라는 요 4:24의 진술에서 분명히 나타나고 있다. 여기서 "존재"(*Wesen*, being)라는 말은 교회 안에서 종종 사용된 희랍어 '우시아'(*ousia*)로 옳게 이해된다. 그것은 그 자체로(in and of itself) 분명히 존재하고, 어떤 우연적인 것(zufällig Ding, a contingent thing)과 같이 어떤 것에 의존하지 않는 분이심을 의미한다.

또한 하나님 안에서는 능력, 지혜, 의와 다른 덕들이 우연적인 것들이 아니고, 그의 존재와 하나인 것(one with the Being)임이 분명히 인식되어야 한다. 즉, 신적인 존재가 신적 능력이고 지혜이며, 의이고, 이 덕들(혹 속성들)은 그의 존재와 분리될 수 없는 것으로 여겨져야 한다는 말이다. 발렌티니우스주의자들과[1] 다른 이들이 아주 성급히 주장한 것들과 달리 말이다.

하나님의 전능성, 영원성, 지혜, 그리고 선하심은 창세기의 첫 장에서 만물의 창조에서 선포되어졌다. 하나님께서 모든 것을 창조하셨으므로, 그는 창조되신 분이 아니시다. 즉, 그는 영원하시고 전능하신 것이다. 그리고 그 장이 하나님께서 말씀하셨음을 반복해서 말하고 있으니 만큼 하나님께서는 이해나 지혜(Verstand und Weisheit)가 없는 분이 아님이 분명하다.

---

1) 발렌티니우스(Vanlentinius)는 2세기의 중요한 영지주의자(Gnostic)의 한 사람이다. 그는 이상계(the world of ideas) 또는 플레로마(Pleroma)에서 아이온들(aeons)이 발출한다는 정교한 개념을 만들었다. 낮은 아이온들 중 하나인 소피아(Sophia)의 타락에 의해 어려움을 겪자, 플레로마(the Pleroma)는 그 충만 밖에 데미우르게(Demiurge)를 발출했다고 한다. 이 데미우르게가 보이는 세상을 창조하였고, 그가 구약의 하나님이 되었다는 것이다. 그후에 그리스도 아이온(the aeon Christ)이 땅에 보내져서 예수가 세례받을 때에 인간 예수와 연합하였으니, 이는 이 악의 세계, 물질적인 존재를 벗어나 갈 수 있는 영지(the gnosis)를 사람들에게 계시하기 위한 것이었다고 한다. 그런데 오직 영적인 사람들(the pneumatics) 또는 발렌티니우스파만이 그 영지를 받고 플레로마(pleroma, 충만, 완성)에 들어갈 수 있다고 한다. 육에 속한 사람들, 즉 믿음과 선행에 의존하는 그리스도인들은 오직 데미우르게의 영역까지만 갈 수 있으며, 그 나머지 인류는 정죄된다고 한다. 멜란히톤은 발렌티니우스주의의 어떤 측면들이 기독교 전통 안에 잔존하고 있어서 자만을 부추기고, 구약을 평가절하하며, 하나님의 창조적 능력과 세상에 대한 하나님의 관심을 깎아내리고, 성육신의 실재를 의문시한다고 느꼈다(영역자 주).

왜냐하면 "말한다"는 것은 생각하고 표현한다는 것을 의미하기 때문이다.

그리고 그 외에도 성경에는 하나님이 전능하시고, 영원하시며, 지혜와 의와 선하심이 충만하시고, 순수하시며, 독립적이심을 분명히 선포하는 많은 증언들이 있다.

출애굽기 6:2: "나는 여호와로라. 아브라함과 이삭과 야곱에게 전능의 하나님으로 나타났으나." 여기서 하나님께서 그가 이전에 주셨던 자신의 계시로 우리의 주목을 유도하심을 주목하라. 이분만이 아브라함에게 자신의 약속을 주셨던 하나님이신 것이다.

시편 33:13-15: "여호와께서는 하늘에서 감찰하사 모든 인생을 보심이여, 곧 그 거하신 곳에서 세상의 모든 거민을 하감하시도다. 저는 일반의 마음을 지으시며, 저희 모든 행사를 감찰하시는 자로다." 마음을 알고, 판단하며, 벌을 주시는 것 역시 전능의 한 성질임에 유의하라.

요 7:28: "나를 보내신 이는 참이시니."

시 5:4: "주는 죄악을 미워하시는 신이시며…"

시 58:11: "때에 사람의 말이 '참으로 하나님이 온 땅의 심판자이심이라' 하리로다."

시 62:12: "주께서 각 사람이 행한 대로 갚으심이니이다."

시 115:3: "오직 우리 하나님은 … 원하시는 모든 것을 행하셨나이다." 즉, 그는 독자적(獨自的)이시고, 자존적(自存的)이시며, 무엇에 제한을 받지 않고, 피조물에게 묶여있지 않으시다. 그는 태양을 물리기도 하시고, 세워 두기도 하시며, 물을 산과 같이 잠잠하게도 하시고, 죽은 자들을 일으키실 수도 있는 것이다. 이 모든 것을 주목하는 것은 중요하고, 우리가 피조물들에게 버림받았을 때에 하나님께서 우리를 기꺼이 도우시려 하고, 또 도우실 수 있음을 아는 것은 큰 위로가 아닐 수 없다.

하나님이 어떤 분이신가에 대한 설명은 이와 같은 (성경의) 진술로부터 나온 것이다. 이제는 하나님이 하나이신 신적인 존재(unified divine Being)이심에 대한 증언들을 언급해 보고자 한다. 우리가 하나님의 존재와 직접적으로 연관된 것에 대해서만이 아니라, 그가 피조물 가운데서 무엇을 일으키시는가와 같이 말할 때에도 우리는 여전히 한 분 하나님을 언급하고 있음을 주목해야 한다. 왜냐하면 삼위(the three persons)는 동시에 하나이신 신적 존재(a unified divine Being)이시며, 함께 창조하시는 것이기 때문이다. 그러나 하나님이 그분 자신 안에서(in and of himself) 어떻게 존재하시며, 어떤 분이시냐고 말할 때는, 우리가 후에 말할 바와 같이, 삼위(三位, the three persons)를 구별해야만 한다.

신 6:4: "이스라엘아 들으라 우리 하나님 여호와는 오직 하나인 여호와시니."

신 4:35: "이것을 네게 나타내심은 '여호와는 하나님이시요, 그 외에는 다른 신(神)이 없음을 네게 알게 하려 하심이니라'"

신 32:39: "이제는 나 곧 내가 그인 줄 알라 나와 함께 하는 신이 없도다."

사 44:6: "이스라엘의 왕인 여호와, 이스라엘의 구속자인 만군의 여호와가 말하노라. 나는 처음이요 나는 마지막이라. 나 외에 다른 신이 없느니라."

사 45:18, 22: "여호와는 하늘을 창조하신 하나님이시며, 땅도 창조하시고 견고케 하시되… (내가 말하노라) '나 외에는 다른 이가 없느니라. 땅 끝의 모든 백성아 나를 앙망하라. 그리하면 구원을 얻으리라. 나는 하나님이라. 다른 이가 없음이니라.'"

호 13:4: "네가 애굽 땅에서 나옴부터 나는 네 하나님 여호와라. 나 밖에 네가 다른 신(神)을 알지 말 것이라. 나 외에는 구원자가 없느니라."

마찬가지로 고전 8:4-6: "그러므로 우상의 제물 먹는 일에 대하여는 우리가 우상은 세상에 아무것도 아니며, 또한 하나님은 한 분밖에 없는 줄 아노라. 비록 하늘에나 땅에나 신(神)이라 칭하는 자가 있어 많은 신(神)과 많은 주(主)가 있으나, 그러나 우리에게는 한 하나님 곧 아버지가 계시니, 만물이 그에게서 났고, 우리도 그를 위하며, 또한 한 주 예수 그리스도께서 계시니 만물이 그로 말미암고 우리도 그로 말미암았느니라."

또한 엡 4:6: "하나님도 하나이시니, 곧 만유의 아버지시라. 그는 만유

위에 계시고, 만유를 통일하시고, 만유 가운데 계시도다." 다른 말로 하자면, 그는 "어디에나 계신다." 그리고 하나님이 어디에나 계신다고 말하는 것도 전능성을 설명하기도 하는 것이다.

이교도들이 많은 우상들과 거짓된 신들을 만들어낸 것은 분명하다. 그리고 나중에는 죽은 사람들을 신(神)이라 부르며 그들을 높이기도 하였다. 그러한 신성모독은 한 분의 유일한 신적 존재가 계시며 그 외에는 없다고 가르치는 신앙의 첫 조항과 전적으로 대립되는 것이다.

많은 악마적인 이단자들, 발렌티니우스주의자들, 마니교도들은 온 세상에 무시무시한 거짓말을 유포시켰고 이 신앙의 첫 조항에 대립하고 있다. 그러나 이 거짓말들은 내가 방금 인용했던 분명한 진술들에 의해 반박되고, 논박될 수 있다. 사람의 이성이 인간성 안에 있는 큰 무질서와 비참을 볼 때, 이성은 길을 잃고 말하기를 "만일 현명하시고 의로우신 하나님, 모든 것을 다스리실 수 있는 하나님이 계시다면, 그는 그런 무질서의 손상을 받지 않으리라"고 할 것이다. 그렇기에 마니교도들은 두 신들, 또는 두 종류의 시작을 창안한 것이다. 그 둘다 영원하고, 서로 적대적인 두 신들, 그 하나는 선한 모든 것을 창조하고, 그 하나는 모든 악하고 나쁜 것을 창조하고 움직이는 그 두 신들을 말이다.

우리는 이런저런 거짓을 피하려고 애를 써야만 하며, 바른 교리를 철저히 배우려고 해야 한다. 하나님을 불러 아뢰는 것이 참되고 확실하려면 그 바른 교리를 확고한 신앙으로 받아들여야 하는 것이다. 후에 죄의 기원에 대한 마니교도들의 말을 어떻게 반박할 수 있는지를 말할 것이다. 하나님은 죄의 기원이나 원천이 아니시다. 오히려 하나님은 영들과 사람들을 자유의지를 가지도록 창조하셨는데, 그 자유의지로 그들이 하나님에게서 떨어져서 죄와 악이 시작된 것이다. 이에 대해서는 후에 좀더 논의하기로 하자.

제 2 장

삼위에 대하여

한 분의 연합된 신적인 존재이신 영원하신 아버지, 영원하신 아들, 그리고 영원하신 성령에 대하여

하나님께서는 우리의 인간성에 수(數)와 질서, 그 외의 다른 특성들에 대한 이해를 심으셔서 우리가 당신에 대해 무엇인가를 배울 수 있게 하시며, 유일하신 영원한 존재와 하늘·땅·물·공기·불·돌·나무·동물·사람들과 같은 모든 피조물을 구별할 수 있게 하셨다. 이처럼 우리가 하나님에 대해서 생각할 때 우리는 구별(distinctions)과 수(number)를 생각해야만 한다.

신앙의 첫째 조항은 한 분의 통일된 영원한 전능한 존재가 있는데, 그가 영원하신 아버지, 영원하신 아들, 그리고 영원하신 성령의 영원한 전능의 삼위(three divine eternal omnipotent persons)로 계시다는 것이다. 신적 존재에는 더 많지도, 적지도 않은 것이다.

이것은 모든 피조물, 천사들, 그리고 사람들의 지혜를 훨씬 능가하는 것이다. 그러나 하나님께서는 참으로 자신을 계시하셨고, 따라서 모든 천사들과 사람들은 하나님을 그렇게[계시하신 대로] 인정하고, 찬양해야만 하니, 이는 우리가 하나님의 존재와 의지에 대한 하나님의 계시를 믿어야만 하기 때문이다. 이에 대한 증거와 보증적 진술들을 후에 제시하기로 한다.

가장 먼저 독자들에게 여기서 사용되는 '위'(位, person)란 말을 간단히 설명하고자 한다. 이는 상상된 것이 아닌 어떤 것을 의미한다. 즉, 이는 죽은 생각이 아니며, 그 어떤 다른 것에 의존하거나 부속하는 우연적인 것이나 가변적인 것이 아니다. 또한 '위'(位, person)는 어떤 것의 한 부분이나, 떼어낼 수 있는 것이 아니고, 그 자체로 살아 있는 본질이다. 또한 많은 부분들의 합(合)도 아니고, 그 어떤 다른 것에 의해 유지되거나 보조되지 않는 하나의 통일되어 있고 합리적인 것이다. 당신은 인격(a person)이다. 그러나 당신의 몸 자체는 인격이 아니니, 그것은 더 고귀한 성질, 즉 영혼에 의해서 유지되며, 따라서 영혼이 몸과 분리되면 몸은 분해되고 썩게 되는 것이다.

고대 교회는 이 "위"(person)에 대해서 '휘포스타시스'(hypostasis)란 용어도 사용했었다. 즉, 휘포스타시스는 이제까지 설명한 그런 의미로 이해된 것이다. 그래서 우리는 하나님의 아들이 한 위(a person, 한 인격)라고 말한다. 즉, 그는 그저 상상된 생각이 아니고, 참으로 통일되어 있으나 구별되고 이성적인 실체(truly a unified, distinct, rational entity)이며, 성부로부터 낳아졌다는 말이다.

'위'(a person)의 성격에 대한 이 상기는 꼭 필요하니, 이는 에비온주의자나 케린투스(Cerinthus)나 사모사타의 바울(Paul of Samosata)이나 포티누스(Photinus)나 (1553년 제네바에서 화형에 처해진) 우리 시대의 세르베투스(Servetus)가 주장한 바와 같이 메시야에게는 인성(人性)만이 있었다고 상상하는 유대적 신성모독에 떨어지지 않기 위해서는 모든 이가 이 신앙의 조항을 알아야만 하겠기 때문이다. 그렇기 때문에 우리는 신성에는 그 이상도 아니요, 그 이하도 아닌 삼위가 있음을 알아야만 한다. 왜냐하면 이제 조금 뒤에 제시하고 분명히 구분할 증언들이 증명하듯이 하나님께서 자신을 그렇게 계시하셨기 때문이다.

신적인 존재 안의 제1위는 지혜와 의와 선하심이 충만하신 영원하시고 전능하신 아버지라고 불린다. 그는 그 다른 위(位)로부터 낳아지시거나, 다른 이로부터 나오시지 않으신다. 그러나 그는 영원부터 그의 본질적이고 온전하신 형상이신 성자를 낳으셨으며, 성부와 성자로부터 성령이 나오신다. 이 영원하신 전능하신 아버지는 그의 영원하신 아들과 영원하신 성령과 함께 당신 자신의 자유의지로 무(無)로부터 하늘과 땅, 천사들과 사람들 등 모든 피조물들을 창조하셨고, 유지하셨다.

신적인 존재 안의 제2위는 그 지혜와 의와 선하심이 충만하신 영원하시며 전능하신 아들이라고 불리신다. 그는 영원부터 영원하신 아버지의 본질적이고 온전한 형상으로 낳아지셨다. 그는 우리에게 영원하신 아버지의 말씀으로 자신을 보이시고 계시하셨다. 그것을 통해서 그는 창조의 질서와 사람들의 구원을 선언하셨다. 기본적으로 은혜의 약속을 선포하기 위해 보냄을 받은 자로서 말이다. 이 제2위를 통해서 영원하신 아버지께서는 선포하는 직임(the office of preaching)을 보존하시고, 그것을 통해서 제2위는 유효하게 사역하신다. 성자는 동정녀 마리아에게서 나서 스스로 인간성(human nature)을 취하시고, 우리의 중보자, 구속자, 구주와 영원한 우리의 왕과 대제사장이 되셨다. 그는 당신의 교회와 선포의 직임을 붙드셔서 복음을 통해 유효하게 사역하시며, 계속적으로 우리를 위해 중보의 기도를 하신다. 그는 임마누엘, 즉 하나님이 우리와 함께 하심이다. 따라서 그는 우리를 보호하시고 축복하시며, 죽은 자들을 일으키시고, 종국적으로 우리를 영원한 아버지께로 이끄셔서 우리가 분명히 그를 볼 수 있게 하신다. 또한 그는 우리에게 영원한 복락을 주시는 것이다.

삼위일체의 제3위는 성령이라고 불리는 지혜와 의와 선하심이 충만한 분이신데, 그는 아버지와 아들로부터 나오시고, 본질적으로 아버지 안에 있는 아들에 대한, 아들 안에 있는 아버지에 대한, 화염과도 같은 사랑과 기쁨이시다. 그는 우리에게 신실한 자들의 심령에 보내져서 그들을 거룩하게 하시고, 하나님에 대한 기쁨과 사랑을(*Freude an Gott und Liebe zu Gott*) 일으키시며, 우리 안에 사랑의 힘을 주시기 위한 분이시다. 사도 바울이 딤후 1:7에서 말하듯이, "하나님이 우리에게 주신 것은 두려워하는 마음이 아니요, 오직 능력과 사랑과 근신하는 마음이니."

구별에 대한 설명

하나님께서 사람을 하나님의 형상으로 창조하신 것은 자신을 사람에게 계시하기를 원하시기 때문이다. 그는 심지어 자기 자신을 사람에게 주기를 원하신다. 그의 선하심, 빛과 지혜, 의로우심, 기쁨, 영원한 복을 말이다. 그리고 하나님께서는 사람이 그를 시인하고, 그에게 감사를 드리며, 그를 찬양하기를 원하신다. 그렇기에 사람을 합리적인 피조물로 지으셨고, 다른 비이성적 피조물에게보다는 더 분명한 '하나님의 표지들'(signs of God)을 주신 것이다. 이처럼 사람은 이성을 가지고 있어서 자신의 생각을 알 수 있으며, 사물의 이치를 통제하고, 조절하며, 관찰할 수 있고, 덕과 악을 구별할 수 있으며, 외적인 몸의 지체들을 명령하여 선·악 간의 행위를 자유로이 할 수 있으므로, 우리는 하나님이 지혜로우시며, 참되시고, 의로우시며, 자애로우시고, 순결하시며, 독자적인 존재이시며, 악을 심판하는 분이시라고 분명히 결론지을 수 있다.

이로부터 우리는 사람의 존재 안에는 첫째로 영혼이 있고, 생각이 있으며, 의지 또는 선택이 있고, 사랑과 기쁨, 또는 슬픔이 있음을 알아야만 한다. 사유(思惟, thought)는 우리가 생각하는 모든 것들의 상(像, image)이고, 우리의 말은 사유를 표현하는 것이다. 우리가 우리의 아버지를 기억하면, 우리는 그에 대한 상(像)을 가지고 있고, 말로 "우리 아버지는 ~하다"고 말한다. 그 뒤에 사랑과 기쁨, 또는 슬픔이 따라온다. 이 모든 것이 하나님의 존재를 시사해 준다. 즉, 성부는 자신을 생각하시고, 자신의 생각을 아시며, 이 사유 가운데서 그의 본질적 형상이 낳아지는 것이다.

우리의 사유들은 본질적인 상들(*wesentliche Ebenbilder*, essential images)이 아니고, 사라지는 것들이다. 그러나 영원하신 아버지께서 자신을 생각하실 때는 본질적이고 사라지지 않는(imperishable) 형상이 낳아진다. 그리고 그는 사람의 창조와 구원에서 본질적인 말씀이시고, 하나님의 아들이시다. 이 하나님의 아들은 성육신과 구속, 은혜와 사람을 위한 구원의 감추어진 놀라운 소식을 처음 아담과 하와에게 선언하셨다. 그리고 성자는 그를 통해서 복음이 영원히 유지될 것을 결정하셨다. 그 자신이 우리의 조상들과 말씀하셨고, 중보자 없이 복음의 참된 종들을 일으키셨고, 복음을 통해서 신실한 자들에게 빛을 비춰신다. 따라서 그는 영원하신 아버지의 말씀이라고 불리시니, 이는 그를 통하여 은혜의 약속이 직접 선포되고, 그 자신이 직접 복음을 영원히 붙드시며, 그를 통하여 영원한 교회가 모여지고, 그 자신이 외적인 말씀을 통해 역사하시고, 신실한 자들의 심정에 위로를 말씀하심으로 그들을 지옥에서 끊어내시고, 그를 통하여 성령이 주어진다.

여기서 첫 계시를 생각해 보는 것이 유용할 것이다. 왜냐하면 하나님의 아들이 은혜의 약속을 아담과 하와에게 선언하셨기 때문이다. 그 자신이 외적인 음성이셨다. 그러나 그는 아담과 하와의 마음 속에서도 강력하셨다. 그래서 그는 그들을 죽음으로부터 끊어내시고, 그들에게 생명을 다시 주셨으며, 그들이 그 심령에 그 외적인 말씀을 가지고 있는 한, 그는 그들 가운데 거하시며, 계속해서 그들에게 당신의 성령을 주셨다. 참으로 이 모든 것이 영원하신 아버지, 아들, 그리고 성령의 하나님을 통해 일어났다. 그런데 바로 그런 순서로 일어나는 것이다. 즉, 영원하신 아버지가 말씀, 즉 그의 아들을 보내시고, 그를 통해서 직접 약속이 선포되며, 성령이 아버지와 아들에 의해 주어지는 것이다.

아들 자신은 요 8:25에서 말씀하시기를, "나는 처음부터 너희에게 말하여 온 자니라"고 하신다. 또한 요 14:23: "사람이 나를 사랑하면 내 말을 지키리니, 내 아버지께서 저를 사랑하실 것이요, 우리가 저에게 와서 거처를 저와 함께 하리라." 그리고 요 15:5: "나는 포도나무요, 너희는 가지니, 저가 내 안에 내가 저 안에 있으면 이 사람은 과실을 많이 맺나니, 나를 떠나서는 너희가 아무것도 할 수 없음이라." 또한 히 4:12, 13: "하나님의 말씀은 살았고 운동력이 있어 좌우에 날선 어떤 검보다도 예리하여 혼과 영과 및 관절과 골수를 찔러 쪼개기까지 하며 또 마음의 생각과 뜻을 감찰하나니, 지은 것이 하나라도 그 앞에 나타나지 않음이 없고, 오직 만물이 우리를 감찰하시는 자의 눈앞에 벌거벗은 것 같이 드러나느니라." 이 구절은 하나님의 아들이 외적인 선포를 통해서 사역하심을 가르쳐 준다. 그렇기에 선포는 살아있는 말씀이라고 불리었다.

그래서 그는 또한 요 14:23에서 말씀하시기를, "사람이 나를 사랑하면 내 말을 지키리니, 내 아버지께서 저를 사랑하실 것이요, 우리가 저에게 와서 거처를 저와 함께 하리라"고 하신다. 아들 자신이 외적인 말씀 안에 계셔서 심령에 위로를 말씀하시는 것이다. 그는 아버지의 은혜로우신 뜻을 지시하시고, 아들을 통해서 성령이 마음 안에 오시는 것이다. 요 15:5, 7: "나는 포도나무요, 너희는 가지니, 저가 내 안에, 내가 저 안에 있으면 이 사람은 과실을 많이 맺나니, 나를 떠나서는 너희가 아무것도 할 수 없음이라 … 내 말이 너희 안에 거하게 하라."

살아계신 '하나님의 말씀'으로서 하나님의 아들은 외적인 말씀을 가지고 심령에 오셔서, 그 심령이 믿음을 통해서 위로를 느끼게 하시는 것이다. 잠언 8:29-31에서는 하나님의 아들이신 지혜가 이렇게 말한다: "(그가) … 땅의 기초를 정하실 때에 내가 그 곁에 있어서 창조자(a master workman)가 되어 날마다 그 기뻐하신 바가 되었으며, 항상 그 앞에서 즐거워하였으며, 거처할 땅에서 즐거워하며, 인자들을 기뻐하였었느니라." 이것은 아주 뛰어난 증언이므로, 이 본문 가운데서 하나님의 아들 자신이 외적인 말씀 안에서 그것을 통하여 사역하시는 것을 주목하여 보라. 왜냐하면 사람들에게 선포하시는 이 지혜는, 후에 솔로몬에 의해서 기록된 대로, 태초부터 장인이 되어서 사람들과 함께 하는 것을 즐거워하셨고, 약속을 선포하시며, 선포의 직임을 붙드시고, 그 안에서 능력있게 사역하신 것이다. 사람들과 같이 있음을 기뻐하고 즐거워한다고 말하는 것 이상으로 어떻게 신적인 지혜가 우리네 불쌍한 사람들과 친밀하고 사랑스럽게 말하실 수 있겠는가! 오! 주 예수 그리스도여, 우리로 이것을 알 수 있도록 우리를 밝혀 주소서!

앞서 말한 구절들로부터 우리는 하나님의 아들이 영원한 아버지의 말씀이라고 불리움을 배워야만 한다. 이는 아버지의 자기 성찰 가운데서 그가 아버지에게서 낳아지셨기 때문이 아니라, 또한 그가 그를 통하여 모든 피조물의 창조가 선언되고 수행된 분이시기 때문에 주어진 이름이다. 그는 사람들에게 구속과 구원의 숨겨진 소식을 선언하기 위해서 은혜롭게 보내지신 분이시다. 그는 선조들과 여러 번 말씀하셨고, 선포를 붙드시며, 영원한 교회를 모으시며, 신실한 자들 가운데서 강력하신 분이시다.

그는 신실한 자들의 마음에 "내가 영생을 주노라"라고 말씀하여 위로를 말씀하시는 임마누엘이시다. 그를 통해서 성령이 주어진다. 하나님의 아들을 이해하고, 왜 그가 아버지의 영원하신 말씀이라고 불리시는지를 배우기 위해서는 이 모든 것을 조심스럽고 겸손히 성찰해야만 한다.

"형상"이라는 용어가 닮음(likeness)을 의미한다면, 우리는 하나님의 아들이 영원하신 아버지의 형상이라고 말할 수 있고, 그렇기에 아버지는 말씀을 통하여 선포된 대로 지혜로우시고, 참되고, 독자적이시고, 선하시며, 의로우시고, 순수하시며, 악에 대해 적극적으로 대항하시며, 자비로우신 분이라고 주목할 수 있다. 이해력을 가진 이들은 이 용어를 생각하게 될 것이다. 왜냐하면 하나님의 아들에게 그에게 합당한 영예를 드리기 위해서는 이에 대해서 조심스럽게 교회를 가르치는 것이 필요하기 때문이다.

제삼위이신 성령에 대해서 더 말하자면, 모든 이들은 여기서 "영"이라는 용어가 피조된 것이 아닌 본질적이고 영원한 어떤 것을 의미함을 알아야 한다. 이는 아버지와 아들 안에 있는 사랑과 기쁨을 의미한다. 다른 문맥에서 영이란 천사들이나 영혼들과 같이 피조된 것들 가운데서 천상적인 (etheral) 어떤 것을 의미하기 위해서 사용된다. 땅이나 돌이나 나무나 고기나 포도주 같은 것들과 대조되어서 말이다. [그러나 성령에 대해서 사용되는 "영"이란 말은 전혀 다른 의미이다](보역).

삼위의 구별

우리는 서론에서 삼위에게는 두 가지 구별이 있다고 했다. 첫째 구별은 삼위를 비교할 때의 삼위간의 본질적 성질에 관한 것이다. 아버지는 근원이시고, 아들은 아버지의 존재로부터 아버지에게서 낳아지시며, 영원부터 영원까지 아들은 아버지의 본질적이고 충만한 형상이시다. 성령은 성부와 성자로부터 나오시는 성부와 성자 사이의 기쁨이시다.

둘째 구별은 우리에 대한 그들의 활동과 기능에 관한 것이다. 그러나 여기서 다음과 같은 오랜 규칙이 기억되어야만 한다: (하나님의) 모든 활동은 그것이 창조이든지 그 밖의 다른 것이든지 모두가 다 삼위 모두의 활동이신 것이다. 그럼에도 불구하고, 삼위일체의 질서에 따라서 각 위(位)는 그 나름의 독특한 사역을 갖는다. 어거스틴이 말하듯이 "성자는 혼자서 행하시지만, 자기 자신으로부터 행하시는 것은 아니다."(The Son acts by himself, but not of himself).

성자는, 그를 통해서 영원하신 아버지께서 창조를 선언하시는 분[位]이시다. 성자는 약속의 독특한 선포자이시며, 선포의 직무를 영구히 붙드시는 분이시다. 인간성을 취하신 분은 성부나 성령이 아니라, 성자이신 것이다. 결과적으로 성자가 중보자요, 구속자요, 구주이신 것은 성육신하셔서 그가 우리를 위한 희생 제물이 되셨기 때문만이 아니라, 그 자신이 우리 안에서 사역하시고, 선포의 직무를 붙드시며, 외적인 말씀을 통해서 우리를 위로하시기 때문이다. 어거스틴이 말한 대로 "지혜는 날마다 신자들의 심령에 주어진다."

성자는 살아있는 말씀이고, 성령은 그를 통해 주어진다. 요 15:26에 기록된 바와 같이 말이다: "내가 아버지께로서 … 진리의 영을 보내리라." 또한 요일 4:13: "그 자신의 성령을 우리에게 주시므로 우리가 그 안에 거하고, 그가 우리 안에 거하시는 줄을 아느니라." 그리고 성자는 복음의 성찰 중에서 성령을 주시므로, 성령의 독특한 사역은 우리로 하나님을 향해 진정한 기쁨과 사랑을 가지도록 강화시키시며, 하나님을 부르게 하시는 것이다. 사도 바울이 롬 8:15에서 말하듯이 말이다: "너희는 … 영을 받았으므로, 아바 아버지라 부르짖느니라." 또한 슥 12:10에 기록된 바와 같이 "(예루살렘 거민에게) 은총과 간구하는 영을 부어주리니…" 이처럼 성령을 통해서 우리는 기쁨을 느끼고, 우리가 은총 안에 있음을 알며, 참되게 (하나님을) 부를 수 있게 되는 것이다.

그러므로 믿는 이는 그 안에 하나님이 참으로 거하시며, 복을 주시는 하나님의 성전이다. 거기에 삼위가 함께 계시는 것이다. 외적인 말씀을 통해 하나님의 아들이 계시며, 아버지의 자비를 나타내시고, 아들을 통해 아버지께서 성령을 주시는 것이다. 사도 바울이 갈 4:6에서 말하듯이 말이다: "하나님께서 그 아들의 영을 우리 마음 가운데 보내사." 말씀을 통하여 지식이 오고, 성령을 통하여 기쁨과 하나님께 대한 사랑과 새로운 순종이 오는 것이다. 그리스도인들은 이 모든 것을 열심히, 성실하게 생각해야만 한다.

삼위의 각각의 특성을 생각할 때, 기도할 때에 선지자들과 사도들, 그리고 후에 많은 거룩하고 박식한 그리스도인들이 사용했던 형태를 지키는 것이 적절한 것이고, 우리가 이교도들의 기도와 우리의 기도를 구별하며, 우리가 누구에게 기도하는지, 어디서 어떻게 하나님께서 자신을 계시하셨는지, 왜 그가 우리의 기도를 들으시는지를 생각하는 것이 옳다. 왜냐하면 하나님께서는 우리의 생각이 이교도들의 생각처럼 흔들리지 않도록 하기 위해서 자신을 계시하셨기 때문이며, 우리는 참 하나님이신 분을 불러 아뢰며, 이 참 하나님은 그의 사랑하시는 아들 때문에 우리의 기도를 들으시리라는 것을 알기 때문이다. 요 4:22에서 주 그리스도께서는 다음과 같이 이교도들을 책망하셨다: "너희는 알지 못하는 것을 예배하고, 우리는 아는 것을 예배하노니." 또한 성경은 "다른 신(神)을 네게 두지 말라"고 하신다. 우리는 이것을 기억해야만 한다.

기도

오 전능하시고 지혜로우시며 참되시고 의로우시며 자비로우신 하나님, 영원하시며 우리 구주 예수 그리스도의 유일하신 아버지시여! 주님의 크신 선하심으로 주님 자신을 계시하셨고, 우리가 주님의 아들 예수 그리스도의 말을 들어야만 한다고 말씀하셨나이다. 주님은 주님의 독생하신 아들 예수 그리스도와 함께 또한 성령과 함께 하늘과 땅과 천사들과 사람들과 모든 피조물들을 창조하셨나이다. 또한 말씀하시기를 "나는 악인의 죽는 것을 기뻐하지 아니하고, 악인이 그 길에서 돌이켜 떠나서 사는 것을 기뻐하노라"(겔 33:11)고 하셨나이다. 이에 근거하여 제가 진정으로 주님께 구하오니, 나를 불쌍히 여기시고 나의 모든 죄를 용서하여 주시옵소서. 주님의 말할 수 없는 선하심과 지혜로 중보자와 구속자가 되도록 하신 주님의 아들 예수 그리스도를 통해서 나에게 언제나 은혜로우시고, 나를 옳게 만들어 주시옵소서. 나의 영혼과 마음을 밝혀 주시고, 나를 거룩하게 하옵시며, 주님의 성령으로 나를 인도하여 주옵소서. 주님의 참된 교회를 붙드시고, 주님의 백성을 위해 선한 통치를 허락하소서. 그리고 우리가 참된 감사 가운데서 영원히 주님의 크신 자비를 찬양하게 하옵소서. 아멘.

많은 유용한 교리들이 설명된 이하의 내용에서 우리는 '존재'(being)란 말로 시사되는 것과 삼위의 구별이 시사된 곳을 조심스럽게 주목해 보아야만 한다. 존재(being)는 성부, 성자, 성령에게 공통적으로 속하니, 성자는 성부의 존재로부터 오시며, 성령은 성부와 성자의 존재로부터 있기 때문이다. 그렇기 때문에 교회는 성부, 성자, 성령이 동일본질(同一本質, homousii), 즉 같은 공통의 존재가 그들 안에 있다고 말한다. 그러나 위(位, perpon)라는 말은 공통된 것이 아니라, 구별되는 것을 지칭하는 것이다. 성부는 성자와 구별되고, 성자는 성부와 구별된다. 이것을 주목하는 것이 아주 필요하니, 이는 성부가 아니라 성자가 자신에게로 인성(human nature)을 취하셨음을 신앙이 확고히 붙들기 위해서이다.

삼위에 대한 증거들

하나님의 존재의 뜻에 대해서 우리는 하나님께서 친히 계시하신 것을 확고히 믿어야만 한다. 왜냐하면 요 1:18에 이렇게 기록되어 있기 때문이다: "본래 하나님을 본 사람이 없으되, 아버지 품속에 있는 독생하신 하나님이 그를 나타내셨느니라." 그리고 성자에 대해서 하나님께서는 "그를 들으라"고 하신다. 따라서 하나님께서 자신의 계시 가운데서 증거해 주신 것 외에는 하나님께 대해 그 어떤 것도 주장할 수 없는 것이다.

죽은 자들로부터 부활과 다른 이적들은 주 하나님께서 아담과 노아 때로부터 교회 안에서 계속해서 자신을 계시해 오신 분이심을 보여준다.

그래서 우리는 각위(各位)에 대한 구절들을 질서있게 제시해 보고자 한다.

영원하신 아버지에 대하여

첫째로, 예수 그리스도에 의해서 영원하신 아버지로 불리신 분은 다음과 같은 구절들로부터 분명히 하나님이심을 말할 수 있다. 행 3:13: "아브라함과 이삭과 야곱의 하나님, 곧 우리 조상의 하나님이 그 종 예수를 영화롭게 하셨느니라. 너희가 저를 넘겨주고 빌라도가 놓아 주기로 결안한 것을 너희가 그 앞에서 부인하였도다." 여기서는 베드로가 마치 이교도가 하나님에 관해 말하는 것같이 말하지 아니함이 분명하니, 왜냐하면 그는 그 조상들에게 주신 계시에 의해서 예수 그리스도를 보내신 그분이 참 하나님이심을 알고 있기 때문이다. 요 3:16: "하나님이 세상을 이처럼 사랑하사 독생자를 주셨으니…" 등.

주 그리스도께서는 이처럼 여러 번 그의 아버지가 참 하나님이심을 인정하시고 증언하시고 계신다. 요 5:21: "아버지께서 죽은 자들을 일으켜 살리심 같이, 아들도 자기의 원하는 자들을 살리느니라." 여기서 그리스도께서는 그의 아버지께서 죽은 자들에게 생명을 주시는 참 하나님이시라고 증언하신다. 이런 구절들에 하나님께서 그의 아들을 보내시겠다고 말씀하신 예언적 약속들이 덧붙여져야 한다: "여호와(참 하나님)께서 내게 이르시되 '너는 내 아들이라…'"(시 2:7). 각자가 이와 비슷한 구절들을 조심스럽게 주목해 보아야만 하니, 그 모든 것을 열거하기는 너무 길 것이기 때문이다.

영원하신 아들에 대하여

요한복음의 첫구절은 하나님의 아들이신 주 예수 그리스도 역시도 참으로 하나님이심을 보여준다. 성자 예수 그리스도께서 마리아를 통해서 인간성을 당신에게로 취하신 후에는 그에게 두 가지 성질[兩性], 즉 신성과 인성이 있게 되었는 바, 그중 첫째 것을 우리는 영원한 신성(the eternal divine nature)이라고 부를 것이다. 요 1:14은 참 하나님이 주 예수 그리스도의 아버지시요, 또한 이 아들도 참으로 하나님이심을 모두 보여주고 있다.

학자들은 유대적 신성모독에 대적하여 분명한 증언을 교회가 가질 수 있도록 하기 위하여 요한이 복음서를 썼다고 말한다. 왜냐하면 그때에는 에비온과 케린투스(Cerinthus)가 메시야에게는 오직 인간성만이 있어야만 한다는 개념을 폭넓게 전파하고 있었기 때문이라는 것이다. 케린투스가 에베소에서 목욕을 할 때에 그는 그를 따르는 자들과 함께 모여서 메시야에게는 오직 인간성만이 있어야만 한다는 것을 강하게 논의하였는데, 그때 갑자기 그 집이 함몰되어서 그 비방자와 그와 함께하던 모든 사람들이 죽었다고 한다.

요한복음 1:1은 "태초에 말씀이 계시니라"고 한다. 요한은 성자를 말씀이라고 부른다. 성자는 그를 통해서 약속이 알려지고[전달되고], 요 1:18에 시사된 대로 후에 직접 말씀하시기도 하신 분이심을 염두에 둘 때에이는 이해하기가 비교적 쉽다: "본래 하나님을 본 사람이 없으되, 아버지품 속에 있는 독생하신 하나님이 그를 나타내셨느니라." 그리하신 분이 (요한이 후에 그를 그렇게 부르듯이 ─ 요일 1:1) 말씀이라고 불리는 것이다: "태초부터 있는 생명의 말씀에 관하여는 우리가 들은 바요, 눈으로 본 바요, 주목하고 우리 손으로 만진 바라." 또한 그가 생명의 말씀으로 불리신 것은 그를 통해서 복음이 나타나고, 신실한 자들에게 생명이 다시 주어졌기 때문이다. 모든 피조물들의 아름답고 놀라운 질서가 창조에 의해 그를 통해 주어졌기에 요한은 "태초에 말씀이 계시니라"고 하였다. 즉, 영원하신 아버지의 형상이신 이분을 통해서 영원하신 아버지께서 자신을 친히 계시하신 것이다. 아들이신 이 말씀이 모든 피조물들보다 먼저 있었으므로, 그가 피조물이 아닌 것이 분명하며, 그가 전능하신 것이 분명하다.

젊은이들은 "피조물"이라는 용어가 무로부터 창조된, 또는 이미 존재하고 있는 것으로부터 만들어지거나 나온 것을 의미한다는 것을 상기할 필요가 있다. 모든 천사들, 사람들, 동물들, 하늘과 땅이 바로 이런 피조물들인 것이다. 그것들은 전능하지 않다. 오히려 그것들은 분명한 한계를 가지고 있고, 그것들은 영원부터 존재하지 않으며, 그것들의 존재는 그들 자신의 능력에 의해서 지지되는 것이 아니다. 오히려 그것들을 창조하신 하나님에 의해서 지지되는 것이다. 요한은 덧붙이기를 "그 말씀이 하나님과 함께 계셨다"고 한다. 여기에 위격의 구별(the distinction of persons)이 표현되었다. 성자가 성부와 함께 계셨던 것이다. (여기서 성부는 현저하게 하나님이라고 불리었다). 그러므로 여기서 두 가지 다른 위격(two different person)이 시사된 것이다. 후에 요한은 존재에 대해서 말하면서, 영원부터 영원까지 성부와 함께 계셨고 독특한 위격(a distinct persons)이신 이 말씀과 형상이 신적인 존재이며 전능하신 분이라고 한다. 그래서 본문은 "하나님이 말씀이셨다"고 하는 것이다. 여기서 우리는 이 문장의 문법적 구성을 주목해 보아야만 한다. 희랍어의 관사는 이 문장이 "그 말씀이 하나님이셨다"라고 읽혀야함을 시사해 준다. 그렇다면 우리는 본문이 성자가 하나님이라고 말하고 있음을 알게 된다.

공부하고 있는 젊은이들은 주어와 술어의 차이를 알고 있다. 이 문장에서는 로고스가 주어이고, '하나님'(*Deus*)이란 말은 그 로고스가 어떤 분이신지를 설명하는 술어이다. 따라서 성자는 성부와 같이 하나님이라고 불린 것이다. 비록 성경에서 자주는 아니라도 하나님의 대리인으로 하나님께서 부여하신 직임(divine offices)을 가지고 있는 사람들을 신(神)이라고 부르는 일이 있지만(예를 들어서, 시편에서 왕, 군주, 재판관 등 신적인 직임을 가진 이들을 '너희가 신(神)이라고 말하였다'고 하는 일이 있지만), 요한의 본문에서는 '하나님'이란 명칭이 이런 직임을 가지고 수행하는 이들에게 적용되지 않고, 존재(being, *Wesen*, 또는 본질)를 지칭하는 것이다. 이런 의미에서 요 1:1의 전체 문장은 직임의 수행자가 아니라, 신적인 존재를 지칭하는 것이다.

요한은 곧 신적인 존재에만 속하는 속성인 전능성을 제시한다: "모든 것이 이 아들을 통하여 지은 바 되었다." 이 구절과 다른 많은 구절들이 그가 전능하심을 분명히 보여준다. 요 5:19, 21: "아버지께서 행하시는 그 것을 아들도 그와 같이 행하느니라… 아버지께서 죽은 자들을 일으켜 살리심 같이 아들도 자기의 원하는 자들을 살리느니라." 요 8:58: "아브라함이 있기 전부터 내가 있었노라." 요 17:5: "아버지여 창세 전에 내가 아버지와 함께 가졌던 영화로써 지금도 아버지와 함께 나를 영화롭게 하옵소서." 요 5:17: "내 아버지께서 이제까지 일하시니 나도 일한다." 요 6:44: "나를 보내신 아버지께서 이끌지 아니하시면 아무라도 내게 올 수 없으니 오는 그를 내가 마지막 날에 다시 살리리라." 골 1:16, 17: "만물이 그에게서 창조되었고 만물이 다 그로 말미암고 그를 위하여 창조되었고, 또한 … 만물이 그 안에 함께 섰느니라. 히 1:2, 3: "저로 말미암아 모든 세계를 지으셨느니라. 그는 하나님의 영광을 반영하시고, 그 본성의 형상(stamp)을 가지고 계시며, 그의 능력의 말씀으로 만물을 붙드시느니라." 요 14:14: "너희가 내 이름으로 무엇이든지 구하면, (내가) 시행하리라."

이런 구절들은 아주 분명하고도 반박할 수 없게 하나님의 아들이 전능하시며 모든 피조물들보다 먼저 존재하셨는데, 그가 자신에게로 인간성(human nature)을 취하셨다는 것을 밝히고 있다. 기독교인 독자들은 자기들 스스로 이와 비슷한 다른 구절들을 조심스럽게 찾아보아야만 할 것이다. 나는 여기서 몇몇 구절만을 제시하였으니, 이는 이 신앙의 조항에 관해 악한 생각의 침입을 받을 때 각자가 스스로 날마다 자신을 강화시키도록 하기 위함이다.

우리 구주 예수 그리스도는 또한 자신을 "독생하신 아들"(the only begotten Son)이라고 부르기도 하신다. 이렇게 말씀하심으로써 그는 낳아지신 아들이신 자신을 하나님의 자녀들로 받아들여진[입양된] 이들과 구별하시는 것이다. 동시에 이 진술은 그 안에 있는 신적인 존재에 대한 증언이기도 하니, 낳아진 것은 낳으신 분의 존재[즉 신성]를 가지고 계시기 때문이다.

하나님의 아들이 자신을 "독생자"(the only begotten Son)로 부르시는 한, 그는 분명히 성부의 존재로부터 그의 존재를 가지시며, 이것은 성자와 다른 "하나님의 자녀들"의 구별을 더욱더 지시해 준다. 아담, 하와, 그리고 아벨은 하나님의 존재로부터 낳아지지 않았다. 그들은 땅으로부터 창조함을 받거나, 부모로부터 낳아졌고, 그 이전에 무(無)로부터 창조된 일이 있는 것이다. 그렇기 때문에 (니케아) 신조(the Nicene Creed)는 그가 창조함을 받지 않으시고, 낳아지셨다(begotten)고 의미심장하게 말하고 있는 것이다. 그리고는 "그는 하나님의 하나님이요, 빛의 빛(God of God, Light of Light)이다"는 설명도 붙어 있는 것이다. 그래서 우리로 하여금 성자가 성부의 존재로부터 나오신 분이심을 알 수 있게 하는 것이다.

그리고 이 신앙의 조항은 그리스도의 탄생 이후에만 선포된 것이 아니라, 처음부터 선포되었으니, 하나님의 백성은 이 구속자를 알았음에 틀림이 없기 때문이다. 비록 백성들에게는 상당한 이해의 부족이 있었으나, 조상들과 선지자들은 이 구주를 옳게 인정했던 것이다. 그는 많은 이들에게 눈에 보이게 나타나셔서 그들과 말씀하셨으니, 아브라함·야곱·모세·여호수아·다니엘 등 그를 전능하신 하나님의 아들로 인정한 이들에게 그리하셨고, 그가 후에 인간성을 자신에게로 취하신 것이다.

그래서 야곱은 그에 대해서 "나를 모든 환난에서 건지신 하나님과 사자(使者)께서 이 아이에게 복을 주시오며"라고 했던 것이다(창 48:16). 이것은 위에 진술한 바 있는 기도와 일치하는 것이다. 야곱은 먼저 하나님을 말하고, 그후에 그 덕분에 하나님이 은혜로우신 중보자를 언급한다. 그후에 그 사자(使者)가 그를 모든 악, 즉 죄와 죽음에서 건지셨다고 말한다. 이것들은 피조된 천사들이나 피조물들의 사역이 아니고, 신적인 전능과 엄위의 사역인 것이다.

이사야 7:14에서는 "그는 임마누엘이라 일컬음을 받으리라"고 한다. 즉

'하나님이 우리와 함께 하심'이라고 말이다. 그 뒤에는 "그의 이름은 하나 님이라, 영존하시는 아버지라"고 하기도 한다(사 9:6). 전능하신 분만이 영생을 주실 수 있다. 그런데 그리스도께서는 '내가 저희에게 영생을 주노 니'라고 하신다(요 10:28). 고전 10:4에서 바울은 분명히 말하기를, 주님, 즉 하나님의 아들이 백성과 함께 광야에 있었다고 한다. 시 72:17에서는 선지자가 영원히 경배를 받으실 왕에 대해서 말하며, 그가 태양이 존재하 기 전에 낳아지셨다고 하며, 모든 백성은 그를 통하여 복을 받을 것이니, 그들은 (그를 통해) 죄와 죽음에서 구속될 것임을 말하고 있다. 미가서 5:2은 세상의 날들이 있기 전에 그가 있었다고 시사한다. 왜냐하면 성자 는 피조물들이 생겨지기 전에 낳아지셨기 때문이다. 그래서 족장들과 선지 자들은 그들의 구주를 알고 불렀으며, 그가 영원하신 하나님의 아들이시라 는 계시를 가졌던 것이다.

특히 구약 전체를 통해서 반복하여 나타나고 있는 다음 세 가지 증거들 을 주목하여 보라.

첫째로, 선지자들은 우리가 언제든지 메시야를 부르며, 그에게 의존해야 한다는 것을 아주 자주 말한다. 그 이름을 불러 아뢰는 것은(예배와 기도 의 행위이니 — 보역) **오직 하나님께만** 옳게 속하는 것이다. 왜냐하면 이 와같이 불러 아뢰는 것은 우리가 부르는 그분이 전능하시며, 물리적인 것 과 눈에 보이는 것 이상의 것을 보시며, 모든 사람들의 마음을 살피시고, 우리의 마음 속 깊은 곳에 있는 탄식을 알고 들으시는 분이심을 인정하는 것이기 때문이다. 우리가 마땅히 그렇게 해야 하는 바, 메시야를 불러 아뢰 고, 그를 의지하는 것은 그가 분명히 **전능하심**을 드러내는 것이다.

죽은 자들의 이름을 부르는 악마적인 행위는 이 아름다운 증거를 덮고 있다. 그래서 존귀한 마르틴 루터 박사께서 이 말할 수 없이 큰 손실을 통 탄하셨던 것이다.

구약의 두번째 증거는 분명히 그 책 전체를 통하여 우리를 축복하실, 즉 우리를 죄와 죽음에서 구원하시고, 우리에게 영생과 복됨을 내려주실 메시 야를 말하는 약속들이 있다는 것이다. 이는 예를 들어서 렘 23:6("그의 이름은 여호와라 하리니, 이는 우리를 의롭게 하실 것이기 때문이다") 같은 데서 자주 현저히 반복되고 있는 것이다. 우리를 의롭게 하시는 일은 오직 신적인 전능과 엄위에만 속하는 일이다.

세번째 증거는 시편 기자가 말하는 "내가 오늘날 너를 낳았도다"라는 말씀이다(시 2:7). 오직 메시야가 하나님의 아들, 독생하신 아들이라고 불리니, 이것은 그 안에 신적인 존재가 있음을 시사하는 것이다.

하나님을 경외하는 사람은 이 신앙의 조항이 참되고, 필수적인 것이며, 성경의 분명한 근거를 가진 것임을 분명히 파악할 수 있을 것이다. 메시야는 전능하시고 참으로 신적인 인격이신 하나님의 아들이시다.

그러나 경건하지 않은 이들은, 하나님은 불사적(不死的)이신데, 이 메시야는 죽었다고 논의하려고 할 것이다. 성 베드로는 이 메시야는 그의 인성(human nature)으로 수난을 당하셨다고 말함으로써 이에 답한다. 이는 이미 사도 요한의 제자인 폴리캅(Polycarp)의 제자요, 의로운 선생이었던 이레니우스(Irenaeus)에 의해서 아름답게 설명된 바 있다. 이레니우스는 그리스도께서 십자가에 못박혀 죽으셨으나, 그 안에 신성(the divine nature)을 계속 유지하고 계셨다고 말한다. 비록 그의 인성(human nature)은 수난을 받고 죽었지만 말이다. 즉, 신성은 그 능력을 그때에 사용하지 않았지만 말이다. 이 놀라운 희생에서 그는 영원하신 아버지께 순종하셨던 것이다.

우리는 참된 겸손 가운데서 하나님께서 우리를 도우시기 위해 자신을 그렇게도 낮추신 것에 대해 하나님께 감사를 드리고, 우리에게 이해와 은혜를 주시도록 그를 찾으면서 이 위대한 것을 묵상해야만 한다. 그의 수난에 대해서는 인성(人性)을 말할 때 후론하기로 한다. 여기서는 삼위에 대한 증거들만을 제시하기 원하기 때문이다.

성령에 대한 증거들

영원하신 아버지와 아들이 각기 구별되는 위격(two distinct persons)

이시라는 것은 이제까지의 증거들로부터 분명해졌을 것이다. 또한 성부가 아니라, 오직 성자께서만 자신에게로 인간성(human nature)을 취하셨다는 것도 분명해졌다. 이로부터 영원하신 아버지와 영원하신 아들이 각기 구별되는 위격이심이 분명히 이해될 수 있다. 성령도 독특한 위격(a distinct persons)이심은 그가 요단강에서 그리스도께서 세례를 받으실 때 나타나신 것과 오순절날 나타나신 것으로부터 분명해진다. 그것들이 교리와 증언에 대해 전기독교권(all Christendom)을 도왔으므로, 우리는 마음과 정신을 들여서 열심히 이 증거들을 성찰해야만 할 것이다.

만일 성령이 특정한 위격(a particular[*besondere*] person)이 아니시고, 천사들이나 사람들에게 미치는 피조된 작용(activity, *Wirkung*)이기만 하시다면, 그는 분리된 형태로 나타날 수 없었을 것이다. 그러나 성령은 그리스도의 세례에서 분명히 구별되셨으니, 그는 분명히 비둘기 같은 모양으로 나타나셨고, 성부도 자신을 구별하셨으니, 성자에게는 "이는 내 사랑하는 아들"이라고 하셨고(마 3:17), 성령에 대하여는 "그 위에 성령이 임하는 것을 보거든"이라고 하셨던 것이다(요 1:33).

세례 때에 우리가 사용하는 말들도 성령이 독특한 위격이심을 보여준다. 만일 성령이 동등하신(equal, *gleiche*) 분이 아니시라면, 다음과 같은 명령이 주어질 수 없었을 것이다: "성부와 성자와 성령의 이름으로 세례를 주라." 여기서 우리는 제3위도 다른 위와 같이 존중해야 함을 가르침받는다(이에 대해서는 아래서 좀더 설명하기로 한다). 요 14:16에서 아들은 말씀하시기를, "내가 아버지께 구하겠으니, 그가 또 다른 보혜사를 주사." 그가 다른(another)이라고 말하고 있는 한, 그는 분명히 구별되는 위격에 대해 말하고 있는 것이다. 다음 증거들은 이 구별되는 위격(성령) 역시도 하나님이시며, 그는 그 존재와 전능성에 있어서 신적이심을 보여준다.

요 15:26: "내가 아버지께로서 너희에게 보낼 보혜사, 곧 아버지께로서 나오시는 진리의 성령이 오실 때에 그가 나를 증거하실 것이라." 보혜사라는 말은 "파레클레토스"(παράκλητος)의 역어로서 돕는 자, 변호사, 법정에서 사람에게 조언을 주는 사람을 의미한다. 그러나 성령은 마치 친구 옆에 서 있는 (밀로 옆의 키케로나, 우리를 보호하기 위해 우리 위에 있는 천사와 같은) 조언자나 조력자 이상이시니, 성령은 우리의 심중에 거하시기 때문이다. 우리가 하나님의 말씀을 받을 때, 성령은 우리에게 하나님에 대한 기쁨과 사랑, 우리 주 예수 그리스도에 대한 기쁨과 사랑, 그리고 순종과 순결, 힘과 고난 중에서의 인내 등의 덕들을 주시는 것이다. 보혜사란 말은 이렇게 이해되어야만 한다. 그렇기 때문에 주 예수 그리스도께서도 그를 "진리의 영", 즉 우리 안에 참된 빛과 생명을 주시며 일으켜 주시는 분이라고 부르시는 것이다.

이와 같은 진술들은 많이 있다. 갈 4:6: "하나님이 그의 아들의 영을 우리 마음 가운데 보내사 '아바 아버지'라 부르게 하셨느니라." 고후 3:6: "영은 생명을 주는 것이니"[영은 살리는 것이니]. 고전 12:6: "같은 영이 모든 은사를 내시느니라." 고후 3:17: "주는 영이시니, 주의 영이 계신 곳에는 자유함이 있느니라." 즉 그 마음이 악마의 세력, 절망, 죽음에서 놓여나 의로운 기쁨과 생명으로 충만하게 된다는 것이다. 또한 "우리가 주의 영으로 말미암아 … 변화하느니라"(고후 3:18 참조). 그래서 니케아 신조는 "나는 주님이시요 생명을 주시는 성령을 믿습니다"고 말하는 것이다.

지금까지 우리는 성령이 독특한 위격이시며, 그가 우리에게 하나님께 대한 기쁨과 사랑을 주신다는 의미의 증거들을 살펴보았다. 이로써 우리는 성령이 전능하신 신적 인격(an omnipotent divine person)이심을 확신할 수 있으니, 이 증거는 참되고 건전하기 때문이다! 비록 악마가 그렇지 않다는 궤변을 만들어 내고, 지금도 그리하고 있으나, 하나님을 경외하는 사람들은 진리를 파악할 수 있다. 그리고 성령의 사역을 말하는 이 증거들을 우리가 조심스럽게 성찰해 보아야 하는 것은 다음과 같은 세 가지 이유에서이다.

첫째로, 성령이 전능하신 신적인 인격이시라는 우리의 교리를 파악하고, 그 신앙을 강화하기 위해서이다. 둘째로, 우리에게 그분 자신의 영, 그분 자신의 존재를 보내주신 하나님의 크신 선하심을 성찰하기 위해서이다. 사실 그분 자신을 주신 것보다 더 큰 선물이 있을 수 있겠는가! 셋째로, 하나님께서 참으로 이 큰 은사를 우리에게 주시기를 원하시며, 그가 받으시기보다는 주시기를 더 원하신다는 이 풍성한 약속 가운데 있는 위로를 붙들기 위해서이다. 그는 우리가 믿음 가운데서 이 은사를 갈망하고, 그에게 이를 구하기를 원하신다. 그리고 우리가 구하면 참으로 우리에게 이를 주시는 것이다. 주 그리스도께서 눅 11:10-13에서 말씀하신 대로 말이다: "구하는 이마다 받을 것이요… 하물며 너희 천부께서 구하는 자에게 성령을 주시지 않겠느냐?" 그러므로 우리는 이에 대해서 하나님께 진심으로 감사해야만 한다.

다시 우리는 예수께서 세례받으실 때의 말과 "아버지께서 너희에게 다른 보혜사를 주시리라"고 분명히 진술하는 증거들을 특별히 주목해 보아야 하니, 이는 삼위가 분명히 언급된 세례 때의 진술과 같이, 삼위가 분명히 구별된 구절이기 때문이다. 각위(各位)가 복을 내리시고, 각위(各位)가 불러 아뢰어지며, 각위(各位)가 동등하게 영광을 받으셔야만 한다. 이것은 동등하신 전능한 위격이 셋(three equal omnipotent divine being) 있음을 분명히 시사해준다.

그리고 그리스도인들은 자신들의 세례를 부지런히 성찰해 보아야만 한다. 그 세례에서 하나님께서는 그의 은혜로우신 약속을 주시는 것이고, 그의 교회의 교리에 대한 요약이 포함되어 있는 것이기 때문이다. "내가 세례를 주노라"란 말은 "내가 이 세례로써 너의 죄가 씻어졌으며, 예수 그리스도의 영원하신 아버지이신 참 하나님과 그 아들 예수 그리스도와 성령에 의해서 은혜와 축복에로 받아들여졌음을 증언한다"는 뜻이다. 우리는 그와 같이 죄와 지옥에서 끊어내어져서, 하나님에 의해 영생에로 세워지는 이 고귀한 은혜에로 받아들여지는 것이니, 이는 성자 예수 그리스도의 공로로 인한 것이고, 우리에게 새로운 빛과 영생을 주시기 위해 성령이 우리에게 보내진 것이다.

따라서 우리는 영원하신 성부, 성자, 성령의 "이름으로", 즉 그의 능력과 그 이름 부름으로 세례를 받는다. 이처럼 성령이 영원하신 아버지(성부)와 아들(성자)과 함께 사역하신다면, 또는 그가 함께 경배를 받으신다면, 그는 분명히 전능하신 신적 위격이신 것이다.

성 바울은 고후 3:17에서 "주는 영이시니", 즉 우리에게 주어진 성령이 하나님이시라고 말한다. 이것은 바울 자신의 말에 대한 바른 이해이다.

그리고 이 성령이 성자께서 자신에게로 인간성을 취하시기 전부터 존재하셨다는 것은 벧전 1:11의 진술에서 분명히 나타나 있다: "(선지자들 안에) 계신 그리스도의 영이 그 받으실 고난을 … 미리 증거하여." 선지서들에 있는 많은 구절들이 베드로의 견해와 조화된다. 그 구절들은 언제나 성령께서 성도들과 영생의 복의 상속자들을 돌아보시며, 그들이 단지 인간의 능력으로 인도함 받으시는 것이 아님을 증언해 주기 때문이다. 이를 증거하기 위해 선지서 중 몇 구절을 생각해 보기로 하자. 사 59:21: "여호와께서 또 가라사대 내가 그들과 세운 나의 언약은 이러하니, 곧 네 위에 있는 나의 신과 네 입에 둔 나의 말이 이제부터 영영토록 네 입에서와 네 후손의 입에서와 네 후손의 후손의 입에서 떠나지 아니하리라 하시니라."

이 애용되는 구절에는 유용한 교리들이 가득 차 있다. 첫째로, 하나님의 교회는 항상 있어 왔으며 늘 있을 것이라는 약속이 주어져 있다. 이 위로를 염두에 두라. 왜냐하면 이 위로는 하나님께서 그의 작은 무리를 유지하실 것이며, 거대한 제국과 나라와 정사들이 파괴되는 상황에서도 하나님께서 이 작은 무리들에게 피할 처소를 주실 것임을 재확신시켜 주기 때문이다.

또한 이 구절은 참된 교회가 무엇이며, 하나님의 백성이 누구이며, 그들이 어떻게 다스림을 받는지, 즉 하나님의 말씀과 성령을 통해서 다스림을 받음을 가르치고 있다. 그러므로, 우리는 이로부터 참된 교회는 복음의 참된 교리가 선포되는 곳에 존재함도 배우게 된다. 이사야의 이 말은 또한 구약의 성도들에게 성령이 보내졌으며, 그들이 성령을 알았음을 보여준다. 이 구절이 "네 위에 있는 나의 신"을 언급하고 있기 때문이다. 여기서는 선지자에게 말씀하시는 분이 선지자 안에 있는 분, 즉 성령과 구별된 것이다. 슥 7:12은 다음과 같이 말한다: "만군의 여호와가 신(神)으로 이전 선지자를 빙자하여 전한 말을 듣지 아니하므로," 이 구절 역시도 성령이 선지자들에게 보내졌음과 하나님께서 그의 말씀과 함께 성령을 주심을 선포하고 있다. 또한 위격들의 구별도 있으니, 보내는 자가 있고, 마음에 보내지신 성령이 있기 때문이다. 요엘 2:28: "그 후에 내가 내 신을 만민에게 부어 주리니…" 하나님께서 성령의 존재가 성부와 성자의 존재로부터 오심을 지시하시며, 성령을 "내 신"이라고 말씀하심을 주목하라.

이제 이 증거들에 신조들을 덧붙여 보자. 우리가 날마다 사도신경을 말할 때 우리는 "성령을 믿사오며"라고 한다. 그리고 니케아 신조에서는 이 조항이 확대되어 "주님이시요, 생명을 주시는 분인 성령을 믿사오며"라고 말하는 것이다. 그래서 "하나님과 성자와 성령을 믿는다"고 하는 것이다. 이는 삼위(persons)를 지칭하는 말이다. 이는 마치 "이 하나님이 존재하심을 인정하며, 그의 교리를 믿고, 그를 신뢰한다"고 말하는 것과 같다. 니케아 신조는 성령을 "주님이시요 생명을 주시는 분"이시라고 의미심장하게 부름으로써 성령이 전능하신 분(a person)이심을 공개적으로 인정하는 것이다. 신조들은 가볍게 취해져서는 안 되니, 신조들은 그것들이 작성될 당시에 사도들이 말한 참된 교리라고 일반적으로 인정되고 믿어진 것이 무엇인지를 보여주기 때문이다.

이제 나는 사도들의 때에 아주 가까와서 사도들과 함께 살았고, 그들의 신실한 제자들이던 선생들로부터 그 교리를 가르침 받은 옛 성도들 몇 분의 증거를 제시할 것이다.

신가이사랴의 그레고리(Gregory of Neo-Caesarea)

아주 자만에 차 있고 위세를 떨치던 안디옥의 감독 사모사테누스(Samosatenus, Paul of Samosata)라고 불리던 사람은, 그리스도께서 단지 인성만을 가지셨다는 유대교적 오류를 공언하였다. 그 주위에 있던 이들이 그의 말을 들었을 때 하나님을 경외하던 많은 사람들은 그의 오류를 반박하기 위해서 공의회를 열기로 결정하였다. 이와 연관된 인물 가운데 신가이사랴(Neo-Caesarea)의 감독 그레고리(Gregory)가 있었는 바, 그는 많은 이적의 사람(a man of many wonders)이라고 여겨졌다. 유세비

우스(Eusebius)는 그레고리의 신앙고백을 우리에게 전해 주고 있다:

신가이사랴의 그레고리의 신앙고백

살아계신 말씀의 아버지이신 한 분 하나님이 계시는데, 그는 그의 본질적 형상이요, 그 자신도 온전하신 유일하신 독생자를 온전히 낳으신 자이시다. 또한 한 분 주님이 계시니, 그는 유일하시고 아버지의 형상이시요, 그를 통하여 모든 것이 창조된 말씀이시요, 참으로 영원하신 아버지의 참으로 영원하신 아들이시다. 그리고 한 분 성령이 계시니, 그는 하나님으로부터 그 존재를 가지시고[즉 하나님으로부터 나오시고], 아들을 통해 나타나시며, 성도들을 성화시키셔서 아버지와 아들을 알게 하신다.[1]

이것은 사람들이 유념해야만 하는 아주 분명한 증언이다. 이 증언이 특히 만족스러운 것은 성령께 우리로 하여금 하나님을 인정하고 그 이름을 부르게 하시는 사역이 주어졌기 때문이다. 이는 선지자 스가랴로 말씀하신 바와 같이 우리의 심령이 하나님의 말씀과 성령에 의해 밝혀지고 인도함을 받을 때에 일어나는 것이다: "내가 다윗의 집…에 은총과 간구하는 영을 부어 주리니"(슥 12:10).

이레니우스(Irenaeus)

서머나에 폴리캅(Polycarp)이라는 감독이 있었는데, 그는 몇 년 동안 사도 요한과 함께 했던 자로서 그에게서 배우는 일에 자신을 온전히 바쳤던 분이다. 이레니우스는 이 폴리캅의 제자였고, 그는 폴리캅의 유언을 우리에게 글로 써서 남겨준 분이다. 이레니우스는 아주 뛰어난 교사로서 그의 기독교 신앙으로 인해 결국엔 헝가리 지역에서 죽임을 당하였다. 이레니우스는 그의 세번째 책 제2장에서 성자에 대해서 이렇게 말하고 있다:

---

1) Cf. *Ante-Nicene Fathers*, A. Roberts and J. Donaldson, eds. (New York, 1890), VI, *Gregory Thaumaturgus, A Declaration of Faith.*

성자는 처음부터 성부와 함께 계셨고, 모든 것이 그를 통하여 지어졌다. 그는 하나님의 백성과 항상 함께 계셨고, 근자에는 성부의 경륜 가운데서 결정된 대로 자신에게로 인성을 취하시고, 모든 인류를 위해 고난을 당하시고 죽으셨다.[2]

팔레스타인의 유세비우스(Eusebius of Palestine)

바실은 유세비우스로부터의 다음 구절을 삼위에 대한 증언으로 인용하고 있다: "우리는 우리 주 예수 그리스도와 함께 모든 것을 창조하신 성령을 불러 아뢴다."[3]

터툴리안(Tertullian)

프락세우스(Praxeus)를[4] 비판하는 그의 책에서 터툴리안은 이 아주 중요한 교리를 다음 같이 잘 설명하고 있다: 동정녀 마리아에게서 난 예수 그리스도 안에는 인성만이 아니라 신성도 있었으니, 그 신성은 영원하신 성부의 형상이요, 영원히 구별되는 위격(an eternally distinct person)이시다.[5]

---

2) Cf. Ibid., I, *Irenaeus Asgainst Hersies*, III, 18.

3) Cf. *Nicene and Post-Nicene Fathers*, H. Wace and P. Schaff, eds. (Oxford and New York, 1895), VIII, *St. Basil: Letters and Selected Works, On the Spirit*, 제29장.

4) Praxeus 또는 Praxeas는 약 200년경에 활동했던 인물로 소위 성부수난설적 단일신론(the Patripassian monarchianisun)의 대표자로 여겨진다. 그에 대해서는 본문에 나온 터툴리안의 "Adversus Praxean"(c. 213?)을 통한 정보가 있을 뿐이다. 그는 죽기 전에 자신의 이단설을 뉘우쳤다고 한다(역자 주).

5) Cf. *Ante-Nicene Fathers*, III., *Latin Christianity: Its Founder, Tertullian Against Praxeas*, 제2장.

6) Epiphanius(약 315-403). 그는 살라미스의 감독으로 원래 팔레스타인 출신이었다고 한다. 그는 수도원 운동의 열렬한 옹호자였고 약 335년경에 유대에 있는 엘루테로폴리스(Eleutheropolis) 근처에 수도원을 세우기도 했다고 한다. 그는 니케아 정통

에피파니우스(Epiphanius)[6]

니케아(Nicaea) 공의회 이후에 바실, 나지안주스, 그리고 에피파니우스와 같은 경건한 사람들은 삼위일체론을 긴 저술 가운데서 적절하게 설명하였다. 그러나 여기서는 에피파니우스의 진술만을 언급하려고 한다. 그 역시도 성령이 성부와 성자에게서 나오심, 즉 성령이 성부와 성자의 존재로부터 존재하심에[7] 대해 증언하였다. 다음이 에피파니우스 자신의 말이다: "영원하신 아버지, 영원하신 아들, 그리고 영원하신 성령의 구별되는 삼위(three distinct persons)가 계신다. 성령은 성부와 성자의 존재(Wesen)와 하나이며, 성령은 성부와 성자와 동일 본질이시다(Spiritus Sanctus est Homoousius Patri et Filio)."[8]

신앙은 하나님의 말씀에 근거하여야만 한다는 것은 아주 옳은 것이며, 우리가 기도할 때에 우리의 심정이 하나님의 말씀에 거하여야 하며, 말씀에 의해 강화되어야 한다는 것도 옳다. 그런데 하나님 자신은 그의 아들 때문에 항상 교회(믿는 이들의 공동체)를 가지시기를 원하신다. 그는 다른 사람들을 강화시키고 가르치는, 참된 신앙 고백이 빛나는 교회를 원하시는 것이다. 주 그리스도께서는 베드로에게 "네가 돌이킨 후에는 다른 이들을 굳게 하라"(눅 22:32)고 말씀하신다. 그렇기 때문에 고대의 참된 교사들의 표현된 신앙고백이 무엇인지를 살펴보는 것이 유용하다. 특히 상당한 투쟁이 그것을 중심으로 일어났던 그런 것에 관해서는 더욱 그러하다. 만일 우리가 우리의 신앙이 하나님의 말씀에 근거하고, 또한 참된 교회와 일치함을 발견한다면 우리의 심정은 더 만족할 것이고, 우리의 부름과 신앙은 더 강하며 즐거울 것이다.

신조의 열렬한 옹호자로 그의 대표적 작품도 『모든 이단에 대한 반박』(*Refutation of all the Heresies*)이다. 382년에 로마에서 제롬(St. Jerome)을 만난 후에 그와 함께 오리겐주의에 대한 반박에 열심이었다고 한다(역자 주).

7) "the Holy Spitit is of the being of the Father and the Son"(p. 28).

8) Cf. *Die greichischen Schriftsteller der ersten drei Jahrhunderte*, K. Höll, ed. (Leipzig, 1915-33), 25, Epiphanius, *Heresies*, 33, 66-68, 77; *Ancoratus*, 7, 7f.

마지막으로, 우리는 세례 때의 말이나 신조들이 보여주듯이, 삼위 외에는 그 이상도 이하도 없음을 알아야만 한다. 그만이 전능성이 돌려진 하나님이시고, 오직 그만이 신적인 영광을 받으셔야 하고, 예배와 기도의 대상이 되어야 한다. 오직 이 삼위에 대해서만 그렇게 말할 수 있는 것이다.

우리의 하나님 부름이 이교도의 그것과 더 구별될 수 있도록 하기 위해서 우리는 그리스도인들이 하나님의 존재와 그의 뜻에 대한 다음 두 가지 아주 중요한 구별을 생각하고, 기도할 때에 유념해야 한다는 것을 자주 상기해야만 한다. 그 하나는 하나님께서 어디서 어떻게 자신을 계시하셨는가하는 것이고, 또 하나는 우리의 불러 아룀이 어떤 사물에게가 아니라 참된 하나님께 향한다는 것이다. 이교도들은 태양이나 달을 찾아 헤매고, 교황주의자들은 죽은 소위 성자들인 성 안나(St. Ann)나 성 야곱(St. Jacob)을 추구하는 것에 비해서 말이다. 또한 우리는 하나님께서 자신의 아들 예수 그리스도 때문에 우리를 맞아주시고, 우리의 말을 들어주시기 원하심을 알아야만 한다.

이 교리는 그리스도의 세례에서 아름답게 예증되었으니, 그것은 요한의 신앙만을 강화시키지 않고, 우리 모두의 유익을 위해서 전달되고 기록된 영광스러운 계시이다. 나는 마리아와 그녀의 자매도 그곳에 있었다고 확신하며, 제자 요한 외에도 다른 많은 이들이 이 계시를 보고 들었음을 믿어 의심치 않는다. 그러므로 우리가 기도할 때마다 우리도 요단 강가에 서서 거기서 자신을 성부·성자·성령의 구별되는 삼위(three distinctly different persons)로 계시하신 참 하나님께 말씀드리는 것으로 생각하도록 하자. 성부께서는 "이는 내 사랑하는 아들이라"고 말씀하신다. 성자는 물에 서시어 세례를 받으신다. 그리고 성령은 그 위에 비둘기 같은 형체로 임하신다. 그리고 그 성자 때문에 이 연합된 신적 엄위가 우리를 받으시고, 성령을 우리 심중에 보내주실 것이다. 우리는 그리스도의 세례를 기억해야 하고, 이로써 우리의 하나님 부름을 이슬람교도 등의 이교도들의 그것과 구분시켜야 한다. 왜냐하면 그들은 공공연히 성자와 성령께 대해 신성모독을 범하기 때문이다. 그리함으로써 그들은 성부도 무시하는 것이니, 성경은 "아들을 공경치 아니하는 자는 그를 보내신 아버지를 공경치 아니하느니라"고 말하며, "나로 말미암지 않고는 아버지께로 올 자가 없느니라"고 하기 때문이다(요 5:23; 14:6).

이 삼위 외에는 그 이상도 이하도 없음을 기억하도록 하자. 요한일서 5:7의 사랑받는 구절에 잘 진술되어 있듯이 말이다: "(하늘에서) 증거하는 이가 셋이니 성부와 성자와 성령이라. 또한 이 셋이 합하여 하나니라."[9] 삼위에 대한 이 진술은 참되고 분명하며, 그리스도인들로 하여금 위에서 제시된 기도의 형태를 기억하고, 그에 따라 기도하게끔 그들을 위로하고 도울 수 있으리라고 믿는다.

우리는 또한 성자와 관련해서 우리는 "그가 영원하신 아버지로부터 낳아졌다"고 말하며, 성령에 대해서는 "그가 성부와 성자에게서 나오신다"고 말함을 기억하도록 하자. 물론 오직 영원에서라야 이 낳아지심과 나오심의 높은 지혜를 배울 수 있을 것이지만, 그럼에도 불구하고 우리는 지금도 하나님의 자녀들로서 그 언어를 배우고, 그 말을 바꾸지 않고서 다음과 같이 성찰하기를 배우게 된다: 낳으심은 인식 능력이고(*nasci est a potentia intelligente*), 나오심과 사랑의 불꽃은 의지의 능력임을(*procedere, amor, agitatio est a voluntate*) 말이다. 우리 안에 있는 인식 능력과 의지의 구별을 주목할 때 그 구별이 더 분명해질 것이다. 인식 능력에 의해 사유되는 것은 이미지(images, 心像들)이다. 그러나 사랑과 동기는 의지와 마음을 태우는 것이다. 하나님께서 천사들과 사람을 그분의 형상으로 만드셨으므로, 우리는 그에 관한 어떤 것을 파악할 수 있다. 그러나 우리의 생각과 사랑은 본질상 위격(persons)이 아니요, 스러져 가는 그림자일 뿐이다. (그러나 하나님의 생각과 사랑은 본질상 위격들(persons)이시어, 하나님이 삼위일체로 존재하신다 — 보역).

---

9) 멜란히톤은 전통적 독법을 따라서 이렇게 옮기고 있다. 그러나 후에 바빙크는 말한다: "이것은 헬라어 사본들 중에서 16세기 이후의 몇몇 사본들에서만 발견되며 8세기 이전의 라틴 사본들에는 전혀 있지 않고 따라서 우리의 본문 번역에 빠진 본문이다." 『개혁주의 신론』, p. 388. (역자주).

영원하신 '하나님의 아들'이 자신에게로 인간성을 취하여 들이셨음에 대하여

이제는 영원하신 '하나님의 아들'이 자신에게로 인성(human nature)을 취하셨음에 대한 조항을 생각할 차례이다. 이 커다란 이적 역시도 모든 사람들과 천사들의 이해를 훨씬 넘어서는 것이지만, 이 조항은 아주 분명히 하나님에 의해서 주어졌으며, 죽은 자들로부터의 부활과 많은 이적들에 의해서 실증되어졌고, 우리가 이 조항을 배우고 고백하며 이로부터 위로를 얻는 것이 하나님의 불변하시는 의지이시다. 왜냐하면, 우리가 후에 논의할 바와 같이, 이 이적과 함께 구속과 축복이 주어지기 때문이다.

분명한 가르침을 위해서 요한복음을 읽어보라. 이 책은 차서 있는 방식으로 양성(兩性, the two natures)에 대해서 가르치고 있기 때문이다. 영원하신 아버지의 살아있고 영원한 형상이신 아들께서는 모든 피조물들이 있기 전에 영원부터 아버지와 함께 계셨다. 이 아들은 아담과 하와의 비참한 타락 이후로 우리를 위해 간구하는 자였다. 그는 자신에게로 인간성을 취하여 들이셔서 우리의 죄들에 대한 형벌을 담당하시고, 하나님의 진노를 담당하시기로 결심하셨다.

그러므로 아담의 타락 이후로 이 아들이 자신에게로 인간성을 취하셔서 우리를 구속하시리라는 것이 반복하여 예언된 것이다. 그러다가 정해진 시간이 되매 이 일이 일어났다. 즉, 영원하신 주님께서 동정녀 마리아의 태에서 하나님께서 정결케 하신 그녀의 피를 받으시고 인간성을 당신에게로 취하신 것이다. 그리하여 신성과 인성의 불가분리적 연합이 동정녀 마리아의 태에서 예수 그리스도의 인격에서 일어난 것이다. 그러므로 동정녀 마리아에게서 태어나신 주님은 온전한 인격이시나, 그의 인격 안에 신성의 영원한 2위와 인간성의 양성이 있는 것이다.

이 연합의 정확한 예를 제시할 수는 없으나, 이것이 우리의 지침이 될 수는 있다. 양성은 마치 영혼과 몸이 하나의 연합된 인격이 될 수 있는 것처럼 하나의 연합된 인격이 될 수 있는 것이다. 이것이 전적으로 옳은 유비는 아니나, 이는 시사적이기는 한 것이다.

그런데 우리가 유념해야 할 것은 신성이 몸만을 취한 것이 아니라, 몸과 영혼의 온전한 인간성을 취하셨다는 것이다. 이 신성과 '몸과 영혼의 온전한 인간성'은 불가분리적으로 연합하였다. 동정녀 마리아에게서 태어나신 후에는 신성이 그리스도의 '몸과 영혼의 인간성'과 나뉘지 않는 것이다. 몸과 영혼의 온전한 인간성은 신성에 의해서 지지되어 하나의 연합된 인격(a unified person)이 있게 되는 것이니, 이는 마치 우리의 몸이 영혼에 의해 지지되어 우리가 하나의 연합된 인격인 것과 비슷하다. 오리겐은 다음과 같은 유비를 사용하여 이를 설명하였다: 마치 광석이 불 속에서 붉게 달구어진 철 속에서 빛나듯이, 신성이 몸과 영혼의 인간성 속에서 빛난다.[10] 이 유비 역시도 정확한 것은 아니니, 철과 불은 살아 있는 인격이 될 수 없고, 서로 나뉘어질 수 있기 때문이다. 그러므로 이런 유비들은 거친 안내 지침에 불과한 것이다.

우리는 또한 그리스도께서 인간성을 취하심으로 도덕성을 포함한 모든 자연적 특성들을 다 취하시되, 죄는 없으시다는 것도 알아야만 한다. 각 성질의 특성들은 그대로 유지되는 것이다. 인간성은 음식을 먹는 일, 마시는 일, 잠을 자는 일을 필요로 한다. 그것은 먹지 않으면 배고프며, 먹고서 자라며, 죽는 것이다. 비록 각 성질의 특성들은 다르지만, 그것들은 신인이신 예수 그리스도의 한 인격, 연합된 인격 안에 있는 것이다. 이런 전체로서의 (entire) 예수 그리스도가 우리의 구주이시다. 그의 인간성 안에서 그는 우리를 위해 죽으셨다. 그가 신성을 가지고 계셨으나 그는 그 능력을 사용하지 아니하셨고, 이레니우스가 말한 바와 같이 성부께 자신의 겸손을 나타

---

10) Cf. *Ante-Nicene Fathers* A. Roberts and J. Donaldson eds. (Grand Rapids, Mich 1956), IV, Origen, *De Principiis*, II, 제6장, 제6문단. 또한 *Ante-Nicene Christian Libraray*, A. Roberts and J. Donaldson, eds. (Edinburgh, 1869), X, *The Writings of Origen, De Principiis*, II, 제6장, 제6문단(1956년판 *Ante-Nicene Fathers* 는 이 1869년판을 미국에서 재인쇄한 것이다).

내셨다. 그래서 벧전 4:1에서는 "그리스도께서 육체로 고난을 받으셨다"고 쓰고 있다. 즉, 그의 인간성으로 고난을 받으셨다는 말이다. 그의 신성의 복종은 그 어떤 피조물적 지혜가 파악할 수 없는 그런 깊은 겸손이었던 것이다. 그러나 우리는 영생에서는 그런 비밀을 잘 배우게 될 것이다. 이생에서는 인류가 이와 같은 방식으로 구원되며, 영원하신 '하나님의 아들'이 우리의 중보 기도자시요, 그가 자신에게로 인간성을 취하시고, 우리를 위하여 희생(a sacrifice)이 되셔서 참혹하게 죽임을 당하셨으나, 그로써 죽음을 정복하셨다는 하나님의 놀라운 지혜를 감사와 겸손을 가지고 깊이 생각해야 한다. 모든 경건한 사람들은 복음서 기자들에 의해 씌어진 이 이야기를 부지런히 배우고, 자주 이에 대해 생각해 보아야만 한다.

그러나 우리는 또한 악한 영들도 이 이야기를 아주 잘 알고 있음을 기억해야만 한다. 그들은 이 이야기를 잘 알고 있어도 영원한 형벌 가운데 있다. 그러므로 우리는 이 하나님의 아들이 그의 고난과 승리로써 우리에게 복을 가져다 주심을 배워야만 하는 것이다.

그렇기 때문에 우리는 하나님의 아들이 왜 그리고 어떤 목적을 위하여 보냄을 받았는지를 알아야 한다. 이것이 신조에 표현되어져 있는 것이다. 즉, 그는 요한일서와 로마서 3, 4장이 말하는 바와 같이 사람들에게 복이 되시며, 우리의 구원을 위해서 하늘로부터 내려오신 것이다. 딤전 2:5에서도 "하나님과 사람 사이의 중보는 한 분이시라"고 말하고 있다. "하나님과 악마들 사이의" 중보라고는 말하지 않는 것이다.

우리는 이 중보자가 우리를 위하여 죄 용서와 의(義)와 영원한 구원을 그의 공로에 근거하여 얻어 주셨음을 알아야 한다. 그러나 그 이상의 것, 즉 우리가 그의 이런 유익들을 우리들 자신의 공로로서가 아니라, 믿음을 통하여 얻음을 알아야만 한다. 우리는 우리가 죄인임을 인정하고서 하나님의 진노 앞에서 떨어야 한다. 그러나 또한 하나님의 아들 안에서 위로를 찾고, 우리의 죄가 이 중보자 덕분에 우리의 공로 없이 값없이(freely) 참으로 용서되었고, 이 구주의 의(義)가 믿음으로써 우리에게 전가되었다고 확실히 믿고, 그렇게 결론지어야만 한다. 만일 우리가 그를 믿으면 우리는 참으로 죄 용서와 의의 전가를 얻게 된다. 그리고 하나님의 아들은 우리 안에서 새로운 순종과 의(義)를 이루게 하시며, 성령과 영원한 복의 기업을 주시는 것이다. 이에 대해서는 후에, 죄 용서와 의에서의 중보자의 유익에 대해서도 말할 때 좀더 말하기로 한다. 그러나 여기서 이것을 언급한 이유는 이 참으로 놀라운 사건이 왜 일어났는가, 왜 영원하신 '하나님의 아들'이 자신에게 인간성을 취하셨는지를 생각할 수 있도록 하기 위해서이다.

여기서 우리는 이런 생각을 할 수 있다: "구속은 다른 방식으로는 일어날 수 없는 것일까?" 오는 세상에서는 이 질문과 관련된 하나님의 지혜를 알 수 있게 될 것이다. 그럼에도 불구하고, 지금도 이에 대해서 생각하기를 시작할 수는 있다. 하나님의 그 지혜를 다 파악할 수는 없다고 해도, 하나님의 의(義)는 죄에 대해 크고 무서운 진노를 낳을 수밖에 없고, 마귀들의 죄는 영원까지 사하시지 않으심을 생각할 수 있다. 하나님께서 아담에게 다가가서 그를 꾸짖으셨을 때 아담은 다음 약속을 듣기까지는 자신이 영원히 정죄되었다고 생각할 수 있을 뿐이었다: "여인의 후손은 뱀의 머리를 상하게 할 것이요"(창 3:15 참조). 그는 이 약속에서 위로를 얻고 지옥으로부터 구원함을 얻는 것이다.

사람의 죄에 대한 하나님의 크시고 정당한 진노는 그에 상당하거나 더 큰 갚음이 없이는 진정이 될 수 없으니, 이는 하나님의 의가 드러나야 하기 때문이다. 그러므로 이 행위에는 자비와 의가 같이 나타나고 있다. 인류에 대한 큰 사랑과 자비로 성자께서 (죄값을) 치르셨으며, 크신 자비로 하나님께서 사람을 받아주신 것이다. 그럼에도 불구하고 의(義)가 드러나도록 하기 위해서 형벌, 또는 그와 같은 갚음이 성자에게 부어진 것이다. 이것이 인간성과의 연합을 이루시고, 성자께서 자신을 낮추시고 인간성을 취하시고, 이 인간이 되신 하나님의 아들이 희생 제사가 되도록 결정하신 놀라운 경륜인 것이다!

하나님의 의(義), 죄에 대한 하나님의 진노, 그리고 성자께 부어진 형벌이 얼마나 높으며 위대한가 생각해 보라. 그리고 성자의 사랑과 우리에 대한 삼위 하나님의 자비가 얼마나 위대한가를 생각해 보라.

첫째로, 인류가 죄에 빠져 있으므로 형벌을 받고 죄책에 대한 형벌을 담당해야 할 이는 사람이어야 한다. 단지 죄 없는 사람이어야 하는 것이다.

둘째로, 그 갚음이 동등하고 더 나은 것이기 위해서는 그 갚으시는 분이 사람이거나 천사여서는 안 되고, 신적인 인격(a divine person)이셔야만 한다.

셋째로, 그 어떤 천사나 사람은 우리 죄에 대한 하나님의 진노의 큰 부담을 다 감당할 수 없다. 그렇기 때문에, 전능하신 하나님의 아들께서 사람들에 대한 측량할 수 없는 사랑과 자비로 이 커다란 진노를 스스로 감당하셨다.

넷째로, 그 어떤 천사나 사람이 엄위로우신 하나님의 신비한 경륜 안에 들어갈 수 없다. 그러나 중보자는 모든 사람들을 위하여 기도하시고, 특히 각각의 기도하는 이들을 위하여 기도하시니, 엄위로우신 하나님께서는 그들이 바라는 바를 들으시고, 그에 따라 행해 주신다. 이 모든 것이 전능하신 분에게 속한 것이다. 히브리서에서 대제사장이 지성소(*Sanctum Sanctorum*)에 들어간다고 할 때, 오직 대제사장만이 성전 안의 그 비밀한 단으로 나아갈 수 있다고 할 때, 그것은 구속자만이 엄위하신 하나님의 비밀스러운 경륜 안에 있을 수 있으며, 성부의 심정을 전적으로 살피고 알 수 있다는 것을 의미한다.

다섯째로, 그 어떤 천사나 사람도 죽음을 정복하고 생명을 다시 취할 수 없다. 왜냐하면 그것은 오직 전능하신 분만이 할 수 있는 일이기 때문이다.

여섯째로, 구속자는 우리 안에 능력이 되실 수 있다. 그는 우리의 연약한 성질을 짊어지시고 유지하시며, 모든 사람들의 마음을 붙드시고, 모든 탄식을 들으시며, 우리 모두를 위해 기도하시며, 신실한 자들 안에 계시며, 그들 안에 새로운 순종과 의(義)와 영생을 창조하신다. 이 모든 것은 오직 전능한 자에게만 속한 것이다. 이것이 임마누엘, 하나님이 우리와 함께, 우리 안에 계심이다.

우리의 날마다의 기도 가운데서 우리는 이런 것들의 원천을 생각해야만 하고, 신성과 인성의 양성이 그 안에 연합하여 있는 하나님의 아들을 인정하고, 찬양하며, 감사를 드려야만 한다.

이것을 염두에 두고, 하나님을 경외하고 분별력 있는 분들에 의해서 기독교회 안에서 사용되고 있는 진술을 주목해 보자. 그리고 불화와 오류만을 가져오는 이상한 진술을 피해야 한다. 성 바울이 "너희 말을 항상 은혜 가운데서… 하라"(골 4:5)고 말하고 있듯이 말이다.

"몸이 산다"고 말하는 것과 "몸이 생명이다"라고 말하는 것 사이에는 큰 차이가 있다. "몸이 산다"는 말은 참되고 옳은 말이다. 그러나 추상적으로 "몸이 생명이다"라고 말하는 것은 부정확하고 잘못된 말인 것이다. 구체적인 상황에서 그리스도에 대한 다음의 진술들은 옳고 적절한 것이다: "마리아에게 나시고", "하나님이 인간이 되셨다", "하나님이 동정녀 마리아에게서 나시었다", "하나님이 수난을 받으셨다", "하나님께서 죽으시고 다시 일어나셨다." 또한 "그리스도는 하나님이시다, 그리스도는 사람이시다, 그리고 그리스도는 죽으시고 살아나셨다"는 말도 참되고 옳은 말이다.

왜냐하면 이 진술들은, 비록 오직 인성만이 죽은 것이나, 그 인성을 취하신 그 한 분의 단일한 인격에 대한 이해를 표현하는 진술들이기 때문이다. 이것은 마치 내가 "이 사람이 그의 돈을 세고 계산한다"고 말하는 것과 같다. 영혼(정신)만이 세고 계산할 수 있어도 이것은 옳게 진술한 것이다. 그러나 한 인격은 영혼과 몸으로 이루어지는 것이다.

그리고 분별있는 이들은 기독교회가 "속성간의 교류"(*Communicatio Idiomatum*), 즉 한 성질의 속성이 전체 인격에게 돌려질 수 있다고 한 것을 배워야만 한다. 그래서 우리는 십자가에서 "하나님이 죽으셨다"고 하는 것이다. 이때 우리는 한 성질(즉, 인성)의 속성을 그의 인격 전체에 대해서 진술하는 것이다. 왜냐하면 전체로서의 그리스도가 구속자요, 중보자요, 구주이기 때문이다. 그리고 우리의 심령은 언제나 이 전체로서의 주 그리스도(the whole Lord Christ)를 불러 아뢰야 하는 것이다. 마치 우리가 친구를 생각할 때에 몸과 영혼 전체의 사람을 생각하듯이 말이다.

그러나 다음과 같은 진술은 옳거나 바르다고 할 수 없다: "신성이 인성이다" 또는 "신성이 죽었다." 왜냐하면 이런 진술은 전 인격에 대해서 말하는 것이 아니라, 신성에 대해서 추상적으로 말하는 것이며, 신성과 인성의 구별을 유지하고 있지 않기 때문이다. "그리스도는 피조물이다"는 말도 반박되어야만 한다. 아리우스주의자들은 이런 식으로 말할 때 속이려고 한 것이니, 왜냐하면 그들은 그리스도께서 온전한 하나님이 아니셨고, 천사들처럼 무로부터 피조함을 받은 인격이라는 주장을 하려고 했기 때문이다. 우리는 이런 무시무시한 오류를 신실하게 반박하고 그에 대해 반발해야만 한다.

몇 가지 관련된 논의들에 대해 대답해 보기로 하자.

첫째, "만일 하나님이 불사적(不死的, immortal)이시라면, 어떻게 죽었던 그리스도가 하나님이 될 수 있는가?"라는 질문에 대하여 우리는 다음과 같이 대답할 수 있을 것이다. 그리스도께서는 그가 인성(human nature)에 따라서 먹고, 마시고, 주무셨듯이, 그의 인성에 따라서 죽으셨던 것이다. 그럼에도 불구하고, 불사적(不死的)이시며, 음식도 필요하지 않고 주무실 필요도 없는 신성은 그 안에 남아 있었다. 어떤 상인이 그의 영혼으로만 계산을 해도 그의 몸이 거기 있는 것과 비슷하다. 몸과 영혼이 합하여 연합된 하나의 인격을 이루는 것이니 말이다.

둘째로, "요한복음서에서 그리스도께서 '아버지는 나보다 크시니라'고 하시거나 '아버지여! 나를 영화롭게 하옵소서'라고 말씀하시는데(요 14:28; 17:1, 5), 이처럼 그리스도가 그 능력과 영광에서 성부와 동등하지 않다면, 어떻게 그리스도가 전능하신 하나님일 수 있겠는가?"라는 질문을 생각해 보기로 한다. 특히 아리우스주의자들이 이 논의를 사용했었으므로, 이에 대해서 분명하고 합당한 근거를 가진 대답을 해야만 할 것이다.

존재를 지칭하는 진술과 선포의 직임, 또는 선포 사역 자체를 지칭하는 진술의 구별을 잘 주의해 보기로 하자. 존재에 관한 진술들은 언제나 같은 능력과 영광을 지적하고 있다. 요한복음 첫 부분에서와 같이 말이다: "그 말씀은 하나님이시니라, 만물이 그로 말미암아 지은 바 되었으니"(요 1:1, 3). 그리고 요한복음 5장에서 "아버지께서 하시는 대로 아들도 하느니라"

고 하듯이 말이다(5:19).

그러나 다른 많은 진술들은 선포의 직임이나, 그가 담당하셔야 했던 실제 사역의 시기를 지칭하고 있다. 예를 들어서 그가 "나의 하나님, 나의 하나님, 어찌하여 나를 버리시나이까?"(마 27:46;막 15:34)라고 말씀하실 때와 같이 말이다. 이와 같은 진술들은 그의 존재를 지칭하는 것이 아니라, 그가 자신을 낮추셨던 당신의 실제적 수행, 즉 우리를 위하여 창에 찔리시고, 제사장이 되어 우리를 위해 희생제사를 드리신 그 사역을 지칭하고 있는 것이다. 그 사역에 관한 한 그는 보냄을 받은 자요, 종이시고, 그런 지위에서 그는 그를 보내시고, 그 위에 우리의 죄에 대한 하나님의 크신 진노를 쏟아 부으신 엄위의 하나님께 종속하는 것이다. 그 순간의 괴로움 가운데서 그는 작고 연약한 것이다. 그의 존재가 그러하여서 그가 달리 할 수 없는 것이 아니라, 이 순간에 그의 능력이 나타나지 않은 것이다. 하나님께서 우리를 위해서 그의 놀라운 지혜와 우리에 대한 크신 사랑에서 그리하도록 정하셨던 것이다.

그러므로 하나님을 경외하는 사람들은 존재에 대한 구절들이 그리스도께서 그의 사랑 가운데서 우리를 복주셨던 그 특정한 때의 섬김과 깊은 겸손을 말하는 구절들과 구분되어야만 한다는 것을 이해할 수 있다. 위에서 우리가 언급했던 이레니우스로부터의 한 구절을 조심스럽게 살펴보기로 하자: "그리스도께서 십자가에 못박히셔서 죽으셨다." 그가 수난을 당하고 죽을 수 있도록 하기 위해서 그 안의 신성이 잠잠하셨던 것이다 (*Quiescente verbo*). 즉, 놀라운 경륜에 의해서 그의 신성이 성부께 복속하고 순종했던 것이다. 그의 신성이 숨겨져 있었다고 할 수 있다. 즉, 그의 신적인 능력이 나타나지거나 사용되지 않았다는 말이다. 이레니우스에게서 나온 이 아름다운 구절은 성 바울의 다음 진술과 잘 조화되는 것이다: "그는 자신을 낮추사 죽기까지 복종하셨으니…"(빌 2:8).

다음과 같은 질문을 하는 사람도 있을 것이다: "만일 그리스도가 계속해서 그의 아버지를 생각하고 복을 얻으셨다면 그리스도께서 어떻게 불안과 공포를 가지실 수 있었는가?" 이와 같은 질문들은 성자에게 하나님의 무시무시한 진노가 쏟아지도록 하신 하나님의 놀라운 경륜을 생각하지 않는 어떤 사람들에 의해서 제기되었다. 그러므로 위에서 말한 답변이 여기에도 적용되는 것이다. 즉, 그의 낮아진 때와 높아지신 때를 구별해야 한다는 말이다. 주님께서는 언제나 복스러우셨지만, 그럼에도 그는 희생 제물이 되기로 하셨고, 일정한 때에 진노를 감당하시도록 되었던 것이다. 그렇기 때문에 신적인 기쁨의 빛이 그안에 언제나 같은 강도로 비춰지지 않았고, 마치 그의 몸이 상처와 고통을 느끼실 수 있었듯이, 그의 영혼도 그 어떤 사람이나 천사가 상상하는 것 이상의 공포와 불안을 느끼셨던 것이다. 그의 무시무시한 그 불안은 피를 흘리며 다음과 같은 탄식을 하도록 한 것이다: "나의 하나님, 나의 하나님, 어찌하여 나를 버리시나이까?"

그래서 히 4:15은 이렇게 말하고 있다: "우리에게 있는 대제사장은 우리 연약함을 체휼하지 아니하는 자가 아니요, 모든 일에 우리와 한결같이 시험을 받은 자로되 죄는 없으시니라. 그러므로 우리가 긍휼하심을 받고 때를 따라 돕는 은혜를 얻기 위하여 은혜의 보좌 앞에 담대히 나아갈 것이니라."

이 본문은 우리에게 당치 않은 질문을 하지 말고, 주님의 참으로 놀라운 수난을 생각하여, 우리의 죄에 대한 하나님의 진노를 참으로 의식하고 떨며, 하나님께서 이렇게 화목하신 그 큰 은혜를 생각하도록 상기시키고 있다. 하나님께서는 참으로 우리의 죄를 용서하시며, 우리를 받아주시기를 원하신다. 그는 그의 아들이 우리 안에서 활동하시며 구원을 주시기를 원하신다. 그러므로 고난 가운데서도 우리는 위로를 얻을 수 있다.

하나님을 경외하는 자들에게는 이런 상기로 충분할 것이다. 우리는 이 참으로 놀라운 신비를 겸손한 심정을 가지고 생각하며, 하나님께서 우리를 가르치시고, 우리 마음을 밝혀 주시기를 기도해야 할 것이다. 우리는 우리가 자주 그리하듯이 당치 않은 질문들로 시간을 낭비해서는 안 된다.

우리는 이 모든 신앙의 조항들을 진지한 기도 가운데서 생각할 것이다. 왜냐하면 기도 가운데서는 우리가 누구에게 아뢰는 것인가, 어디서 하나님께서 자신을 계시하셨는가, 그가 어떻게 인정되기를 원하셨는가, 왜 그가 우리를 애호하시는가 등을 생각해야만 하기 때문이다. 이전에도 기독교적 기도의 한 형식을 제시한 바 있으나, 여기서 우리의 결론과 함께 다시 한 번 제시해 보기로 한다.

기도 (1)

우리 구주 예수 그리스도의 영원하신 아버지이신 유일하게 살아계시고 참되신 하나님이신 전능하신 하나님! 하나님은 독생하신 아들 예수 그리스도와 성령과 하나이시며, 하늘과 땅과 사람들과 모든 피조물들의 창조자이시니이다. 또한 하나님은 지혜로우시고, 옳으시며, 선하시고, 참되시며, 순수하신 재판장이시요, 또한 자비하기도 하시니, "나는 악한 자의 죽는 것을 기뻐하지 아니하며, 악한 자가 돌이켜 생명을 얻는 것을 원하노라"고 하시기 때문입니다. 이런 하나님을 제가 불러 아뢰며, 하나님이 제게 자비로우시고, 저의 모든 죄를 용서해 주시기를 구하나이다. 하나님의 사랑하시는 아들 예수 그리스도, 하나님께서 놀라운 선하심과 지혜로 우리의 중보자와 화목자와 구속자와 의가 되게 하신 그리스도를 보시고 제게 은혜로우시며, 저를 의롭게 만들어 주시옵소서. 또한 주님의 성령으로 나의 영혼과 심령을 순결하고 거룩하게 하여 주옵소서. 나를 가르치시며, 인도하시고, 영원한 복락을 주시옵소서. 우리들 가운데서 영원히 참된 교회를 모으시고, 계속하여 붙들어 주시옵소서. 또한 우리에게 선한 기독교적 통치와 보호를 주시고, 날마다 일용할 양식을 주옵소서. 악한 마귀들을 물리쳐 주셔서 그들이 우리를 죄와 신성모독과 파멸로 이끌어가지 못하도록 하옵소서. 하나님께서 우리를 붙드셔서 우리가 하나님을 옳게 부르며, 찬양을 드리고, 영원히 하나님께 감사를 드리게 하옵소서. 아멘.

나는 하나님의 아들 예수 그리스도 때문에 하나님께서 나를 사랑해 주시며, 이 기도를 유효하게 하실 것임을 믿습니다. 하나님의 사랑하시는 아들 예수 그리스도는 우리의 대제사장이시니이다. 그가 우리를 위하여 기도하시며, 우리의 복잡한 마음을 하나님께 올리시나이다. 또한 당신의 성령을 통해서 저의 연약한 믿음과 미약한 이 기원을 은혜 중에서 강화시켜 주시옵소서.

그리하여 우리가 더 강하게 우리의 중보자요 우리의 대제사장이신 하나님의 아들 예수 그리스도를 부르며, 그가 "수고하고 무거운 짐진 자들아 다 내게로 오라…"(마 11:28)고 하신 것처럼, 우리도 구체적으로 그에게 아뢸 수 있도록 하여야 한다.

기도 (2)

오 전능하신 예수 그리스도시여, 주님은 영원하신 아버지의 형상이시요 영원한 하나님의 아들이시며, 우리를 위하여 십자가에 못박혀 죽으시고, 죽은 자들로부터 다시 살아나셔서 지금도 사시며 영원히 하나님의 능력으로 통치하시나이다. 우리의 중보자가 되셔서, 우리를 화목하게 하시고, 우리를 의롭게 하시며, 복을 주시기로 하신 주님께 심령으로부터 울부짖으며 구하오니 저를 불쌍히 여겨 주셔서 저의 죄를 용서하시며, 저를 위하여 영원한 아버지께 기도하여 주시옵소서. 제 안에 계시며, 주님의 성령을 통해서 제 안에 새로운 빛과 순결과 복됨을 일으켜 주시옵소서. 우리들 안에서 영원히 주님의 영원한 교회를 모으시고, 우리에게 선한 정부를 주시어, 우리가 영원토록 기쁜 마음을 가지고서 감사를 드리고 주님을 찬양할 수 있도록 하옵소서.

다음과 같은 형식도 옳다.

기도 (3)

오 전능하신 하나님이신 성령이시여!
주님께서는 주님을 사도들에게 계시하셨고, 하나님의 아들이 주님을 우리에게 약속하셨었나이다. 우리를 불쌍히 여겨 주셔서, 구주 예수 그리스도를 보시고 우리 안에 하나님에 대한 바른 지식을 주셔서, 하나님을 바로 불러 아뢰게 하옵소서. 주님과 함께 하나로 계시는 영원하신 아버지와 아들 예수 그리스도에 대한 지식을 주옵소서. 우리로 유혹을 받지 않게 하시며, 오류 가운데 빠지지 않게 하여 주옵소서. 우리를 순결하게 하시며, 우리의 심령을 거룩하게 하옵소서. 우리 안에 하나님에 대한 경외와 참된 위로, 그리고 주님에 대한 믿음·소망·사랑을 일으켜 주옵소서. 하나님의 교회를 영원히 붙드시며, 참된 교리와 지혜와 통일로 교회를 다스려 주옵소서. 세상 정치에서도 선한 경륜과 평화와 복지를 주시옵소서. 그리하여 우리가 영원한 아버지와 아들 예수 그리스도와 하나로 계시는 성령님의 신적인 엄위에 영원히 가슴 깊은 감사와 찬양을 드릴 수 있도록 하옵소서. 아멘.

우리의 기원에서 우리는 건전한 교리를 생각하고 실천해야만 한다. 동시에 참된 기도가 무엇인가를 배우고, 전능하신 삼위 외에는 그 누구에게도 기도하지 않아야함을 배워야만 한다. 하나님께서 우리에게 가르쳐 주신 대로 기도가 이루어져야 한다. 죽은 자들에게 기도하는 것은 — 그것이 성 안나에게든지, 마리아에게든지, 야곱이나 성 조지(St. George)에게든지 — 분명하고 변명할 수 없는 우상 숭배이다. 후에 이에 대해서 좀더 설명하기로 한다.

우리가 보지도 듣지도 못한 이에게 기도할 때, 우리의 기도는 그 사람이 모든 사람의 심정과 소원을 아는 전능한 지식이 있다는 함의를 가지고서 그리하는 것이다. 그런데 이런 영예는 오직 전능하신 하나님께만 속하는 것이다.

모든 기독교 교사들은 그들이 "내 앞에 다른 신을 네게 있게 말라" 하신 첫 계명을 지킴으로써 하나님께 영광을 돌려야 할 의무가 있음을 알아야만 한다. 그러므로 그들은 신성모독적인 유대인들과 이교도들과 이슬람 교도들과 사모사타의 바울, 아리우스, 마니교도, 또 다른 이름으로 불리는 여러 사람들 안에서 마귀들이 역사하여 만들게 한 모든 오류들에서 벗어나고 반박해야만 하는 것이다. 바르게 배운 자들은 다른 이들을 가르치고, 하나님의 말씀으로 그들을 강하게 하여 오류로부터 지켜야 할 것이다.

제 3 장

하나님께서 모든 다른 것을
창조하셨음에 대하여

창조에 대하여

앞 장에서 우리는 지혜와 선하심과 의로우심이 충만하신 영원히 전능하신 존재, 참되고 거룩하시며 순결하신 분, 하나님이라 불리시는 분에 대해서 말하였다. 이제 한 걸음 더 나아가서 이 하나님(**this divine Majesty**)께서 창조하신 것들에 대해 말해 보기로 하자. 그 지엄하신 하나님께서는 그의 끝없는 선하심 가운데서 자신을 계시하기 원하셨으므로, 그는 하늘과 땅, 공기와 물, 천사들과 사람들 등의 아름다운 것들을 창조하셨다. 또한 그가 알려질 수 있도록 하기 위해서 그는 천사들과 사람들에게 지혜와 선하심을 부여해 주셨다. 이제 이 창조의 기원과 목적에 대해서 진지하게 생각해 보기로 하자.

하늘과 땅, 사람 등 모든 것의 창조에 대한 이 조항은 처음에 창세기에서, 그리고 후에 선지자들과 사도들의 글에서 표현되었다. 영원하신 아버지께서는 영원하신 아들이요 아버지의 영원하신 성자와 성령과 함께 자유롭게 그리고 원하셔서 이 모든 것들을 창세기의 첫 부분에 기록된 대로 무(無)로부터 창조하셨으며, 모든 살아있는 것들에 생명을 부여해 주셨다.

이 놀라운 사역에 나타난 하나님의 지혜는 우리가 다 파악할 수 없는 것이다. 그럼에도 불구하고 사람들은 하나님께서 자신을 증거하기 위해 이 아름다운 것들을 원하셨다는 것을 자주 성찰해야만 한다. 내가 방금 말한 바와 같이, 하나님께서는 자신을 계시하시기 위해서 모든 것을 창조하셨던 것이다.

하나님께서 만드신 이 놀라운 구조물의 아름다운 질서가 자신을 증거하는 것이어야 하고, 참으로 공개적인 증언이라면, 합리적인 사람들은 이 질서를 바라보고 성찰해야만 한다. 특히 하늘과 공기, 물 등이 형성된 그 단일한 지혜와 사람이 이성, 즉 계산하고 변별하며, 선과 악을 구별할 수 있는 능력을 가지고 있다는 것, 만일 우리가 옳은 이성(right reason)을 따르면 선한 양심 가운데 기쁨이 있지만, 불공정한 살상이나 근친상간과 같이 우리에게 심겨진 이성(the implanted reason)에 반(反)하여 행동하면 소름끼치는 공포가 온다는 것을 생각해야 하는 것이다.

우리는 더 나아가서 아주 지혜로우신 창조자께서 하늘과 땅을 질서지우셨음도 주목해 보아야만 한다. 왜냐하면 우리는 시간이 낮과 밤으로 여름과 겨울로 편리하게 질서지워짐을 보기 때문이다. 또한 우리가 어떤 때는 땅이 씨를 받아서 싹을 내고, 또 어떤 때에는 열매가 무르익는 것을 보기 때문이다. 우리는 또한 땅의 모든 풀들이 그 나름의 특별한 능력을 가지고 있어서, 어떤 것은 간에 좋고, 어떤 것은 허파에 좋은 등 지혜롭게 만들어져 있음을 주목해 보아야만 한다.

비록 젊은이들은 나이든 이들보다는 이 질서에 대해서 별로 많이 생각하지는 않으나, 우리는 이런 생각을 잘 익히고, 이렇게 질서지워진 디자인[의장]의 증거들이 우리 앞에 있음은 이것 중 그 어떤 것도 스스로 생겨진 것이 아니라, 지혜롭고 전능하신 창조자에 의해서 질서지워지고 만들어졌음을 상기시킴을 주목해야만 한다.

창조에 관한 이 조항과 관련해서 다음 여섯 가지를 기억하도록 하자.

첫째로, 영원하신 아버지, 영원하신 아들(아버지의 형상), 그리고 성령의 삼위 하나님께서 모든 것을 창조하셨다. 이것은 창 1:26: "우리가 우리 형상을 따라 사람을 만들자"라고 하신 데서 시사되어졌다. 이것은 한 위만이 아니라, 삼위(three persons)를 언급하는 것이다.[1]

요한복음 1:3에서는 성자에 대해서 이렇게 기록되어져 있다: "만물이 그로 말미암아 지은 바 되었으니, 지은 것이 하나도 그가 없이는 된 것이 없느니라." 이 진술은 중요하고, 이것은 분명히 아들에 관하여 말하는 것이다. 창1:2은 성령에 대해서 이렇게 말하고 있다: "하나님의 신은 수면 위에 운행하시니라." 즉, 그는 모든 피조물을 붙들고 보존하고 계시다는 말이다.[2]

둘째로, 하나님 외의 모든 것들은 무(無)로부터 창조된 것임은 요한복음 1:3의 "만물이 그로 말미암아 지은 바 되었으니"라는 진술에서 밝혀진다. 하나님께서 모든 것을 창조하셨음이 참되다면, 어떤 철학자들이 가끔 생각하듯이 "하나님 외에 다른 어떤 것이 있다"고는 전혀 생각할 수 없다는 결론이 나오는 것이다.

셋째로, 하나님께서 창조하신 모든 것과 언제든지 그가 효과있게 하시는 것은 그 자신의 자유로운 의지, 다른 어떤 것에 의해 규정되거나 강요되지 않은 자유로운 의지에 의해 나오는 것이고, 하나님께서는 피조된 질서의 진행 과정(*Gang und Wirkung*)을 움직이게 하시거나 멈추게 하실 수 있는 것이다. 마치 하나님께서 여호수아의 전투를 위해 태양을 잠시 머무르게 하시고, 이스라엘 백성을 위하여 홍해 사이로 길을 내셨던 것처럼 말이다. 그렇기에 시편 115:3은 "오직 우리 하나님은 하늘에 계셔서 원하시는 모든 것을 행하셨나이다"고 하며, 시편 135:6은 "여호와께서 무릇 기뻐하시는 일을 천지와 바다와 모든 깊은 데서 다 행하셨도다"고 하는 것이다.

넷째로, 인간의 영적인 어두움[암매]은 때때로 그들로 하여금 하나님은 마치 배를 만든 다음에는 그것을 떠나보내어 그후엔 물과 날씨에 맡기고

---

1) 창 1:26의 "우리"에서 삼위일체성을 찾는 것은 다른 모든 선배들과 함께 좀 지나치게 나아간 것이라고 아니할 수 없다. 최대한 말한다고 해도 "신약의 밝히 드러난 계시의 빛에서 볼 때 여기서 삼위일체를 생각할 수도 있을 것이다." 이상을 말할 수는 없을 것이다(역주).

2) 이것이 성령에 대한 언급이라함도 후기 신약의 계시의 빛에서라야 그렇게 말할 수 있는 것임에 유의하라(역주).

는 그것에 대해서 더 이상 어떻게 할 수 없는 목수와 같다고 생각하도록
한다. 사람들은 이 땅과 사람을 만드신 후에는 하나님이 떠나셔서, 지금은
이 피조된 것들의 영역과는 아무런 관계가 없다고 상상하기도 한다. 우리
는 하나님의 말씀으로써 우리의 심령에서 이런 거짓된 생각을 뿌리뽑아
버리고, 참된 교리의 위안을 배우고, 하나님은 참으로 모든 곳에 계시며,
모든 것의 존재를 유지하시며, 존재나 생명을 가진 모든 것은 그것이 그
존재나 생명(*Wesen order Leben*)을 가지고 있는 한, 하나님에 의해서 유
지된다는 것을 믿어야만 하는 것이다. 바로 그 때문에 하늘과 태양과 달이
계속해서 존재하며, 그 질서지워진 과정을 이루어가며, 땅은 해마다 열매
를 내고, 천사들과 사람들과 동물들은 사는 것이다. 즉, 이 모든 것이 하나
님의 함께 하심(동시 발생적 행위, the concurring activity, *Mitwirkung*)
을 통해 일어나는 것이다.

이 함께 하심[동시 발생, *Concurrence*]은 하나님 편에서 자유롭게 이
루어지는 것으로 이해해야 한다.[3] 이는 하나님이 피조된 것들에 묶여 있지
않으시기 때문이다. 그는 그가 원하시면 그 때마다 이 일을 중단하시거나,
완화하시거나, 약화시키거나, 강화하실 수 있는 것이다. 마치 그가 때때로
그에게 부르짖는 사람들을 위해서 병이나 자연의 많은 다른 흉악한 일들
을 경감시키듯이 말이다.

이 하나님의 동시 발생적 행위에 대해서는 다음 구절들을 참조하라.

행 17:28: "우리가 그 안에 살며, 기동(起動)하며 있느니라." 즉, 그를
통해서 우리의 존재와 생명과 힘이 주어지고 유지된다는 말이다.

히 1:3: "(하나님께서) 그의 능력의 말씀으로 만물을 붙드시며."

골 1:17: "만물이 그 안에 함께 섰느니라."

행 17:25: "[하나님은] 만민에게 생명과 호흡과 만물을 친히 주시는 자
이심이라."

---

3) 원문 대조 : "This concurrence is to be understood as freely done on the part
of God."

그러므로 우리는 창조에 대한 신앙의 조항은 또한 존재와 생명을 붙드심도 포함함을 알아야만 한다. 그리고 만일 우리가 "전능하사 천지를 만드신 하나님 아버지를 믿사오며"라고 사도신경을 고백한다면, 우리는 우리의 심령에서 만물의 존재와 생명이 계속해서 유지되는 것도 시인하고, 그것에 대해서도 하나님께 감사를 드려야 한다. 이 유지하심은 하나님의 일반적 활동(the general activity of God, *actio Dei generalis*)이라고 불린다.

다섯째로, 인간의 이성이 피조물에서의 하나님의 동시 발생적 활동에 대해서 듣게 되면, 이성은 하나님이 피조된 자연에 묶여 계신지, 또 하나님께서는 자연의 법칙이 주도하는 대로 행하셔야 하는지를 묻기도 한다. 또한 인간의 이성은 스토아 철학자들의 무시무시한 신성 모독과 같은 죄된 일에도 하나님의 동시 발생적 활동이 있느냐고 마니교도들이 시사하는 바를 따라서 묻기도 한다. 그들은 하나님이 자연적 필연성(natural necessity), 제2의 원인(*ad causas secundas*)에 묶여 있다고 말하는 것이다.

만일 이처럼 하나님이 자연적 필연성이 주도하는 대로만 행동하실 뿐이라면, 기도나 그에게 불러 아뢰는 것은 쓸데없는 것이 될 것이다. 터키인들이 우리네 서양인보다 더 강한데, 만일 하나님이 힘을 따라서만 행하신다면, 하나님께 도움과 승리를 위해 기도하는 것은 무용(無用)의 것이 되는 것이다.

이 질문, 또 눈먼(암매한) 이성(blind reason)의 더 많은 질문들, 그리고 미친 스토아 사상에 대해서 영원히 참되고 분명한 대답이 있으니, 그것은 하나님은 원하시는 대로(voluntarily, *freiwilliglich*) 행하신다는 것이다. 그는 피조된 자연에 갇혀 계시거나, 그것에 묶여 있지 않으시다. 오히려 하나님은 천사들이나 사람들이 그들 자신의 자연적 능력으로는 가질 수 없는 경륜과 의지와 움직임과 힘을 주실 수 있고, 또 때때로 주시기도 하는 것이다. 이것은 아주 분명하다. 그는 이런 경륜과 의지와 담대함과 힘을 요나단에게 주셔서 그가 한 종만을 대동하고서 적을 쳐서 그들을 죽이고 공포에 떨게 하셨던 것이다. 그런 예들은 이교도들 가운데서도 많이 있다. 예를 들면, 하나님께서는 젊은 알렉산더 대제에게 이 경륜과 의지와 담대함과 힘을 주셔서 페르시아라는 강력한 나라를 치도록 하셨고, 그 전쟁 중에서 그를 보호해 주셨던 것이다. 하나님께서 얼마나 많은 경우에 사울을 막으셔서 다윗을 잡지 못하도록 하셨는가를 생각해 보라!

그런 은사와 도움이나 방해는 사람들의 마음과 정신 안에서 일어난다. 그러나 그 모든 것에도 불구하고 하나님께서는 물과 공기에 관한 하늘과 땅의 자연의 질서를 변경시키지는 않으신다. 사람의 마음과 정신과 의지에 영향을 주고 사람의 힘을 변화시키는 것과 하늘, 땅, 물의 자연 질서를 변화시키는 것은 서로 다른 일이다. 그러나 그렇다고 해서 하나님이 하늘, 땅, 물의 자연 질서에 묶여 계시다는 말은 아니다. 왜냐하면 하나님께서 벌하실 때에는 이 자연 질서를 더 혹독하게 만드실 수도 있기 때문이다. 이스라엘 사람들에게 3년 반 동안 비를 내리시지 않은 때와 같이 말이다. 하나님께서는 때때로 굉장한 폭풍과 기근과 전염병과 병으로 심판하기도 하시며, 때로는 자연의 질서를 경감시키시사 히스기야를 중병으로부터 치유하시며, 이스라엘 백성을 위하여 바다 사이로 길을 내기도 하시는 것이다. 또한 하갈이 아들과 함께 쫓겨났을 때 고난받는 그들을 위해서 하나님께서는 그녀가 목말라 죽을 수밖에 없다고 생각할 때에 물을 터치게 해 주시기도 하셨다.

그러므로 다음의 진리를 유념해 두는 것이 좋을 것이다: 하나님의 의의 질서는 태양, 달, 땅과 물의 모든 자연적인 것들의 피조된 질서보다 훨씬 더 높고 더 확실하다. 하나님께서는 아주 은혜로우셔서 중보자를 보시고 당신의 공정하고 엄격한 진노를 (우리에게서는) 거두시고, 죄를 용서하시고, 우리가 받아야 할 만큼 그렇게 혹독하게 벌하지는 않으시는 것이다. 사실 하나님께는 당신의 엄격한 의(義)의 높은 질서를 경감하는 것보다는 하늘들과 물의 질서를 잠시 멈추게 하시는 것이 더 쉬운 것이다. 이것이 조심스럽게 고려되어야만 한다.

기도와 관련해서 말한 바와 같이, 우리는 하나님께서 피조된 것들에 참으로 존재하시며, 그가 우리를 돌아보시며, 우리의 기도를 들으시고, 자연의 질서나 우리들의 자연적인 힘으로는 그 어떤 도움이 있을 수 없을 때에 우리를 도우실 수 있고, 도우신다고 가르치는 구절들을 알아야만 한다. 하나님께서는 자유롭게 행하시는 것이지, 스토아 학파에서 생각하듯이 자연 질서나 필연성에 묶여 계신 분이 아니시다.

신 8:3: "사람이 떡으로만 사는 것이 아니오, 여호와의 입에서 나오는 모든 말씀으로 사는 줄을 너로 알게 하려 하심이니라."

시 72:12: "저는 궁핍한 자의 부르짖을 때에 건지며, 도움이 없는 가난한 자도 건지시며."

시 27:10: "내 부모는 나를 버렸으나 여호와는 나를 영접하시리이다."

시 23:4: "내가 사망의 음침한 골짜기로 다닐지라도 해를 두려워 하지 않을 것은 주께서 나와 함께 하심이라."

시 10:13f.: "어찌하여 악인이 하나님을 멸시하여 그 마음에 이르기를 주는 감찰치 아니하리라 하나이까? 주께서 보셨나이다. 잔해와 원한을 감찰하시고, 주의 손으로 갚으려 하시오니, 외로운 자가 주를 의지하나이다."

사 57:15: "내가… 또한 통회하고 마음이 겸손한 자와 함께 거하나니."

욥 13:15: "그가 나를 죽이실지라도 나는 그를 의뢰하리니." 즉, 비록 하나님께서 이 세상에서 살 동안에 나를 도우시지 않는다고 해도 나는 그에게서 돌아서지 않겠노라. 나는 그를 신뢰하리니, 이는 내가 그가 영원에서 나를 도우실 줄을 앎이라. 약간의 평강이 있어도 수많은 비참함이 있는 이 세상에서의 삶은 결국 그치고야 말고, 사람이 죽을 때는 그 어떤 피조물의 도움을 받지 못하나 신실한 자는 주 그리스도께서 결코 버리지 아니하시는 것이다.

요 10:28: "저희를 내 손에서 빼앗을 자가 없느니라."

마 21:22, 21: "만일 너희가 믿음이 있고 의심치 아니하면 … 이 산더러 들려 바다에 던지우라 하여도 될 것이요."

롬 4:18: "아브라함이 바랄 수 없는 중에 바라고 믿었으니."

엡 3:20f.: "우리의 온갖 구하는 것이나 생각하는 것에 더 넘치도록 능히 하실 이에게 … 영광이 대대로 영원 무궁하기를 원하노라."

선지자 요나의 기도와 예는 우리가 모든 피조물들로부터 버림을 받았을

지라도 하나님은 도우실 수 있고, 또 도우신다는 분명한 증명이라고 할 수
있다.

아담과 하와는 그들의 첫 범죄 이후에 모든 피조물로부터 버림을 받았
다고 할 수 있다. 이는 자주 생각해 보아야 할 예가 아닐 수 없다.

마 10:29: "너희 아버지께서 허락지 아니하시면 그 하나라도 땅에 떨어
지지 아니하리라."

[멜란히톤은 이외에도 시 104:27; 100:3; 33:13f.; 147:8f.; 36:6;
55:22 등을 더 인용하고 있다].

이 신앙의 조항, 즉 하나님께서는 모든 피조물 안에 계시며, 우리를 돌아
보시고, 자연 질서와 동시 발생적으로 또는 그 밖에서도 우리를 도우시려
하시고, 우리를 모든 독에 찬 악마로부터 보호하시리라는 이 조항을 우리
는 날마다 유념해야만 한다. "오늘날 우리에게 일용할 양식을 주옵시며"라
고 기도하거나, "시험에 들지 말게 하옵시며," 즉 우리 주위에서 악마를 몰
아내 주옵시고, 모든 유혹에 대해 우리가 잘 이겨낼 수 있도록 우리를 강
화시켜 주옵소서라고 기도할 때나, 또한 "우리를 악에서 구하옵소서," 즉
고난의 때에 우리를 구하옵소서라고 할 때에 그것을 유념해야 하는 것이
다.

제 4 장

죄의 기원에 대하여

사람이 강요되어 죄를 지은 것도 아니며, 더구나 강요되어 죄를 짓는
것도 아님에 대하여, 그리고 "우발성"(contingentia)에 대하여

우리가 말해야만 하는 여섯번째 요점에[1] 대해서는 이 세상에서 굉장한
논란이 일어나는 것이다. 그 요점은 하나님께서 모든 피조된 것들을 붙드
신다고 하면, 곧 어떤 이가 죄의 기원에 대하여 묻는다는 것이다.

죄가 무엇인지에 대해서는 후에 좀더 자세히 설명할 것이므로,[2] 여기서
는 요일 3:4의 짧은 진술만을 단순히 인용하고자 한다: "죄는 불법이라,"
즉 죄는 하나님의 명령에 반(反)하는 모든 것이라는 말이다. 이 짧은 말로
요한은 변론의 대가답게 죄가 무엇인지를 잘 지적해냈다. 이것은 "어두움
이란 무엇이냐?"고 하는 질문에 대해서 어두움은 빛의 결여라고 대답하는
것과 비슷하다. 여기서는 하나님의 지혜와 뜻이 의(義)의 영원히 불변하는
규범이요, 척도이다. 이 규범은 그가 그의 법 가운데서 선포하신 것인데,
이 법은 정확히 말로 표현된 그의 영원한 지혜이다. 이 규범에서 벗어나는
것과 이 신적인 질서를 깨는 것은 그 어느 것이든지 잘못된 것이고, 그것

---

1) 멜란히톤은 앞 장에서 말한 것 중 6번째 요점은 아주 중요해서 이를 따로 한 장
으로 분리시켜 논의할 필요가 있다고 생각하는 것이다(영역자 주).
2) 아래의 제6장을 보라.

이 죄(sin)라고 불리며, 하나님의 심판과 진노에 의해 정죄된다.

죄는 하나님에 의해서 나오게 된 것이 아님을[즉, 하나님이 죄의 원인이 아니심을 — 보역] 인정하는 것은 아주 필수적인 일이다. 하나님은 죄를 기뻐하지 않으시며, 원하지 않으시며, 그것을 유효하게 하는 그 어떤 것도 하지 않으신다. 그는 그 누구도 죄에로 강요하거나 몰아가지 않으신다. 오히려 그는 죄에 대한 불구대천의 원수이시고, 죄를 심판하시는 자이시다. 사람의 뜻과 악마의 뜻이 죄의 원천인 것이다! 먼저는 마귀들이, 그리고는 사람들 자신이 하나님께서 강요하신 것이 아닌데도, 그들 자신의 자유 의지로(of their own free wills) 하나님에게서 떠나서 죄로 떨어진 것이다.

이 조항에 대한 검증과 분명한 증언들

창 1:31: "하나님께서 그 지으신 모든 것을 보시니, 보시기에 심히 좋았더라."

시 5:4: "주는 죄악을 기뻐하는 신이 아니시니, 악이 주와 함께 유하지 못하며."

슥 8:16f.: "너희는 각기 이웃으로 더불어 진실을 말하며 너희 성문에서 진실하고 화평한 재판을 베풀고, 심중에 서로 해하기를 도모하지 말며, 거짓 맹세를 좋아하지 말라. 이 모든 일은 나의 미워하는 것임이라. 나 여호와의 말이니라."

요 8:44: "(마귀는) 거짓을 말할 때마다 제 것으로 말하나니, 이는 저가 거짓말쟁이요, 거짓의 아비가 되었음이니라." 여기서는 하나님으로부터 온 창조와 하나님으로부터 오지 않고 마귀에게서 온 죄된 부패가 구별되어 있다. 그러기에 본문은 거짓말이 마귀의 특별한 일이라고 말하는 것이다.

롬 5:12: "한 사람으로 말미암아 죄가 세상에 들어오고."

요일 2:16: "육신의 정욕과 안목의 정욕과 이생의 자랑이 … 다 아버지께로 좇아 온 것이 아니요, 세상으로 좇아 온 것이라."

요일 3:8: "죄를 짓는 자는 마귀에게 속하나니, 마귀는 처음부터 범죄함이라."

이 아주 분명한 증언에 우리는 굳건히 서야 한다. 우리는 스토아 학파의 악마적 거짓말과 마니교도들의 신성모독을 분명히 반박해야 하며, 죄는 하나님에게서 기인한 어떤 것이 아님을 인식해야 한다. 죄는 부패요, 깨짐이고, 피조된 영들과 사람들의 합리적이고, 아주 아름답고 선하며 고귀한 질서에 무질서가 초래된 것이고, 이 무질서는 악마들의 자유의지로 처음 나타났고, 후에 논의할 바와 같이, 하나님으로부터 자원해서 떨어져 나간 아담과 하와를 통해서 나타나게 된 것이다.

다음 두 가지 개념들은 서로 대립되는 것이 아니다. ① 영적인 존재와 사람들의 육과 영이 하나님에 의해 창조되었고, 또한 하나님에 의해 유지된다. ② 그럼에도 불구하고, 피조계에 나타난 무질서와 깨어짐은 하나님에게서 온 것이 아니고, 악마들과 첫 사람들의 자유 의지에서 온 것이다. 그 파괴가 일어난 후에도 하나님께서는, 지금도 그렇게 하시듯이, 깨어진 자연을 유지해 나가신다.

이제는 나아가서 아담의 타락 이후의 자범죄(actual sin)에 대해서 말해 보기로 하자. 사람들은 아담의 타락에서 부패하여서, 우리는 원죄를 타고나며, 우리의 힘으로서는 이 심각한 손상을 치유하거나 제껴 놓을 수는 없다. 그렇지만 아담과 하와 안에서 처음에 온 그 손상은 강요된 것이 아니라 자유 의지에서 온 것임을 명심해야 한다.

또한, 성경이 증거하고 있듯이, 아담의 타락 이후에도 합리적이고 외적인 활동(rational external activity)에 관한 한 이 자유가 잔존함을 인정해야만 한다.[3] 우리는 손이나 발, 혀나 눈과 같은 외적인 지체들을 자유로 단

---

3) 여기서 두 가지 다른 입장이 나타남에 유의해야 한다. 한편에는 타락 이후 적극적으로 하나님의 뜻을 좇는 일에서는 자유 의지가 있지 않다고 주장하는 입장이 있고, 또 한편에는 여기서 멜란히톤이 말하듯이 어떤 제한된 부분에 대해서는 자유가 남아 있다고 보는 것이다. 후자의 입장을 따르는 것의 심각한 결과가 무엇인지를 생각하면서 왜 저자의 주장이 강하게 주장되는 지를 잘 생각해야 할 것이다(역주).

속할 수 있고, 훈련할 수가 있으며, 수치스러운 외적인 일을 하지 않을 수가 있는 것이다.[4]

가인이 비록 시기와 미움과 분노로 타고 있으나, 그럼에도 불구하고 그 안에 있는 능력에 대해서 말하자면 그는 그의 손을 거두어서 형제를 살인하지 않을 수도 있었던 것이다.[5] 악마가 그를 몰아가고, 악한 성향 자체가 그 안에 강하게 있지만, 그럴지라도 그는 이 능력과 자유를 가지고 있고, 그래서 그의 외적인 지체들을 죄를 범하는 데 사용하도록 강요받고 있는 것은 아닌 것이다. 후에 자유 의지에 대한 항목에서 곧 이를 잘 드러내어 보도록 하겠다.

성경은 분명히 선포하기를 사람이 그 자신의 능력으로 이룰 수 있는 외적인 옳음(an external uprightness)이 있다고 한다. 그 정도는 자유 의지가 남아 있는 것이다. 사람은 그의 외적인 지체들을 통제하고 지배할 수 있는 것이다. 비록 그가 화가 나서 칼을 빼어 들고 아가멤논을 죽일 수도 있지만, 그리하지 않은 아킬레스처럼 말이다. 이에 대해서는 후에 좀더 자세히 말하기로 한다.[6]

하나님께서는 죄를 원하지 않으시고, 그것에 기쁨을 느끼시지 않으시고, 죄는 원래 하나님의 뜻에서 기원한 것이 아니라, 악마들과 아담과 하와의 자유 의지에서 기원한 것이고, 사람은 외적인 일에서는 여전히 자유를 가

---

4) 그렇다. 그렇게 나아가지는 않아도 그의 안에 있는 시기, 미움, 분노의 마음은 그가 "죄짓지 않을 수 없는 상태"(*status non posse non peccare*)에 있음, 즉 그가 "적극적으로 하나님의 뜻을 따라감"에 있어서 자유 의지가 없는 상태에 있음을 보여 주는 것이다. 전체적인 정리를 하자면, 루터파 신학은 후기의 알미니안 신학과 함께 타락한 인간에게도 제한된 의미의 자유 의지를 부여하는 쪽으로 나아가는 문제점을 나타내 보이고 있다고 할 수 있다(역주).

5) 그러나 이것은 그에게 남아 있는 능력과 자유 의지를 말한다고 보기보다는 그의 부패성이 그 극에 이르기까지 철저히는 나타나지 아니하도록 억제하시는 일반 은총의 결과로 나타나는 현상으로 보아야 할 것이다. 이에 대해서는 Cornelius van Til, 「개혁주의 조직신학 서론」(서울: 기독교 문서 선교회, 1994)의 해당 부분을 참조하라(역주).

6) 아래의 제5장을 참조하라.

지고 있으므로 우리는 우리의 의지가 죄에로 강요되었다든지, 지금도 죄의
외적인 행위를 하도록 강요받고 있다든지, 또는 다윗은 반드시 그의 신실
하고 옳은 부하의 아내를 취하여야만 하였다 등의 말을 해서는 안되는 것
이다.[7]

또한 우리는 (마치 스토아 철학자들이 운명에 대해서 그렇게 말하듯이)
일어난 모든 일은 반드시 그렇게 되게끔 되어 있었다든지, 하나님과 사람
의 의지가 묶여 있다고 주장해서는 안 된다. 만일 일어난 모든 일이 반드
시 그렇게 되게끔 되었었다면, 네로는 필연적으로 반드시 그의 그 무시무
시한 악을 저질렀었어야만 한다는 말인가? 이런 무시무시하고 더러운 거
짓말은 하나님과 천사들 앞에서 교회에 들어 와서는 안 되는 것이다. 나는
하나님을 경외하는 모든 백성이 이런 것에 대해서 스스로 경계하기를 기
도한다.[8]

이에 대해 반발하면서 사람들은 바로에 대한 구절을 인용하곤 한다:
"내가 바로의 마음을 강퍅하게 하겠노라"(출 4:21; 7:3). 이 말은 강퍅하
게 하는 것이 바로의 마음에 하나님의 의지가 작용해서 그런 효과를 내겠
다는 식으로 들린다. 그러나 이에 대한 바르고 분명하며 옳은 대답은 "하
나님이 스스로 무엇을 하는 것"과 "다른 이가 무엇을 하는 것을 허용하거

---

7) 물론 사람은 타락한 상태에서는 어떤 외적인 압력이 없이 자원해서 죄를 짓는다.
그러나 그 반대 방향의 일 곧 적극적으로 하나님의 뜻을 좇는 일은 전혀 할 수 없기에
"자유 의지가 상실되었다"는 말을 하는 것이다. 아담의 타락 이전 상태에서는 그 두 방
향의 일의 가능성이 같이 있었기에 "자유 의지"가 있다고 말하는 것과 대조되는 말임
에 유의하라. 멜란히톤은 이런 용례를 무시하고서 타락한 사람이 자유로 죄를 지으므
로 자유 의지가 있다는 말을 하는 것이나, 이는 이 용어가 사용된 용례에 맞지 않아 보
인다(역주).

8) 멜란히톤이 스토아주의적 운명론의 결정론을 비판하고, 하나님과 인간의 의지가
묶여 있지 않음을 지적한 것은 옳은 것이다. 그러나 기독교가 말하는 작정론이 하나님
의 자유를 충분히 인정하는 것임을 생각하면, 하나님의 작정이 있다면 그 이후에는 그
작정된 대로 되어짐을 인정해야 할 것이다. 이는 스토아주의적 결정론과는 아주 다른
것이니, 하나님의 작정이 사람의 의지를 침해하거나 제2의 원인의 성질이나 우발성을
빼앗는 것이 아니기 때문이다(역주).

나 방해하지 않는 것" 사이에는 큰 차이가 있다는 것이다. 하나님 자신이 하시고 창조하시는 것은 선한 것이다. 악마들이나 사람들이 하나님께 반(反)하여 행할 때, 그것은 하나님이 하시는 것이 아니다. 물론 하나님께서 그런 일이 일어나도록 허용하시고, 그것을 막지 않으시기는 하지만 말이다.

히브리말로 "내가 그를 강퍅하게 할 것이다"고 나와 있다. 이는 내가 과정 중에서 그가 더 강하게, 더 오만하고, 화나고, 흥분하는 것을 허용하겠다는 것이다. 히브리어에서는 이는 아주 일반적인 표현법이다. 주기도문에서도 이와 비슷한 표현법이 사용되었으니, "우리를 시험에 들지 말게 하옵시며" [우리를 시험에로 인도하지 마옵소서]라고 기도하게 한 것이다. 이는 "우리로 시험에 빠지도록 허용하지 마옵소서"라는 뜻인 것이다(do not let us fall into temptation).

이런 예들을 많이 열거하는 것은 피상적인 것이 될 것이다. 그러나 시편 89:39에서와 같이 특히 심판이 언급된 경우에는 주의해야 한다: "주의 종과의 언약을 거부하시고, 그 관을 땅에 던져 욕되게 하셨으며." 이 말들은 말하자면 베일을 가지고 있다고 할 수 있다. 하나님 당신이 친히 참된 예배를 불분명하게 하지는 않으신다. 그러나 이슬람교도나 터키인들이나 교황주의자들이 그러하듯이 성도들을 죽이는 자들에 대한 심판은 베일로 가리시는 것이다.

이것은 "필연성과 우발성에 관한"(*de necessitate et contigentia*) 아주 복잡한 논의를 제기한다. 즉, 그것이 선한 일이든 악한 일이든, 거룩한 것이든 죄악된 것이든 모든 것이 반드시 그렇게 일어나야만 하는가 하는 문제, 예를 들어서 다윗은 간음죄를 저질렀어야만 하는가 등의 문제를 제기하는 것이다. 지금 이것에 대해서 길게 말하기를 원하지는 않는다. 그러나 나는 모든 경건한 자들이 미리 주의할 것을 요청하고 싶다. 그리고 하나님의 영예를 위해서 확실히 하나님은 죄를 원하지 않으시며, 그는 죄에 속한 그 어떤 것도 이루지 아니 하시고, 죄된 행동들은 필연적으로 일어나는 것이 아님을 확실히 주장하고자 한다. 이 문제에 대해서 (쓸데없이) 너무 많이 생각하는 것은 아주 수치스러운 호기심이나 사악한 나태의 산물이라고 할 수 있다. 그러나 교훈을 위해서 몇 가지 유념할 요점을 제시해 보고자 한다.

마 10:30의 "너희 머리카락도 세신 바 되었느니라"는 애호받는 이 구절이 모든 것은 일정한 질서에 따라 일어나야만 하고, 달리 되어서는 안 된다는 것을 보여 주기 위해 인용되곤 한다.

이와 또 많은 비슷한 구절에 대한 대답은 다음과 같다. 하나님께서 참으로 우리의 비참함을 보시며, 신실한 자들을 돌아보시고, 우리가 유혹에 빠지는 것에서 우리를 은혜로 보호하시고, 우리의 부르짖고 아뢰는 바를 들으시며, 우리를 도와주시며, 시편 34:15에 기록된 대로 "여호와의 눈은 의로운 자를 향하시고," 우리를 보호하시며, 인도하시고, 유지하시며, 마침내는 우리를 영원한 복락으로 인도하신다고 선포하는 많은 위로의 말씀이 있다. 그러나 이런 위로와 약속의 말들로부터는 다음의 결론만이 나올 뿐이다. 즉, 하나님께서는 신실한 자들을 보호하시고, 보존하시며, 그들의 원수들, 즉 악마들과 전제자들로부터 그들을 도와주려고 하신다는 것이다. 악마들과 전제자들이 필연적으로 그들의 그 신성모독과 사랑이 없음과 살인을 행한다는 것은 이로부터 나오는 결론이 아니라는 말이다.

많은 사람들은 다음과 같은 논증도 사용한다: "하나님은 모든 것을 아시며, 자기 자신이 하실 일과 숨기실 일을 결정하셔서, 모든 것은 그가 아시는 대로 반드시 일어난다." 어떤 이들은 이로부터 모든 일은 그와 같이 일어나야만 한다고 결론지을 것이다.

이에 대해서 대답하기 위해서는 "필연적이다", 또는 "마땅히~해야 한다"는 말이 몇 가지 다른 의미를 가지고 있음을 알 필요가 있다.

첫째 의미는 이러하다: 어떤 것들은 직접적이고 그 자체로 필연적이며, 영원 전체를 통해 그러해야만 한다. 즉, 하나님이 그러하시다. 하나님은 필연적으로 영원하시고, 전능하시며, 살아 계시고, 지혜로우시며, 선하시고, 의로우시다. 이것이 필연적인 것이다. 즉, 마땅히 그러해야 하고 다를 수가 없는 것이다. 이것은 "절대적 필연성"(*necessitas absoluta*, absolute necessity)이라고 불린다.

필연성의 둘째 의미는 이러하다: 어떤 것들은 그것들이 창조된 질서를 따라 필연적으로 존재한다. 태양의 움직임은 낮과 밤의 질서를 필연적으로 있게 하며, 열을 주는 것은 불의 본성이고, 습기 차게 하는 것은 물의 본성인 것 등이 이에 속한다. 물론 하나님께서는 여호수아의 전투에서 태양을 머무르게 한 것과 같이 이 질서를 멈추게 하실 수도 있다. 그러므로 이것들은 온전히 필연적인 것은 아니며, 자연의 질서에 따라 필연적인 것이다. 하나님께서 자연을 변경시키지 않으시면, 이것은 그것이 창조된 대로 정확히 그렇게 그 질서를 수행하는 것이다.

필연성의 셋째 의미는 하나님의 의지가 유효하게 되는 선한 일에 관한 것이다. 그러나 이것은 그 자체로서는 필연적인 것이 아니다. 그래서 이 선한 일들은 "결과적 필연성"(*necessitate consequentiae*)으로 뒤따르는 것이다. 비록 그것들은 하나님에 의해서 결정되고 수행되므로, 반드시 일어나게 되지만, 이와 같은 일들은 그 자체로서 발생하는 것은 아니다. (예를 들자면), 모든 사람들이 종국에는 죽은 데로부터 부활한 것이라든지, 이스라엘이 이집트로부터 구출되어서 가나안 땅으로 가게 된다든지, 유대인들이 바벨론에서 예루살렘으로 귀환하게 되는 일들이 다 이에 속하는 것이다. 이것들은 이미 결정되고 선언된 것이므로 반드시 일어나는 일이다. 선한 행위에 관한 한 하나님의 의지와 사역이 그 안에 있는 것이다. 성자 예수 그리스도께서 보냄을 받고, 죽은 자들이 일으킴 받고, 이스라엘이 이집트에서 구출되고 하는 일들은 이렇게 하나님의 결정에 근거하여 필연적으로 발생하는 일이다. 즉, 필연성의 제3의 의미에서 필연적이란 말이다(보역).

필연성의 넷째 의미는 하나님께서 원하시지 않는 악한 일들에 대해 적용할 수 있는 것이다. 그 어떤 것도 하나님의 눈에 숨기워진 것은 없으므로 하나님께서는 그것들도 아시고 보시지만, 그것들은 그의 뜻이거나 그의 사역은 아닌 것이다.[9] 하나님께서는 그들에 대해 정해진 심판을 감추시는 것이다. 하나님은 산헤립에 대해서 그의 입에 재갈을 물려서 다시 돌아오게 하리라고 하신다.

이렇게 하나님께서는 바로와 사울에게 커튼을 내리우시고, 그들에게 한계를 주셔서 그들의 대담함과 호통이 끝장나게 하시는 것이다. 심판은 결정되었지만, 바로의 종국은 이전 원인들(foregoing causes)에서 오는 것이지, 그 자체로서 필연적인 것은 아니다. 이것은 오직 그런 결과가 따른다는 의미에서만 필연적이다: 결과적 필연성(*necessitate consequentiae*). 바로나 사울과 같은 이들은 그들의 악의와 무엄함의 수행에로 어떤 강요를 받는 것이 아니고, 만일 그들이 그에 따라 행하지 아니하였더라면 심판이 따르지 아니했을 것이니, 니느웨 거민들이 회개하고 보존된 것과 같은 것이다.

이런 의미의 차이는 조심스럽게 주목되어야만 한다. 그리하여 특별한 원인들을 생각하지 않고 모든 것을 한꺼번에 묶어서 생각하거나 다 같이 필연적인 것으로 만들어서는 안 되는 것이다. 가인과 바로와 사울과 유다의 미친 짓들은 그들 자신의 자유 의지에서 나온 것이다. 물론 성경 본문이 말하는 대로 악마가 그들을 그 미친 짓에로 몰아가기는 하지만 말이다: "사단이 유다의 마음에 들어 갔더라"(눅 22:3). 그러나 그들이 강요된 것은 아니고, 그들이 그렇게 한 것이 하나님의 하신 일은 아닌 것이다.[10]

그리고 하나님께서는 모든 것을 미리 아시며 그는 속임을 받지 않으시

---

9) 여기에 멜란히톤의 루터파적 성격이 나타난다. 이 진술 중 뒷부분의 사악한 일들은 하나님의 (적극적인) 뜻이거나, 하나님이 친히 수행하시고 유화하게 하시는 하나님의 사역은 아니라는 말은 전적으로 옳다. 그러나 앞 부분의 말, 즉 "악한 일들도 하나님은 이미 아시고 보신다"는 말은 좀더 보충될 필요가 있으니, 그 인식과 앎의 근거가 결국은 하나님의 작정적 의지이기 때문이다. 칼빈주의자들은 이런 성격을 잘 알고 보충하려 하는데 비해서 루터파는 (후의 알미니안과 비슷하게) 그저 하나님이 미리 아신다 정도로 만족하려고 한다. 그러나 결국은 그것은 하나님의 주권을 상대화하는 문제를 낳을 수 있음에 유의해야 한다(역주).

10) 타락한 인간에게 자유 의지가 있다고 말하지 않아도 이 정도는 주장될 수 있는 것이다. 이 문장의 주장과 타락한 인간은 자유 의지를 상실했다는 진술은 양립 가능한 것이다. 멜란히톤은 그렇지 않다고 생각하는 듯하다(역주).

므로, 모든 것은 일어난 대로 일어나야만 했다고 선언하는 논의에 대한 대답을 주목하라. 여기서 우리가 중요시해야 할 핵심적 진리는 하나님의 이 아심이 사람들의 의지를 죄를 범하도록 강요하는 것이 아니라는 것이다. 하나님께서는 죄를 통해서 당신의 뜻을 수행하시려는 마음이 없으시다. 그런 점에서 죄는 필연적인 것이 아니다.

이 점에 대해서 많은 복잡한 질문이 제기될 수 있지만, 하나님을 경외하는 사람은 하나님의 말씀에 묶이고 그에 의해 지배되어야만 한다. 그 하나님의 말씀은 아주 의미심장하게, 그리고 자주 말씀하시기를, "하나님은 죄의 원인이 아니시고, 오히려 그는 분명히 죄의 원수시라"고 하는 것이다. 이 논의는 또 한계가 있으니, 우리는 모든 것을 다 파악할 수 없기 때문이다. 그러므로 더 많은 정보와 더 나은 이해를 원하는 경건한 자들은 진리를 사랑하고 불필요한 논쟁을 추구하지 않는 사람들과 서로 이야기해 볼 수 있을 것이다.

자유 의지에 관한 다음 장은 좀더 많은 것을 설명해 줄 것이다.

제 5 장

인간의 능력과[1] 자유 의지에 대하여

　자유 의지에 대해서 말한다는 것은 개개인들이 가능한 한 그들의 본성에서 생각해야 하는 사람의 힘과 약점에 대해서 말하는 것에 불과하다. 그러나 어떤 사람들은 이와는 관계가 없는 다음과 같은 질문들을 하기도 한다. "공기와 물과 땅에서 일어나는 모든 자연적인 일들과 선악간의 모든 행위는 필연적으로 일어나는가?" "하나님께서 미리 알고 계신 것이 인간의 의지로 하여금 일정한 방식으로 행하도록 강요하지는 않는가?" 위에서 말한 바와 같이 우리는 이러한 질문들에 의해서 핵심을 버리고 지엽적인 데로 나아가지 않도록 해야 한다. 스토아 철학자들이 기독교회 안에서 판단자나 주인이 되어서는 안 되는 것이다. 우리가 자유 의지를 말할 때, 우리는 죄를 통한 인간의 능력의 약화와 그 죄와 죽음으로부터 인간이 스스로를 구원해 낼 수 없음과 이런 연약해진 상태에서 인간이 할 수 있는 것들에 대해서 말하는 것이다.

　첫째로 생각해야 하는 것은 인간이 어떻게 창조되었으며, 그의 가장 커다란 힘이 무엇인가 하는 것이다. 인간의 능력에 대해서 우리는 다음 다섯 가지를 말할 수 있겠다. 첫째로, 인간은 음식과 물을 소화시킬 수 있고, 그로써 그의 물리적인 생명을 유지할 수 있다. 이에 대해서는 더 이상 말할 필요가 없을 것이다. 둘째로, 사람은 보고, 듣고, 맛보고, 냄새맡고, 만지는

---

1) *Kraften.* 이는 힘, 또는 능력으로 옮겨진다(영역자 주).

소위 오감(五感)을 가지고 있으며, 그의 뇌 속에 세 가지 내적 감각을 가지고 있어서 구별하고, 유사성을 찾고, 기억할 수 있다. 셋째로, 그의 영혼의 능력으로 인간은 이해를 하고 지식을 가지고, 그의 외직인 지체들을 통제할 수 있다. 넷째로, 그는 그의 마음과 의지에 외식이 없이 참된 갈망을 가질 수 있다. 다섯째로, 그는 그의 외적인 지체를 한 장소에서 다른 장소로 움직일 수 있고, 손, 발, 혀, 눈 등을 고정시키거나 움직일 수 있다.

원래 사람은 하나님의 형상으로 창조된 것이다. 즉, 그에게는 큰 빛으로 오성(悟性, 이해력, understanding, *Verstand*)이 부여된 것이다. 그는 수(數)를 알며, 신지식(神知識)과 하나님의 율법에 대한 지식을 가지며, 악과 덕을 구별할 수 있게 창조된 것이다. 이 빛(즉, 이해력)을 가지고서 그의 마음과 마음의 갈망과 의지는 외식이 없이 있을 수 있었던 것이다. (즉, 참될 수 있었다—보역). 그의 마음은 모든 악한 열망들에서 벗어나 있어서 하나님께 대한 사랑으로 충만하게 창조된 것이다. 그의 의지는 자유로워서, 그는 하나님의 율법을 지키기로 선택할 수 있고, 그의 마음과 외적인 지체들은 그 어떤 방해 없이 온전히 (하나님께) 순종할 수 있었던 것이다. 또 후에 발생한 바와 같이 그의 이해와 의지는 다르게도 선택할 수 있었던 것이다. (그러므로, 그때엔 완전한 자유 의지가 있었던 것이다—보역).

따라서, 자유 의지를 말할 때, 우리는 오성(悟性,이해력)과 의지, 마음과 의지를 말하는 것이고, 그것들은 참으로 함께 있는 것이다.

사람은 현명하고 의롭게 피조되었으며, 타락 전에는 자유롭고, 방해받지 않는 의지를 가지고 있었던 것이다.

그러나 아담과 하와가 죄에로 떨어져서 하나님의 진노를 자초(自招)했을 때, 하나님께서는 이와 같은 것들을 거두셨고, 인간의 자연적인 능력도 아주 약화되었다. 그의 이해력이 남아있긴 하나 그 빛이 아주 약해졌다. 그래서 사람이 수(數)를 사용하고, 선과 악을 구별하고 율법의 가르침을 알 수는 있으나, 그 힘이 아주 약해진 것이다. 하나님께서는 모든 사람이 죄를 인식하기를 원하신다. 그는 우리 자신의 양심을 수단으로 하여 죄를 벌하기를 원하시며, 모든 사람이 외적인 질서를 유지하기를 원하신다. 그렇기에 이 부패한 본성 가운데서도 지식은 잔존한다. 비록 그 빛이 약해져서 하나님에 대해서는 회의와 불확실성투성이의 인식을 하며, 하나님께서 사람의 심판자요 구원자이심을 모르고, 더구나 사람을 받아주시고 그의 기도를 들어주심에 대해서는 전혀 모르지만 말이다. 이에 대해서는 '율법과 복음' 이라는 항목에서 좀더 말하기로 한다.

더구나, 사람의 마음과 의지 가운데 하나님에 대한 모든 선한 덕들, 즉 하나님에 대한 사랑, 하나님께 대한 신뢰, 그리고 하나님 경외가 모두 상실되었다. 따라서 먼저 성령께서 그 이해력과 의지와 마음을 밝혀 주시고 다시 일으켜 주지 않으시면 하나님을 받아들이지 않는 그런 상태 가운데 있게 된 것이다. 성령이 없이 사람은 그의 능력만으로는 참된 신앙, 하나님께 대한 사랑, 그리고 하나님께 대한 참된 경외와 같은 덕스러운 행위를 전혀 행할 수 없는 것이다. 그러므로, 비참한 인간의 마음은 황폐하고, 버려진, 오래되고 낡아가는 집과 같이 덩그러니 서 있어서, 하나님이 더 이상 그 안에 사시지 않고, 을씨년스런 바람만 부는 그런 상태에 있는 것이다. 즉, 온갖 갈등하는 경향과 욕망이 인간의 마음을 무절제한 사랑, 증오, 시기, 자만의 다양한 죄로 몰아가는 것이다. 또한 악마들이 그들의 독을 널리 풀고 있는 것이다.

우리가 인간의 능력의 이런 황폐화에 대해서 말할 때, 우리는 자유 의지에 대해 말하는 것이다. 왜냐하면, 이제 인간의 의지와 마음은 아주 손상되고, 무엇엔가 묶이고, 황폐화 되어서, 내면적인 사람의 마음과 의지는 하나님의 법을 싫어하며, 그에 반(反)하고, 적대적이어서, 사람은 그의 내면적인 능력으로는 순종할 수 없게 되었기 때문이다. 이것은 그의 참된 내적인 불순종에 대해 말하는 것이다.

이제 그 몸의 외적인 지체들을 움직이는 것에 대해서 말해 보자. 우리의 마음과 내면적 의지는, 우리가 의식하는 바대로, 참으로는 하나님의 법을 듣지도 않고, 내면적으로 순종하지도 않지만, 그래도 하나님께서는 우리가 우리의 이해력을 사용해서 우리 몸의 외적인 지체들을 움직이고, 통제할 수 있도록 해두셨다. 열이 나서 매우 목마른 그런 병든 상태에 있는 사람

에게 이해력[悟性]은 물을 먹지 않아야 한다고 말할 수 있고, 그는 손을
펴서 컵을 잡는 일을 하지 않을 수 있다. 이와 같이 인간성이 부패한 상황
에서도 하나님께서는 그의 몸의 외적인 움직임에 대해서는 이런 자유를
허용하신 것이다. 하나님께서는 모든 사람들이 외적인 도덕성(external
morality, *Zucht*)을 가지고서 자유로운 능력과 자유롭지 않은 능력을 구
별하기를 배우기 원하신다. 그러므로 우리가 하나님이 자유롭게 행하시며,
스토아 학파의 사람들이 생각하는 대로 묶여진 주님이 아님을 어느 정도
는 생각할 수 있는 것이다. 그러므로 누구든지 자신을 바라보며, 영혼의 본
성과 이해, 의지, 마음, 몸의 외적 지체의 움직임에 대해서 조직적으로 생
각할 수 있는 사람은 어느 정도는 자유 의지에 대해서 자신에게나 다른
사람들에게 말할 수 있는 것이다. 그리고 몸의 각 부분들이 어떻게 작용하
는지, 그리고 다음과 같은 말들이 무엇인지를 가능한 한 많이 아는 것은
덕을 위해 매우 유용한 것이다. 즉, 이해력, 마음과 같은 참된 의지, 그리고
마음과 같지 않은 합리화 하는 의지(rationalizing [*gedichteter*] will)—
이는 몸의 외적 지체를 생각하고 통제하는데 관심을 가지는 것이다. 그러
므로, 위선자들은 이런 합리화 하는 의지를 가지고 있다고 할 수 있다. 에
서는 자신이 그 형제[야곱]의 참된 친구라고 생각하는 것이다.

성경에서는 마음이 종종 영혼의 최고 능력으로 언급되고 있다. 그렇기에
만일 마음이 의지에 따르지 않으면 참된 의지가 없는 것이다. 외적인 지체
들을 통제하는 사유와 합리화하는 의지는 있지만 말이다.

이제까지 언급한 것을 기초로 해서 자유 의지에 대해 답하는 것이 어렵
지는 않지만, 몇 가지를 더 말해 보고자 한다.

첫째 대답

이 타락한 본성 안에서의 자유 의지에 대한 질문에 대하여 이것이 첫째
대답이 되도록 하자. 비록 그들이 아직 중생되지 않았고, 성령을 통해서 성
화되지 않았다고 해도, 사람들은 그들이 생각하고 원하는 대로 몸의 외적

인 지체들을 움직이고 제어할 수 있는 능력을 가지고 있다. 외적인 행동에 관한 한, 자신의 손을 의도적으로 금하는 목마른 사람에 대해서 앞서 말한 바와 같이, 사람 안에 자유 의지가 남아 있는 것이다. 아킬레스의 경우를 생각해 보라. 그의 마음에는 끓어오르는 분노가 있어서 그가 칼을 뽑기는 하였으나, 그는 자제하여 칼을 도로 칼집에 넣고는 아가멤논에게서 떠난 것이다.

존중할 만한 도덕성은 바른 이성(right reason, *rechter Vernunft*)과 하나님의 율법에 따라서 몸의 외적인 지체를 움직이거나 자제하는 것이다.

성 바울의 글에서 인용되는 구절들은 사람 안에 잔존해 있는 이 자유를 보여 주고 있으니, 성 바울은 자주 외적인 의(external righteousness, *Gerechtigkeit*)에 대해서 말하고, 이를 아직 중생되지 않은 육체적 본성의 의, 즉 "육체의 의"(*justitiam carnis*)라고 부르는 것이기 때문이다. 이런 의를 행하기 위해서는 혀나 손이나 발과 같은 그의 외적인 지체들을 명령된 일이나 의무를 이루기 위해서 움직이거나 사용할 수 있는 가능성을 가지고 있어야만 한다. 그렇지 않다면, 그 누구도 이런 외면적인 의(義)도 행할 수 없을 것이다. 그리고 만일 이런 자유가 사람에게 있지 않다면, 모든 세상의 법과 어린 아이들에 대한 교육은 헛된 것일 것이다. 그러나 하나님께서는 세상의 법과 어린 아이들에 대한 가르침을 통해서 사람들을 습관에로 억지로라도 인도하기를 원하심이 분명하므로, 이런 어려움과 작업이 전적으로 무익한 것은 아니다. 그렇기에 성 바울은 디모데에게 이렇게 말하고 있는 것이다: "율법은 불의한 사람들에게 그들이 고침을 받고, 더 나빠짐을 막으며, 다른 부끄러운 일을 하지 않도록 주어진 것이다"(cf. 딤전 1:8-11).

젊은이들이 행위는 죄 용서의 공로를 얻을 수 없다는 말을 들을 때, 그들은 종종 그들의 일상적인 참지 못함과 부도덕성에서 더 횡포해져서 덜 기도하고, 성경도 덜 읽으며, 기독교적인 문제를 생각하는 일도 덜하게 되는 경우가 있다. 그러나 우리는 하나님께서 모든 사람들에게 진지하게 원하시는 것은 이런 부끄러운 몰입이 아니라, 스스로를 참된 도덕성으로 잘 다스리는 것이다. 그 이유는 다음 네 가지라고 할 수 있다.

첫째로, 하나님의 명령 때문이니, 모든 천사들과 사람들은 마땅히 하나님께 순종해야만 하기 때문이다.

둘째로, 현세와 오는 세대에서 형벌을 피하기 위해서이니, 하나님께서는 살인, 간음, 근친상간, 강도짓, 거짓, 위증, 에피쿠로스적인 신성모독, 우상숭배, 마술과 같은 분명한 외적인 죄들을 참으로 벌하시기 때문이다. 하나님께서는 이런 죄들에 대하여 오는 세대에서만이 아니라, 현세에서도 벌하시니, 사람을 죽이는 일에 대한 본문이 "칼을 쓰는 자는 칼로 망할 것이다"고 말하는 것과 같다. 이것은 분명히 물리적인 형벌을 의미하는 것이다. "강도에게 화가 있으니, 그가 빼앗길 것이요"라고 했으니, 남의 것을 훔치는 것과 사기에 대해서도 같은 말을 할 수 있다. 부도덕에 대해서도 그러하니, "음행하는 자들과 간음하는 자들을 하나님이 심판하시리라"(히 13:4)고 하고 있으며, 부모님을 멸시하는 것도 그러하니, 신 27:16은 "그 부모를 경홀히 여기는 자는 저주를 받을 것이라"고 하시기 때문이다. 성경은 이런 증언들로 충만하며, 우리의 매일의 경험에서도 우리의 눈 앞에서 같은 것을 볼 수 있으니, 사람을 죽이는 일은 숨겨지지 않으며 반드시 형벌을 받기 때문이다.

사람들이 그들의 양심에도 불구하고 악한 행위, 부도덕성, 강도짓, 살인 등으로 나아가는 일은 어리석은 무감각이며, 악마의 속임이다. 그들은 아무런 물리적 형벌도 따르지 않으리라고 희망한다. 그러나, 무분별하고 난잡한 사람들에게도, 무죄한 사람들에게도 불행한 일이 닥치는 것이다. 악마들은 이 속임을 상당히 즐긴다. 그리고 물리적인 형벌이 임할 때에는 이 많은 속임을 당한 사람들은 영원한 두려움과 절망에 빠지게 되는 것이다. 잠시 동안의 유예가 있을 수는 있지만, 물리적인 형벌이 반드시 오게 되리라는 것 외에는 다른 것을 생각할 수 없다. 성경에는 많은 진지한 경고가 있으니, 우리는 자주 그 경고들을 읽고, 그것들을 마음에 두어야만 한다. 주께서는 아브라함에게 그가 소돔을 벌하실 것이라고 말씀하신다. 이는 죄에 대한 그의 진노가 넓게 선포되기를 원하기 때문이다.

솔로몬은 형벌이 곧 따르지 않을 때 사람들이 무모하게 된다고 말한다. 그러나 그렇게 되는 것은 탄식할 만한 어두움이니, 결국 불경건한 자는 형벌을 받을 것이고, 경건한 자들은 복을 받을 것이기 때문이다.

지혜서에서(cf. 시락서 8:10) 우리는 "범죄하는 그것으로 우리가 형벌을 받을 것이라"는 말씀을 듣는다. 또한 그리스도께서도 말씀하시기를 "너희의 비판하는 그 비판으로 너희가 비판을 받을 것이요"(마 7:2)라고 하신다. 다윗이 간음을 행하였을때, 후에 그는 같은 것으로 형벌을 받았던 것이다. 즉, 그 자신의 아들들이 그의 후손과 후첩들에게 살인과 부도덕한 일을 행한 것이다. 모든 땅에서 우리는 사악한 자들이 어떻게 그 기업을 박탈당하며, 정부가 어떻게 나뉘어지며 산산조각나는지를 본다. 예레미야 5장에서 선지자는 이렇게 말하고 있다: "내가 그들에게 복과 먹을 것을 주었어도 그들은 나를 버렸도다. 그들이 간음과 살인을 더하게 하니, 내가 그런 악에 대해서 그들을 벌하지 않으랴?"(24-29절의 요약).

세번째 이유는 하나님께서는 다른 이들이 평안을 얻도록 하기 위해서 우리에게 도덕적인 삶을 요구하시기 때문이다. 우리는 세상을 아무렇게나 사용하도록 창조함을 받은 것이 아니다. 그러므로 우리의 삶이 하나님께 영광을 돌리며, 다른 사람들을 섬기는 데 이용되어야만 한다. 그것을 위해 우리가 피조함을 받고 구속되었기 때문이다. 하나님께서 말씀하신 대로 말이다: "네 하나님을 전심을 다해 사랑하고, 네 이웃을 네 몸과 같이 사랑하라"(눅 10:27).

네번째 이유는 성 바울이 말하는 대로 "율법은 그리스도에게로 인도하는 몽학 선생"이기 때문이다(갈 3:24). 즉, 외적인 도덕성이 필요하니, 부도덕하고 강인한 간음과 욕심과 강도짓과 살인으로 가득 찬 세상에서는 복음의 가르침도, 그와의 접촉점도 있을 수 없기 때문이다. 그들 자신의 양심에도 불구하고 계속해서 그리고 방탕하게 죄를 범하는 그런 어리석고 미친 사람에게는 성령의 유효한 사역이 있을 수 없다. 그러기에 우리는 하나님의 진노와 하나님께서 내리시는 형벌을 선포하게 되는 것이다. 이 땅의 큰 불행, 비참함, 전쟁, 악한 정부, 전제, 병, 가난, 무질서, 수치, 그리고 온갖 종류의 재난들에서 보여지는 그 형벌들을 말이다. 하나님께서는 세상의 권위자들이 존중할 만한 도덕성을 유지하도록 참으로 진지하게 섬길 것을 요구하시는 것이다.

세상의 관원들과 다른 이들을 통한 모든 형벌은 우리로 하여금 죄에 대한 하나님의 진노를 상기시키고, 우리로 하여금 우리의 삶을 고치도록 경고하는 것이다. 우리는 이 모든 것을 조심스럽게 생각해야만 한다. 그래서 아직까지 중생하지 않은 자들은 그들이 하나님을 순종하고, 존중할 만한 도덕성 가운데서 살도록 요구받고 있다는 것을 배울 수 있도록 말이다. 또한 중생한 사람들도 이에 대해서 알아야 할 필요가 있으니, 그래서 성 바울은 이렇게 경고하고 있는 것이다: "어리석은 자들과 같이 하지 말고, 조심하여 하라 …"(cf. 엡 5:3-20, 갈 3:3).

이에 덧붙여서 또 다음과 같은 것을 주목할 필요가 있다. 비록 이런 능력, 또는 자유가 사람의 부패한 성질 안에 남아 있어서 우리가 외적 지체를 마음대로 움직이거나 움직이지 않을 수는 있지만, 이 자유의 행사에 두 가지 장애가 있으니, 그 하나는 우리 자신의 약점이고, 또 하나는 악마의 활동이다. 악한 성향을 극복할 수 있는 사람들은 몇몇 되지 않는다. 우리가 사랑이나 분노로 타오르게 되면, 우리는 종종 우리 자신에게 해로운 일을 하는 것이다. 그러므로, 우리는 우리 자신의 연약함이 우리의 자유를 이긴다고 말한다. 또한 사람들은 악마에 의해서 부추겨져서 좀더 심각하게 떨어지기도 한다. 왜냐하면 악마는 사람들을 살인, 폭동, 간음, 신성모독 등에로 몰아가고, 그리함으로써 악마는 더 영향력이 강해져서 악마가 초청받은 손님처럼 되기 때문이다. 그렇게 되면 사람들은 악한 것들에 대한 욕망과 사랑을 발전시키고, 그 악의 원천으로부터 돌이키기를 원하지 않게 되는 것이다. 이에 대해서 고대인들은 "죄에 빠지지 않으려면, 그 원천에서 돌아서야만 한다"(*Vitare peccata est vitare occasiones peccatorum*)고 말한 바 있다. 이 모든 것은 우리의 연약함과 비참함을 생각하는 데 도움이 된다. 우리는 죄와 죽음의 시궁창에 깊이 빠져 있고, 우리의 외적인 행위가 우리의 연약함과 악마의 열렬한 활동에 의해 쉽게 정복되기 때문이다. 우리는 우리가 이렇게 강퍅하게 되고 다루기 힘들게 되어서 우리의 비참함과 위엄을 심중에 깊이 느끼지 못하는 것에 대해서 애통해야만 한다. 우리의 삶의 그 어느 순간도 우리는 의심없이 있지 않은 것이다. 또한 우리는 잘못되어 있고, 자주 실패한다. 그러므로 우리는 하나님의 심판과 진노를 받아 마땅한 것이다. 악마는 끊임없이 우리를 찾아 헤매고, 그리하여 이 땅에는 온갖 종류의 핍박과 유혹에 직면해 있지 않은 사람이 하나도 없는 것이다. 얼마나 많은 사람들이 그들의 자녀들에게서 큰 형벌을 보게 되는지! 그 어떤 행운이나 부도 안전한 것은 없는 것이다. 얼마나 많은 왕과 제후들이 쫓겨나며, 귀양을 가게 되고, 감금되며, 종신형을 받게 되는지! "순식간에 힘있는 자가 쓰러지며, 더 이상 있게 되지 않는도다"란 경구가 얼마나 참된지!

우리는 이 모든 것을 생각하면서 형벌을 두려워하고, 도덕적으로 살려고 해야만 한다. 반면에 우리는 하나님께서 자신의 크신 자비와 그의 아들 때문에, 그리고 그 아들을 통하여 자신의 교회, 즉 자신을 옳게 불러 아뢰는 자들의 말씀을 들으시며 은혜롭게 돕기를 원하신다는 것도 알아야만 한다. 우리는 또한 하나님의 아들이 우리를 위해서 얻으신 은혜와 은사가 무엇인지도 알아야만 한다. 이에 대해서는 후에 말하기로 한다.[2]

다음과 같은 사실도 유념해야 한다. 즉, 모든 사람들이 외적인 도덕성 안에서 살아야만 하고, 하나님께서는 이 세상에서의 외적인 부패에 대해서 참으로 벌하시며, 또한 끝까지 회개하지 않는 자들을 오는 세대에서 벌하시리라는 것은 참된 사실이지만, 외적인 도덕성 그 자체로는 죄 용서와 영생을 얻을 공로가 없다는 것도 알아야만 하는 것이다. 오직 하나님의 아들만이 우리를 위하여 죄 용서의 공로를 얻으실 수 있으며, 그 덕분에 우리가 그것을 받을 자격이 없는데도 은혜와 자비로 믿음으로써 그 공로를 얻게 되는 것이다. 이에 대해서도 후에 말하기로 한다.[3]

---

2) 아래의 제10장 — 제12장을 보라.
3) 제9장 — 제13장을 보라.

자유 의지 문제에 대한 두번째 대답

그 누구도 그의 자연적 능력으로 죽음을 제거하고, 그의 본성 안에 타고 난 악한 성향을 제거할 수 없다는 것은 아주 분명하다. 오직 하나님의 아들만이 그것을 하실 수 있으니, 그 아들은 "죽음이여, 내가 너의 끝이리라" (O death, I will be your death)고 하시는 분이시다. 사람은 그리할 수 있는 능력이 없다. 더 나아가서 그 누구도 죄 용서를 공로로 얻을 수 없음은 분명한 사실이다. 딛 3:5이 분명히 시사하듯이 말이다: "우리를 구원하시되, 우리의 행한 바 의로운 행위로 말미암지 아니하고 오직 그의 긍휼하심을 좇아 중생의 씻음과 성령의 새롭게 하심으로 하셨나니."

우리의 눈 앞에 타락 후의 아담과 하와가 공포로 전율하면서 하나님의 판단 앞에 서 있다고 생각해 보자. 그때 그들은 그 어떤 피조물로부터도 도움이나 협조를 얻을 수 없음을 알았을 것이니, 그들은 하나님의 진노와 영원한 죽음을 자초했고, 만일 하나님께서 그의 크신 자비 중에서 여인의 후손이 뱀의 머리를 상하게 하리라는 약속을 주시지 않으셨더라면, 그리고 하나님의 아들이 이렇게 그들에게 위로와 생명을 주시지 않으셨다면 그들은 영원한 죽음 가운데 빠져 들어 갔을 것이다

거기서 아담과 하와는 그들이 죄와 죽음에서 구출되었음을, 그런데 그들 자신의 능력이나 자유 의지로 구출된 것이 아님을 발견했다. 이 예로부터 우리는 이런 구출, 구원이 어떻게 우리에게서도 일어나는지를 배울 수 있다.

더 나아가서 타락한 사람은 지금도 하나님의 율법을 지킬 수 있는 충분한 능력을 가지고 있지 않으며, 하나님의 도우심과 성령이 없이는 우리의 마음 가운데서의 내면적인 순종을 시작할 수도 없다는 것 역시 사실이다. 또한 성령이 없이는 계속해서 순종해 갈 수도 없으니, 우리 스스로는 우리의 마음에 하나님께 대한 굳센 믿음과, 하나님께 대한 참으로 뜨거운 사랑과 신뢰, 그리고 고난을 참으며 하나님을 기뻐하는 것을 일으킬 수 없기 때문이다. 만일 하나님의 아들이 성령을 통해서 먼저 우리의 영혼과 마음

을 밝혀주시고, 그 안에 빛과 위로와 열정을 창조해 주시지 않으면, 우리는 하나님을 알 수가 없고 사랑할 수도 없게 되는 것이다. 다음 구절은 이를 보여 준다:

롬 8장: "율법은 우리를 의롭게 만들 수 없다"[cf. 3절].

고전 2:11: "육에 속한 사람[자연인]은 하나님의 성령을 알지 못하나니." 즉, 만일 하나님께서 우리의 자연적 능력과 우리의 마음과 영혼에 계시지 않으면, 우리는 의심에 가득 차게 되고, 하나님께 대한 확실한 믿음을 가질 수 없게 된다. 이런 상태에서 우리는 하나님의 진노에 관심을 기울이지 않게 되고, 복음과 성령을 통해 위로를 받지 않게 되면 상대적으로 형벌을 느끼게 된다. 즉, 만일 우리의 자연적 능력만이 우리 안에서 움직인다면, 우리는 헛된 실망과 영원한 죽음에 직면하게 된다. 사울이나 아히도벨이나 유다와 같은 경우에서 자주 볼 수 있듯이 말이다.

그렇기 때문에 하나님께서는 자신에게로 영원한 교회를 모으시고, 성도들 안에 계셔서 활동하심도 알아야만 한다. 아담과 하와가 "여인의 후손이 뱀의 머리를 상하게 하리라"는 말을 듣는 순간 하나님의 아들은 성령을 통해서 그들 안에 신앙을 일으키셨고, 그들은 위로를 느끼고, 죽음과 지옥의 입구에서 빠져나오고, 후에는 요 14:23의 본문이 말하듯이 하나님과 함께 살게끔 되었다: "사람이 나를 사랑하면 내 말을 지키리니, 내 아버지께서 저를 사랑하실 것이요, 우리가 저에게 와서 거처를 저와 함께 하리라." 그러므로, 아담과 하와 안에서의 하나님의 활동을 통해서 약속에 근거한 하나님께 대한 굳은 확신이 신뢰와 사랑, 그밖의 다른 덕들과 함께 시작되었던 것이다. 하나님의 율법이 가르치는 순종이 그들의 마음에 생겨난 (*angefangen*) 것이다.

그러므로 하나님의 아들은 그의 복음과 성령을 통해서 계속해서 자신의 교회 안의 성도들 안에서 역사하신다. 그들과 함께 하시고, 그들 안에 거하시는 것이다. 우리는 우리 안에 있는 이 은혜스러운 하나님의 임재를 인정해야만 하고, 하나님께서 이 비참하고 연약한 본성[인간성]을 중보자 덕분에 그렇게 은혜롭게 대우해 주시는 것에 대해서 깊은 감사를 드려야 한다.

그가 우리 안에 거하셔서, 우리의 영혼과 마음에 신앙과 빛과 참된 순종을 일으켜 주시고, 우리의 연약함을 고쳐 주시며, 우리의 죄와 죽음을 제거하여 주시고, 영원한 생명을 가져다 주시며, 우리를 보호하셔서 악마가 우리를 전복시키고 우리를 죽이지 않도록 하시는 것에 대해서 말이다.

또한 우리는 사람이 그 자신의 자연적인 힘으로 율법을 지킬 수 있고, 죄 용서를 얻을 수 있으며, 하나님 앞에서 의로울 수 있고, 영생을 공로로 얻을 수 있다고 가르쳤던 펠라기우스의 거짓말과 신성모독을 경계하고, 열심으로 반박해야만 한다. 바리새인들이 이런 암매에 깊이 빠져 있어서, 율법과 죄와 의의 의미를 몰랐던 것이다. 또한 이 오류 때문에 주 예수 그리스도와 그의 은혜에 대한 지식과 믿음에 대한 참된 가르침이 완전히 제거되었던 것이다.

그러므로 우리는 하나님께서 그의 복음을 주시고 선포하게 하셔서 죄를 유효하게 벌하시고, 우리의 마음에 참되고 무시무시한 두려움을 생성시키셔서 우리가 하나님은 참된 심판자이시고, 죄 때문에 분노하시는 분임을 알고 느끼게 한다는 것을 알아야만 한다. 히스기야 왕은 이 두려움에 대해서 이렇게 말한다: "주께서 사자같이 나의 모든 뼈를 꺾으시오니"[사 38:13]. 그리고 이런 두려움 가운데서 하나님께서는 그의 복음을 통해서 위로와 삶을 주시기를 원하신다. 그리고 그의 아들 덕에 하나님의 아들을 통한 죄 용서와 은혜를 선언하시는 것이다. 그러므로 이런 두려움과 불안에 아직 빠지지 않은 이는 절망할 것이 아니라, 하나님의 아들에게 피하여, 우리가 뒤에 설명할 바와 같이, 이 하나님의 아들이 성령을 통해서 분명히 우리의 마음에서 역사하셔서 하나님의 아들에 대한 바른 신앙과 신뢰를 일으키시고, 희망과 위로와 하나님을 기뻐함과 하나님께 대한 사랑과 하나님 경외와 인내와 참된 기도와 순결과 다른 덕들을 가지도록 하신다는 약속을 믿고, 그것으로 스스로를 위로해야 한다. 이것과 함께 그저 외면적인 순종이 아닌, 율법이 가르치는 참된 순종이 우리의 마음에서 시작되는 것이다.

이런 변개(變改)와 두려움과 위로 가운데서 우리는 율법과 죄가 무엇인지를 알게 되고, 신앙과 위로와 그리스도의 은혜와 의와 참된 기도의 성질도 알게 되는 것이다. 이것은 우리가 복음을 생각할 때 성령을 통해서 일어나는 것이니, 바울은 이렇게 말하고 있는 것이다: "복음은 모든 믿는 자에게 미치는 하나님의 능력이니"[롬 1:16].

고후 3장: "복음의 선포는 성령의 직분이다"[cf. 3, 6, 8, 18절]. 즉, 그것을 통해서 성령이 역사하신다. 우리의 심령 안에 있는 성령의 이 활동이 없이는 참된 신앙도 위로도, 하나님께 대한 사랑도 없는 것이다. 다음 구절들이 잘 말해 주듯이 말이다.

롬 8장: "누구든지 그리스도의 영이 없으면 그리스도의 사람이 아니라 … 무릇 하나님의 영으로 인도함을 받는 그들은 곧 하나님의 아들이라"[cf. 9, 14절].

요 15:5: "나는 포도나무요 너희는 가지니, 저가 내 안에 내가 저 안에 있으면, 이 사람은 과실을 많이 맺나니, 나를 떠나서는 너희가 아무것도 할 수 없음이라."

갈 4:6: "너희가 아들인고로 하나님이 그 아들의 영을 우리 마음 가운데 보내사, 아바 아버지라 부르게 하셨느니라."

이런 증언들은 (이 밖에도) 많이 있으니, 하나님께서는 우리가 '하나님의 아들이 자신의 교회 안의 성도들 안에 거하시며, 성령을 통해서 그들 안에 역사하시며, 성도들과 경건하지 못한 자들 안에 이 구별이 있음'을 알기 원하시기 때문이다. 우리 안에서 역사하시는 하나님의 역사에 대한 이 약속들은 우리가 마음대로 살도록 하기 위해서 주어진 것이 아니다. 물론 어떤 사람들은 자신들이 하나님께 나아올 수 없으면 성령을 통해서 억지로라도 끌려올 것이라고 상상하고서, 그 머리채를 끌려서 하나님께로 가기까지 기다리는 이들이 있다. 그 일이 있기까지는 자신들의 정욕대로 행하면서 말이다.

이런 생각에 대해서 할 말은 상당히 많으나, 여기서는 다음과 같은 것만을 상기시키는 것으로 만족할까 한다. 우리 안에서 역사하시는 하나님의 역사에 관한 구절들은 우리의 위로를 위하여 기록된 것이다. 우리는 사람을 나무 조각이나 돌처럼 생각해서는 안 된다. 그러므로 심판과 위로가 나타나 있는 하나님의 말씀을 들을 때 그것을 경멸하거나, 그것에 저항해서는 안 되는 것이다. 오히려 우리는 곧바로 진지한 기도에로 들어가야 하니, 주 그리스도께서는 "하물며 너희 천부께서 구하는 자들에게 그의 성령을 주시지 않겠느냐?"고 말씀하시기 때문이다. 그는 그들의 양심에도 불구하고 계속해서 죄에 거하며 심판과 위로를 거부하는 비웃는 자들에게 이 말씀을 하시는 것이 아니다. 이것을 유념하는 것은 아주 필수적인 일이다.

크리소스톰(Chrysostom)은 하나님께서 사람을 이끄신다고 말한 바 있다. 그러나 그는 원하는 자들을 이끄시지, 저항하는 자를 이끄시는 것이 아니다(*Trahit Deus, sed volentem trahit*).[4] 또한 바실은 말하기를 "하나님께서 먼저 우리에게 오신다. 그러나 우리 역시도 그가 오시기를 원해야 한다"고 한다. 그리고 탕자의 비유를 생각해 보라. 그가 아직 멀리 있을 때에 아버지께서 그를 보자마자, 아버지는 그를 불쌍히 여기고, 그에게로 뛰어가 그의 목을 안고, 그에게 입맞추신 것이다. 이때 그 아들은 다시 돌아가거나, 아버지를 비웃지 않고, 그 역시 아버지를 향해 나아오며, 그의 죄를 인정하고, 은총을 구한 것이다. 이 비유로부터 우리는 이 가르침이 어떻게 사용되어야 하며 이 구절이 바실에게서 어떻게 취하여졌는지를 배워야만 한다. 우리는 원하기만 하면 된다. 아버지께서는 이미 우리에게 와 계시니까 말이다(*Tantum velis, et Deus praeoccurit*).

계 3:20: "내가 문에 서서 문을 두드리노니, 누구든지 나의 음성을 듣고 문을 열면 내가 그에게로 들어가 …"

이를 기억함으로써 우리는 하나님의 활동에 대한 이 구절들은 아주 위로에 찬 것임을 배울 수 있다. 하나님의 아들은 우리와 함께 하실 것이고, 우리에게 오시며, 도움을 주실 것이니, 그는 우리의 비참함을 아시기 때문

---

4) Cf. Chrysostom, *Homilies on St. John*, 5(요 1:3-5), 10(요 1:11-13), 45(요 6:28-40), 46(요 6:41-53); *Homilies on First Corinthians*, 2(고전 1:4-5) (알미니안적 함의가 있을까? 고대인들의 모호성이 멜란히톤의 인용에서도 나타나고 있음에 유의하라 ― 역주).

이다. 단지 그분을 밀어내지 말도록 하자! 그 배고픔 때문에 그의 아버지께로 다시 온 그 불쌍한 친구처럼 하나님께 도움을 구하기로 하자. 자신이 하나님의 은혜 가운데 다시 있기를 조금이라도 생각하는 사람은 누구나 시작은 한 것이다. 그리고 하나님은 그에게 힘을 주실 것이다. 다음과 같은 성 바울의 놀라운 구절이 말해 주듯이 말이다 "하나님께서 소원을 주시고, 그를 기쁘게 하는 것을 이루실 것이다."[5]

이것은 그들의 마음 가운데서 조그마한 불꽃을 느끼며, 다시 하나님의 은혜 안에 있기를 원하는 연약한 자들에게 위로를 주시는 약속이다. 그들은 하나님께서 그들 안에서 시작을 하셨으며, 그들을 더 강화시키실 것임을 알아야만 한다. 동시에 그들은 자신들이 가진 신앙을 발휘하고 기도해야만 한다. 그리스도께서 말씀하신 대로 말이다: "구하라, 그러면 받을 것이니라‥ 하물며 하늘에 계신 너희 아버지께서 구하는 자에게 그의 성령을 주시지 않으시겠느냐?"[눅 11:9, 13]

(그런데도) 많은 사람들은 (쓸데없이) 다음과 같은 의심을 품고 놀라고 있다: "나는 하나님께서 나의 한숨과 갈망에 주의를 기울이시는지 잘 모르겠습니다. 그가 나를 받아주시려 하는지도 잘 모르겠습니다." 이런 의심에 대해서 우리는 신앙의 교리를 잘 가르침받을 필요가 있다. 왜냐하면 하나님의 진정한 뜻과 명령은 우리가 그의 약속을 믿는 것이기 때문이다. 비록 우리의 믿음이 연약할지라도 우리는 마치 막 9:24의 어려움 속에 있는 사람이 말하듯이, "주여! 내가 믿사오니, 나의 믿음 없는 것을 도와주소서." 라고 우리의 마음과 입술로 말해야만 하는 것이다. 하나님은 우리와 함께 하실 것이고, 성경이 말하듯이 "성령이 우리의 연약함을 도우신다" (*Spiritus adjuvat infirmitatem nostram*, 롬 8:26). 우리는 이것을 우리의 날마다의 불안과 참된 기도 가운데서 배워야 한다.

어떤 사람들은 우리의 연약함에 대해서 이와 같은 방법으로 말하는 것

---

5) 영역자는 히 13:12, 골 1:9, 10을 인용문으로 언급하였으나 내용상 빌 2:13이 더 해당될 것이다(역주).

은 사람들을 게으르게 하고, 그들을 절망으로 이끌 것이라고 불평한다. 그러나 이것은 참된 것이 아니니, 사람들은 언제나 외적인 도덕성을 유지할 수 있고, 또 유지해야만 하기 때문이다. 물론 중생한 사람에게는 그것이 다른 이들보다 훨씬 쉬워진다. 왜냐하면 중생한 사람은 그리스도의 도우심과, 악마에 대한 보호를 가지고 있기 때문이다. 하나님께로 돌아간 사람에게서 중생은 시작된 것이며, 그후에는 그 마음과 의지가 활동적이게 된다. 성령은 게으른 존재가 아니시다. 그는 우리의 영혼과 마음에 빛과 열을 일으켜 주셔서, 우리의 영혼과 마음이 하나님께 대해서 더 나은 지식과 처음의 사랑, 그리고 하나님께 대한 열망을 가질 수 있도록 하시는 것이다. 성 바울이 말하는 것처럼 말이다: "하나님을 따라 의와 진리의 거룩함으로 지으심을 받은 새 사람을 입으라"[엡 4:24 참조].

이 문제와 연관된 구절들

[자유 의지에 관한] 이 문제의 두 부분과 관련해서 다양한 구절들이 언급되고, 때로는 아주 이상하게 해석되기도 한다. 이 구절들을 생각함에 있어서 독자들은 각 구절을 왜곡함 없이 조심스럽게 생각하고 이해해야만 한다.

솔로몬이 잠언 16:9에서 말하듯이, "사람이 마음으로 자기의 길을 계획할지라도, 그 걸음을 인도하는 자는 여호와시니라." 이 구절이나 이와 같은 구절들로부터 어떤 이들은 사람의 의지는 전혀 작용하지 않는다고 결론내린다. 그러나 그런 해석은 너무나 조야(粗野)한 것이다. 솔로몬은 사람이 계획을 한다고 말한다. 즉, 그가 무엇인가를 생각해 내는 것이다. 그러나 그것을 이루는 것은 그것 이상의 것, 즉 하나님의 뜻과 은혜스러운 도우심을 필요로 하는 것이다.

그리고 이것은 성경에 자주 반복되어진 아주 필수적인 교리이다. 즉, 우리가 명령되고 필수적인 일을 해야 하는데, 그리할 때에 하나님께 기도하고, 기도하면서 행하고, 하나님을 계속해서 신뢰해야 한다는 것을 배울 수 있는 것이다. 모세가 백성들을 애굽으로부터 이끌어냈지만, 그 스스로 한 것이 아니다. 그는 하나님께 도움을 구했고, 일을 했으며, 계속해서 하나님을 신뢰했던 것이다. 그렇게 하나님께서는 그와 함께 계셨고, 그가 명령하시고 주도하신 일에서 자신을 나타내시고, 승리와 기쁜 종결을 주신 것이다.

그러나 반면에 우리가 우리 스스로 명령되지 않은, 필수적이지 않은 어떤 것을 시작할 때, 그것은 인간의 지혜와 능력과 기쁨에 근거한 것이고, 그것은 결국 끊임없는 불행과 비참함을 낳고야 말 것이다. 폼페이우스가 율리우스 카이사르에 대항하여 불필요한 큰 전쟁을 시작했을 때, 그는 자신의 능력과 그를 돕는 이들을 믿었으나, 결국은 비참하게 되고 만 것이다. 그리고 시편 127:1에 표현된 이 원리 아래 있는 예들은 언제나 많이 있을 수 있는 것이다: "여호와께서 집을 세우지 아니하시면 세우는 자의 수고가 헛되며."

또한 요 3:27: "만일 하늘에서 주신 바 아니면 사람이 아무것도 받을 수 없느니라." 즉, 만일 하나님께서 돕지 아니하시면, 우리의 계획, 노력, 능력, 모든 것이 너무나도 미약한 것이라는 말이다.

그러므로 모든 사람은 인생을 살면서 이 규칙을 알고 지키는 것이 얼마나 필요한가 하는 것을 생각하도록 하자. 그래서 그 누구도 불필요하고, 하나님께서 명령하지 않으신 것을 경영하지 않도록 하자. 오직 하나님께만 도움을 바라고 그를 믿으면서 일하고 견디도록 하자. 다음 시편이 가르치듯이 말이다: "여호와를 의뢰하여 선을 행하라 … 너의 길을 여호와께 맡기라. 저를 의지하면 저가 이루시리라"[cf. 시 37:3-5].

우리로 하여금 하나님을 경외하는 것이 무엇이며, 그를 불러 아뢰는 것이 무엇인지를 가르쳐 주는 이 아름답고 필수적인 교리는 또한 참된 위로가 무엇인지를 말해 주고, 사람의 의지는 전혀 아무것도 하지 않는다고 하는 이 구절에 대한 어리석고, 어린 아이 같은 설명을 잠재운다고 할 수 있다.

이런 구절들의 참된 의미를 바르게 해석한 후에 우리는 우리가 하는 선

택이나 도모(the choice or design, *electio*)와 그것을 실행하는 것
(*eventus*)이 전혀 다르다는 것을 주목해야만 한다. 예를 들어서, 폼페이우
스와 요시아는 자유롭게 전쟁을 선택했다. 이것은 그들 자신의 의지로 이
루어진 일이다. 그러나 이 선택을 수행함에 있어서는 그의 의지만이 있는
것이 아니고, 돕는 다른 많은 사람들의 의지가 있고, 무엇보다도 하나님의
의지와 도움이 있으며, 또한 신실하고 끊임없이 돕는 사람들의 도움도 있
어야 하는 것이다.

솔로몬은 이에 대해서 자주 말한다: "사람이 마음으로 자기의 길을 계
획할지라도, 그 걸음을 인도하는 자는 여호와시니라"[cf. 잠 16:9]. 그는
우리에게 하나님에 대한 경외, 겸손, 기도 등을 상기시킨다: "보라, 친구여,
사람들은 아주 악한 것으로 드러난 얼마나 많은 것들을 생각하여 내었는
가?" [cf. 집회서 29:25; 잠 1:31-33; 6:14-15]. 사울, 페리클레스, 데모스
테네스, 폼페이우스, 그밖의 수천 명의 아주 현명한 사람들의 기도가 악한
것으로 드러난 것을 보라. 그러므로, 우리는 자만하거나 무례하지 않도록
조심해야 한다. 우리가 어떻게 해야 하는지만을 생각하지 말고, 어디서 하
나님이 그의 은혜와 도움을 주시려는지를 생각하도록 하자. 명령받은 일을
수행하고, 하나님을 부르며, 일하면서, 계속해서 그를 신뢰해 나아가도록
하자. 분명히 솔로몬은 스토아주의자가 아니었으니, 그는 인간의 의지가
아무것도 못한다고 하지 않고, 여러 가지 선택의 여지와 그것을 어떻게 수
행하는가를 말하고 있는 것이다.

때때로 사람이 자신의 자유 의지로 어떤 선택을 하고, 그런 선택이 하나
님과는 아무 관련이 없는 때도 있다.[6] 예를 들어서, 다윗이 스스로 우리아
의 아내를 취하고, 그녀를 데려오라는 명령을 내리는 경우이다. 그러나 요
셉이 간음죄를 범하는 일에 동의하지 않았을 때 그에게는 분명히 그를 통
치하시며, 그에게 힘을 주셔서 그의 의지가 강요받지 않고 순종하게 하시

---

6) 과연 그런 경우가 있을 수 있을까? 문맥상 멜란히톤은 인간이 범죄하는 경우를
들고 있으나, 그것조차 하나님의 작정과 연관됨을 생각해야 할 것이다(역주).

며, 그의 눈과 입과 손과 발을 이 열정에서 구하신 하나님에게서 온 덕(德)이 있음이 분명한 것이다. 그런 활동 가운데서 (인간의) 의지는 벽돌이나 돌이 아니다. 그러므로 하나님께서는 우리의 모든 지체들을 부지런히 통제하라고 명령하시는 것이다. 그러기에 "먼저 은총을 주시고, 그와 함께 원하는 마음을 주소서"(*praecedente gratia, comitante voluntate*)라고 하는 것이다. 즉, 하나님의 은총과 도움이 사람으로 선한 일을 하게 하나 그럼에도 불구하고, 의지가 따라와서 하는 것이고 의지가 저항하지 않는 것이다. 다윗은 스스로 죄에로 떨어진 것이다. 그는 강요받은 것이 아니다. 요셉도 그렇게 떨어질 뻔 하였으나 그가 피한 것이다.

예레미야로부터

예레미야는 10:23에서 "여호와여 내가 알거니와 인생의 길이 자기에게 있지 아니하니, 걸음을 지도함이 걷는 자에게 있지 아니하니이다"라고 말한다. 어떤 사람들은 이 아름답고 위로가 되는 구절이 사람의 의지는 아무 것도 하지 못한다는 뜻으로 해석하나, 여기서 예레미야는 자신과 다른 모든 위대한 선지자들, 중생한 거룩한 이들의 행위와 일, 즉 그 일(*Stande*)과 소명에서 게을리하지 않는 이들에 대해서 말하는 것이다. 여기서 말하는 "길"은 전체 소명이나 일 전체를 의미하는 말이다.

그런 의미에서 히스기야 왕은 이렇게 말하는 것이다: "오 주님! 이 왕으로서의 통치가 내게는 너무 어렵삽나이다. 이것은 주님의 일이니이다. 주님께서 선한 통치를 내려 주시옵소서. 주님께 구하오니 은혜롭게 나에게 선한 경륜을 주시옵시고, 나의 이성과 마음을 다스리시며, 나의 행하는 일에 복과 승리를 내려 주소서. 이 직무를 행함에 있어서 나의 연약함과 지혜의 부족을 자비롭게 용서하여 주소서"[왕하 19:15-19 참조].

예레미야의 말은 모든 사람이 각기 그들의 직무를 생각하며, 그들의 부담을 고백하고 하나님께 도움을 요청하라는 탄식과 기도일 뿐이다. 이 구절에는 또한 대답도 있다. 예레미야는 인간의 의지가 전혀 아무것도 아니라고 말하지 않는다. 오히려 그는 우리의 이해와 선택과 그 수행 — 이 모든 것이 하나님의 도움이 없이는 아주 약하다고 말하는 것이다. 요시야는 전쟁에 대한 판단에서 실수하였고, 그 전쟁에서 패한 것이다. 베나민 지파가 잘못했을 때 그들에 반한 일에서 이스라엘은 판단을 잘한 것이다. 그러나 후에 다른 이유에서 그들은 실수한 것이다. 이런 예들을 생각할 때 우리는 예레미야의 말을 잘 이해할 수 있게 된다.

어떤 이들이 이 위로가 되는 구절들을 그들 자신의 이해에 맞도록 설명하고, 어린 아이 같은 공상을 채용하여 양심이 혼동되어 겸손한 마음으로 기도하지 않게 되는 일은 한탄스러운 일이다.

예레미야는 우리로 하여금 우리의 판단과 행동에서 우리의 연약함을 인정하도록 한다. 사람들은 잘못하기가 쉽다. 다윗이 백성의 수를 계수하거나, 요시야, 페리클레스, 데모스테네스, 폼페이우스, 브루투스나 그 밖의 많은 이들의 예가 보여 주듯이, 아주 뛰어난 이들도 그 판단에 있어서 무시무시한 잘못을 범할 수 있는 것이다. 더구나 우리가 실수하지 않는다고 해도, 만일 하나님께서 우리를 도우시지 않으면 우리는 행운을 결여하고 있는것이다.

그렇기 때문에, 위에서 진술한 바와 같이, 우리의 모든 이해에 있어서 다음 세 가지를 조심스럽게 생각해야만 한다.

첫째로, 우리가 하나님의 명령을 따랐으며, 우리 자신의 연약함 때문에 어떤 불필요한 일을 하지 않았는지를 생각하고,

둘째로, 우리가 우리의 소명에서 하나님의 명령에 순종을 하고, 그 부름받은 일을 게을리하지 않았는지를 생각해야 하니, 성경은 "각 사람은 부르심 받은 일에 힘쓰라"고 하시기 때문이다[cf. 고전 7:20, 24].

셋째로, 우리의 마음 속에서 우리가 하나님께 도움을 요청하며, 종국적인 구원을 기다리면서 그를 신뢰하고, 우리가 슬픔과 불행 중에서 그를 떠나지 않도록 구하는가를 생각해야 하는 것이다.

시락서에서[7]

시락서 15장에 이와 같은 말이 있다. "하나님께서는 먼저 사람을 창조하시고, 그에게 선과 악을 구별하고 선택할 수 있는 능력을 주셨다"[cf. 14절, 18절].

펠라기우스주의자들은 이 구절을 상당히 넓게 확대하였다. 타락 이전의 아담과 하와는 그들의 마음과 행위에서 아무 거리낌 없이 하나님의 율법을 따를 수 있는 자유를 가지고 있었으나, 타락 이후에는 인간성이 아주 참담하게 부패되어서, 사람의 마음은 하나님에 대한 의심으로 가득 차고, 일관성을 잃게 되고, 하나님에 대한 경외와 사랑을 잃게 되어서 사람들이 하나님의 율법을 이룰 수 없게 된 것이다.

그렇기 때문에 우리는 시락서의 이 구절이 펠라기우스주의자들이나 수도사들이 하듯이 사람이 하나님의 도우시는 내적인 활동(divine activity within) 없이도 그들 자신의 자연적 능력으로 하나님의 율법을 이룰 수 있다는 것을 의미하는 것으로 확대 해석해서는 안 되는 것이다. 펠라기우스적 이해와 해석은 하나님께서 처음부터 자신의 교회에 주시고 계시하신 신적인 가르침과 약속들 전체와 모순된다.

물론 타락 이후에도 몸의 외적인 지체들을 움직이고 통제할 수 있는 자유는 있어서, 우리가 외면적 도덕성(external morality)은 유지할 수 있는 것이다. 이런 점에서 시락서의 그 진술은 우리의 연약해진 본성에 대해서도 그대로 적용될 수 있다. 왜냐하면 우리는 그런 외면적 자유(external freedom)를 가지고 있는 것이고, 시락서는 (그것을 부인하는) 악마적인 스토아 사상에 반대하고 있다고 할 수 있기 때문이다. 우리는 하나님께서 강요하여 우리로 죄를 범하도록 하신다든가, 하나님이 우리를 속이신다든

---

7) 시락의 집회서(*Ecclesiasticus*). (외경에 속하는 이 책이 루터파 교회에서는 상당히 우호적으로 읽혀졌다. 그런 뜻에서 여기에 이 책으로부터의 인용이 적극적으로 나온 것임에 유의하라 — 역주).

가 등의 말을 해서는 안 된다. 왜냐하면 죄는 하나님이 가장 미워하는 것이기 때문이다. 시락서의 구절에 대해서는 이렇게 말하는 것으로 충분할 것이다. 이것은 외적인 도덕성(external morality)에 대해서 말하고 있는 것이다.

그러나 어거스틴과 다른 이들은 더 많은 이야기를 하였다. 시락서의 그 구절이 그리스도의 은혜를 배제하는 것이 아니라, 그것을 포함하고 있는 것이라고 이해해야 한다고 한 것이다. 왜냐하면 하나님을 기쁘시게 하는 순종에 관한 모든 말들은 그리스도의 은혜를 포함해야만 하겠기 때문이라는 것이다. 후에 더 많이 말할 것인데, 그것은 분명히 옳은 말이다. 이것은 "은혜"라는 말이 무엇을 의미하는지를 설명하기 위해서도 필요한 것이다. 그래서 시락서에서 "선·악에로 손을 뻗치라"고 할 때, 이것은 구주 예수 그리스도의 은혜와 도움을 함께 의미하는것으로 이해해야 하는 것이다. 여기엔 상당히 많은 것이 포함되어 있으니, 첫째로는 우리가 그리스도 덕분에 죄 용서를 받았다는 생각이 있고, 비록 우리의 조그만 순종이 아주 미약하고 실수투성이의 것이라도 하나님께서 기뻐 받으신다는 생각이 포함되어 있는 것이다.

또 이것이 의미하는 두번째 것은 하나님의 아들이 우리를 도우시고, 그의 성령을 통해 우리를 인도하시며, 악마에 대해 우리를 보호해 주시고, 엄위로우신 하나님의 천상 회의에서 우리의 중보자와 우리를 위해 기도해 주시는 분이 항상 되어주신다는 것이다.

그렇기에 우리의 순종과 일과 노력에서 우리는 날마다 하나님을 불러 아뢰며, 확신을 가지고서 그의 아들 예수 그리스도 덕분에 우리의 죄를 용서하여 주시고, 우리의 연약한 인간성을 은혜롭게 받아주시며, 우리를 인도하실 그의 성령을 주시도록 구해야만 하는 것이다. 즉, 우리는 우리의 일에서 경륜과 도움을 구하여서 우리의 일이 하나님의 지식과 선한 통치를 유지함에 있어서 우리 스스로에게와 다른 이들에게 유용하도록 해야 하며, 악마의 모든 간계와 유혹으로부터의 보호를 구해야만 하는 것이다.

이 기도와 실천에서 우리는 이와 다른 구절을 더 잘 이해할 수 있게 될 수 있으니, "믿음을 통해 우리가 율법을 지킨다." 즉 신앙이 없이는 율법을 지키기 시작할 수도 없으니, 믿음이 없는 행함은 외적인 그림자일 뿐이고, 하나님을 기쁘시게 할 수 없다는 성 바울의 말[cf. 갈 5:6, 14; 롬 9:30-32]과 같이, 우리는 주 그리스도의 은혜를 포함시켜야만 한다는 것이 영원히 그리고 불변적으로 참된 것이기 때문이다.

성 제롬으로부터의 두 구절

제롬의 글에서 우리는 흔히 인용되며 서로 모순되는 듯이 들리는 두 구절을 찾아 볼 수 있다. 그것들은 서로 다른 회의에서 주어진 옛 규칙들이다. 그 중 하나는 "은총이 없이도 하나님의 율법을 지킬 수 있다고 가르치는 모든 사람들은 저주를 받을지어다"[8]는 말이다. 이것은 아주 옳은 진술이고, 분명히 펠라기우스와 우리가 성령의 도움 없이도 우리의 심령과 외적인 행위에서 하나님의 율법을 전적으로 지킬 수 있다고 말하여, 펠라기우스와 같은 이단적 방식으로 말하는 토마스 아퀴나스, 둔스 스코투스 등 많은 가톨릭의 교사들과 수도사들과 같은 바리새적 교사들에 대항하여 언급된 것이다.

다른 말로 하자면, 그들은 사람이 이런 행위들로 죄를 용서받을 만한 공로를 쌓을 수 있다고 말하는 것이다. 그들은 거짓말을 하는 것이므로, 이 신성모독이 분명히 알려지고, 정죄되며, 저주받고, 증오되어야만 한다. 그들은 하나님의 율법의 참된 의미와 용도를 없앴으며, 율법과 복음의 구별을 모호하게 하였고, 하나님의 아들 예수 그리스도를 통해서 우리가 가지는 신앙과 은총과 의의 의미를 흐리게 한 것이다.

그들의 가르침에 반해서 제롬에게서 인용되는 인용문은 "은총 없이도

---

8) Cf. *Nicene and Post-Nicene Fathers*, H. Wace and P. Schaff, eds. (Oxford and New York, 1893), VI, *Principal Works of St. Jerome*, *Letter* cxxxiii: 5-9; *Against the Pelagians*, I: 23-24.

하나님의 율법을 지킬 수 있다고 가르치는 이는 누구나 저주를 받을지어
다"고 하고 있다. 우리는 이 문장을 정확히 이해해야만 한다. 첫째로, 우리
는 "은총"이란 단어가 성령께서 사람 안에 일으키시는 도움 이상의 것을
의미함을 알아야 한다. 은총은 비록 우리의 사역이 연약하고 순수하지 못
할지라도 그리스도 때문에 은혜롭게 받아주시는 것과 자비도 의미한다. 이
문장을 "만일 성령이 도우시면 사람이 율법을 지킬 수 있다"는 의미로 설
명하는 것은 충분하지 않다. 왜냐하면 순종은 중생한 사람에게서 시작하지
만, 그들에게도 상당히 많은 연약함과 순결하지 못함과 죄가 그들 안에 남
아 있고, 성도들이라 할지라도 이생에서 율법을 온전히 이룰 수는 없기 때
문이다. 그러므로, 그들은 자신이 은총을 통해서, 즉 중보자 예수 그리스도
덕에 그들에게 약속된 자비와 은혜로우신 수납을 통해서 하나님을 기쁘시
게 할 수 있다는 것을 믿어야만 하는 것이다.

　또한 이 구절은 스키피오(Scipio)나[9] 카토(Cato)나[10] 아티쿠스(Atticus)
와[11] 같은 이교도들조차도 행할 수 있는 외적인 도덕성을 말하는 것이 아

---

　9) 소(小) 스키피오라고 알려진 Scipio Aemilianus Africanus Numantinus, Publius
Cornelius (185-129 B.C.)는 로마 군대의 호민관이며, 정직성과 강한 도덕성, 그리고
외교에서의 솔직성으로 유명한 정치가였다. 그는 소위 스키피오 써클을 통해서 희랍
문학과 교양을 장려하였는데, 이 써클에 멜란히톤이 관심을 가지고 있던 테렌스
(Terence)가 속해 있었다. 스키피오는 철학적으로는 스토아주의에 가까왔고, 키케로의
「국가론」(*De Republica*)에서 주된 연설자로 묘사되었다(영역자 주).

　10) Marcus Porcius Cato (95-46 B.C.)는 소(小) 카토라고 알려진 로마 군대의 지
도자요, 스토아 철학자로서, 키케로를 포함한 많은 고대의 저자들에 의해서 의무에 대
한 그의 헌신과 뇌물에 대한 반대, 그리고 엄격한 덕들에 대해서 칭찬을 받았다. 대
(大) 카토(Cato the Elder, 234-149 B.C.)는 옛 로마의 도덕적 규범과 습관에 대한 따
름과 로마 사회에 헬레니즘적 문화가 유입되는 것에 대한 반대로 알려진 사람이다. 그
는 아주 유명하게 된 라틴 산문의 작가로 첫째 인물이다. 멜란히톤은 아마도 소(小) 카
토를 지칭하는 듯하다(영역자 주).

　11) Titus Pomponius Atticus(109-32 B.C)는 키케로의 친구요, 문학의 옹호자였던
인물로 그의 평정심과 사생활에서의 행복으로 널리 알려졌다. 그는 희랍사와 로마사의
연대기를 썼다고 하는 데, 그 어느 것도 잔존하지 않는다. 그리고 그는 키케로로부터
그에게 온 편지들을 편집했다(영역자 주).

니라, 믿음과 하나님에 대한 경외, 그에 대한 사랑, 신뢰, 고난 중에서도 하나님을 기뻐하는 것에 대해서 말함을 알아야만 한다. 그러므로 이 문장은 다음과 같은 뜻으로 이해되어야만 할 것이다: "은총 없이, 즉 성령의 사역 없이도 하나님의 법이 지켜질 수 있다고 가르치는 모든 자들은 저주를 받을지어다." 말하자면, 하나님의 법의 준수는 은총 없이는 이루어질 수 없는 것이다. 즉, 그리스도가 그 안에 계셔서 그의 연약함을 감추어 주시기 때문에, 그 자신의 연약한 본성은 여전히 율법을 다 준수할 수는 없어도 그리스도 때문에 신자가 하나님을 기쁘시게 하는 그 자비와 은혜스러운 수납 때문에 율법 준수가 가능하다는 말이다.

제롬에게서의 두번째 구절은 다음과 같은 것이다: "하나님의 명령을 지키는 것이 불가능하다고 가르치는 모든 자들은 저주를 받을지어다."[12] 이 구절은 마니교도들에 대항하여 주어진 문장이고, 이는 조심스러운 설명을 필요로 하는 것이다. 마니교도들은 스토아 철학자들에게서 온 나쁜 오류를 많이 제시하였는 바, 그 내용은 너무나 신성모독적이어서 여기서 말하기도 싫다. 근본적으로 그들은 인간성의 한 부분은 악하게 창조되어서 계속적으로 외적인 악한 행동들을 하게끔 되어 있다고 가르치는 점에서 잘못되었다. 예를 들자면, 가인은 그의 형제 아벨을 죽일 수밖에 없었고, 그의 손을 금하여 죽이지 않을 수 없었다고 하는 것이다.

이 악마적인 신성모독에 반대되는 것이 "하나님의 명령은 지킬 수 있다"는 이 문장이다. 이것은 외적인 행동뿐만 아니라 성령의 도우심과 활동으로 인한 마음의 행위도 지칭하는 것으로 이해해야 한다. 우리가 다음 조항에 대한 설명에서 밝힐 것처럼, 선행은 그리스도의 은총과 성령의 활동으로 가능해지는 것이다. 물론, 복음의 참된 음성은 그대로이다. 즉, 하나님의 아들, 예수 그리스도 없이는 그 누구도 이 땅에서 하나님의 율법을 온전히 다 지킬 수 없으며, 이생에서는 누구나 죄가 없을 수는 없다는 그 복음의 음성은 여전한 것이다. 시편 기자는 "주의 앞에는 의로운 인생이 하

---

12) 위의 주 6을 보라.

나도 없나이다"라고 말한다[시 143:2]. 즉, 그 누구도 율법을 온전히 이룰 수는 없는 것이다. 로마서 8장에서 바울도 말하기를 "율법으로는 너희 자신을 의롭게 할 수 없느니라"고 한다[3, 7, 8절 참조. 또한 3:20, 28을 보라].

인간의 능력으로서의 자유 의지에 대해서는 이것으로 만족하기로 하자. 나는 그리스도인들이 이 문제에 대한 이상스러운 스토아주의적 논쟁에 관여하지 않기를 위해 기도한다. 그런 논쟁은 기독교회에 속하지 않는 것이고, 사람들을 오류에 빠뜨리는 것이다. 내가 말한 것은 선지자들과 사도들의 글에서 분명히 볼 수 있듯이, 아담 때로부터의 참된 교회의 가르침과 일치하는 것이다. 사도들의 시대 이래로 이 진리를 알고 선포해 온 거룩한 사람들이 있었으니, 어떤 이들은 좀더 분명하고 순수하게, 어떤 이들은 다른 이들보다 좀덜 분명하기는 하나 확실히 이 진리를 가르친 것이다. 그 중 몇을 열거하자면, 바실,[13] 암브로스,[14] 어거스틴, 프로스퍼,[15] 막시무스,[16]

---

13) 성 바실(St. Basil, 329-379)은 가이사랴의 감독이었고 희랍 교회의 가장 중요한 교부들 가운데 한 사람이었으며 아리우스주의를 강하게 반대한 사람이요, 성경 주석을 쓰기도 하였고, 수도원 제도의 창시자였다(영역자 주).

14) 성 암브로스(St. Ambrose, 약 340-397)는 밀라노의 감독이었고 초기 교부들 중 가장 위대한 자들 중 하나였다. 그는 유스티나 황후의 아리우스주의를 성공적으로 반대하였고, 그의 많은 설교와 저작들에서 정통주의를 옹호하였고 테오도시우스 황제(Emperor Theodosius)로 하여금 데살로니가에서 행한 준비된 학살에 대해 고해를 하도록 하였으며, 어거스틴에게 큰 영향을 미쳤다(영역자 주).

15) 프로스퍼 티로(Prosper Tiro) 또는 아퀴타네의 프로스퍼(Prosper of Aquitane, 약 390-465)는 어거스틴의 제자요 친구였다. 시인이요 수사학자로서 펠라기우스주의의 반대자였던 그는 레린스의 빈센트(Vincent of Lérins)와 존 카시안(John Cassian)에 반(反)하여 어거스틴을 옹호하였고 어거스틴의 신학적 사유에 친숙해 있었고, 455년까지의 프랑스 교회의 약사(*Epitoma Chronicon*)를 기록했다.

16) 성 막시무스(St. Maximus, 약 580-662)는 비잔틴 신학자로서 헤라클리우스 황제의 비서였고, 후에는 크리소폴리스에 있는 수도원 원장이 되었는데 그는 단일의지론 논쟁(the Monothelite controvesy)에서 정통주의와 로마 교회의 우위성을 강하게 변호하였다. 그는 투옥되고, 655년에는 트라키아로 귀양갔다가, 7년 후에 다시 콘스탄티노플로 소환되어 매질과 혀와 오른손을 절단당하기도 했다(영역자 주).

위그,[17] 버나드,[18] 타울러,[19] 베셀,[20] 그리고 루터를 말할 수 있다.

우리는 또한 교황적 가르침과 수도사들의 가르침 가운데서 옳지 않다고 지적되어야 할 것을 부지런히 지적해야만 한다. 그들이 말하고 있는 것 중에서 이 문제와 관련하여 우리가 지적해야 하는 것은 다음과 같다.

첫째로, 사람이 성령의 도우심 없이도 그 자신의 자연적 능력으로 그 마음에서 하나님의 법에 순종할 수 있다는 것.

둘째로, 그렇게 하여 순종하는 일로 말미암아 죄 용서와 은혜를 자신들의 공적에 의해 얻을 수 있다는 것.

셋째로, 중생한 후에 사람이 현세의 삶에서 그 전체로서의 율법을 지킬 수 있다고 가르치는 것.

넷째로, 그런 행위와 율법을 이룸을 통해서 영생을 자신들의 공로로 얻을 수 있다는 것.

---

17) 성 빅토르의 위그(Hugh of St Victor, 1096-1141)는 파리의 성 빅토르 수도원 원장이었다. 그는 신비적 철학가요 신학자로서 많은 책과 주석을 썼는데 그중에 교리를 종합하고 변증한 「기독교 신앙의 성례에 대하여」(*De Sacramentis Christianae Fidei*)가 유명하다. 그는 아벨라르(Abelard)에 반대하였고, 하나님의 존재 사실을 내적 경험과 외적 경험으로 증명할 수 있다고 믿었다.

18) 클레르보의 성 버나드(St. Barnard of Clairvaux, 1090-1153)는 클레르보의 수도원장으로서 프랑스 시토 수도원 운동의 개혁자. 1146년 제2차 십자군 운동의 설교자였다. 그는 많은 교회적 정치적 난제를 잘 해결하였으므로 "프랑스의 양심"이라고 알려질 정도였다(영역자 주).

19) 요하네스 타울러(Johannes Tauler, 약 1300-1361)는 스트라스부르그의 독일 신비가로서 마이스터 에크하르트(Meister Eckhart)의 영향을 받은 도미니쿠스회 수도사였다. 그는 당시 교회의 기계적인 성례주의에 반대했던 신비주의적 경건주의자들의 연합인 "하나님의 친구들"(the Friends of God)의 일원이었고, 그의 확신을 강한 기독교적 삶으로 표현해 보려고 노력하였다(영역자 주).

20) 베셀 간스포트(Wessel Gansfort, 약 1420-1489)는 스콜라 신학의 반대자로서 성경이 신앙의 원천이라는 점을 강조하였고, 죄는 오직 하나님에 의해서만 용서될 수 있다고 주장하였다. 그는 루터와 멜란히톤에게 직접적인 영향을 미쳤고, 1522년에 루터는 간스포트의 *Farrago Rerum Theologicarum*을 출판하면서 친히 서문을 쓰기도 하였다(영역자 주).

이와 같은 오류들을 우리는 거부하고 반박해야만 하는 것이다. 온전하게 됨과 다른 것들에 대해서 그들이 말하는 것은 후에 논의하도록 하겠다.

제 6 장

원죄에 대하여

원죄에 대해서 말하려 한다면 우리는 먼저 사람이 왜, 그리고 어떻게 창조되었는지를 생각해야만 한다. 젊은이들로 하여금 원죄를 바로 생각하도록 하기 위해서 우리는 이 창조의 목적 문제를 먼저 간단히 논의하기로 한다. 이 땅에 사는 많은 사람들은 인간성의 창조와 타락에 관한 교리를 우화처럼 여기고 있다. 그러나 기독교회 안에 있는 이 어두움에 반하여 우리는 첫째로 하나님께서 자신과 자신의 가르침에 대해서 증언하신 바, 하나님의 계시와 이스라엘을 출애굽시키신 것, 그리고 예수를 죽은 자들로부터 부활시키신 것으로 우리를 강화시켜야 한다(즉, 계시와 출애굽과 부활에 근거하여 하나님의 창조를 믿을 수 있도록 해야 한다 — 보역). 또한 둘째로 우리는 하나님께 우리의 영혼과 마음을 밝혀 주시고, 우리 안에 믿음을 일으키시고, 증가시키시며, 강화해 주시기를 간절히 기도해야 한다. 그리고 셋째로 여기서 하나님께서 우리의 본성 안에 자신에 대한 증거를 어떻게 만들어 놓으셨는지를 생각하는 것이 유용할 것이다. 인간의 창조와 타락을 논의하려면 우리는 먼저 이 세 가지를 생각해 보아야만 한다.

그러면 다시 첫째로 되돌아가자: (성경에 나타나는) 커다란 이적들, 죽은 자로부터의 부활 등 때문에 교회의 가르침들은 하나님에게서 주어진 것임이 분명하며, 따라서 우리는 그 가르침을 그대로 믿어야만 하고, 뒤로 돌아가서 인간의 죽음과 연약성의 원인을 에피쿠로스주의자들이 말하는 원자들(atoms)에게서 찾으려고 해서는 안 된다. 모세와 사도 바울의 글에 있는 하나님의 계시가 가르치는 대로, "한 사람으로 말미암아 죄가 세상에 들어오고, 죄로 말미암아 사망이" 온 것이다[롬 5:12]. 비록 이것이 인간의 이성과 철학에는 낯설고 이상한 것일지라도, 또한 원죄에 관한 하나님의 교리를 비방하고 우스운 것으로 치부하는 에피쿠로스 학파와 같은 이들이 언제나 많을지라도, 우리들 하나님을 알고, 하나님의 이름을 부르는 사람들은 신적인 성경에서 벗어나 나아가서는 안 되는 것이다.

둘째로, 나는 다음과 같이 기도한다:오 주님! 전능하시며, 참되시며, 살아 계시고, 지혜로우시며, 영원하시며, 예수 그리스도의 유일한 아버지시며, 당신의 독생자 예수 그리스도와 성령님과 더불어서 천지를 창조하신 주님! 주님의 사랑하시는 아들 예수 그리스도를 보시고 저에게 자비를 베풀어주셔서, 저의 영혼과 마음을 주님의 성령으로 밝히시며 강화시켜 주셔서, 저로 하여금 확실한 신앙으로 주님을 알 수 있게 하시며, 주님께서 참으로 이 가시적인 자연을 창조하셨고 유지하심을 알게 하시며, 주님께서 우리들 가운데서 영원한 교회를 당신께로 모으셔서 우리 안에 거하기 위해서 우리와 함께할 것임을 알 수 있게 하옵소서. 저의 마음에 주님의 진리와 빛을 주셔서, 제가 당신을 바르게 불러 아뢰며, 항상 주님께 순종하며 살 수 있도록 하여 주옵소서.

그리고 셋째로, 하나님의 계시를 성찰해 보고, 기도를 한 후에 이제 우리 스스로를 살펴보기로 하자. 사람은 하나님에 대한 분명한 공적 증언이다. 그리고 사람은 하나님에 대한 증언이 될 수 있도록 창조되었다. 즉, 사람은 하나님이 우리 안에 계시고, 우리에게 자신을 계시해 주시고, 우리에게 자신의 지혜와 다른 복들을 주실 수 있도록, 그리고 우리가 하나님을 인정하고, 찬양하며, 영광스럽게 하고, 영예를 돌리며, 그에 대해서 증언할 수 있도록 피조된 것이다. 우리는 우리들 안에서 많은 은사들, 즉 선과 악을 구별할 수 있는 지혜와, 수와 질서를 이해할 수 있는 지혜를 볼 수 있다. 우리가 이런 은사들을 볼 때마다 우리의 심정은 아주 현명하신 창조주, 즉 하나님께서 현명하신 경륜을 가지고 당신의 일을 하셨음을 확신해야 하고, 인정해야만 하는 것이다. 왜냐하면 하늘, 해, 달, 사람 등의 질서있는 사역은 창조주 없이, 경륜 없이 그저 나타날 수 있는 것이 아니기 때문이다.

우리의 본성은 분명히 그러하다는 것을 우리에게 말한다. 그러므로 우리는 [마치 그렇지 않은 것처럼] 무례하거나 게을러서는 안 된다. 우리는 우리 자신 안에 있는 하나님에 대한 증거들을 주목해야 한다. 만일 우리의 본성이 죄와 어두움 가운데 빠지지 않았더라면, 우리는 이 증거들을 더 잘 볼 수 있었을 것이다. 그러나 그럴지라도[즉, 죄와 어두움 가운데 빠진 상황에서라도] 할 수 있는 한 이 증거들을 많이 의식해야만 하는 것이다.

우리가 죄와 타락 이전에 사람이 어떠하였는가를 생각하면, 우리는 죄에 따라나온 큰 상처와 수치가 얼마나 큰 것인지를 온전히 이해하게 되었을 것이고, 우리 정신의 비참함은 우리로 하여금 하나님의 아들의 도움을 찾도록 하였을 것이다.

모든 사람들은 모든 피조물들에 대한 창조를 말하는 모세의 글을 알아야만 하고, 그곳에 나타나 있는 이 신앙의 조항을 자주 상기해야 한다. 다음과 같은 하나님의 말씀을 주목하라: "우리가 우리의 형상을 따라, 우리의 모양대로 사람을 만들자"[창 1:26]. 그뒤에 성경 본문은 또 말하기를 "하나님이 지으신 모든 것을 보시매, 보시기에 심히 좋았더라"[31절].

이 문장들은 사람이 원래 하나님의 형상으로 창조되었으며, 사람 자신 안에 그로부터 하나님이 참으로 계신다는 것을 이끌어낼 수 있는 하나님에 대한 증거가 있으며, 하나님은 살아계시고, 지혜로우시고, 선하시며, 의로우시고, 참되시며, 순수하시고, 순결하시며, 자유롭고, 그 무엇의 통제를 받지 않으시는 분이라는 것과 하나님은 불의(不義)나 거짓, 또는 순결하지 않음과 같은 그의 성품에 반(反)하는 모든 무질서에 대해 그냥 계실 수 없으시며, 따라서 하나님은 당신에 반(反)하는 이런 무질서에 대해 심판을 하시고, 쓸어버리신다는 것을 보여 준다.

하나님의 형상과 모양에 대해 말하면서 무엇보다 먼저 이런 특성들을 생각해야 하니, 왜냐하면 하나님은 살아계시며, 지혜로우시고, 선하시며, 의로우시고, 참되시며, 순수하시고, 순결하시며, 자유로우시며, 자신의 성품에 반(反)하는 모든 무질서들을 심판하시는 분이기 때문이다. 사도 바울은 형상에 대해서 이와같이 말하는 것이다. 참으로 영원하신 아들은 영원하신 아버지의 온전하시고, 완벽하시며, 본질적인 닮음이며, 우리는 아들의 모양을 본받아야 한다고 말이다. 이 모든 특성 중에 닮음이 최고로 드러난다.

닮음에 대한 이 말들로부터 우리는 다음과 같은 결론을 이끌어낼 수 있다. 즉, 성령을 통해서 하나님께서는 아담과 하와 안에 지혜의 놀라운 빛을 일으키셔서, 그것을 통하여 하나님을 알며, 수를 세고, 질서를 지우며, 덕과 악을 알며, 그들의 마음과 지체가 순수하며 정돈되어 있고, 이해 가운데서 빛에 순종하며, 그들의 마음이 하나님께 대한 사랑과 기쁨으로, 또 다른 덕들로 빛나게 하신다. 이런 상태에서는 의지가 자유롭고, 손상되어 있지 않으며, 병이나 죽음이 없는 것이다.

그리고 이 놀라운 인간이라는 피조물은 하나님을 기쁘게 하고, 하나님 앞에서 의롭다. 하나님께서도 우리의 본성 안에 거하시며, 우리에게 당신의 지혜와 덕을 끊임없이 주실 것이며, 우리를 즐기시고 기뻐하시며, 또한 우리는 하나님을 알고, 찬양하며, 사랑하고, 그를 즐길 수 있었던 것이다.

바로 이와 같은 것이 죄 이전의 인간이었다. 이로부터 우리는 원죄란 이 놀라운 하나님 형상에 대한 잔혹한 파괴라는 것을 이해해야만 한다.

그러나 우리는 여기서 잠시 멈추어서 인간성에 대한 하나님의 사랑이 얼마나 큰 것인가를 생각해 보아야 한다. 첫째로, 하나님께서 우리에게 생명, 지혜, 선, 의(義), 진리, 순결성, 그리고 자유 등의 자신의 고귀하신 성품을 쏟아부어 주시고, 우리 안에 살기를 원하시며, 우리를 기뻐하시고, 또 자기 자신보다 더 높은 것을 주실 수 없으심을 생각할 때에, 하나님의 우리에 대한 사랑은 스토아 학파에서 생각하고 논의하는 차고, 평범한 것이 아니라, 참되고 진지하며, 열렬한 사랑임이 분명하게 된다.

더구나, 타락 이후에 하나님의 아들이 우리에 대한 자신의 사랑을 어떻게 나타내 주셨는가를 생각해 보라. 또한 죄에 대한 엄위하신 하나님의 분노도 어떤 스토아 사상가가 조롱하듯이 차고 게으른 사상이 아니라, 모세가 말하듯이, 또한 아담과 하와가 여러 번 경험하고, 무시무시한 심판에서 날마다 나타나듯이 참으로 소멸하는 불인 것이다. 참으로 하나님의 영원하신 아들은 영원하신 아버지 앞에서 이런 진노를 당하신 것이고, 인간이란 피조물이 영원히 제거되지 않도록 요청하신 것이며, 하나님의 의를 만족시키기 위해서 그가 원하셔서 그 심판을 스스로 취[自取]하시고, 우리를 위해 빚을 갚아 주셨던 것이다.

하나님의 큰 사랑에 대한 이 세번째 증언도 생각해 보라. [그리스도의 구속에 근거해서] 사람을 받으신 후에 하나님께서는 다시 우리 안에 하나님의 형상과 모양을 새롭게 하시고, 자신의 성령을 주셔서 우리 안에 거하게 하시고, 이로써 우리의 영혼과 마음을 영원하신 아버지와 아들에게로 다시 한 번 이끄셔서 우리가 영원하신 아버지와 영원하신 아들과 성령을 알 수 있도록 하신 것이다. 우리 안에 하나님을 닮음이 다시 회복된 것은 우리가 영원히 하나님을 즐거워하며, 하나님 안에서 생명을 얻도록 하기 위한 것이다. 그리고 성령이 계시고 활동하시는 곳에는 신성 전체가 계신 것이다.

이런 우리의 성찰 가운데서 우리는 하나님의 사랑을 인정해야만 하고, 그에게 감사를 드려야 하며, 우리의 마음을 밝혀 주시고, 우리 안에 그의 큰 사랑을 일으켜 주시고, 우리를 쫓아내지 마시기를 불러 아뢰야 한다.

우리는 또한 아담과 하와가 어떻게 악마에 의해 속임을 당하고 이끌려져서 죄 가운데 빠졌는지를 알아야만 한다. 모세가 이를 기록하였으니, 그 기사의 질서와 지혜를 주목해 보아야 한다.

창조하실 때 하나님께서는 사람 안에 빛을 두셔서 그것을 통하여 우리가 하나님을 인정할 수 있고, 또 인정해야만 하게 하신 것이다. 이를 통해서 우리는 하나님께서 우리를 특별히 사랑하시며, 우리가 그의 영원한 교회여야 한다는 것과 하나님께서는 동물들에게 대해서와는 달리 특히 우리 안에서 능동적이고 활동적이기를 원하신다는 것을 분명히 알 수 있게 된다. 자연의 빛 외에도 하나님께서는 또한 자신의 말씀을 표현하셔서 그 안에서 우리가 그를 알아야 하게 하셨다. 이렇게 말씀을 주신 분을 우리는 하나님으로서 불러 아뢰며, 그에게 순종하며, 그의 말씀 안에 명령하신 것을 준행해야 하며, 그 누구도 이 분명하게 명령된 말씀에 반(反)해서 믿거나, 따르거나, 덧붙여서는 안 되는 것이다. 특히 그가 그의 표현된 말씀을 통해서 자신의 교회를 세우실 때는 말이다.

하와가 악마를 믿고 그를 따라서 하나님의 말씀으로부터 방향을 전환하고, 아담도 그리하였을 때, 아담과 하와는 하나님의 진노와 영원한 형벌 아래로 떨어졌다. 그들은 성령과 이전에 가졌던 놀라운 덕들을 상실한 것이다. 자기 자신들에 대해서와 처음부터 그들 안에 있었으며 자연스럽게 그들로부터 나올 인류에 대해서 말이다. 그들은 인류의 대표로 서 있었던 것이다. 그들에겐 은사(the gifts)가 주어졌었으니, 만일 그들이 순종 가운데 굳건히 서 있었더라면 그 후손들에게도 같은 은사가 전달되었을 것이다. 그러나 그들이 타락했을 때, 그들은 그들 자신에 대해서와 자연적으로 그들에게서 태어난 모든 인류에 대한 은사를 상실한 것이다.

이 타락과 수치는 누가복음 10장에 나타나는 예루살렘에서 여리고로 가다가 강도맞고 그들에게서 맞고서 쓰러져 있는 사람의 비유에 잘 묘사되어져 있다.[1] 제사장과 레위인은 이 부상당한 사람을 스쳐지나갔고, 돕지 않았다. 후에 사마리아인이 다가와서 이 죽어가는 사람에게 자비를 베풀었으니, 그에게 와서 그의 상처에 포도주와 기름을 붓고, 그의 상처를 잘 싸매어 주었다. 또한 그를 자신의 나귀에 싣고서, 여관으로 가서 그를 돌보도록 하였다. 다음 날 그가 자신의 여행길을 떠나면서 여관 주인에게 데나리온 둘을 주면서 "이 사람을 돌보아 주라. 부비가 더 들면 내가 돌아올 때에 갚으리라"고 했던 것이다. 많이 애호되는 이 아름답고 놀라운 비유에서 하나님의 아들은 온 교회를 위해 이 교리를 묘사해 주신 것이다. 예루살렘에서 여리고로 가던 이 삶은 아담과 하와를 나타낸다.[2] 즉, 그들은 예루살렘, 즉 평화롭고, 아주 만족스럽고, 의로우며 불멸적 상태에서 여리고 즉

---

1) 이런 식의 이해가 중세와 당대에 많았던 것은 사실이나, 이 비유와 타락의 비참함을 연관시키는 것은 무리라는 것을 거의 모든 이가 생각하게 된다. 그러므로 이런 이상스러운 해석에 걸려 넘어지기를 원하지 않는 분들은 이 내용을 건너뛰어서 읽는 것이 유익할 것이다(역주).

2) 위에서 지적하였듯이 과연 그렇게 해석할 수 있을까를 물어야 한다(역주).

순간적 생각과 정욕을 향해 가는 것이다. 왜냐하면 여리고는 그 물리적인 면에서의 항상성이 없음을 뜻하는 달을 의미하기 때문이다. 그 길에서 아담과 하와는 예기치 않게 강도들, 즉 악하고 표독스럽고 살인적인 '하나님의 원수'인 악마의 공격을 받았다. 그리하여 그들은 하나님께서 부여해 주셨던 의(義)를 박탈당하여, 타락 후에는 더 이상 하나님을 기쁘게 할 수 없고, 하나님은 그들 안에 거하실 수 없으며, 그 영혼이 이전과 같이 하나님을 아는 놀라운 빛을 지니지 않게 된 것이다. 그들의 의지와 마음은 더 이상 하나님에 대한 사랑으로 타오르지 않게 되었으며, 하나님을 더 이상 기뻐하지 않고, 또한 이전의 기쁨과 사랑을 다시 불러일으킬 수도 없으며, 이제는 연약해지고 혼동에 빠졌고, 모든 인류가 생명과 영원한 복락을 상실한 것이다.

타락에서 사람의 능력들이 모두 손상되었다(impaired). 이해력(the understanding)이 크게 약화되어서 하나님에 대해서 의심으로 가득 차게 되었고, 사물들에 대해서도 아담이 타락 이전에 알던 대로 알 수 없게 되었던 것이다.[3] 타락 이전에는 그가 영원하신 말씀, 즉 성자를 통해서 하나님으로부터 아주 큰 지혜를 부여받아서 하나님과 창조의 질서, 그리고 그 밖의 많은 것들을 성찰할 수 있었는데 말이다. 이에 대해서 요한은 "말씀은 사람들의 빛이었다"고 말하고 있다[cf. 요 1:4].

타락 이전에는 성령께서 사람의 의지와 마음에 하나님께 대한 불타는 사랑과 기쁨을 가질 수 있도록 활동하셨고, 따라서 사람의 모든 성향과 윤리가 제대로 되었었는데, 이제 타락 이후에는 성령이 떠나시므로 사람의 의지와 마음 가운데 거짓된 불길과 악성 종양이 자라게 되었고, 잘못된 사랑과 분노, 두려움과 불안이 마음을 괴롭히게 된 것이다. 모든 사람은 이것을 느낀다. 특히 죽음의 순간이나 다른 큰 어려움의 순간에 아무런 위로가 없을 때 더욱 그러한 것이다. 그래서 예레미야는 말하기를 "만물보다 거짓

---

3) 여기서 멜란히톤이 죄의 인지적(認知的) 영향을 아주 강하게 표현하고 있는 것을 주목해 볼 수 있다(역주).

되고 심히 부패한 것이 마음이라"[17:9 참조]고 하고 있으며, 사울은 그의 종국에 가장 무서운 고통을 느꼈던 것이다.[4]

이제 우리가 이렇게 강도당하고 맞고, 죄와 영원한 사망으로 떨어졌으나, 제사장과 레위인은 스쳐 지나가버렸다. 이것은 희생 제사와 율법과 공로의 교리는 우리를 죄와 죽음에서 구원할 수 없으며, 우리에게 은혜와 생명과 의(義)를 다시 줄 수 없다는 것을 의미한다. 이때 선한 사마리아인, 즉 하나님의 아들 예수 그리스도께서 오신다. 야곱이 사마리아에서 사다리에 계신 것으로 본 바로 그분이 오신 것이다.[5] 그는 죄와 죽음을 제거하시고, 은혜와 영생과 지혜와 의와 영원한 복락을 부여해 주시며, 우리의 상처에 포도주와 기름을 부어 주신다.

즉, 선포의 직임으로써 죄를 책망하시며, 거룩한 복음과 성령을 통해서 위로를 주시며, 우리의 상처를 치료해 주시는 것이다. 즉, 그는 용서와 그의 의(義)의 전가로써 죄를 덮으시는 것이다. 그리고 그는 우리를 일으키시어, 나귀에 태우신다. 즉 그 자신이 우리의 죄를 담당하시는 것이다. 그리고 그는 우리를 그의 여관 즉 교회로 인도하셔서 우리가 더 강하게 자라나도록 하신다.

이 놀라운 비유에 (우리의) 손상과 치유가 묘사되어져 있다. 이를 앞에 제시한 이유는 독자들로 하여금 이를 자주 생각해 보도록 하기 위한 것이니, 이는 우리가 여기서 고찰하려는 신앙의 조항을 이해하는 일에 좋은 서론이 될 수 있을 것이다.

---

4) 다음 문단의 내용도 당시에 유행하던 잘못된 주해에 근거하고 있는 것으로 생각하면서 읽어야 할 것이다. 어거스틴 등에 의해서 유명해진 이런 해석을 보면서 우리도 우리의 성경 해석에 있어서 좀더 유의해야 한다는 경고를 받아야 할 것이다. 여기서는 단지 타락한 상황에 대한 묘사만을 찾아 읽는 것이 좋을 것이다(역주).

5) 여기서 멜란히톤은 창세기 28장의 야곱의 꿈 속에 나타난 사다리와 그리스도를 연관시키고 벧엘을 사마리아로 여기고서, 그에 근거해서 그리스도를 선한 사마리아인으로 언급하는 괴이한 (그러나 당대에 유행하던) 해석을 제시하는 것이다(역주).

원죄란 무엇인가

원죄 안에 있다는 것은 아담과 하와의 타락 때문에 정죄당하고 하나님의 진노 아래 있다는 것이다. 우리 안에 있어야 하는 하나님의 함께하심과 하나님의 빛과 활동이 비참하게 상실되어 있으므로, 또한 우리의 어두움[암매]과 하나님에 대한 의심, 그리고 하나님께 대항하는 악한 성향 때문에 우리의 죄악으로 가득 찬 것이고, 정죄된 것이다.

원죄에 대한 기독교적 진리를 이렇게 짧게 설명한 것과 이에 대한 가톨릭교회의 공상들이 얼마나 다른가를 주목해 보라. 수도사들과 교황주의자들은 원죄가 커다란 손상(a great impairment)이 아니라고 상상한다. 그들은 하나님에 대한 의심이나 악한 성향이 죄가 아니고, 먹는 것이나 마시는 것과 같이 중립적인 어떤 것이라고 뻔뻔스럽게 말한다. 그들은 또한 사람이 그의 자연적인 능력으로 하나님의 율법을 지킬 수 있다고 하며, 사람이 하나님의 법을 스스로 지킴으로써 죄 용서를 공로로 얻을 수 있다고 하고, 따라서 사람이 율법을 지킴으로써 하나님 앞에서 의로울 수 있다고 하는 것이다. 이런 말들은 하나님의 아들 예수 그리스도를 통해서 우리가 얻게 되는 은혜와 구속의 복음을 제거해 버리는 헛되고, 악마적인 거짓말인 것이다. 그러므로, 우리는 거짓 교리와 참 교리의 차이를 잘 구분해야만 한다.

인간성의 이 손상, 즉 이 어두워짐[소경됨], 하나님께 대한 의심, 하나님께 대항하는 악한 성향은 분명히 죄악에 가득 찬 것이고, 정죄된 것이다. 따라서 사람은 세례를 받지 않고,[6] 주 예수 그리스도에 대한 신앙을 통해서 계속적인 용서를 받지 못하면 정죄된 상태 가운데 있는 것이다. 하나님의 특별하신 경륜으로 말미암아서 우리의 연약해진 본성 안에 아직도 외

---

6) 보다 정확하게는 "'죄 씻음의 표'로 세례를 받지 않으면"이라 했어야 할 것이다. 세례는 이미 일어난 것을 외적으로 인치는 것이기 때문이다. 멜란히톤이 이와 같이 표현한 데서 우리는 루터파 사상이 아직도 세례 행위 자체와 은혜를 직접적으로 연관시키는 성향이 있음을 찾아볼 수 있는 것이다(역자 주).

적으로 높이 평가할 만한 일들을 수행하게 할 수 있는 충분한 능력이 남아 있으나, 이런 외적인 준행이 율법을 이루어내지는 못하니, 이는 우리의 어두워짐, 의심, 자만, 그리고 마음의 악한 성향들이, 위에서 논의한 바와 같이 또한 더 논의될 바와 같이 하나님께 대항하는 큰 죄이기 때문이다. 율법이 하나님이 어떠하신 분인가를 지시해 주긴 하지만, 하나님 자신이 우리 안에 거하셔서 자신의 빛과 영광을 주시지 않으면 그 누구에게도 하나님이 인정하실 만한 의(義)가 있을 수 없다는 것을 잘 주의해야 한다. 그러므로 우리가 영생과 영원한 의 안에 있을 때, 즉 우리가 하나님 안에서 영원한 기쁨을 갖고, 그가 모든 것 안에 모든 것이 되실 때에라야 율법은 온전히 다 성취되는 것이다. 이에 대해서는 후에 좀더 자세히 논의하기로 한다.

자주 인용되는 안셀름(Anselm)의 유명한 다음 문장은 우리의 설명과 일치하는 것이다: "원죄는 원의의 상실, 혹 손상이다"(*Peccatum Originale est defectus justitiae originalis*). 즉, 원죄는 아담의 마음이 하나님의 영과 빛과 하나님을 기뻐하는 것으로 충만하였던 때, 우리의 본성에 그 어떤 악한 성향도 없었던 때, 그 창조 때 우리에게 부여되었던 원의(原義), 원래의 거룩성의 상실, 또는 손상이라는 것이다. 창조 때에 아담은 하나님을 알고 보았으며, 그때는 하나님의 말할 수 없는 선하심과 끝없는 자비가 지금 우리가 죄를 보는 것보다 훨씬 더 분명하게 드러났다. 그때에 그는 기쁨으로 전적으로 하나님께 순종하였었다. 순수하고 참된 하나님을 경외함과 심정 깊은 곳에서 우러나오는 열렬한 하나님에 대한 사랑과 하나님의 놀랍고 끝없는 은사에 대한 감사가 끊임없이 솟아나와 그의 마음을 채웠던 것이다.

그런데 아담의 타락과 죄를 통해서 우리는 이 모든 것을 잃었다. 그리고 사람의 몸과 영혼의 능력이 아주 부패되어서 우리는 하나님의 명령을 순종할 수 없게 되었다. 그리고 이렇게 밝고 아름다운 빛과 하나님에 대한 지식을 상실한 우리에게는 필연적으로 무시무시한 어두움[암매]과 하나님에 대한 무시와 하나님에 대한 적개심과 미워함, 회의와 요동이 따라나오게 되어 있는 것이다. 그리하여 우리는 하나님을 전적으로 잊어버리게 되었고, 인간의 모험을 두려워하면서, 오직 인간의 도움과 위로와 충고만을 의지하게 되었고, 우리의 마음을 악한 생각과 격정과 하나님과 그의 뜻에 반(反)하는 무질서한 열망으로 채우는 것이다. 그래서 안셀름은 그의 정의를 설명하면서 왜 그가 상실(*defectum*)과 정욕(*concupiscentia*) 모두를 포함시켰는지를 지적하는 것이다.

보나벤투라(Bonaventure)도 그 둘[즉, 상실과 정욕] 사이에 차이가 없다고 말함으로써 이에 대해서 옳고 바르게 잘 말하고 있다. 그는 우리가 원죄란 *concupiscentia*, 즉 악하고 무질서한 열망이라고 할 수도 있고, 상실이나 손상이라고 할 수도 있다고 한다. 좀더 온전하고 분명하게 말하면서, 그 하나가 다른 하나를 포함한다고 그는 말한다. 바로 보나벤투라가 이렇게 말하기 때문에 새로운 교사들 중 일부는 그렇게 할 근거도 없이 원죄는 결여(상실이나 손상)이기만 하지, 정욕(*concupiscentia*)은 아니라고 주장할 때에 그렇게도 많은 말로 싸우는 것이다.

스콜라 신학에서는 우리의 적수들이 그들 자신들 중 많은 이들도 잘 이해하지 못하는 이상스러운 말인 "실질적 죄"(*materiale peccati*)와 "형식적 죄"(*formale peccati*) 등의 말을 사용한다. 우리는 이런 친숙하지 않은 말을 사용할 필요가 없는 것이다. 그 자체로 참되고 옳은 것에 대해서 이해할 수 있도록(intelligently) 친숙한 말들을 사용할 수 있는 것이다.

이 손상, 또는 이 병은 우리들 가운데서 태어난 성도들에게도 남아 있다. 그러나 그것은 용서되었고, 신자들에 대해 정죄할 것으로 여겨지지 않는 것이다. 성 바울이 말하듯이, "이제 그리스도 안에 있는 자에게는 정죄함이 없나니"[롬 8:1]. 또한 시편 32:1도 "그 죄 사함을 얻는 백성은 복되도다"고 말하고 있다. 시편 기자는 이 손상을 죄라고 부른다. 그러나 그것이 용서되었다는 것이다.

스콜라 신학에서 어떻게 이와는 반대되는 것이 언급되고 있다는 것으로 독일의 독자들을 혼란스럽게 하고 싶지는 않다. 왜냐하면 많은 박식하고 이해력 있는 사람들과 그들의 협력자들과 함께 그들이 오직 "실질적 죄"

(*materiale peccati*)만이 악한 성향을 포함한다고 말할 때 자신들이 잘못하고 있다는 것을 알기 때문이다. 악한 열망, 손상, 그리고 우리의 암매는 실질적인 죄와 형식적 죄 모두에 포함되어 있는 것이다. 그러나 형식적인 죄(*formale peccati*)는 정죄에의 선언(the oath to condemnation)이라고 불려져야 한다.[7]

원죄는 어디서 시작되었는가?

아담이 타락했을 때, 그는 그의 고귀한 은사들, 거룩한 지식, 본유적 거룩성과 의를 상실했다. 그는 하나님의 진노와 무서운 심판을 느꼈던 것이다. 그는 죽음과 악마의 세력에로 던져졌고, 그의 고귀한 순수성과 거룩성을 강탈당했다. 그후로 아담에게서 난 이들은 다 악하고 부패하고, 죄악에 가득 찬 본성을 가지고 난 것이다. 그들은 죄를 통해서 존재하게 되었다.[8] 따라서 본성상 죄는 아담의 모든 후예들에게 전하여졌고, 모든 이가 죄 안에서 태어나고 하나님의 진노 아래 있는 것이다.

죄의 형벌에 대하여

스콜라 신학자들은 "악한 열망" 또는 "정욕"(*concupiscentia*)은 죄에 대한 형벌이지, 그 자체가 죄는 아니라고 한다. 이에 반해서 우리는 악한 열망은 죄에 대한 형벌이면서, 동시에 그 자체로 죄로 가득 찬 것이며 정죄받을 만한 것이라고 한다. 죽음도 죄 때문에 사람에게 주어진 형벌이다. 그러나 최상, 최고의 무시무시한 형벌은 우리가 죄 때문에 악마의 무서운

---

7) 정확한 의미가 무엇인지? 원문 대조: "However, *formale* should be called the oath to condemnation"(역자 주).

8) 이것의 정확한 의미가 무엇일지? 시편 기자가 "모친이 죄악 중에서 나를 잉태하였음이요"라고 말하는 말 속에 깃들인 모호성을 동반한 문장으로 이해해야 할 것이다(역자 주).

세력에로 내던져졌다는 것이다. 모세는[9] "너는 그 발꿈치를 상하게 할 것이며"(창 3:15)라고 말할 때 이 무시무시한 형벌에 대해서 간단히 말하고 있다.[10]

그 뒤로 악마는 우리의 불쌍하고 연약한 인간성에 반(反)하여 무섭고도 사납게 날뛰며, 온갖 공포와 온갖 절망에로 이끄는 유혹과 큰 위험으로 우리의 인간성을 괴롭히는 것이다. 그리고 마지막으로 때가 되면 우리의 목을 조르는 것이니, 그는 거짓말쟁이요 살인자이기 때문이다. 이에 덧붙여서 그는 사람의 불쌍한 인간성을 온갖 섬뜩한 죄와 오류와 이단들과 신성모독과, 또 때로는 살인과 폭동과 온갖 재난에로 이끌어가는 것이다. 세계사가 시작된 때로부터 자신들을 열심히 정직과 덕을 향해 매진한 많은 뛰어난 사람들이 있어 왔으나, 본성의 연약성과 악마의 교묘한 궤계와 세력 때문에 큰 비참함이 우리에게 주어진 것이다.

원죄가 있으며 무엇인지를 가르치는 성구들

시편 51:5에서 선지자는 말하기를, "내가 죄악 중에 출생하였음이요, 모친이 죄 중에 나를 잉태하였나이다"고 한다.

그는 그의 어머니의 죄를 한탄하는 것이 아니라, 그 자신의 타고난 죄(inborn sin)에 대해서 한탄하는 것이니, 마치 "나는 복중에서 잉태되고 형성되었다. 나의 육체와 전체 존재 안에 큰 불순함과 죄가 있었다"고 말하는 것과 같다. 선지자는 사람들 안에 있는 죄는 그들이 복중에서 나올 때 가지고 나온 죄라는 것을 인정하는 것이다.

성 바울은 엡 2:3에서 이렇게 말한다: "그 때에는 우리가 … 다른 이들

---

9) 멜란히톤은 그 당시의 대부분의 학자들과 같이 모세가 구약의 처음 5권을 썼다고 가정했다(영역자 주).

10) 이것이 창 3:15에 대한 바른 주해인지는 좀더 논의해야 할 문제이다. 일차적으로 여인의 씨에 대한 사단의 세력의 공격을 의미하는 이 구절에 사람들이 과연 내포적으로 포함될 수 있는지가 좀더 생각되어야 할 것이다(역자 주).

과 같이 진노의 자녀이었더니." 여기서 바울은 유대인과 이방인 모두가 진노, 즉 하나님의 싫어하심 아래에 태어날 그럴 정도의 비참함 가운데 태어난다는 것을 분명히 말한다. 로마서 5장에 이것이 분명히 표현되어졌고, 이 구절은 모든 사람이 다 알아야 하니, 여기서 펠라기우스 주의자들과 재세례파들, 그리고 비슷한 견해를 가진 다른 사람들의 정죄된 교리들에 반(反)하는 증거가 나타나고 있기 때문이다. 그 본문 전체를 다 인용하고, 그에 대해 말한다는 것은 너무 긴 인용과 논의가 될 것이다. 그리고 그리스도인인 독자는 다음을 열심히 성찰해 보아야만 할 것이다.

"그러므로 한 사람으로 말미암아 죄가 세상에 들어 오고, 죄로 말미암아 사망이 왔나니, 이와 같이 모든 사람이 죄를 지었으므로, 사망이 모든 사람에게 이르렀느니라"[롬 5:12]. 여기서 "모든"이란 말과 "죄를 지었다"(sinful)는 말을 주목하라. "죄에 가득 차게 되었다"(sinful)는 말은 하나님의 뜻과 법에 어긋나는 모든 것, 따라서 하나님이 싫어하시고, 영원히 공정한 심판을 받게 되는 것이다. 요한이 말하듯이 "죄는 불법"이다[요일 3:4], 즉, 죄는 하나님의 지혜와 의지에 반(反)하는 모든 것이니, 하나님께서는 율법에 당신의 지혜와 의지를 선포하셨기 때문이다.

또한 로마서 7장과 8장은 우리가 "타고난 불결함"(inborn impurity)을 어두움(blindness)이요, 하나님의 법에 반하는 악한 성향이라고 설명한다. 모든 사람은 자신들이 하나님이 우리의 심판자 되시는지, 그가 공정하게 우리 말을 들으시고, 우리에게 은혜를 베푸실지에 대하여 의심을 할 때가 있다고 느끼고, 그것을 인정할 것임에 틀림이 없다. 또한 모든 사람은 엄청난사랑과 증오와 다른 격렬한 감정을 느낀다. 비록 어떤 이들은 그들이 평안한 중에 살고 있을 때에는 죄에 대해 별 관심이 없지만, 하나님께서는 사람들의 이 무시무시한 불결함이 당신의 진노를 일으키시며, 따라서 모든 사람은 세례와 주 그리스도에 대한 믿음을 통해 중생하지 않으면 정죄된 상태로 남아 있음을 하나님은 가르쳐 주신다.[11]

---

11) 여기서는 중생이 폭넓은 의미에서 사용되고 있음에 주의해야 할 것이다(역자 주).

이 교리는 교회에서 언제나 선포되어져 왔다. 창 8:21에서도 벌써 이런 말이 나오는 것이다: "사람의 마음의 생각이 어려서부터 악함이니라." 예레미야도 비슷하게 말하기를, "만물보다 거짓되고 심히 부패한 것은 마음이라"[cf. 17:9]고 한다. 여기서 "거짓되다"는 것은 원래 "어긋나 있다" (perverted)는 말로 이는 하나님으로부터 돌이켜서 잘못된 사랑과 자기 확신, 그리고 자만으로 가득 차 있다는 뜻이다. 따라서 하나님께서 심판하실 때는 마음의 비참함, 공포, 불안, 놀람, 그리고 하나님에게 저항하는 진노가 있는 것이다. 비록 선지자들은 늘 간단하게 말하지만, 그럼에도 불구하고 우리는 그들이 말하는 아주 중요한 것들을 배우기 위해서 열심히 생각해야만 하는 것이다.

원죄란 무엇인가? 답: 어떤 사람들은 원죄란 방탕, 잘못된 사랑, 증오와 같은 몸 안에 있는 악한 성향이라고만 생각한다. 그러나 우리는 이것이 영혼과 마음과 사람의 다른 모든 능력 안에 있는 어두움과 무질서라고 알아야만 한다. 영혼이 하나님의 전이 못되고, 하나님에 대한 의심으로 가득 차 있는 한 마음 역시도 잘못된 경향으로 가득 차게 되는 것이다.

이 문제에 대한 바리새적, 펠라기우스주의적, 교황주의적, 그리고 재세례파적 오류들

원죄에 대한 이 조항에 반대하여, 펠라기우스(Pelagius)와 다른 많은 이들은 사람이 태어날 때 죄를 가져오는 것이 아니며, 후에 범하는 악한 행위만이 죄라고 말한 바 있다. 또한 교황주의자들(가톨릭)은 원죄에 대해서 말하기는 하지만, 근본적으로는 펠라기우스주의적이니 이는 그들이 사람이 타고난 회의나 악한 성향은 죄가 아니고, 먹고 마시는 것과 같이 중립적인 것이라고(indifferent) 말하기 때문이다.

그들은 또한 말하기를 사람은 그의 자연적 능력으로 하나님의 법을 온전히 이룰 수 있다고 하며, 사람이 선행(善行)을 통해서 죄 용서를 공로로 얻을 수 있다고 하고, 사람이 그렇게 하나님 앞에서 옳을 수 있으며, 외적인 선행에 근거하여 하나님을 기쁘시게 할 수 있다고 한다.

가인 때로부터 어떤 사람들 안에 있는 인간의 이성은 이렇게 이 원죄 문제를 힙리화하여 왔다. 바리새인들도 그와같이 가르쳤고, 세상 끝날까지 이런 바리새주의적, 펠라기우스적 오류가 많은 사람들에 의해서 언급될 것이다. 죄에 대한 하나님의 심판을 아는 참된 교회는 이 오류와 싸워야만 하고, 하나님의 아들의 복음을 선포해야만 한다. 마치 세례 요한이 "보라! 세상 죄를 지고가는 하나님의 어린양이로다!"[요 1:29]고 했던 것처럼 말이다. 바리새주의자나 펠라기우스주의자나 가톨릭교도처럼 우리의 행위로 죄 용서를 공로로 얻을 수 있다고 상상하는 자는 주 그리스도로부터 그의 영광을 빼앗는 것이다.

또한 그의 약한 본성으로 율법을 성취할 수 있다고 상상하는 사람, 즉 자신이 율법과 일치할 수 있다고 상상하는 사람은 소경이요, 거짓으로 가득 찬 사람이다. 또한 그는 구주 그리스도의 복음을 파괴하는 자이니, 왜냐하면 우리는 율법에 의해서가 아니라, 주 그리스도 때문에 신앙으로만 의롭다 함을 받으며, 하나님을 기쁘시게 할 수 있기 때문이다.

이를 염두에 두면서 우리는 원죄에 대해서 바른 교리를 아는 것과 모든 바리새주의적, 펠라기우스적, 교황주의적 오류와 거짓과 대항하여 싸우는 것이 필수적임을 이해해야만 한다.

여기서 우리는 비록 인간성이 부패하였으나 하나님께서 사람 안에 어떤 지식은 남아 있도록 허용하셨음을 주목해야 한다. 즉, 부패한 사람도 수를 세고, 양을 측정할 수 있으며, 건축을 할 수 있고, 큰 지혜를 가질 수도 있고, 자연법을 알 수도 있는 것이다. 이런 은사들은 신적인 빛이요 진리이다. 비록 이것들이 부패한 그릇 안에 있기는 해도 하나님 자신께서 거하시거나, 우리의 마음을 지배하시는 것은 아니다. 본성상 사람은 어떤 선한 성향과 덕들(virtues)을 가지고 있다. 예를 들자면, '스톨게'(στοργή)라고 불리는 부모로서의 사랑과 존경심, 불의하게 압제당하는 가난한 자들에 대한 자비, 그리고 악에 저항하는 열심들과 같은 것이 이에 속한다. 헤라클레스의 아이들을 보호하는 톨라(Tola)의 경우에서 볼 수 있는 것처럼 말이다. 아킬레스와 알렉산더에게서 나타난 영웅적 용기는 특별한 신의 작용이라고 할 수 있는 것이다. 그러나 이와 같은 것들은 율법을 이루는 것이 못된다. 왜냐하면 이와 같은 덕들(virtues)은 부패한 마음 가운데서 옳게 방향지워지지 않은 것이기 때문이다. 부패한 마음에는 하나님께서 거하지 않으시며, 또 부패한 마음에는 하나님에 대한 지식, 믿음, 사랑, 그리고 하나님을 기뻐함이 없는 것이다. 위에서 말한 덕들이 무질서와 내적으로 오염된 상태 안에 있는 한 그와 같은 덕들도 역시 죄악된 것이다.[12] 그러나 사람이 회개하면, 하나님께서 그 마음에 거하시고, 하나님께 대한 믿음과 사랑, 기쁨이 일으켜지며, 이렇게 화목된 사람 안에 있는 같은 덕들은 잘 방향지워진 것이며, 하나님을 기쁘시게 하는 것이다. 그의 자녀들에 대한 아브라함의 사랑에서 볼 수 있는 것처럼 말이다.[13]

여기서 나는 성도들 안에 있는 결함과 악한 성향들에 대해서도 잠깐 언급하고자 한다. 맹목적인 교황주의자들은 세례 이후에는 '정욕'(*concupiscentia*)이 더 이상 죄가 아니라고 하며, 여러 궤변으로 이를 옹호하고 있다. 그러나 성 바울은 로마서 7:7-25에서 우리의 결점과 악한 성향들은 죄라고 부른다. 그의 말은 분명하다: "그것들은 하나님의 법에 반한다"[20, 23절 참조]. 그러므로 그것들은 분명히 죄인 것이다. 그러나 회심하고 화목된 자들은 용서를 받았다. 우리는 성도들 안에 있는 죄에 대해서 후에 좀더 자세히 다룰 것이다.

자범죄에 대하여

누구든지 죄에 대해서 말하려면 언제나 요일 3:4의 뛰어난 한 문장을

---

12) 자연적인 것들에 대한 멜란히톤의 평가를 잘 드러내어 주는 이 문장의 영역문을 강조를 위하여 부기한다: "As long as these virtues are in a state of disorder and are inwardly polluted, they are also sinful"(역자 주).

13) 이 문단을 통해서 같은 부모의 사랑이라도 그가 어떤 상태에 있느냐에 따라 하나님 앞에서 선한 것일 수도 악한 것일 수도 있음을 주목하여 보라(역자 주).

생각해야만 한다: "죄는 불법이라." 즉, 죄는 이해에 관한 것이든 마음에 관한 것이든 사람의 능력의 모든 결함과 나쁜 성향들, 하나님의 법에 반(反)하는 모든 오류, 악한 계획, 그리고 불의한 욕망이며, 하나님의 명령에 반(反)하는 모든 외적인 행위들이다. 비록 이성이 마음에 있는 내적인 어두움과 죄를 바르게 할 수는 없지만, 하나님의 법을 배우게 되면 외적인 것들을 결정할 수는 있게 된다. 그러므로 하나님의 명령을 보게 되면, 그후에는 자범죄란 알고서 일어나든지 모르고 일어나든지 (우리 안에서) 일어나는, 하나님의 명령에 반(反)하는 모든 갈망과 행위와 모든 악한 계획들임을 쉽게 생각할 수 있는 것이다.

우리는 수없이 많은 공개적이고, 커다란 자범죄를 잘 볼 수 있는 모든 비참함과 인간의 삶을 눈여겨 봐야만 한다. 왜냐하면 이것은 인간성이 부패했다는 증언이며, 우리의 심령이 하나님 안에 살고 있지 않으며, 하나님에 의해 통치를 받고 있지 않다는 증언이기 때문이다. 인간의 연약성과 우리 자신의 악한 의지는 커다란 죄들의 원천이며, 유다에 대한 구절인 "사탄이 그에게 들어갔더라"[요 13:27]는 구절이 말해 주듯이, 악마들도 많은 사람들을 무시무시한 부패에로 몰고가는 것이다. 마귀들은 사람들로 하여금 하나님과 그리스도께 반역하도록 독을 뿌린다. 그들은 모든 전략과 방법을 사용하여 가련한 인류와 싸우며, 그들을 우상 숭배와 거짓된 교리와 살인과 전쟁과 무서운 부도덕성과 무질서의 초래와 땅의 황폐와 어린 아이 살해와 선한 치리를 파괴하는 것과 바른 신적 교훈을 파괴하는 것과, 하나님과 그리스도를 불쾌하게 하는 행동으로 몰아가는 것이다. 그들은 상당한 신성모독을 준비하고 있다.

이런 흉한 자범죄들에 대해서 현세에서 물리적 형벌이 따른다는 것에는 의심의 여지가 없으니, 이는 다음과 같은 성구들도 잘 말하고 있는 것이다: "검을 쓰는 자는 검으로 망한다"[마 26:52]. 그리고 "네가 학대하기를 마치면 네가 학대를 당할 것이며"[사 33:1 참조]. 이것은 순결하지 않은 것과 근친 상간에 대해서도 적용된다: "이런 가증한 일의 하나도 행하지 말라 … 너희도 더럽히면 그 땅이 너희 있기 전 거민을 토함 같이 너희를 토할까 하노라"[레 18 : 26, 28 참조]. 이 규칙은 언제나 적용되는 것이니, 자범죄에 대해서는 물리적인 형벌이 따르는 것이다. 하나님께서는 이런 형벌들로써 우리로 하여금 당신의 지혜로우시며, 옳으시고, (비록 곧 시행하시지 않으신다고 해도) 죄를 벌하신다는 것을 상기시키기 원하시는 것이다. 그래서 하나님께서는 우리의 눈 앞에 죽음과 병과 가난과 배고픔과 전쟁과 교수형과 고문과 많은 재앙을 전시하시어서 우리로 하여금 죄에 대한 하나님의 크신 진노를 생각하도록 하시는 것이다.

우리는 이런 가르침을 가볍게 여겨서는 안 된다. 왜냐하면 하나님께서는 회심한 사람이든지 회심하지 않은 사람이든지를 막론하고 모든 사람들에게서 외적인 치리를 엄히 요구하시기 때문이다. 성경은 이렇게 말한다: "법은 불의한 자에 대해서 확고하고 분명한 것이다"[딤전 1:8-11 참조]. 이는 마치 불의한 자에 대해서는 하나님의 무시무시한 진노가 분명하고 엄격하다고 말하는 것과 같은 것이다.

하나님의 지혜와 의에 의해서 죄된 본성의 파멸을 위해서 (이와 같은) 물리적 형벌이 작정되어 있기는 하나, 최고의 형벌은 구주 예수 그리스도를 믿음으로 하나님께 돌이키지 않는 모든 죄인에게 반드시 임할 영원한 형벌이다. 요한이 그의 복음서 제3장에서 말한바와 같이, "아들을 믿지 않는 자는 생명을 보지 못하고, 하나님의 진노가 그 위에 머물러 있는 것이다"[36절].

그리고 우리가 죄에 대해서 말하고 이는 하나님의 명령에 반(反)하는 것이라고 설명할 때마다 우리는 하나님의 진노와 영원한 형벌과 이 세상에서 받는 물리적·신체적 형벌을 말해야만 한다는 것은 아주 옳은 것이니, 하나님의 명령에 반하는 것은 하나님의 지혜와 공의에도 반하는 것이기 때문이다. 하나님의 의로우신 엄위는 진노로 가득 차게 되면 그에 반(反)하는 모든 것을 파괴한다. 따라서 하나님의 명령에 반(反)하는 모든 것인 죄는 의로운 신적인 진노에 의해서 영원하고, 현세적인 형벌을 받게끔 되어 있으며, 죄인은 하나님의 아들 예수 그리스도를 통해서 죄 용서를 받지 않으면 영원히 거부될 것이다.

따라서 모든 사람들은 화목케 됨의 경이를 자주 생각해야만 한다. 하나님은 의로우시고, 죄에 대해서 참으로 진노하시나, 그는 또한 자비로우시기도 하다. 하나님은 자신의 의나 의로운 진노를 버리시지 않고 비참하게 타락한 사람을 다시 받아주시니, 이는 우리의 중보자이신 그 아들 예수 그리스도께서 그 어떤 피조물도 능히 감당할 수 없는 무시무시한 진노를 체험하시고, 빚을 갚아 주셨기 때문이다. 그 영원한 학교에서 우리는 하나님의 지혜의 이 놀라운 작정에 대해서 배우게 될 것이다.

그리고 여기서도 우리는 죄가 무시무시한 것이며, 죄에 대해서 하나님의 의가 심각하게 진노를 발하신다는 것을 기억함으로써 우리는 이것에 대해서 배우기를 시작하는 것이다. 하나님의 의를 만족시키기 위해서 하나님의 진노가 아들에게 내려졌다. 그러나 또 이 아들 때문에 사람이 하나님께 받아들여지는 하나님의 자비가 주어진 것이다. 하나님의 아들이 자기 스스로 말로 다 표현할 수 없는 진노를 취하신 이것이 얼마나 큰 사랑인가를 생각하라! 이 큰 경이를 겸손히 성찰하는 하나님을 경외하는 이들에게 (이 논의가) 그 큰 경이에 대한 간단한 상기가 될 수 있기를 기원한다.

제 7 장

하나님의 율법에 대하여

먼저 옛부터 내려오는 관습적 구분을 하는 일로부터 시작하도록 하자. 모세의 율법은 세 부분으로 이루어져 있다. 첫째 부분은 도덕법(*lex moralis*), 즉 덕들에 대한 법이라고 불린다. 이제부터 이 글에서 나는 이 것을 가르쳐 영원법(eternal law), 또는 죄에 대한 하나님의 심판에 관한 법이라고 부를 것이다. 두번째 부분은 의식법(*lex cerimonialis*)이라고 불 린다. 이것은 희생 제사나 돼지고기 먹는 것을 금하는 등의 외적 행위에 관한 고대 유대교와 같은 특정한 시기를 위해 수립된 법이다. 그리고 셋째 부분은 시민법(*lex judicialis*)인 바, 이는 정부, 정의, 유산 상속, 그리고 평 화 등에 관한 법이다. 영원한 것에 관한 첫째 부분과 현세적인 것에 관한 다른 두 부분 사이에는 커다란 차이가 있다. 모든 사람은 모세의 책들에서 의식에 관한 법들과 이스라엘의 통치를 위한 법들은 오직 이스라엘을 위 한 것이며, 메시야와 참된 죄를 속하는 희생 제사가 올 때까지만 존재하게 끔 되었음을 알아야 한다.

하나님께서는 특정한 땅에 특정한 백성을 가지고 있는 이스라엘 나라를 수립하셔서 그 안에서 메시야가 나타나 선포하시고, 표적을 행하시고, 수 난을 받으시고, 죽은 자로부터 부활하시게 하셨으며, 하나님께서 당신을

---

1) 여기서 학교란 인생의 모든 과정을 의미하는 폭넓은 의미로 쓰였음에 유의하라 (역자 주).

계시하시고, 표적을 행하시고, 설명하시며, 자신의 약속들을 유지하실 일정한 학교가 있도록 하신 것이다.[1] 하나님께서는 알려진 땅의 거의 중앙에, 갈대아와 아시리아와 이집트의 제국들 사이에 있는 석설한 장소를 선택하셨다. 거기서 그는 모두가 보는 앞에서 아브라함의 자손들을 세우셨다. 그리고는 메시야에 대한 약속과 함께 현세적 나라도 세우셨다. 그런데 이 현세적 이스라엘 나라는 우리와는 직접적인 관계가 없는 것이니, 이는 유대교와 함께 (하나님의 신정 기관으로서의 지위를) 그친 것이기 때문이다.[2]

이는 사도행전 15장과 갈라디아서 전체에서 찾아볼 수 있는 사실이다. 그리스도인은 법정에서 모세의 율법에 따라서 재판을 해야만 한다고 말하는 토마스 뮌처(Thomas Münzer)의 광신적 주장에 빠지지 않기 위해서는 이를 기억해야만 한다.[3] 뮌처는 당시에 사용되던 로마법을 없애려고 하였다. 그와 같이 현세적인 법과 영원법을 구별하지 않으려고 하는 이는 많은 오류에 빠질 것이다.

영원법은 **도덕법**(*lex moralis*)이라는 약한 이름을 부여받았다. 우리는 영원법의 중요한 부분들이 십계명에 포함되어 있다는 근거에서 십계명을 영원법이라고 언급한다.[4] 그러나 우리가 "십계명"이라는 용어를 사용할 때 그것이 열 가지 문장만을 지칭하는 것으로 어린아이처럼 이해해서는 안 되고, 도덕법이라고 불리는 율법 전체를 지칭하는 것으로 이해해야 할 것

---

2) 정확한 의미 전달을 위해 ( ) 안의 말을 덧붙여 의역했음에 유의하라(역주).

3) 토마스 뮌처(Thomas Münzer, 약 1489-1525)는 독일의 제세례파 개혁자요 신학자로서 그는 처음에는 루터와 함께 공부하였으나, 후에는 그의 복음주의적 가르침을 너무나 "유약하고 달콤한 것"이라고 공격하였다. 그는 성령과의 직접적인 교통을 주장하였고, 그의 급진적인 반역에의 설교는 츠비카우, 프라하, 알스테트, 그리고 뮐하우젠에서 기성의 관리들에 대한 문제를 야기시켰고 이 모든 도시에서 그는 쫓겨났다. 그는 후에 뮐하우젠으로 돌아와서 그 시를 장악하고 공동체를 수립하였다. 농민 전쟁에서 그는 농민군을 모아서 전쟁을 하였으나 헤세의 필립(Philip of Hesse)과 다른 귀족들에 의해서 1525년 5월 15일에 프랑켄하우젠에서 패배하였다. 곧바로 뮌처는 고문당하고 참수형을 받게 되었다(영역자 주).

4) 이때 멜란히톤이 그렇게 말하는 근거로 제시하는 바를 주의하면서 이 용어의 사용을 보아야 할 것이다(역주).

이다. 그러나 여기서는 용어를 가지고 문제삼지는 않으려고 한다.

그러나 첫째로 다음과 같은 정의를 내려 보고자 한다. 도덕법, 또는 덕들에 대한 법, 또는 십계명이라고 불리는 하나님의 법은 하나님 자신 안에 있는 영원하고 불변하는 지혜와 의의 원리이다.[5] 이 지혜의 한 부분은 창조 때에 사람에게 부여되었고, 후에 우리가 하나님 자신의 어떠하심을 알고, 우리가 지혜와 의에서 그와 같아져야 한다는 그의 명령을 알 수 있도록 하기 위해서 하나님의 말씀이 주어졌다. 하나님께서 그리하신 이유는 우리가 정신과 마음과 행위에서 하나님을 화나게 하지 않고, 온전히 순종하지 않은 사람들에 대한 그의 진노를 알고, 그들을 영원한 형벌에로 정죄하셨음을 알도록 하기 위함이다.

율법에 대한 우리의 어린아이 같은 생각은 큰 장애가 되어 하나님의 법이 큰 지혜를 별로 생각하지 못하게 하는 원인이 된다. 그러므로 우리는 "하나님의 율법"이란 말을 들을 때마다 하나님에 대해서 생각하도록 하자. 하나님께서는 그의 십계명을 하나님의 법으로 말씀하셨으며, 그가 합리적이지 않고 변하는 어떤 것이 아니라, 영원히 지혜로우시고, 선하시며, 참되시고, 의로우시며, 징계하시며, 친절하신 분이심을 우리에게 가르쳐 주셨다. 그는 덕과 악의 기준을 만드시며, 모든 악에 대한 엄격한 심판자요 형벌자이시다. 그는 우리의 마음을 무섭게 하여 우리로 하여금 하나님의 지혜와 의에 반항함을 느끼게 하신다. 그러나 우리의 양심이 공포를 깊이 느낄 때 우리는 비로소 이해하기 시작하는 것이다.

이 영원법이 창조 때에 우리 안에 형성된, 그리고 아담 때로부터 우리 시대에 이르기까지 하나님의 말씀 안에서 설명된 하나님의 지혜 자체인 한(限), 이 법은 모든 시대의 모든 합리적 피조물을 규제하는 것이다. 이 법은 모세에게서 기원한 것이 아니며, 유대교와 함께 지나가 버린 것이 아

---

5) 이를 "하나님의 지혜와 의의 원리의 반영이다"라고 했으면 더 좋을 것이다. 이렇게 표현하면 하나님의 성품에 근거한 영원법이 이 세상에 주어진 율법에 반영된 것이라고 좀더 조심스럽게 표현하는 길이 열릴 수 있을 것이다(역주).

니다. 이 법은 현재도 있고 영원히 있을 것이다. 그리고 이는 우리에게 하나님의 어떠하심(God's nature)을 보여주며, 하나님께서 우리가 그와 같기를 원하시며, 그가 죄를 아주 미워하심을 말해 준다. 율법의 이 목소리는 그것을 가지고 그가 우리를 두렵게 하며, 우리 마음을 죽이는 심판이요 불이다. 마치 성 바울이 "율법을 통해 죄를 깨달음이니라" 또는 "율법은 진노와 공포와 죽음을 가져온다"고 말하듯이 말이다[롬 3:20; 4:15 참조]. 바로 이런 방식으로 선지자들과 하나님의 아들과 사도들이 율법을 선포하였고, 하나님의 교회 안에서 선포되어야만 한다. 이제 십계명을 하나하나 간단히 생각해 보기로 하자. 왜냐하면 이 계명들은 도덕법이라고 불리는 것의 가장 중요한 부분들을 포함하고 있기 때문이다.

제 1 계명

모두가 출애굽기 20장을 알아야만 하니, 이는 이 장이 하나님께서 어떻게 시내산에서 십계명을 전달하셨는지에 관한 영광스러운 이야기를 묘사하고 있기 때문이다. 여기서 우리는 어떤 새로운 교리를 전달하려는 것이 아니라, 간단하고도 차서있게 계명들을 요약해 보려고 한다. 우리는, 내가 자주 이야기하듯이, 그 어떤 피조물이라도 하나님의 높으신 지혜를 온전히 다 이해할 수는 없다는 것을 상기해야만 한다. 그럼에도 불구하고 우리는 이것에 대하여 무엇인가를 배워야만 하는 것이다.

첫 계명은 가장 귀하고, 높으며, 가장 필수적인 지혜, 즉 참 하나님에 대한 지식에 대해서 말하고 있음을 주목해 보라. 이교도들은 그들의 어두워진 본성적 이해 가운데에서도 하늘과 땅, 사람과 다른 피조물들이 그 스스로 나온 것이 아니라, 원래 이 모든 것을 창조하셨으며 지금도 그것들을 유지시키시는 현명하시고 전능하신 분이 계심을 알고 있다. 그러나 이교도들과 다른 우상숭배자들은 여러 방식으로 참 하나님에게서 떠나는 것이다. 그렇기 때문에 우리를 참된 하나님께로 인도하고, 하나님을 어떻게 바르게 인정하는 것인지를 가르치는 규례가 세워진 것이다. 하나님께서는 그것들에 의해서 그가 알려지시기를 원하며, 다른 사람들이 부르는 모든 것과 구별되시기를 원하는 외적인 증거들을 우리 앞에 언제나 제시해 놓으신다. 이런 증거가 출애굽에서 주어진 것이다. "이스라엘을 애굽에서 이끌어 내고, 큰 이적들을 행하시며, 메시야를 약속하시고, 율법을 주신 분만을 하나님으로 섬겨야 한다"[출 20:2, 3; 신 10:20; 왕하 17:36; 창 3:15 참조]. 당시의 이스라엘 사람들이 이 참된 하나님을 이교의 모든 거짓 신들과 구별하고, 이 증거에 따라서 이스라엘을 애굽으로부터 이끌어내신 분을 불러 아뢰었는데, 그는 이전에 (그를 통하여 죄와 죽음을 제거하실) 메시야에 대한 약속을 주셨던 것이다. 이처럼 우리도 하나님을 불러 아뢸 때, 후에 이 땅에 오셔서 "아들을 통하지 않고서는 그 누구도 아버지께 올 수 없다. 아들을 존중하지 않는 자는 아버지를 존중하지 않는 것이다. 나를 본 자는 아버지를 보았다"[요 5:23, 14:6, 9]고 말씀하신 구주 그리스도의 증거와 함께 이 증거를 생각해야만 하는 것이다.

그러므로 우리의 이성과 마음으로 십자가에서 죽으시고 다시 부활하신 주 그리스도를 통해서 당신을 계시하신 참 하나님과 모든 사람들이 만든 신들을 구별하도록 하고, 당신의 약속을 통해서 그리고 후에는 아들 예수 그리스도를 통해서 당신을 계시하신 그분만이 하나님이심을 알도록 하자.

이것이 하나님에 대한 바른 지식에 관한 첫 계명의 첫째 교리이다. 참 하나님과 거짓 신들의 이 구별이 우리가 참 하나님만을 불러 아뢰며, 이교의 우상숭배와 기독교적 교리를 혼합하지 않도록 하기 위해 아주 필수적인 것이다.

만일에 인간성이 죄와 어두움에 빠지지 않았더라면, 우리는 더 높고, 분명하며, 확실한 신 지식을 가졌을 것이다. 그러나 타락한 우리는 이에 대해서 연약하게 말하게 되는 것이다. 그럼에도 불구하고 하나님은 자신의 말씀과 이적들을 통한 그의 계시에서, 그리고 특히 그의 아들 예수 그리스도를 통해서 자신을 우리에게 알리셨다. 모든 이적들과 약속들은 우리에게 주 그리스도에 대한 지식을 주는 것이며, 우리는 그런 것들에 의해 지도를 받아야만 한다.

하나님 지식에 대해서 더 말하고 싶으나, 그것은 우리가 말로 표현하기에는 모두 너무나도 높은 것들이다. 그러나 나는 이 높은 하나님에 대한 지혜의 서론으로 하나님을 경외함이 (있기를) 갈망한다. 왜냐하면 하나님께서는 자신의 말씀을 통하여 주 그리스도 안에서 위로를 찾는 자들에게 빛을 주시기 때문이다.

참된 신지식과 함께 신앙이 사람 안에서 타올라야 한다. 그래서 우리가 분명하고도 의심없이 하나님의 말씀을 믿고, 하나님을 경외하며 사랑하고 신뢰할 수 있어야 하는 것이다. 사람은 신 6:5에 따라서 행해야만 한다: "너는 마음을 다하고, 성품을 다하고, 힘을 다하여 네 하나님 여호와를 사랑하라."

그러나 우리는 불행하게도 우리가 마땅히 해야 하는 대로 하지 못함을 고백해야만 한다. 사람의 마음은 하나님께 대해 별로 관심을 기울이지 않는다. 그리고 하나님의 뜻에 반(反)해서 피조물에게 집착하며, 하나님의 심판을 두려워하지 않고, 하나님을 별로 사랑하지 않는 것이다. 이 깊은 죄들은 롬 8:7에서 바울에 의해 이렇게 지적되고 있다: "육신[부패한 인간성]의 생각은 하나님과 원수가 되나니." 아! 인간 본성의 이 비참함이 얼마나 큰 것인가?

이로부터 인간성은 이 첫 계명을 지키지 않았고, 그 자연적 능력에 의해서 이것을 지키기 시작할 수도 없음이 분명해졌다. 그러므로 사람들이 하나님의 계명을 지킬 수 있으며, 복음과 성령을 통해서 주 그리스도께서 (우리 안에서) 이루시는 변개(變改, conversion) 없이도 사람들이 자신들의 자연적 능력으로 이를 행할 수 있다고 말하며 얼버무리는 수도사들은 모순된 것을 가르치고 있는 것이다. 또한 "모든 것을 다하여 네 하나님 여호와를 사랑해야 한다"는 명령을 따르는 것 이상의 더 높고 나은 일도 할 수 있다고 말하는 것도 잘못인 것이다.

여기서 다음과 같은 질문들이 제기될수 있다. 그 어떤 사람도 하나님을 기쁘시게 할 수 없는가? 사람은 이 명령을 지키기를 시작할 수도 없는가? 순종이 어떻게 시작될 수 있으며, 그것이 어떻게 하나님을 기쁘시게 할 수 있는가에 대해서는 후에 좀더 말하게 될 것이다. 그러나 여기서 이에 대해서 무엇인가를 말해야 하며, 이 계명에 시사된 선행을 시사해야만 한다. 왜냐하면 순종의 시작은 있어야만 하기 때문이다. 비록 불행하게도 모든 사람에게 있어서 이 (순종의 시작)이 매우 연약한 것이지만 말이다.[6]

이 (순종의) 시작은 우리의 마음이 우리 죄에 대한 하나님의 진노 앞에서 참으로 두려운 마음을 가지고, 그것을 통해서 주 그리스도 때문에, 또 그를 통해서 하나님이 죄를 용서하시고 성령을 주시는 복음을 들을 때에 시작된다. 그러므로 하나님의 아들에 대한 믿음을 통해서 (우리의) 마음이 불안과 지옥에서 놓여지게 되는 것이다. 그것을 통해서 우리의 마음은 하나님의 진노와 그의 자비를 알게 된다. 그러면, 이 신앙과 위로와 함께 성령께서는 (우리의) 마음에 가슴 깊은 곳에서 나오는 기쁨과 하나님 사랑을 일으키시고, 이 계명에 대한 순종은 이렇게 주 그리스도를 통해서 우리 안에 시작된 것이다. 그렇게 되면 비록 우리의 죄된 본성 안에 상당한 불결함이 남아 있을지라도 우리는 칭의된 것이다. 즉, 우리는 주 그리스도 때문에 우리에게 전가된 의(義)를 통해서 하나님을 기쁘시게 하는 것이다. 그러므로, 하나님의 아들은, 바울이 말하듯이, 율법의 완성인 것이다: "우리를 위해 그가 형벌을 당하셨고, 그가 화목자이시며, 그 때문에 우리가 죄 사함을 받았다"[롬 5장 참조]. 이에 덧붙여 말하자면, 그는 우리 마음에 위로와 기쁨과 영생을 주시는 것이다. 이 위로와 기쁨이 우리 안에서의 순종의 시작인 것이다.

비록 우리 중에 가장 거룩한 자라도 이를 행함에 있어서 연약해지지만, 이 계명 안에 시사되어 (우리로 이루도록 하는) 선행들을 하나하나 언급하는 데서도 우리는 무엇인가를 배울 수 있는 것이다.

첫째로 **참되신 하나님에 대한 바른 지식을 갖는 것이다.** 즉, 믿음으로 이

---

6) 그 순종의 시작은 부패한 자연인의 능력 안에 있다는 것인가? 그 연약성을 인정하면서도 그 가능성을 시인하는 듯한 멜란히톤의 취지에 대해 질문을 해야 하리라고 여겨진다. 그러나 다음 문단은 이 순종의 시작이 그리스도와의 연관에서만 가능하다고 시사되고 있다. 여기에 좀 분명치 않은 논리의 전개가 있다고 할 수 있다(역주).

를 받아들이고, 우리의 마음이 이 참되신 하나님을 예수 그리스도의 말씀과 이적을 통해서 자신을 계시하신 하나님으로 알고 불러 아뢰며, 우상숭배와 잘못된 가르침을 거부하는 것이다.

둘째는 하나님의 진노 앞에서 참으로 떨며, 하나님을 경외하는 것이다.

셋째는 하나님의 아들 예수 그리스도를 신뢰하는 참 신앙이다.[7] 그 때문에 아담 때로부터도 죄 용서와 은혜와 복이 사람에게 약속된 것이다. 중보자에 대한 신뢰가 없이는 그 누구도 위로와 죄 용서를 받을 수 없으며, 이 중보자 없이는 그 누구도 참 하나님을 알고, 그를 불러 아뢰거나 은혜를 구할 수 없다. 다윗과 모든 성도들은 이 첫 계명이 그를 통하여 죄 용서와 은혜를 주시며, 그를 통하여 참 하나님을 알고, 그를 불러 아뢸 수 있는 메시아에 대한 약속을 주셨던 하나님에 관한 것임을 이해하고 있었다. 하나님께서는 자신에 대해서 "아브라함의 하나님, 이삭의 하나님, 야곱의 하나님"이라고 말하고 있다(출 3:6). 즉, 자신을 아브라함에게 자신을 계시하신, 그리고 그에게 그를 통해서 우리 모두가 은혜와 복을 얻게될 씨에 대한 약속을 주신 하나님으로 말씀하신 것이다.

넷째는 하나님을 사랑하고, 하나님에게서 위로를 받고 하나님을 기뻐하는 일이다. (우리의) 마음이 믿음을 통해서 죄 용서와 은혜를 얻고, 지옥에서 빠져나오게 되면, 그 마음은 그리스도를 통하여 위로를 느끼고, 하나님의 자비를 즐거워하게 된다. 그러면 마음은 하나님을 사랑하고, 스스로를 낮추게 된다. 즉, 성령이 그 안에서 타오르고, 그 마음을 하나님과 하나가 되게 한다. 그렇게 되면 마음은 신앙을 갖게 되고, 하나님을 의뢰하고 사랑하며, 경외하고, 진리와 사랑과 찬양과 감사와 겸손과 우리 이웃에 대한 도움 가운데서 하나님께 복종하게 되는 것이다. 그러므로 하나님에 대한 사랑은 믿음을 통해 불붙여지는 것이다.

---

7) 의역을 하여 오해의 소지를 줄였지만, 참 신앙을 제 1계명이 시사하는 선행의 하나로 언급하는 이런 진술은 신앙을 선행으로 여기는 오해를 낳을 수 있으므로 유의해야 한다(역주).

다섯째는 소망이다. 이는 중보자를 통한 영원한 복에 대한 확고한 기대인 것이다. 이 소망은 신앙과 신뢰에 따라 나온다. 베드로는 벧전 1:13에서 이렇게 말하고 있다: "그러므로 너희 마음의 허리를 동이고 근신하여 예수 그리스도의 나타나실 때에 너희에게 가져올 은혜를 온전히 바랄지어다." 이 소망은 온갖 환난 중에서도 위안을 가져다주니, 이는 우리가 하나님에 의해서 구원받고, 들려질 소망을 가지는 정도에 따라서 우리의 마음은 선하게 되고, 기쁘고 살아있게 되기 때문이다.

여섯째는 인내이다. 즉, 하나님께서 우리로 감당하게 하신 슬픔 가운데서도 하나님께 순종하는 것이다. 그리하여 우리가 하나님으로부터 떠나지 아니하고, 하나님의 뜻과 임재하심과 도우심을 성찰하는 데서 슬픔이 벗겨짐을 찾는 것이다. 다윗은 사람들에 의해 쫓겨다닐 때 인내하였다. 그는 하나님의 심판 가운데서 하나님께 순종하였고, 사울이 그리한 것처럼 하나님을 떠나지 아니하였다. 그는 하나님의 뜻과 임재하심, 도우심을 성찰하는데서 위로를 발견했던 것이다.

일곱째는 겸손이다. 이는 다음과 같은 많은 덕들을 포괄하는 것이다. 즉 자신의 연약함에 대한 인정, 하나님을 경외하는 것, 하나님께서 부르신 바를 지키는 것, 하나님을 신뢰하는 것, 그리고 슬픔 가운데서도 인내하는 것 등을 포괄한다. 요나단은 겸손하였다. 그는 자신이 나라를 다스리기에 연약함을 인정하였던 것이다. 그는 복된 통치는 오직 하나님에게만 속한 것임을 알았다. 또한 그는 자신의 죄와 부적절함에 대한 인정 가운데서 하나님을 두려워하였다. 그는 자신의 소명에 머물러 있었다. 그는 자신이 왕이 되려 하지 않았던 것이다. 즉, 다윗을 밀어내려고 하지 않았다. 그는 자신의 지위에서 자신을 도우시고 성공을 주시는 하나님께 의지했던 것이다. 후에 그는 하나님이 그를 완전히 제거하신 때에도 하나님께 순종한 것이다.

이 명령은 그 어떤 피조물이라도 철저히 다 탐구하거나 충분히 이해할 수 없으며, 천사나 사람들이 전적으로 다 배울 수 없는 높은 지혜를 담고 있다. 그럼에도 불구하고, 이 삶의 과정 중에서 이 계명이 반대하는 무시무시한 죄와 부패를 지적하는 것은 아주 필요한 일이다. 왜냐하면 이로써 우리는 인류의 비참함이 얼마나 깊은지를 성찰할 수 있고, 큰 죄를 인정하고 버릴 수 있는 것이기 때문이다.

이 첫째 되는 최고의 명령은 가장 필수적인 것이다. 하나님께서는 천사들과 사람들이 참 하나님에 대한 지식을 가지고, 그와 같아지며, 그를 인정하고, 그를 불러 아뢰며, 찬양하고, 사랑하며, 그가 참으로 우리에게 생명과 지혜와 의와 양식과 모든 선한 것들을 주시는 분이심을 알도록 창조하셨기 때문이다. 그렇기 때문에 우리는 감사해야 하고, 순종해야만 하는 것이다. 사람은 이 참되신 하나님으로부터 떨어져 나갈 수 있으므로, 특히 그의 가장 중요한 계명을 어겨서 그에게서 떨어져 나갈 수 있으므로, 그런 일은 아주 무시무시하게 정죄된 것이다. 우리는 이를 조심스럽게 생각해야 한다. 하나님의 의로운 진노를 인정하며, 그 앞에서 떨고, 중보자이신 예수 그리스도를 믿고 신뢰함으로 은혜를 구해야 하는 것이다. 그리고 교훈을 위해서 이 조야하고 거친 부패를 하나하나 생각해 볼 것이다.

첫째 계명에 반하는 죄

첫째 계명에 반(反)하는 죄의 첫 단계는 "하나님이 없다" 또는 "하나님이 의로운 판단자가 아니시다, 그는 사람들에게 관심이 없으시다, 또는 그는 자연 안에 묶여 있어서 야수들과 사람들 안에 있는 물리적 법칙 밖에서는 아무것도 할 수 없다"고 상상하거나 말하는 것이다. 우리는 끊임없이 하나님께 대항하여 사는 이 첫 단계에 속한 수백만의 사람들을 생각해야 한다. 그들 가운데에는 에피쿠로스, 아카데미 학파 사람들, 스토아 학파 사람들과 같은 많은 현명한 철학자들도 있다. 하나님께서 (그 안에서) 자신을 계시하시기로 하신 하나님의 형상과 모양인 사람들이 하나님이 계시지 않는다고 상상할 정도로 하나님에게서 떨어져 나왔다니 이는 참으로 괴악한 상황인 것이다.[8] 악마가 에피쿠로스와 그 같은 이들에게 영향을 미치고, 그들의 공상을 강화시켰던 것이다.

둘째 단계는 그 정반대 방향으로 나아가서 이교도들이 그렇게 하는 것처럼 **다른** 신들을 만들어내고, 피조물들에게 신적 영예를 주는 것이다. 그리하여 형상들이 마치 하나님인 것처럼 치장되고, 죽은 자들의 이름이 불리어지는 것이다. 교황주의자들이 죽은 성인들께 기도를 할 때처럼 말이다. 그들은 마리아와 안나와 야곱 등의 형상들에게로 나아가고, 하나님이나 마리아가 소위 이적들의 배후에 있는 힘이라고 상상하는 것이다. 그러나 이 소위 이적들은 악마에 의해서 요동되는 무시무시한 기만에 불과한 것이다.

셋째 단계는 여러 가지 형태로 나타나는 **마술**이다. 마술에 호소하는 것은 악마들과 연합하는 것이며, 하나님의 적들에게서 도움을 구하는 것이며, 그들을 신뢰하는 것이다. 수정 공을 바라보며 장래를 점치는 것이나, 마법을 걸어 병을 치료하는 것이나, 하나님께서 정하신 것이 아닌 부자연스러운 습관들에 대해서도 같은 말을 할 수 있을 것이다. 이 모든 것은 레위기 20:6에서 엄격히 금한 것이다: "음란하듯 신접한 자와 박수를 추종하는 자에게는 내가 진노하여 그를 그 백성 중에서 끊으리니."

넷째 단계는 자기 자신의 생각에 따라서 그들 자신의 하나님을 만들어내는 **유대적, 마호메트적, 이단적, 그리고 철학적** 오류이다. 이들은 자신의 아들과 선지자들과 사도들을 통하여 자신을 계시하신 하나님을 인정하지 않고 받아들이지 않는다. 둘 다 영원한 선한 신과 악한 신을 창안해낸 마니교도들이나, 그리스도 안에는 신성(神性)은 없고, 오직 인성(人性)만이 있을 뿐이라고 상상한 사모사타의 바울의 추종자들 같은 이단들은 모두 다 첫 계명에 반(反)하는 것이다. 마호메트와 다른 많은 이단자들도 비슷한 개념을 가지고 있다.

다섯째 단계는 위선적으로든지 공공연하게 **육욕적 자기 확신**(carnal self-assurance)을 갖는 것이다. 이 단계에 있는 사람들은 하나님을 경외하지 않고, 아들을 통해 하나님을 의뢰하지 않으며, 하나님이 그들의 심령

---

8) 이 중요한 문장을 강조하기 위한 영문 대조: "This absurdity is contrary to reason."

에 거하지 않으시는 것이다. 마 17:5은 첫 계명과 관련되는 것이다: "이는 내 사랑하는 아들이요, 내 기뻐하는 자니 너희는 저의 말을 들으라." 또한 이사야 66:2도 그러하다: "무릇 마음이 가난하고, 심령에 통회하며 나의 말을 인하여 떠는 자 그 사람은 내가 권고하려니와."

여섯째 단계는 **절망(despair)**이다. 이 큰 죄의 다른 측면이 자기 확신임을 잘 주의하라. 자기 확신에도 불구하고 사울과 유다는 절망에 빠졌다. 이 무서운 죄와 싸우기 위해서 우리는 하나님을 두려워해야 한다. 그리고 우리가 경외함 가운데서 예수 그리스도를 바라보고, 중보자 덕분에 우리에게 죄 용서가 참으로 제시되어졌음을 믿으면서 그를 신뢰해야 한다. 우리가 후에 잘 설명할 것과 같이,[9] 이 신앙 가운데서 마음은 하나님을 기뻐하며, 위로를 느끼게 되는 것이다. 로마서 10:11은 이 신앙에 대해서 이렇게 말하고 있다: "누구든지 저를 믿는 자는 부끄러움을 당하지 아니하리라." 비록 교황주의자들은 우리가 은혜에 있는지를 항상 의심해야 한다고 가르치지만, 두려워하는 마음이 항상 의심 중에 있는 것은 죄인 것이다. 바로 이것이 트렌트 공의회의 맹목적인 주교들과 수도사들이 공인한 신성모독적인 오류이다.

일곱째 단계는 특정한 예배나, 희생 제사나, 하나님을 만족시키는 것이라고 하는 행위나 수도원적 행위 등을 수립하거나 받아들이는 것이며, 수도사들이 자신들의 종단이나 미사 등에 대해서 가르치듯이 이런 행위들이 죄 용서를 공로로 얻을 수 있는 듯이 높이는 것이다. 이것은 그리스도의 순종에만 속하는 영광을 그리스도에게서 빼앗는 것이 된다.

여덟째 단계는 오만이니, 이는 자기 자신의 거룩성이나 능력, 총명함을 너무 신뢰하는 것, 마치 산헤립이 예루살렘을 멸망시키고, 폼페이우스가 카이사르를 정복하려고 했던 때와 같이 자신의 능력을 과신하고서 자신의 소명 너머의 것으로 지나치게 나아가는 것이다.

아홉째 단계는 **조급함**이니, 그 조급함으로 하나님에게서 떠나서 하나님

---

9) 제9장 — 12장을 보라.

께 대항하는 것이다. 사울은 화가 났고, 그 조급함은 그로 하여금 다윗을
추격하도록 하고 제사장들을 죽이도록 했었다. 그런 분노는 첫 계명을 어
기는 것이니, 우리는 어려움 가운데서도 하나님께 순종하라는 명령을 받고
있기 때문이다. 마치 베드로가 말하듯이 말이다: "하나님의 능하신 손 아
래서 겸손하라"[벧전 5:6]. 즉, 어렸을 때에 겸손히 인내를 주시기를 기도
하고 하나님의 의로우심을 인정하라는 것이다. 고린도전서 10:10은 이렇
게도 말한다: "너희는 (저희와 같이) 원망하지 말라." 시편 37편도 하나님
께 복속하고 하나님께서 우리를 도우실 것을 기대하라고 말하고 있다.

이렇게 여러 단계로 언급한 이유는 우리가 이 계명 안에 포함된 모든
것을 좀더 성찰할 수 있도록 하기 위한 것이다. 그 어떤 천사나 사람이라
도 이 세상에서는 이 계명의 깊이를 다 파악할 수 없지만, 그래도 그것을
파악하기를 시작하기는 해야 하는 것이다.[10]

둘째 계명[11]

"네 하나님 여호와의 이름을 망녕되이(in vain) 일컫지 말라." 첫 계명
은 우리의 이해와 마음에 대해서 말하며, 둘째 계명은 우리의 혀와 말에
대하여 말하고 있음을 주목하라. 왜냐하면 하나님께서는 (인간들에 의해서
당신이) 시인되기를 원하시는데, 이는 외적인 말(external speech)에 의해
서 이루어지기 때문이다. 이 계명은 특정한 지혜로 부정적인 방식으로 말
하고 있다. 즉, 이는 언어의 모든 오용을 금하는 것이다. 이런 진술에는 그
에 상응하는 긍정적인 것이 함의되어 있는 것이다.

그런데 이 계명도 우리의 능력이 이를 온전히 다 파악하기에는 너무 높
은 것이다. 그러나 우리는 이를 배우기 시작해야 한다. 그리고 이제부터의
모든 계명에는 첫 계명이 항상 포함된다는 것을 주목하라. 비록 이것이 사

---

10) 이상에서 멜란히톤은 루터파 전통에 따라서 우리가 흔히 1계명과 2계명으로 나
누어 생각하는 계명들을 하나로 묶어서 고찰한 것이다(역자 주).
11) 따라서 이는 우리가 아는 것으로는 셋째 계명에 대한 언급이 된다(역주).

소한 것처럼 보일지라도, 하나님을 경외하는 것과 신앙이 이전에 마음에 있지 않으면 그 어떤 일도 하나님을 기쁘시게 할 수 없다는 것을 기억하는 것은 매우 필수적인 것이다. 예를 들어서, 스키피오(Scipio)는[12] 다른 이와 약혼한 처녀를 건드리지 않고, 고스란히 그 부모께 돌려보내는 일에서는 칭찬할 만하게 행동한 것이지만, 그것이 하나님을 기쁘시게 할 수는 없으니, 이는 그가 우상숭배 가운데 살며, 하나님의 아들을 인정하지 않았기 때문이다.

그러면 이제 이 계명 안에 포함된 선행의 몇 단계를 언급해 보기로 하자. 첫째 단계는 참된 경외와 신앙 가운데서 하나님께서 정하시고, 가르치신 대로 기도에 대한 항목에서 말할 바와 같이[13] 하나님의 아들이신 중보자에 대한 지식과 신앙을 가지고서 하나님을 불러 아뢰는 것이다.[14]

둘째 단계는 참된 경외와 신앙 가운데서 영적이고 물리적인 은사가 하나님으로부터 그에게 온다는 것을 고백하면서 하나님께 감사하는 것이다. 즉, 모든 영적인 은사와 물리적인 은사가 맹목적인 행운이나 우리의 지혜나 능력으로 말미암아 온 것이 아님을 인정하는 것이다. 그러므로 주께서는 시편 50:15에 말씀하시기를, "환난 날에 나를 부르라. 내가 너를 건지리니, 네가 나를 영화롭게 하리라"고 하신다. 즉, 나에게 감사하고 내가 너를 도왔다고 고백하라는 것이다. 또한 그리스도께서도 요 15:5에서 말씀하시기를 "내가 없이는 아무 것도 못하리라"고 하신다. 즉, (예수님이 없이는) 그 어떤 것도 선하지 못하고 하나님을 기쁘시게 할 수 없다는 것이다. 누구라도 죄와 형벌로부터 구원받으려면 오직 그리스도를 통하여 이루어진다는 말이다.

셋째 단계는 경외와 참된 신앙 가운데서 율법과 복음을 옳고도 순전하

---

12) 제5장 각주 9에 나온 그에 대한 설명을 보라.

13) 제33장을 보라.

14) 이는 "invoke"를 옮긴 말로, 기도한다. 그와 관계를 맺는다는 함의를 지니고 있음에 유의하라. 창세기에 나오는 아브라함의 "여호와의 이름을 불렀더라" 등의 함의가 담긴 말이다(역주).

게 선포하는 것이다. 이는 자주 명령되었는데, 한 가지 예만 들자면 갈 1:9
을 언급할 수 있다: "만일 누구든지 너희의 받은 것 외에 다른 복음을 전
하면 저주를 받을지어다."

그리고 넷째 단계는 경외와 참된 신앙 가운데서 필요한 때마다 참된 교
리를 고백하는 것이다. 그리스도께서는 마 10:32에서 이렇게 말씀하신다:
"누구든지 사람 앞에서 나를 시인하면 나도 하늘에 계신 내 아버지 앞에
서 저를 시인할 것이요."

맹세에 대하여

관례적으로 그리고 옳게도 맹세는 둘째 계명의 일과 관련하여 다루어졌
다. 그리고 사람들이 이에 대해서 잘 가르침 받는 것이 아주 중요하다. 왜
냐하면 맹세는 중요하고, 심각한 것이기 때문이다. 우리는 첫째로 맹세는
본래적으로 하나님을 불러 아뢰는 것임을 알아야만 한다. 맹세를 할 때는
하나님을 불러 아뢰어서 다음 두 가지 일을 하는 것이다. ① 우리는 진리
를 확언하는 데서 그분을 대리해야(represent) 한다고 말씀하신 것과 같
이, 참으로 참되시며, 거짓말하실 수 없으신 증인이신 하나님을 대리하는
것이며, ② 그가 진리를 옳다고 하시며, 거짓을 벌하시는 분이심을 인정하
는 것이다. 따라서 맹세에서 우리는 하나님께 만일 우리가 거짓말을 하면
우리를 심각하게 벌해 달라고, 거짓의 처벌자이신 하나님께 아뢰는 것이
다.

그리고 하나님의 의와 사물의 질서 때문에 거짓된 맹세에 대해서는 형
벌이 반드시 따르는 것이다. 마치 살인에 대해서 형벌이 따르듯이 말이다.
하나님께서는 진리를 사랑하시고, 거짓을 미워하신다. 그렇기에 그는 거짓
말하는 자를 벌하신다. 사기하는 사람은 더 엄히 벌하시니, 이는 사기꾼은
참되신 하나님을 모욕하는 것이기 때문이다. 왜냐하면 그것은 하나님 앞에
거짓을 놓고 확언해 주시기를 바라는 것이기 때문이다. 사기꾼은 끊임없이
형벌을 요구함으로 하나님을 조롱하는 것이다. 그런 모독과 조롱은 아주
무거운 죄이니, 이에 대해서는 형벌이 더 심하다. 왜냐하면 참되신 하나님

은 우리의 말이 거짓이면 참으로 우리를 벌하실 것이기 때문이다.

여기서 지면 관계상 맹세에 대해서 다 말할 수 없는 것에 대해서는 다른 책들을 찾아보라. 그러나 다음과 같은 일반적인 법칙은 기억해야만 한다: 악한 것과 연관되었다면 맹세하지 말라(*Juranmentum non sit vinculum iniquitatis*). 죄를 짓기 위해서 약속하거나 맹세하는 것은 잘못된 것이다. 만일 어떤 이가 그렇게 맹세했다면, 그것은 [참된] 맹세가 아니다. 따라서 지켜서는 안 되는 것이다. 예를 들어서, 헤롯은 맹세라는 가장 속에서 요한을 죽여서는 안 되었던 것이다.

이 계명에 반하는 죄

만일 우리가 하나님의 이름의 바른 사용과 오용을 나란히 놓는다면, 우리는 이 계명을 좀더 잘 이해할 수 있게 될 것이다. 따라서 먼저 오용의 몇 단계를 생각해 보기로 하자.

하나님의 이름을 오용하는 첫 단계는 "하나님이 없다"라든지 "하나님은 아무것도 아니라"든지, "하나님은 그 누구도 재판하지 않는다"든지, "그 누구도 돕지 않고, 그 누구도 벌하지 않는다"든지, "하나님은 자연 안에 사로잡혀 있다"든지와 같이 말하는 에피쿠로스주의자들이 말하거나 쓴 모든 신성모독과, "하나님은 자연의 질서에 반해서는 아무것도 할 수 없다"고 말하는 스토아주의자들의 모든 신성모독이다. 첫 계명과 관련하여 우리 마음과 생각의 여러 단계를 고찰하였으므로, 이제 이 둘째 계명과 관련해서는 모독적인 말들과 신성모독들의 단계를 생각해 보기로 하자. 왜냐하면 이 두 계명은 밀접하게 연관되어 있고, 선한 마음으로부터 선한 말이 나오고, 악한 마음에서 악한 말이 나오기 때문이다.

둘째 단계는 이교도들이 그들의 거짓된 우상들과 교황주의자들이 이미 죽은 성인들에게 할 때처럼 인간의 상(像)에 대해 했고, 또 지금도 하고 있는 잘못된 기도들 모두이다. 또한 참된 기도에 대한 무시도 이에 포함된다.

셋째 단계는 온갖 종류의 마술, 악마들을 부르는 것, 그리고 악마들과의 계약 등이다.

넷째 단계는 유대인들이나 이슬람교도들 또한 마니교도나 에비온주의자들이나, 아리우스주의자들이나, 많은 교황주의자들이나 재세례파에게서 볼 수 있는 모든 거짓된 교리와 이단적 오류들이다. 또한 우리의 모든 교리에 대한 고백에서의 배교나 거짓이 이에 포함된다.

다섯째 단계는 모든 이교도들, 유대인들, 교황주의자들, 수도사들, 그리고 하나님에 대한 참된 경외 없이 그리고 그리스도에 대한 신뢰 없이 외식으로 기도하는 다른 이들에 의해서 이루어지는 온갖 거짓 기도이다. 인류의 대부분이 이 단계에 포함된다.

여섯째 단계는 온갖 거짓된 맹세와 사기이다. 왜냐하면 첫째로 그들 안에 있는 거짓이 하나님을 모욕하는 것이며, 둘째로, 하나님은 그 거짓을 확언해 달라는 요청을 받으심으로 더 모욕을 받기 때문이다.

일곱째 단계는 우리가 다른 사람들을 멸망하도록 하나님께 요청하는 모든 혼란된 저주들이다. 우리를 위해 은혜와 복을 얻어 주시기 위해 그리스도께서 당하고 견디신 고난과 상처를 저주에 언급하고, 우리의 신성모독과 다른 이에 대한 정죄에서의 우리의 불의한 분노에 그리스도의 놀라운 순종이 사용될 수 있게 해 달라고 요청하는 것이기에 이는 있을 수 없는 일이다. 이런 저주들은 불의한 분노와 원한을 품는 것이 본래적으로 하나님께 반(反)하는 것이며, 또한 이런 부조리한 저주들은 그리스도의 순종과 고난을 모독하는 것이기에 수많은 죄악을 내포하는 것이다. 원래는 우리에게 위로와 치유를 가져다주고, 따라서 그에 대해 항상 감사를 드려야 하는 그리스도의 수난과 순종을 다른 이들을 죽이는 무기로 변화시키려는 것이기에 그러하다. 그리스도의 수난을 이와같이 무시무시하게 바꾸는 것과 그리스도의 수난은 하나님에게서 저주를 받을 정도의 수치를 무릅쓴 것임을 생각하면 이런 저주 앞에서 우리의 마음이 떨지 않을 수 없는 것이다.

여덟째 단계는 감사하지 않는 것이다. 이 죄는 이 땅 위에 너무나도 많아서 성도들도 자신들이 더 깊은 마음으로 자주 하나님께 감사를 드리지 않는 것에 대하여 자책할 정도이다.

아홉째 단계는 우리의 지혜와 능력을 높이는 온갖 형태의 자기 칭찬이다. 예를 들어서, 아작스(Ajax)가 승리에 있어서 하나님의 도움을 필요로 하시지 않는다고 자랑하거나, 우리가 참지 못하고서 하나님께 불평의 소리를 웅얼거리는 것, 이스라엘 사람들이 하나님이 애굽에서 인도해 내신 것이 아니며, 모세가 속이는 자라고 말한 것과 같은 것들이 이에 속한다.

열째 단계는 하나님께 영예를 드리는 것 같으면서도 실제로는 자기 자신이 권세와 영광과 돈과 쾌락과 지위를 추구하는 온갖 잘못된 허세(show)이다. 예를 들어서, 교황이나 다른 이들이 선포하는 직임을 가졌다는 빌미로 행하는 모든 것이 이에 속한다. 그들의 오만과 폭정과 만족할 줄 모르는 탐욕은 선포의 직임을 치욕과 불명예를 감추는 수단이 되게 하는 것이다. 고린도후서 2:17에서 바울은 이를 "하나님의 말씀을 혼잡하게 하는 것"이라고 한다. 이 세상은 이런 궤변들로 가득 차서 실제로는 사람들이 그들 자신의 개인적 지위와 복수를 추구하면서도 하나님의 영광을 높인다는 구실 아래서 무시무시한 전쟁들을 일으키는 일이 많은 것이다.

열한째 단계는 모든 악한 일들과 연관된 스캔달[Ärgerniss]이다. 악마들과 악한 사람들은 그들이 어떤 스캔달을 이루자마자 하나님께 대한 승리를 자축하는 것이니, 이는 많은 사람들이 그들의 악한 모범을 따르기 때문이다. 영주가 간음을 하는 이이면, 그 종들 사이에서의 간음은 일반적인 것이 된다. 악한 예들은 많은 사람들로 하여금 규율을 더 적게 지키게 하며, 하나님의 진노에 주의를 덜 기울이게 한다. 큰 영주들과 많이 공부한 이들이 공개적인 죄 안에 살면서 종교를 조롱거리로 만드는 것을 보면서, 많은 사람들은 더 형편없이 되고, 종교를 조롱하는 것을 배우게 되는 것이다. 악한 예들이 많은 심각한 악들을 증가시킨다는 것은 의심의 여지가 없다.

이렇게 간단하게라도 이들을 언급한 이유는 이 계명에 반(反)하는 것들의 그 깊이를 다 드러내지는 못한다고 해도 그 중요한 것들 중 일부를 시사하기 위한 것이다.

그러면 이제 첫 계명과 둘째 계명에 덧붙여진 적극적 형벌들을 주목해 보기로 하자. 왜냐하면 죄에 대해 참으로 중요한 형벌은 (그 죄에 따르는) 영원히 무시무시한 불안과 고통이긴 하지만, 그래도 형벌이 따르지 않는 법은 공허한 이야기처럼 되기 쉽기 때문이다. 이 형벌은 하나님의 아들에 대한 믿음으로 구원받지 않은 모든 사람에게 (영원히) 있을 것이다.

그러나, 이 세상에서의 특별한 형벌도 하나님에 의해서 작정된 것이고, 하나님 자신은, 히 12:29이 "우리 하나님은 소멸하는 불이시니라"고 말하고 있는 대로, 벌하시는 분이신 것이다. 외적인 형벌을 통해서 하나님께서는 우리로 하여금 당신이 지혜로우시며 의로우심을 인식하도록 하시고, 덕과 악을 구별하도록 하시고, 하나님의 지혜와 순결에 반(反)하는 모든 것을 파멸시키신다. 이 세상에서의 물리적 형벌은 주 그리스도께 회심하지 않는 모든 이들에 대한 영원한 형벌의 시작이다.

율법이 이 세상에서의 물리적 형벌을 이야기하고, 그것이 영원한 형벌의 시작인 한, 율법이 영원한 형벌을 포함하고 있는 것은 분명하다. 그러나 율법은 은혜로 말미암은 용서에 대해서는 말하지 않으니, 율법은 우리의 죄에 대한 하나님의 무시무시한 심판일 뿐이기 때문이다.[15]

모든 사람들은 하나님께서 이 세상에서라도 외적인 불순종에 대하여 재앙과 병과 가난과 배고픔과 전쟁과 재난스러운 정부와 자녀들에 대한 어려움으로 엄하게 벌하심을 가르침 받고, 분명히 믿어야만 한다. 왜냐하면 첫째 계명은 말하기를 하나님은 3, 4대까지 벌하신다고 하기 때문이다.[16]

이렇게 중대한 문제에 대해서 "왜 하나님께서는 부모들이 죄를 지었는데 자녀들을 벌하시는가"라고 말하면서 논박한다는 것은 굉장한 완고함을 나타내 보이는 것이다. 이런 문제에 대해서는 복음이 모든 이에게 죄 용서

---

15) 여기서 멜란히톤은 루터파의 전통에 따라 율법을 은혜와 절대적으로 구별하여 제시하고 있다. 그러나 성경이 구체적 맥락에서 율법과 은혜가 이렇게 절대적으로 구별되어 나타나고 있는가는 의심스러운 것이다. 구약과 신약 모두에 율법과 은혜가 같이 나타나 있고, 오히려 율법 속에 은혜가 있고, 은혜 속에 율법이 있다고 보아야 할 것이다(역주).

16) 개혁파적 분류에 따르면 이는 둘째 계명에 대한 언급이다(역주).

와 은혜를 제공한다는 말을 해야 한다. 주 그리스도께 회심한 이는 누구나 죄 용서를 받았고, 복을 받은 것이다. 왜냐하면 율법이 선포하는 진노에서 건짐을 받았기 때문이다. 참으로 그러하니 심지어 이 세상에서의 물리적 형벌도 제거된 것이다. 그러나 회심이 없는 곳에는 하나님의 법, 하나님의 진노, 물리적 형벌과 영원한 형벌이 남아 있는 것이다. 그리고 사람들과 악마들 안에 있는 모든 지혜는 하나님의 지혜와 뜻에 반(反)하여 나아가며, 하나님을 무시하는 것이 얼마나 큰지를 파악하기에 충분하지 않다. 우리는 하나님의 형벌이 얼마나 미칠까를 말하면서 하나님을 제한할 수 없으며, 완고한 질문을 제기할 수도 없다. 오히려 우리는 그의 의로운 분노를 성찰하면서 그의 진노 앞에 떨기만 할 수 있을 뿐이다. 왜냐하면 하나님께서는 그의 말씀을 경외하면서 우리 주 그리스도를 믿는 이들의 마음에 거하기를 원하시기 때문이다.

셋째 계명[17)]

"안식일을 기억하여 그 날을 거룩히 하라." 첫 계명은 마음에 대해서, 둘째 계명은 언어에 대해서, 그리고 셋째 계명은 의식에 대해서, 즉 하나님께서 선포와 성례의 시행에 대해 공적으로 규정하신 일을 지키는 것에 대해서 말하는 것이다. 하나님께서는 모든 인류가 그와 구주 예수 그리스도를 알기를 원하셨으니, 그 목적을 위해서 우리가 특별히 창조되었기 때문이다. 그러므로, 하나님께서는 자신의 교회가 빛 안에 있고, 그의 말씀이 그 안에서 선포되는 곳이 되기를 원하셨다. 또한 그는 말씀과 기도와 감사와 성례를 위한 공적이고 영예로운 모임을 원하시는 것이다. 이를 위하여 이스라엘 중에서는 일곱째 날을 구별하셨다. 아담 때로부터 우리의 조상들은 이 날에 그들의 일을 쉬고, 하나님께서 규정하신 대로 선포와 기도와 감사와 희생 제사를 위해서 공적으로 모여왔다. 그러므로 우리가 안식일에 대

---

17) 따라서 개혁파적 분류에 의하면 이는 넷째 계명이다(역주).

해서 말할 때 우리는 이것이 선포의 공적인 직무 전체를 지키는 것을 지칭하는 것으로 이해해야만 한다.

"안식일"이라는 말에는 아주 중요한 교리들이 포함되어 있다. 그러나 이 셋째 계명은 주로 선포와 성례를 집행하는 공적인 직무를 지키는 것과 관련된다. 이런 의미는 중요하지 않거나 유치한 것으로 여겨져서는 안 되니, 우리는 선포와 성례 시행을 위하여 공적으로 모이는 것이 하나님에 대한 참된 지식과 기도, 선한 치리와 평화로운 통치를 세우고 유지하는 일에 있어서 아주 중요하다는 것을 알아야 하기 때문이다.

우리들은 홀로 살지 않고 다른 이들과 더불어 살도록 창조되었으므로, 우리 중의 어떤 이는 가르치고, 어떤 이는 우리를 다스리며, 우리 모두는 서로 협조해야 한다. 그리고 달리는 어찌할 수 없으므로, 공적 모임은 필수적인 것이다. 이런 모임을 통해서 사람들은 하나님께서 그들을 함께 또 자신에게 묶어 주셨으며, 이 가련하고 연약한 무리의 인도자와 참된 보호자가 되기를 원하시며, 그들에 의해서 인정되기를 원하신다는 것을 알도록 하신 것이다. 이 모든 것이 열심히 고려되어야 하니, 하나님께서 눈에 보이는 교회와 선포하는 공적인 직임을 유지하기를 원하신다는 것을 안다는 것은 위로가 되기 때문이다.

그래서 하나님께서는 악마들과 터키인들과 다른 전제자들이 참된 교회와 학교와 당신을 따르는 이들의 집과 거처를 완전히 파괴하도록 허용하지 않으시는 것이다. 그러나 우리는 이 계명을 무시해서는 안 된다. 교회는 거짓된 교리와 우상 숭배로 자체를 파괴하거나 불필요한 논쟁이나 또 다른 방식으로도 문제 속에 들어가도록 해서는 안 되는 것이다. 즉, 불행하게도 지금도 때때로 일어나고 있는 참된 성포와 성례를 저버리는 일이 있어서는 안 되는 것이다.

젊은이들의 교육을 위해서 어린 아이들에게 말하듯이 이야기해 보기로 한다. 즉, "우리는 레위적 희생제사 제도가 이미 성취되어졌다고 (abolished) 말한 바 있다. 그런데 안식일의 법은 레위적 희생 제사 제도의 하나이다. 그런데 바울이 골 2:16에서 '그 누구도 안식일을 지키는 문제로 너희를 펌론하지 못하게 하라'고 하고 있는데, 왜 당신은 이 계명을 그렇게도 강조하느냐?"는 유치한 질문에 대해서 우리는 다음과 같이 대답하고자 하는 것이다.

이 계명에는 두 부분이 있으니, 그 하나는 일반적인 것으로서 만대의 교회를 위해 언제나 필요한 것이고, 또 하나는 이스라엘의 경륜에만 속하는 특별한 날을 언급하는 것이다. 그 일반적인 부분은 하나님께서 모든 시대를 위해 정하고 명령하신 선포의 공적인 직임과 신적인 의식에 관한 것을 포함한다. 이 일반적인 명령은 모든 사람에게 대해 구속력을 지니는 것이니, 모든 합리적 피조물들은 그 지위와 각자의 소명에 따라서 선포의 직무와 공적인 예배를 유지하는 일을 도움으로써 하나님을 찬양할 의무가 있기 때문이다. 그러나 일곱째 날에 대한 특별한 부분은 우리에게 구속력이 있는 것이 아니다. 따라서 우리는 첫째 날, 즉 주일과 때를 따라 적절한 날에 모임을 갖는 것이다. 그리고 학자들은 이를 어떻게 더 진전시켜야 할는지를 알 것이다. 왜냐하면 이 계명에서 일반적인 것은 도덕적이고 자연적이며 영속적인 것, 즉 교회의 예배를 유지하는 것에 관한 것이고, 제7일을 지칭하는 특별한 것은 의식에 관한 것이기 때문이다.

이 계명에서 지시된 선행을 하기 위해서 우리는 자신의 지위에 따라서 참된 경외와 신앙으로 선포의 직무와 공적인 기독교적 모임을 유지하는데 힘써야 하는 것이다. 즉, 설교자들은 가장 순수한 형태로 복음을 가르치고, 성례의 참된 사용을 유지하며, 거짓된 교리나 참되지 않은 예배가 섞이지 않도록 해야 한다. 또 말씀을 듣는 자들은 조심스럽게 듣고, 공적인 기독교적 모임에 오기를 즐겨하기를 배워야 한다. 이 공적인 모임에서 그들은 하나님을 불러 아뢰고, 감사를 드리며, 성례를 받는 것이다. 듣는 자들은 스스로든지 다른 이들이 기독교적 모임에서 빠지도록 해서는 안 되니, 주 그리스도께서 마 18:20에서 구체적으로 약속하시기를 "두세 사람이 내 이름으로 모인 곳에 내가 그들 중에 있다"고 하셨기 때문이며, 시편도 자주 말하기를 "큰 회중 가운데서 내가 당신을 찬양할 것이니이다"고 하기 때문이다.

또한 듣는 자들과, 특히 다스리는 자들은 신실한 종들로 하여금 선포의 직무를 바르게 유지하도록 세워야 하며, 그렇게 세워진 직임자들을 보호하고 도와서 우리의 젊은이들이 기독교적 교리와 유용한 것과 좋은 치리를 받고 자라도록 해야 한다. 다스리는 이들은 특히 이 일을 하도록 명령을 받았으니, 이사야 49:23은 말하기를 "열왕은 네 양부가 되며, 왕비들은 네 유모가 될 것이며"라고 하기 때문이다.[18]

그리고 통치자들과 신실하게 이런 일을 하는 사람들은 특별한 도우심과 은사를 받을 것이니, 주 그리스도께서 말씀하시기를 "누구든지 제자의 이름으로[그가 제자이기 때문에] 이 소자 중 하나에게 냉수 한 그릇이라도 주는 자는 내가 진실로 너희에게 이르노니, 그 사람이 결단코 상을 잃지 아니하리라"[마 10:42]고 하셨기 때문이다.[19] 또한 사렙다의 과부나 오바댜 같은 이들의 좋은 예들을 지적할 수도 있다[왕상 17:8-16; 18:3-16 참조].

셋째 계명에 반(反)하는 죄들

셋째 계명에 반(反)하는 죄들은 선포의 참된 직임과 기독교적 모임에 대한 온갖 종류의 경멸과 파괴를 포함한다. 악마들과 이슬람교도들, 독재자들은 공개적으로 기독교적 모임을 없애버리려고 노력한다. 그리고 이단자들과 온갖 거짓 교사들과 우상숭배자들, 교황주의자들 역시도 모두가 참된 교회의 파괴자들이다. 또한 선포와 성례를 위해서 모이지 않는 이들, 또 때때로만 참여하는 이들도 역시 그렇다. 그리고 자신들의 악한 예로써 다른 이들에게 나쁜 영향을 미치는 자들도 그러한 것이다. 또한 만일 사제들이,[20] 비록 바르게 가르치더라도, 칭찬하지 못할 습관을 가지고 있거나 만

---

18) 그러나 문맥상 이 구절이 이런 의미로 해석될 수 있는지는 의문이다. 또한 이 전체적 주장이 멜란히톤이 당시의 기독교적 국가관을 배경으로 말하고 있음을 유의해야 한다(역주).

19) 이 구절도 간접적으로만 말씀 사역자에 대한 지지를 호소하는 구절로 이해될 수 있을 것이다(역주).

족스럽지 못하면 그들의 선포하는 직임과 성례의 시행이 타당성을 가지지 못한다고 말함으로써 불필요한 분열을 만들어 내는 도나투스파도 역시 그러한 것이다.

또한 목사들을 욕하고 불평하는 야수적인 사람들과, 칭찬할 만하고 공인된 규정 가운데서 권위에 의해서 규정된 것을 목사들에게 주지 않으려고 하는 사나운 사람들에 의해서도 교회는 파괴되는 것이다. 교회를 파괴하는 이런 사람들 때문에 학개서 1장에서 만일 자신의 교회를 세우는 필수적인 일을 돕지 않으면 들의 곡식을 썩게 하실 것이며, 가뭄을 주시겠다고 하나님 자신이 선포하신다. 요약하자면, 안식일에 대한 이 기뻐할 만한 계명에 대한 이해는 더 이상 강조할 필요가 없는 교회와 선포의 직임에 대한 바른 이해를 위해서 아주 중요한 것이다.

따라서 독자들은 창세기 2장에 있는 안식일에 대한 가르침을 성실하게 성찰해 보아야 한다. 하나님께서 아담과 하와를 창조하신 후에 하나님께서는 더 이상의 피조물을 창조하지 않으시고, 인간적 피조물이 끝이 되도록, 그 안에서 하나님이 안식하시고, 거하시고, 기뻐하시고, 즐거워하시고, 그들에게 지혜와 의와 기쁨을 주시고, 그들에 의해서 찬양을 받으실 창조의 면류관이 되도록 하신 것이다. 그리고 이것은 영원하신 아버지의 말씀이시요 — 그의 외적인 말씀으로 하나님을 계시하시고, 또한 신자들의 마음 안에서 역사하셔서 영원하신 성부와 성령이 신자들에게 거하게 하시어, 그들이 하나님의 성전이 되고, 하나님이 그들 안에서 기쁨을 누리시며, 그들에 의해서 찬양을 받으시도록 하시는 — 하나님의 아들에 의해서 이루어졌다. 이것이 타락 이전의 안식이었던 것이다. 그러나 타락 이후에도 안식일은 재수립되었으니, 하나님과의 두번째 화평이 있을 것임에 대한 약속이 주어지고, 하나님의 아들이 부활까지 죽음 가운데 안식하시리라는 은혜로운 약속이 주어졌을 때에 그리된 것이다. 그러므로 이제 우리 안에서의 안식은

---

20) 루터도 후기 루터파도 이 용어를 그대로 사용하고 있다. 오히려 이 용어조차 버려야 루터의 만인제사장주의의 원리에 더 일치하는 것이 아닐까?(역주).

하나님의 아들과 함께 죽고 부활하는 것이며, 따라서 하나님께서 우리 안에 거하시고, 평화와 기쁨을 가지시며, 우리에게도 그의 지혜와 의와 기쁨을 주셔서 우리를 통하여 하나님께서 다시 영원히 찬양을 받으시도록 되는 것이다. 안식의 이런 의미가 하나님을 경외하는 모든 사람들 사이에서 더 깊이 묵상될 수 있기를 원한다.

넷째 계명에 대하여[21]

모세의 글에는 하나님께서 그에게 두 돌판을 만들라 하시고, 그것에 하나님께서 십계명을 쓰셨다고 기록되어져 있다. 이것은 중요하다. 왜냐하면 두 돌판은 계명들을 두 종류로 구분하신 것을 시사하기 때문이다.[22] 첫 세 계명은 하나님에 대한 참된 지식에 대해서, 하나님께서 자신의 말씀을 통해서 우리에게 자신을 어떻게 계시하셨는지, 하나님께서 우리에게 자신의 지혜와 지식을 어떻게 주셨는지, 우리가 어떻게 하여 그를 다른 모든 것에 우선하여 받아들여야만 하는지에 대해서 말하는 것이다. 이 세 계명이 첫 돌판을 구성한다. 그에 따르는 일곱 계명이 둘째 돌판을 구성하니… [그것들은 사회 질서에 대한 것이고, 하나님의 성품을 반영하는 것이다].

그러나 첫째 계명은 모든 다른 계명 안에 포함되어서 하나님이 규정하신 대로 순종되고 존중받으셔야만 하는 것이다. 하나님에 대한 참된 지식은 믿음, 경외, 그리고 신뢰 가운데서 오는 것이다. 우리는 먼저 하나님의 아들 예수 그리스도를 알아야 하고, 하나님을 기쁘시게 하고 그의 거하는 처소가 되기 위해서 그리스도를 통하여 죄 용서를 받아야만 하는 것이다.

그 뒤에 따라 나오는 둘째 돌판의 순종은 하나님을 무척 기쁘시게 하는

---

21) 개혁파적 분류로는 "다섯째 계명"에 대하여(역주).

22) 이런 이야기가 보편적으로 퍼져있지만, 이보다는 오늘날의 고대 근동에서는 언약 체결 의식에 근거하여 하는 추론인 두 돌판이 언약의 두 문서로서 하나는 하나님께 또 하나는 언약 백성인 이스라엘에게 주어지도록 되어 있다고 추정하는 것이 더 나은 추론이라고 할 수 있다. 그러나 정확한 이유는 모른다고 해야 할 것이다(역주).

것이 되고, 하나님께 대한 섬김이 된다. 왜냐하면 그리스도께서 마 22:39
에서 다음과 같이 말씀하시기 때문이다: "둘째도 그와 같으니, 네 이웃을
네 몸과 같이 사랑하라." 그리스도께서 둘째 돌판의 이 사회적 순종을 다
음과 같이 높이 여기셨음을 주목하라: "이 계명들도 첫째의 최고의 계명
과 같이 동등하게 높은 것이다." 만일 하나님의 아들 자신이 그렇게 말씀
하지 않으셨다면 그 어떤 천사나 사람도 감히 그렇게 말할 수 없을 것이
다. 그러나 그리스도께서 첫째 돌판에 포함된 신지식과 덕들이 먼저 오게
하고, 그것이 모든 사람의 마음에서 불타오르게 하기를 원하셨음에 유의하
라. 이 두 돌판은 하나님 자신이 그러하듯이 유익하며 참되고 순수하다는
뜻에서 비슷한 것이다. 왜냐하면 하나님께서는 덕과 악을 분명히 구별하시
며, 합리적인 피조물들이 참으로 그와 같기를 원하시기 때문이다. 그러므
로 두 돌판에 대한 의무는 동등한 것이니, 둘째 돌판에 대한 순종은 그것
이 첫 계명에 대한 순종 가운데서 이루어질 때에는 하나님을 섬기는 것이
되기 때문이다.

이것은 악마 자신이 내뱉은 공개적이고 잔악한 거짓말과 대조되어야 한
다. 지금은 재세례파들을 통해서 신적인 질서에 더 큰 혼란을 초래시키고
있음을 보라. 과거에 마르시온(Marcion), 마니(Manichaeus), 그리고 타티
안(Tatian)이 혼인과 세상의 권세와 법과 재판과 사유 재산을 정죄함으로
써 무서운 부도덕과 혼란을 초래시켰던 것처럼 재세례파들은 창조 질서에
더 큰 혼란을 초래하고 있는 것이다.

그러므로 다음을 끊임없이 기억하도록 하자: 혼인과 세상의 권세와 법
과 재판과 사유 재산을 정죄하는 모든 사람들은 참으로 악마로 가득 찬
것이니, 우리는 그들로부터 될 수 있는 대로 멀리 피해야만 한다. 우리는
하나님께서도 역시 그들에게 반대하실 것임과, 우리가 투링기아
(Thuringia)의 뮐하우젠(Mühlhausen)에서 뮌처와 파이퍼(Pfeiffer)[23]에

---

23) 하인리히 파이퍼(Heinrich Pfeiffer)는 뮌처로 하여금 뮐하우젠을 지배하도록 하
는데 도움을 준 급진적인 재세례파 설교자였다(영역자 주).

게서, 그리고 베스트팔리아(Westphalia)의 뮌스터(Münster)에서 라이덴
의 요한(John of Leyden)의[24] 경우에서 본 것과 같이 그들을 공개적으로
발 아래 상하게 하심으로 주님의 질서를 유지하심을 알 수 있을 것이다.
로마서 13:2에 있는 바울의 말은 분명하다: "권세를 거스리는 자는 하나
님의 명을 거스림이니, 거스리는 자들은 심판을 자취하리라."

둘째 돌판의 계명들도 우리로 하여금 많은 덕과 악을 구체적으로 구별
하기를 배우게 하고, 하나님 자신의 성품을 염두에 두도록 하기 위해서 주
어진 것이다. 예를 들어서 "살인하지 말라"는 계명은 선과 독재주의의 구
별을 지시하며, 하나님은 선하시고 의로우시며, 그 누구도 정당한 이유 없
이는 정죄하기를 원하지 않으심을 증언해 준다. 그러나 악마들은 살인자들
이고 독재자들이니, 그들은 가인, 바로, 사울과 네로 등으로 하여금 불의하
게 피를 흘리게 하였고 지금도 다른 이들에게 같은 짓을 행하기 때문이다.
"간음하지 말라"는 계명도 순결과 부도덕의 구별을 시사해 주고, 하나님은
순수하시며, 도덕적이시고, 순수함을 사랑하시고, 혼인 밖에서 이루어지는
온갖 종류의 성적인 교제에 대하여 깊은 진노를 발하심을 확고히 해준다.
그러나 악마들은 사람들을 순결하지 못함, 근친상간, 간음, 그리고 부자연
스러운 욕망으로 몰아가니, 이는 혈육이 아닌 그들의 본성이 욕망과 성적
행위를 좋아해서가 아니라, 그것들로 하나님을 역겹게 하고, 인간들에게
대한 하나님의 진노를 일으키도록 하기 위함이다. "거짓 증거를 하지 말
라"는 계명도 참과 거짓의 차이를 보여주며, 하나님은 참되시고 진리를 사

---

24) 라이덴의 요한(John of Leyden, 또는 Jan Brochelson)과 얀 마티스(Jan
Mathys)는 무력으로 뮌스터를 정복하여 모범적인 공동사회를 만들려고 시도했던 재세
례파 지도자들이었다. 마티스는 자신이 하나님의 선지자요, 날마다 직접적인 계시에 의
해 지배함을 받는다고 선언하였다(그가 받았다는 직접 계시 중의 하나는 일부다처제를
시인하는 것이었다). 뮌스터 주교가 이끄는 뮌스터 시를 둘러싼 군대에 대한 출정에서
마티스가 죽자 브로켈슨은 스스로 왕이 되었다. 그후에 그의 과도한 욕심과 잔인함이
나타났고, 그에 의해 많은 사람들이 처형되었다. 그러다 1535년 6월 25일에 뮌스터의
재세례파 정부가 붕괴되었다. 브로켈슨 등은 잔인하게 고문당하고 죽었으며, 그들의 시
체는 성 람베르트(St. Lambert)의 첨탑에 새장 같은 우리에 전시되었었다(영역자 주).

랑하시며, 거짓에 대해서 진노하심을 분명히 해준다. 그러나 악마들은 거짓말과 궤변과 온갖 속임수를 기뻐하니, 이는 신성모독과 사람에게 불행을 초래하도록 하는 것이기 때문이다. 그들은 거짓말이 그들 자신에게 유용한 것이 아님을 잘 알지만, 그것들이 사람들 사이에 더 심각한 싸움을 일으키는데 유용함을 아는 것이다.

그러므로 십계명 전체를 통해서 우리는 **우리가 무엇을 해야 하나만이** 아니라, **하나님 자신이 어떤 분이신가를** 생각해야만 한다. 왜냐하면 하나님께서 십계명이라는 이 거울을 우리 앞에 세우셔서 우리로 하여금 그의 어떠하심을 배울 수 있게 하시며, 그와 같도록 노력하도록 하셨기 때문이다.

부모를 공경하라는 계명은 우리로 하여금 우리가 그들의 몸과 피로부터 우리의 몸과 피를 받은 우리 부모님을 마땅히 순종해야함을 상기시킨다. 모든 피조물들은 그것들이 하나님에 의해 창조되고, 그 존재와 삶을 하나님에게서 받고 있으므로 하나님께 더 순종해야만 한다. 그리고 부모들이 '스톨게'(στοργή)라고 알려진 그 자녀에 대한 큰 자연적인 사랑을 가지고 있는 것처럼, 하나님께서도 그의 독생자 예수 그리스도에 대해서와 그리스도에게서 피난처를 찾는 가련한 피조물인 우리에게 대해서 말할 수 없는 큰 사랑을 가지고 계신 것이다.

부모를 공경하라는 계명에서 우리는 하나님께서 우리의 삶에서 질서와 통치를 참으로 원하심을 볼 수 있어야만 한다. 그는 숲속의 늑대가 이리저리 뛰면서 그가 잡는 것을 아무것이나 먹는 것 같은 우리의 모든 방탕함 가운데서의 자유를 원하지 않으시는 것이다.

물론 사람 안에 있는 부패한 성품은 마치 그가 아무 제약 없이 자유롭게, 하나님 없이, 법 없이, 아무런 두려움 없이 사는 것 같을 정도가 되었다. 우리는 그와 같이 사는 경건하지 않고 방탕한 사람들을 볼 수 있다. 그리고 그들이 이 황폐한 존재들에게 자유라는 영예로운 이름을 주는 것이다. 그러나 질서가 없이는 자유도 없는 것이니, 질서가 없으면 그 누구도 안전을 누릴 수 없기 때문이다. 방탕하고 사악한 사람은 순전히 폭력을 사용하여 그 이웃의 생명, 아내, 딸, 소유를 빼앗을 수 있다. 그의 동생을 죽인 가인이 그랬고, 루크레티아(Lucretia)에게 치욕을 준 타르퀴니우스(Tarquinius)가 그랬고, 나봇의 기업을 탈취한 아합이 그러했던 것이다. 이런 무질서와 되는 대로의 삶은 인간적 자유가 아니라, 늑대 같은 방종이다. 이를 "자유"라고 부르는 것은 고귀한 용어를 오용하는 것이니, 자유는 사람의 몸과 재물을 선택에 의하여 하나님의 법과 다른 참된 법에 일치하여 질서있게 사용하는 것을 의미하는 것이다.

키케로(Cicero)가 크라소(Crasso)에게서 들은 연설을 기억해 보라: "우리는 법의 종들이므로 자유롭다"(*Legum servi sumus, ut liberi esse possimus*). 우리의 모든 삶과 모든 피조물을 활용함에 있어서 십계명, 즉 신적인 법이 우리를 지배해야 하고, 우리의 마음과 입과 행동과 모든 지체를 규정해야만 하는 것이다. 하나님께서 자주 명령하셨듯이 말이다: "이제 내가 너희에게 가르치는 규례와 법도를 듣고 준행하라. 그리하면 너희가 살 것이요"[신명기 4:1].

이 모든 것이 사소한 것이요 어린아이들에게 알맞은 서론이지만 둘째 돌판에 대해 이런 것들을 언급한 이유는 이 계명 중에 담긴 높은 지혜를 충분히 다 이해할 수 있는 피조물은 하나도 없기 때문이다.

그러면 이제 이 계명에 담긴 중요한 행위들에 대하여 간단히 말해 보기로 하자. 하나님께서는 통치자와 다스림을 받는 자들 사이에 질서를 수립하신다. 그리고 그에 의해서 사람이 인도함을 받는 모든 다스림의 시작은 부모의 다스림이다. 그 뒤엔 칼을 가진 주권자들과 부모들과 함께 하나님의 질서와 부모의 요청에 따라서 선한 치리와 덕과 하나님의 영광을 유지하도록 노력하는 선생님들의 다스림이 온다.

첫째로, 통치자의 직무와 부모, 주권자, 왕, 제후들, 그리고 시장들과 선생님들에 대해서 아무리 간단하게 말한다고 해도 이 한 가지만은 분명히 언급되어야 한다. 즉, 모든 권위는 무엇보다도 십계명을 언급하신 하나님에 의해서 규정된 것이다. 따라서 부모와 통치자는 하나님의 종이요, 외적인 악에 대해 형벌을 가하는 도구인 것이다. 만일 그들이 게을러서 형벌을 가하지 않으면, 하나님 자신이 의로운 심판자요, 징벌자요, 형벌 집행자이신 것이다.

이 세상에서의 물리적 형벌에는 네 가지 아주 중요한 이유가 있다.

첫째로, 하나님은 현명하시고 의로우신 분이시며, 그의 선하심으로부터 피조된 합리적 피조물들이 그와 같기를 원하시는 것이다. 따라서 만일 그들이 의의 질서이신 분을 대항하려고 하면, 하나님께서는 그들을 몰아내시는 것이다. 그러므로 형벌의 첫째 이유는 하나님 안에 있는 의의 질서이다.

둘째로, 어떤 사람들을 제어할 필요가 있는 것이다. 우리들 가운데 살인자들과 간음자들과 강도들과 도적들이 있으면, 그 누구도 안전할 수 없는 것이다.

셋째로, 모범을 위해서이다. 만일 어떤 이가 (악행에 대하여) 벌을 받으면, 다른 이들도 하나님의 진노를 생각하고 하나님의 형벌을 두려워하게 될 것이다. 이런 방식으로 형벌의 원천이 가르쳐질 것이다.

넷째로, 만일 사람이 하나님께 돌이키지 아니하면 사람이 피할 수 없는 하나님의 심판과 영원한 형벌의 중요성이다. 하나님의 심판은 그가 덕의 기준을 붙들고 계심을 보여준다. 그는 의로우신 재판장이시고, 따라서 우리에게 사후에 하나님께 돌이키지 않는 모든 죄인들이 형벌을 받을 것임을 상기시키신다.

그러므로 모든 통치자들과 부모와 돌보는 이들에게 주어지는 최초, 최고의 명령은 그들이 그들에게서 다스림을 받는 이들 중에 하나님의 법을 세우고, 외적인 범과에 대해서 엄하게 처벌하라는 것이다. 주권자들은 평화에 도움이 되는 특별한 법을 제정할 수 있는 능력을 가지고 있다. 그러나 그들은 결코 하나님의 법[神法]에 반(反)하여 통치해서는 안 되는 것이다. 세속 권위에 대한 항목에서 이 직무에 대해서 더 자세히 말하도록 하겠다.

다스림을 받는 사람들에 대해서는 그 뒤에 따라오는 **공경**이란 말["네 부모를 공경하라"]에서 강한 용어로 순종이 명령되었다. 존경은 참된 순종의 원천이요, 시작이다. 그리고 이는 다음 다섯 가지 요소를 포함한다고 할

수 있다: (1) 하나님의 질서와 높은 이들의 덕들에 대한 지식, (2) 마음 속의 겸손, (3) 외적인 순종, (4) 통치하는 군주의 물리적 결점에 대한 인내, 그리고 (5) 하나님께 대한 감사와 선한 정부를 수립하시기 원하는 기도.

존중의 첫 단계는 하나님의 지혜가 우리로 야수적인 자유를 가지도록 하지 않으셨으며, 무엇보다도 하나님께 복속하도록 하셨다는 지식이다. 하나님께서는 폭군적 변덕으로가 아니라, 자신의 선하심으로부터 우리가 자신에게 복속하도록 하신다. 왜냐하면 만일 우리가 그에게 복속하면, 그는 우리에게 자신의 지혜와 선하심을 주시기 때문이다.

그리고 우리를 주님께로 이끌고, 우리를 지키시기 위해서 하나님께서는 당신의 법과 교리를 계시하시고, 권위의 질서를 수립하셨다. 그는 그것 없이는 평화와 안녕이 없게끔 이 질서를 유지하신다. 시편 127:1이 말하듯이 말이다: "여호와께서 집을 세우지 아니하시면 세우는 자의 수고가 헛되며."

존경의 토대는 하나님께서 자신의 높은 지혜로부터 이 질서를 만드시고 유지하시며, 하나님 자신이 이 통치 안에 계시며, 하나님께서 선한 주권자들에게 좋은 경륜을 주시며, 그들의 소명 가운데서 그들의 마음과 손을 인도하신다는 지식이다. 이 지식에서 우리는 법과 심판이 독재자의 표현이 아니라 신적인 지혜와 의의 표현임을 알아야 하는 것이다.[25]

겸손이라는 (존중의) 둘째 단계는 첫 단계에서 나오는 것이다. 통치적 질서 안에서 하나님을 보고, 이 통치가 독재나 방탕한 범죄의 표현이 아니라, 신적 지혜와 질서임을 알면, 우리의 마음이 겸손해지고 지혜롭고 의로우신 하나님을 높이게 된다. 우리의 마음이 스스로를 복종시키고, 이 큰 은사들과 주님을 사랑하게 되는 것이다. 또한 우리는 그 도구들, 즉 그것들을

---

25) 이는 이상적인 상태에 대한 언급임을 유의하라. 따라서 이는 우리의 법과 재판이 하나님의 지혜와 의의 표현과 반영이 될 수 있도록 해야 한다는 의미로 이해되어야 한다. 그렇지 않은 법과 재판에 대한 우리의 태도는 후에 논의될 것이다(역주).

통해서 하나님께서 평화롭고, 질서지워진 존재와 삶을 주시는 통치자들도 사랑할 수 있게 된다. 예를 들어서, 이스라엘에서 하나님을 경외하는 사람이 나윗을 볼 때, 그의 마음은 하나님께서 골리앗을 죽이고 물리친 일이나 다른 여러 일을 통해 통치를 주관하심을 보면서 하나님께 감사하게 되고, 동시에 다윗에 대해서 참으로 선한 태도를 가질 수 있게 되는 것이다. 그러므로 존중의 첫 단계는 신적인 지혜에 대한 지식이고, 둘째는 겸손인 것이다.

존경(존중)의 셋째 단계는 이교도들조차도 이해하는 외적인 복종이다. 그러나 그들은 첫 단계에 대해서는 전혀 모르니, 이는 교회를 통해서만 올 수 있기 때문이다. 외적인 복종은 그것이 가능하고 하나님의 법에 반(反)하지 않는 한, 자신의 몸과 재산을 사용하여 부모나 관원들이 명령하는 대로 행하는 것을 의미한다.

존경의 넷째 단계는 부모와 통치자들의 물리적 결점에 대해 인내하는 것이다. 인간성의 결점과 방해물들은 악마에 의해 주어진 것으로서, 그런 것들로 인해서 이 세상의 그 어떤 정부도 전적으로 순수하거나 온전히 현명하고 덕스러울 수 없다. 이에 대해서 솔로몬은 이렇게 말한다: 이 세상에 아주 의로운 이는 없나니, 선을 행한다고 해도 죄를 지으며 손상을 일으키는 것이다. 예를 들어서, 다윗은 아주 유익한 통치자였으나, 그도 죄를 지었고, 자신의 간음과 살인으로 화를 가져왔으며, 또한 백성을 계수함으로써도 그리했던 것이다. 또한 고레스(Cyrus)는 그가 태어나기 전부터 높임을 받고 거룩한 왕이 되어서 전쟁을 많이 수행하였고, 종국적으로 이스라엘을 해방시킨 것이다. 그러나 그도 불필요한 전쟁을 하여 사로잡히고 많은 백성을 잃은 큰 실수를 범한 것이다.

이제 우리는 모든 통치자가 다 잘못될 수 있고, 또 때때로 게으름 때문에 불의하게 행동하기도 한다면, 도대체 통치자가 어떻게 선한 양심을 가질 수 있느냐고 물을 수 있다. 통치자들은 모두 전제자들이 아닌가? 여기서 우리는 폭군이란 때때로 어떤 선한 일을 하기도 하지만 자신의 악한 의지와 계획으로 백성들에게 불의를 행하는 자들임을 인식할 필요가 있다.

칼리굴라(Caligula)와 네로(Nero)는 폭군들이었다. 왜냐하면 그들의 의지와 계획은 방탕한 것이었고, 계속해서 백성에게 불의를 행하였으며, 불의하게 행하는 때가 더 많았기 때문이다. 하나님께서는 그런 통치자들을 정죄하셨으며, 그들은 다음 명령들에 의해 심판을 받을 것이다: "살인하지 말라. 간음하지 말라. 도적질하지 말라." 하나님의 명령들은 모든 이성적 피조물들과 왕들과 군주들과 백성들에게 구속력이 있는 것이다. 이사야 3:14 등이 자주 말하듯이 말이다: "여호와께서 그 백성의 장로들과 방백들을 국문하시되." 에스겔 34:10: "주 여호와의 말씀에 내가 목자들을 대적하여 내 양의 무리를 그들의 손에서 찾으리니, 목자들이 양을 먹이지 못할 뿐 아니라 그들이 다시는 자기를 먹이지 못할지라."

또한 이 세상에서 통치자들은 자주 "칼을 쓰는 자는 칼로 망한다"는 것을 나타내는 것이다. 참된 법의 명령이 없이 칼을 쓰는 것은 자기 자신의 방탕함에 호소하는 것이다. 우리는 경험으로부터 남을 죽이는 자들은 칼을 피하지 못함을 볼 수 있다. 그리고 전제적인 왕들과 군주들은 전쟁 등이나 그와 같은 것들로 점점 사라지고, 적어지게 된다. 애굽의 강력한 왕 아프리에스(Apryes)는[26] 선지자 예레미야를 죽였다. 그러나 후에 이 자만하던 왕은 전쟁에서 사로잡히고 후에 목매달렸다. 포카스(Phokas)는 황제 마우리키움(Mauricium)을 죽였으나, 후에 피스쿠스(Piscus)와 헤라클리우스(Heraklius)가 그를 사로잡아 관통되도록 하였다. 역사는 이런 예들로 가득 차 있다. 이제나 저제나 형벌이 자녀들에게 임하기도 하는 것이다. 헤롯은 자기 자녀들을 몰아내고, 심지어 그 중 몇은 자신의 칼로 죽이기까지 했다. 다윗의 형벌도 그 자녀들에게 내려졌다. 또한 그 자신이 몰아내어진 적도 있었다. 그러나 하나님께서는 그를, 돌이켜서 하나님께 부르짖는 자에게 그 형벌을 제하시는 예로 사용하셨다(시 78:38; 사 12:1; 48:9 참

---

26) 애굽의 바로 호프라(Pharaoh-Hophra, 588-569 B.C.)는 예루살렘을 포위하고 있던(588-586 B.C) 갈대아인들의 관심을 돌이키려고 하였다(렘 37:5-10; 겔 17:15; 왕하 25:1-7 참조). 전승에 의하면, 예레미야는 그를 억지로 애굽으로 도망가도록 했던 유대인들에 의해서 죽임을 당했다고 한다(영역자 주).

조).

반면에 옳게 행하기로 의도하고 마음을 먹으며, 때때로 인간의 연약성 때문에, 부주의하게 잘못하기도 하지만, (결코 방탕해서나 공의를 무시해서나 죄에 깊이 빠짐으로써 잘못하지는 않고) 대부분의 경우에는 제대로 행하는 이들은 폭군들이 아니고, 자격을 갖춘 통치자들이다. 이 정의는 다음 두 구절에 근거한 것이다. 바울은 "하나님께서 우리가 참되기를 요구하신다"[롬 2:12-16 참조]고 한다. 즉, 우리는 우리의 직무를 옳게 수행할 의지와 의도를 가져야 하며, 필요할 때는 언제나 근면하게 행하기를 배워야 한다는 말이다. 다윗, 히스기야, 그리고 요시야 같은 이들은 옳게 행하고, 유용한 일을 하려는 강한 의지를 가지고 있었으나, 때때로 잘못했고, 악마는 많은 장애물을 더했던 것이다. 그래서 우리는 다시 한 번 "선을 행하지만, 악을 전혀 행치 않는 이가 이 땅에는 아주 없사오며"라는 말씀을 인용하게 되는 것이다[시 14:1-3; 롬 3:10; 벧전 4:17-18 참조].

이전의 죄 때문에 정부들은 상당 기간의 불안한 시기를 경험하게 되고, 날씨처럼 불안정한 것이다. 히스기야는 다윗과 같은 승리를 경험하지 못하였다. 하나님께서 놀라운 도움을 주셨지만, 히스기야의 적들은 그 땅을 많이 황폐하게 한 것이다. 그래도 참된 통치자들은 선한 양심을 가지고서 그 직무를 수행한다.[27] 그들이 하나님께 대한 참된 신앙을 가지고 주 예수 그리스도를 시인하며 그에게 불러 아뢰는 한, 그들은 하나님을 기쁘시게 하는 것이며, 영원한 구원의 상속자들인 것이다. 다윗, 여호사밧, 히스기야, 요시야, 콘스탄티누스, 테오도시우스 등이 그러한 사람들이라고 할 수 있다. 교회의 유익을 위해서 하나님께서는 때때로 이런 경건한 통치자들을 주시는데, 그들은 특별히 은혜스러운 도구들로서 그들을 통해서 하나님께서는 땅을 다시 일깨우시고, 강도짓과 강탈의 부담에서 벗어나게 하시고, 치리와 정의, 형벌을 두려워함, 덕, 교회와 참된 교리를 다시 수립하시는 것이다.

---

27) 이 말엔 폭군들은 참된 통치자가 아니라는 시사가 있는 것이다(역주).

이 존중의 네번째 단계에서는 통치자들의 연약성을 참고 인내하는 것이 아주 필수적이다. 하나님이 모든 통치의 원천이시며, 하나님은 사람들이 완전한 파멸에 빠지는 것을 원치 않으시고, 따라서 어떤 이들에게는 선한 정부를 주신다는 것을 인정하는 것은 평화를 유지하고, 주어진 소명을 통해서 할 수 있는 한 고통을 더는 것이다. 그러나 하나님께서는 또한 정부를 통해서 우리의 죄를 벌하시기도 하시니, 모든 정부가 다 언제나 질서 바른 것이 아니기 때문이다.

그런 상황에서는 고난 중에서 인내하는 것은 지혜요 덕이다. 노아가 옷을 벗고 누웠을 때에 그의 아들 함은 방탕하게 그를 조롱하였듯이, 오늘날 젊은이들은 때때로 참된 통치자들의 결점을 조롱하며, 그들에 대해 말함으로써 사람들로 하여금 통치자에게 반대하게 하며 소동을 일으킨다. 우리 시대에 이런 일은 매우 흔한 것이다. 잠언 16장에서 솔로몬은 이런 독을 머금은 사람들에 대해서 말하면서 중상자들은 군주들 사이의 분열을 일으킨다고 하고 있다. 권위를 가진 사람들에 대한 욕설은 출 22:28에서 분명히 금해진 일이다: "너는 재판장을 욕하지 말며, 백성의 유사를 저주하지 말지니라."

존경의 다섯째 단계는 기도인 바, 우리는 하나님께서 법을 통해서 우리에게 자신의 지혜를 주시며, 정부의 다스림 안에서 외적인 질서를 수립하심에 대해서 하나님께 감사해야 하고, 더욱이 하나님께서 우리와 함께하시며, 자신의 거룩한 천사들로 우리를 지켜주시며, 악마들을 몰아내어 주시고, 우리의 통치자들에게 은혜롭게 평강과 경륜과 힘을 주시기를 위해 간절히 간구해야 하는 것이다. 우리가 심중에, 질서있는 정부는 하나님의 주신 바 은사라고 알며, 그것에 대하여 하나님께 감사를 드리고, 그의 지혜와 의를 찬양하며, 동시에 하나님께서 우리에게 이런 은사들을 계속해서 주시기를 간구하는 것은 큰 위로가 되는 일이다. 모세는 이렇게 기도한다: "아! 주 하나님이여, 주님 자신이 우리 앞서 가시지 않으신다면, 우리를 이끌어가지 마소서." 그러자 하나님께서는 그와 함께 동행하시겠다고 말씀하신다.

이런 다섯 단계들이 공경(존경, *Ehrerbietung*) 안에 포함된다. 그러나 이것은 단지 서론일 뿐이고, 인간의 이해를 훨씬 넘어서는 지혜를 조금 상기하는 수단일 뿐이다.

제4계명 안에서 명령된 선행

이 계명에는 다음과 같은 선행들이 포함되어 있다.

첫째로, 부모와 교사들과 주권자들과 높거나 낮은 모든 통치자들은 하나님과 주 예수 그리스도에 대한 참된 지식 가운데서와 하나님에 대한 경외와 신앙 가운데서 그들에게 복속하는 이들을 사랑하고, 그들을 십계명으로 가르치며 다스리고, 그들의 소명에 따라서 외적인 불순종에 대하여 처벌을 해야 하는 것이다. 그들은 또한 순종하는 자들을 보호하고, 그들의 몸과 생명과 명예와 직업을 유지하도록 도와야 한다. 이 모든 것은 그들이 하나님을 알며, 하나님의 바른 교회 안에 있도록 하며, 영원히 하나님을 찬양하도록 하기 위한 것이다. 그리고 그들이 하나님을 불러 아뢰며, 각자가 그 소명 가운데서 참으로 하나님을 섬기고, 다른 이들을 방해하지 않으며, 질서의 혼란을 일으키지 않도록 해야 한다. 살전 4:11에서 성 바울은 형제들에게 "너희에게 명한 것같이 종용하여 자기 일을 하고, 너희 손으로 일하기를 힘쓰라"고 권고하고 있다.

그리고 아이들과 학생들과 높고 낮은 백성들은 참된 지식과 존중과 신앙을 가지고서 그들의 부모와 교사와 선한 통치와 법과 공의를 제공하는 자들에게 대해서, 만일 그 모두가 신적인 지혜에 의해 세워진 것이면, 그들을 사랑하고 존중해야 하는 것이다. 그들은 자신의 소명과 지위에 따라서 외적으로 명령된 일에서 순종해야 한다. 그리고 그들은 선한 통치에 대해 하나님께 감사하고, 하나님이 모든 가정의 가장이 되어 주시며, 모든 정부와 통치 가운데 계시기를 심정 깊은 곳으로부터 간구해야 한다. 즉, 각자가 자기 자신의 소명과 직임을 이해하고, 그 안에서 참으로 섬겨야 하며, 다른 소명을 추구하여 불만과 소동과 증오와 살인과 파괴를 일으키지 않도록 해야 하는 것이다.

일반적으로 모든 이의 감사가 이 계명에 포함되어 있다. 어려움 중에 있는 다른 이를 돕는 이는 부모같이 행하는 이이다. 그렇다면 감사는 무엇이며, 도움을 받은 이는 왜 감사를 해야 하는가? 이것이 의외적인 질문인 이유는 우리가 "감사"라고 부르는 덕은 그 자체가 의외적(extraordinary)이고, 사람들이 잘 알지 못하는 것이기 때문이다.

감사는 두 가지 다른 중요한 덕인 진리와 정의(Gerechtigkeit)를 포괄하는 덕이다. 첫째로, 우리가 그에게서 도움을 받은 사람들을 말할 때, 그리고 우리가 스스로의 지혜나 힘으로 이러이러한 것을 하였다고 자만하거나 자랑하지 않을 때 우리의 마음과 입이 고백하는 진리가 있다. 둘째로, 정의가 있으니, 감사할 때 우리는 우리에게 호의를 베푼 사람에게 특별한 의무를 가지며, 우리가 받은 대로 되돌려 주어야만 한다고 느끼게 되기 때문이다. 정의란 하나님의 지혜로 규정된 균등한 교환이다. 사는 사람들과 파는 사람들은 그런 균등함을 유지해야 하고, 다른 이들도 그리해야 하니, 한 쪽은 취하기만 하고, 또 한 쪽은 주기만 한다면 사람들은 서로 같이 살 수 없기 때문이다. 합리적인 사람들은 공의가 이런 성질을 지니고 있음을 잘 안다. 정의의 균등성을 보존하기 위해서 하나님께서는 통치자들에게 진리는 진리로 유익은 유익으로 갚도록 규정하셨다. 솔로몬은 감사하지 않음에 대해서 이렇게 말한다: "감사하지 않는 집으로부터는 불행이 떠나지 않을 것이다"[잠 17:13 참조]. 부모에 대한 아이들의 감사하지 않음이 언급된 신명기 27장의 저주들도 이런 의미의 정의에 근거한 것이다.

그러므로 감사한다는 것은 진리와 공의를 시행하는 것이며, 이로부터 우리는 왜 하나님께서 감사를 가르치시고 명령하셨는지를 쉽게 이해할 수 있는 것이다.

첫째로, 진리와 연관하여 하나님은 진리로 가득 차 있으시고, 거짓말에 대해 큰 진노를 보이심이 분명한 것이다. 그러므로 우리는 우리가 누구에게서 유익을 얻었는지를 고백해야 한다. 만일 우리가 스스로 도운 것처럼 자랑하면 하나님은 진노하실 것이니, 그런 자랑은 하나님이 참으실 수 없는 두 가지 악인 거짓말과 오만을 포함하고 있는 것이기 때문이다. 그런데 이는 우리가 스스로를 높이고 거짓된 자만으로 자신을 크다고 할 때에 일어나는 일이다.

더 나아가서 하나님께서는 우리가 그를 알고 그에게 감사하도록 하기 위해 이런 고백 하기를 원하신다. 우리는 이 감사의 고백을 통하여 우리가 참으로 생명과 지혜와 양식과 그의 말씀과 도움과 보호와 은혜와 영원한 복을 하나님에게서 받으며, 우리가 하나님을 필요로 하지 않는 놀라운 존재나 사람이 아님을 인정하는 것이다. 요약하자면, 감사의 행위는 우리로 하나님을 향하도록 하니, 감사를 드림에서 우리는 하나님이 우리에게 도움을 주시는 분이시요, 구주이심을 고백하는 것이기 때문이다.

둘째로, 공의나 교환의 균등성과 관련하여 하나님께서도 선을 선으로 갚으시고, 죄를 파멸로 갚으신다는 것을 주목해야 한다. 이런 방식으로 하나님께서는 평등을 유지하신다. 하나님은 다윗이 행한 것이든, 사울이 행한 것이든 죄를 미워하신다. 그러나 또한 돌이켜서 주 그리스도께 피난처를 찾는 자들 모두를 용서하실 것이다. 그는 므낫세도 히스기야처럼, 바울도 세례 요한처럼 은혜롭게 받으시고, 높이시며, 복을 주시는 것이다. 이렇게 하여 하나님께서는 공의가 안정된 균등성(a stabilized equality)임을 가르쳐 주셔서, 우리로 하여금 하나님이 전제적이지 않으시고, 은사와 형벌을 균등하게(즉, 공의롭게) 주시는 분이심을 알 수 있게 하신다. 그래서 하나님께서는 사고 파는 일, 빌리고 갚는 일, 잘못하고 벌받는 일에 있어서 균등한 교환이 있도록 규정하셨고, 우리로 하여금 하나님이 과연 어떤 분이신지를 상기할 수 있도록 하신 것이다. 만일에 질서잡혀진 정의가 유지되지 않고, 악에 대해서는 형벌이, 선에 대해서는 상이 주어지지 않는다면 사람들은 살 수 없어지는 것이다.

(다시 한 번 강조한다면) 감사는 공의를 포함한다. 따라서 비록 외적인 상선벌악이 항상 균등하지 않아 보인다고 해도 잘한 것은 잘하는 것으로 보상되고, 평등함이 융성해야 한다. 요셉의 형제들은 요셉에게 요셉이 그들에게 준 만큼의 선을 줄 수 없었다. 그럼에도 불구하고, 그들은 참으로 그들이 은혜를 입었음을 인정하고, 그들의 마음 가운데서 요셉을 사랑하

며, 그들이 외적인 친절도 나타내 보여야만 함을 알았던 것이다.

이처럼 감사는 하나님께서 심각하게 요구하신 것이다. 그러므로 우리는 감사의 실천을 통하여 우리가 때로는 직접적으로, 또 때로는 간접적으로 하나님에게서 많은 선을 받았음을 나타내고, 하나님께 고백하기를 배울 수 있는 것이다. 그렇게 하면 우리의 마음이 그를 섬김에 있어서 하나님께 속할 수 있는 것이다.

이 계명에 반(反)하는 죄들

첫째로, 모든 통치자들과 부모와 교사들과 관리들과 군주들의 큰 죄들은 자신의 소명에 속한 필수적인 사역을 소홀히 하는 것이다. 예를 들어서, 부모가 자녀들에게 음식과 육신의 필수물을 제공하지 않는다든지, 하나님에 대한 지식을 주지 않는다든지, 그들의 악에 대해 징계하지 않는다든지 하는 것이다. 이렇게 주어진 일을 열심히 하지 않음은 학교에서도 자주 나타나니, 가르침에서나 징계와 치리에서의 불성실이 그것이다. 정부의 관리들도 때때로 옳은 가르침과 선한 치리를 유지하고, 공의를 확고히 하고, 압제받는 자들을 보호하는데 필수적인 일들을 하지 않는 경우가 있다. 반면에 그들은 때때로 불필요한 세금을 징수하고, 땅을 황폐케 하는 분명한 폭정을 하는 잘못을 범한다. 지도자들은 백성과 그 땅을 보호하도록 하나님에 의해서 세워진 것이 참인 만큼, 백성들은 그 수준에 따라서 그들에게 줄 것을 분명히 주어야 하는 것이다. 그럼에도 불구하고, 통치자들은 다음과 같은 요한의 선포를 유념해야만 한다: "받는 것을 족한 줄로 알며, 거짓으로 불의를 행치 말라"[눅 3:14 참조]. 통치자들은 나봇의 경우에 임한 하나님의 심판 이야기를 생각해야만 하고, 하나님께서는 큰 왕들과 군주들도 통치하심을 알아야 한다: "네가 학대하기를 마치면, 네가 학대를 당할 것이며 …"[사 33:1 참조].

또한 이 계명에 반(反)하는 죄에는 자신의 소명 밖으로 나아가서 다른 직임을 빼앗으려 하고, 모든 소동과 혼란과 전쟁과 파멸을 일으키는 온갖 계획들이 포함된다. (그렇게 했던) 알키비아데스(Alcibiades)는 쉴 수가

없었다: 그는 아테네 사람들과 그 자신이 파멸할 때까지 오랫동안 이웃 통치자들에게 대해 간악한 흉계를 다 썼던 것이다.

둘째로, 다스림을 받는 자들에게는 이 계명에 반하는 죄는 다음과 같은 것들이다. 즉, 부모나 교사들에 대한 불순종, 부모의 마음에 슬픔을 일으키는 그 어떤 종류의 잘못된 행동, 질서있는 통치와 합당한 권위에 반(反)하는 불순종, 다소간의 백성들이 적법한 권위자에 대항하여 칼을 빼어들고 일으키는 공적인 소동, 그리고 참된 질서를 뒤엎고, 자신들이 통치권을 취하여 질서있는 권위자들을 제거하려는 모든 시도들이 이에 해당하는 것이다. 그 아버지를 대항하여 군대를 일으킨 압살롬, 또 얼마 전에 가련한 백성들로 하여금 군주들과 백작들과 영주들에 대항하여 전쟁을 일으켜 그들을 죽이고 새로운 정부를 세우려 하던 투링기아의 뮐하우젠의 설교자 토마스 뮌처의 행위 등이 이에 해당한다. 후에 뮌스터의 재세례파들은 더 섬뜩한 잘못을 자행하였다. 결국 토마스 뮌처와 뮌스터의 자칭 왕은 옳은 법의 심판을 받았다. 후 세대들은 이와 비슷한 예들을 주목해 보고서, 하나님께서는 폭동을 참아 보지 아니하신다는 것을 유념해야 한다. 그런 이해를 가지고 어려울 때에 교회를 깨끗이 하는 일을 해야 하는 것이다.

반역적인 말들은 손상만을 가져오고, 권위에 대한 경시만을 가져올 뿐이고, 이로부터 통치의 혼란이 일어나는 것이다.

혼인한 사람들이 상호간에 행하는 모든 무례한 행동, 또 형제, 자매, 친척들 간의 무례한 행동은 다 이 계명에 반(反)하는 큰 죄들에 해당된다. 그 형제 야곱에 대한 에서의 증오가 대표적인 예라고 할 수 있다. 많은 사람에게서 볼 수 있는 감사하지 않음, 어떤 이가 교수형 당하는 것을 면하게 해주었는데, 그 대가로 온 것이 자신을 교수형 당하게 하는 일이 되는 등, 수많은 실례를 들 수 있다. 대제사장 여호야다는 어린 요시야의 생명을 구하고 그 왕들을 보존했는데[왕하 11장; 대하 23장 참조], 결국 요아스는 여호야다의 아들 스가랴를 죽이는 것이다[대하 24:20-22 참조]. 시몬 마카베오는 자신이 땅과 재물을 준 사위 프톨레마우스(Ptolemaus)에 의해 어려움을 당했다[제1마카비서 13장-16장 참조]. 디온(Dion)은 자신이 가난에서 구해 키워주어 큰 권세를 갖도록 도와준 칼리푸스(Kalippus)에 의해 정복되고, 또 칼리푸스는 자신이 그 주 디온을 죽인 그 칼로 죽임을 당하게 되었다. 그런가 하면 율리우스(Julius)는 카시우스(Cassius)의 생명을 구하여 그를 큰 군주들 가운데 하나로 회복시켜 주나, 후에 카시우스는 율리우스의 무모한 살해를 계획하는 주동자가 되었다. 그러자 카시우스 자신도 자신의 감사하지 않음에 적절한 일을 당하게 되니, 즉 자신이 율리우스를 죽였던 그 칼로 자살을 하고 만 것이다. 이처럼 감사하지 않던 많은 이들은 하나님의 섭리적인 방식에 의해서 이상스럽게 벌을 받고야 말았다.

이 계명에는 불순종에 대해서는 형벌과 파멸이 임하듯이, 순종에 대해서는 상을 주시겠다는 풍성한 약속이 붙어 있다. 불순종에 대해서 형벌이 따르지 않으면 법은 공허한 것이다. 이 논의의 말미에 상주심과 형벌 일반에 대하여 좀더 말하고자 한다.

다섯째 계명: 살인하지 말라.[28]

우리는 앞에서 이 하나님의 법은 하나님의 영원히 불변하는 지혜와 의를 반영한다는 것을 지적하였고, 사람들은 자신의 정신과 마음과 그 존재의 모든 힘을 다하여 이 하나님의 지혜와 의를 따라야만 한다고 말했다. 우리 주 그리스도는 계명들은 외적인 행위만이 아니라, 우리의 마음을 요구하는 것이라고 설명하신다. 이에 대한 한 예가 사울에게 주신 명령이다: "너는 너의 신실한 종 다윗을 사랑해야 한다. 네 마음이 그에 대한 증오와 시기로 불타서는 안 되는 것이다"[의역, 삼상 17장-31장 참조].

여기서 이에 대한 긴 설명을 덧붙이지는 않겠다. 단지 "살인하지 말라"는 이 계명은 우리가 분노나 증오나 시기 때문에 다른 이를 죽여서는 안된다는 것임을 의미함을 기억하는 것으로 족할 것이다. 즉, 그것은 모든 죽

---

28) 개혁파적 분류로는 여섯째 계명(역주).

임을 금하는 것이 아니다. 하나님께서는 도덕적 균등(*Gleichheit*)을 유지하기 위해서 분명한 질서를 수립하셨다. 그가 권위자들과 재판관들과 형벌을 정하시고, 맡은 자들로 하여금 신성모독자들과 살인자들과 마술사들과 간음자들과 더러운 근친상간을 범하는 이들을 죽이도록 명령하셨던 것이다. 이런 형벌들을 통하여 하나님께서는 우리로 하여금 덕과 악의 구별이 있음과 하나님이 의로우심과 그가 불의한 자들을 파괴하시며 없애실 것임을 우리로 알게 하신다. 만일 살인자들, 강도들, 그리고 무법한 악한들이 억제되지 않는다면 사람들은 공동체 안에 살 수가 없다.

그래서 하나님의 지혜와 의는 권위자들과 재판하는 이들로 하여금 잘못한 이들을 법의 공정한 재판 과정을 통해서 죽임을 당하도록 하셨다. 하나님께서는 관리들과 재판관들과 형벌을 강력하게 유지시키시고, 강화시킴으로 질서를 유지하시는 것이다. 그리고 만일 그 관리들이 너무 연약하게 되면 하나님께서 친히 벌을 내리시니, 소돔, 바로, 사울, 다윗, 그리고 수만 명의 다른 이들이 하나님의 진노를 통해서 현세에서와 영원히 직접적으로 벌 받았던 것이다.

그러므로 우리는 관리직과 이 계명을 구별해야만 한다. 즉, 이는 하나님의 명령을 가지고서 법을 집행하는 이가 아니고서는 그 누구도 죽여서는 안 된다는 것을 의미한다. 그러나 자신들의 직무가 죽일 수 있는 권위를 가지고 있다고 해도, 이 권한은 제한되어 있음을 유념해야 한다.

하나님께서는 "복수는 내게 속한 것이니 내가 갚아주리라"고 하신다. 하나님께서는 소돔과 바로의 경우에서처럼 형벌을 직접적으로 행하기도 하시고, 카틸리나(*Catilina*)를[29] 로마의 원로원을 통해 하신 것처럼, 또는 안토니와 클레오파트라를 아우구스투스를 통해 하신 것처럼 간접적으로나 세우신 기관과 권위자를 통해 벌하시기도 하신다. 그러므로, 하나님께서 시행하시는 복수와 형벌이 직임자를 통해서 부과되기도 하나, 하나님께서

---

29) Lucius Sergius Catilina (108-62 B.C.). 그는 수많은 범죄를 저지른 로마 귀족이었다(영역자 주).

"복수는 내게 속한 것이니"라고 말씀하심을 기억하도록 하자.

더구나 여기서는 악한 행위를 금하기 위하여 계명이 작성되었음을 주목해야 한다. 왜냐하면 금지의 말(*oratio negativa* or *oratio prohibitiva*)은 허용의 말(*oratio adfirmativa*)보다 더 나아가는 것이기 때문이다. 악이 금해질 때마다 대조적으로 덕이 권고되는 것이다.

그러므로 이 계명에 속하는 덕, 또는 선행이 있으니, 그것은 의(義)이다. 즉, 이웃의 인격과 아내와 자녀와 지위와 고백 및 일에 손상을 주지 않음으로써 평등을 유지하는 것이다. 이 모든 것이 "네 이웃을 네 몸과 같이 사랑하라"는 말에 포함되어 있다. 왜냐하면 하나님께서는 사람들이 같이 살도록, 즉 그들이 서로 인정하고 하나님을 높이도록 사람을 창조하셨기 때문이다. 한 시리즈 안에 숫자들이 서로 의존하는 것처럼 사람들도 전체를 위하는 것이다. 따라서 의와 자비가 권고되었다. 특히 도움을 필요로 하는 경건한 사람들에 대해서 말이다.

자비하다는 것은 다른 사람의 비참함, 특히 경건한 자나 잘못된 사람의 고통에 대해서 그들에게 도움을 주는 것이 형벌을 완화시키는 것이라는 느낌의 정신 가운데 그들의 고통을 같이 느끼는 것이다. 다윗과 율리우스는 그들에게 저항하도록 강요받거나 오도된 시민들에 대해 깊은 배려를 보여주었을 때 자비했던 것이다.

하나님도 그와 같으시다. 그는 의로우신 분이시다. 만일 우리가 죄가 없었다면 그는 참으로 우리 모두를 깊이 사랑하시고, 우리 모두에게 행복한 삶을 주시고, 오는 세대에서는 영원한 복락을 주셨을 것이다. 그러나 우리가 악마에 의해서 속임을 당하자, 하나님께서는 우리의 비참함을 동정하셨고, 그 아드님을 통해서 우리를 도우셨다. 이때 그는 우리에게 대해 자비로우신 것이다. 하나님께서는 아들을 받아들이는 모든 자들에게 생명을 회복시키시고, 날마다 많은 형벌을 경감시키시는 것이다.

또한 이에 반해서 이 계명에 반(反)하는 큰 죄와 악이 있으니, 예를 들자면 사람들을 해치거나 해치려고 함으로써 일으키는 불의(不義)가 그것이다. 이런 불의는 살인, 폭력, 시기심, 불의한 진노, 증오에서 나타나고, 아름다운 컵을 깨뜨렸다는 이유만으로 그 종을 죽이도록 하는 무자비함 가운데서도 나타나는 것이다.

이런 불의는 또한 쫓겨가는 다윗을 저주했던 시므이처럼 경건한 사람이 비참함에 있을 때에 그것을 즐기고 조롱하는 데서도 나타난다[삼하 16장].

"간음하지 말라"는 계명

여기서 간음이 금하여졌다. 그러므로 우리는 혼인이 무엇인지를 알아야 한다. 왜냐하면 이 계명은 모든 혼인 관계 이외의 성적인 교제를 금함으로써 혼인을 적극적으로 긍정하고 보호하고 있기 때문이다. 여기서도 우리는 악을 금함으로 덕이 권면된다는 법칙을 기억해야만 한다.

혼인은 한 남편, 한 아내 이 두 사람만의 자연적이고 불가분리적 연합이다. 그들에 대해서 하나님은 성적인 교제를 금하지 않으셨으니, 하나님께서는 이로써 순결함 가운데서 자녀들이 낳아지도록 하셨기 때문이다.

하나님께서는 이 창조의 질서 가운데서 자신의 뜻을 계시하셨다. 하나님께서는 남자와 여자를 창조하시고, 부활 때까지 계속하여 아이들을 낳으며 살도록 하셨다. 그러나 사람은 순결과 순결하지 않음을 모르는 야수와 같이 살도록 하지는 않으셨다. 하나님 자신이 순수하시고, 순결하시며, 질서 있는 존재이시므로, 그는 우리로 하여금 자신을 그렇게 인정하도록 원하신다. 우리는 하나님을 육체적으로 볼 수 없고, 접촉할 수는 없으나, 우리의 마음 가운데 그를 순수하며, 순결하고, 질서있는 존재로 생각하며, 그를 모든 비합리적이고, 원칙이 없고, 불결한 본성들이나 야수들이나, 악마들이나, 사람들과 구별하기를 원하신다. 이 덕과 이 순결함은 하나님과 악마들을 구별짓는 아주 명료하고 분명한 구별인 것이다. 우리는 이 모든 것을 부지런히 생각해야만 하니, 이는 "순결"의 덕을 인정하기 위해서만이 아니라, 하나님께서 어떻게, 언제, 그리고 왜 이를 규정하셨는지를 발견하기 위해서도 그리해야 한다. 그리고 하나님은 악마들과 사람들 안에 있는 모든 추잡함을 미워하시는 순수하고 순결한 존재이시므로, 우리는 우리의 기도 가운데서 하나님을 현명하고, 전능하시며, 참되시고, 선하시며, 의로우시고, 순결하시며, 순수하시고, 독립적인 존재로 생각하고, 그렇게 불러 아뢰야만 하는 것이다.

순결함과 순결하지 않음의 구별은 하나님께서 "둘이 한 몸이 될지니" [고전 6:16]라고 말씀하실 때인 낙원에서부터 계시되었다. 즉, 한 남자와 한 여자가 아이 낳음을 위해 연합하고, 그 뒤에는 그 관계가 불가분리적이라는 이 선언에서부터 말이다. 이 말로써 혼인 제도가 수립되어졌고, 온갖 혼외정사는 금지된 것이다. 한 남자와 한 여자가 불가분리적으로 연합한다면, 그 어느 쪽도 방황해서는 안 된다는 결론이 나오는 것이다. 아담과 하와는 이 심각한 하나님의 말씀을 분명히 이해하였고, 여기서 하나님의 지혜를 인정하였으며, 후에는 그 자녀들에게 이에 관해 가르치고 선포했던 것이다.

이런 이해가 "간음하지 말라"는 명령 속에 들어 있음은 자명하다. 이 명령의 말은 간단할지라도, 이는 하나님께서 자주 설명하신 대로 이해되어야만 한다. 혼인이 하나님을 기쁘시게 하는 것임은 창세기 2장과 마태복음 18장과 고린도전서 7장의 말씀으로부터 분명히 드러난다. 그리고 온갖 혼외정사는 하나님께서 엄히 금하신 것이고, 치명적인 죄임이 레위기 18장, 그리고 고린도전서 6장과 갈라디아서 5장의 말씀으로부터 분명히 드러난다: "이런 일을 행하는 자들은 하나님 나라를 유업으로 받지 못하리라." 이 말과 이와 비슷한 말에서 하나님께서는 이 계명에 대해서 설명하여 주셨고, 소돔과 가나안, 베냐민 족속과 다윗에게 행하신 무시무시한 형벌에서 자신의 엄하신 의지를 드러내셨다. 이런 예들은 우리 앞에 있어서, 만일 악행을 하는 이들이 하나님과 화목하지 않는다면 현세적 심판이든 영원한 심판이든 하나님의 진노가 임하게 된다는 것을 인정하도록 한다.

레위기 18장에서 하나님께서 친히 이 법칙을 수립하셨다: "가나안 족속들의 가증한 일을 행하지 말라. 만일 너희도 그런 악을 행하면, 그 땅은 가나안 족속을 토하여 낸 것처럼 너희도 토하여 내느니라"[cf. 24-30절]. 하나님께서는 이 법칙을 지키신다. 그의 형벌은 그가 추잡한 것에 대해 분노하심을 분명히 해준다. 이는 역사와 우리의 매일의 경험이 보여 주는 것이 며, 큰 제국들, 왕국들, 도시들이 우상숭배와 독재와 추잡함 때문에 파멸했 다는 데엔 의심의 여지가 없는 것이다. 바로 이 이유 때문에 가나안 족속 들이 파멸하였고, 애굽과 시리아와 마케도니아 제국이 바뀌었으며, 트로이 와 테베와 스파르타가 멸망했던 것이다. 또한 이 죄들이 시리아로부터 독 일에 이르기까지 이슬람교도들이 행하는 모든 황폐케 함의 원인이 된다.[30]

우리는 우리 세대와 우리 자녀들 세대의 삶에서의 특정한 불행의 원인 이 무엇인가 하고 우리의 삶을 살펴보아야만 한다. 왜냐하면 하나님께서는 "죄를 범하면, 벌을 받으리라"는 지혜서에 씌어진 규칙을 일반적으로 수행 하시기 때문이다[cf. 솔로몬의 지혜서 3:10; 11:16; 12:23]. 그러므로 씨 의 불의한 사용은 그 씨, 즉 자녀에게서 형벌을 받게 되리라는 결론이 나 온다. 자녀들이 살인을 행하고 반역을 한 다윗의 경우에서 볼 수 있는 것 처럼 말이다.

세속 관리들도 간음과 근친상간을 벌하려고 한다. 만일 그들이 이 문제 에 대해 관용을 가지고 허용을 하면, 하나님께서 친히 벌을 하실 것이다. 악행하는 자들과 (허용하는) 관리들을 모두 없애는 소돔에 대한 벌에서 그리하신 것처럼 말이다.

이것은 외면적인 죄에 대해 임하는 현세적인 형벌과 관련된 말이다. 그 러나 우리는 이 죄가 외적으로 추잡한 행위만을 포함하는 것이 아니라, 마 태복음 5장에서 이 계명과 관련하여 설명된 대로 마음의 "정돈되지 못한 욕정"(inordinate lusts)과도 연관됨을 알아야만 한다. 그러므로 우리 각자 는 우리 자신들의 마음을 살피고, 우리의 마음이 얼마나 야수적이고 항상

---

30) 16세기 초에 터키 족속의 모슬렘들은 소아시아, 페르시아, 이집트까지 그 세력 을 확장시켰다. 놀라운 술레이만(Suleiman the Magnificent)는 1529년에 비엔나를 포 위했고 1541년에 헝가리를 취하였으며, 스페인의 카를 5세와 지중해의 지배권을 놓고 다투었다. 그는 알제리에서 헝가리에 이르는 광대한 지역을 지배했었다. 멜란히톤과 다 른 개혁자들은 터키 이슬람교도들의 진전을 큰 관심을 가지고 말하곤 하였다(영역자 주).

성이 없는지를 보고, 그것이 얼마나 사랑과 욕정의 열기로 요동하는지를 살펴야 한다. 그래서 우리의 연약함을 인정하고, 예수께로 돌이켜서 은혜를 구하며, 우리의 연약함과 깨끗하지 못함에 대해서 용서를 구하고, 그의 성령으로 우리를 인도해 주시기를 기도해야만 하는 것이다.

이 계명에 따르는 선행들

모든 선행의 토대와 원천은 참된 신지식과 그리스도께 대한 믿음이다. 우리의 마음이 하나님께로 향하게 되고, 참된 존경과 신앙이 마음에 불붙게 되며, 죄가 양심을 해하지 않게 되면, 혼인과 혼인의 연합은 참으로 하나님을 기쁘시게 하는 선행이 된다. 그렇게 되면 우리의 마음이 간음으로 나아가는 무질서한 열정을 따르지 않고, 진정으로 그것을 거부하고, 건전한 생활을 영위하게 되는 것이다.

그런 혼인 역시 순결한 것이다. 하나님의 계명에 따라 혼인하여 부부로 사는 것이 순결이기 때문이다. 환언하면, 순결이란 모든 혼외 관계를 거부하는 것이며, 무질서한 열정을 거부하는 것이다. 이렇게 아담과 하와, 아브라함과 사라, 이삭과 리브가, 스가랴와 엘리사벳은 순결한 혼인한 부부들이었고, 수만의 부부들이 그리하듯이 하나님을 기쁘게 하였던 것이다.

이 계명에서 선행의 둘째 단계는 혼인 관계 밖에서는 흠없이 사는 것이다. 즉, 모든 금하여진 성적 교제를 거부하고, 무질서한 정열을 거부하는 것이다. 이것은 어린 아이나, 아직까지 강한 욕망을 느끼지 않는 젊은이들이나, 나이든 사람에게 모두 해당하는 것이다. 그러나 혼인할 연령에 있는 모든 이들은 세례 요한이나, 예수님의 어머니 마리아나[31] 과부 한나와 같이 특별한 하나님의 은사가 없이는 혼인하여 살도록 되어 있는 것이다. 혼인하지 않고 사는 은사를 유지하기 위해서는 죄의 모든 기회조차도 피하여야 하고, 기도와, 하나님의 교리를 묵상하는 중에서 건전하고 바른 정신

---

31) 왜 마리아를 언급하고 있는지? 멜란히톤도 천주교적 동정녀 개념을 계속 유지하는 것인가? 아니면 요셉 사후의 그녀의 삶에 대한 언급인가?(역주).

을 가지고 살아야만 한다.

이 계명에 반(反)하는 죄들

모든 혼외정사는 이 계명에 반(反)하는 중죄(重罪, a mortal sin)이다. 모든 무질서한 열정과 정욕도 그러하며, 게걸스레 먹고, 과음하고, 쓸데없이 접촉하고, 추잡한 말과 행동을 하고, 거짓으로 점잔을 빼는 것 등을 통한 모든 보기 좋지 않은 것들도 그러하다.

"도적질하지 말라"는 계명

하나님께서 사람들과 정치적 사회를 얼마나 아름답게 규정해 놓으셨는지를 주목해 보라. 또한 자신의 율법 가운데 스스로 알리신 모든 것, 지혜와 선하심과 진리와 의와 순결로 풍성하신 것을 보라.

(십계명의) 첫 돌판에서 하나님께서는 최고의 지혜와 참된 지식과 하나님을 불러 아룀에 대하여 말씀하신다.

둘째 돌판에서는 부모와 다스리는 자들, 그리고 그들의 권위를 말한다. 그리고 그 뒤에는 우리가 서로 어떻게 살아야 하는지를 규정하시고 있다. 첫째로, 우리는 공정하게 그 누구도 죽이지 말아야 하니, 만일 우리가 서로 원하는 대로 죽인다면 함께 사는 것이 불가능하기 때문이다. 그 뒤에는 우리가 순결하게 살아야 하며, 혼인한 상태에서 질서가 유지돼야 한다는 명령이 나온다. 왜냐하면 하나님 자신이 순결을 사랑하시는 순수한 존재이시기 때문이다.

그리고 이 세상에서 우리는 먹고 마셔야 하고, 거주지와 옷을 필요로 한다. 그래서 다음 계명은 이런 물리적 필요의 근거를 제공하고 있다. 여기서도 다시 한 번 금지가 이미 규정된 어떤 것을 지시하고 있음을 주목하라. 금지는 앞에 규정된 것을 지시한다(*Prohibitio significat, aliquid ordinatum antecedere*). 훔치는 것이 금지되었으므로, 소유(재산의 소유)는 하나님을 기쁘게 하는 것임이 분명하다. 그러므로 우리는 이 계명으로부터 하나님께서 친히 재산의 소유권과 그것을 규제하는 합리적인 법률을 수립하셨음을 배우도록 하자. 그것에 의해 우리가 살고 소유를 갖는 법이 하나님을 기쁘시게 한다는 것을 안다는 것은 위로가 된다. 왜냐하면 그렇게 되면 신자가 그런 질서 가운데서 깨끗한 양심을 가지고 자신을 주장하며 일할 수 있고, 하나님의 복과 도우심을 구할 수 있기 때문이다. 왜냐하면 우리가 음식을 먹고 마시며, 이 세상에서 거주지를 갖는 것이 우리를 위한 하나님의 질서의 한 부분이기 때문이다.

악마적인 재세례파와 연관하여서 이 점을 주목해 보라. 그들은 모든 재화가 공유되어야만 한다고 주장하며, 소유를 공유하여 나누는 것은 거룩성의 큰 표라고 자랑한다. 이런 주장은 일하는 대신에 방탕하게 살고, 추잡한 일을 하려는 의도를 가진 많은 악한 사람들을 매혹시킨다. 이는 뮌스터에서 일어난 일이 잘 보여주는 것이다. 이런 미친 짓에 반하여 우리는 이 계명에 담긴 아름다운 지혜를 생각하고, 옹호해야만 한다.

재산의 소유가 옳고 하나님을 기쁘시게 하는 것이므로(이에 대해서는 후에 좀더 말하기로 한다)[32] 하나님께서는 각자의 집과 재화를 보호하도록 강한 벽을 세워주셨으니, 곧 "도적질하지 말라"는 이 계명이 바로 그것이다. 우리의 마음과 손은 하나님께서 규정하신 대로 서로의 동의 하에 공평한 대가를 치르고 교환하는 일 이외에는 다른 사람의 재화를 탐내거나 취해서는 안된다. 이 세상에서 살 때 우리는 다양한 것들을 필요로 하게 된다. 그리고 하나님께서는 어떤 이에게는 땅의 소산물을, 또 어떤 이에게는 양모와 천을 주셨다. 따라서 교환을 원활하게 하도록 하려고 하나님께서 계약과 사고 파는 일도 규정하셨다. 하나님께서는 우리로 하여금 이런 수단들을 사용하여 평등을 유지하도록 하신 것이다. 왜냐하면 그렇게 하지 않으면 우리는 곧 서로를 잡아먹고 말 것이기 때문이다. 그래서 하나님께서는 우리로 하여금 공의란 공평이라는 것을[*Gerechtigkeit Gleichheit ist*] 항상 기억하게 하시고, 하나님이 의로우시며, 죄를 미워하시고, 그리고

---

32) 이하의 논의를 보라. 특히 이 계명에 속한 선행과 이에 반하는 죄를 보라.

주 그리스도께 피하여 숨는 모든 이에게 자비로우심을 기억하도록 하신
것이다. 하나님께서는 우리로 하여금 하나님의 질서에 따라서 평등
(*Gleichheit*)을 유지하도록 하신다. 강한 자가 약한 자를 짓밟아서는 안
된다. 또한 그를 충실하게 섬긴 다윗을 쳐부수려고 사울이 그리하였듯이
번민하도록 해서는 안 되는 것이다.

그리고 이 벽, 즉 이 "도적질하지 말라"는 계명으로 하나님께서는 권위
와 재판과 형벌을 세우신 것이다. 비록 때때로 관리들이 형벌을 행하지 않
고, 그 자신들이 도적과 강도가 되기도 하지만, 의로우신 재판장이요 법의
시행자이신 하나님께서는 그들의 소유를 빼앗으시고, 그들이 부당하게 얻
은 재화를 취하시는 것이다. 그래서 이사야는 "빼앗는 자들에게 화가 있으
리니, 너희가 빼앗길 것이니라"[사 3:11; 33:1 참조]고 말하는 것이다.

이 계명에 속한 선행들

만일에 신지식, 하나님에 대한 경외, 그리고 참된 신앙이 마음에 있고,
선한 양심이 주도한다면, 질서있는 방식으로 재산을 가지고 사용하는 것은
참으로 하나님을 기쁘시게 하는 것이 되며, 그럴 때 우리의 마음은 하나님
께 감사해야 하고, 필요한 때에 도움을 주시고, 더 복을 주시도록 요청해야
한다.

이 계명에서 선행의 둘째 단계는 사고, 팔고, 임대하고 하는 등의 일에서
공평함을 유지하는 것이다. 속임수나 압력이나 고리대금이나 도적질이나
강도질을 통해 이익을 얻으려고 하지 말고 말이다. 하나님께 영예를 돌리
려면 우리는 하나님께서 의로우심을 기억하며, 또한 그가 우리로 하여금
서로에게 대해 의롭기를 원하신다는 것을 기억하면서, 사고 팔고 하는 일
에 있어서 공평함을 기꺼이 유지하려고 해야만 한다.

셋째 단계는 우리의 마음과 손을 사용해서 우리의 능력이 미치는 대로,
교회와 가난한 자들을 위해 관대함을 실천하는 것이다. 왜냐하면 하나님은
선하시고 관대하시고, 우리도 그와 같기를 원하시기 때문이다. 그리고 이
관대함은 솔로몬이 말하는 바와 같은 것이어야 한다: "다른 이들로 너의

샘과 개울에 오게 해야 한다. 그러나 네가 주관해야 하는 것이다."[33] 우리
가 소유한 것의 열매를 주어야 한다. 그러나 우리의 집과 들을 유지해야
한다. 하나님의 진지한 명령과 은혜로우신 약속은 우리가 믿음을 가지고
순종하는 마음으로 수행하는 관대함과 관련되어 있다. 눅 6:38에서 "주라,
그리하면 주실 것이요"라는 말씀이 말해 주듯이 말이다.

넷째 단계는 주연과 흥청거림, 또는 게으른 과시에 우리 재산을 낭비하
지 말고, 재산을 유지하고, 하나님의 은사로 이를 바르게 사용하는 것이다.
왜냐하면 솔로몬이 이렇게 말하기 때문이다: "네 재산을 낯선 자들이나
자비하지 않은 자들에게 주어서는 안 된다."[34] 즉, 악한 친구들은 우리로
우리의 소유를 낭비하게 하며, 우리가 재산을 탕진하여 가난하게 되면 우
리를 조롱하는 것이다. 그러므로 이 계명에서는 다음 세 가지 덕이 명령되
었다고 할 수 있다: 정의, 관대함, 그리고 경제적일 것(*justitia,*
beneficentia, et parsimonia).

이 계명에 반하는 죄들

첫째로, 강도짓이나 속임, 부적절한 압력, 또는 고리대금을 통해 다른 이
의 재화를 의도적으로 빼앗는 것, 또한 사고 팔고, 빌려주고 빌릴 때에 균
등하지 않게 교환하는 것도 이에 해당한다.

둘째로, 일반적으로 필요한 때에 교회나 우리의 도움을 필요로 하는 친
구나 가난한 자들에게 적절한 도움을 주지 않는 것이다.

셋째로, 불필요한 쾌락이나 사치를 위해 자신의 재화를 낭비하여 자기
자녀나 다른 이들이 손상을 입도록 하는 것이다. 이는 부정함, 인색함, 낭
비(*injustitia, sordes, et prodigalitas*)의 3대악을 포함한다.

넷째로, 이 세상의 재화를 어느 정도 가졌는데도 하나님께 감사하지 않
고, 사악하게 탐내고, 끊임없이 더 많이 거머쥐려고 계획하는 것이다.

---

33) 원전이 불분명함. cf. 잠언 3:27; 5:15-17; 21:13, 20:22:9(영역자 주).

34) 원전이 불분명함. cf. 잠언 1:10-16, 26, 27(영역자 주).

"살인하지 말라," "간음하지 말라"는 등의 하나님의 계명은 모든 사람에게 해당하는 것이다. 이 계명 역시도 예외가 없다. 즉, "도적질하지 말라"는 이 계명도 왕, 군주, 영주, 신하, 남편, 부인, 젊은이, 노인을 막론하고 모든 이에게 해당되는 계명인 것이다. "율법에 기록된 대로 항상 행하지 않는 자는 저주받을 것이다"[갈 3:10]. 이사야도 그의 예언서의 제3장에서 "하나님께서 큰 군주들에게 심판을 내리실 것이다"고 선언한다[14절 참조]. 또한 에스겔서 34장에서는 주께서 말씀하시기를 "오 슬프다 이스라엘의 목자들이여! 너희가 내 양을 해하고 먹으니, 내가 너희를 제거하리라"[1-10절 참조]고 하신다.

세례 요한도 "받는 임금으로 족한 줄 알라"고 한다[눅 3:14]. 이와 다른 많은 구절들이 신하들도 역시 재산을 가질 수 있으며, 그들은 그 주인의 재화를 가져서는 안 되며, 그 주인 역시도 그 신하들의 재산을 가져서는 안 된다는 것을 분명히 한다. 아합이 나봇의 포도원을 부당하게 취하려 하던 예를 잘 주목해야 할 것이다.

"거짓 증거하지 말라"는 계명

생명을 유지하고, 혼인을 보호하며, 재산을 보호하기 위해서는 재판과 형벌이 필수적인 것이다. 이 계명은 공정한 재판에 관한 것이니, 이 짧은 말 "거짓 증거하지 말라"는 말에는 참된 판단을 위해 필요한 모든 것이 포함되어 있기 때문이다.

그런데 다시 한 번 두 가지를 강조할 필요가 있다. 첫째는 금지란 그 정반대되는 것이 명령되어 있다는 것을 함의한다는 것이다. 따라서 이 경우에는 "진실"이 명령된 것이다. 우리가 거짓말을 하지 말라는 명령을 받았다면, 그것은 진실[참]을 말하는 것이 명령된 것이고, 따라서 참은 옳고, 하나님을 기쁘시게 하는 것이 되는 것이다.

둘째로 기억해야 할 것은 하나님 자신이 참을 규정하신다는 것이다. 즉, 하나님은 참되시고 신실하시다. 우리 주 그리스도께서 "나를 보내신 이는 참되시니"[요 8:26]라고 말하듯이 말이다. 참이란 사물을 있는 그대로 이해하고, 그에 대해서 있는 그대로 말하고, 그 의도된 뜻을 제대로 부여하고, 말과 생각과 행동에서 모순을 피하는 덕이다. 이 설명은 마 5:37의 우리 주님의 말씀에 근거하여 주어진 것이다: "오직 너희 말은 옳다, 옳다, 아니라, 아니라 하라."

참이란 덕은 하나님께서 아주 기뻐하시는 것이다. 왜냐하면 그는 모든 것을 있는 그대로 이해하시며, 있는 그대로 말하시고, 변하지 않으시기 때문이다. 하나님께서 말 3:6에는 "나 여호와는 변역지 아니하나니"라고 하시는 것이다. 우리는 주님의 말씀을 의심하지 않는다. 하나님께서는 천사들과 사람들 가운데 참과 진리가 융성하게 되기를 간절히 원하신다. 그러나 악한 천사들은 진리로부터 떠났고, 그들의 구별되는 표지는 그들이 속이는 자들이라는 것이다. 그들은 거짓에 대한 열망을 가지고 있으니, 첫째는 하나님께 대해서 그러하고, 둘째는 다른 사물들에 대해서 그러하다. 악마들은 온 세상을 우상숭배로 가득하게 한다. 그들은 영적으로 소경된 사람들로 하여금 하나님이 아닌 것을 하나님이라고 부르도록 하며, 온갖 추잡한 것, 죽은 자들에게 희생 제사를 드리는 것, 참 하나님을 인정하고 고백하는 그리스도인들을 핍박하는 것과 같은 수많은 옳지 않은 것들을 옳은 것으로 여기도록 하는 것이다.

이 계명이 진리와 거짓에 대해서 말하고 있으므로, 합리적인 사람은 누구나 이 계명이 인간의 삶의 상당한 부분을 포함하고 있음을 쉽게 알 수 있을 것이다. 이는 법정과 고소와 반응과 증언과 동기와 사고, 팔고, 빌려주고, 빌리는 계약에 있는 약속들을 포함하는 것이다. 다스리는 문제와 관련해서 이는 옳게 재판하는가, 아닌가 하는 문제를, 그리고 교육과 관련해서는 옳게 가르치는가, 옳지 않게 가르치는가 하는 문제를 포함한다. 일반적인 말에서는 다른 사람들에 대해 신실하게 높이고 칭찬하거나 비난하는 것, 그들에 대한 거짓을 만들고 유포하는 것, 그들이 말하는 바를 곡해하는 것들이 이에 포함된다. 이 문제의 범위는 아주 커서 그 누구도 이 땅 위에서는 이 계명을 온전히 다 이해할 수는 없다. 그럼에도 불구하고, 우리는 이에 대해서 생각할 수 있고, 인정할 수 있으며, 큰 범과를 피할 수 있는 것이다.

이 계명에 대한 온전한 설명은 너무 길 것이므로, 나는 단지 모든 사람이 이 계명이 진리에 대해서 말하는 바를 생각하고, 하나님과 사람에게서 이것이 얼마나 큰 덕이며, 얼마나 필수적인지를 생각할 수 있기만을 위해 기도한다. 만일 진실이 없다면 우리가 서로를 어떻게 대하며, 만일 약속이 지켜지지 아니하고, 재판정에서든지 밖에서든지 거짓된 보고가 주어진다면 이 사회가 어떻게 유지될 것인가? 여기서 우리는 하나님께서 분명히 거짓과 속임을 반대하시며, 그에 대해 벌하실 것임을 알 수 있게 된다.

신명기 19:16ff.에서 하나님께서는 사람의 생명을 위태롭게 하는 거짓 증언을 하는 자는 죽음에 처하게 되리라고 명하신다.

잠언 12:22은 "미련한 자의 마음은 미련한 것을 전파하느니라"고 선언한다. 그리고 잠언 19:9은 "거짓 증인은 벌을 면치 못할 것이요 거짓말을 내는 자는 망할 것이니라"고 한다.

또한 슥 8:16f.은 말하기를 "너희는 각기 이웃으로 더불어 진실을 말하며 … 심중에 서로 해하기를 도모하지 말며, 거짓 맹세를 좋아하지 말라. 이 모든 일은 나의 미워하는 것임이니라. 나 여호와의 말이니라"고 한다.

이 계명에 포함된 선행

만일 우리의 마음 가운데 옳은 신지식(神知識)과 하나님을 경외함과 우리 주님께 대한 믿음이 있다면, 이 계명에 포함된 선행들은 선하고 하나님을 기쁘시게 하는 것이 될 것이다. 이것은 증언이나 판단, 고소, 반응, 의견, 조언, 약속, 보고, 교육에서의 가르침, 그리고 다른 이들의 악과 덕을 말하는 일 등에서 속이거나 궤변을 사용하지 않고 진실됨을 지키는 것을 포함한다. 이 세상에서는 수많은 궤변과 불순한 관행과 작용이 있다. 트라키아 사람들은 30일 간의 휴전에 동의하고서도, 그 약속은 낮에만 해당하는 것이라고 말하면서 밤에 그 적을 기습해 버렸다. 그런 올빼미 같은 계략은 법정과 외교에서 아주 흔한 일이다.

이 계명에 포함된 선행의 둘째 단계는 고의로 비방하는 말을 반복하거나, 악의를 가지고 어떤 사태를 왜곡하지 말고 다른 이들의 덕과 악에 대해서 진실되이 말하는 것이다. 바리새인들은 그리스도께서 세리와 함께 식사하시는 것을 악의를 가지고 해석했었다[마 9:9-13; 눅 5:27-32; 15:1-2; 7:34 참조]. 이런 의심스럽고 근거없는 해석에 대하여 주께서는 말씀하시기를 "비판을 받지 아니하려거든 비판하지 말라"고 하셨다[마 7:1; cf. 6:37-38].

이 계명에 반(反)하는 죄들

첫째로 큰 죄들이 있으니, 그것은 우리의 증언과 판단과 고소와 반응과 견해와 조언에서 거짓말을 하는 것과 약속과 보고에서 고의적으로 비진실을 말하는 것과 잘못된 가르침을 베푸는 것과 보디발의 아내가 요셉에게 하듯이 또는 심바가 그 주인에게 하듯이[삼하 16장] 다른 사람들에게 대하여 고의로 중상하거나 거짓말을 하는 일이다. 율리시즈(Ulysses)는 팔라메데스(Palamedes)가 적과 공모한다고 잘못된 의심을 하고는 그를 죽였었다.

둘째 단계는 궤변으로 거짓을 속이려 하거나, 거짓된 모양을 보이고, 회피하려 하는 죄이다. 예를 들어서, 빚을 진 사람이 교묘하게 말하면서 갚기를 피하는 일이 이에 해당한다. 페르시아의 대신들은 다니엘을 멸망시키기 위해서 다니엘이 왕의 명령을 지키지 않았다는 인상을 주는 계략을 창안하였었다. 이 세상은 어떤 이들이 지혜라고 생각하는 이런 궤변으로 가득 차 있다. 그러나, 시락은 말하기를, "궤변을[즉, 거짓된 모양을 보이는 계책을] 행하는 이는 미움을 받을 것이니, 그에게는 지혜가 없느니라. 또한 하나님께서는 그에게 은혜를 주시지 아니하시리라"고 하는 것이다[37:20-21 참조]. 수도사들의 경우도 이런 경우에 해당한다. 그들이 궤변으로 자신들의 잘못을 주장하고, 아름답게 꾸미고, 죽은 자들에게 기도하고, 죽은 자들을 위해 미사를 드리고 하는데, 이것은 그들이 분명히 하나님의 은총 밖에 있으며, 소경된 것임을 드러내는 것이다.

이 계명과 관련된 셋째 단계의 죄는 근거없는 의심을 품는 것과 옳은 것과 별 문제 없는 것을 마치 그것이 악한 것인양 해석하는 것이다. 사울은 다윗이 그의 나라를 취하려 한다고 의심하였고, 다윗의 모든 선한 행위를 왕위를 찬탈하려는 시도라고 해석했었다. 그런가하면 티베리우스(Tiberius)는 게르마니쿠스(Germanicus)를 의심하여 이 선한 젊은 군주를 죽였던 것이다. 그 지위 고하를 막론하고 사람들 사이의 의심으로부터 많은 무질서가 야기되었다. 우리는 모든 나라에서 이런 예들을 찾아볼 수 있다. 그리고 그런 의심과 잘못된 해석은 근본적으로 진리라고 불리는 덕에 반하는 것이다. 진리는 불확실한 상상이나 악한 왜곡이 아니라, 근거를 분명히 가진 지식인 것이기 때문이다.

넷째 단계의 죄는 기만적인 반어(反語)를 말하는 것이니, 즉 음모자로서 말하는 것, 다른 이가 조롱받도록 말하는 것, 또는 맹목적으로 행하도록 유도하는 것이다. 예를 들어서, 마귀가 가련한 하와에게 "너희가 하나님과 같아지리라"고 말하는 것과 같은 것이다[창 3:5 참조]. 그와 같은 음모자, 즉 자기 자신을 드러내기를 원하지 않고, 또 "앞으로 앞으로 가라. 바른 길에 서 있다. 신들과 같아지리라"고 말하는 그 마음에 바른 명제(바른 의도)를 가지고 있지 않은 자에게 조언을 구하면, 우리는 종종 이와 같은 악마적이고 반어적인 권고를 듣게 되는 것이다.

이상과 같이 몇 가지를 상기시키는 것으로 마치는 것은 하나님의 모든 계명은 아주 심오하여서 그 어떤 천사나 사람도 그것을 다 파악할 수 없기 때문이다. 그럼에도 불구하고, 거짓말과 거짓된 말들과, 궤변과 잘못 인도하는 진술과 거짓된 보고와 잘못된 약속들에 관한 이 계명을 잠시 동안 생각해 보라. 이 한 계명 안에 얼마나 많은 인간의 행동이 포괄되어 있는가 말이다!

마지막 계명[35]

마지막 두 계명은 바르지 못한 성향(inclinations, *Neigungen*)이나 욕망에 대한 것으로, 이는 앞선 계명들을 더 설명하는 것이라고 할 수 있다. 즉, 이는 외적으로 악한 행위들만이 아니라, 그 뿌리도 하나님께 대항하는 것이라는 것이다. 예를 들자면, 인간성의 가련한 부조화, 어두워짐, 하나님에 대한 회의 등은 그 이해에서 하나님이 빛나시는 것과 마음과 생각을 주관하시는 것을 막는 것이다. 그리하여 인간의 마음과 정신이 하나님을 경외함을 상실하고 있고, 하나님에 대한 사랑이 없으며, 참된 기도가 없고, 하나님을 신뢰함이나 의존함이 없고, 인간의 마음과 생각이 바르지 못한 성향과 열정으로 가득 차게 된 것이다. 이 전체적인 부조화가 하나님께 반(反)하는 것이다. 그것이 죄이다. 그리고 만일 우리가 주 그리스도와 성령을 통해서 중생하지 않으면 하나님께서 우리들을 정죄하실 것이다.

바울은 롬 8:7의 다음과 같은 말에서 이 죄된 부조화에 대해서 말하며, 이 계명에 대한 분명한 설명을 하고 있다: "육신[즉, 성령 없는 인간성]의 생각은 하나님과 원수가 되나니, 이는 하나님의 법에 굴복치 아니할 뿐 아니라 할 수도 없음이라." 이것이 얼마나 무서운 진술인지를 생각해 보라. 왜냐하면 바울은 여기서 하나님과 원수되는 것을 말하고 있기 때문이다. 외적으로 악한 일에서만이 아니라, 성령이 없는 인간의 모든 의도, 지혜와 덕이 다 하나님께 원수되는 것이다. 왜냐하면 그런(즉, 성령 없는) 지혜와 덕은 하나님께 무엇도 주장할 수 없으니, 이는 하나님께서 우리의 삶에서 일으키시는 것을 내지 못하는 것이기 때문이다. 이 본유적인 죄(innate sin)은 원죄에 대한 항목에서 더 충분히 논의된 바 있다.

수도사들은 자연적인 (영적) 소경됨, 하나님께 대한 회의, 그리고 악한 성향들이 우리가 재가하지 않으면 (그 자체로는) 죄가 아니라고 주장하며, 따라서 그들은 이 마지막 두 계명을 재가(혹, 허가)에 대한 말로 해석한다.[36] 수도사들의 이런 가르침은 거짓된 것이다. 로마서 7장은 분명히 밝히

---

35) 원래는 루터파적 분류에 따라 우리의 10계명을 9계명과 10계명으로 나누어 그들을 함께 언급하는 제목인 "제9계명과 10계명"이다. 그 내용은 개혁파의 10째 계명에 해당하는 것이다(역주).

36) 즉, 이 계명(들)은 악한 성향 자체를 죄악시 하는 것이 아니라, 그것에 우리를

기를 악한 성향과 그것을 허락하는 것, 즉 그 뿌리와 열매 모두가 죄라고 하기 때문이다.

이 교리는 하나님의 선포에서 자주 표현되어 왔으며, 이 계명에 포함된 것이다. 하나님께서는 특별한 지혜로 당신의 법을 큰 표지와 함께 선포하셔서, 우리로 하여금 하나님이 과연 어떤 분이시며, 하나님께서 우리를 어떻게 창조하셨으며, 또한 우리가 죄를 지으면 그와 같지 않게 되며, 오히려 죄지은 것에 대해서 죽음과 형벌을 만나게 된다는 것을 알 수 있도록 하셨다. 하나님의 의(義)는 죄에 반(反)하는 것이다. 따라서 하나님은 죄에 대하여 크게 진노하시며, 죄를 소멸하는 불이시다. 이것이 계시된 것은 우리로 하나님의 진노 앞에서 떨며, 중보자이신 하나님의 아들을 인정하기를 배우며, 후에 논의할 바와 같이[37] 그에게 피하도록 하려는 것이다.

이 계명에 부가된 형벌에 대하여

이 세상의 정부에서는 형벌이 없는 법이란 바람에 밀려오는 소리 이상의 것이 아니다. 무시무시한 형벌이 붙어있지 않으면 하나님의 법도 마찬가지일 것이다. 그래서 하나님께서는 그의 의로써 율법에 최고의 형벌을 덧붙이셨으니, 그것은 이들을 통해서 (율법을 범한 죄를) 사함받지 못한 모든 이들을 영원한 슬픔과 고통에 몰아넣는 영원한 진노이다.

이 형벌들은 이 세상에서 시작되어 물리적인 죽음과 모든 슬픔과 어려움을 당하도록 한다. 하나님께서는 이 세상에서 우리로 하여금 하나님이 의로우시며 지혜로우시고, 그가 불의를 심판하심을 기억하도록 하신다. 물리적인 죽음과 온갖 재난은 하나님께서 작정하신 것이고, 하나님께서는 그의 형벌을 내리심에서 이 질서를 유지하신다. 살인, 간음, 본성에 반하는 성교, 강도, 사기와 같은 큰 죄들에 대해서 하나님께서는 이 세상에서 물리적인 형벌로 벌주기도 하신다. 다음 구절이 말하듯이 말이다: "칼로 죽이

굴복시키는 우리의 허락을 문제삼는 것이라고 해석한다는 뜻이다(역주).

37) 제9장, 10장을 보라.

는 자는 자기도 마땅히 칼에 죽으리니…"[계 13:10]. 하나님께서 이처럼 물리적 형벌을 사용하시는 것은 위에서 시사한 바와 같이 그가 현명하시며 의로우심을, 그리고 그의 의는 그에 반하는 모든 것을 제하고야 만다는 것을 우리로 하여금 배우도록 하려는 것이다. 또한 둘째로, 형벌은 인류를 위하여 사용되는 것이니, 이로써 많은 사람들이 함께 사는 사회 생활이 살 만한 것이 될 수 있도록 하려는 것이다. 만일 하나님께서 사회 생활을 보호하지 않으시고, 살인자나 강도들을 벌하지 않으신다면, 이 땅 위에는 황폐함만이 남게 될 것이다. 그러나 하나님께서는 우리의 사회 생활을 유지하기를 원하시니, 죽은 자들의 부활 때까지는 하나님께서 계속하여 사람들 가운데서 교회를 모으기를 원하시기 때문이다. 셋째로, 하나님께서는 물리적 형벌을 사용하셔서 우리로 하여금 우리가 죄에서 돌이켜서 하나님께로 가야함을 상기시키기를 원하시는 것이다.

하나님의 법의 삼중 용법에 대하여

사람은 율법을 지킴에 의해서나 그 자신의 노력에 의한 공로로 죄사함을 받을 수 없다. 또한 그는 스스로를 의롭게 할 수도 없다. 즉, 외적으로 도덕적인 삶을 산다고 해도 하나님을 기쁘시게 할 수 없는 것이다. 더구나 그 어떤 사람도 율법을 다 이룰 수 없다. 즉, 그 누구도 율법에서 그가 마땅히 어떻게 해야 한다고 지시하는 대로 하나님의 뜻에 일치하여 행할 수는 없는 것이다. 부패한 본성을 가진 이는 그 누구나 죄 없을 수가 없다. 여기서 그렇다면 율법의 유익은 무엇인가? "율법은 무엇에 쓰라고 주어진 것인가?" 하는 질문이 제기될 수 있다. 이에 대하여 율법의 3가지 중요한 용도가 있다고 답하고자 한다.

율법의 첫째 용도(혹, 용법)는 **시민적 용도**라고 할 수 있다. 율법은 가르치고 두려움과 형벌로써 사람들로 하여금 그 율법의 제재하에 있도록 하는 것이다. (즉, 하나님의 형벌을 두려워하여) 하나님께 대해 신성모독적인 말을 하지 못하게 하며, 손을 들어 다른 사람을 죽이거나 다른 이의 물건을 훔치지 못하게 하며, 그 몸으로 외적인 부도덕을 행치 못하게 하며, 거짓말을 하지 못하게 하는 등의 일을 하는 것이다. 이 시민적 용도는 모든 사람에게 적용되는 것이다. 비록 이에 따라서 (두려워서) 어떤 사악한 일을 안 한다고 해서 그것이 거룩한 것은 안 되지만 말이다. 적어도 외적인 순종은 모든 사람에게 여러 수준에서 가능한 것이다. (이에 대해서는 자유의지에 관한 항목에서 이미 시사한 바 있다).[38] 모든 사람이 외적인 도덕성 (*Zucht*)을 지키는 것을 하나님은 진정으로 기뻐하신다.[39] 그래서 하나님께서는 외적인 악을 공적인 재난, 권세자들의 칼, 병, 가난, 전쟁, 흩어짐, 어린아이의 어려움, 그리고 다양한 불행들로 벌하시는 것이다. 그리고 끝까지 하나님께 회개하지 않는 이에게 영원한 형벌로 벌하신다. 그러나 비록 이 외적인 도덕성이 죄 용서를 공로로 얻도록 할 수는 없고, 그것이 그 사람을 하나님 앞에서 의롭다고 할 수는 없어도 그것이 하나님께서 기뻐하시는 것이라는 것은 틀림없는 사실이다. 비록 그것이 율법을 온전히 지키는 것에서는 아주 멀리 떨어져 있는 것이라고 해도 말이다.

율법의 두번째 용도는 더 중요하니, 이는 하나님의 **진노를 선포하는** 용도이다. 율법의 선포를 통해서 하나님께서는 마음의 잘못을 지적하고, 놀라게 하며, "주께서 사자같이 나의 모든 **뼈를** 꺾으시오니"라고 히스기야가 말한 바와 같이[사 38:13 참조] 우리의 마음을 그런 불안과 슬픔에로 몰아간다. 사람들은 죄에 대한 하나님의 진노를 느끼고, 만일 그들이 그리스도를 통하여 위로를 받지 않으면, 그들은 사울과 유다가 그런 것처럼 영원한 불안과 참상에 빠지게 될 것이다. 하나님께서 우리를 분노로 바라보시게 되면, 수만 명의 사람들이 작은 죄 때문에라도 영원한 형벌에 떨어지게 될 것이다.

성 바울은 이 용도(용법)에 대해서 자주 말한 바 있다. 로마서 4:15에서 그는 "율법은 진노를 가져온다"고 말한다. 즉, 죄에 대한 하나님의 심판 앞

---

38) 위의 제5장을 보라.
39) 그러나 이로써 그 행위가 하나님 보시기에 선이 된다는 뜻은 아님에 유의하라 (역주).

에서의 참상과 불안과 놀람을 가져온다는 것이다. 수많은 사람들이 겉으로 보기에는 안전히 살아가나, 종국적으로는 이 심판이 모두에게 임하는 것이다.

더구나, 이 심판을 느끼는 많은 사람들이 복음을 통해서 위로를 받고, 회개하며, 다시 복을 얻을 것이나, 어떤 이들은 절망과 영원한 슬픔에로 떨어질 것이다. 신 4:4은 "하나님은 소멸하는 불"이시라고 말해준다.

또한 시편 58편은 "심판하시며, 사람에게 형벌을 주시는 하나님이 분명히 계시다"고 한다[11절 참조].

시편 62:12: "주께서 각 사람이 행한 대로 갚으심이니이다."

시편 50편: "우리 하나님이 (분명히) 임하사 잠잠치 아니하시니, 그 앞에는 불이 삼키고 … 하늘이 그 공의를 선포하리니 하나님 그는 재판장이심이로다"[3절, 6절 참조].

나훔 1:2: "여호와는 투기하시며 보복하시는 하나님이시니라. 여호와는 보복하시며 진노하시되, 자기를 거스리는 자에게 보복하시며, 자기를 대적하는 자에게 진노를 품으시며."

스바냐 1장: "그 때 내가 등불로 … 두루 찾아 무릇 … 심중에 스스로 이르기를 '여호와께서는 복도 내리지 아니하시며, 화도 내리지 아니하시리라' 하는 자를 벌하리니."(12절)!

욥기 9장: "당신께서 죄인에게 형벌을 내리심을 내가 압니다."

전도서 8장: "죄는 분명코 벌을 받게 되며"[전도서 8:12, 13]. 또한 그 마지막 장에 이르기를, "하나님을 경외하고, 그 명령을 지킬지어다. 이것이 사람의 본분이니라. 하나님은 모든 행위와 모든 은밀한 일을 선악간에 심판하시리라"[전도서 12:13, 14 참조].

요약하자면, 하나님께서는 모든 이에게 똑같이 의로우시다(gerecht). 그러므로 그것이 동시에 일어나지는 않을지라도 하나님께서는 모든 이의 죄에 대해 형벌을 내리신다. 하나님께서는 우리의 본성에 하나님의 법에 대한 지식을 두셔서 우리로 하여금 그의 의(義, Gerechtigkeit)를 알 수 있도록 하셨다. 또한 그는 큰 이적들을 선포하셔서서 우리가 그의 본성을 알고,

그가 옳다고 여기시는 것과 죄와 정의롭지 못한 것이 무엇인지를 알 수
있도록 하셨다. 그래서 그는 세상의 초기부터, 특히 교회에서 모든 필수적
인 명령에 대한 지식이 있도록 하셨다. 이처럼 그는 율법을 사용하셔서 우
리의 죄된 마음을 치는데 사용하신다. 바울이 로마서 7장에서 말하듯이 죄
가 율법을 통하여 죽게 만드는 것이다[13절 참조]. 욥 6:4도 같은 것을 말
한다. "전능자의 살이 내 몸에 박히매, 나의 영이 그 독을 마셨나니, 하나님
의 두려움이 나를 엄습하여 치는구나."

하나님의 심판과 마음의 이 슬픔을 느낀 이는 누구나 만일 하나님께서
우리 주 예수 그리스도를 통해서 다시 위로를 내려주시지 않으면 그것은
죽음과 같다는 것을 알 것이다.

하나님께서는 심판하실 것이며, 그의 심판은 아주 심각하다는 사실을 성
찰해 보라. 왜냐하면 율법은 하나님의 지혜이기 때문이다. 우리는 하나님
께서 사람들을 창조하실 때 그들 안에 심어 두신 그 빛을 제거할 수 없다.
또한 하나님께서는 이적을 동반하면서 십계명을 공적으로 선포하셔서 우
리의 흐트러진 본성 안에 있는 인간 이성의 회의로 말미암아 그 빛이 꺼
지지 않도록 하셨다. 또한 하나님께서는 율법에 영원한 심판과 현세적 심
판을 덧붙이셨으니, 이는 인간의 이성이 율법을 반박할 때에 물리적 심판
으로 하여금 하나님의 법을 상기시키도록 하려는 것이다.

하나님께서는 또한 선포하는 직무를 세우셔서 자신의 말씀을 통하여, 또
한 중보자이신 그리스도 때문에 죄와 싸우는데 있어서 말씀의 선포가 중
요한 역할을 할 수 있게 하셨다. (말씀의) 선포를 통해서 하나님께서는 우
리 안에 두려움과 위로를 주신다. 하나님의 아들 자신이 타락한 인간들을
다시 받아들이셔서 그들을 죽음으로부터 구하실 것이라고 말씀하심으로
낙원에서 이 선포의 직무(the office of preaching)를 창안하셨다. 첫째로,
그는 "네가 무엇을 하였느냐!"고 함으로써[창 3:13 참조] 죄를 심판하신
다. 아담과 하와가 지극히 엄위하신 하나님 자신이 말씀하시는 것을 들은
것은 농담이 아니니, 거기서 그때에 그들은 죽음을 느꼈기 때문이다. 그러
나 하나님의 아들은 친히 놀라운 사죄의 음성을 발하셔서 그들에게 이렇

게 말하셨다: "여인의 후손이 뱀의 머리를 상하게 할 것이다"[창 3:15 참조]. 이로부터 그들은 자신들이 죽지 않을 것임을, 여인이 후손을 갖게 될 것임을 이해하게 되었다. 여인의 후손이 뱀의 권세를 다시 뒤엎을 것이고, 다시 의와 생명을 주실 것이므로 그들은 자신들이 다시 은혜에로 되돌아오게 되리라는 것을 이해하게 되었던 것이다. 그가 외적인 말씀을 하실 때 하나님의 아들은 아담과 하와의 마음에 이런 위로를 일으켜 주셨던 것이다.

자신의 교회 안에서 선포의 직무를 통해서 하나님께서는 우리가 하나님이 어떤 분이시며, 우리를 하나님의 형상으로 만드신 것이 얼마나 고귀한 것인가를 선포하기 원하신다. 그러나 하나님의 뜻에 반(反)하여 인간성이 하나님에게서 떨어지게 되었고, 더 이상 (제대로 된) 하나님 형상 노릇을 못하게 되었다. 그래서 인간성이 하나님의 애호 밖에 있게 된 것이고, 죄 안에 있음으로 더 이상 하나님과 같지 않게 된 것이다. 그의 율법에서 하나님께서는 우리가 그와 같아야 하며 그가 원하시는 대로 되어야 함을 시사하신다. 하나님은 자신의 교회 안에서 이 아주 중요한 교리를 계속 강조하실 것이다. 바울이 "율법으로 죄를 깨달음이니라"[롬 3:20 참조]고 말하듯이 우리는 율법의 선포를 필요로 한다. 율법은 죄가 무엇인가만이 아니라, 하나님이 어떤 분이신지도 증언해 준다. 우리가 하나님은 어떤 분이시며, 하나님의 지혜와 질서에 반(反)하는 것이 무엇인지를 알 때에 죄가 무엇인지를 알게 되는 것이다.

성 바울은 롬 1:18에서 죄는 선포의 직무에서 하나님의 말씀을 통해서 심판 받게 된다고 말한다: "하나님의 진노가 … 사람들의 모든 경건치 않음과 불의에 대하여 하늘로 좇아 나타나나니." 그리스도께서도 자신이 율법을 폐하러 온 것이 아니라, 완성하러[이루려] 오셨다고 말하실 때에 같은 방식으로 말하는 것이다. 우리가 도덕법(lex moralis)이라고 부르는 최고의 법은 하나님께서 우리에게 계시해 주신 하나님 안에 있는 영원한 불변적 지혜와 의이다. 그 누구도 하나님 안에 있는 이 지혜와 의를 폐할 수는 없다. 그것은 그런 모습으로 영원히 있으며, 그것은 언제나 그에 반하는 것을 정죄하는 것이다. 하나님 안에 있는 이 지혜와 의 때문에 우리의 죄에 대한 하나님의 무서운 진노가 주 그리스도께 쏟아 부어진 것이다. 그리고 후에 더 자세히 말할 것과 같이,[40] 그분 때문에 우리가 받아들여진 것이다.

주 그리스도 자신도 십계명을 선포하시고 이를 설명해 주신다. 그는 말씀하시기를 "성령은 나를 믿지 않는 죄 때문에 세상을 심판하시리라"고 하셨다[요 16:8f. 참조]. 선포의 직임을 통해서 하나님께서는 세상의 무섭고, 끔찍한 무지를 심판하신다. 즉, 사람들이 하나님의 아들을 모르는 것, 하나님의 아들의 약속과 죄 용서와 은혜를 모르는 것을 말이다. 그리고 참된 신앙과 신뢰를 가지고 하나님의 아들을 부르지 않는 마음은 죄 용서를 받지 못한다. 성령은 하나님을 무시하는 것, 거짓된 안전을 기대하는 것, 하나님의 말씀을 의심하는 것, 하나님의 교리를 열심히 주장하지 않는 것 등의 죄를 심판하신다. 또한 성령은 사람들에 대한 죄, 즉 소동, 증오, 시기, 살인, 간음, 강도짓, 그리고 거짓말 등에 대해서도 심판하신다.

바울이 여러 번 말하듯이 "죄를 짓는 자마다 하나님 나라를 상속치 못하리라"[롬 2:2-11; 고전 6:9-10; 15:50; 갈 5:21; 엡 5:5 참조]. 이런 말들에서 사도들은 십계명을 선포하고 설명하며, 우리로 하여금 그것을 기독교회 내에서 알고 선포하도록 명하고, 그런 선포를 통해서 사람들의 마음이 영적 어두움과 거짓된 안전에서 자유롭게 되며, 하나님의 진노를 진지하게 생각하며 느끼게 되도록 했으면 하는 것이다. 그리스도 자신도 "나의 이름으로 회개와 죄 용서를 선포하라!"[눅 24:47 참조]고 하신다. 우리가 회개하고 마음에 공포를 느끼려면, 우리가 다양한 형태의 죄를 알아야만 하는 것이다.

이것이 율법의 제2용도(용법)에 관한 것이다. 우리는 이를 잘 유념해서 십계명의 참된 의미를 확실하고 분명하게 주장하고 선포하도록 해야 한다. 수년 동안에 재세례파는 우리가 십계명을 선포해서는 안 된다고 주장해

---

40) 아래의 제9장, 10장을 보라.

왔다. 그 이유는 중생한 이는 누구나 선행을 하는데 있어서 말씀의 도움이 없이도 성령에 의해 이끌림을 받는 것이며, 이렇게 하여 이루어지는 선행은 계명을 앞지르는 것이라는 것이다. 재세례파의 이런 주장은 그들의 공허한 암매를 드러내는 것이며, 많은 오류와 신성모독을 포함하는 것이다. 이에 반(反)해서 심지어 그리스도 자신도 십계명을 선포하고 설명했음을 생각하고, 당신의 어떠하심을 계시하시는 하나님의 지혜에 대해서와 부활 후에는 우리가 [피조물의 수준에서] 그와 같아지리라는 계시에 대하여 하나님께 감사하도록 하자!

또한 우리가 창조함을 받았을 때 우리 안에 심겨진 자연법의 빛을 생각해 보자. 이교도들에게서는 이것이 어두워져서 그들은 사람들 안에 있는 자연적인 빛, 즉 자연법에 반(反)하는 무시무시한 죄를 허용하고 있는 것이다. 그리하여 그들은 많은 신(神)들을 창안해 내고, 그 모두가 영원하다고 상상하며, 심지어 죽은 사람들을 부르기도 하는 것이다. 또한 그들은 간음과 부인을 바꾸는 일도 서슴지 않고 행한다. 그런 어둡고 암매한 일이 이교도들 가운데 관영하고 있다. 그러나 자신의 교회 안에서는 하나님께서 자신의 법이 바르게 이해되도록 하신다. 그러므로, 우리가 하나님의 법을 선포하지 말아야 한다는 것은 악마적인 신성모독이다. 왜냐하면 이것은 우리가 하나님은 어떠한 분이신지를 말하지 말아야 하며, 지혜롭고, 참되시고, 선하시며, 의로우시고, 순수하신 하나님과 그렇지 않은 다른 것들을 구별하지 말아야 한다고 하는 것과 같기 때문이다. 하나님의 율법은 우리에게 주어진 하나님의 지혜이다. 그러므로 이 놀라운 하나님의 선물을 무시하는 사람들의 감사치 않음은 상당한 죄가 아닐 수 없다. 그것이 악마들에 의해서 되어진 것이든지, 아니면 사람들에 의해서 되어진 것이든지를 막론하고 말이다. 우리는 하나님의 이 지혜에 대해서 너무 강조해도 지나치지 않은 것이다.

율법의 세번째 용도(용법)는 신자가 된 이들, 하나님의 말씀과 성령으로 중생한 성도들, 그들에 대하여 "내가 나의 율법을 그 마음에 두며"라고 하신 그 사람들[렘 31:33; 32:37-41; 히 8:8-12 참조]에 대한 것이다. 하나님께서 그들 안에 거하시며, 빛을 주시고, 그들로 하여금 하나님을 따르게 하는데, 이 모든 것은 하나님의 말씀을 통해서 일어나는 것이다. 따라서 이 세상에서의 삶에 있어서 율법은 필수적이고, 성도들은 하나님을 기쁘시게 하는 선행에 대한 증언을 알고, 가지고 있어야 하는 것이다. 이 죽어야 하는 삶을 사는 모든 사람은 그 안에 상당한 연약성과 죄를 가지고 있으므로, 날마다 하나님 앞에 회개하는 것이 늘어가고, 우리는 우리의 거짓된 안전과 순결하지 못함에 대해서조차도 애통해야만 한다. 이런 것은 하나님의 말씀, 다른 이들에 대한 형벌을 생각함, 그리고 우리를 심판하시는 것을 통해서 올 수 있는 것이다.

이 모든 것이 율법의 선포이다. 거룩한 왕 스가랴는 십계명을 통해서와 이스라엘 멸망이라는 큰 고난을 통해서와 산헤립이 쳐들어온 자기 자신의 처참함을 통하여 자신이 하나님을 경외하는 가운데 살아야만 함을 배우고, 그를 열심히 불렀던 것이다. 짧게 말해서, 하나님께서는 자신의 교회에 도덕법(lex moralis)이라고 불리며, 또 때로는 십계명이라고 불리는 영원하고 불변하는 법에 대한 지식을 주시고, 교회가 이를 유지하고 주장하여서 사람들이 옳은 것이 무엇이고, 죄가 무엇인지에 대한 하나님의 증언을 가질 수 있도록 하셨고, 모든 사람들 안에 있는 죄에 대한 형벌과 심판을 통해서 회개하지 않는 자들이 회개하며, 회개한 자들이 하나님을 경외하는 중에 더 든든히 서 나가도록 하신 것이다.

성도들은 율법이 더 이상 그들을 정죄하지 않는다는 점에서 율법에 대해서 자유롭다. 비록 그들도 자신 안에 이 세상에 사는 동안에는 연약함과 죄를 가지고 있지만, 그들은 믿음으로 그리스도 덕분에 그들은 하나님을 기쁘시게 하는 것이며, 죄가 그들에게 대하여 셈하여지지 않는 것이다. 이에 대해서는 후에 더 말하기로 한다. 그러나 이 영원한 불변적 지혜와 질서는 유지되는 것이고, 모든 합리적 피조물은 그 창조주인 참 하나님께 순종하고, 복속하게 될 것이다.

율법에 대한 이 간단하고 단순한 서론이 주어진 것은 모든 하나님을 경외하는 사람이 자주, 또 열심히 십계명을 생각하는 습관을 가졌으면 하는 소망에서 이루어진 것이다. 그러면 그는 계속적으로 더 많은 것을 이해하게 될 것이고, 하나님의 이 아주 아름다운 지혜를 더 온전히 사랑하게 될 것이며, 이 빛과 계시에 대해서 하나님께 감사를 드리게 될 것이다. 또한 각 사람은 자신의 불결함을 더 분명히 느끼게 될 것이고, 이런 성찰은 그로 하여금 하나님의 공의를 두려워하는 중에 서도록 할 것이다.

그리고 비록 커다란 고집쟁이[당나귀]들인 수도사들이 모든 사람은 하나님의 법을 온전히 지킬 수 있는 능력을 자연적으로 부여받고 있다고 가르칠지라도, 수도사들의 이 가르침은 무서운 악마적 암매 이외의 것이 아니다. 하나님의 말씀을 깨달은 그리스도인들은 말씀으로부터 수도사들의 가르침과 다른 것을 배워서 우리의 비참한 인간성은 바로 하나님의 법에 따르지 아니함 때문에 정죄됨을 알게 될 것이다. 그리고 그들은 또한 하나님의 법에는 그 누구도 충분히 다는 파악할 수 없는 높은 지혜가 있음을 알게 될 것이다.

자연법에 대하여

많은 사람들이 "자연법(natural law)은 무엇인가?"하고 묻는다. 그 대답은 바로 하나님께서 십계명 가운데서 선포하신 하나님의 영원한 불변적 지혜라고 할 수 있다.[41] 그런데 우리는 이 법을 하나님께서 그리스도, 선지자들, 그리고 사도들을 통해서 명확히 해주신 대로 이해해야만 한다. 하나님께서는 당신 자신의 불변하는 지혜라는 이것의 영광을 창조 때에 사람

---

41) 전통적으로 이는 "영원법"에 대해 주어지는 대답이었다. 영원법과 자연법을 멜란히톤은 동일시하고, 이것이 후기 자연법 사상가들의 생각에로 흘러가고 있다. 그러나 후기 자연법 사상에 대해서 우리는 그대로 긍정하기 어려운 점이 있음을 인식해야 할 것이다. 이런 점에서 자연법을 영원법으로 이해하는 멜란히톤의 태도는 좀 소박하다고 할 수 있을 것이다. 그러나 또 어떤 면에서 보면 이는 후대의 자연법 사상을 교정하는 자연법 사상의 제시가 될 수도 있다. 특히 이 문단 말미에 인간들이 자연법을 스스로 명확히 알 수 있는 능력이 흐려졌으므로 하나님께서 계명을 주셨다는 시사에서 그러하다. 그렇게 본다면 이제 타락한 상황에서는 하나님의 율법에 비추어 보아야만 자연법에 이를 수 있는 것이 되기 때문이다(역자 주).

안에 심으셨었다. 1, 2, 3, 4, 5, 6, 7, 8, 9, 10의 숫자가 우리 안에 있는 것과 같이, 하나님이 영원히 전능하시고, 지혜로우시며, 참되시고, 선하시며, 의로우시고, 순결하신 분이라는 것과 그가 모든 것을 창조하셨으며, 모든 합리적 피조물들이 덕에 있어서 그와 같기를 원하신다는 것과 그는 자신의 지혜와 의에 반항하는 모든 합리적 피조물들에게 벌을 내리시고, 그들을 제거하신다는 그 빛도 우리 안에 있는 것이다.

이것이 율법에 대한 법적인 이해이고, 이는 타락 이후에도 사람 안에 남아 있다. 왜냐하면 하나님께서는 우리가 "자신의 어떠하심"(his nature)을 알기를 원하시며, 그래서 우리 안에 죄에 대한 판단이 잔존하도록 하시기 때문이다. 외적인 사회 생활은 이 자연적인 빛에 의해 규제되는 것이다. 그리고 이 자연적 빛과 십계명은 바르게 이해하면 둘이 아니라 하나의 지혜요, 교리요, 율법인 것이다.

이렇게 십계명에 대한 이해가 창조 때에 모든 사람 안에 심겨졌다면, 왜 하나님께서는 수백만 명 앞에서 그 큰 이적과 함께 십계명을 선포하셨는가 하는 질문이 제기될 수 있다. 이 공개적인 왕적 선포에는 여러 가지 중요한 이유가 있을 수 있으나, 그 중 두 가지 이유가 특별히 중요하다. 첫째는 사람이 타락하자, 인간 이성의 빛이 이전처럼 분명하고 밝지 않게 되었다는 점이다. 삶들은 점점 더 부끄러움이 없어졌으며 야수적이 되었고, 더욱더 어둠에 빠지게 되었다. 그리하여 이교도들은 수많은 영원한 존재들과 참 하나님께 반하는 신들을 창안하고 그들의 이름을 부르게 되었다. 그들은 온갖 종류의 무시무시한 부도덕한 일을 자행하고, 그것을 악이라고 하지도 않는다. 사람들이 이렇게 어두워졌으므로 하나님께서는 시내산에서 자신의 율법을 선포하셨고, 아담 때로부터 자신의 교회 안에서 이 율법을 유지하시고 주장해 오셨으니, 가인과 아벨 이야기, 소돔을 심판하신 것 등이 그에 대한 공적 증언이 되는 것이다. 그러나 시내산에서의 율법의 반포가 가장 뛰어난 것이다. 그래서 이에 대해서 많은 강한 증언들을 주셔서 인간 이성에서 이 교리가 완전히 지워지지 않도록 하신 것이다.

율법을 주신 둘째 이유는, 다른 무죄한 사람을 죽여서는 안 된다든지, 다

른 사람의 아내나 물건을 훔쳐서는 안 된다든지 하는 것을 아는 것만으로
는 충분하지 않기 때문이다. 우리는 무엇보다 먼저 하나님의 어떠하심
(God's nature)을 알아야 하고, 하나님께서는 우리가 (피조물의 수준에서)
그와 같기를 진지하게 원하시며, 모든 죄에 대해서 그가 진노하신다는 것
을 알아야만 한다. 그래서 하나님께서는 이 계명들을 친히 선포하셨고, 그
래서 우리로 하여금 이 법들이 단지 우리의 마음에만 있는 것이 아니라,
하나님의 법임을 알게끔 하시며, 하나님이 모든 죄에 대해서 심판하시며
그 처벌을 수행하시는 분이라는 것과, 우리의 마음이 하나님의 진노를 인
정하고 그 앞에서 떨며, 모든 죄는 사람의 행복과 안녕만을 해치는 것이
아니라, 하나님께 범과하는 것임을 알도록 하신 것이다.

　또한 성도들이 하나님의 말씀으로부터 어떤 행위가 하나님을 기쁘시게
하며, 하나님을 섬기는 것이 되는지를 분명히 알아서, 그들 자신이 자신의
생각대로 하나님을 기쁘시게 하는 일을 창안해 내지 않도록 하는 것이 필
요하다. 그래서 하나님께서는 자신의 율법을 선포하셨으니, 이는 하나님의
말씀 없이는 인간의 이성이 곧 오류와 회의에 빠지고 말기 때문이다. 만일
하나님께서 친히 은혜롭게 당신의 지혜를 선포하지 않으셨더라면, 사람들
은 하나님의 본성에 대해서나, 옳고 그름에 대해서나, 질서와 무질서에 대
해서 더 큰 회의에로 빠져들었을 것이다. 그러므로 우리가 하나님의 어떠
하심을 알고, 하나님과 악마들, 옳은 것과 그릇 것, 그리고 질서와 무질서
를 적극적으로 구별하도록 하기 위해서, 하나님께서 친히 이 선포 가운데
서 우리를 가르치시고, 우리의 생각을 강화시켜 주셨던 것이다.

제 8 장

계명과 권고의 구별에 대하여

재세례파는 굉장한 거룩성을 가지고 있는양 하며, 위선 중에서 자신들은 그들 스스로 하는 것이 하나도 없다고 말한다. 그들은 큰 인내를 보이는 것처럼 하면서 원수도 갚지 않고, 저항도 하지 않는다고 한다. 천년 전에도 이와 비슷한 악마적 위선이 떠돌았다. 카르포크라테스(Carpokrates)와 그를 따르는 무리들이 재산을 공유할 뿐더러, 부인들도 공유하려고 했던 것이다. 이것은 언급하기에도 무시무시한 예이긴 하지만, 악마가 기회를 얻게 되면 얼마나 무시무시하게 성을 내며 극성을 부리는가를 생각해야만 한다. 그러므로 우리는 순결한 교훈으로 미리 무장하고 준비하고, 이에 대한 강한 신념을 가지고 있어야만 하며, 주 그리스도께 그의 복음과 참된 성령으로 우리를 밝혀 주시고 인도해 주시며, 거짓말하는 악마들을 멀리 몰아내 주시기를 주 그리스도께 날마다 기도해야 한다. 현재로서는 수도사들이 재세례파만큼 그렇게 지나치게 나아가서 재산을 공유로 해야 한다고 말하지는 않는다. 그러나 그들도 사유재산을 갖지 않는 것이 온전함을 위한 권고(a counsel of perfection)라고 말한다. 수도사들의 이런 말에는 여러 가지 커다란 허위들이 있다. 따라서 나는 간단히 이를 언급해 보고자 한다.

계명은 필연적으로 순종해야만 하는 것이므로 계명이라고 불린다. 계명에 반(反)하는 모든 것이 죄이고, 사람이 하나님께 돌이키지 않으면 이 모든 죄에 대해 영원한 형벌이 내려진다.

권고(counsel)는 가르침(doctrine)이지 계명(commandment)은 아니

다. 권고는 어떤 일이 흠없는 유용한 것이라고 높이고 칭찬하기는 하나 그 일을 반드시 해야만 한다고 요구하는 것은 아니다. 수도사들은 이런 권고 사항으로 세 가지 행위를 선택하여 말한다. 즉, ① 원수를 갚지 않는 것, 저항을 하지 않는 것과 ② 소유를 가지지 않는 것, 그리고 ③ 혼인하지 않고 순결하게 사는 것이 그것이다. 수도사들은 복음이 이 세 가지 일을 권고한다고 말한다. 그리고는 이런 일들이 죄 용서를 공로로 얻게 하며, 이런 일은 온전한 것이고, 이 일들은 하나님의 계명의 일보다 더 높은 것이라고 말함으로 거짓을 유도하는 것이다. 우리 시대에는 특히 재세례파들이 굉장한 오류와 거짓으로 가득 찬 책들을 써내었다. 이런 제목들에 대한 기본적이고 긴 교훈이 아주 유용할 것이지만, 여기서는 간단히 언급하기로 하겠다. 신앙의 조항을 차서있게 공부한 이들은, 즉 율법이 무엇이며, 율법과 복음의 차이가 무엇이고, 하나님 앞에서 사람이 어떻게 믿음으로 의롭다함을 받으며, 하나님께서 세상의 권위를 세우셨다는 것 등을 차례로 배운 이들은 누구나 그 기초로부터 저항과 소유와 순결에 대해서 우리가 어떻게 해야 하는지를 생각할 수 있을 것이다.

첫째로, 우리의 행위[일]가 죄 용서를 공로로 얻을 수 없다는 것은 분명하다. 또한 우리의 행위가 온전하지 못한다는 것도 분명하다. 왜냐하면 이 세상에 살 때 우리는 율법을 온전히 지킬 수 없으며, 상당한 죄와 의심과 무질서가 우리 안에 남아 있기 때문이다. 욥이 9장에서 "인생이 어찌 하나님 앞에 의로우랴"고 말하고 있듯이 말이다[2절: 또한 25:4도 참조]. 그러므로 사람들이 자기 자신들의 행위를 마치 그런 행위가 하나님의 율법을 온전히 다 이룬 것처럼, 그리고 그런 거룩성은 명령된 행위보다 더 높은 것처럼 온전한 것이라고 높이는 것은 공허한 맹목일 뿐이다.

원수 갚음, 징벌, 그리고 저항에 대해서

하나님께서는 선포의 직무와 함께 이 세상의 권위[세속 권세]도 세우셨다는 것은 분명하다. 그 둘의 차이가 무엇인지를 지금 말해 보도록 하자. 세속 권세에 대해서 하나님께서는 다음 같은 네 가지 직무를 명령하셨다.

첫째로, 세속 권세는 외적 도덕성에서 십계명의 목소리가 되어야 한다.[1]

둘째로, 세속 권세는 물리적인 힘과 칼과 족쇄로 세속 권세는 외적으로 하나님의 명령에 반하는 모든 행위를 하는 사람들을 처벌하고, 무죄한 자들을 보호하며, 가능하면 살인자와 강도들을 몰아내야 한다.

셋째로, 세속 권세는 도덕성과 평화를 유지하기 위한 자체의 법률을 만들어야 한다. 그런데 이 법률들은 하나님의 계명에 반(反)하는 것이어서는 안된다.

넷째로, 이 계명에 불순종하는 이들은 물리적으로 처벌되어야만 한다.[2]

이와 같은 것이 세속 권세가 담당해야 하는 일이고, 하나님께서는 세속 정부가 이런 일을 수행해야 한다고 진지하게 명령하셨다. 즉, 로마서 13장에 분명하게 표현되어 있듯이 죄없는 자들을 보호하고, 불순종하는 자들을 처벌하는 일을 해야 하는 것이다: "그는 하나님의 사자(servant)가 되어 네게 선을 이루는 자니라 … 하나님의 사자(servant)가 되어 악을 행하는 자에게 … 보응하는 자니라"[4절 참조]. 여기서 세속 권세는 분명히 하나님을 대신하여 원수를 갚고, 처벌을 하고, 저항을 하라고 명령받은 것이다.[3] 그러므로 이것은 세속 권세에 대한 하나님의 계명이지, 단지 권고가 아닌 것이다. 이에 반해서 모든 백성들, 즉 그 직임이 이런 공적인 법의 집행과 저항을 수행하는 이가 아닌 모든 사람들은 그들 스스로 원수 갚지 말라는 명령을 받았다. 그들은 악행하는 자들을 그 악행에 따라서 그들 자신이 처벌해서는 안 되고, 세속 권세[정부]가 그런 일을 하도록 질서있게 요구해야 한다. 특히 그들은 세속 권세자들에 반(反)하여 무력을 행사하거나, 폭동을 주동하거나, 적법성 있는 권세(orderly authority)를 전복하기

---

1) 이는 세속 권세가 십계명을 하나님의 뜻으로 여기고 따르지는 않아도 도덕적인 책무이므로 따르게끔 하는 역할을 해야 한다는 뜻임(역주).

2) 이상의 논의에서(이하에서도 마찬가지이다) 멜란히톤은 기독교권에서의 세속 정부를 염두에 두면서 논의를 하고 있다. 그러나 현대 사회에서는 이런 기독교권의 세속 정부는 거의 없다. 따라서 이상의 논의가 간접적으로 시사해 주는 세속 정부의 의미에 대해서 정리를 할 필요가 있을 것이다(역주).

3) 그러므로 이런 일을 집행할 수 없는 정부(정당성을 가지지 못한)나 하지 않는 정부는 그 기능을 하지 못하는 것이고 국민의 저항의 대상이 되어야만 하는 것이다(역주).

위한 폭동에 참여해서는 안 된다. 개개인이 원수 갚는 것에 대하여 우리 주 그리스도께서는 "악한 자를 대적지 말라"[마 5:39]고 하신다. 이것은 세속 권세에 대한 명령 밖에 있는 것으로[즉, 세속 권세에 대한 명령은 아닌 것으로] 이해되어야 하니, 우리 주 그리스도께서는 같은 설교 안에서 특히 각 개인의 마음에 대해서 말하고 있고, 이 장(章)에는 세속 권세에 대한 말이 하나도 없기 때문이다.

그러나 세속 권세에 대해서 하나님께서는, 이후에 우리가 자세히 논의할 바와 같이, 다른 설교 가운데서 분명한 지침을 주신다. 그러므로 우리는 이제 원수 갚는 일이 이중적임을 알아야 한다. 하나는 하나님께서 제정하시고 명령하신 이 일을 감당하는 직임이 수행하는 것이고, 또 하나는 개인적으로 원수 갚는 일인데, 이는 엄히 금하여진 것이니, 우리 주 그리스도께서 베드로에게 하신 다음과 같은 말에서 이는 잘 나타나고 있다: "검을 가지는 자는 다 검으로 망하느니라"[마 26:52; cf. 요 18:11].

이런 설명으로부터 원수 갚는 일을 금하라는 말은 단순히 권고가 아니라 "명령", 특히 금령임이 분명하다. 또한 보호와 처벌을 위해서 하나님께서 세우신 바를 수행하라는 "명령"을 세속 관리들은 받은 것이다. 시민들이 권위를 찬탈하는 것은 엄히 금하여졌다. 만일 스스로 원수 갚지 말라는 것이 명령이 아니라 권고 정도라고 생각한다면 어떤 혼란이 따라나올 것인지를 생각해 보라. 세속 정부가 이런 일을 담당하지 않는다면, 정부는 더 이상 존재하지 않게 될 것이다. 또한 시민들 개개인이 스스로 원수 갚겠다고 나선다면 폭동 외에는 나타날 것이 없으며 정부는 없어질 것이다.

이 기본적인 가르침은 하나님과 바른 정부에 반하는 재세례파와 수도사들의 맹목과 오류에 반(反)하여 주어지는 것임을 유념하라. 그리고 이제부터는 정당하게 수립된 질서에서 떠나가는 것이 얼마나 큰 죄인지를 생각해 보기로 하자. 세속 권세자들이 부패하고 참되지 않으며, 전제적이 되는 것, 그들이 죄없는 자들을 보호해 주지 않는 것, 그들이 악을 장려하고 악행하는 자들을 처벌하지 않는 것이 얼마나 큰 죄인지를 말이다. 개개인이 개인적 증오로 가득 차서 스스로 복수를 하려고 결단하며, 원수된 자를 억압하려고 하고, 파당을 일으키고, 음모를 하여 폭동을 일으킬 때 따라나오는 죄를 생각해 보라.

로마에서 카틸리나(Catiline)는 키케로(Cicero)에 반하여 음모를 꾸미고 그를 이용해 자기파를 강화시키려고 하였고, 카시우스(Cassius)는 율리우스 카이사르(Julius Caeser)에 반하여 그리하였고, 아테네에서는 크리티아스(Critias)가 테라메네스(Theramenes)에 반(反)하여 그리하였었다. 이런 악은 교회 안에서 발생할 때에 더 사악한 것이니, 가인이 아벨에게 대하여 격노한 것이나, 사울이 다윗에게 대하여 그리한 것이나, 아리우스가 그의 주교에 대하여 그리한 것이 여기에 해당한다. 우리 시대에도 박식한 자들이 서로 원한을 가지고 통렬히 비난하는 많은 예들을 볼 수 있다. 이런 분노와 원한은 큰 해를 끼치는 것이므로, 이 큰 죄들을 적게 하고 인식시키기 위해서 하나님 말씀은 우리가 서로에게 대하여 인내를 가져야 하며, 복수를 하려고 해서는 안 되고, 자만과 이에 따르는 증오(이에 대해서는 수많은 예를 들 수 있다!) 때문에 교회에 상처를 주어서는 안 된다는 말을 반복하고 있다. 자신의 개들로 하여금 루터파 사람들에게 오줌을 누도록 하기 위해서 높은 곳에 오르기를 희망하던 사람을 나는 알고 있다. 그러나 하나님께서는 그를 심히 저지하셨다. 그러므로 나는 말하노니 모든 사람은 인내를 배워야 하고, 가련한 교회를 원한을 가지고 파괴해서는 안 되며, 하나님께 대한 기도와 예배를 방해해서는 안 된다. 그리스도께서는 말씀하시기를 "나는 마음이 온유하고 겸손하니 내게 와서 배우라"[마 11:29]고 하신다. 이 말씀이 얼마나 고귀한지를 유념하라. 자만과 앙갚음은 서로 연관된 것이고, 그것들은 큰 전쟁과 파괴의 주된 원인이 된다.

마리우스와 술라, 그리고 폼페이우스와 카이사르가 서로 격돌한 것도 주로 자만 때문이다. 만일 각자가 다 도덕적이었다면, 그들은 전쟁 없이도 그 지위를 유지할 수 있었을 것이다.

이 악마적 열정에 반(反)하여 그리스도께서는 겸손과 온유라는 두 가지 덕을 내세우신다. 이 덕들은 그리스도 안에 있는 것이고, 우리도 조금씩이나마 배우고 실천할 수 있는 것이다. 우리는 가인이나 사울이 그리하였듯

이 자만과 원수 갚으려는 열망에 사로잡혀서 교회를 파괴하고 정당한 질
서있는 정부를 파괴해서는 안 되는 것이다. 우리는 자만과 앙갚음, 겸손과
온유함이 참으로 무엇인지를 깊이 생각해야 한다. 자만하고 눈이 높으며,
오만한 것은 하나님을 경외하는 것과는 아주 거리가 먼 것이며, 자신의 지
혜와 힘, 또는 능력을 높이는 것이다. 자신을 다른 사람들 위로 높이며, 자
신의 소명 외에 있는 불필요한 것을 하는 것은 자신을 확대하여 다른 이
들을 압도하려는 것이다. 안토니우스는 하나님 경외와는 아주 떨어진 것이
며, 자신이 옥타비우스(Octavius [Augustus])보다 더 고귀하고 힘있다고
생각한 것이며, 그렇기 때문에 자신이 옥타비우스의 지위를 차지하고 홀로
통치하려고 한 것이다. 마귀도 자기 자신의 지혜와 덕을 높이고 겸손하신
하나님을 낮추어 보면서 그보다 더 높아지기를 원하였다.

이 설명이 비록 짧기는 하지만, 이로부터 자만과 오만은 하나님의 계명
들 여럿을 범하는 것임을 쉽게 이해할 수 있을 것이다. 거짓된 안전을 구
하고 하나님을 경외하지 않으며, 자기 자신의 능력만을 의존하는 것은 제
1계명에 반(反)하는 것이고, 자기 자신의 소명을 넘어서서 이웃을 방해하
고 압도하는 것은 둘째 돌판의 계명들에 반(反)하는 것이다.

이에 반해서 겸손하다는 것은 하나님을 경외하고 자기 자신의 연약함을
인정하는 것이며, 자기 자신의 지혜나 힘과 능력을 큰 것으로 보지 않고,
따라서 그런 것들에 의존하지 않고, 자신의 소명을 넘어서지 않으며, 오히
려 자신의 소명 안에서 하나님을 섬기고, 하나님의 도우심을 바라고, 다른
이들의 소명에 대해 간섭하지 않으며, 다른 이들을 하나님의 도구로 사랑
하며 높이고, 모든 선한 다스림은 하나님의 사역임을 알고, 하나님께서도
다른 이들을 사용하실 수 있으심을 아는 것이다. 그리고 이 모든 것은 하
나님의 영광을 위한 것이다. 예를 들어서, 요나단은 겸손하였다. 그는 하나
님을 경외하였으며, 선한 통치와 정부는 사람의 힘으로 이루어지는 것이
아니라는 것을 알고, 자신이 왕이 되려고 하지 않았던 것이다. 그는 자신의
소명을 넘어 자신을 높이려 하지 않았고, 하나님께서 다윗을 왕으로 세우
려 하심을 알고서 다윗과 다투지 아니하였으며, 오히려 그를 사랑하였고,

하나님이 쓰시는 도구로 높였고, 하나님께서 친히 큰 이적으로 증언을 주신 아주 유용한 종이 될 수 있는 이를 선택하신 것을 기뻐하였다. 요나단은 이 모든 것을 하나님의 영광을 위하여 한 것이다.

겸손은 많은 사람에게 있는 것이 아니다. 그러므로 겸손에 대해서 말하고 그것을 인정하는 것이 어려운 것이다. 요나단의 예는 좋은 서론을 제공하나, 우리 주 그리스도의 예는 더 높은 것이다. 그는 하나님의 지혜요 전능이시나, 그럼에도 그는 성부께 복종하셨다. 그는 우리가 받아야 할 형벌을 자신이 받으시되, 이를 피할 수 있는 권세를 사용하지 않으셨다. 그는 가난하고 비참한 사람들인 우리를 당신께로 이끄시고, 우리 안에 큰 영광을 주셔서 하나님이 우리에게 다시 은혜로우시고, 그가 영원히 자신의 지혜와 의와 기쁨을 부여해 주시도록 하신다.

앙심은 자만에서 나오는 큰 분노로서 질서있는 권세의 직무 없이 다른 이들을 압도하고 없애버리려고 자기 자신을 자의적으로 주장하는 것이다. 가인에게서 볼 수 있는 바와 같이 하나님은 다른 이만을 높이고, 자신에게 는 관심도 없다고 상상함으로써 아무 이유 없이 큰 자만을 나타내 보이는 예가 많다. 이것은 아주 흔한 일이나, 모든 합리적 피조물들은 이 악이 많은 하나님의 계명에 반하는 것임을 이해할 수 있다. 그것을 통해서 분노가 마음에 불타오르게 되는 자만은 첫 계명에 반하는 것이다. 사울은 자기 자신만이 권위를 가지기 위해서 다윗을 몰아내려고 하였다. 이런 불의한 분노와 시기, 그리고 증오와 피를 부르는 마음은 모두 "살인하지 말라"는 계명에 반(反)하는 것이다. 이것은 또한 하나님의 공의의 질서를 깨는 것을 금하는 계명에도 어긋나는 것이다.[4]

이에 반해서 겸손과 인내하는 마음을 가지고 온유하다는 것은 하나님과 그의 영광을 위해서 분노와 시기와 증오를 억제하여 그것들이 타오르지 않도록 하는 것이다. 그것은 스스로 원수 갚지 않는 것이며, 폭동과 당짓는 것과 음모를 하지 않는 것이며, 정당한 질서에 대항하여 전쟁을 일으키지

---

4) 즉, 우리의 5계명(역주).

않는 것이고, 불의한 논쟁으로 증오와 시기에 차서 교회를 분열시키는 일
을 하지 않는 것이다. 이 모든 것으로부터 "사사로이 원수를 갚지 말라"
는 것은 하나님께서 명령하신 일이지, 수도사들이 이에 대해서 말하듯이
단순한 권고는 아닌 것이다.

그러나 여기서 다음과 같이 질문할 이도 있을 것이다: "그렇다면 길에
서 살인자에 대항하여 스스로를 방어하고 보호하는 것도 잘못된 것인가?"
이에 대하여 답하자면, 살인자들에 대항하여 스스로를 보호하는 것은 옳은
일이라고 말할 수 있다. 하나님께서는 그의 정의의 체계(his system of
rights)에서 그와 같이 규정하셨다. 그런 경우에는 세속 권세가 그 검을 양
도해 준 것이라고 생각하면서 스스로를 보호할 수 있다. 따라서 그런 경우
에는 그 검이 원수 갚는 일을 담당하는 공적인 직무에 속한 것이 된다. 그
러므로. 부당한 폭력에 대항해서 스스로를 보호할 수 있으니, 정의가 그와
같이 규정했기 때문이다. 이것은 길거리의 살인자나 불의한 전쟁을 일으킨
살인자들의 집단에도 모두 적용되는 말이다. 하나님께서 죄없는 자들을 보
호하도록 명하셨음은 "세속 권위" 항목에서 좀더 자세히 논의될 것이다.[5]

빈곤에 대하여

"빈곤은 재앙을 부른다." 이것은 옳은 금언이다. 수도사들은 가난하게 되
라는 것이 주님의 권고라고 말하고 있으므로 이를 이해하는 것이 필요하
다. 첫째로 가난과 소유를 가지지 않음을 구별해야 한다. 왜냐하면 소유를
가지고 있으면서도 가난할 수 있기 때문이다. 얼마나 많은 수의 가장들이
자신들과 자신들의 가난한 자녀들을 위한 집과 침대와 옷과 음식은 가지
고 있지만, 생활에 필요한 모든 필수품을 가지지 못하고 있는가? 이들은
소유를 가지고 있지만 가난한 자들이라고 불리고, 참으로 가난한 것이다.
인내 가운데서 가난을 견디는 것에 대해서는 후에 좀더 자세히 말하기로
한다.[6] 그런데 재세례파는 이들을 공격하면서 말하기를 그리스도인들은 사

---

5) 아래의 제36장을 보라.

유 재산을 가져서는 안 되며, 모든 재화를 공유해야 한다고 하면서, 이를 명령으로 만드는 것이다. 수도사들은 좀더 교묘해서 가난은 하나님의 권고요, 특별히 거룩한 행위라고 한다. 재세례파와 수도사들의 이런 의견들은 오류에 찬 것이고, 거짓된 것이다. "훔치지 말라"는 계명은 소유를 가지는 것이 옳으며, 하나님이 세우신 질서에 속하는 것임을 보여 준다. 이 계명의 무거운 말들은 모든 사람의 소유를 가질 수 있는 권리를 확언해 주고, 각 사람의 집과 사업에 울타리를 쳐주는 역할을 한다.

그리고 이것은 조심스럽게 주목되어야 하니, 즉 권세와 재판정과 형벌과 혼인과 사유 재산과 사고 파는 일에서의 인류의 질서있는 관계는 하나님의 지혜와 능력으로 작정되고 유지되어서, 이런 규례들에 반하는 마귀들이 그 관계를 온전히는 파괴할 수 없게 된다는 것을 말이다.

그리고 인류 공동체 안의 질서는 분명히 하나님을 증언해 준다. 왜냐하면, 살인자들이나 그와 같은 이들에 대한 형벌에서 우리는 하나님이 존재하시며, 그가 의로우신 재판장이시며, 모든 사람들 가운데 계심을 인정하는 것이기 때문이다. 하나님께서는 자신이 세우신 아름다운 질서를 통해서 자신을 드러내시며, 그런 수단과 유대를 통해서 우리를 하나로 묶으시며, 서로에게 봉사하게 하시는 것이다. 하나님의 아들과 하나님을 기쁘시게 하는 천사들이 그리하듯이 말이다.

그런 봉사의 일은 신실한 자들의 하나님께 대한 경배이다. 왜냐하면, 사람들은 하나님께서 세우신 질서 안에서 하나님께 순종함으로 하나님을 인정하는 것이기 때문이다. 그래서 사람들은 하나님께서 질서있게 세우신 위치에서 떨어지지 않고, 그 안에서 유지되고 영예롭게 되어야 한다. 여호와께서는 선지자들을 통해서 자주 다음과 같은 말씀을 하셨다. 스가랴 7장을 예로 들어서 말하자면, "나는 금식하라고 명령하지 않고, 바른 판단을 하라고 명령했었노라"[슥 7:4-10 참조].

이와 같이 물리적 질서, 사유 재산의 소유가 하나님을 기쁘시게 하는 것임을 알았으면, 우리는 사유 재산을 포기하는 것에는 두 가지 종류가 있다

---

6) 다음 면을 보라. 그리고 제34장을 보라.

는 것도 알아야만 한다. 그 하나는 강요받아서 포기하는 것이고, 또 하나는 위선적으로 선택하여 포기하는 것이다.

강요된 포기는 경건한 그리스도인들이 그들의 신앙고백 때문에 그들의 재산과 자녀를 남겨 두고 귀양을 가도록 강요된 경우에 일어난다.[7] 이렇게 재산을 포기할 때 인내하는 것은 하나님을 부르는 것이며, 하나님을 섬기고, 하나님께서 기뻐하시는 일을 하는 것이다. 생명을 빼앗길지라도 자신의 신앙고백에 굳건히 남아 있는 것이 선행이듯이 말이다. 이런 인내와 신앙고백을 굳건히 하는 것은 우리에게 명령된 반드시 해야만 하는 일이다. 이는 단순한 권고가 아닌 것이다. 우리 주님께서도 막 10:29f.에서 "나와 및 복음을 위하여 집이나 형제나 자매나 어미나 아비나 자식이나 전토를 버린 자는 금세에 있어 집과 형제와 자매와 모친과 자식과 전토를 백배나 받되 핍박을 겸하여 받고, 내세에 영생을 받지 못할 자가 없느니라"고 말씀하셨을 때에 이런 포기를 말씀하신 것이다.

또한 화재나 전쟁으로 집과 성이 파괴되는 등의 다른 재난에 의해서 가난해질 수도 있다. 이와 같은 재난 중에서 하나님께로 돌이키는 사람들은 인내를 가지고 선행과 경배를 하는 것이다.

하나님을 경외하는 수많은 가족들은 그들이 소유를 가지고 있다고 해도 가난한 것이다. 즉, 그들이 무엇인가를 가지고 있기는 하지만, 그들과 그 자녀들이 적당한 생필품을 다 가지고 있지는 않다. 이럴 때 그들이 가난하다고 하는 것이다. 이런 상황 가운데서 참고, 견디며, 최선을 다하는 것은 선행이고, 하나님을 기쁘시게 하는 것이니, "심령이 가난한 자는 복이 있다"[마 5:3]고 말씀하신 것과 같다. 즉, 하나님 때문에 가난을 참고 견디며 하나님께서 허용하신 한도 내에서 재산을 유지하는 이들은 복되다는 것이

---

7) 16세기에는 이런 일이 자주 일어났었다. 1555년에 아우그스부르크 평화 조약에서 루터파와 로마 카톨릭은 그 지역의 공식적 종교는 통치자의 종교여야 한다(*Cuius regio, eius religio*)고 의견의 일치를 보았다. 그리고 다른 신앙을 가진 이들은 허용되든지, 아니면 아무 방해 없이 떠날 수 있도록 해야 한다고 하였다. 이 협약은 때때로 흔들리기는 했지만, 1618년 30년 전쟁이 발발하기까지 유지되었다(영역자 주).

다. 왜냐하면 모든 사람이 다 강건하지 않고, 모두가 다 똑같이 부유하지는 않게 하신 것도 하나님이시기 때문이다. 그러므로 지혜롭고도 정당하게 가난을 견디고, 악한 것을 도모하거나 유다나 다른 이들이 시도한 바와 같이 부유하게 되려고 옳지 않은 일을 하는 것을 피하는 것은 덕이요 성령께서 주시는 힘인 것이다.[8] 인내에 대해서는 후에 더 논의하기로 하자.[9]

그러나 구걸하며 탁발하는 것이 하나님을 섬기는 거룩한 일(a holy work of divine worship)이라는 잘못된 견해를 가지고서 자신의 재화를 의도적으로 버리는 것은 하나님의 권고가 아닐 뿐더러, 거짓말이요, 실수인 것이다. "너희가 사람들의 계명으로 나를 헛되게 섬기는도다"[마 15:8-9, 사 29:13 참조]! 자기 자신이 재산을 가지고 있었으나 핍박에 의하지 않고 그저 버리거나, 양식을 얻을 수 있는 고귀한 노동을 하지 않고, 일할 수 있고 방해가 없는 데도 일하지 않고서 구걸하여 다른 이에게서 양식을 얻는 자는 도적이다. 그러므로, 수도원은 항상 도적들로 가득 찬 것이고, 더구나 돈을 받고 미사를 드려주거나, 죽은 자들을 위한 허식을 하는 것은 더 큰 죄를 짓는 것이 된다.

또한 다음과 같은 것도 유념해야 한다. 즉, 하나님께서 재산을 주시고, 할 만한 일거리를 주셨을 때 우리는 무엇보다 먼저 소유를 가지는 것이 하나님을 기쁘시게 하는 것임을 알아야만 한다는 것을 말이다. 우리는 그것이 하나님께서 주신 선물이라고 인정해야 하며, 그것에 대해서 하나님께 감사를 드리고, 하나님께 우리의 가련한 아이들을 우리의 직업의 유익으로 잘 돌볼 수 있도록 해달라고 구해야 하는 것이다. 우리는 또한 주신 재화를 바르게 사용할 수 있게 해달라고 기도해야 한다. 이와 연관해서 모든 사람은 솔로몬의 이 아름다운 구절을 조심스럽게 살펴 보아야 한다: "네 샘에서 작은 시내가 흐르게 하라. 그러나 네가 그 주인이 되고, 그것이 낯선 것이 되지 않도록 하라"[잠 15:15-17 참조].[10] 우리는 재산을 보존하고

---

8) 그러나 이런 것이 소위 "현상 유지"를 획책하는 의도로 언급되거나, 이용되어서는 안 될 것이다(역주).

9) 아래의 9장과 34장을 보라.

그것을 주로 자녀를 덕스럽게 양육하는 데 사용해야 한다. 그러나 할 수 있는 대로 그 열매를 다른 이들에게, 교회에, 학교에, 그리고 가난한 자들에게 나누어 주어야만 한다.

이 구절은 분명히 재산 소유를 확언해 주며, 어떻게 경제적이어야 하며, 어떻게 우리의 자유를 제한해야 하는지를 가르침으로 재산을 어떻게 사용해야 하는지에 대한 지침을 주고 있다. 샘으로부터 다른 이들에게 흘러가도록 해야 한다. 그러나 이것은 우리의 집이나 재화를 다 버려야 한다는 뜻은 아니다. 하나님께서 현명한 왕 솔로몬을 통해 말씀하신 이 아름다운 구절에 대한 이런 이해는 재세례파와 수도사들의 위선과 거짓에 대항하기 위해 잘 알아야만 하는 유용한 교리를 잘 드러내 주는 것이다.[11]

순결에 대하여

순결이란, 엄격하게 말하면, 모든 금지된 성적 관계를 피하는 것이다. 이는 또한 혼인 관계 밖에서의 그 어떤 성적 난잡함 없이 혼인의 규칙에 따라 사는 것이다. 그리고 이 덕은 외적으로만이 아니라, 마음에서도 나타나야 한다. 즉, 금지된 사람들에 대한 바르지 못한 감정(passions)을 마음에 품어도 안 되는 것이다. 이 모든 것들은 주께서 명하신 일들이다. 즉, 혼인할 때 모든 금지된 성적 관계를 피하고, 혼인 관계 밖에서는 그 어떤 성의 오용 없이 순결하게 살라는 것이다. 혼인 관계 밖에서 순결하게, 또는 순수하게 살 수 있는 은사가 없는 사람은 혼인을 하라는 명령이 주어져 있다. 그러나 혼인하지 않고도 순결하게 살 수 있는 은사를 받은 이들은 세례 요한이나 과부 안나처럼 혼자 살 수도 있는 것이다. 혼인이라는 것은 모두가 다 따라야 하는 명령은 아니나, 모든 금지된 성 관계를 피하라는 것은

---

10) 이것을 영역자는 잠 15:15-17에 대한 이유로 보았다. 그럴 가능성이 크나, 이는 제대로 된 주해에 근거한 것이라고 하기 어렵다(역주).

11) 그 내용은 좋으나, 그런 가르침이 잠 5:15-17의 문맥에서 도출될 수는 없음을 분명히 해야 할 것이다(역주).

영원히 불변하는 명령인 것이다.

그러므로 모든 사람은 어떤 성 관계를 하나님께서 금하셨으며, 그 금령에 대해 하나님께서 어떤 형벌을 덧붙이셨는가를 생각해야만 한다. 왜냐하면 하나님께서는 외적으로 추잡한 부도덕, 간음, 그리고 근친상간에 대해서 이 세상에서도 징벌하셔서 자신의 통치를 분명히 하시기 때문이다. 비록 세속 관리들은 이런 것에 관심이 없고, 그런 악에 대해 처벌을 하지 아니한다고 해도 말이다. 주께서는 레 18:29에서 분명히 말씀하셨다: "무릇 이 가증한 일을 하나라도 행하는 자는 그 백성 중에서 끊쳐지리라." 그래서 주께서는 그들의 부도덕 때문에 소돔과 고모라, 그리고 가나안 족속과 많은 도시들을 쓸어버리셨다. 그리고 우상 숭배와 살인과 부도덕 때문에 이 땅에 큰 파멸이 임한다는 것에는 의심의 여지가 없다. 우리 시대에도 높고, 낮은 지위에 있는 이들이 간음을 좋아하다가 갑자기 무섭게 죽은 예들과 부도덕에 대한 형벌이 그 자녀들에게 임한 예들을 모든 사람이 상기할 수 있을 것이니, 그 후손에게도 형벌이 내려질 수 있기 때문이다.

그러나 자신들의 생명이 끝나기 전에 하나님과 화목하지 않는 사람들에게 영원한 형벌로 쏟아부어질 하나님의 진노는 더 무시무시한 것이다. 고린도 전서 6장에서 성 바울은 분명히 말하고 있다: "간음하는 자나 탐람하는 자나 술 취하는 자나 … 자들은 하나님의 나라를 유업으로 받지 못하리라."

이 모든 것을 알고, 이를 자주 생각하는 것이 아주 필요하다. 이로써 우리는 순결이 무엇이며, 이 덕에 있어서 하나님께 순종한다는 것이 무엇인지를 바로 이해할 수 있게 된다. 왜냐하면 부도덕에 대한 하나님의 큰 진노는 이것이 하나님과 관련해서 아주 심각한 문제임을 보여 주기 때문이다.

왜 그런가를 다음과 같이 생각해 보라. 하나님께서는 자신의 이성적 피조물들 안에 자신의 법을 두셨고, 덕과 악을 구별할 수 있는 지식을 주셔서, 그로 하여금 하나님의 어떠하심을 알며, 그와 악과 무질서한 것을 구별하도록 하셨다. 그런데 순결은 하나님과 불결한 영과 불결한 사람을 아주 분명하게 구별하는 것이기 때문이다. 그렇기 때문에 우리가 하나님에 대해서 말할 때, 우리는 그를 지혜로우시며, 전능하시고, 참되시며, 의로우시고, 순수하시며, 순결하시고, 자비하신 분으로 생각해야만 한다. 우리는 하나님을 우리의 두 손으로 안아 볼 수는 없다. 그러나 우리는 그를 심중에 믿음으로 생각할 수는 있으니, 주께서 계시하신 대로, 그리고 모든 피조물과 그를 구별하면서, 특히 악행하는 자들과 구별하면서 말이다. 그런데 순결은 이를 분명히 구별하므로, 하나님께서는 이 덕이 우리에게 잘 알려지기를 원하시는 것이다. 이것이 하나님께 아주 심각한 문제임은 마귀들이 가련한 사람들을 강력하게 부도덕으로 몰아가는 사실에서 분명히 나타난다. 그들은 하나님께서 그런 죄를 아주 싫어하신다는 것을 알므로, 하나님을 화나게 하려고 사람들을 악으로 심하게 몰아가는 것이다. 또한 마귀들은 부도덕에서 다른 큰 악들이 나온다는 것도 잘 안다.

이를 자세히 그리고 자주 생각해 보라. 그리고 혼인 관계 안에서, 또는 밖에서 순수하고 순결하게 삶으로써 하나님께 순종하라. 그리고 우리는 하나님께 우리의 연약함과 악마들 때문에 우리가 부도덕에로 타락하지 않도록 우리를 강화시켜 주시도록 간구해야 한다. 하나님께서는 우리가 하나님께 도움을 구하기를 원하신다. 하나님께서는 여기서 마귀의 독스러운 악이 어떤 것인지를 아시므로 더 은혜로우시기를 원하신다.

그리고 하나님의 참된 교회에서만 이 순결에 관한 계명에 대한 바른 이해가 잔존함도 잘 주의해야 한다. 이교도들과 이단자들은 무시무시한 부도덕에 대해서 공개적인 허용을 한다. 이에 대해서는 많은 말을 할 수 있을 것이다. 그리고 교황주의자들은 혼인을 금함으로써 무시무시한 죄가 저질러질 원인을 제공하였다. 그러나 여기에 놀라운 위로가 있으나, 하나님의 참된 교회에서만은 순결과 혼인에 관한 교리가 언제나 순수하게 지켜져 왔다는 것이다. 우리는 참 교회의 이 징표를 알아야 하며, 이교도들과 이단자들, 그리고 교황주의자들은 혼인에 대한 참된 교리인 이 계명을 어겼으므로 하나님의 교회가 아닌 것도 알아야 한다. 이것은 아주 분명하다.

이 계명에 대한 참된 이해를 가지고, 하나님의 영광을 위하여 순결하고 순수하게 살기를 원하는 이는 누구나 자신이 혼인 관계 안에서 살아야 하는지, 아니면 혼인하지 않고도 죄 없이 살 수 있는지를 판단해야 한다. 모든 사람은 고전 6:9f.의 이 불변하는 규칙을 자주 성찰해야 한다: "간음하는 자들과 사통하는 자들과 부도덕한 자들은 … 하나님 나라를 유업으로 받지 못하리라." 이 제목 아래엔 혼인에 관한 교리가 모두 들어 있다고도 할 수 있다. 모든 사람은 이에 관한 성경의 가르침을 잘 배워야 하는 것이다. 즉, 마태복음 19장, 고린도 전서 7장, 레위기 18장.

성 바울이 "(혼인하지 않고) 그냥 지내는 것이 좋으니라"고 할 때[고전 7:8, 32 참조], 그는 혼인하지 않은 상태에 대한 은사를 받은 사람들에 대해서 말하는 것이라고 그 자신이 설명한다. 이전에 그는 말하기를 "불같이 타는 것보다 혼인하는 것이 나으니라"고 하기 때문이다[고전 7:9]. 즉, 부도덕하고 순결하지 않게 사는 것보다 혼인하는 것이 낫다고 하는 것이다. 물론 혼인하여 많은 자녀와 손자들을 두었는데, 가난하고, 게다가 병이나 불행이나 불화와 같은 다른 걱정거리까지 엄습하게 되면 이는 큰 부담이 아닐 수 없다. 그렇지 않다고 생각하는 이는 아주 부조리한 사람이다. 이런 점을 생각해서도 바울은 "그냥 지내는 것이 나으니라"고 한 것이다. 즉, 거룩함을 위해서가 아니라, 물리적인 어려움 때문에 말이다. 혼인하지 않은 사람은 혼인하여 자녀를 가지고, 그들 위에 재난이 임한 사람들보다는 장애가 덜하기 때문이다.

이제까지 우리는 율법에 대하여 말하여 왔다. 이제는 복음과 그리스도를 통해서, 또 그 때문에 우리에게 주어지는 죄 용서, 은혜, 칭의, 성령, 그리고 영생의 약속이라는 중요한 신앙의 조항을 논할 차례가 되었다. 이 약속은 율법과는 아주 다른 것이다. 그리고 모든 사람들은 조심스럽고도 자세히 율법과 복음의 차이를 배워야 한다. 수도사들과 그전에 고대의 어떤 서기관들은 상당한 오해를 하고 빛을 가리운 바 있다. 그들은 주 그리스도께 죄를 범하고, 많은 영혼들의 부패를 가져오면서 **공로에 의하지 않은, 믿음을 통한** 죄 용서의 필수적이고 복된 위로를 제거했었고, 다른 많은 오류가 이를 따라 나타났었다. 이를 기억하라. 그리하면 다음에 말하는 것을 좀더 쉽게 이해할 수 있을 것이다.

제 9 장

복음에 대하여[1]

"복음"이란 용어는 고대 희랍어에서는 "기쁜 소식"을 의미한다. 하나님께서는 의심할 바 없이 우리로 하여금 그리스도에 대한 이 선포가 율법과는 아주 다르다는 것을 상기시키기 위하여 은혜의 선포에 대하여 이 애호되는 말을 사용하도록 선택하신 것이 분명하다. 율법은 우리의 죄에 대한 하나님의 큰 진노를 선포하고, 우리의 공로로 말미암지 않는 은혜에 의한 죄 용서에 대해서는 아무 말도 하지 않는다.[2] 그러나 요한은 하나님의 아들을 보고서 말하기를 "보라! 세상 죄를 지고 가는 하나님의 어린 양이로다"고 하고 있다(요 1:29). 그리고 복음은 그 하나님의 아들에 대해서, 그리고 이 중보자, 하나님의 아들 예수 그리스도를 통해서 우리가 공로 없이 믿음으로 확실히 받는 죄 용서와 칭의와 성령과 영원한 복락에 대해서 선포한다.

우리는 이 구별을 조심스럽게 주목하고, "율법에 기록된 모든 것을 다

---

1) 멜란히톤은 이 조항에 그가 서문에서 언급한 "하나님의 약속에 대하여"와 "율법과 복음의 차이에 대하여"를 포함시키고 있다(영역자 주).

2) 이런 곳에 전통적 루터파적 이해가 있다고 할 수 있다. 율법과 복음의 차이에 대한 강조 — 이 루터파적 이해는 복음의 은혜스러운 점을 잘 드러내는 장점이 있으나, 사실상 율법 속에 이미 복음의 요소가 있다는 점(특히 의식법 속에 말이다): 그리고 율법 안에 이미 복음의 요구가 있음을 약화시킬 위험성도 있는 것이다. 물론 복음의 요구에 대해서는 멜란히톤이 율법의 제3의 용법에 대한 언급에서 자신의 입장을 잘 드러낸 바 있다(역주).

행하지 않는 모든 이가 다 저주 아래 있다"(갈 3:10; 신 27:26)고 말하며 저주를 선포하는 모세의 말을 들을 뿐만 아니라, "보라! 세상 죄를 지고 가는 하나님의 어린 양이라!"고 말하며 우리를 하나님의 아들에게로 인도하는 선포자의 말도 들어야 하는 것이다.

그의 복음서의 앞부분에서 요한은 모세와 그리스도, 율법과 복음의 차이를 이와 같은 말로 시사하고 있다: "율법은 모세로 말미암아 주신 것이요, 은혜와 진리는 예수 그리스도로 말미암아 온 것이라"(요 1:17). 은혜는 우리의 공로 없는 은혜스러운 죄 용서와 우리를 받아주심을 뜻한다. 그리고 진리는 영원한 유익, 생명, 하나님께 대한 바른 지식, 외적인 그림자가 아닌 하나님의 빛, 영광, 활동, 즉 우리 심령 안에 하나님 자신의 현존인 칭의를 뜻한다. 바울이 말하는 대로 "하나님은 구원받는 자들 안에 모든 것일 것이다"[빌 2:13; 참조. 고전 15:28]. 요한은 온전한 구원을 말하면서, 모세는 이를 줄 수 없으니 그는 율법만을 선포하였기 때문이나, 하나님의 아들 예수 그리스도는 우리를 위하여 이런 유익을 얻으셔서 주신다고 한다.

은혜를 알기 위해서 우리는 먼저 우리가 얼마나 비참한 상태에 있는지를 알아야 하며, 하나님께서는 우리의 죄에 대해 참으로 깊이 진노하신다는 것을 인식해야만 한다. 하나님께서는 심지어 주 그리스도로 하여금 회개와 죄 용서(*poenitention et remissianen peccatorum*)를 그의 이름으로 선포하도록 하셨다. "나를 믿도록 하기 위해 그 죄에 대하여 성령은 세상을 심판하시리라."[3] 복음의 선포를 통해서 하나님께서는 적극적으로 공포와 위로를 일으키신다.[4] 그러므로 복음이 무엇인지를 설명하는 다음의 말이 유익이 되리라고 여겨진다.

---

3) 영역자는 이 구절이 어떤 구절에 근거한 것인지 분명치 않다고 하면서 다음 구절들을 열거하며 참조하라고 한다: 사 13:11; 24:21-23; 26:21; 암 4:6-12; 욜 2:10-13; 시 9:8-10; 22:25-28; 96:7-9; 렘 44:29; 마 13:41-43; 롬 10:18-21; 요 3:17-18; 16:8; 계 3:9-13. 아마도 요 16:7ff.를 근거로 하고 있는 것이리라고 여겨진다(역주).

4) 이를 말하는 점에서 멜란히톤은 율법과 복음의 연관성을 어느 정도 인식하여 표현하고 있다고 할 수 있다(역주).

복음은 죄에 대한 하나님의 진노에 대해 듣고, 그 하나님의 진노 아래서 참으로 떨던 사람들에게 하나님께서 사람의 공로 없이 은혜롭게 그들의 죄를 용서하시며, 그들을 칭의하시고, 하나님의 아들이 믿는 자들에게 위로를 주시고 그들에게 성령과 영원한 생명을 주시는 데, 이 모든 것이 믿음을 통해서 주어진다는 가장 은혜스러운 약속에 대한 하나님의 선포이다.

이 설명이 특히 주목되어야 하는 것은 이것이 하나님의 참 교회와 다른 사람들을 구별하기 때문이다. 예를 들자면, 하나님께서 타락 이후에 처음으로 자신의 교회를 재수립하셨을 때, 하나님께서 죽음의 선포로 가련한 타락한 사람을 벌하셨을 때, 사람들은 분명히 큰 공포를 느꼈다. 그러나 그와 함께 하나님께서는 장차 오실 구속자에 대한 약속으로 그들을 위로하셨고 그들이 이 약속을 들었을 때 바로 그 순간에 하나님의 아들이 그들의 마음에 위로와 생명을 주셨던 것이다.

이 약속은 하나님의 교회 안에서 주된 선포로 보존되어 왔으며, 하나님의 계시에서 거듭거듭 명료하게 되었다. 그러나 이와 함께 많은 사람들이 참 교회에서 떠났으니, 그들은 율법은 붙들고 있지만, 구속자와 은혜의 약속에 대한 지식을 전부 버렸기 때문이다. 그들은 하나님의 교회가 아니다. 지금까지도 율법은 붙들고 있으나, 하나님의 교회가 아닌 이들이 있으니, 이슬람교도들과 같은 이들이 그러하다. 왜냐하면 다음과 같은 사항은 영원히 고정된 것이기 때문이다. "이 닦아 둔 것 외에 능히 다른 터를 닦아 둘 자가 없으니 이 터는 곧 예수 그리스도라"(고전 3:11), "아들로 말미암지 않고는 아버지께로 올 자가 없느니라"(요 14:6), 그리고 "아들을 공경치 아니하는 자는 그를 보내신 아버지를 공경치 아니하느니라"(요 5:23).

우리는 이와 같은 구절들로부터 오직 주 그리스도의 거룩한 복음이 옳게 선포되는 그런 모임들만이 하나님의 교회들이라고 결론지어야만 한다. 오직 이런 모임들에만 영원한 복락의 상속자들이 존재하는 것이지, 이교도나 이슬람교도, 또 다른 주 그리스도의 핍박자들 중에 그런 자들이 있을 수 없는 것이다. 이에 대해서는 교회에 관한 조항에서 더 말할 것이다. 여기서 이 말을 한 것은 단지 율법과 복음을 구별할 수 있도록 하기 위한 것이다.

이교도들 가운데서도 헤시오드(Hesiod)나 포킬리데스(Phocylides), 플라톤, 크세노폰, 그리고 아리스토텔레스 같은 지혜로운 자들은 율법에 대해서 많은 참된 말을 하였다. 왜냐하면 율법은 여러 가지 점에서 숫자와 같이 "본성의 빛"(a natural light)이기 때문이다."[5] 그러나 이들이 아무리 지혜로워도 그리스도와 죄 용서에 대해서는 전혀 말하지 않은 것이다. 그리스도와 죄 용서에 대한 지식은 자연적으로 우리 안에 비취는 빛이 아니다. 우리는 숫자에 대한 지식처럼 이에 대한 지식을 가지고서 태어난 것이 아니다. 그러나 하나님께서는 그의 자비 가운데서 죄 용서를 계시 가운데서 알게 하셨으니, 이는 아담에게까지 거슬러 간다. 하나님께서는 또한 이 적들로써 이를 거듭 확언해 주셨고, "여인의 후손이 뱀의 머리를 상하게 하리라"(창 3:15)고 말하셨을 때 주신 미래 구속자에 대한 계시에서 처음으로 시작된 영원한 교회를 자신에게로 모으는 일을 하시는 것이다.

약속이 이중적이라는 것을 주목하라. 첫째되고, 높으며, 필수적인 것은 주 그리스도 자신에 대한 약속, 은혜와 영원한 구원에 대한 약속이다. 이 약속이 가장 첫째되고 높은 것은 만일 죄 용서가 없이 우리가 영원한 사망에 매여 있으면 현세적 약속들이 별 위로가 될 수 없기 때문이다. 그러므로 우리는 주 그리스도와 영원한 복락에 대한 이 중요한 약속을 먼저 알고 성찰해야만 한다. 그리고 엄격히 말하자면 이 주된 약속이 "복음"(gospel)이다. 이 약속은 선지자들의 글에서 더 분명하게 되지만, 이는 처음부터 계시된 것이고 중보자의 인격과 그가 가져올 영원한 복락에 대한 첫 구절에 의미심장하게 포함되어 있던 것이다. 하나님의 아들, 여인의 씨

---

5) "자연적인 빛" 혹은 "본성의 빛"(natural light)이란 말은 멜란히톤이 모든 이성적인 사람들 안에 공통적으로 존재한다고 믿은 '주어진 지성이나 소여물'을 지시한다. 이로써 사람들은 수학과 도덕과 질서에 속한 기본적인 것들을 알게 된다는 것이다. 죄가 빛의 온전한 사용에 악 영향을 미쳤음에도 불구하고 이는 아직도 사람들 안에 있다는 것이다. 멜란히톤은 율법의 기초적인 것들(the rudiments of law)이 이 자연적인 빛의 한 부분이라고 생각한다(렘 31:31-34과 롬 1:18-32을 참조하라)(영역자 주).

를 통하여 또 그 때문에 우리에게 주어지는 그분과 은혜와 영원한 복락이 교회 안에서 알려져야만 한다. 거룩한 조상들, 아담, 셋, 에녹, 노아와 셈은 분명히 그들의 눈으로 하나님의 아들을 보았으니, 이는 아브라함에게처럼 그가 눈에 보이게(visible) 나타나셨기 때문이다.[6] 또한 그들은 말씀을 통하여 그들의 마음 안에서 작용하시는 그를 느끼고 그의 활동을 인정했던 것이다. 그래서 주 그리스도께서는 "아브라함은 나의 때 볼 것을 즐거워하다가 보고 기뻐하였느니라"고 하는 것이다(요 8:5 참조).

아담 때로부터 오늘날까지 주어진 약속들을 주목하고 그 안에 있는 위로를 조심스럽게 생각해 보라.[7] 비록 여기서 우리가 그 각각을 다 설명할 수는 없지만 말이다. 그 첫째 구절은 "여인의 후손이 뱀의 머리를 상하게 한다"는 것이다. 이는 '내가 너희에게 구주를 줄 것인데 남자의 씨 없이 여자에게서 날 그 구주는 악마의 세력을 파괴할 것이요, 죄와 죽음을 제거하고 영원한 칭의와 영원한 생명과 영원한 기쁨을 다시 가져다 주리라'는 것이다. 여기에 구속자의 존재와 그가 주실 은혜가 포함되어 있다. 그래서 아담과 하와는 이 말들을 통해서 그들의 마음 가운데 여기 언급된 분이 자신들의 구주임을 느꼈으며, 믿음으로 공포와 죽음에서 구조되었던 것이다.

이 약속은 후에 다시 반복되고, 아브라함의 자손들에게서 수립되었다. "땅의 모든 족속이 너의 씨를 인하여 복을 받으리라"(행 3:25; cf. 창 12:1-3; 갈 3:8). 이 약속을 선포함에서 참된 교회는 이 약속에 따라서 믿음을 통해서 모아졌고, 이 말씀을 주신 참되신 하나님은 다른 모든 상상적인 신들과는 구별되었다. 성도들은 이 약속과 증언들 가운데서 자신을

---

6) 멜란히톤은 그런 시사를 주고 있지만, 하나님의 아들이 후에 성육신하실 몸으로 나타나셨다거나, 조상들이 이를 그렇게 이해했다고 할 수는 없을 것임에 유의하라(역주).

7) 계속해서 복음과 "위로"를 연관하여 말하는 것에 유의하라. 후에 하이델베르크 요리문답에도 같은 현상이 나타나는 것은 멜란히톤의 영향으로 설명할 수 있는 한 근거가 여기에 있다고 여겨진다(역주).

계시하신 하나님을 불러 아뢰었고 이 약속에 따라서 믿음을 통하여 위로를 느꼈으며, 미래에 오실 구주의 오심을 기도하고 바라며 기다리고 그들의 소명 중에서 도움을 받았었다. 야곱이 다음과 같이 기도했듯이 말이다: "전능하신 하나님 나를 모든 환난에서 건지신 사자께서 이 아이에게 복을 주시오며"(창 48:15, 16). 야곱을 죄와 모든 악으로부터 구원하신 사자는 분명히 하나님의 아들이다.[8]

후에 그 약속은 다윗가에서 수립되었다. 왜냐하면 그 구주는 다윗의 후예로 태어날 것이기 때문이다. 이것은 선지자들을 통해서 설명된다. 우리는 이 계시와 설명을 알아야만 하며, 이것을 자주 생각해 보아야 한다.

하나님의 아들과 은혜에 대한 이 약속은 율법과는 아주 다르다.[9] 근본적으로 율법은 온전한 순종을 명령하는 가르침이고, 우리 편에서의 공로 없이는 죄 용서를 값없이 제공하지 않는다. 율법은 하나님의 법이 우리가 마땅히 행해야 한다고 말하는 것을 다하지 않는 자는 그 누구도 의롭다 함을 받을 수 없다고 한다. 그러나 복음은 화목자이신 그리스도를 내포하며, 따라서 값없이 공로 없이 주어진다는 점에서 율법과는 다르다. 주 그리스도께 대한 전적인 순종이 우리의 공로이다.[10] 이것은 아주 중요하다. 왜냐하면 참으로 불안해 하는 마음은 하나님이 자비로우신가 하는 추상적인 것을 가지고 고민하는 것이 아니라, 구체적으로 죄를 지은 사람에게 대해 은혜로우실 것인가, 아무런 공로가 없는 자에게 은혜스러우실 것인가, 다른 이를 받아주셨어도 구체적으로 우리를 받아주실 것인가의 문제를 가지고 고민하기 때문이다. 여기서 이렇게 고민하는 마음은 주 그리스도 때문에 복음이 참으로, 그리고 아무 값없이 주어져서 우리 편에서의 아무런 공

---

8) 그러나 이는 신약에 밝히 드러난 계시의 빛에서만 할 수 있는 말이라고 하는 것에 주의하자(역주).

9) 그러나 이하의 논의는 앞장의 역자 주에서 밝혔던 "율법 안에 있는 복음과 복음의 요구"의 빛에서 재검토되고 다시 읽혀져야 한다(역주).

10) 그러나 이를 '공로'(merit)라고 표현하는 것이 오해를 낳을 수도 있으므로, 이런 표현은 피하는 것이 좋을 것이다(역주).

로 없이도 죄 용서와 은혜가 주어지며 우리가 믿음으로 이 큰 은혜를 받음을 알아야만 한다.

또한 둘째로 그런 마음은 죄 용서와 믿음이 모든 사람을 위한 것, 즉 보편적임을 알아야 한다.[11] 모든 사람이 그들의 부패한 본성 가운데서 죄를 범했고, 하나님께서는 모든 사람들 안에 있는 죄를 참으로 미워하신다. 그러므로 바울이 로마서 3:23에서 "모든 사람이 죄를 범하였으니"라고 말하듯이 진노에 대한 선포는 모든 사람을 향한 것이다. 반면에 복음 안에서의 은혜의 선포 역시도 보편적이다. 따라서 믿음으로 이 은혜를 받아들이고, 주 그리스도를 신뢰하는 모든 사람에게 죄 용서와 자비와 칭의와 영원한 복락이 약속되는 것이다. 하나님의 아들을 받아들이고 그를 신뢰하라는 명령이 모든 사람들에 대한 명령이라는 데엔 의심의 여지가 전혀 없다. 영원한 아버지께서 "이를 너희가 들을지니라"고 하시니 말이다. 그리고 시편 둘째 편에서 "그 아들에게 입맞추라!"고 하시는 것이다. 또한 마태 11:28에서는 "수고하고 무거운 짐진 자들아! 다 내게로 오라! 내가 너희를 쉬게 하리라"고 하신다. 이 "모든"이라는 숫자에 모든 이가 자신을 포함시켜야 한다. 그리고 주 그리스도에 대한 믿음을 가지고 도움을 구해야만 하는 것이다.

하나님의 아들과 죄 용서, 은혜, 그리고 영원한 구원에 대한 이 약속은 자주 하나님의 맹세로 확언되었다. 따라서 우리는 의심 가운데 머물거나, 절망할 필요가 없다. 시편 110:4은 말하기를 "여호와는 맹세하고 변치 아니하시리라 이르시기를 너는 멜기세덱의 반차를 좇아 영원한 제사장이라 하셨도다"고 하신다. 에스겔 33:11: "나의 삶을 두고 맹세하노니, 나는 악

---

11) 이는 일차적으로 신약적인 의미의 보편성을 뜻하는 것으로 이해되어야 할 것이다. 그러나 또 어떤 면에서도 알미니안적 보편주의에 대한 시사도 나타나고 있다. 이런 점에서 후대의 루터파와 알미니안주의가 가까운 입장을 취하고 나갈 수 있었던 뿌리가 여기서부터 마련되어 있다고 할 수 있을는지 모르겠다. 그러나 멜란히톤에게서는 그의 예정론과 연관하여 볼 때 아직은 전자의 의미의 보편성이 주장된 것이라고 보아야 할 것이다(역주).

인의 죽는 것을 기뻐하지 아니하고, 악인이 그 길에서 돌이켜 떠나서 사는 것을 기뻐하노라." 신앙을 강화시키기 위해서 우리는 이 맹세를 자주 생각해 보아야만 한다.

이에 덧붙여서, 이 세상 삶에서의 현세적 도움에 대한 약속도 있다. 마 6:33: "너희는 먼저 그 나라와 그 의를 구하라. 그리하면 이 모든 것을 너희에게 더 하시리라." 마 10:30: "너희 머리털까지 다 세신 바 되었나니." 딤전 4:8: "경건은 범사에 유익하니 금생과 내생에 약속이 있느니라." 왜 하나님께서 이런 현세적인 약속도 주셨는가 하는 것은 생각해 볼 만한 가치가 있는 것이고, 여기엔 적어도 네 가지 이유가 있다고 여겨진다.

첫째로 하나님과 창조에 대한 지식을 위해서이다. 즉, 우리가 하나님을 생각하고 그가 만물을 창조하시고 유지하심을 기억하도록 하려는 것이다. 또한 현세적 재화의 분배라는 것이 에피쿠로스 학파 사람들이 생각하듯이 하나님의 경륜 없이 일어나는 것이 아니라, 그의 경륜에 따라서 일어나는 것임을 알 수 있도록 하기 위한 것이다. 여기서 우리는 창조와 분배에 대한 다음 구절들을 주목해 볼 수 있다. 신 30:20: "여호와는 네 생명이시요, 네 장수(長壽)시니." 시 127:1: "여호와께서 집을 세우지 아니하시면 세우는 자의 수고가 헛되며." 잠 10:22: "여호와께서 복을 주시므로 사람으로 부하게 하시고." 이로부터 우리는 이 중요한 지혜와 규칙을 배워야 하니, 즉 하나님의 지지와 도움이 없이 인간이 경륜과 일, 그리고 간교함과 힘만으로는 아무런 열매를 낼 수 없음을 배워야 하는 것이다. 폼페이우스는 자신이 아주 강하기 때문에 언제나 승리하리라고 생각하였으나, 결국은 그가 승리하지 못하였으니 승리는 하나님의 것이기 때문이다. 잠언 21:31은 이렇게 말하고 있다. "싸울 날을 위하여 마병을 예비하거니와 이김은 여호와께 있느니라."

현세적 복락이 주어지고, 그에 대한 약속이 선언된 둘째 이유는 다음과 같다. 즉, 교회를 현세의 삶 가운데서 유지하도록 하기 위함이다. 왜냐하면 자신의 영원한 교회가 현세에서 선포의 직무를 통해서 **모아지게** 하려는 것이 하나님의 뜻이요 질서이기 때문이다. 사람들이 선포를 하고 또 배우려면, 그들이 살아야 하는 것이다. 그러기 위해서는 음식과 마시는 것과 건강과 주거지 등이 필요한 것이다. 시편 기자가 말하듯이 "죽은 자가 여호와를 찬양하지 못하나니"[시 115:17]. 교회가 있고, 살아 있기 위해서는 하나님께서 땅을 풍성히 하시고, 그의 자녀들에게 먹을 것과 마실 것을 주시며 정부와 거주지를 주시고, 우리를 위로하시며 그가 교회를 유지하시리라는 것을 알 수 있도록 이 현세적인 재화들에 대한 약속을 선포하시고, 그 목적을 위해 생명과 건강과 양식과 거주지와 정부를 주시리라는 약속을 주셔야 한다. 주 그리스도께서는 마 6:32에서 이것에 대하여 말씀하시는 것이다: "너희 천부께서 이 모든 것이 너희에게 있어야 할 줄을 아시느니라."

세번째 이유는 하나님께서 우리로 하여금 신앙을 행사하며, 기도하고, 현세적 도움에 대하여 감사를 드리도록 하려는 것이다. 그래서 하나님의 일과 현존과 아버지로서의 뜻에 대한 우리 마음의 빛이 날마다 더 강해지도록 하려는 것이다. 그래서 그는 이렇게 말씀하신다: "환난 중에 내게 부르짖으라 내가 너희를 구원하리니 네가 나를 영화롭게 하리라." 우리는 조심스럽게 이 계명을 주의하고 날마다 이를 사용해야 한다. 그리고 이와 함께 이 기도와 감사의 목적을 생각해야 한다. 즉, 우리의 마음 가운데서 하나님을 더 많이 알고 존중하며 사랑해야 하는 것이다.

네번째 이유는 이 현세적 약속들이 주 그리스도를 상기하게 하며, 영원한 약속을 상기시키는 것이기 때문이다. 여기서 두 가지를 생각해야 한다. 첫째로 모든 현세적 복은 주 그리스도 때문에 주어지고 약속된 것이다. 영원하신 아버지께서 그의 아들에 대한 사랑에서 자신의 교회를 불러 모으신다. 그러나 교회는 이 세상에서 시작되어야만 하므로 하나님께서는 우리의 이 연약한 삶에 필수적인 물리적인 재화들을 주시는 것이다. 사도 바울이 고후 1장에서 말하듯이 모든 약속들은 그 아들 때문에 우리에게 선포되고 주어진 것이다.

더구나, 우리는 우리의 모든 기도에서, 현세적 도움을 위한 기도에서도 우리의 마음은 하나님의 아들과 영원한 약속과 죄 용서를 생각해야만 한다. 왜냐하면 주 그리스도를 생각하지 않고서는 우리의 마음이 하나님을 바르게 부를 수 없기 때문이다. 양심은 죄를 지었고 죄악된 것이므로 그것이 하나님께 부르짖는 부르짖음이 들려질 수 있을까를 언제나 의심한다. 여기서 주 예수 그리스도에 대한 지식과 죄 용서를 받았다는 믿음이 길을 비추고 현세적 도움을 위한 기도를 강화시켜준다. 하나님의 교회가 십자가 아래 있는 이유는 여럿이고 그에 대해서 후에 말하겠지만 그 중의 하나는 하나님께서 다양한 현세적 위험과 불안을 통해서 우리로 하여금 단순히 현세적 도움만 구하도록 하지 않으시고, 주 그리스도를 알며, 영원한 복락을 추구하도록 하시려는 것이다.

복음은 하나님께서 교회를 유지하시며, 현세적 도움을 주시려고 하심을 선포한다. 그러나 동시에 교회는 십자가 밑에 놓여져 있고, 핍박을 받게끔 되어 있음에 유의하라. 이 두 진술은 서로 모순되는 것 같으나 실상은 그렇지 아니하니, 주 그리스도께 친히 수난과 도움을 다 말씀하시기 때문이다. 막 10:29f.: "나와 및 복음을 위하여 집이나 … 전토를 버린 자는 금세에 있어 … 백배나 받되 핍박을 겸하여 받고 내세에 영생을 받지 못할 자가 없느니라." 그리고 이사야 30:20도 영원한 재난, 그리고 교회의 유지를 말하고 있다. "주께서 너희에게 환난의 떡과 고생의 물을 주시나 네 스승을 다시 숨기지 아니하시리니 네 눈에 네 스승을 볼 것이며 …"

이 말들은 서로 대조되는 말인 것 같아도, 병행적인 진술인 것이다. 교회가 여러 가지 이유로 인해서 십자가 밑에 놓여 있다는 것은 사실이나, 그럼에도 불구하고 하나님께서는 이 현세에서 교회를 유지하셔서, 그가 모으시는 무리가 항상 있을 것이다. 비록 그 지체들이 이곳저곳에서 황폐함을 경험할지라도 말이다. 다윗의 군대는 그 중의 몇 사람이 죽임을 당했어도 승리를 거두었고 그대로 있었던 것과 비슷하다. 하나님께서는 여러 가지 특별한 방식으로 도우신다. 물론 모든 사람들에 대해서 다 같은 방식으로 도우시지는 않아도 특별히 도우시니, 이는 우리로 하여금 자신의 뜻에 따라 현세적 도움을 기대하게 하시며, 우리가 기쁘게 그리고 준비된 마음으로 순종하기를 원하시기 때문이다. 그러나 그는 자신이 모으신 무리를 유지하시며, 여러 방식으로 도움을 주시는 것이다.

회중에 대한 도움과 구원이 때로는 자연적인 방식으로 일어나기도 하니, 이는 하나님께서 모든 사람으로 하여금 자신이 교회 안에 계심을 인정하도록 하시려는 것이다. 그러므로 우리는 하나님께서 자신의 임재를 드러내시도록 기도해야 한다. 마치 모세가 여호와께 백성들에게 자신을 나타내셔서 하나님이 가시적으로 자신을 계시하셨음을 이집트 사람들이 듣고, 알도록 기도했듯이 말이다.

또 어떤 도움은 인간적 이해를 초월하는 방식으로 주어지기도 한다. 그것이 우리의 생각에 따라서 일어나지 않는 것은 하나님께서 우리로 하여금 믿음과 그에 대한 신뢰 가운데서 살기를 원하시며, 주 그리스도를 통한 구원을 기대하며 살기를 원하셨기 때문이다. 이사야 30:15에서 말씀하시듯이 말이다: "너희가 돌이켜 안연히 처하여야 구원을 얻을 것이요, 잠잠하고 신뢰하여야 힘을 얻을 것이어늘." 이 진술로부터 아주 중요한 삶의 규칙이 도출된다. 즉, 비록 우리의 이성은 그것이 어떻게 이루어지는지를 몰라도 우리는 그 목적을 기대하면서 하나님의 계명 중에 거하여야 한다는 것이다. 시편 37:34도 그렇게 말하고 있다. "여호와를 바라고 그 도를 지키라. 그리하면 너를 들어 땅을 차지하게 하실 것이라. 악인이 끊어질 때에 네가 목도하리로다."

이 어려운 삶 가운데서 우리가 도움을 필요로 하는 현세적 은사들이 많이 있고 모든 은혜의 은사들이 주 그리스도 덕에 값없이 주어진 은혜에 근거하고 있지만, 그런데도 순종하고 인내한 성도들에게 또 보상도 다양하게 해 주신다고 한다. 예레미야는 그가 옥에 있을 때에 음식을 준 에벳멜렉에게 그가 예루살렘 멸망 때에 멸망을 당하지 않고, 구원을 받을 것이라고 한다. 그리고 주 그리스도께서도 마태복음 10:42에서 그렇게 말한다: "누구든지 제자의 이름으로 이 소자 중 하나에게 냉수 한 그릇이라도 주는 자는 내가 진실로 너희에게 이르노니, 그 사람이 결단코 상을 잃지 아니하리라."

이렇게 보상을 주실지라도 우리는 여전히 우리가 죄를 지었으며, 하나님께서는 우리에게 의로운 심판을 하실 것이고, 우리는 우리 편에서의 아무런 공로 없이 주 그리스도 덕에 믿음을 통해서 죄 용서를 끊임없이 받아야할 필요가 있음을 고백해야 한다. 야곱이 나음과 같이 고백하듯이 말이다. "나는 주께서 주의 종에게 베푸신 모든 은총과 모든 진리를 조금이라도 감당할 수 없사오니"(창 32:10).

모든 사람은 육체적 죽음에 의해서 이 현세적 삶을 영원히 살지 못하므로, 다음의 사실을 알고, 확고히 주장하는 것이 필요하다. 즉, 비록 모든 현세적인 재화가 취하여진다고 해도 우리는 주 그리스도의 영원하신 약속과 그의 은혜를 잃어버리도록 할 수 없으니, 그 약속은 이를 믿음으로 받아들이는 모든 시대의 모든 사람에게 분명하고 확실하기 때문이다. 다윗이 쫓겨다닐 때, 그는 중보자 덕분에 그의 죄가 은혜로 용서되었다는 인식에서 나온 위로를 가지고 있었다. 욥은 "그가 나를 죽이셔도 나는 그를 신뢰하리라"고 선언한다(욥 13:15). 신앙은 언제나 주 그리스도의 영원하신 약속, 은혜의 약속을 먼저 성찰하고 받아들여야 한다. 그리고 모든 물리적 복이 사라진 후에도 그 약속을 믿고 있어야 하는 것이다. 은혜의 약속은 영원한 언약(the eternel covenant, the eternal testament)이다. 왜냐하면 그것을 통하여 영원한 구원이 주어지니, 이는 그 약속은 분명하고 그 약속을 믿음으로 받아들이는 모든 사람과 모든 시대에 대해 확실한 것이기 때문이다. 다음과 같은 하나님의 맹세는 불변하는 것이다. "주 여호와께서 가라사대 나의 삶으로 맹세하노니, 나는 악한 자가 죽는 것을 기뻐하지 아니하며, 악한 자가 그 길에서 돌이켜서 사는 것을 기뻐하노라."

여기서 우리는 다음과 같은 질문을 할 수 있다. "약속들이 율법에 덧붙여져 있는데, 이 약속들을 어떻게 이해해야 하는가?" 이에 대한 우리의 대답은 다음과 같다. 우리는 율법과 복음의 구별을 분명히 알아야만 한다. 그리스도의 영원한 약속, 복음이 선포하는 은혜는 우리의 모든 공로를 차단하고, 주 그리스도 덕에 하나님께서 값없이 죄 용서와 은혜와 영원한 복락을 주신다고 말하는 것이다. 그러나 율법은 우리가 온전히 순종하기를 요구하고, 율법에 덧붙여진 약속은 온전한 순종에 근거하는 것이다. 그런데 그런 온전한 순종은 이 세상에서는 불가능한 것이고, 이 세상에서는 우리 안에 죄가 남아 있다. 그러므로 우리는 율법에 붙어있는 약속들에 대한 권리가 전혀 없다.

그러나 우리가 주 그리스도께 대한 믿음을 통해서 의롭다 함을 받으면, 하나님께서 주 예수 그리스도 때문에 우리의 순종의 시작을 기뻐하시며, 그런 순종에 대해 보상도 해 주신다. 다음 구절들이 시사해 주듯이 말이다: "기도하면 받으리라"[cf. 눅 11:9; 마 21:22; 막 11:24]; 그리고 "누구든지 제자라는 이유로 물 한 잔이라도 이 소자 중 하나에게 준 이는 결단코 그 상을 잃지 아니하리라." 이 약속들은 헛된 것이 아니다. 그러나 앞에서 논의하였듯이 교회가 어려움 가운데 있으리라는 것도 참된 것이다. 이에 대해서는 후에 좀더 논의하기로 한다. 그리고 율법의 약속들에 대해서 더 진술되어야 할 것은 신약과 구약이란 제목 아래서 더 언급될 것이다.[12]

---

12) 아래 제16장을 보라.

제 10 장

사람이 어떻게 하나님 앞에서 죄 용서를 받고, 의롭다 함을 얻는가?

그리스도와 은혜의 약속이 성경 전체에 분명히 나타나 있어도 인간의 이성은 아주 어두워져서 태양이신 주 그리스도를 보지 못하고 항상 어떤 공로거리와 그 자신에 의한 칭의를 만들어낸다. 처음부터 우상들이 만들어 졌고 전쟁의 위협은 특별한 희생 제사를 만들게 하였고, 그후엔 "전쟁의 신을 위한 제의"(the *Cultus Martis*)가 발전되었다.

부인들은 출산과 관련하여 특별한 희생 제사들을 만들었고, 이로부터 "유노를 위한 제의"(the *cultus junois*)가 발전되었던 것이다.[1] 후에 사람들은 성 조지(St. George)나 성 안나(St. Ann)와 같은 성자들을 불러 아뢰는 일을 창안하였다. 예루살렘에 있는 제사장들은 우리가 희생 제사를 드림으로써 죄 용서를 공로로 얻을 수 있다고 상상했다. 그리고 후에는 미사와 수도사들의 공로가 죄 용서를 얻을 수 있다는 암매가 더 번져나갔다.

그후에 "칭의"(Justification)라는 말과 관련하여 어떤 일이 일어났다. 어떤 식자(識者)들은 이를 외적 도덕성의 용어로만 이해해 보려고 하였다. 마치 세상적 정의를 이해하듯이, 그래서 예를 들어서 "아리스티데스는 법을 지킨다는 의미에서 의로운 시민이다"고 할 때와 같이 말이다. 왜냐하면

---

1) 이는 각각 전쟁의 신 마르스(Mars)와 유피테르(제우스) 아내인 최고의 여신 Juno(이는 희랍의 Hera여신에 해당함)에게 바쳐진 제의이다(역주).

법으로는 '칭의'(justification)란 법에 일치하는 것을 뜻하기 때문이다. 재세례파나 열광주의자들은 더 높이 올라가 보려고 하였다.[2] 그들은 어떤 내적인 조명이나 입신(들어 올려짐, rapture) 때문에 칭의되고 하나님을 기쁘시게 한다고 상상하였다. 많은 이들이 마르키온이나 프리스킬라에[3] 대한 글에서 발견할 수 있는 그런 입신(rapture)을 잘못되게 높였는데, 그들은 그런 입신의 가장하에 간음과 다른 심각한 악을 행했던 것이다. 마르키온은 어떤 집사의 부인을 키프로스로 이끌고 갔었는데 그녀는 후에 그 남편에게로 돌아와서 마르키온의 부도덕성에 대한 보고를 해 주었다. 우리 시대에도 이런 입신이나 들어 올려짐을 자랑하는 뮌처(Münzer)나 슈톨츠(Storch)와[4] 같은 사람들을 많은 사람들이 알고 있다. 그러나 그들도 간음자들이요, 폭동자들이었던 것이다.

---

2) 급진적 재세례파들과 동의하려고 하는 자들은 때때로 열광주의자들(enthusiasts)이라고 조롱당했다. 이 열광주의자들이라는 용어는 초대교회에 4세기경 메소포타미아와 시리아에 있던 유케파(the Euchites)와 연관된 용어이다. 이들은 성례와 도덕법을 거부하고 고행적인 삶을 옹호하면서 자신들이 성령을 가지고 있다고 자랑하였다. 극단적인 재세례파는 자주 자신들이 성령을 통해서 영감되며 직접적인 계시를 받는다고 말했다(영역주 주).

3) 브리스가(Prisca)와 막시밀라(Maximilla)는 2세기에 프리기아(Phrygia)에 있던 광신적인 여선지자들이었다. 그들은 남편들을 떠나서, 이전에 키벨레의 사제였으며 성령이 그의 몸에 들어와서 그를 통하여 기독교 진리를 선포한다고 주장했던 몬타누스(Montanus)와 같이 활동하였다. 이 천년왕국주의의 전도자들은 새 예루살렘이 페푸자(Pepuza)에 수립될 것이라고 선언하면서 신자들로 하여금 고행을 하면서 주의 임하심을 준비하라고 하였다. 이 세 사람과 관련하여 부도덕한 풍문이 발생하였다(영역자 주).

4) 니콜라스 슈톨츠(Nicholos Storch)와 마크 스튀브너(Mark Stübner)는 루터가 오랫동안 바르트부르크에 머물고 있을 동안에 츠비카우(Zwickau)에서 비텐베르크(Wittenberg)에 와서 루터의 동료이던 안드레아스 칼슈타트(Andreas Karlstadt)의 반동적인 개혁을 부추겼던 주도적인 "천상적 선지자들" 중 두 사람이었다. 칼슈타트의 개혁으로 미사가 고쳐졌고, 가톨릭의 많은 잔재가 아주 강하게 파괴되었다. 슈톨츠와 스튀브너는 내적인 빛의 비춤을 얻었고 앞으로 되어질 일에 대한 이상을 본다고 하였었다. 멜란히톤은 그들이 하나님의 성령에 의해 인도함을 받는지, 사탄의 인도를 받는지를 결정할 수 없었다. 그들과 함께 광신적 행동을 한 자가 토마스 뮌처였다(영역자 주).

사단과 맹목적인 사람들은 우리 주 그리스도와 그가 가져오신 은혜에 대한 이 중요한 조항에서 계속해서 진리에 대항하여 문제를 일으킨다. 그들은 그리스도의 영광을 빼앗고, 참된 기도를 파괴하며, 무서워하는 양심에게 참된 위로를 주지 않고 오히려 그것을 흐려버린다. 그러므로 이 조항에서 우리가 잘못될 수 있는 여러 방식이 있음을 주의해야 한다. 바리새인들, 펠라기우스주의자들, 수도사들과 가신조협정주의자들은[5] 외적인 도덕성이 공로와 칭의를 얻게 할 수 있다고 상상한다. 열광주의자들과 재세례파는 내적인 들어 올려짐(입신)을 격찬하면서, 그것이 그들을 의롭게 하며 하나님을 기쁘시게 한다고 말한다. 이런 잘못된 길들은 주 그리스도로부터 사람들을 빼앗아가고, 신앙을 없애는 것이다.

그러나 하나님의 은혜로 이 조항의 진리가 고귀한 마르틴 루터 박사에 의해서 설명되어졌고 작센 교회들에서 단일하게 선포되었으며, 특별히 1552년에 가신조 협정과 오시안더에[6] 반대해서 반복적으로 고백되어졌다.

---

5) 가신조협정주의자들(interimist)은 1548년 5월에 카를 5세에 의해서 공포된 아우그스부르크 가신조 협정(the Augsburg Interim)과 1548년 12월에 공포된 작센의 라이프치히 가신조 협정(the Leipzig Interim of Saxony)을 받아들인 이들은 낮추어 부르는 말이다. 아우그스부르크 가신조 협정은 멜란히톤을 포함한 독일 복음주의자들에 의해 강하게 저항되었고, 모리스 선제후가 작센에서 강요한 라이프치히 가신조 협정은 멜란히톤을 포함한 많은 이들이 받아들였으니, 멜란히톤은 이 가신조 협정이 믿음으로 말미암는 칭의만 보존하면 자신은 이를 받아들일 수 있으니 다른 모든 것은 비본질적인 것으로 여길 수 있다고 말했던 것이다. 그는 이런 태도로 인해서 상당히 심하게 비판을 받았다. 이 가신조 협정은 1552년 파사우 평화조약(the peace of passau)에서 루터파가 관용을 얻었을 때 끝났으나, 멜란히톤에 대한 비판은 계속되었다(영역자 주).

6) 안드레아스 오시안더(Andreas Osiander, 1498-1552)는 주도적인 독일의 개혁자의 한 사람이었으나, 1548년의 아우그스부르크 가신조협정과 라이프치히 가신조협정 때문에 멜란히톤의 적이 된 논란거리가 되는 인물이었다. 오시안더는 뉘른베르크(Nürnberg)를 떠나라는 강요를 받았고 쾨니히스베르크(Königsberg)에 새로 세워진 대학의 교수로 취임한 후에 1550년에 두 가지 저작을 내었으니, 그것은 「율법과 복음에 대하여」(*De Lege et Evangelio*)와 「칭의에 대하여」(*De Justificatione*)인데, 이 두 저작은 상당한 논란을 일으켰다. 그는 루터 사상의 입장에서 칼빈주의와 로마주의에 반대하였으나, 그는 믿음으로 말미암는 칭의가 신앙의 전가가 아니라, 그리스도의 신성

나는 작센의 교회들에서 알려진 대로의 교리만이 분명히 옳은 것이라고 말하고 싶다. 따라서 나는 작센 교회들의 신앙고백서에 반(反)하는 것은 무엇이든지 다 반박한다.

먼저 외적인 도덕성과 세상적인 칭의에 대해서 말하자면, 하나님께서는 분명히 중생한 사람이건 중생하지 않은 사람이건 모든 사람들이 외적인 도덕에 관한 한 하나님의 모든 계명에 따라서 살기를 요구하신다. 즉, 첫째로는 외적인 신앙고백에서 하나님에 관한 바른 가르침을 받아들이고, 우상들이나 에피쿠로스적인 말로 하나님을 신성모독하지 않으며; 둘째로는 거짓된 맹세를 하지 않으며; 셋째로는 참된 선포의 직임과 기독교회를 유지하고 존중하며; 넷째로는 모든 존중할 만한 권위자들에게 순종하며; 다섯째로는 그 누구도 부당하게 죽이지 않으며, 질서있는 방식으로 일반적 평화를 유지하려고 하며; 여섯째로는 모든 금하여진 성적인 관계를 배제하며; 일곱째로는 훔치지 않으며; 여덟째로는 법정에서나 다른 곳에서 거짓말을 하지 않아야 하는 것이다.[7]

이 외적인 도덕을 다 지키는 것을 세상적인 의로움(worldly justi-fication)이라고 할 수 있다. 이처럼 "칭의"(Justification)라는 말은 도덕성에 대해 말할 때도 사용될 수 있고, 그때에는 외적인 행위에서 하나님의 법에 일치하는 것을 지칭하는 것이다. 그리고 이 도덕성 또는 외적인 칭의는 명령된 것이고, 필수적인 것임은 부인할 수 없는 것이다. 그리고 하나님께서는 부도덕에 대해서 그 죄인이 하나님께 돌이키지 않는 한 이 세상에서나 내세에서 물리적으로 형벌을 주실 것이니, 이는 사람은 그의 자연적 능력으로 이 도덕성을 어느 정도는 유지할 수 있기 때문이다.[8]

이나 실제적인 주입(an infusion of actual righteousness or the divine nature of Christ)을 의미한다고 주장하는데서 너무 지나치게 나아갔음이 분명하다. 멜란히톤은 1552년의 작센 신앙고백서가 시사하듯이 이런 견해를 강하게 거부하였다(영역자 주).

7) 사실 본문 중에서 멜란히톤은 십계명을 루터파적으로 나누어져 각각의 계명에 따라 살아야 한다고 말하는 것임에 유의하라(역주).

8) 이 때 말하는 도덕성과 이를 지키거나 유지한다는 것은 모두 외적인 도덕성을

그러나 동시에 이런 외적인 도덕성으로는 죄 용서를 공로로 얻을 수 없음도 알아야 할 필요가 있다. 외적인 도덕성은 그것으로 사람이 하나님 앞에서 의롭다 함을 받을 수 있는 것, 즉 하나님을 기쁘시게 할 수 있는 것이 아니다. 그것은 결코 하나님의 법을 성취하는 것이 아니다. 그런 도덕성의 요구는 단순히 외적인 강요일 뿐이다. 아담과 하와가 무화과 나무 잎으로 치마를 만들어 입은 것처럼 이런 제한은 그들의 내적인 불결을 덮는 것일 뿐이다. 이런 제한은 이성에서 나온 것으로, 혀와 눈과 귀와 손과 발을 완전히 하려는 것이거나 생각에 따라 움직이는 움직임이다. 이런 생각과 움직임은 어떤 이에게서는 강하고, 어떤 이에게서는 약하다.

스키피오(Scipio)는 간음을 피하려는 결단에 있어서 알렉산더(Alexander)보다 더 확고하였다. 이런 생각과 움직임이 강할 때 우리는 그것을 덕(德)이라고 부른다. 그러나 모든 덕들은 이 손상된 인간성 안에서 매우 연약한 것이다. 사도 바울이 그런 것을 모두 율법의 행위일 뿐이요, 하나님의 일이 아니라고 하는 것은 옳은 것이다. 즉, 그것들은 우리가 법에 따라 행할 때 내어 놓는 행위들일 뿐이라는 것이다. 이런 생각들은 잠정적인 것들이다. 그것들은 생명과 기쁨이 아니고, 죽음을 극복하지 못한다. 하나님과 불결에 대한 회의가 여전히 마음에 남아 있는 것이다. 따라서 사도 바울은 육체의 의(義, Gerechtigkeit)는 지나가는 것이라고 말하였다.

이것은 분명하고 이해하기 쉬운 것이다. 따라서 이런 외적인 도덕성이 하나님의 율법을 완성하는 것이라고 상상하고, 자기 자신의 행위로 사람이 하나님 앞에서 의롭다 함을 받을 수 있으며, 죄 용서를 공로로 받을 수 있다고 상상하는 펠라기우스주의자들과 교황주의자들, 수도사들과 그와 같은 자들은 형벌을 받을 것이고 반박될 것이다. 그런 거짓과 주 그리스도에

의미하는 것임에 유의하라. 멜란히톤은 사람이 자연적 능력으로 내적인(영적인) 도덕성을 지킬 수 있다고는 하지 않는 것이다. 단지 외적으로는 어느 정도 지킬 수 있다고 시민적인 의, 외적인 의에 대해서 언급하고 있는 것이다(역주).

대한 오용(誤用)은 반박되고 피해야만 한다. 그리고 하나님의 율법과 복음에 대한 바른 이해를 배우고 유지해야만 하는 것이다.

무엇보다 먼저 요한이 많은 성찰 후에 율법과 하나님의 아들을 구별하기 위하여 그의 복음서 앞 부분에 쓴 구절을 주목해 보라. "율법은 모세로 말미암아 주신 것이요, 은혜와 진리는 예수 그리스도로 말미암아 온 것이라"(요 1:18). 은혜는 특별히 우리 편에서의 공로 없이 우리가 죄 용서와 하나님에 의해 은혜스럽게 받아들여졌음을 지칭하는 말이다. 진리는 참되고 영원한 애호를 지칭한다. 이는 그림자나 지나가는 것이 아니요, 영원한 생명이며, 하나님에 대한 바른 지식이고, 영원한 지혜요, 칭의, 즉 하나님과의 일치이다. 현세 후에 영원한 복락에서는 하나님이 모든 것 안에서 모든 것이 되실 것이다. 그는 복됨 가운데서 분명히 빛나실 것이요, 그리하여 모두가 죄 없이 빛과 칭의와 기쁨으로 가득 차게 될 것이다.

모세와 율법에 의해서는 오직 그림자와 외적인 세속적 도덕성과 외적인 나라가 왔을 뿐이다. 그러나 하나님의 아들은 희생 제사와 우리를 위한 공로 있는 은혜가 되셨다. 즉, 그는 죄 용서와 하나님의 은혜스러운 받아주심과 영원한 칭의와 복됨이 되신 것이다. 성자 자신이 이 현세의 삶에서 이런 유익을 우리에게 가져다 주신다. 그리하여 우리가 하나님께 돌이켜서 새롭게 거듭나게 하시는 것이다. 그는 성령을 주시고 복락의 시작을 가져다주신다. 이는 후에 그 안에서 우리가 온전한 칭의, 즉 하나님과의 일치를 가질 수 있게 하는 영원한 복락이 될 것이다. 하나님께서는 우리 안에서 분명히 빛나실 것이며, 모든 것 안에서 모든 것이 되실 것이다. 요한이 은혜와 진리에 대해서 말할 때, 그는 현세와 오는 영원한 세대에서 성자께서 얻어 주신 모든 것을 포함하여 말하는 것이다. 그는 현세에서의 연약한 시작에 대해서만 말하는 것이 아니다.

사도 바울도 롬 5:15에서 비슷하게 말한다. " … 더욱 하나님의 은혜와 또는 한 사람 예수 그리스도의 은혜로 말미암아 선물이 많은 사람에게 넘쳤으리라." 여기서 그는 죄 용서, 하나님께서 은혜스럽게 받아주심을 은혜라고 부른다. 그리고 그는 우리가 그와 성령을 통하여 새롭게 태어났을 때와 또한 후에 영원한 복락에서 하나님의 아들이 우리 안에 이루어 주신 모든 것을 선물이라고 부르고 있다.

이것이 우리 교회들이 가르치는 바이다. 우리 교회들은 오시안더가 그리 하듯이 우리 안의 변화를 전혀 고려하지 않고 단순히 받아주시는 것만을 말하지 않는다. 우리는 하나님의 아들이 우리를 위하여 얻으셔서 우리에게 내려주시고, 우리 안에 만들어주신 모든 하나님의 선물, 즉 죄 용서와 하나님께서 은혜스럽게 받아주심, 의의 전가(the imputation of righteous-ness), 우리 안에서의 신생(新生), 곧 그 안에서 하나님 자신이 복음을 통하여 역사하시고 우리를 위로하시며, 성령을 주시고, 우리로 지금 영원한 복락의 상속자들이 되게 하시며, 현세가 지나면 영원한 복락을 주시는 그 신생 등을 말하는 것이다.

처음부터 하나님의 약속은 주 그리스도를 선포했었다. 그리고 우리는 지금 우리가 그것을 어떻게 받았는지를 생각해야 한다. 그것은 다음과 같이 일어났다. 하나님의 영원하신 아들이 아담과 하와에게 "여인의 후손이 뱀의 머리를 상하게 할 것이라"는 말로 은혜와 영원한 구원의 약속을 계시 하셨을 때, 그는 동시에 선포의 직임(the office of preaching)을 제정하셔서, 그것을 통하여 자신에게로 영원한 교회를 모으시며, 모든 사람들 안의 죄를 벌하시고, 구주와 은혜와 영원한 복락의 복음을 선포하도록 하신 것이다. 이 선포 가운데서 하나님의 아들이 신자들 안에서 강력히 역사하시는 것이다. 바울이 다음과 같이 선포하듯이 말이다. "이 복음은 모든 믿는 자에게 구원을 주시는 하나님의 능력이 됨이라"(롬 1:16).

그 하나님의 아들은 선지자들을 통해서 선포의 직무를 유지하셨다. 또한 그 자신이 성육신하셔서 스스로 선포하셨다. 그 뒤에는 사도들에게 "내 아버지가 나를 보낸 것같이 나도 너희를 보내노라"(요 17:18; 20:21 참조)고 하시고, 또 "내 이름으로 죄 사함을 얻게 하는 회개를 선포해야 한다"(눅 24:47 참조)고 말씀하시며 명령을 주셨다.

이 복음의 선포는 회개와 죄 용서를 말하므로 먼저 죄가 무엇인지를 말한다. 즉, 죄는 하나님의 법에 반(反)하는 모든 것임을 말하며 **하나님의 아**

들을 믿지 않는 가장 일반적이고 가장 깊은 죄에 대한 형벌에 대해서 말한다. 그렇기에 주 그리스도는 "성령이 나를 믿지 않음에 대하여 세상을 심판하실 것이요"(요 16:9 참조)라고 말하며, 사도 바울은 "선포를 통하여 모든 사람들의 죄에 대한 하나님의 진노가 계시된다"고 하는 것이다(롬 1:18).

우리는 또한 선포의 직무가 도덕법(legem moralem)이라고 알려진 하나님 안에 있는 영원히 불변하는 지혜와 공의의 시행, 우리로 하여금 하나님의 어떠하심과 죄의 본성을 알려주는 통치를 포함하고 있음도 주목해야 한다. 왜냐하면 하나님께서는 앞서 설명한 바와 같이 죄가 알려지고 벌받기를 원하시기 때문이다. 그런데 아주 퉁명스럽게 말한다면, 하나님의 참 교회를 제외하면 그 어떤 나라나 이 세상의 그 어떤 종교도 이 율법, 도덕법, 외적 행위의 법을 충분히 가르치지 못했다는 것도 아주 명백한 사실이다.[9] 이교도들은 그들이 행할 뿐만 아니라 옳다고 여기는 우상숭배와 부도덕과 다른 악들로 심각한 문제를 일으키는 것이다. 이것은 모든 다른 종교들은 참되지 않으며 거부되어야만 한다는 것을 분명히 확언해 주는 것이다. 왜냐하면 다른 종교들은 큰 죄를 허용하고 또 옳다고 하기 때문이다. 이로부터 율법에 관한 참된 교리가 유지되는 모여진 회중만이 참된 하나님의 교회라는 결론이 나온다. 그러므로 우리는 교회 안에서 십계명을 그 참된 의미대로 항상 가르쳐야만 하는 것이다. 주 그리스도께서 마태복음 5장에서 또 사도들이 십계명을 가르쳤듯이 말이다.

비록 우리가 지금 잠시 동안은 안전한 것 같고, 스스로는 자랑하며, 흔들리지 않는 것 같으나, 모든 사람은 종국적으로 하나님의 진노와 심판을 느끼고 당하게 될 것이니, 하나님은 "소멸하는 불"이시기 때문이다. 그러나 그런 일이 일어나기 전에 하나님께서는 우리가 회개하기를 원하신다. 그러

---

9) 이는 이제까지의 논의보다 좀더 심각한 타락상을 잘 지적해 주는 논의이다. 원문 대조: "no nation and no religion in all the world has fully taught the law, *legem moralem*, the law of external works, except the true church of God"(p. 154)(역주).

므로, 우리가 그의 말씀의 선포를 들을 때, 우리는 우리 죄에 대한 하나님의 진노를 인정하고, 반역하는 대신에 돌이킴을 요청해야만 한다. 예레미야가 렘 31:18f.에서 간구하듯이 말이다. "주는 나의 하나님 여호와시니, 나를 이끌어 돌이키소서 그리하시면 내가 돌아오겠나이다. 내가 돌이킴을 받은 후에 뉘우쳤고." 분명히 하나님에게로 나아가는 내적인 돌이킴이 있어야만 한다. 하나님의 맹세는 분명히 그것을 함의하고 있기 때문이다. "나의 삶을 두고 맹세하노니 나는 악인의 죽는 것을 기뻐하지 아니하고, 악인이 그 길에서 돌이켜 떠나서 사는 것을 기뻐하노라"(겔 33:11). 이 맹세에 회개와 삶이 모두 포함되어 있음을 주목하라.

그러나 율법만이 선포되어야 하는 것이 아니라, 그의 아들의 복음, 은혜와 축복까지도 선포되어서 무서워하는 양심에 자비로운 위로를 주어야만 한다. 왜냐하면 하나님의 불변하는 뜻과 간절한 명령은 우리가 언제나 복음을 전해야만 한다는 것이기 때문이다. 오직 이 선포를 통해서만 하나님의 아들은 영원한 교회를 불러 모으신다. 우리는 믿음을 통한 복음의 이 위로 중에 있어야 한다. 우리는 재세례파나 열광주의자들이 말하는 입신을 추구해서는 안 되는 것이다. 우리는 또한 선포의 직무가 단순히 공허한 음성이 아니라는 것에서 위로를 찾아야 하니, 주 그리스도께서는 참으로 이 선포의 직무를 통해서 역사(役事)하시기 때문이다. 복음이 바르게 선포되는 이 모여진 회중은 예정된 것이므로 다른 분파를 추구해서는 안 되는 것이다.

우리의 마음이 하나님의 진노 앞에서 떨 때 그의 불변하는 의지와 최고의 명령은 우리의 화목자로 지정되신 그의 아들 예수 그리스도 때문에 하나님께서 은혜롭게, 즉 우리 편에서의 아무 공로 없이도 죄를 용서하시고, 칭의하시며, 성령과 영생을 주시리라는 것을 믿어야만 한다는 것이다. 바울이 "은혜와 선물"이라고 말하듯이 말이다.

그러므로, 만일 우리가 하나님의 아들을 믿으면, 우리는 죄 용서를 받은 것이고, 그리스도의 의가 우리에게 전가되어서 우리가 칭의를 받고 그리스도 덕분에 하나님께 기쁨이 되는 것이다. 우리는 주 예수 그리스도를 통해서 새롭게 태어나며,[10] 그는 우리의 심정에 위로를 말씀하시고, 우리에게 성령을 주셔서 우리로 영원한 구원의 상속자가 되게 하신다. 그리고 우리는 이 모든 것을 오직 주 그리스도 때문에, 은혜로, 공로 없이, 오직 믿음을 통해서 얻게 되는 것이다. 이때 이 믿음은 하나님이시요 사람이신 주 그리스도를 신뢰하는 것이니, 그 덕분에 우리네 비참한 사람들이 하나님에 의해 받아들여진 것이다. 바울이 로마서 5장에서 말하듯이 말이다.

이것이 하나님께서 그의 약속들 가운데서 먼저 계시하셨고, 후에 선지자들과 그리스도와 사도들을 통해서 설명하신 그 위로이다.

비록 이것이 인간의 이성에는 이상하게 보이고,[11] 바리새인들, 이슬람교도들, 교황, 수도사들, 재세례파와 다른 분파주의자들은 온갖 방식으로 이에 반(反)하여 소란을 일으켜도, 우리는 이 위로가 특별한 하나님의 계시임을 알아야 하며, 성경에 있는 이에 대한 증언들을 살펴보고, 확고한 신앙을 가지고 우리의 기도 중에 이를 지키고, 이것으로 우리를 위로해야만 한다. 이를 위해서 나는 성경으로부터 몇몇 중요한 구절을 제시하고자 한다.

행 10:43: "저에 대하여 모든 선지자도 증거하되, 저를 믿는 사람들이 다 그 이름을 힘입어 죄 사함을 받는다 하였느니라." 이 구절은 죄 용서와 믿음이 서로 연관되고 있음을 분명히 말한다. 우리가 하나님 앞에 올 때에 우리는 먼저 하나님의 아들에 대한 믿음을 통해 일어나는 죄 용서를 받아야만 하는 것이다.

롬 3:24f.: "그리스도 예수 안에 있는 구속으로 말미암아 하나님의 은혜로 값없이 의롭다 하심을 얻은 자 되었느니라. 이 예수를 하나님이 그의 피로 말미암는 화목 제물로 세우셨으니." 여기서도 의롭다 하심을 얻는 것은 죄 용서를 받는 것이며, 하나님을 기쁘시게 하는 것이며, 그리스도의 의

---

10) 앞부분에서도 그리하였지만 여기서도 멜란히톤은 소위 넓은 의미의 중생(칼빈 등의 개혁자들이 쓰던 의미의 중생)을 언급하는 것이지, 후대에 정확한 의미로 사용되게 된 좁은 의미의 중생을 말하고 있는 것이 아님에 유의하라(역주).

11) "인간의 타락한 이성에는"이라고 표현할 수 있었다면 멜란히톤과 개혁파의 차이가 좀더 좁혀질 수 있지 않았을까?(역주).

로 옷입는 것이며, 성령을 부여받는 것이다. 이것은 바울이 분명히 말하듯이 우리 편에서의 아무런 공로 없이, 사람이요 하나님이신 주 그리스도에 대한 믿음을 통하여 되는 것이니, 그가 우리를 위하여 하나님의 진노를 짊어지셨기 때문이다. 죄에 대하여 말함으로써, 바울은 주 그리스도의 전적인 순종과 공로를 포함하는 것이다.

요 3:16: "하나님이 세상을 이처럼 사랑하사 독생자를 주셨으니, 이는 저를 믿는 자마다 멸망하지 않고 영생을 얻게 하려 하심이니라."

롬 4:3: "아브라함이 하나님을 믿으매, 이를 저에게 의로 여기신 바 되었나니." 사도 바울은 족장들과 조상들의 고대 교회가 그가 가르치듯이 가르쳤다는 증거로 의도적으로 이 구절을 인용했다. 로마서 4장은 이 문제에 대한 사도 바울의 주된 논증을 제시해 주고 있다.

은혜의 약속은 분명할 수밖에 없다. 그렇지 않았더라면 우리는 그 어떤 분명한 위로도 갖지 못했을 것이고, 하나님의 교회와 이교도들 사이의 구별도 없었을 것이다. 만일 약속이 불분명하거나 공허했다면, 구원은 우리가 율법을 이루는 것에 근거하게 되었을 것이다. 그러나 우리 모두는 죄 가운데 깊이 빠져 있고, 율법을 따르는 것과는 아주 거리가 멀다. 그러므로 은혜의 약속은 우리의 공로에 근거하는 것이 아니라, 우리 구주 그리스도에게 근거하는 것이며, 믿음으로 받아들여야만 한다는 결론이 따라나온다. 바울이 이같이 말하고 있는 것이다. "약속이 분명히 되도록 하기 위하여 공로가 아니라 믿음으로 되는 것이다"(롬 4:13-14; 갈 3:17-18 참조).

롬 5:1f.: "그러므로 우리가 믿음으로 의롭다 하심을 얻었은즉 우리 주 예수 그리스도로 말미암아 하나님으로 더불어 화평을 누리자. 또한 그로 말미암아 우리가 믿음으로 서 있는 이 은혜에 들어감을 얻었으며." 이 문장은 분명하고 우리를 위로하는 것이니 바울은 분명히 우리가 **믿음**으로 말미암아 의롭다 함을 얻었다고 말하기 때문이다. 그리고 우리로 하여금 이것이 어떻게 일어났는지, 그리고 믿음이 무엇인지를 알도록 하기 위해 이렇게 말하고 있다: "이 믿음을 통하여 하나님 앞에 평안을 갖는다"(cf. 롬 5:1). 비록 우리가 히스기야가 "주께서 사자같이 나의 모든 **뼈**를 꺾으시오니"(사 38:13 참조)라고 말하듯이 하나님의 분노를 느낄지라도, 주 그리스도에 대한 믿음은 위로와 생명을 가져다주는 것이다.

엡 3:12도 그와 같이 말하기를 "우리가 그 안에서 그를 믿음으로 말미암아 담대함과 하나님께 당당히 나아감을 얻느니라."

엡 2:8f.: "너희가 그 은혜를 인하여 믿음으로 말미암아 구원을 얻었나니 이것이 너희에게서 난 것이 아니요 하나님의 선물이라 행위에서 난 것이 아니니 이는 누구든지 자랑치 못하게 함이니라."

신앙은 주 그리스도와 사도들의 선포와 고대의 약속들과 선지자들의 말들을 설명하는 이와 비슷한 구절들에 근거해야만 한다. 사 53:11: "나의 의로운 종이 자기 지식으로 많은 사람을 의롭게 하며"라는 말은 이 지식이 복음을 통해서 주 그리스도를 믿는 것임을 이해하면 분명해진다.

이것이 분명해졌으므로, 우리는 이제 이 진리가, 특히 믿음과 은혜와 칭의에 대해서 잘못된 의미를 부여하는 교황주의자들에 의해서 어떻게 잘못되었는가 하는 것을 생각해 보아야 한다. 그 일을 위해서 먼저 이 용어들의 참된 의미를 살펴보기로 한다.

제 11 장

"믿음"이라는 말에 대하여[1]

믿음은 그저 그리스도의 이야기를 아는 것을 의미하지 않는다. 왜냐하면 귀신들도 하나님의 아들이 나타나셨으며, 죽음에서 부활하셨다고 인정하며, 유다에게도 그리스도에 대한 지식은 있기 때문이다. 참된 믿음은 은혜의 약속을 포함해서 하나님께서 우리에게 주신 모든 말씀을 참으로 받아들이는 것이다. 그것은 심정 깊은 곳으로부터 구주 그리스도를 신뢰하는 것이고, 하나님께서 그의 아드님 때문에 은혜롭게 우리 죄를 용서해 주시고, 우리를 받아주시며, 우리를 영원한 복락의 상속자들로 만들어 주신다는 신뢰이다. 로마서 4장은 "우리가 믿음으로 의롭다 함을 받았다"고 할 때에 그 "믿음"이라는 말의 의미가 바로 이런 것임을 분명히 보여주고 있다.

약속은 믿음으로 받아들여야만 한다. 따라서 믿음은 구주 그리스도에게 기대는 것이다. 약속을 받아들이지 않는 자마다 하나님의 모든 말씀을 믿지 않는 것이다. 가롯 유다는 하나님께서 그의 죄를 용서해 주시리라는 것을 믿지 않았으나, 다윗과 베드로는 그 이야기나 계명과 위협뿐만 아니라 은혜의 약속도 믿었던 것이다. 나는 이렇게 말할 때 새로운 어떤 것을 만들어 내는 것이 아니다. "죄 용서를 믿사오며"라는 말은 다른 이들의 죄가

---

[1] 멜란히톤은 서문에서의 순서를 바꾸어서 "은혜" 앞에 "믿음"을 다룬다(영역자 주).

용서받음을 믿는다는 것 이상의 의미이다. 즉, 이는 나의 죄가 용서받음을 믿는다는 뜻이다. 이것을 믿지 않는 것은 오직 외적인 이야기만을 믿는 것이다. 신앙고백은 이야기만이 아니라 약속들과 그 약속들의 열매도 포함하고 있다. 분명히 바울이 "우리가 믿음으로 말미암아 의롭다 하심을 얻었은즉 하나님과 더불어 화평을 누리자"(롬 5:1)고 할 때에, 그는 마음에 위로와 화평을 가져다주는 믿음에 대해서 말하는 것이다. 이 화평은 단순한 지식이 아니니, 이 지식은 귀신들도 가지고 있어서 그리스도 앞에서 떨며 도망하기 때문이다. 귀신들은 하나님이 그들을 심판하시리라는 것을 확신한다. 은혜의 약속을 받아들이는 이 믿음은 하나님께서 주 그리스도 때문에 우리의 죄를 용서해 주신다고 말한다. 그것은 주 그리스도께 기대는 것이며, 모든 참된 그리스도인들이 알듯이 화평을 가져다준다.

그러므로 주 그리스도께서 친히 이 화평을 주신다고 해도 되고, 성령께서 그리하신다고 할 수도 있는 것이다. 이 위로 가운데 하나님이 존재하신다 그러나 그는 외적인 말씀을 통해서 역사하시며, 우리의 마음에 믿음을 불러일으키시는 것이다. 그러나 이 모든 것은 다 함께 하는 것이다. 즉, 외적인 말씀: 우리 안에서의 이 말씀에 대한 성찰: 그리고 외적인 말씀을 통해서 역사하시며,[2] 영원하신 아버지를 나타내시고, 우리 마음에 위로를 말하며 하나님 안에서의 사랑과 기쁨을 낳으시는 성령을 주시는 하나님의 아들이 모두 함께 있는 것이다.

우리가 "믿음으로 죄 용서를 받고 칭의받았다"고 말할 때, 이것은 우리가 믿음이라고 부르는 이 행위 때문에 용서를 받았다는 의미가 아니라, 우리가 의존하는 주 그리스도의 순종과 공로 때문에 용서를 받았다는 의미이다. 믿음이란 그것으로 우리가 주 그리스도를 보며, 그것으로 그의 공로를 우리에게 적용하고 우리 것으로 만드는(전유) 수단인 것이다.

---

2) 여기 전통적 루터파의 입장인 "말씀을 통해서"(*per verbum*)가 나타나고 있다. 이에 반해서 개혁파에서는 성령께서 "말씀을 사용하셔서" 또는 "말씀을 가지고"(*cum verbo*)라고 말할 것이다(역주).

"믿음으로 우리가 용서를 받고, 칭의받았다. 즉, 하나님께 기쁨이 되었다"고 말할 때, 우리들의 교회에 일반적인 잘못된 해석을 막기 위해서 우리는 이를 상호관계에 비추어 이해해야만 한다. 즉, 우리의 공로가 아니라 주 그리스도 때문에 이 일이 이루어진 것이니, 믿음은 공로가 아닌 것이다.

우리의 마음을 다시 활기있게 하고, 누구러뜨리며, 위로를 주는 힘도 믿음의 힘이 아니고, 믿음을 통해서 역사하시며, 위로하시고, 마음에 성령을 주시는 그리스도 자신의 힘인 것이다. 그러나 그리스도는 복음과 믿음을 통해서 역사하기를 원하시지, 달리는 아니하시는 것이다.

세속적인 칭의와 복음을 통해서 주어지는 이 칭의의 구별을 잘 기억하도록 하자, 이에 대해서는 "칭의"란 말과 관련하여 후에 좀더 설명할 것이다.[3] 세속적인 의롭다 함은 목적들과 관련된 것이고, 그에 따라 행하는 것이다. 이는 사람들과 함께 죽는다. 그러나 주 그리스도께서 신자들 안에 주시는 위로는 생명이고 롬 8:10이 "영은 의를 인하여 산 것이라"고 말하듯이 영존하는 것이다. 이런 이해를 가지고서 우리는 교황주의자들과 재세례파와 오시안더의 주장에 답할 수 있을 것이다.

---

3) 제 13장을 보라.

제 12 장

"은혜"라는 말에 대하여

앞에 논의한 것에서 은혜란 분명히 우리 편에서의 그 어떤 공로 없이 주 그리스도 덕분에 은혜스럽게 죄를 용서해 주시고, 하나님께서 자비로 은혜롭게 받아주시는 것을 의미한다. 더구나 죄 용서와 함께 주 그리스도를 통하여 우리에게 주어진 성령께서 우리 마음 안에 위로를 주시는 은사가 항상 있는 것이다. 이는 롬 5:2에 "주 그리스도로 말미암아 우리가 은혜와 선물을 얻었다"고 하고, 롬 8:9에 "누구든지 그리스도의 영이 없으면 그리스도의 사람이 아니라"고 말씀하신 것과 같다. 그러므로 우리는 그리스도께서 죄 용서와 함께 우리의 마음에 성령을 주시며, 그가 위로와 생명과 하나님께 대한 기쁨을 주신다고 말한다. 그리고 오시안더가 잘못 주장하듯이 이 은사의 수납과 함께 사람 안에 그 어떤 변화도 일어나지 않는다고는 말하지 않는다.

반면에 수도사들은 "은혜"라는 말을 오용(誤用)해서 은혜가 사람을 거룩하게 만든다고 하며, 따라서 은혜와 자신들을 동일시 한다. 그러나 우리는 우리 자신 안에 연약성과 죄를 늘 발견하므로, 이는 거짓인 것이다. 은혜는 우리 편에서의 그 어떤 공로도 없이 값없이 주 그리스도 때문에 우리 죄를 용서하시며, 그리스도 때문에 받아주시는 것이다. 그래서 사도 바울은 롬 6:14에서 "너희가 법 아래 있지 아니하고, 은혜 아래 있음이니라"고 말한다. 이것은 마치 비록 너희가 연약하고 아직도 여전히 죄를 가지고 있지만, 그럼에도 불구하고 율법이 너희를 정죄하지 않을 것이니, 이는 너희가 은혜 아래, 즉 너 자신의 아무런 공로 없이도 주 그리스도 때문에 값 없이 네가 죄 용서를 받았으며 은혜스럽게 받아들여졌고, 하나님을 기쁘시게 하게 되었다고 말하는 것과 같은 위로를 전달하는 것이다. 그래서 사도 바울은 우리 안에 있는 어떤 질(質)에도 우리의 관심을 이끌지 않고, 중보 자이신 예수 그리스도에게로 이끄는 것이다. 이것은 분명하니, 우리가 믿음으로 위로를 받으면, 그리스도께서 우리 안에 생명을 생성시켜 주시고, 그의 성령을 주시는 것이다. 수도사들의 말이 우리를 오도(誤導)하지 않도록 은혜에 대한 이 모든 것을 잘 기억할 필요가 있다.

제 13 장

"칭의"와 "칭의 받음"이란 말에 대하여[1]

세속적인 의미에서는 "의"라는 말은 법에 따르는 것을 의미한다. 예를 들어서, 우리가 아리스티테스는 의로운 시민이라고 말할 때, 우리는 그가 법이 요구하는 바를 행하며, 그에 반하여 행하지 않는다는 의미를 말하는 것이다. 천사들이 지금 가지고 있고, 구원받은 사람들이 영원에서 가질 그런 하나님 앞에서의 온전하고, 완전한 의는 하나님과 하나님의 법에 일치하는 것이니, 하나님께서는 율법에서 자신을 알게 하시기 때문이다.

영원에서의 이 완전한 의는 하나님 자신이 구원받은 자들[*seligen*] 안에 계심을 의미한다. 사도 바울이 "하나님이 모든 것 안에서 모든 것이 되실 것이다"고 말하듯이 말이다(고전 15:28; 12:6; 골 3:11 참조). 이는 하나님 자신이 구원받은 자들 안에 계시며, 그들을 자신과 같이 만드셔서[2] 그들이 죄없이 온전히 순결하게 하시리라는 의미이다. 요한도 "우리가 그와 같을 것이라"고 말한다(요일 3:2). 사도 바울은 갈 5:5에서 이 온전한 칭의에 대해서 이렇게 말한다: "우리가 성령으로 믿음을 좇아 의의 소망을 기다리노니."

---

1) Gerechtigkeit und gerecht sein. 멜란히톤은 Gerechtigkeit를 "의" 또는 "칭의"의 의미로 사용하고 있다. 영어역에서는 두 의미가 다 사용되고 있다(영역자 주).
2) 이는 피조물의 수준에서 그와 같이 만드실 것임을 뜻하는 말임에 유의하라(역주).

비록 이 현세의 삶에서도 신자들은 빛을 가지고 있으나[3] 복음은 분명히 하나님과 우리 사이에 중보자이신 그리스도의 의를 우리에게 선포하며, 그리스도의 성육신에서 부활까지의 온전한 순종이 하나님을 기쁘시게 하는 참된 의이고, 우리를 위한 공로가 된다고 말한다. 하나님께서 우리의 죄를 용서하시고, 우리를 받아주신다. 여기서 그는 비록 우리가 여전히 연약하고 죄악 중에 있을지라도 그 아들 때문에 우리에게 의를 전가해 주시는 것이다. 우리는 이 전가된 의를 믿음으로 받아들여야만 한다.

그러므로 이 현세의 삶에서 우리가 하나님을 기쁘시게 할 수 있는 것은 우리에게 전가된 그리스도의 의뿐이다. 우리는 그리스도 덕에, 즉 그의 순종 때문에 죄 용서를 받고 하나님을 기쁘시게 하는 것이다. 바울이 롬 5:19에서 말하듯이 말이다. "한 사람(즉 그리스도)의 순종하심으로 많은 사람이 의인이 되리라." 그러므로 우리는 낯선 의로 옷을 입었다.[4] 비록 우리의 본성 자체는 아직 하나님과 꼭 일치하지는 않아도, 중보자로서 그리스도는 그의 온전하신 순종에서 하나님과 꼭 일치하셨으며, 우리의 죄를 그의 의로 덮으셔서 우리가 의롭다 함을 받고, 죄를 용서받으며, 하나님을 기쁘시게 하게 하신 것이다. 이것은 오직 그리스도 때문이니, 그의 의(義)가 우리의 것 대신에 받아들여진 것이다. 우리는 이것을 믿음으로 받아들여야만 한다.

분명히 그 누구도 하나님의 법정에서는 죄가 없을 수 없다. 시편 기자가 말하듯이 "주의 목전에는 의로운 인생이 하나도 없나이다." 욥 9:2의 "인생이 어찌 하나님 앞에 의로우랴"는 말도 율법의 온전한 성취와 연관하여 이해해야 한다. 모세도 출애굽기 34장에서 "온전한 자도 주님 앞에서는 무죄한 자가 아니라"고 한다.[5] 모든 사람은 중보자이신 예수 그리스도를

---

3) 멜란히톤은 "spark"란 말을 써서 다분히 영지주의적 용어의 분위기를 전달하고 있다. 왜 그렇게 하는지? (역주).

4) 멜란히톤적 강조가 잘 나타나는 이 문장의 영역문 대조: "Thus we are clothed with a strange righteousness"(역주).

5) 어느 절을 말하는 것인지 불분명하다. 아마도 33-35절에 나타나는 모세의 수건을

통하여 하나님 앞에 와서 먼저 죄 용서와 주 그리스도를 통한 받아들임을 경험해야 함은 아주 분명한 것이다. 그러므로 여기서 의는 이 전가된 의를 의미한다.

이 모든 것에서 그리스도는 우리 안에 생명을 주시고, 성령을 주시며, 요한일서에서 "아들을 가진 자는 생명을 가졌나니"(요일 5:12)라고 말하듯이, 우리 안에 영원한 의가 시작되게 하시는 것이다. 아들을 가진다는 것은 믿음으로 그를 받아들이는 것이다. 하나님께서는 그의 아들 때문에 우리의 죄를 용서하시고 우리를 받으시는 것이다. 그 아들은 이 위로를 우리에게 말씀하시고, 성령을 주신다. 그 성령은 우리 마음에 하나님에 대한 사랑과 기쁨을 불러일으키시는 것이다. 요한일서에서 다음과 같이 말하듯이 말이다. "그의 성령을 우리에게 주시므로 우리가 그 안에 거하고, 그가 우리 안에 거하시는 줄을 아느니라"(요일 4:13).

이처럼 성령은 우리 안에 살아있는 하나님의 역사이어서, 우리 안에서 하나님과 같은 것을 만드시는 것이다.

예레미야 31장에서 말하듯이 말이다. "내가 나의 법을 그들의 속에 두며, 그 마음에 기록하리라." 하나님은 주께서 율법에서 계시하신 바와 같이 지혜로우시고, 참되시며, 선하시고, 공의로우며, 순결하시고, 순수하시고, 죄를 벌하시는 분이시다. 그가 그의 법을 우리 마음에 두시기를 원한다고 할 때, 이것은 하나님의 아들이 우리에게 복음을 통해서 영원하신 아버지의 지혜를 계시하셔서 우리가 아버지를 인정하도록 하심을 뜻한다. 그는 또한 성령을 주셔서, 율법이 가르치듯이 우리 안에 하나님에 대한 기쁨과 마음의 깨끗함과 다른 덕들을 만들어 내게 하신다. 그러므로 하나님께 회심한 사람들에게는 새로운 순종의 빛(a spark of new obedience)이 있으나, 이를 위해서는 주 그리스도 때문에 죄 용서를 받고 하나님께 기쁨이 되는 것에 대한 믿음이 선행해야만 한다. 그리고 이 믿음은 하나님이시요 사람이신 주 그리스도의 순종에 근거해야만 하는 것이다. 이 위로가 마음에 있

지칭하는 듯하다(영역자 주).

게 되면, 우리는 하나님이 거하시는 처소(성전)가 되고, 순종이 시작되는 것이다.

그래서 로마서 3:24 이하에서 바울은 우리를 그리스도의 순종과 그의 공로에로 인도하고 있다. "그리스도 예수 안에 있는 구속으로 말미암아 하나님의 은혜로 값없이 의롭다 하심을 얻는 자 되었느니라. 이 예수를 하나님이 그의 죄로 인하여 믿음으로 말미암는 화목 제물로 세우셨으니." 의롭다 하심을 얻었다는 말은 죄 용서를 받고, 하나님에 의해 은혜에로 받아들여졌다는 것을 의미한다. 이것은 사도 바울이 말하듯이 "예수 그리스도의 죄 때문에"(엡 2:13 참조) 일어난 것이며, 요한이 말하듯이 "예수 그리스도의 피가 모든 죄에서 우리를 깨끗게 하시는 것이다"(요일 1:7). 이처럼 믿음은 그리스도의 순종과 그의 공로에 근거하는 것이다.

이 정의는 또한 바울의 말에도 나타나고 있다. 의롭다 함을 받는다는 말로써 그도 주 그리스도 덕분에 참으로 불안해 하며 공포에 떨던 자의 심중에 주어진 이 위로, 믿음을 통해서 얻게된 죄 용서, 그리고 하나님을 만족시킴을 뜻하고 있다. 이렇게 의롭다 함을 받은 자에게는 하나님께서 우리 안에서 역사하시는 갱신(the renewal)이 뒤따르게 되는데, 이를 그는 성화(santification, *Heiligung*)라고 부른다. 이처럼 칭의와 성화는 분명히 구별되는 것이다.

몇 가지 반론들에 대한 답변

이 용어들과 칭의 교리 자체는 다음의 반론들에서 좀더 명확하게 된다. 그리고 교회 안에서 옛부터 친숙한 생각이 수도사들의 상상으로 아주 모호하게 되었으므로, 죄, 믿음, 은혜 등의 용어의 의미를 좀더 생각하는 것이 합리적인 일일 것이다.

첫째 반론: "마귀들도 믿는데(즉 신앙을 가지고 있는데), 어떻게 믿음으로[6] 사람이 의롭다 함을 받을 수 있는가?"

이에 대한 우리의 대답: 마귀들은 역사적 사실만을 믿을 뿐이다. 그들은 하나님의 아들이 유익을 위해 그들에게 오셨다고 믿지 않는 것이다. 물론 그들은 하나님의 아들이 그들을 영원히 벌하시리라는 것을 안다. 그래서 그들은 하나님과 하나님의 아들에게 대하여 분노하는 것이다. 그 증오 가운데서 그들은 하나님을 모독하고, 가련한 사람들을 우상숭배, 살인, 부도덕과 다른 악으로 몰고가는 것이다.

그러나 우리는 하나님의 아들이 우리의 유익을 위해서 우리에게 보내졌다고 확고히 믿어야만 한다. 신조에 "사람들을 위해서, 그리고 우리의 구원을 위해서 하늘로부터 내려오셨다"고 표현되어 있듯이 말이다.[7] 요한복음 1:9은 "그가 각 사람에게 비췄었다"고 하며, 이사야 9:6은 "한 아들이 우리에게 주어졌으니"라고 말한다. 버나드(Bernard)는 옳게 말하기를, 우리는 하나님께서 다른 사람들의 죄를 사하여 주시리라고만 믿어서는 안 되고, 그가 우리 각자의 죄를 은혜스럽게 용서하시리라고 믿어야 한다고 한다.[8] 이 믿음은 우리의 마음이 경험하는 위로를 가져다 준다. 이에 대해서 바울은 "우리가 믿음으로 의롭다 하심을 얻었으니, 하나님과 더불어 화평을 누리자"고 말한다(롬 5:1). 그러나 귀신들은 그들의 지식 중에서 죄 용서가 그들에게 주어졌음을 믿지 못한다. 그들은 진노와 형벌 외에는 아무 것도 보지 못하는 것이다. 그래서 하나님에 대한 강력한 증오가 뒤따르게 되는 것이다.

두번째 반론: "지식만으로는 의롭다 함을 받을 수 없음이 분명하고, 믿음은 의지와 마음의 문제만이 아니라 지식과 생각의 문제이기도 하다면, 사람이 어떻게 믿음을 통해서 의롭다 함을 받을 수 있는가?"

---

6) 여기 사용된 독일어는 Glaube이다. 이 조항에 대한 설명에서 멜란히톤은 계속해서 이 용어를 믿는 "믿음"(faith)의 뜻으로 사용하고 있다. 그러나 이는 때때로 믿어지는 "믿음"(belief)의 뜻으로 옮겨질 수도 있다(영역자 주).

7) *Qui propter nos homines et propter nostram salutem descendit de coelis.*

8) St. Bernard of Clairvaux. 그에 대해서는 제5장 주 18을 참조하라.

이에 대한 우리의 답변: "우리가 믿음을 통하여 의롭다 하심을 받았으니, 하나님과 더불어 화평을 누리자"고 말할 때 바울이 말하는 믿음은 지식과 생각만이 아니라 의지와 마음의 문제이다. 즉, 하나님의 아들에 대한 강렬한 의지이며, 그 고귀한 보화인 죄 용서와 은혜를 받으려는 간절하고 강한 열망과 의지인 것이다. 그 믿음은 하나님을 불러 아뢴다: 사랑하는 아버지여! 사도 바울이 로마서 8:15에서 다음과 같이 말하듯이 말이다. "하나님께서 그의 아들의 영을 너희 마음에 주사 '아바 아버지'라고 부르짖게 하시느니라."

하늘과 지옥이 다르듯이 우리는 이 참된 신앙을 악마와 불경건한 사람들이 가지고 있는 지식과 분명히 구별해야 한다. 참된 신앙이 무엇이고, 그것이 어떻게 사람들 안에서 빛나야 하는가 하는 것은 우리가 큰 고뇌 가운데서 다시 일깨움 받고 지옥의 형벌에서 이끌려져 나올 때에야 배울 수 있는 것이다. 다윗이 "주께서 네 죄들을 제거하셨느니라"(삼하 12:13)란 말을 들었을 때 그는 믿기 시작하고, 하나님의 큰 은혜를 인정하며, 하나님의 아들이 그의 영혼을 위로하고, 이 말씀들을 통해서 아버지의 뜻을 지시해 주며, 동시에 그에게 성령을 주셔서 그의 의지와 마음 가운데서 하나님의 약속을 열렬히 의지하게 하시며, 하나님을 기뻐하게 하셨다.

그러므로 이 믿음은 사람들이 그들 스스로 만들어 낸 지식이나 생각이 아니다. 그것은 하나님의 아들이 복음과 성령을 통해서 내신 빛과 기쁨인 것이다. 그래서 하나님께서는 스가랴 12:10에서 다음과 같이 말하신다: "내가 다윗의 집과 예루살렘 거민에게 은총과 간구하는 심령을 부어 주리니." 즉, 성령이 설교와 그 마음 가운데서 증언하도록 하셔서 우리가 위로를 느끼고, 우리가 은혜 안에 있음을 인정하고, 성령이 우리 마음 가운데서 기쁜 기도를 하도록 하신다는 것이다. 마음이 하나님을 피하여 도망가 있는 동안에는 참된 기도가 있을 수 없다. 그러나 마음이 믿음을 통해서 하나님의 자비를 인정하면, 그 마음은 다시 하나님께로 가서 그를 부르고, 그의 도우심을 기대하게 되는 것이다.

성경은 베드로전서 1:23에서 이에 대해서 말하고 있다. "너희가 거듭난 것이 썩어질 씨로 된 것이 아니요, 썩지 아니할 씨로 된 것이니, 하나님의 살아있고 항상 있는 말씀으로 되었느니라." 하나님의 아들이 복음으로 이 위로를 우리 마음에 주시고, 우리에게 성부의 은혜로우신 뜻을 지시하시며, 주님의 성령을 주시면, 우리가 거듭나게 되고, 우리 안에 하나님의 빛과 영생의 시작을 얻게 된다. 성령에 대한 그의 저작에서 아타나시우스는 다음과 같이 말한다: "성령이 사람 안에 있으면, 복음을 통하여 사람의 마음을 위로하고, 성부의 뜻을 지시해주며, 성령을 내려주시는 아들을 말하고 있는 말씀이 있다."[9]

또 나지안주스의 그레고리(Gregory of Nazianzus)는 이렇게 말한다: "영원한 빛이신 성부 하나님으로부터 우리는 성령을 통하여 빛이신 성자를 받는다."[10] 믿음은 은혜의 약속을 포함한 하나님의 모든 말씀이 참되다고 믿는다. 그것은 하나님의 아들에 대한 가슴 속 깊은 곳에서의 신뢰이다. 그것은 하나님께서 우리 안에 생성시켜 주시고, 위로와 생명과 하나님을 기뻐함을 주시는 빛이요, 신뢰이다. 이 믿음을 통해서 우리의 마음은 우리 자신의 죄가 용서받았으며, 우리에게 그의 공로를 주시고 그의 의를 덧입혀 주시는 그리스도 때문에 하나님을 기쁘시게 할 수 있다고 결론짓게 된다.

세번째 반론: "왜 우리가 믿음을 통해서만 죄 용서를 받고 칭의 받는다고 말하는가? 믿음에는 반드시 회개와 죄를 슬퍼함, 신뢰, 선한 의지, 소망 등 많은 덕들이 동반하게 되지 않는가?"

세번째 반론에 대한 우리의 대답: 후에 좀더 적절하게 설명될 바와 같이 배타적인 '오직'(*sola*) 또는 '은혜'(*gratis*)는 충분히 주장되어야만 한

---

9) Cf. *Nicene and Post-Nicene Fathers*, H. Wace and P. Schaff, eds (Oxford and New York, 1893), IV, Writings, Athanasius, *Discourse against the Arius*, III, chap. 25:24-25; II, chap. 15:18.

10) St. Gregory of Nazianzus(329-389). Cf. Ibid., VII, *Fourth Theological Oration, On the Holy Spirit; Fifth Theological Oration, On the Son*.

다. 그것은 우리의 모든 공로(all our merit)를 배제한다. 그것은 우리가 오직 그리스도 덕에 죄 용서를 받고 칭의 받음을, 즉 우리가 하나님을 기쁘시게함을, 그리고 우리의 마음은 이를 믿음으로 받아들여야만함을 가르쳐 준다. 이 큰 은혜는 이사야가 말하듯이 그리스도의 지식을 통하여서만 주어진다. 이 지식이 우리가 그에 대하여 말하는 믿음이다. 여기에 하나님의 자녀들과 다른 이들을 구별하는 하나님이 세우시는 질서가 있다. 하나님의 자녀들은 그와 같이 그리스도를 인정하고 믿음으로 그를 받아들이는 자들이다. 그리스도의 은혜가 적용되어야만 하는데, 이 적용은 믿음을 통해 일어나며, 믿음은 설교와 복음에 대한 성찰과 성례에서 오는 것이다.

그리고 두번째 반론에 대한 설명에서 시사되었듯이, 믿음이 있는 곳에는 동시에 다른 많은 덕들이 있음은 사실이다. 그러나 그 덕들은 공로를 가지는 것(meritorious)이 아니다. 그것들은 칭의의 근거(*causae Justificationis*)가 되지 않는다. 즉, 그것들이 하나님께서 우리를 받아주시는 이유가 될 수 없는 것이다. 그것들은 신앙에서 결과되는 것이다. 위에서 시사하였듯이, 우리는 은혜와 은사를 받는다. 마치 태양이 빛과 따뜻하게 하는 힘을 가지고 있듯이, 그리고 그들은 도무지 나뉘어질 수 없듯이, 참된 신앙, 즉 하나님의 자비에 대한 인식이 있는 곳마다 사랑과 하나님께 기도함과 희망과 자신을 자원해서 하나님께 복속시키고 순종하는 의지도 있는 것이다. 이런 것들은 마치 열과 빛이 불에 동반되었듯이, 신앙에 동반되는 것이다. 그럼에도 불구하고 이런 덕들에 공로가 있는 것은 아니다. 공로는 오직 신앙에만 있으니,[11] 이 믿음으로 우리는 죄 용서를 받고, 그리스도 덕에 하나님께 받아들여지는 것이다. 그리고 이는 말씀 안에서, 그리고 말씀을 통하여 얻게 되는 것이다. 주 그리스도는 복음을 통하여 활동하신다고 할 수 있다.

---

11) 이런 표현도 오해를 살 수 있으므로 주의해야 할 것이다. 우리의 신앙 자체에 공로가 있는 것이 아니라, 우리는 그리스도의 공로를 믿음으로 받는 것이다. 멜란히톤의 의도도 아마 그런 의미를 전달하려는 것이었으리라. 다음 문단의 강조점이 이를 시사해 준다고 여겨진다(역주).

왜 우리는 오직 믿음, 또는 오직 은혜라고 배타적인 태도를 확고히 주장해야만 하는가?

다섯 가지 이유를 제시할 수 있다. 첫째로는 그럼으로써 그리스도께 독특한 영예를 드리기 위해서이다. 왜냐하면 **그의 순종**만이 우리에게 공로가 되기 때문이다. 그 때문에 하나님께서 기꺼이 우리의 죄를 용서하시고, 우리를 은혜롭게 받아주시며, 우리로 영원한 복락의 상속자들이 되게 하시는 것이다. 우리의 처참한 행위들과 수난과 행위는 이 높은 은혜를 공로로 얻을 수 없는 것이다.

둘째로는 하나님께서 자신의 약속 가운데서 그가 사람들에게 제공하신 은혜가 자신의 크신 자비 가운데서 확고하고, 확실하며, 불변하게 서도록 하시기 때문이다. 왜냐하면 그 약속은 영원한 언약이라고 불렸기 때문이다. 이 위로는 그것이 **오직 성자**에게 근거하고 우리의 공로에 근거하지 않으므로 확실하다. 그렇기에 우리는 오직 믿음을 통해서만 우리가 그리스도 덕에 하나님이 은혜로우시다고 확신할 수 있다고 말하는 것이다. 만일 이 모든 것이 우리의 공로에 의존한다면, 그것은 확실하지 않을 뿐만 아니라, 그 약속도 헛된 것일 것이니, 왜냐하면 이 비참한 생을 살아야 하는 동안에는 우리가 죄를 짓고, 무지와 범과 가운데 항상 있을 것이기 때문이다. 바울은 다음과 같이 말한다: "그러므로 우리의 공로 없이, 믿음으로부터 약속이 확고하게 된다"(롬 3:28; 4:16; 갈 2:16; 3:11-14).

셋째로는 **믿음으로만**이 아니면 우리가 주 그리스도와 그의 은혜를 인정하고 받아들일 수 있는 다른 수단이 없다는 것이다. 하나님의 불변하는 경륜은 하나님의 자녀들과 다른 사람들 사이에 분명한 구별이 있어야만 하며, 하나님의 자녀들은 하나님의 아들을 옳게 알아야 한다는 것이다. 이 지식은 믿음이다. 믿음은 그 안에서 그리스도와 그의 은혜가 우리에게 전달되고, 믿음이 받아들인 복음의 선포를 듣는 것이다. 우리가 하나님의 자비를 인정하면, 우리의 마음이 활기를 얻으며, 지옥으로부터 이끌려져 나오게 된다. 그러므로 믿음은 이해하고 평온한 것이라고 말하는 것은 있는 그대로를 말하는 것이다.

넷째로는 이로써 율법과 복음의 구별이 분명해질 수 있기 때문이다. 율법은 우리가 율법이 명령하는 대로 하면 칭의 받는다고 말한다. 그러나 우리 주요 구주이신 그리스도를 제외하고는 그 누구도 율법이 가르치는 대로 할 수 없다. 그러나 우리가 하나님의 아들을 믿을 때 우리는 죄 용서를 받으며 비록 우리의 죄된 본성은 율법과는 아주 다르나, 우리 편에서의 아무런 공로 없이 값없이 **그리스도 덕분에** 하나님을 기쁘시게 하는 것이다.

다섯째로는, 그리하여 우리가 하나님을 불러 아뢸 수 있기 때문이다. 이 중보자 하나님의 아들이 없이는 하나님께 접근할 수 없다. 만일 우리의 기도가 우리의 공로에 의존하는 것이라면, 우리의 마음은 하나님으로부터 도망할 것이다. 그러므로 주께서는 말씀하시기를 우리가 그의 이름으로 기도하면, 즉 그가 하나님 앞에서 우리의 기도를 담당하시는 중보자요, 대제사장이심을 믿으면서 기도하면 우리의 기도는 **그의 공로 덕분에** 하나님께 상달된다고 하시는 것이다.

네번째 반론: "왜 행위가 아니라고 말하는가? 믿음 자체도 행위가 아닌가?"

이에 대한 우리의 대답: 어떤 이가 "믿음을 통해서 우리가 용서를 얻으며, 칭의 받는다"고 할 때, 이것은 바울에 의하면 우리의 행위나 덕 때문이 아니고, 주 **그리스도 덕분에 그를 통해서** 우리가 죄 용서를 받으며, 칭의되고, 하나님을 기쁘시게 한다는 뜻이다. 그럼에도 불구하고 우리는 믿음을 통해서 그리스도를 받아들여야만 한다. 왜냐하면 하나님께서는 이 구주, 그의 아들이 알려지기를 원하시기 때문이다. 또한 하나님께서는 복음에 대한 지식을 통하여 자신에게로 영원한 교회를 모으시기 원하기 때문이다. 복음을 통해서 하나님의 아들 자신이 위로를 주시고 생명을 주시는 일을 하신다. 하나님께서는 이교도와 우리 사이에 구별이 있기를 원하신다. 그러므로 하나님은 주와 참된 신앙에 대한 지식으로 우리를 밝혀 주셔야만 한다. 만일 하나님께서 그리스도에 대한 지식 없이 믿음 없이 사람들을 구원하신다면 우리와 이교도들 사이에 구별이 있을 수 없다! 우리는 이것을 자세히 생각해야만 하고, 우리가 우리의 덕들의 가치 때문이 아니라, 자신의 순종을 우리를 위해 제공하신 중보자요, 중보 기도를 드려주시는 분이신 그리스도 덕분에 우리의 죄를 용서하시고, 하나님을 기쁘시게 한다는 것도 알아야 한다.

다섯번째 반론: "의는 모든 율법에 일치하는 것이며, 율법의 완성이고, 여기에 믿음만이 아니라, 사랑과 다른 모든 덕들도 포함된다면, 왜 '오직 믿음만으로' (*sola fide*)라고 말하는가?"

이에 대한 우리의 답변: 의(義)는 하나님의 법이나 하나님에 일치하는 것이라고 말하는 것, 또 율법 전부를 다 이루는 것이라고 말하는 것, 또는 오시안더(Osiander)가 어린아이같이 말하듯이, 의는 우리로 옳은 것을 행하도록 만드는 것이라고 말하는 것은 법적인 용어(legal language)로 말하는 것이다. 이 모든 말이 법적인 언어인 것이다. 영원한 복락에서 복을 누리는 자들은 의롭다 함을 받은 자들이다. 즉, 하나님 자신이 그들 안에 계시고, 그들을 비춰주시고, 그들에게 당신의 빛을 주셔서, 그들이 아무런 죄 없이 하나님과 하나가 되어 있게 하시니, 바울이 말하듯이, 그때에는 "하나님이 모든 것 안에 모든 것이 되시기" 때문이다.

그러나 이 연약한 삶을 살 때에는 우리 중 그 누구도 온전한 의를 가지고 있지 않다. 그러므로, 복음은 우리에게 죄 용서를 선포하며, 가련한 죄인이 어떻게 하나님께 나아올 수 있고, 죄 용서를 받으며, 하나님께 기쁨이 될 수 있는지를 말하는 것이다. 복음은 이렇게 해서 얻게 되는 의를 그리스도 때문에 주어지는 '전가된 의'(an imputed righteousness)라고 부른다. 따라서 **그리스도의 순종**은 우리 대신에 받으신 하나님을 따름(하나님과의 일치, the oneness with God)이다. 그것으로 우리가 덧입혀져서 하나님의 진노가 우리 위에 쏟아부어지지 않으며, 우리의 참담한 본성을 파괴하지 않는 것이다.

이 죽어야 하는 삶을 살 동안에서는 먼저 죄 용서를 받아, 의롭다 함을 받으며, 그리스도 때문에 하나님께 기쁨이 되지 않고서는 하나님께 가까이 하여, 그의 이름을 부를 수가 없는 것이다. 즉, 먼저 그리스도의 의가 우리를 위하여 받아들여지고 그리스도로 우리가 덧입혀져야만 한다는 말이다. 그런데 이것은 우리의 마음이 참된 불안 가운데서 하나님이요 사람이신 중보자 예수 그리스도를 신뢰하는 믿음을 통해서만 일어나는 일이다. 모든 선지자들, 그리스도 자신, 그리고 사도들도 기도에 대해서 말할 때 이것을 가르친다.

다윗은 "주의 목전에는 의로운 인생이 하나도 없나이다"(시 143:2)고 진술한다. 그러나 이것은 율법을 온전히 이루는 것에 대한 말이고, 그것은 우리에게 자비에로 피하도록 가르쳐 준다. 시편 6편에서 그는 "주의 인자하심을 인하여 나를 구원하소서"라고 말한다(4절). 선지자들이 자비(인자)를 말할 때, 그것은 약속된 중보자와 화목자이신 주 그리스도와 관련하여 하는 말임을 이해해야 한다.

따라서 다니엘은 다음과 같이 탄원한다: "우리가 주의 앞에 간구하옵는 것은 우리의 의를 의지하여 하는 것이 아니요, 주의 큰 긍휼을 의지하여 함이오니, 주여 들으소서"(단 9:18).

또한 그리스도께서도 "나로 말미암지 않고는 아버지께로 올 자가 없느니라"(요 6:44). "수고하고 무거운 짐진 자들아! 다 내게로 오라 내가 너희를 쉬게 하리라"(마 11:28): "너희가 내 이름으로 무엇이든지 구하면 … "(요 14:13-14; cf. 마 1:7-8; 눅 11:10)이라고 말씀하시는 것이다.

에베소서 3:12에서는 바울이 "우리가 그 안에서 그를 믿음으로 말미암아 담대함과 (하나님께) 당당히 나아감을 얻느니라"고 말한다.

히브리서 4:14-16: "그러므로 우리에게 큰 대제사장이 있으니 … 은혜의 보좌 앞에 담대히 나아갈 것이니라."

이러한 그리고 이와 비슷한 증언들을 생각하고, 우리가 **그리스도 덕분에, 은혜로, 믿음을 통하여, 그리스도 공로 때문에,** 참으로 죄 용서를 받고 하나님을 기쁘시게 하며, 참으로 칭의 받았음을 확신하도록 하자. 그리고 우리가 우리 안에 있는 '하나님의 본질적인 의'(the essential [*wesentlichen*] righteousness of God) 때문에 칭의 받았다고 사변하는 오시안더(Osiander)의 오류를 범하지 말기로 하자. 사실은 그 정반대이니, 사람은 그리스도의 공로 때문에, 믿음을 통하여 죄 용서를 받고 하나님을 기쁘시게 하는 것이다.

"의롭다 함을 받는다"는 말이 "하나님께 기쁨이 되다"(to be pleasing to God)는 뜻이듯이, 의(righteousness)라는 말도 바울이 말하는 전가된 의로 이해해야만 하는 것이다.

그리고 우리가 믿음을 통해서 하나님께 받아들여진다면, 하나님의 아들이 복음을 통해서 우리의 마음에 위로를 전해 주시고, 우리를 살려 주시고, 지옥의 앙갚음에서 우리를 빼내어 주시며, 성령을 우리에게 주신다는 결론이 따라나온다. 그래서 요한은 요한일서 5:12에서 "아들은 가진 자는 영생을 가졌고"라고 하며, 요한일서 4:13에서는 "그의 성령을 우리에게 주시므로 우리가 그 안에 거하고, 그가 우리 안에 거하시는 줄을 아느니라"고 한다. 그러므로 우리는 율법에서 칭의를 말하는 구절과 복음에서 칭의를 말하는 구절을 구별해야 한다. 왜냐하면 복음은 "우리가 그리스도 덕분에 의롭다 함을 받는다"고 말하기 때문이다. 여기서 칭의나 의롭다 함을 받는다는 말은 죄 용서를 받는다는 것이며, 그리스도 덕분에 믿음을 통하여 하나님께 기쁨이 된다는 의미이다. 그리고 우리가 하나님에 의해서 받아들여지면, 하나님의 아들이 참으로 우리 안에 계시고, 성령과 위로와 생명을 주시는 것이다. 그러므로 사람은 하나님이요 사람이신 주 그리스도 덕분에 하나님께 기쁨이 된다. 이 신앙이 우리의 길을 밝혀 주어야만 하는 것이다.

"의는 우리로 옳은 것을 행하도록 하는 것이다"라는 오시안더의 진술은 우리에게서 위로를 빼앗는 율법적인 가르침이다. 왜냐하면 우리가 우리 안에서 발견하는 것이라고는 온갖 죄와 범과와 무지뿐이기 때문이다. 우리는 아주 연약하게만 옳은 것을 행하며, 따라서 만일 우리가 의롭다 함을 받는 것이 우리가 옳은 것을 행하는 것에 의존하는 것이라면, 우리의 양심은 위로를 찾지 못할 것이다.

이와는 대조적으로 시편은 다음과 같이 선언한다. "허물의 사함을 얻고,

그 죄의 가리움을 받은 자는 복이 있도다"(시 32:1), "여호와를 의지하는 자는 다 복이 있도다"(시 2:12). 그러므로 의롭다 함을 받는다는 것은 그리스도 덕분에 믿음을 통해서 죄 용서와 전가된 의를 받는다는 것이다.[12] 그리고 주 그리스도는, 우리가 자주 말하여 왔듯이, 우리 마음에 위로를 말씀하시고, 성령과 생명을 주신다.

여섯번째 반론: "솔로몬은 '사람의 행위가 자기 보기에는 모두 정직하여도 여호와는 심령을 감찰하시느니라'(cf. 잠 21:2)고 하였다. 그런데 왜 우리는 죄 용서를 받고, 칭의를 받는다고, 즉 하나님을 기쁘시게 한다고 믿어야만 한다고 말하는가?"

이에 대한 우리의 답변:수도사들은 교회 안으로 무시무시한 어두움(암매: blindness)을 몰고 들어 왔다. 그들은 오류를 위해 고집을 세우며 싸운다. 왜냐하면 그들은 사람이 자신이 참으로 하나님을 기쁘시게 하는지를 의심해야 한다고 말하기 때문이다. 그들은 솔로몬의 이 말을 잘못 해석하고, 근자에도, 즉 바로 여섯 해 전에 트렌트 공의회에서 그들의 악마적인 오류를 수립하였다. 이에 반하여 신앙의 참된 교리를 알고 바로 세우는 것이 아주 필요하다. 그런 어두움에 찬 오류는 분명히 그리고 공개적으로 비판을 받아야만 한다.

우리는 하나님께 돌이키지 않은 모든 사람들, 그들의 양심에 반하여 계속해서 죄에 거하는 자들은 자신들이 하나님의 은혜 안에 있지 않음을 모르며, 그들이 만일 회개하지 않는다면 그들은 분명히 영원한 형벌에 빠지게 되리라고 강하게 말한다. 고린도전서 6:9-10은 다음과 같이 경고하고 있는 것이다. "음란하는 자나 우상 숭배하는 자나 간음하는 자나 탐색하는 자나 … 토색하는 자들은 하나님의 나라를 유업으로 받지 못하리라."

---

12) 칭의에 대한 좋은 정의에 대한 영역문 대조 : "To be justified is to receive forgiveness of sins and imputed righteousness, for the sake of Christ, through faith."

참으로 모든 사람이 하나님을 마땅히 순종해야 하며, 성자 예수 그리스도의 말을 들어야만 하니, 하나님의 음성이 "너희는 그의 말을 들을지어다"고 하고 있기 때문이다(마 17:5; 막 9:7; 눅 9:35). 하나님은 죄를 심판하신다. 그러나 참으로 하나님의 진노 앞에서 떠는 자들과 양심에 반(反)해서 계속 죄를 짓지 않으며, 위로와 구원을 사모하는 자들에게는 죄 용서와 은혜를 내려주신다. 두려움에 떠는 양심은 하나님께서 그리스도 덕분에 자신들 편에서의 공로가 없이도 죄 용서를 주시며, 하나님께서 믿음을 통해서 은혜 안으로 그들을 받아주심을 반드시 믿어야만 한다. 그들은 회의 가운데 파묻혀 있어서는 안 된다. 두려움에 떠는 마음 가운데 있는 회의는 하나님에 대한 깊고 무시무시한 분노이고 기도를 막는 것이다. 이는 참된 불안의 경험이 보여주는 것과 같다. 그리스도인들은 마음의 이 투쟁을 이해해야 한다.

로마서 4장은 우리가 회의 가운데 있어서는 안 된다고 시사한다. "왜냐하면 약속은 우리의 공로 없이 믿음에 근거하는 것이기 때문이다." 여기서 바울은 이렇게 가르친다: 우리는 믿음으로 약속을 받아야 한다. 그리고 이를 믿음으로 받지 않고, 회의 가운데 머물러 있는 자에게는 이 약속이 헛되다. 이와 마찬가지로 에베소서 3:12도 다음과 같이 말한다: "우리가 그 안에서 그를 믿음으로 말미암아 담대함과 하나님께 당당히 나아감을 얻느니라."

로마서 5:1: "그러므로 우리가 믿음으로 의롭다 하심을 얻었은즉, 우리 주 예수 그리스도로 말미암아 하나님으로 더불어 화평을 누리자." 회의는 하나님께 반하는 깊은 분노요, 결국은 사람을 절망과 지옥적 불안과 분노에로 몰아넣는다. 그리고 사람이 회의 가운데 있을 때에 참된 기도가 있을 수 없으니, 바울이 "믿지 않는 이를 어찌 부르리요"라고 말하는 것과 같다(롬 10:14).

신조에서 "죄를 용서하여 주심을 믿습니다"고 할 때, 우리는 이것이 다른 사람들, 즉 베드로, 바울의 죄만이 사하여졌다는 것만이 아니라, 우리 자신의 죄도 사하여졌음을 의미한다고 이해해야 한다. 신앙에 대한 구절들은 이 믿음을 강화시키는 역할을 한다.

그러나 연약한 마음은 "내가 나 자신 안에 깨끗지 못한 것이 있음을 발견할 수 있는데, 어떻게 내가 하나님께 기쁨이 될 수 있느냐?"고 묻는다. 이에 대한 우리의 대답은 다음과 같다: 하나님께 돌이킨 사람들 안에 있는 믿음은 그들 자신의 깨끗함에 근거하는 것이 아니라, 하나님의 아들에게 근거하는 것이다. 그들은 시편 130:5에 기록된 약속을 굳게 붙잡아야만 한다: "나 곧 내 영혼이 여호와를 기다리며, 내가 그 말씀을 바라는도다." 그리고 어거스틴의 글 안에 있는 문구는 참되니, 그는 명상에 대한 그의 책에서 신뢰의 전적인 확실성은 그리스도의 고귀한 피에 의존하는 것임을 보여 주고 있기 때문이다.[13]

요약하자면, 우리가 회의 가운데 있어야만 한다는 교황주의의 가르침은 헛된 이교적 암매요, 복음과 은혜의 약속과 믿음에 대한 참된 가르침의 파괴이다.

(잠언 3장과 16장에서) 솔로몬이 말하고자 하는 바는 "사람이 하나님의 애호를 받는지 아닌지는 외적인 행운이나 불안에서 판단해서는 안 되고, 하나님의 말씀으로부터 판단해야 한다"는 것이다. 여로보암이 강하게 되고 부유하게 되었다고 그가 하나님을 기쁘시게 한다고 생각해서는 안 된다. 또한 다윗도 그가 나라 밖으로 쫓겨났기 때문에 하나님이 그를 거부하셨다고 결론내려서는 안 되는 것이다. 오히려 하나님의 말씀을 따라서 판단해야 하는 것이다. 이것이 솔로몬이 말하고자 하는 것이며, 우리의 가르침이다. 즉, 우리는 외적인 행·불행에 따라서 판단해서는 안 되고, 하나님의 말씀을 따라서 판단해야만 하는 것이다.

일곱번째 반론: "고린도전서 13:2에서 사도, 바울은 '내게 … 믿음이 있

---

13) Cf. *Works of Aurelius Augustine*, III, *Donatist Controversy*, Marcus Dods, ed. (Edinburgh, 1872), *Answer to Letters of Petilian*, BK. 1, chap. 7: *Fathers of the Church*, XVI, R. J. Deferrari, ed. (New York, 1952), *St. Augustine, Treatises on Various Subjects, The Christian Life*.

어도 사랑이 없으면 내가 아무것도 아니요' 라고 한다. 또한 요일 3:14도 '사랑치 아니하는 자는 사망에 거하느니라' 고 한다. 이와 같은 구절들은 '오직 믿음으로만' 에 반하지 않는가?"

이에 대한 우리의 반론: 이와 같은 구절들은 사랑과 새로운 순종이 우리 안에 있어야만 한다고 말한다. 그것은 참되다. 그러나 사랑과 새로운 순종이 죄 용서를 공로로 얻는 것도 아니고, 우리로 하나님께 기쁨이 되도록 하는 원인이 되는 것도 아니다. 우리는 오직 중보자 덕분에 죄 용서를 받으며, 하나님께 기쁨이 된다. 이를 우리는 믿음으로만 얻으며, 그리스도는 그의 심령을 우리에게 주시는데, 이 성령이 참 사랑과 하나님을 기뻐하는 불길이신 것이다. 이 단순하나 참된 대답이 많은 구절을 설명해 준다.

여덟번째 반론: "고린도전서 13장에서 사도 바울은 사랑이 최고의 덕이라고 한다. 사랑이 믿음보다 더 큰 것이라면, 우리는 믿음 때문이 아니라 사랑 때문에 칭의받는다고 해야하지 않을까?"

이에 대한 우리의 답변: 우리가 하나님 앞에서 죄 용서를 받고, 칭의를 받는 이유, 즉 하나님께 기쁨이 되는 이유는 오직 그리스도 때문이다. 그는 모든 덕보다, 모든 천사들보다, 모든 사람들보다 몇만 배나 더 크시다. 그리고 이 주 그리스도를 우리는 인정해야만 하고, 믿음으로 받아들여야만 한다.

덕들 중 어떤 것이 더 큰 것인가 작은 것인가 하는 것은 율법의 가르침이고, 이는 신앙의 위로와는 상관이 없다. 우리는 이 참담한 삶 가운데서 시작된 우리의 모든 행위들과 덕들이 아주 연약하다는 것을 기억해야만 한다. 그 모든 것들은 욥이 다음과 같이 선언한 범주 안에 속하는 것이다: "하나님 앞에서 의롭다 하심을 얻을 사람은 참으로 없도다"(cf. 9:2-3, 28). 그러나 하나님의 아들은 우리의 중보자요 화목자로서, 영원한 아버지 앞에 당신의 순종을 제시하신다. 이 화목자 덕분에 우리는 은혜로 칭의를 받는다. 즉, 우리가 죄 용서를 받으며, 하나님께 기쁨이 되는 것이다.

다른 연관된 반론들은 지면상 생략하기로 한다. 그러나 모든 사람들은 우리 교회들의 교리와 수도사들의 교리의 원칙상의 차이를 부지런히 생각해야만 한다. 가르침과 참된 신앙의 강화를 위해서 세 가지 커다란 구별만을 제시해 보기로 하자.

첫째로, 수도사들과 다른 교황주의자들은 우리의 선행들(good works)이 죄 용서를 얻도록 할 공로가 있다고 하며, 따라서 사람은 자기 자신의 행위와 율법을 성취함 덕분에 하나님 앞에서 의롭다 함을 받는다고 말한다.

둘째로, 그들은 그 누구도 자신이 죄 용서를 받고 칭의받을 만큼 충분히 선행을 하였는지 알 수 없으므로, 모든 사람은 자신들이 용서를 받았는지, 하나님께 기쁨이 되는지를 계속해서 회의하는 중에 머물러 있어야만 한다고 말한다.

셋째로, 그들은 사람이 하나님의 법을 성취할 능력을 가지고 있으며, 우리의 행위와 율법의 성취가 죄 용서와 하나님 앞에서 의의 공로가 된다고 말한다. 또 몇몇 사람들은 사람이 성령 없이도 율법을 이룰 능력을 가진다고 생각한다. 그리고 그들은 하나님의 법은 오직 외적인 행위만을 명령할 뿐이라고 생각하는 깊은 어두움 가운데 빠져있기도 하다.

우리들의 교회들 안에서 가르쳐지는 복음의 참된 교리는 이런 세 가지 요점에 반대되는 것이다. 첫째로, 우리는 **우리 편에서의 공로 없이, 믿음을 통하여, 그리스도** 덕분에 죄 용서를 받으며, 칭의를 받는다. 즉, 하나님께 기쁨이 되는 것이다.

둘째로, 우리는 회의 가운데에 머물러 있지 않는다. 우리는 하나님께서 그리스도 덕분에 참으로 우리의 죄를 용서하시며, 은혜롭게 우리를 받으신다고 믿어야 하는 것이다. 비록 우리의 연약한 본성 안에 회의가 내재해 있어도, 우리는 복음으로 그에 반발해야만 한다. 이 복음을 통해서 하나님의 아들이 역사(役事)하시고, 성령을 주시는 것이다.

셋째로, 모든 선지자들과 사도들의 글들을 볼 때 하나님께서는 우리의 외적 지체뿐만 아니라, 우리의 마음까지도 바르고, 순결하며, 죄없을 것을 진지하고도 불변하게 원하신다는 것이 아주 분명하다. 또한 하나님 자신의 아들이신 예수 그리스도 외에는 그 누구도 이 세상에서의 삶에서 그 마음 가운데서 온전히 하나님께 순종할 수 없다는 것도 분명하다. 그러기에 사도 바울은 로마서 8:7에서 이렇게 말하는 것이다: "육신의 생각은 하나님과 원수가 되나니, 이는 하나님의 법에 굴복치 아니할 뿐 아니라 할 수도 없음이라." 그리고 그렇기 때문에 복음은, 이 세상에서 우리 안에서 시작된 순종은 그리스도와 성령을 통해서 이루어지는 것이라고 말하는 것이다.

몇몇 대적자들은 신뢰가 믿음보다는 소망에 속하는 것이라고 선언하므로, 몇 가지 구별을 해 보는 것이 유용할 것이다. 왜냐하면, 마치 불 안에 빛과 열이 있듯이, 참된 믿음, 사랑, 소망은 같이 있는 것이지만, 그럼에도 불구하고 구별은 있기 때문이다. 신조들을 다 보면, 하나님과 그리스도에 대한 지식이 우리 안에 있는 모든 덕의 길을 비춰주는 것이다. 그리스도에 대한 이 지식과 신뢰가 믿음이다. 그리고 이 믿음으로 죄 용서와 하나님의 은혜를 받는 것이다.

소망이란 참으로 미래의 구원, 즉 영생을 기다리되, 우리 자신의 가치에 근거해서가 아니라, 주 그리스도의 공로에 근거한 확신을 가지고 그리하는 것이다. 그리고 그것은 하나님의 뜻에 따라서 현세적 비참의 제거와 경감을 기다리는 것이기도 하다.

영원한 복락에서는, 즉 하나님께 대한 커다란 사랑과 하나님을 기뻐함이 우리 안에 있고, 하나님 자신에 의해서 우리 안에 일으켜질 때에는 하나님께 대한 사랑을 우리가 더 잘 이해하게 될 것이다. 그러나 이 현세의 삶에서도 우리가 가능한 한 많이 말해야만 하는 사랑의 시작이 있어야만 한다. 우리는 흔히 하나님께 대한 사랑은 그의 계명을 지키는 것이며, 그리스도를 믿는 것이며, 하나님을 기뻐하는 것이라고 설명한다.

그러나 신앙이 항상 길을 인도해야만 하고, 신앙은 신적인 엄위 중에 계신 삼위(the three persons)를 성찰해야만 한다. 영원하신 아버지, 영원하신 아들 예수 그리스도, 그리고 성령, 각위(各位)가 다 우리의 죄를 용서해주시고, 은혜롭게 우리를 받아주시며, 복락을 우리에게 주시는 참된 하나님이신 것이다. 이것은 중보자, 즉 아들이신 예수 **그리스도** 덕분에 발생한다. 그는 영원하신 말씀이라고 불리신다. 하나님께서는 그를 통하여 모든 피조물들이 존재하게 되었고, 그를 통하여 복음이 이르렀다고 계시하셨다. 이 복음 안에서 예수 그리스도는 우리 마음에 위로를 말씀하시고, 우리에게 영원하신 아버지와 그의 뜻을 보여주신다. 그리고 영원하신 아버지와 아들은 우리의 마음에 성령을 주시는데, 성령은 사랑과 하나님을 기뻐함과 기도와 다른 덕들을 생성시켜 주신다. 마치 스가랴 12:10에 기록되어 있는 것같이 말이다: "내가 다윗의 집에 … 은총과 간구하는 심령(a spirit of compassion and supplication)을 부어주리니." 즉, 성령께서 우리의 마음에 우리가 은혜 가운데 있음을 증거해 주시고, 또 성령께서 우리의 마음에 참된 기도와 하나님께 대한 순종을 일으켜 주신다는 것이다. 이처럼 신앙은 삼위 모두를 생각해야만 한다. 그러기에 우리는 다음과 같이 기도할 수 있다.

오 전능하시고 영원하시며 참되신 하나님, 우리 주 예수 그리스도의 영원하신 아버지요, 독생하신 아들이신 예수 그리스도와 성령과 함께 모든 피조물의 창조주시여! 주님은 지혜로우시고, 선하시며, 의로우시고, 순결하시며, 자유로우시고, 자비하시며, 성자를 위하여, 성자를 통하여 영원한 교회를 주님께로 모으시나이다. 제가 그런 당신께 대항하여 자주 행동하였음과 죄악됨을 고백하오며, 가슴깊이 죄송하게 생각하옵니다. 그러나 주님께서 저의 모든 죄를 용서해 주시고, 은혜롭게 저를 받아주시며, 주님께서 우리의 중보자와 화목자로 세워주신 사랑하는 아들 예수 그리스도 덕분에, 또 그를 통해서 저를 의롭게 만들어 주시옵소서. 또한 주님께 기도하오니 주님의 성령으로 저의 영혼과 마음을 인도하시고, 거룩하게 하옵소서. 저로 하여금 영원하신 아버지, 영원하신 아들 예수 그리스도, 그리고 영원하신 성령을 참으로 인정하고 참 하나님께 기도하게 하옵시며, 주님께 순종하게 하옵소서. 우리들 가운데서 항상 영원한 교회를 주님에게로 모으시며, 우리에게 복된 정부와 양식과 가정을 내려 주옵시며, 저와 저의 가련한 자녀들을 은혜롭게 인도하시며, 보존하여 주옵소서. 그리하여 우리가 이 세상에서 주님의 참된 교회로 주님을 행복하게 섬기게 하옵시며, 영원 가운데서 주님과 함께 있으며, 영원한 지혜와 의와 기쁨 가운데서 주님을 찬양하게 하옵소서.

제 14 장

선행에 대하여[1]

불안한 마음을 가진 이가 그리스도께 대한 믿음을 통하여 하나님께로 돌이키고, 위로함을 받으면, 하나님께서는 분명히 그 마음 안에 계셔서 역사(役事)하신다. 물론 어떤 이에게는 좀더 밝은 빛을 주시고, 또 어떤 이에게는 더 분명히 볼 수 있게 해 주시지만, 결국 하나님께 돌이킨 모든 이에게서 역사하시는 것이다. 그러므로 다음 구절은 모든 사람에게 적용되는 것이다: "사람이 나를 사랑하면 내 말을 지키리니, 내 아버지께서 저를 사랑하실 것이요, 우리가 저에게 와서 거처를 저와 함께 하리라"(요 14:23). 이것은 위에 진술한 대로, 그리고 바울이 갈라디아서 3:14에서 쓴 대로 발생하는 것이다: "우리로 하여금 믿음으로 말미암아 성령의 약속을 받게 하려 함이니라."

성자(聖子)는 복음을 통하여 우리 마음을 위로하시고, 우리에게 성부의 은혜스러운 뜻을 지시해 주시고, 그 말씀을 통해서 성령이 주어져서 우리가 하나님을 기뻐하며, 사랑하게 하시는 것이다. 이에 따라 다음과 같은 것이 나오게 된다: 참된 기도, 순종의 시작, 하나님을 참으로 경외함, 하나님을 사랑함, 모든 일상사에서 하나님을 신뢰함, 우리 자신의 연약성을 인정하는 중에서의 겸손, 인내, 하나님을 기뻐함, 소망, 죄 고백, 고백 속에서의 견인, 그리고 참된 열심들이 말이다. 하나님께서 우리의 마음과 지체들 안

---

1) 멜란히톤은 "중죄와 다른 죄들의 구별에 관하여"를 이 항목에 포함시키고 있다.

에서 일으켜 주시는 이런 충동들(impulses, *Regungen*)이 선행(善行, good works)이라 불린다.

선행이 그저 외적인 행위들을 의미한다고 상상하는 것은 촌스러운 일이다. 몇몇 조야한 사람들은 십자가에서 회심한 강도는 그의 회심 이후에 그어떤 선행도 행하지 않았다고 주장한다. 그러나 "오늘날 네가 나와 함께 낙원에 있으리라"(눅 23:43)는 말씀을 통해 그가 위로를 받자마자, 하나님 자신이 이 강도의 마음에 계셔서, 자신을 그에게 보이시고, 그 안에서 역사(役事)하셔서 그를 지옥의 진노에서 이끌어내시고, 그 안에 영생을 시작하셨고, 모든 덕의 시작을 내도록 하셔서 그 강도가 자신의 죄를 회개하고 메시야를 인정하며, 믿음과 하나님에 대한 사랑과 하나님을 기뻐하며 위로를 얻게 하시고, 영생의 소망을 확신하게 하신 것이다. 그는 그의 고난 중에서 하나님께 자원하여 순종하였고, 따라서 외적인 선행을 가졌다고도 할 수 있는 것이다. 그는 그의 죄를 공개적으로 고백하였고, 메시야를 인정하였으며, 다른 강도를 꾸짖었고, 그리스도를 공개적으로 주(Lord)로 시인한 것이다. 다른 사도들은 떨고 아무 말 없이 흩어졌을 때에, 공중에 매달린 이 강도는 많은 사람에게 대해 사도와 선포자가 되었다. 나는 우리의 마음과 행위에서의 선행과 빛과 덕들이 순종을 의미함을 상기시키기 위해서 이를 말하는 것이다.

이제 단순한 전달을 위해서 선행, 또는 새로운 순종을 다음 다섯 질문과 연관해서 말해 보기로 한다. 이에 대해서 좀더 날카롭게(명료하게) 말하려는 이는 그리해도 좋다.

첫째 질문: 우리는 어떤 선행을 가르치고, 행해야 하는가?

둘째 질문: 그것은 어떻게 가능한가?

셋째 질문: 현세의 우리의 삶에 죄가 잔존한다면, 우리의 선행이
　　　　　　어떻게 하나님께 기쁨이 될 수 있는가?

넷째 질문: 왜 우리는 선행을 해야 하는가?

다섯째 질문: 죄의 구별은 가능한가?

첫째 질문: 우리는 어떤 선행을 가르치고, 행해야 하는가?

첫째 질문에 대한 분명한 대답은 우리는 하나님께서 십계명 가운데 포함시키신 선행을 가르치고 행해야만 한다는 것이다. 그런데 그것들은 위에서 논의한 바대로 그리스도와 사도와 선지자들이 그것들을 설명한 대로 이해되어야만 한다.

재세례파들은 우리가 사람들을 계명과 율법에로 인도해서는 안 된다고 한다. 왜냐하면 계명과 율법은 사람을 하나님의 말씀으로부터 채어내는 악마의 악한 발톱과 같기 때문이라는 것이다. 그러나 바로 이해하면, 십계명은 하나님의 영원하고 불변적인 지혜이다. 이를 하나님께서는 자신의 교회에서, 그리고 교회의 목소리를 통해서 은혜롭게 계시하신 것이다. 하나님의 율법에 대한 참되고 온전한 이해는 이 땅의 사람들 중에서 오직 하나님의 참 교회 안에 있는 사람들에게만 있는 것이다. 그러므로 우리는 하나님께서 자신의 교회 안에 자신의 지혜와 말씀을 허락해 주시고, 계속 있게 하심에 대해서 깊이 감사해야만 한다. 하나님의 진지한 뜻은 신앙과 행위 모두가 그의 말씀에 의해서 인도되는 것이다. 왜냐하면 그는 이렇게 말씀하시기 때문이다: "나는 여호와 너희 하나님이라. 너희는 나의 율례를 좇으며, 나의 규례를 지켜 행하고 … "(겔 20:19). 이와 같은 말이 선지자들과 사도들의 글에 수백 번 반복되어 있는 것이다.

이렇게 하나님을 섬기는 것이 그가 명령하신 유일한 행위이다. 그것들은 신앙 가운데서 수행되어야만 한다. 그리고 사람들은 하나님을 섬기는 새로운 방식들을 창안해 내서는 안 된다. 예를 들어서, 교황주의자들과 수도사들이 혼인을 금지하고, 미사를 창안하며, 성자들의 이름을 불러 기도하고 하듯이 하는 것이나, 이교도들이 그들의 우상숭배에서 하듯이 하는 것을 창안해서는 안 되는 것이다. 이런 무시무시한 것들을 피하고 꾸짖기 위해서 하나님께서는 교회 안에 자신의 십계명을 계속 유지하신다. 성도들 안에 여전히 있는 죄를 영원히 꾸짖고, 하나님을 섬기는 바른 행위를 증언하는 그 소리를 말이다.

둘째 질문: 그것은 어떻게 가능한가?

둘째 질문에 대한 대답은 선행은 하나님의 아들과 성령을 통해서 우리에게서 가능하게 된다는 것이다. 하나님의 아들과 성령 모두가 영원하신 아버지로부터 우리네 비참한 사람들을 돕기 위해서 보내졌기 때문이다. 사람이 그리스도에 대한 신앙을 통해서 죄 용서를 받지 않는 한, 그는 진정으로는 하나님을 불러 아뢸 수 없다. 사람은 먼저 그리스도를 인정하고 믿음을 통해서 죄 용서를 받아야만 한다. 그러면 그리스도께서 즉시 그 마음에 성령을 주시고, 그리하여 그 마음이 하나님을 기뻐하며, 그에게 불러 아뢰고, 그에게 순종하고자 하는 소원을 갖게 되는 것이다.

우리는 날마다 우리의 연약함과 우리의 원수들과 악마들을 생각해야만 한다. 그러나 또 한편으로는 우리에 대한 하나님의 큰 사랑을 생각해야 하니, 하나님께서는 그의 아들 예수 그리스도와 성령을 우리를 위해 보내셔서 우리를 영원한 의와 구원에 이르도록 하시기 때문이다. 그리스도는 임마누엘, 즉 하나님이 우리와 함께, 우리 곁에 계시는 것이라고 불린다. 그를 통해서 우리는 죄 용서와 칭의를 받는다. 즉, 하나님을 기쁘시게 하는 것이다. 그는 참으로 교회의 머리시요, 우리를 힘입게 보존하시는 왕이시요, 대제사장이시다. 그는 세상의 부패한 정부나 악마의 유혹 가운데서도 우리를 유지하신다. 마치 바벨론의 강한 용광로 속에서도 세 사람을 보존하시고, 그들 곁에 서 계셨듯이 말이다. 그 본문(단 3:25)은 분명히 말하기를, 그 셋 곁에 넷째 사람은 그 형상이 신들의 아들과 같다고 한다. 이 성자는 자신의 성령을 우리에게 주셔서, 우리로 그의 가르침과 경륜을 참되게 이해하기 위한 지혜와 참된 순종을 위한 힘을 가질 수 있도록 하신다.

우리는 다음의 많은 구절들이 시사해주듯이 구원과 도움을 위해 하나님께 부르짖어야 한다. 요 15:5: "나는 포도나무요, 너희는 가지니, 저가 내 안에, 내가 저 안에 있으면 이 사람은 과실을 많이 맺나니, 나를 떠나서는 너희가 아무것도 할 수 없음이라." 눅 11:13: "하물며 너희 천부께서 구하는 자에게 성령을 주시지 않겠느냐?" 시편 50:15: "환난 날에 나를 부르라 … "(멜란히톤은 롬 2:12, 13과 갈 3:14도 인용하고 있다).

기독교의 가르침은, 사람 자신의 힘을 높이고 하나님께 구하는 것에 대해서는 아무 말도 하지 않는 철학과는 다르다. 복음은 우리를 하나님께로 부르고, 우리의 죄를 벌하시고, 위로를 주시며, 우리로 그리스도를 향하게 하고, 하나님의 아들이 참으로 우리와 함께 하기를 원하신다고 말하고, 성령으로 우리를 보존하고 빛을 비취고 힘을 주셔서 우리로 하나님께 기쁨이 되는 순종을 하게 한다.

우리는 하나님께서 우리 안에서, 우리를 통해 하시는 이 임재와 역사를 인정해야만 하고, 그것을 구하고, 그에 대해 하나님께 감사를 드려야만 한다. 야곱이 그리했듯이 말이다: "나의 조상, 아브라함과 이삭이 앞에서 행한 주님, 나를 모든 환난에서 건지신 사자께서 … "(창 48:16). 이 사자(angel)는 자신의 교회와 함께 하시며, 그 교회를 도우시는 주 예수 그리스도이시다. 지면상 이것만을 상기시키고 마치려고 하나, 각자는 이 가르침을 더 생각해 보아야만 한다.

셋째 질문: 현세의 삶에서 우리에게 죄가 잔존한다면 우리의 선행이 어떻게 하나님께 기쁨이 될 수 있는가?

"새로운 순종, 즉 선행은 어떻게 하나님께 기쁨이 될 수 있는가?"라는 이 질문에는 생각해야 할 것이 세 가지 있다.

첫째로, 회개한 사람은 우리가 하나님이요 사람이신 그리스도 덕분에 은혜로, 우리 편에서의 공로 없이, 믿음을 통해서 죄 용서와 칭의 받았다고 믿는 것이 필요하다. 즉, 로마서 3장에 분명히 표현되어 있듯이, 우리 주 예수 그리스도의 순종과 공로 덕분에 믿음을 통해서 하나님께서 우리를 은혜롭게 받아주심을 믿어야 하는 것이다. 왜냐하면, 우리는 율법 때문에 의롭다 함을 받는 것이 아니라, 주 예수 그리스도 덕분에 믿음을 통해서 의롭다 함을 받는 것이기 때문이다.

둘째로, 이 현세의 삶 중에서는 우리 안에 많은 죄들이 잔존함을 알아야 한다. 즉, 이 세상에 살 동안에 우리는 많은 악한 성향들, 무지, 회의, 그리고 거짓된 안전감 등을 가지고 있다. 우리의 마음이 하나님께 대한 사랑으로 불타오르지 않는다. 결과적으로, 우리는 우리가 마땅히 해야 하는 온전한 순종을 하지 않는 것이다. 이런 죄들과 또한 실제적인 죄들 때문에 우리는 고통을 느껴야 하며, 따라서 누가복음 18장에서 자신의 거룩성을 자랑하는 바리새인과 같이 자랑할 수 없는 것이다.

셋째로, 우리는 우리가 순종을 시작하는 것을 하나님께서 진지하게 불변적으로 원하시고 명령하신다는 것을 알아야만 한다. 하나님께서는 우리에게 아들과 성령을 주시고, 신자들 안에 중보자이신 예수 그리스도 덕분에 순종이 있기를 원하신다. 베드로전서 2:5에 기록되어 있듯이 말이다: "예수 그리스도로 말미암아 하나님이 기쁘게 받으실 신령한 제사를 드릴 거룩한 제사장이 될지니라."

그러므로 한편에서는 우리의 죄에 대한 지식과 겸손이 필요하고, 또 한편에서는 하나님의 크신 자비와 위로에 대한 지식이 필요하다. 우리는 먼저 사람이 어떻게 용서를 받고, 의롭다 함을 받는지를 알아야 하며, 그 뒤에는 비록 그의 처음 순종이 아주 연약하고, 우리가 아직 불결한 중에 있을지라도 우리의 행위가 어떻게 하나님께 기쁨이 되는지를 알아야만 한다.

고대의 학자들과 후대의 수도사들은 이 조항을 가지고 논박하면서 "사람이 어떻게 하나님을 기쁘시게 할 수 있는가?"고 물었었다. 수도사들은 사람들의 관심을 그들 자신의 행위로 돌리도록 하였다. 어떤 이들은 자신들의 행위를 크게 말하고, 어떤 이는 과장하기도 했다. 그들은 자신들의 행위가 타당하다고 하면서, 우리가 은혜를 받으면, 즉 우리가 주입된 사랑(infused love)을 가지고 있으면, 우리가 하나님을 기쁘시게 할 수 있다고 말한다. 또한 사람이 새로운 순종을 통해서 의롭다 함을 받으며, 하나님을 기쁘시게 한다고 하며, 또는 오시안더(Osiander)가 말하듯이 우리 안에 있는 하나님의 본질적 의(the essential righteousess of God: *justitia essentiali*)를 통해서 하나님을 기쁘시게 한다고 말한다.

그러나 그들은 또한 말하기를, 만일 우리가 이것을 느끼지 못하고, 우리 안의 악한 성향들만을 본다면, 우리는 회의 가운데 빠져 있어야 하고, 이

회의는 하나님 앞에서 참된 겸손이라고 하는 것이다.

그러나 수도사들의 이 모든 가르침은 그리스도로부터 벗어나는 것이며, 회심한 자들에게서 참된 위로를 빼앗는 것이다. 그러므로, 이 조항에서 분명한 가르침을 유지하는 것이 필요하다. 선지자들과 사도들의 글 전체를 통해서 이 조항은 아주 단순하고 분명히 가르쳐지고 있다. 다윗이 시편 32:5에서 말하듯이 말이다: "내가 … 주께 내 죄를 아뢰고, 내 죄악을 숨기지 아니하였더니, 곧 주께서 내 죄의 악을 사하셨나이다." 우리 안에는 분명히 우리가 무시하지 못할 죄와 상당한 불결함이 있다. 그러므로 우리는 하나님 앞에서 떨면서 이를 고백해야 하며, 저 세리는 더러운 사람인데 비하여 자신은 순결하고 선하고 의롭다고 말하는 바리새인과 같이 자랑해서는 안 되는 것이다.

그러나 우리는 하나님께서 신인(神人)이신 그리스도 때문에 우리의 죄를 용서하시고, 우리를 그리스도의 의로 옷입혀 주시고, 우리 편에서의 공로가 없어도, 그 어떤 주입된 사랑이나 주입된 새로움 때문이 아니고, 또 오시안더가 그의 "본질적 의"(*justitia essentiali*)에서 말하는 이 세상에서 우리의 삶에 작용하시는 하나님의 역사(役事) 때문이 아니고, 중보자요 화목자이신 그리스도의 순종과 공로 때문에 값없이(*gratis*) 믿음을 통하여 우리를 받아주심을 믿어야 하므로, 우리는 이 위로를 가져야만 하고, 회의 중에 머물러 있어서는 안 된다.

중생한 자 안에 하나님의 역사(役事)와 신적인 빛이 있는 것은 사실이나, 그리스도의 순종은 성도들 안에 있는 그런 하나님의 역사로 있게 되는 순종보다 측량할 수 없이 높으며, 바로 이 그리스도의 순종이 화목의 근거이다. 그러므로 그리스도의 화목에 기대는 이 믿음은 언제나 우리의 길을 비추어야 하고, 우리의 모든 기도 가운데서 일깨워져야만 하는 것이다. 이와같이 회개한 사람은 그 자신의 새로운 덕들에 근거해서가 아니라, 주 그리스도 덕분에 믿음만으로 값없이 오직 믿음으로 칭의를 받는 것이다.

모세, 욥, 그리고 다니엘 같은 선지자들 모두가 자신들의 죄에 대한 고백을 가지고, 중보자에 대한 자비의 약속을 믿으면서 하나님 앞에 나아왔다.

모세가 "주님 앞에서는 그 누구도 순전하지 않나이다"고 하였고(cf. 출 34:7), 욥이 "그의 앞에서 내 행위를 변백하리니 … 이것이 나의 구원이 되리라"(욥 13:15, 16)고 한 것같이 말이다. 다니엘도 기도하기를 "우리가 주의 앞에 간구하옵는 것은 우리의 의를 의지하여 하는 것이 아니요, 주의 큰 긍휼을 의지하여 함이오니"(단 9:18)라고 하였다. 이는 결국 그리스도를 의지하여 기도한 것이라고 할 수 있다.

그리고 시편 32편, 51편, 130편과 143편에서 이 교리가 반복되고 분명히 표현되어 있다: "주의 종에게 심판을 행치 마소서, 주의 목전에는 의로운 인생이 하나도 없나이다"(시 143:2). 이것은 죄의 고백이면서 동시에 위로이기도 하다: "주님은 은혜로우시고 참되시고, 주님의 은혜스러운 약속을 우리에게 주셨사오니, 주님의 진리를 좇아 나를 긍휼히 여기소서"(cf. 시 4:1; 51:1; 119:132).

사도 바울은 이 교리를 로마서 5장-8장에서 길게 설명한다. 그는 자신 안에 있는 죄를 한탄하면서 회심자로보다는 사도로서 동시에 위로를 선포한다. "율법 아래 있지 않고 은혜 아래 있음이라"(6:14). 또한 "주 그리스도 안에서 행하는 자에게는 정죄가 없느니라." 골로새서 2장: "그리스도 안에서 너희가 온전하게 되었나니"(cf. 골 1:28; 4:12). 즉, 이 세상에 사는 동안에도 그리스도를 통해서 깨끗케 됨이 우리 안에 시작되었고, 그를 통해서 영생에서는 온전하게 되리라는 것이다. 동시에 우리가 그리스도 덕에, 그리고 우리에게 전가된 그의 의를 입어서 하나님을 기쁘시게 하는 데에 이 세상의 삶에서 온전하게 되었다는 것이다.

그리고 갈라디아서 5:5: "우리가 성령으로 믿음을 좇아 의의 소망을 기다리노니." 즉 우리는 영생에서 완전히 순결하고, 그 어떤 죄도 없으며, 그 어떤 죽음도 없게 되기를 소망하는 것이다. 그러나 현세에도 우리는 **믿음으로** 하나님께 기쁨이 되나니, 이 믿음은 우리 안에 있는 성령의 빛이다. 이 믿음에 대해 바울은 자주 말하기를 이 믿음으로 우리가 칭의를 받고, 하나님에 의해서 은혜를 받게 되었다고 한다. 로마서 5:1: "우리가 믿음으로 말미암아 의롭다 함을 받았으니 하나님으로 더불어 화평을 누리자." 그리고 에베소서 3:12: "우리가 그 안에서 그를 믿음으로 말미암아 담대함과 하나님께 당당히 나아감을 얻느니라."

우리가 지옥의 분노에서 건짐을 받고 성령을 받으면, 선행이 반드시 따라나오게 된다. 이 선행도 주 그리스도 덕분에 하나님께 기쁨이 되는 것이다. 우리는 또한 우리의 기도와 봉사가 하나님께 기쁨이 되는 이유가 우리자신의 가치 때문이 아니라 그리스도 때문이라는 것도 믿어야만 한다. 그럼에도 불구하고 우리의 선행은 아직도 율법을 다 이루는 것은 아니다.

넷째 질문: 왜 우리는 선행을 해야 하는가?

왜 그리고 무슨 목적으로 우리는 선행을 해야만 하는가? 첫째로, 우리의선행, 또는 우리의 시작된 순종이 죄 용서를 공로로 얻는 것도 아니고, 율법을 이루는 것도 아니며, 그것 때문에 우리가 하나님에 의해 받아들여지는 의도 아니고, 영원한 구원을 공로로 얻게 하는 것도 아님을 아는 것이필요하다. 믿음을 통한 죄 용서와 함께 우리는 이미 영원한 복락의 상속자들이 된 것이다!

이것은 그리스도와 선지자들과 사도들의 율법과 복음에 대한 온전한 가르침에 근거하는 것이다. 왜냐하면 다윗이 "주님 앞에는 의롭다 함을 받을이가 하나도 없나이다"고 말하고 있으므로, 우리의 선행이 영원한 구원을공로로 얻는 것이 아님은 분명하다.

그러나 우리가 지옥 속을 헤매도록 되어 있지 않으니, 우리의 구주 하나님의 아들 예수 그리스도께서 (바울을 통하여) 다음과 같이 말하고 있기때문이다: "사망아 너의 이기는 것이 어디 있느냐, 사망아 너의 쏘는 것이어디 있느냐?"(cf. 고전 15:54f.). 요한복음 3:16에서는 말씀하시기를 "하나님이 세상을 이처럼 사랑하사 독생자를 주셨으니, 이는 저를 믿는 자마다 멸망치 않고 영생을 얻게 하려 하심이라." 그리고 하나님의 맹세는 아주 분명하다: "나의 삶을 두고 맹세하노니, 나는 악인의 죽는 것을 기뻐하지 아니하고 악인이 그 길에서 돌이켜 떠나서 사는 것을 기뻐하노라"(겔 33:11). 이 중요한 말씀은 하나님의 가르침 전체의 맥락에서 이해되어야 한다. 즉, 우리가 그리스도 덕분에 우리 편에서의 그 어떤 공로도 없이 믿음을 통하여 분명히 죄 용서를 받았고, 말씀과 성령을 통하여 중생되고 의롭다 함을 받는다는 것이다. 즉, 하나님께 기쁨이 된다는 것이다. 그리고 영원한 복락의 상속자가 되었다는 것이다. 은혜와 은사는 이렇게 함께 하는 것이다.

이와같이 말하였으니, "왜 그리고 무슨 목적으로 우리는 선행을 하는가?"라는 질문에 대한 대답은 "하나님께서 모든 합리적 피조물들을 순종하도록 창조하셨기 때문이다"는 것이다. 이것은 다른 것들이 나오는 근본적인 대답이다. 하나님의 영원하시고 불변적인 뜻은 모든 합리적 피조물들이 그에게 순종하는 것이고, 바로 이 목적을 위해서 그는 그의 아들 예수 그리스도를 보내셨다. 그를 통해서 우리를 순종으로 회복시키기 위해서 말이다. 그러므로 그 누구도 하나님의 아들 예수 그리스도께서 하나님의 큰 진노를 짊어지시고, 자신의 피를 흘려 주신 것이, 우리가 미침과 부패 중에 계속 있도록 하기 위한 것이라고 생각할 수 없다. 그는 죄와 죽음을 제거하시고, 의와 영원한 복락을 주시기 위해서 보냄을 받으신 것이다.

우리가 하나님을 순종해야 하는 한, 그리고 그리스도께서 우리에게 이 순종을 회복시켜 주신 한, 이 순종이 우리의 마음에서와 외적 행위에서 시작돼야 한다는 것은 아주 분명하고 필수적이다. 어떤 이는 여기서 "필수적이다, 마땅히 해야 한다, 그리고 순종" 등과 같은 용어를 사용하는 것에 반대할 것이다. 이런 말들은 율법의 용어들이고, 공로를 통한 순종을 의미한다고 말하면서 말이다(예를 들어서, 옥에 간히는 것이 두려워서 훔치지 않는 경우와 같이 말이다). 그러나 이런 이해는 근거 없는 것이니, "필수적이다", "마땅히 해야 한다"는 말은 여기서 하나님의 영원하신 불변적인 지혜와 의와 질서를 의미하기 때문이다. 이성적 피조물들은 이런 지혜와 의와 질서 안에서 하나님께 순종해야 하니, 그들은 그 목적을 위해 창조받았기 때문이다.

그리스도와 사도 바울도 "마땅히 해야 할 일이" 있었다. 롬 8:12: "우리가 마땅히 육신을 따라 살도록 되어 있는 것이 아니다"(cf. 마 5:18-20;

6:24; 갈 5:16-25; 롬 7:12, 15).

"나의 삶을 두고 맹세하노니, 나는 악인의 죽는 것을 기뻐하지 아니하고, 악인이 그 길에서 돌이켜 떠나서 사는 것을 기뻐하노라"라고 하신 맹세는 회심을 요구하는 맹세이다. 그러므로, 우리는 양심에 반하여 계속해서 죄 가운데 머물러서는 안 된다는 것이 분명하다. 이에 대해서는 기독교인의 자유에 대한 항목에서 좀더 말하기로 한다.

이 세상에서 하나님께로의 회심은 육체적인 죽음 이전에 일어나야 한다는 것을 우리는 또한 알아야만 한다. 바울이 고린도후서 5:3에서 시사하듯이 말이다: "하늘 처소로 덧입기를 간절히 사모하노니, 이렇게 입음은 벗은 자들로 발견되지 않으려 함이라." 요한계시록에 있는 다음 구절도 잘 알려졌다: "주 안에서 죽는 자들은 복되도다"(계 14:13). 즉, 주 예수 그리스도에 대한 지식과 참된 믿음과 기도 가운데서 죽는 자들은 복되다는 것이다. 그렇다. 그런 자들은 육체적인 죽음 이전에 하나님께 돌이켜야만 하는 것이다.

또한 만일 하나님께로의 돌이킴이 일어나지 않는다면, 그리고 그 마음이 계속 죄 가운데 머무른다면, 그것은 죄 용서를 원하고 받는 참된 신앙이 없다는 것도 분명히 인식되어야만 한다. 하나님을 두려워하지 않는 마음에는 성령이 있지 않고, 계속되는 완고와 고집만이 있는 것이다. 고린도전서 6:9f.에서 분명히 표현된 바와 같다: "음란하는 자나 간음하는 자나 … 하늘 나라를 유업으로 받지 못하리라."

순종은 하나님의 영광을 위한 것이고, 주로 형벌을 두려워하기 때문에 하는 것은 아니어도, 하나님께서는 그것에 관하여 무시무시한 형벌을 계시하셔서 우리가 그의 뜻을 알고 진지하게 순종하도록 하신다. 하나님은 우리의 비참한 파멸을 기뻐하시지 않으므로, 그는 우리가 형벌을 피하기를 원하신다. 다윗은 하나님의 영광을 위해서 간음에서 멀리 떠났어야만 했다. 그는 또한 따라올 영원한 형벌과 현세적 형벌을 생각했어야만 했던 것이다.

또 한편에서 하나님께서는 순종에 특별한 약속을 더하셨다: "또 누구든지 제자의 이름으로 이 소자 중 하나에게 냉수 한 그릇이라도 주는 자는 … 결단코 상을 잃지 아니하리라"(마 10:42). 이제는, 자주 말한 바와 같이, 하나님께 돌이키는 자는 자기 편에서의 그 어떤 공로도 없이 믿음만으로 값없이 은혜로 죄 용서를 받으며, 칭의를 받는다는 것이 분명해졌을 것이다. 그러나 현세나 미래에서 죄 용서와 믿음을 따라나오는 다른 은사들은 신앙과 순종이 강해질수록 더 풍성하게 주어질 것이다. 교회와 … 우리 모두는 … 악마와 유혹에 대하여 보호받기 위해서 육체적·영적 도움을 필요로 하는 것이다.

다윗의 간음이 그러하였듯이 특별한 죄들은 특별한 형벌을 받게끔 한다. 반면에, 신앙과 순종이 더 강해지면, 하나님께서는 더 은혜스럽게 완화하시고, 더 많은 은사를 주신다. 그는 야곱 때문에 라반에게 부를 더 주셨다. 엘리야에게 음식을 나누어 준 사렙다 과부를 하나님은 보존시키셨다. 또 예레미야에게 도움을 준 에벳멜렉은 예루살렘이 멸망할 때 보호를 받았던 것이다. 시편 기자는 이렇게 말한다: "빈약한 자를 권고하는 자가 복이 있음이여, 재앙의 날에 여호와께서 저를 건지시리로다"(시 41:1).

이 모든 것은 주 그리스도 덕분에, 교회의 유지를 위해서, 신앙의 훈련을 위해서, 그리고 주 그리스도께서 우리와 함께하심을 증언하기 위해서 일어나는 것이다. 바울이 말하듯이 "모든 약속들은 주 그리스도 덕에 확실한 것이다"(cf. 히 6:17f.; 8:6f.). 그리고 우리는 날마다 신앙과 순종을 훈련하여 마땅히 받을 형벌을 벗어나고, 온갖 도움과 인도와 보호를 받아야 한다. 우리네 가련하고 비참한 사람들은 날마다 우리 앞에 있는 위험을 잘 상상할 수 없다. 우리는, 늑대의 굴 속에 빠져서 서너 마리의 늑대가 주위에 있는 데도 자신이 얼마나 큰 위험 속에 있는지를 이해하지 못하는 작은 아이와 같다. 그런데 만일 그 아이가 살아난다면 (나는 그런 경우를 알고 있다) 그것은 분명히 하나님께서 그 아이를 보호하신 것이라고 할 수 있다. 그러므로 우리는 우리 자신이 그런 위험 중에 있음을 인정하고, 도움을 요청하며, 우리의 기도 중에서 믿음과 순종을 훈련해야만 하는 것이다.

다섯째 문제: 죄들을 구별할 수 있을까?

죄의 구별(distinctions in sins)이 있다는 것을 아는 것은 아주 필요하다.[2] 어떤 죄는 현세의 성도들에게 남아 있는 것이나, 어떤 죄는 성령을 근심하게 하고, 성령에 반하는 것이어서 어떤 사람들을 은혜에서 떨어지게 하여, 만일 그가 다시 회개하지 않으면 영원한 형벌에로 떨어지게 하는 죄인 것이다.[3] 첫 불순종 이후에 약속이 은혜스럽게 계시되었을 때 만일 아담이 하나님께 다시 돌이키지 않았더라면, 그는 영원한 형벌에 계속 처해 있었을 것이다.

바울은 로마서 8:13에서 다음과 같이 진술할 때 구별을 제시하고 있다: "너희가 육신대로 살면 반드시 죽을 것이로되, 영으로써 몸의 행실을 죽이면 살리니." 마찬가지로 로마서 6장도 주도하는 죄와 그렇지 않은 죄를 구별하고 있다.

이와 같은 또 이와 비슷한 다른 구절들로부터 우리는 사람이 자신의 양심에 반하여 행동하면, 즉 그가 이전에 거룩하게 되고 하나님의 은혜에 있었다 할지라도 하나님의 명령에 대해 의식적으로 그리고 의도적으로 반대하면, 또한 성령을 근심하게 하고 반대하면, 그는 하나님의 은혜 안에 있지 않은 것이고, 만일 그가 현세에서 다시 하나님께 돌이키지 않는다면, 그는 영원한 형벌에 이르게 될 것이라는 것을 알아야만 한다.[4] 다윗이나 므낫세 같은 이들은 다시 돌이켰으나, 사울 왕 같은 이는 다시 돌이키지 않은 것이다. 베드로후서 2장, 마태복음 12장, 고린도전서 10장 등에 의하면 수천

---

2) 그러나 모든 죄가 다같이 하나님 앞에서 심각한 것임을 잊는 식으로 죄를 구별하는 것은 위험한 것임에 유의하라(역주).

3) 다음 항목에 예정에 대한 진술에서 조금 수정되기는 하지만, 멜란히톤의 진술은 이처럼 **때때로** 철저한 논리적 일관성을 고려하지 않든지, 예정을 철저화하는 식으로 나타난다. 그는 때때로 이렇게 절충적이다. 이 문장에서는 참으로 은혜에 동참했던 성도의 타락 가능성이 시사되어 있는 것이다. 그것이 성경의 전체적 가르침과 일관성을 유지할 수 있는지를 물어야 할 것이다(역주).

4) 여기서도 위의 역주에서 말한 바를 다시 상기해야 할 것이다(역주).

명이 은혜에서 떨어진다.[5]

여기서도 역시 신앙의 이런저런 조항에 대한 잘못된 이해에 대해 어떤 언급이 있어야 할 것이다. 이런 경우에는 사람이 양심에 반하여 행동하지는 않으나, 오해 때문에 만일 그가 바른 교훈을 받기를 거부하면 진지한 신앙이 아리우스주의(Arianism)나 우상숭배에로 전락하고 말게 된다. 바울은 말하기를, 성도들 사이에서도 근본적으로 참된 신앙이 유지되어야만 한다고 한다. 비록 겨가 섞여 있을 수 있고, 어거스틴이나 버나드와 같은 중요한 사람들의 견해와 어리석은 의견들이 종종 섞이기도 하지만 말이다. 그럼에도 불구하고, 신자들은 바른 가르침을 받으려는 마음을 가지고 있어야 한다. 많은 주교들과 통치자들의 방자한 무지, 바리새주의적 어두움(암매)은 변명될 수 없는 것이다. 우리 모두는 다 배울 의무가 있고, 참된 교리를 받을 의무가 있다. 그리고 이것은 불변하게 남아 있을 것이니, "주 예수 그리스도 외에 능히 다른 터를 닦아 놓을 수 없는" 것이다(cf. 고전 3:11). 그리고 요한복음 3:18도 말하기를 "믿지 아니하는 자마다 이미 정죄받았느니라"고 한다.

그러므로 우리가 하나님의 명령에 의식적으로 반하여 행동하고, 그 오류 중에 계속 있으면 죄가 주도하는 것이다. 그런 주도적인 죄는 치명적인 죄(deadly sin)이니, 그것 때문에 그가 만일 변개하지 않는다면 영원한 죽음에 던져지게 된다.

이 세상에 살면서 성도들도 그들의 신앙이 바르다 할지라도 여전히 많은 죄를 짓는다. 그러나 그것들은 양심에 반하는 죄는 아닌 것이다.[6] 예를

---

5) 위에서 언급된 사울이나 이런 이들의 경우에는 그들이 과연 중생의 은혜 안에 있었는지, 단지 법적으로만 언약 관계 아래에 있었는지를 물어야 할 것이다. 멜란히톤은 그들이 이전에 중생의 은혜 안에 있었다고 시사하고 있으나, 개혁 신학은 그들이 단지 법적인 언약 관계 안에만 있었지, 참된 생명의 언약 관계 안에 있었다고 보지 않음에 유의하라(역주).

6) 멜란히톤이 이렇게 구별하려는 의도는 이해할 수 있으나, 이런 표현은 오해를 낳을 수 있으므로 주의해야 할 것이다(역주).

들어서, 그들이 처음 가진 하나님을 경외하는 마음 후에 어리석은 안도감이 찾아와서, 그들의 마음이 마땅히 해야 하는 대로 죄를 인식하고 그에 대해 애통해하지 않을 수 있다. 신앙과 하나님을 의뢰하는 것이 연약해지고, 많은 회의가 잔존할 수 있다. 그 마음이 하나님에 대한 사랑으로 불타지 않고, 많은 무질서한 정열과 열망이 계속 존재할 수 있는 것이다.

우리 안에 있는 이런 불결함은, 바리새인들이나 수도사들이 가르쳤듯이 그렇게 사소한 것으로 여겨져서는 안 된다. 우리가 말한 바와 같이 그것은 분명히 죄이다.[7] 그러나 우리가 행동으로 이 악한 성향들을 따르려고 하지 않고, 오히려 그것에 대해 애써서 저항하면서, 이 죄들이 그리스도 덕분에 용서를 받고, 그리스도로 옷입었음을 믿는다면 우리는 거룩한 것이다. 그리고 성령이 우리 안에 계셔서 우리를 다스리시고, 우리의 마음에 빛과 힘을 주시며, 요셉이 성령을 통해서 간음에 대해 저항했던 것처럼 죄에 대해 저항하는 것이다.

사도 바울은 우리가 성령을 통해서 육체의 활동들을 죽인다고 의미심장하게 말한다.[8] 여기서 그는 이교의 도덕성과 성도들 안에 있는 순종을 구별하는 것이다. 스키피오(Scipio)는 그의 지체들을 잘 다스려서 다른 이와 혼인한 고귀한 처녀를 건드리지 않았었다.[9] 이것은 이성의 행위였다. 하나님께 참으로 기도하거나, 중보자 예수 그리스도에 대한 지식 없이, 믿음과 순종이 왜 하나님께 기쁨이 되는지에 대한 지식이 없이 행한 (자연인의 합리적인) 행동이었던 것이다.

요셉도 비슷하게 행동하였다. 그러나 요셉에게는 하나님의 말씀이 밝혀 주고, 인도하고, 성령으로 그를 강하게 하는 것이 있었다. 그는 자신이 하나님의 영광을 위해서 그에게 순종해야만 한다고 진지하게 생각하였으며,

---

7) 죄를 구별하면서도 멜란히톤이 항상 이 점을 분명히 하고, 강조함을 잊지 말아야 한다(역주).

8) 여기서 육체(flesh)는 바울의 독특한 개념인 "부패한 인간성 전체"를 지칭하는 것임에 유의하라(역주).

9) 앞의 제5장에 있는 각주 9를 참조하여 보라.

자신이 약속된 구주 덕분에 하나님께 기쁨이 됨을 알고 있었다. 그래서 그는 자신이 계명을 어기도록 유혹되지 않도록 도움을 달라고 요구하며 하나님께 기도했던 것이다.

스데반, 로렌티우스(Laurentius),[10] 폴리캅(Polycarp) 그리고 아그네스(Agnes)는[11] 그들의 재난 중에도 관대하고 아량 있으며 즐거워할 수 있었으니, 이는 살아계신 하나님의 말씀과 성령이 그들을 강하게 해 주셔서, 그들이 하나님을 기뻐하고, 하나님을 불러 아뢰며, 왜 그들이 하나님께 기쁨이 되는지를 알고, 그들이 어떻게 하나님께 순종하는지를 알게 해주셨기 때문이다. 그들은 또한 하나님께서 그들에게 힘과 능력을 주심과, 하나님께서 그들에게 하나님의 지혜와 의와 기쁨을 부여해 주시기를 간절히 원하심을 알고 있었다. 그리고 그들은 하나님께서 왜 그리고 어떻게 자신의 크신 자비에 근거하여 그의 사랑하시는 아들 때문에 자신에게로 영원한 교회를 모으시는지를 알고 있었던 것이다.

이들은 다음 구절을 이해하고 있었다: "사망아! 내가 너를 정복하리라"(호 13:14; cf. 고전 15:54; 히 2:14). 그들은 하나님께서 그들에게 위로와 기쁨을 주심을 느끼고 있었고, 하나님께서 그들을 불안 가운데 빠져 있도록 내버려두지 않으심을 알고 있었다. 그러므로 우리의 마음이 "우리 같이 불결한 죄인들이 기도를 해도 하나님께서 들어 주실까?"라고 물을 때, 우리는 이를 날마다의 기도 가운데서 생각해야만 한다. 그리스도 때문에 하나님께서는 우리의 기도를 들어 주신다. 그리고 그리스도는 그의 복음과 성령을 통해서 우리 안에 위로를 주신다. 다음 구절이 말해 주듯이 말이다: "내가 다윗의 집에 은혜와 간구하는 영을 내려주리니"(슥 12:10).

---

10) 이는 아마도 258년에 순교당한 St. Laurence를 말하는 것으로 보인다. 그는 Sixtus II(257-8)가 로마의 교황일 때 발레리안(Valerian) 박해 때에 순교를 당했다. 그의 성일은 8월 10일이라고 한다(역주).

11) St. Agnes, 그녀는 로마에서 4세기부터 동정녀요, 성인으로 존중되었다. 그녀의 정확한 순교 원인은 전설에 따라 다 다르다고 한다. 서방교회는 그녀의 성일을 1월 28일에 지켜 왔었다(역주).

그럼에도 불구하고 다음의 원칙은 불변하게 남아 있으니, 즉 양심에 반하여 계속하여 죄를 범하는 사람은 하나님께 기쁨이 되지 않는다는 것이다. 왜냐하면, "나의 삶을 두고 맹세하노니, 나는 악한 자의 죽는 것을 기뻐하지 아니하고, 그들이 돌이켜서 사는 것을 기뻐하노라"고 하신 하나님의 맹세는 회개를 요구하기 때문이다. 디모데전서 1:18f.도 비슷하게 말한다: "선한 싸움을 싸우며, 믿음과 착한 양심을 가지라." 이와 비슷한 다른 구절들은 분명히 시사하기를 그들의 양심에 반하여 다시 죄에 빠진 자들, 즉 마치 하와가 마귀를 따랐던 것처럼 행동으로 그들의 악한 성향을 의식적으로 따르는 자들은 은혜에서 떨어진 것이고, 다시 회개하지 않으면 영원한 심판을 받게 될 것이다.

이에 대하여 더 많은 것들을 말할 수 있지만, 이 글이 너무 길어지는 것을 원치 않으므로, 나는 각각의 독자들이 이 개요의 모든 조항들을 깊이 숙고해 주기를 요청한다. 하나님의 아들이 말씀해 주신 방식에 따라서 우리는 성령을 주시기를 위해서 기도해야만 한다. 그리고 영원하신 아버지께서 구하는 자에게 성령을 주시겠다고 은혜스럽게 말씀하셨으므로, 나는 하나님께서 나와 그에게 기도하는 모든 자들을 그의 성령으로, 그리고 주 그리스도 덕분에 빛을 비추어 주시고 인도해 주시기를 간절히 구한다. 아멘.

제 15 장

영원한 예정과 유기에 대하여

하나님의 말씀도 신앙도 가지고 있지 않은 사람들이 이 땅에서 인간의 삶의 비참함을 볼 때, 또한 모든 사람이 약점과 단점을 가지고 있으며, 온갖 불행이 악한 사람에게도 존경할 만한 사람에게도 같이 임함을 볼 때, 이성은 도대체 사람들 가운데 특별히 하나님께 기쁨이 되는 일단의 사람들이 있는지, 하나님의 교회가 있는지를 질문하게 된다. 이 흔한 유혹과 싸우려면 우리는 하나님께서 처음부터 자신을 계시해 주신 증거들, 즉 그의 모든 능한 행위들, 출애굽, 죽은 자들로부터의 부활, 그리고 신자들을 강화시켜 주기 위해 일어난 다른 모든 이적들을 성찰해 보아야만 한다. 우리의 마음으로 하나님의 말씀을 굳게 믿도록 하자. 그리고 하나님께서 복음으로 사람들 가운데 영원한 교회를 자신에게로 모으심을 확신하도록 하자. … 이를 위하여 하나님께서는 자신의 약속들을 계시하셨고, 그 약속들이 온 세계에 선포되도록 하셨으며, 그리하여 온 세계에 그 약속들을 참된 믿음으로 받아들인 하나님의 자녀들이 항상 있도록 하셨다. 그러나 요한복음 3장에서 선언한 바와 같이 그 약속을 받아들이지 않고, 믿지 않은 자들은 이미 정죄된 것이다.

그러나 사람은 만일 자신이 구원에로[1] 부름을 받았는지, 그리고 무슨 근

---

1) 여기서 "구원"(salvation)으로 옮겨진 *Seligkeit*는 다른 곳에서는 "복락"(blessedness)으로 옮겨졌음에 유의하라(영역자 주).

거에서 자신이 선택받았는지를 마음에 묻고 의문시 한다.

다른 논박들에도 불구하고, 불변하는 진리는 우리가 하나님의 본성과 뜻에 대하여서 그의 말씀으로부터 결론을 이끌어내야만 한다는 것이다. 즉, 우리는 선지자들과 사도들을 통하여 계시된 하나님의 독생자 예수 그리스도를 통하여서만 하나님의 어떠하심과 뜻을 알려고 해야 하고, 하나님의 말씀 밖에서는 그의 어떠하심과 뜻에 대한 단 하나의 사상도 창안해 내지 말아야만 한다.

이 기본적인 주장을 가지고 우리는 죄의 원천은 우리의 거부에 있다고 말할 수 있다. 즉, 주 그리스도에게 돌이키지 않는 자는 누구나 분명히 거부된 것이다. 요한복음 3:18이 분명히 증거하듯이 말이다: "믿지 아니하는 자마다 이미 정죄받은 것이니라." 시편 2편, 신명기 18:19: "무릇 그가 내 이름으로 고하는 내 말을 듣지 아니하는 자는 내게 벌을 받을 것임이요." 호세아 13장에서도 "나 외에는 구원자가 없느니라"(4절 참조)고 하는 것이다.

영원한 구원에로의 선택의 원천은 오직 **그리스도 때문에 주어진 하나님의 자비**(God's mercy, for the sake of Christ)이다. 그래서 하나님의 아들이 보내졌고, 은혜가 계시된 것이다. 이 일이 없었다면 그 누구도 구원받지 못했을 것이다. 만일 아담과 하와에게 구주와 은혜가 계시되지 않았다면, 그들은 영원한 죽음과 진노 가운데 머물러 있었을 것이다. 이 계시와 함께 우리는 약속을 믿음으로 받아들여야 한다는 것이 불변하는 명령이다. 시편 2편과 요한복음에 기록된 대로 말이다: "하나님이 세상을 이처럼 사랑하사 독생자를 주셨으니, 이는 저를 믿는 자마다 멸망치 않고 영생을 얻게 하려 하심이니라"(3:16). 그리고 로마서 4장도 "우리 편에서의 공로 없이 믿음으로 약속이 견고하게 되었느니라"고 말한다(cf. 3-6, 16절).

그리고 가장 높고 가장 진지한 명령은 의심할 바 없이 우리가 하나님의 아들의 말을 듣고, 영원하신 아버지께서 "너희가 저를 들을 것이니라"(막 9:7; 눅 9:35)고 말씀하신 대로 그를 믿는 것이다! 요한복음 16:8도 보라: "성령이 … 나를 믿지 않음에 대하여 … 세상을 심판하리라." 주 그리스도에 대한 신앙을 통하여 이 세상에서 하나님께 돌이켜서 위로를 받고, 죽기까지 신앙에서 떨어지지 않는 자들은 분명히 영원한 복락(구원)에로 선택된 것이다. 그래서 "주 안에서 죽은 자들은 복되도다"고 하시는 것이다(계 14:13).

우리는 하나님의 말씀 밖에서 하나님의 뜻에 관한 개념들을 만들어 내서는 안 된다. 영원한 구원에로의 선택(election, *Erwählung*)은 율법 때문에 있는 것이 아니라, **그리스도 덕분에 믿음을 통하여(for the sake of Christ through faith)** 있는 것이다. 우리가 선택에 대해서도 이전에 죄 용서와 의에 대하여 말한 바와 같이 말해야 하니, 즉 우리가 주 예수 그리스도 덕에 은혜로 믿음을 통하여 죄 용서와 성령과 영원한 구원을 얻게 되었다고 말이다.

따라서 우리는 우리 편에서의 그 어떤 공로도 없이, 율법 때문이 아니라 은혜로 주 예수 그리스도 덕에 영원한 복락에로 예정된 것이다. 그러므로 우리는 종국적으로 이 신앙 안에서 발견될 것이다(즉, 우리는 이 신앙을 가진 자들로 나타날 것이다 — 보역). 이 위로는 참된 것이니, 우리가 주 그리스도를 믿으리라는 것이 아주 분명하기 때문이다.[2]

그러나, 우리의 불안 가운데서 두 가지 유혹이 일어날 수 있다. 첫째는 공로(merit)와 죄의 큼에서 오는 것이고, 또 하나는 그 약속이 **모든(all) 사람들**에게 제공된 것인가 하는 문제에서 오는 것이다. 첫째 유혹과 싸우기 위해서 우리는 그 복락(구원)이 우리 편에서의 그 어떤 공로 없이, 값

---

2) 예정에 대한 멜란히톤의 진술에는 모호성이 있다. 한편에서는 다른 예정론의 주창자들과 함께 우리가 그리스도 안에서 선택되었으므로 반드시 믿음을 가지고 살게 되리라고 강조하면서(이 문장과 바로 앞 문장에서 이 면이 특히 잘 제시된다), 그러나 또 한편에서는 그 예정의 시점이 마치 우리가 믿는 때인 듯한 시사를 주기 때문이다. 예를 들어서, "우리가 믿음으로 통하여(through faith) 예정되었다"고 말할 때 이런 문제점이 드러난다. 과연 그의 의도는 무엇일까? 예정의 시점은 언제인가? 우리가 믿을 때인가? 영원 전인가? 논리상 예정이라는 말을 쓰려면 영원과의 연관성을 찾아야 하지 않을까? 그리고 하나님의 지식의 성격상 그것은 자연스럽고 당연한 일이 아닐까?(역주).

없이(*gratis*) 주 그리스도 덕에 주어진다는 사실에서 위로를 찾아야 한다. 로마서 5:20에 기록된 대로 은혜는 그 어떤 죄보다 강한 것이다: "죄가 더한 곳에 은혜가 더욱 넘쳤나니." 우리는 하나님의 아들이 악마들과 죄의 모든 강력보다 더 강함을 믿도록 노력해야만 한다. 이를 믿으면서도 다음과 같이 묻는 사람이 있을 수 있다: "그 약속은 그 이름이 하나님의 책에 기록된 사람들, 다윗, 베드로, 또 다른 이들에게 속한다. 그런데 그것이 과연 나에게도 해당되는가?" "그 약속은 모든 사람에게 제공되었는가?" 여기서 우리는 선포는 보편적(*universales*)임을 확실히 말해야 한다. 형벌의 선포도 그러하고, 은혜의 선포도 그러하다. 하나님은 의로우시다. 그는 사람을 외모로 판단하는 편벽된 분이 아니시다. 그는 당신에게 돌이켜서 주 그리스도에게서 위로를 찾는 **모든** 사람에게 자신의 약속을 제공하셨다.[3] 그 약속을 모두에게 제공하는 다음 구절들을 주목해보라.

요 6:40 "내 아버지의 뜻은 아들을 보고 믿는 자마다 영생을 얻는 이것이니 … "

마 11:28: "수고하고 무거운 짐진 자들아! 다(all) 내게로 오라. 내가 너희를 쉬게 하리라."

요 3:16: "저를 믿는 자마다 멸망치 않고."

롬 3:22: "예수 그리스도를 믿음으로 말미암아 **모든**(all) 믿는 자에게 미치는 하나님의 의니 차별이 없느니라."

---

3) 이 "모든", 즉 "신약적 의미의 보편주의"를 어떻게 해석하느냐에 따라서 전혀 다른 의미로 나타날 수 있음에 유의하라. 여기서 멜란히톤은 후의 알미니안적 보편주의와 유사해 보이는 식으로 해석을 하는 듯하다. 이런 데서 후기 루터파와 알미니안 사상의 유사성이 관찰되는 것이다. 그러나 이것이 신약이 말하는 "모든"이란 구절에 대한 바른 해석인지는 의문이 제기될 수 있다. 이에 대하여 다음 몇 가지 글을 읽어 보는 것이 유용할 것이다. John Murray, *Redemption: Accomplished and Applied* (Grand Rapids: Eerdmans, 1955), 제4장: "구속의 범위": 그의 「칼빈의 성경관과 주권사상」 (서울: 기독교 문서선교회); 그리고 이승구 편, 「현대 영국 신학자들과의 대담」(서울: 엠마오, 1992), pp. 134-61, 224-65(역주).

롬 10:12 "한 주께서 모든 사람의 주가 되사 저를 부르는 모든 사람에게
　　부요하시도다."
딤전 2:4: "하나님은 모든 사람이 구원을 받으며 진리를 아는 데 이르시
　　기를 원하시느니라."

　이것은 하나님께서 그의 말씀 가운데서 은혜스럽게 설명하신 그의 뜻에
관한 한 그의 뜻이 이러하다는 뜻으로 이해되어야 한다. 우리는 하나님 안
에 서로 모순되는 다른 의지들(contradictory wills: *contradictorias
voluntates*)이 있다고 해서는 안 된다. 그의 진노 앞에서 떨며, 그리스도
안에서 위로를 찾는 모든 사람, 그들 각각 모두에게 은혜와 축복이 제공되
고 약속되어 있는 것이다. "수고하고 무거운 짐진 자들아! 다 내게로 오
라!" "주의 이름을 부르는 자마다 구원을 얻으리라."

　또한 "하나님은 외모를 보지 않으신다(즉 사람에게 불공평하게 대하시
지 않으신다)"는 우리에게 기쁨이 되는 구절을 생각해 보라(행 10:34; 골
3:25 참조). 그리고 이사야 42장의 구절은 그리스도를 높이며, 그 안에는
사람을 애호하는 것이 없다고, 즉 그 안에서는 모든 사람이 평등하다고 말
한다(1-8절 참조). 하나님은 다윗 안에 있는 것이든, 사울 안에 있는 것이
든 모든 죄를 미워하시고 싫어하신다. 마찬가지로 그가 므낫세이든지 다윗
이든지 구주에 의지해서 하나님의 자비에로 피하는 모든 자에게 그의 자
비는 공평하게 주어지는 것이다. 그의 신적인 지혜는 공평한 근거에서 모
든 계층, 모든 종류의 사람을 포함하는 것이다.

　하나님의 약속은 두려움 가운데서 (그에게 피하는) 모든 사람에게 은혜
를 제공하므로, 우리는 우리 자신을 그 "모든"(all) 안에 포함시켜서 생각
하고, 가장 큰 죄는 주 그리스도를 믿지 않으려고 하려는 것이라는 점을
생각해야만 한다. 그리스도의 은혜를 받지 않으려고 하는 것이 가장 큰 죄
인 것이다. 시편 2편은 "그의 아들에게 입맞추라"고 하며, "그렇지 아니하
면 진노하심으로 너희가 길에서 망하리니 … 여호와를 의지하는 자는 다
복이 있도다"고 말한다(12절 참조). 어떻게 가나안 여인이 자신을 이스라
엘 중에 포함시켰는지를 주목하여 보라(마 15:21-28; 막 7:24-30 참조).

그렇다면 우리도 개같이라도 그리스도 안에서 피난처를 찾아야 할 것이다.

그러나 또 다음과 같이 말할 이도 있을 것이다. "그렇습니다. 그러나 나는 하나님께서 성령을 나에게 주시리라고 믿을 수 없습니다." 우리는 하나님께서 그의 말씀을 우리에게도 주셨고, 하나님께서는 그의 말씀을 주신 것과 같이 우리에게 성령을 주시기 원하신다는 것을 알아야만 한다. 하나님께서 우리를 불러 주신 한, 우리는 그의 말씀과 성령을 받아들여야만 한다. 복음을 들었으면, 우리는 의식적으로 계속 죄 안에 있거나 회의 가운데 머물러 있으면서, 하나님께서 이적적으로 무엇인가를 해주시는 것을 느낄 때까지 기다리겠다고 어리석게 생각해서는 안 된다. 열광주의자들과 재세례파들이 하는 말이 바로 이런 것들이다. 우리의 마음은 하나님의 말씀을 신뢰해야 하고, 그러면 하나님의 아들께서 친히 그의 성령으로 우리 안에서 역사(役事)하시고, 힘을 주신다. 그러므로 우리는 그에게 도움주시기를 간구할 수 있다. 왜냐하면 그리스도께서는 "하물며 너희 아버지께서 구하는 자들에게 성령을 주시지 않느냐"고 말씀하시기 때문이다. 마가복음 9:24에 나오는 사람은 "내가 믿사오니 나의 믿음 없는 것을 도와 주소서"라고 간구한다. 다음 구절들도 여기서 언급될 수 있다: "복음은 모든 믿는 자에게 구원을 주시는 하나님의 능력이라"(롬 11:16). 그리고 로마서 15:4: "우리로 ⋯ 성령의 안위로 소망을 가지게 함이니라." 우리는 이 복음으로 우리 자신을 강하게 하고, 하나님의 뜻을 인정하며, 이에 저항하거나 회의 가운데 머물러 있어서는 안 된다.

이것이 요한복음 6:44 말씀의 의도이다: "아버지께서 내게 이끌지 아니하시면 누구도 내게 올 수 없느니라." 왜냐하면 이에 곧바로 뒤따라 다음 말씀이 나오기 때문이다: "아버지께 듣고 배운 자마다 내게로 오느니라." 만일 우리가 복음을 듣고 배우고, 그것을 우리의 마음에서 던져버리지 않고 그것으로 위로를 얻으면, 성자께서 친히 우리 안에서 역사(役事)하실 것이다. 크리소스톰(Chrysostom)은 "하나님께서 우리를 이끄시나, 원하는 이들을 이끄신다"고 말한다.[4] 이것은 가르침을 우습게 여기지 않고, 그것을 던져버리지 않으며, 그것을 듣기 원하며, 그 안에서 위로를 찾으며, 하나님께 기도하는 자마다 하나님의 이끄심을 받는다는 말이다. 예레미야가 "주여 나를 돌이키소서, 그리하면 내가 돌이키겠나이다"(렘 31:18; 애 5:21 참조)고 말하며, 다윗이 "주여 내 속에 정한 마음을 창조하시고, 당신의 의(義)를 가르쳐 주옵소서"(시 51:10)라고 간구하듯이 말이다.

그러므로, 부름을 받은 사람들만이 예정된 사람들의 수에 속한다. 즉, 하나님의 말씀을 듣고 그에게서 배운다는 것은 아주 위로가 되고 참된 것이다. "택한 자를 부르시기" 때문이다(민 16:5; 롬 8:30; 살후 2:13-14; 벧전 1:2 참조). 그런데 이제 우리가 부름을 받았으므로, 우리는 이 부르심을 무시하지 말아야 하며, 우리를 주 예수 그리스도의 말을 듣고 인정할 수 있는 이 집단 안에 넣어주심에 대해서 하나님께 감사를 드려야 한다. 복음을 받아들였으니, 우리는 하나님께 돌이켜야 하며, 구주 예수 그리스도에 대한 믿음을 통하여 스스로를 위로해야 한다. 그를 통해 우리가 하나님께 기쁨이 되기 때문이다. 그리고 우리는 우리를 끝까지 보존해 주시도록 힘주시기를 구해야 하는 것이다.

우리는 이것을 부름받은 이들의 위로를 위하여 말하였다. 우리에게는 이 교도들이 왜 그렇게 오랫동안 어두움 가운데 놓여 있는가의 문제를 가지고 논란할 필요가 없다. 그들 자신이 자신들의 어두워짐의 원인이기 때문이다.

왜냐하면 하나님께서 원래 자신의 약속을 계시하셨고, 자신의 교회를 세우셨으며, 자신을 이교도들 사이에서도(이집트와 바벨론에서도) 알리셨기 때문이다. 후에 하나님께서는 사도들의 선포를 통하여 자신을 계시하셨다. 하나님은 엘리야와 다른 선지자들을 통하여 이스라엘 가운데 자신의 교회를 장식해 주셨다. 모든 나라들 중에 그것이 알려졌다. 그러나 유대인들처럼, 그들 중의 많은 사람들이 하나님을 우습게 보고, 자신들의 악과 감사치

---

4) Cf. *Homilies on St. John*, 5(요 1:3-5), 10(요 1:11-13), 45(요 6:28-40), 46(요 6:41-53); *Homilies on First Corinthians* 2(고전 1:4-5), 영문대조: "God draws, but he draws those who are willing."

않음을 통해서 복음의 가르침을 전적으로 상실했다. 우리는 이러한 진노의 예들 앞에서 떨고 두려워하며, 하나님을 경외하면서 기도하는 중에 진리를 진지하게 배우고 살아야만 한다.

제 16 장

구약과 신약의 차이에 대하여

구약·신약 할 때의 그 공통된 말("약")에 대하여 히브리어는 "언약"(covenant) 또는 "약속"(promise), 또는 "의무"(obligation)라는 말을 사용한다. 그러므로 구약(the Old Testament), 또는 정확히 말하여 옛언약(the Old Covenant)은 하나님께서 이스라엘 자손에게 어떤 나라(땅)를 주시겠다는 약속과 성취이다. 하나님께서는 이 세상적 나라(a worldly government)를 세우시고, 그 나라에 자신의 율법과 의식(ceremonies)을 허락하시고, 그 백성들에게 도움과 보호를 약속하셔서, 이 나라와 정부가 구주 그리스도와 하나님의 참 교회에 대한 하나님의 약속을 유지하고 있는 나라가 되도록 하셨다. 그리고 후에는 동정녀 마리아를 통해서 낳아진 주 그리스도 자신이 이 나라에 속하게 하신 것이다.

이 땅과 이 나라의 수립과 유지는 하나님의 특별한 선물이며, 하나님께서 친히 인류로부터 자신의 교회를 모으신다는 것과 그 교회를 보호하시고 유지하신다는 증언이다. 홍수 이후에 사람들이 각기 다 나뉘어지고, 강력한 왕들이 서로 전쟁을 일으켜서 파멸을 자초할 때에 하나님께서는 은혜롭게 아브라함을 갈대아 땅에서 이끌어내시고, 그 자녀들에게 메시야를 약속하셨다. 하나님께서는 메시야가 나타나고 선포하시고 가시적으로 그의 직무를 수행하실 때까지 2,000년 동안 유지될 땅과 나라를 약속하셨으니, 그 나라는 그 안에서 메시야에 대한 하나님의 약속이 유지되고 설명되는 나라요, 그 안에서 선지자들이 일으킴 받고 그들의 가르침에 대한 증거로 놀라운 일들을 하는 나라요, 그 안에서 영원한 구원에로 예정된 작은 무리가 항상 있어 온 나라요, 그 안에서는 구주 메시야가 가시적(可視的)으로 자신의 직무를 수행하시기까지 참된 교회가 있는 나라였다.

이 나라와 함께 율법, 십계명 또는 도덕법(legem moralem)이라는 특별한 선물이 주어졌으니, 세상의 어두움(암매)의 정도가 극심하여 율법의 교리가 거의 사라졌으므로 하나님께서 증거와 함께 공개적으로 갱신하셨던 것이다. 그러므로 하나님께서는 자신의 특별한 경륜으로 온 세상 앞에 자신의 율법을 세우셔서 우리로 그것을 알 수 있게 하시고, 그것이 하나님의 영원 불변적 지혜임을 알게 하신다.

우리들 각자가 지금까지도 모든 사람들에 대한 증언이 되는 이 하나님의 은사와 증언이 얼마나 크고 영광스러운 것인지를 생각해 보기로 하자. 선지자들과 후예들은 율법과 의식(ceremonies)에 대해 백성들에게 가르침을 베풀기를 사람들은 율법을 통해서가 아니라, 메시야에 대한 믿음을 통해서 죄 용서를 받으며, 하나님께 기쁨이 되며, 구원을 얻는다고 하였다. 그들은 시편과 선지서들에서 살펴볼 수 있듯이 약속들을 설명하고, 왜 이 나라가 수립되고 유지되어야 하는지를 가르쳤던 것이다.

그러나 신약은 하나님께서 자신의 유일한 독생자를 보내주시고, 우리 편에서의 그 어떤 공로 없이도 그를 통하여, 그의 순종 덕분에 신자들에게 죄 용서와 은혜, 성령과 영원한 의, 그리고 영원한 구원을 주시리라는 약속이다.

"유언"이라는 말은 죽음을 조건으로 하는 약속이란 함의를 가지며, 이 은혜의 약속이 바로 유언이다. 왜냐하면 히브리서 9장에서 길게 가르치는 대로 구주는 그의 죽음으로 이 유언을 확고히 한 것이다.[1]

---

1) 여기서 멜란히톤은 전통적으로 쓰던 습관에 따라서 Testament를 "유언"의 의미로 사용하고 있다. 그러나 이는 복잡한 논의를 필요로 하는 복잡한 문제이다. 언약이 유언의 의미로 사용되었는지, 히브리서 9장의 '디아떼께'($\delta\alpha\theta\eta\kappa\eta$)가 과연 유언의 의미로 사용되었는지 — 이 문제 등에 대해 G. Vos의 「성경신학」해당 부분, 「히브리서의 교훈」, 해당 부분, 그리고 근자에 오광만 교수의 번역으로 출간된 「구속사와 은혜언약」

이 은혜의 약속은 아담의 타락 직후부터 계시되고 선포되었지만, 그럼에도 불구하고 이는 "새 언약"(new testament)으로 불린다.[2] 우리는 현세적 나라(temporal kingdom)와 영원한 나라(eternal kingdom) 그 둘 다에 따라서 신약이란 말과 구약이란 말을 모두 사용해야 한다. 현세적 나라(the worldly kingdom)는 이 현세적 삶을 위해 제정된 나라요, 그 끝에 구주께서 가시적(可視的)으로 나타나실 것이다. 영원한 나라는 부활에서 시작되었으며, 새로운 나라는 영광으로 가득 찰 것이니, 이 현세적 삶은 언젠가 전적으로 그쳐 버릴 것이고, 죽은 자들의 부활 후에는 모든 교회가 영원한 지혜와 의와 하나님을 기뻐함 가운데서 살 것이다.

현세적 나라는 "구약"(old promise)이라고 불리니, 이는 낡기도 하고 그쳐지기도 하기 때문이다. 그러나 은혜의 약속은 영원한 것이다. 이는 우리가 우리의 모든 물리적 재화를 상실할 때라도 우리와 함께 있을 것이므로 영원한 약속(the eternal testament)이라고 불리기도 한다. 욥이 말하듯이 말이다: "그가 나를 죽이신다 해도, 나는 그를 신뢰하리니"(13:15).

여기서 다시 한 번 율법과 복음의 차이를 아는 것이 필요하다. 또한 위에서 진술한 바와 같이 율법 자체의 구별을 아는 것도 필요하다.

그 어떤 시대에든지 사람들은 하나님께 돌이켜서 구원을 받았다는 것은 아주 확실한 진리이다. 아담, 하와, 에녹, 노아, 아브라함, 모세, 사무엘, 다윗, 엘리야, 그리고 다니엘은 죄 용서를 받고, 의롭다 함을 얻었다. 즉, 그들은 그들 편에서의 공로 없이, 율법 때문이나, 율법이나 십계명 또는 교회의 의식이나 시민적 질서를 잘 따른 놀라운 도덕성 때문이 아니고, **약속된 구주**

(서울: 웨스터민스터 출판부, 1994) 해당 부분을 참조하여 읽어 보라(역주).

2) 앞의 새 언약(신약)에 대한 멜란히톤의 설명과 같이 여기서도 신약은 흔히 우리가 말하는 "복음"의 의미로 사용되고 있다. 그렇게 보면 멜란히톤의 이 "신약" 개념은 전통적 루터파의 "율법 ─ 복음" 도식을 깨고 더 성경에 충실하게 말할 수 있는 이해를 담고 있다고 할 수 있다. 즉, 구약 율법 아래서도 신약적 복음이 있었다고 옳게 말할 수 있는 근거는 제공하는 것이다. 이 이해가 율법과 복음에 대한 논의에도 반영되어야만 하는데, 그렇지 않은 것이 유감이다(역주).

덕분에 약속된 구주에 대한 믿음을 통해서 하나님께 기쁨이 되고, 성령을 받고, 영원한 구원의 상속자들이 되었던 것이다. 이것은 로마서 4장과 사도행전 15장에서와 선지서 전체에 걸쳐서 분명히 진술되어 있는 바이다. 하나님의 아들은 그 약속을 통해서 그들 안에 생명을 주신 것이고, 그들에게 자신의 성령을 주셨었다.

그렇다면 율법은 무슨 목적을 가지고 있었던 것인가? 답:하나님께서는 사람들에게 이 큰 선물을 주셔서 특정한 백성과 땅 안에 그의 교리와 약속의 학교가 있을 수 있도록 하시기를 원하셨다. 하나님께서 친히 이 백성들을 위한 정교한 정부를 제정하셨다. 그리고 이 백성에게 율법과 십계명과 교회의 의식들과 시민적 질서가 속하게 하셨다. 그래서 이 백성들의 순종은 이 물리적 나라를 유지하는 데 사용된 것이다.

더구나 이 모든 것은 하나님을 상기시키는 구실을 하였으니, 왜냐하면 십계명에는 잠정적인 율법들에서보다 훨씬 더 높고 더 필요한 지혜가 나타나 있기 때문이다. 그것들은 모든 시대에 적용되며, 이로써 우리가 하나님의 어떠하심(God's nature)과 죄가 무엇인지를 알며, 어떤 일이 하나님을 섬기는 것이 되는지를 알 수 있게 되는 것이다.

그러나 무식한 제사장들과 백성들 중의 많은 어리석은 이들이 계속해서 희생 제사와 외적인 도덕성이 죄 용서와 영원한 구원을 공로로 얻을 수 있는 듯이 생각해 왔다. 그들은 메시야에 대한 지식을 가지고 있지 않았던 것이다. 소경된 이교도들과 같이 그들도 희생 제사를 창안해 낸 셈이 된다. 이슬람교도들, 불경한 유대인들, 교황주의자들과 수도사들은 지금도 여전히 이와 같은 어두움에 깊이 빠져있다. 교황과 수도사들은 그들의 미사라는 희생 제사가 죄 용서를 공로로 얻게 한다고 자신들의 행위를 높이는 것이다.

이 무시무시한 어두움과 우상숭배적인 죄를 선지자들은 자주 책망하였다. 렘 7:22f.: "대저 내가 너희 열조를 애굽 땅에서 인도하여 낸 날에 번제나 희생에 대하여 말하지 아니하며 명하지 아니하고, 오직 내가 이것으로 그들에게 명하여 이르기를, '너희는 내 목소리를 들으라. 그리하면 나는 너희 하나님이 되겠고 너희는 내 백성이 되리라." 시편 50편과 슥 7장—8장에서도 역시 마찬가지이다.

제 17 장

기독교인의 자유에 대하여[1)

　우리는 교회가 십자가 아래에 있으며, 이 세상에서 마귀들과 폭군들에 의해서 큰 박해를 받고 있음을 볼 수 있다. 바로는 이스라엘의 어린아이들을 죽이도록 하였고, 수많은 성도들이 다니엘과 함께 바벨론에 잡혀갔던 것이다. 그래서 이 세상의 권력자들이 "기독교인의 자유"에 대한 말을 들으면, 그들은 코웃음을 치면서, 기독교인들은 부조리한 바보들이라고 여기면서 "그것은 스토아 철학자들의 논박과 같이 쓸데없는 말"이라고 생각한다.

　자유라는 말은 자신들의 세상적인 무질서를 "기독교인의 자유"라는 이름으로 높이려는 야만스러운 사람들에 의해서 자주 오용되곤 하였다. 그러므로 우리는 기독교인의 자유가 참으로 무엇인지를 배워야만 한다. 그리스도께서 친히 이에 대하여 말씀하시기를, "아들이 너희를 자유케 하면 너희가 참으로 자유하리라"(요 8:36)고 하신다. 이를 쉽게 이해하도록 하기 위하여 나는 독자들이 "기독교인의 자유"라는 말을 들을 때마다, 이 현세의 삶이 지난 후에 영원한 복락에서 찾아올 완전한 자유를 생각해 보라고 하고 싶다. 하나님이 구원받은 이들 모두 중에 계셔서, 죽음도 가난도 슬픔도 없이 영원히 하나님을 즐길 수 있을 때의 그 자유를 생각해 보라고 말이다. 하나님의 아들이 말하고 있는 것은 바로 이런 영원한 자유이다. 그런데

---

1) 서문에서 항목들의 표에서는 "기독교인의 자유에 대하여"가 훨씬 뒤에 나온다.

이 자유는 현세 중에 복음과 성령을 통해서 우리의 영혼과 마음 가운데서 시작된다. 비록 우리의 몸은 죽음과 다양한 박해를 당하게 된다고 해도, 이 자유는 잔존하는[계속되는] 것이다. 기독교인의 자유에 대해서 좀더 분명하게 말하기 위해서 나는 종종 이를 네 단계로 나누어서 말하곤 한다.

첫번째 단계는 하나님의 아들 예수 그리스도를 통해서 우리의 죄로부터, 하나님의 진노로부터, 영원한 형벌로부터, 그리고 우리의 죄에 대한 무시무시한 율법의 판단으로부터 우리를 구원하는 구원과 자유의 단계이다. 이를 위해서 크신 자비로 하나님의 아들이 보내졌다. 그래서 하나님께 돌이킴으로 우리가 그를 통해서 이 은혜스러운 구원을 얻고, 칭의함을 받게 되었다. 즉, 우리 편에서의 공로 없이, 중보자 덕에, 은혜로(*gratis*), 믿음을 통하여 하나님께 기쁨이 된 것이다. 이 중보자는 우리가 율법으로 말미암지 않고, 그로 말미암아 죄 용서와 칭의를 받을 수 있도록 하기 위해 주어졌다. 그래서 바울은 갈라디아서 3:13에서 이렇게 말한다: "그리스도께서 우리를 위하여 저주를 받은 바 되사 율법의 저주에서 우리를 속량하셨으니." 그리고 로마서 6:14에서는 이렇게 말한다: "너희가 법 아래 있지 아니하고 은혜 아래 있음이니라."

두번째 단계는 첫째 단계와 뗄 수 없는 것이다. 용서를 받음으로 우리는 영원한 죽음에서 구조되고, 하나님의 아들이 복음을 통하여 우리 안에 생명을 주시고, 성령을 주셔서, 그 성령이 우리 마음에 위로와 힘과 기쁨을 주시는 것이 이 둘째 단계이기 때문이다. 스데반, 로렌티우스(Laurentius), 그리고 아그네스(Agnes)는 죽음 가운데서도 위로와 기쁨을 느꼈었고, 이 위로와 기쁨은 우리 안에서의 영생의 시작인 것이다. 여기에 순종을 위한 하나님의 모든 힘주심, 모든 도움, 악마들과 폭군들의 위험으로부터의 모든 보호가 포함되어야만 한다. 예를 들어서, 사울과 카토(Cato)와 브루투스(Brutus)는 그들이 적들에 의해서 압박을 받을 때 큰 불안에 떨어졌고, 그들은 하나님에게서도 사람에게서도 위로를 발견할 수 없어서 스스로 목숨을 끊었었다. 그러나 세 명의 이스라엘 청년들은 바벨론의 뜨거운 풀무불에서도 행복하게 서 있었고, 하나님의 아들이 가시적(可視的)으로 그들

곁에 서 계셨었다(단 3:25 참조). 우리 안에, 그리고 우리와 함께 하시는 이 하나님의 임재는 엄밀히 말해서 기독교인의 자유의 둘째 단계이다. 이에 대해 요한복음 14:23에는 이런 기록이 있는 것이다. "사람이 나를 사랑하면 내 말을 지키리니, 내 아버지께서 저를 사랑하실 것이요, 우리가 저에게 와서 거처를 저와 함께 하리라."

이 자유가 함의하고 있는 은혜와 은사를 각자가 성찰해 보도록 하자. 그하나하나를 다 열거해 본다면, 죄들과 하나님의 진노와 영원한 형벌로부터의 구원, 은혜스러운 죄 용서, 의를 주심, 우리에게 하나님이 함께하심 등이다. 이 모든 것이 다 주 그리스도 덕분에 은혜로 주어진 것이다. 믿음을 통하여 회심하여 이 자유를 얻은 사람들이 디모데전서 1:9에 언급되어 있다: "법은 옳은 사람을 위하여 세운 것이 아니요." 즉 율법은 하나님의 영원한 지혜이므로 항상 존재하는 것이지만, 이는 주 그리스도에 대한 믿음을 통하여 의롭다 함을 받고 하나님께 기쁨이 되는 자들을 억압하거나 정죄하는 것은 아니라는 말이다. 더구나 칭의를 받은 이들은 위로와 하나님의 도움과 힘을 얻고, 그리하여 하나님께 순종하게 된다. 요셉은 성령을 통해 힘을 얻었고, 그 때문에 간음에 빠지지 않았던 것이다.

세번째 단계는 외적인 것이다. 그것은 모세 율법의 두 부분, 즉 의식법과 시민법으로부터의 자유이다. 이 의식법과 시민법은 이스라엘의 통치라는 한정된 시기만을 위해 제정된 것이다. 그 통치와 함께 이 의식법과 시민법은 그쳐지고 그 끝에 이르게 되었으니, 이는 선지자들이 이전에 선언했던 바요, 사도행전 15장에 분명히 표현된 바와 같다.

지금은 이것이 분명하고, 이것을 쉽게 이해할 수 있지만, 우리 시대의 많은 사람들은 이 세상 법정에서 제국법보다는 모세의 율법이 사용되어져야 한다고 주장하였음을 상기해야만 한다. 뮐하우젠(Mühlhausen)의 토마스 뮌처(Thomas Münzer)나[2] 슈트라우스[3], 그리고 다른 어리석은 이들이 그

---

2) 제7장의 주 3을 보라.
3) Jakob Strauss(약 1482-1533). 야외 설교로 많은 군중을 끌었던 독일의 개혁자.

리한 것이다.

그러므로, 우리는 다음을 분명히 알아야만 한다. 그리스도인들은 어느 나라에 속하든지 자연적 정의(natural justice)에 따르는 그 나라의 법을 사용해야 하지, 반드시 모세의 법이나 다른 어떤 특정한 형태의 정치 형태를 가져야만 하는 것은 아니라는 법칙을 말이다. 왜냐하면 기독교적 거룩성이란 그 마음에 하나님의 임재와 말씀과 성령, 하나님에 대한 참된 지식과 기도, 그리고 하나님을 즐거워하며, 진리와 사랑과 선한 뜻을 가지는 것이며, 그리하여 다른 이들이 불의하게 손해를 입지 않도록 하는 것이기 때문이다.[4] 요약하여 말하자면, 우리 마음 속에 있는 이 거룩성이 영생과 거룩함의 시작인 것이다. 이는 이사야서의 마지막 장을 따르는 것이니, 여기서 하나님께서는 다음과 같은 말로써 송아지의 외적인 희생 제사를 거부하셨던 것이다. "소를 잡아 드리는 것은 살인함과 다름이 없고, 어린 양으로 제사드리는 것은 개의 목을 꺾음과 다름이 없으며"(사 66:3).

우리는 먹고 마시는 외적이고 자연적 삶, 또 부유하든 가난하든 사유 재산을 가지는 시민적 삶과, 귀족과 평민의 시민적 삶을 마음 속에 있는 거룩성과 구별해야만 한다.[5] 물론 자연적인 삶과 시민적인 삶도 하나님의 사역들이기는 하지만 말이다. 우리가 이 구별을 해야 한다는 것, 그리고 우리

그는 미사와 성화 사용, 그리고 세례 때에 기름과 성유(chrism)의 사용 금지를 천명하였다. 그는 모세의 율법이 준수되어야 한다고 하였고, 성직자의 혼인이 허용되어야 하며, 세금이 폐지되어야 하고, 소박한 물세례가 집행되어야 한다고 하였다. 그는 칼슈타트와 같이 사역했고, 1524년 농민들 가운데서의 사회적·종교적 동요의 상당한 책임이 있다고 비난받았었다(영역자 주).

4) 기독교적 거룩성에 대한 이런 균형잡힌 태도는 아무리 강조해도 지나치지 않을 것이다. 어떤 이상한 데서 거룩함을 찾지 않도록 우리는 이를 유념해야만 한다(역주).

5) 이는 거룩한 것이 어떤 특정한 음식을 먹고 마시지 않는 것이라고 보거나, 사유 재산을 가지지 않는 것이라고 보거나, 모든 신분 질서를 일체 폐지하는 것이라고 보아서는 안 된다는 뜻이다. 이는 일차적으로 천주교회와 재세례파의 거룩성 이해에 반하는 것이다. 그러나 내면의 거룩성과 외면의 자연적·시민적 삶의 극단적 분리도 위험한 것임을 유념해야 할 것이다. 루터나 멜란히톤의 생각에 이런 극단적 분리는 없어도 그것을 위한 기여는 그들의 사상 내에 잔존함을 생각해야 한다(역주).

삶의 각 측면이 어떻게 지배되어야 하는지를 배우는 것이 하나님의 뜻이다.[6] 하나님은 지금도 온 세상의 모든 나라들에서 자신에게로 영원한 교회를 모으신다. 그리고 우리로 하여금 시민적인 삶에서는 각 나라에 공통적인 합리적인 법(the rational laws)을 사용하도록 허용하신다. 물론 각 나라의 역사가 각기 다르듯이 각 나라의 법률도 다 같지는 않지만 말이다.

여기서 우리는 왜 율법으로부터의 자유가 모세의 시민법과 의식법으로부터만의 자유이고, 십계명으로부터의 자유는 아닌가고 물을 수 있다. 이에 대해서 대답하자면, 죄 용서와 하나님에 의한 칭의를 공로로 얻음에 관한 한, 자유는 모든 법에 다 적용된다고 할 수 있다.[7] 즉, 참된 신자는 모든 법에서 자유한 것이다. 의식법과 모세의 시민법과 십계명으로부터 자유하다는 말이다. 이는 우리의 그 어떤 행위도 — 의식이나, 시민적 관습이나 십계명을 준수하는 행위도 — 죄 용서를 **공로로** 얻지(merits) 못한다는 뜻이다. 그 어떤 것도 사람이 하나님에 의해 받아들여지고, 은혜 가운데서 수납되는 이유가 될 수는 없는 것이다. 우리는 오직 믿음을 통하여, 주 그리스도 덕에 죄 용서를 받으며, 의의 전가를 얻게 되고, 그럼으로써 하나님께 기쁨이 된다.

그러나 주 그리스도께서는 죄를 강화시키기 위해서가 아니라 죄를 제거하고, 영원한 의와 생명을 다시 주기 위해서 보냄을 받으셨다. 우리 안에 있는 이 영원한 의와 생명은 자신의 어떠하심을 계시하시고, 율법 가운데서 자신의 뜻을 계시하신 대로라고 말씀하시는 하나님의 임재와 역사(役

---

6) 여기서는 멜란히톤의 위의 구별이 우리 삶의 각 측면(aspects of life)이 어떻게 하나님의 지배를 받아나가야 하는지에 대한 언급이라는 시사가 있다. 이것이 정상적으로 잘 발전하면 후기 개혁파 신학의 영역 주권에 대한 이해로 발전해 갈 수 있을 것이다. 그러나 루터파 신학에서는 두 왕국설로 나타났고 그 방향에 모호한 측면이 있음을 지적할 수 있다(역주).

7) 즉, 도덕법을 지켜서 그것으로 죄 용서와 칭의를 "공로로" 얻을 수는 없다는 말이다. 이로써 율법에 대한 전통적 삼 구분에 대한 비판을 미리 배제하고 있다고 할 수 있다(역주).

事)이다. 그러므로 회심한 사람들 안에 있는 빛과 거룩함은 십계명에 따라 행하는 것에서 이미 시작된 순종인 것이다. 십계명은 마음과 영원한 의에 속한 것이다. 즉, 하나님과 일치하는 것이다. 그러나 의식법과 시민법은 영생에 적용되지 않는 외적인 형태에 관한 것이다. 영생에서는 황소를 희생제로 드리거나 도둑을 교수형하는 일이 없을 것이기 때문이다.

이 중요한 구별은 조심스럽게 주목해야만 한다. 마치 이스라엘의 통치가 출애굽으로부터 예루살렘의 멸망까지 1582년 동안만 지속되었듯이, 의식법과 시민법은 특정한 시기를 위해 수립된 과거의 질서인 것이다. 그러나 십계명 또는 도덕법(legem moralem)이라고 불리는 율법은 하나님께서 우리에게 부여해 주신 하나님의 영원 불변한 지혜와 의이다. 하나님께서 우리를 그와 같도록 만드셨듯이, 율법은 벽에 쓰인 글씨처럼 사라지는 일이 없을 것이니, 이성적인 피조물이 하나님께 순종해야만 하는 질서는 영원히 존속하는 것이기 때문이다. 만일 이성적 피조물이 순종하지 않는다면, 그는 파멸하고 영원한 형벌을 받게 될 것이다.

여기서 다음과 같은 중요한 질문들이 제기될 수 있다. "만일 율법이 영원하다면, 아담이 범죄한 후에 어떻게 다시 하나님에 의해 받아들여졌는가? 우리는 어떻게 율법으로부터 자유로울 수 있는가? 우리가 마땅히 지켜야 하는 것을 못지키고 있는 형편이라면, 우리가 어떻게 하나님께 기쁨이 될 수 있는가?"

이에 대한 우리의 대답은 다음과 같다. 이 질문들에 대답할 수 있는 피조물은 하나도 없으나, 하나님의 아들이 은혜롭게 우리에게 대답을 계시해 주셨다. 말하자면, 아담은 스스로 다음과 같이 생각하게 된 것이다. 하나님의 의는 불변적이다. 또한 하나님의 의는 불순종한 자들이 파멸하고, 악마들과 같이 영원한 형벌에 처하기를 요구한다. 그렇다면 사람들도 영원한 형벌 가운데 있어야만 한다는 결론이 나온다.

그 어떤 피조물도 이러한 아담의 논의를 극복하게 도울 수 없다. 있다면 그는 중보자가 되신 하나님의 아들뿐이다. 하나님의 의는 불변하며, 하나님은 영원히 그러한 분으로 계실 것이며, 그는 죄를 기뻐하지 아니하신다

는 것은 사실이다. 그런데 모든 법에는 우리가 순종해야만 하고, 그렇지 않
으면 자원해서 형벌을 받아야만 한다(*omnis lex obligat ad obedientiam,
vel ad poenam voluntariam*)는 이해가 있다. 그런데 하나님의 아들이 죄
없으신 자신이 스스로 우리의 형벌을 받으시겠다고 말씀하시는 것이다. 이
렇게 하여 자비와 공의가 만나게 된다. 하나님께서 **우리를 위한** 그의 독생
자의 순종을 받으시고, 우리에게 자비하신 것이다. (하나님의 아들에 의해
서) 형벌이 치러졌으므로 하나님의 공의는 분명히 서게 된다. 그는 우리의
죄들에 상당하고, 또 그보다 더 높은 값을 지불하시고, 죄와 형벌에 대한
승리자로 서시는 것이다.

　이렇게 하여 아담은 해결책을 얻는다. 하나님의 의는 우리가 순종하거나
형벌을 받는 것이다. 그런데 하나님의 아들이 우리를 위해 자신을 제공하
셨고, 아담은 이를 통해서 그가 하나님께 다시 받아들여짐을 이해하게 된
다. 그리하여 우리는 형벌에서 자유하게 되었으니, 하나님의 아들이 그 형
벌을 스스로 취하셨기 때문이다. 그러므로 우리는 주 그리스도 덕분에 하
나님께 기쁨이 된다. 비록 우리는 지금도 여전히 우리가 마땅히 되어야 할
모습을 가지고 있지 못하지만 말이다. 하나님의 아들이 우리를 위해 형벌
을 받으셨고, 우리에게 그의 의를 제공해 주셨기 때문이다.

　우리는 이 높은 지혜를 알고 영원히 이를 성찰해야 한다. 그러나 현세에
서라도 우리는 어느 정도 죄에 대한 하나님의 큰 진노와 아들 안에서의
우리에 대한 하나님의 자비와 사랑을 성찰하기 시작할 수 있다.

　이 설명은 다른 질문들에 대한 대답도 제공해 주는 것이다. 그 다른 질
문이란 "우리가 어떻게 **도덕법**(*lex moralis*)이라고 불리는 법으로부터 자
유할 수 있는가?"라는 질문이다. 이에 대한 우리의 대답은 우리는 "칭의와
정죄라는 측면에서는"(*quoad justificationem et condemnationem*) 율법
으로부터 자유하지만, 순종이라는 측면에서는(*quoad obedientiam*) 도덕
법에서 자유하지 않다는 것이다. 즉, 우리가 칭의를 얻는 것은 율법을 통해
서가 아니라, 하나님의 아들을 통해서이다. 우리가 하나님의 아들을 신뢰
하면 율법은 우리를 정죄하지 않는다. 그러나 우리는 여전히 하나님께 순

종해야 하니, 하나님은 죄를 원하시지 않으시고, 그가 우리를 구속하신 것은 우리로 순종하도록 하기 위한 것이며, 그래서 그는 우리의 미약한 순종도 왜 기쁨이 되는지를 말씀하시는 것이다.

이 자유는 하나님께 참으로 회심하여 하나님의 아들께 신뢰함으로 위로를 얻은 자들에게만 해당하는 것이다. 하나님께 대한 참된 회심, 그리스도에 대한 믿음이 없는 곳에는 자유도 없다. 참으로 그리스도를 믿지 않는 자는 그 마음에 공포를 느끼고, 형벌을 느낄 것이다.

나는 이 단순한 대답으로 마치고, 각각의 기독교인 독자들이 이 높은 지혜를 더 깊이 생각하기를 바라며, 그렇게 기도하는 바이다.

또한 우리는 "내가 온 것은 율법을 폐하려함이 아니요, 이를 온전케 하려 함이라"(마 5:17)라고 말씀하신 그리스도의 말을 조심스럽게 생각해야만 한다. 이때 이 "온전케 한다"는 말은 다음과 같은 네 가지 방식으로 이해되어야만 한다. 첫째로, 주 그리스도는 자신이 온전히 의로우시며, 이 율법을 전적으로 다 지키셨다는 의미에서 율법을 이루신다. 둘째로, 그는 우리를 위한 형벌을 받으셨다는 점에서 율법을 이루신다. 그 형벌이 치러진 것이요, 그의 수난은 우리를 위한 것이니, 그는 죄가 없으시기 때문이다. 셋째로, 그는 우리 안에서 그의 역사(役事)로 율법을 이루시니, 우리 안에서 복음과 성령을 통해서 역사하여 우리로 그와 같이 만드시며, 영생을 주시기 때문이다. 영원에서는 우리 안에 온전한 순종이 있게 될 것이다. 넷째로, 그는 십계명을 설명하시고 죄가 무엇인지를 알게 하시는 점에서 율법을 이루신다. 그는 도덕법이라고 불리는 이 계명에 반하여 행동할 자유를 우리에게 주시는 것이 아니다.

기독교인의 자유의 네번째 단계는 교회의 규례 중에서 사람들의 규례로부터의 자유이다. 이에 대해 바울은 골로새서 2:16에서 이렇게 말한다. "그러므로 먹고 마시는 것 … 으로 누구든지 너희를 폄론하지 못하게 하라." 즉, 누구도 하나님의 말씀 밖에서는 그 어떤 행위를 하나님을 섬기는 것으로 명령할 권위를 지니고 있지 않은 것이며, 인간의 규례나 교회의 규례가 하나님 앞에서 칭의나 죄 용서를 공로로 얻게 하지 못함을 양심이 분명하게 교훈받아야만 하는 것이다. 교회의 규례 중 사람들이 임의로 만든 규례를 지키지 않는 것은 죄가 아니다. 이에 대해서는 후에 좀더 자세히 논의하기로 하자.

제 18 장

문자와 영에 대하여

"문자"라는 것은 성령 없는 어떤 명령, 가르침, 그리고 행위를 지칭한다. 왜냐하면 성령 없는 생각은 마음 안에 살아 있을 수 없기 때문이다. 그것들은 마치 외적으로 씌어지거나 그려지거나 짜여진 어떤 것과 같이 단순히 두뇌에 씌어지는 것이다. 이에 비해 "영"이란 우리 안에 생명과 빛과 기쁨을 주셔서, 우리의 마음이 참된 하나님 경외와 위로와 믿음과 기도와, 환난 가운데서의 힘을 참으로 경험하도록 하시는 우리 안에 계신 하나님 자신의 성령이시다.

오리겐(Origen)은 "문자"란 역사에 대한 지식(a knowledge of history)이고, "영"이란, 마치 유월절 양은 메시야를 지칭하는 것이라고 이해하는 것과 같이, 그 의미를 아는 것이라고 말한 바 있다.[1] 그러나 만일 성령이 우리의 마음에 계시지 않는다면, 이런 의미의 인식도 "문자"일 뿐이다.

그러나 여기서 우리는 조심해야만 한다. 재세례파들은 성령에 대해서 자랑하면서, 우리를 비난하며 말하기를 문자 때문에 우리가 말씀 선포와 성례를 수행하는 직임을 아주 강조한다는 것이다. 여기서 우리는 성령이 복음을 통하여 주어지며, 우리는 외적인 선포와 성례의 수행을 무시하지 말아야만 함을 알아야 할 것이다.

---

1) Cf. *Ante-Nicene Christian Library*, A. Roberts and J. Donaldson, eds. (Edinburgh, 1869), *Writings of Origen, de Principiis*, 제1장.

그렇다. 하나님의 아들, 영원하신 아버지의 영원하신 말씀은 우리 심령
에 외적인 말씀을 통하여 우리에게 위로를 부여해 주시며, 그의 성령을 그
런 방식으로 주시는 것이다. 아다나시우스(Athanasius)는 이렇게 말한다.
"그러므로 성령은 말씀을 수단으로 하여 사람들 안에 계신다(The Holy
Spirit is thus in men by means of the word)."[2]

---

2) Cf. *Nicene and Post-Nicene Fathers*, H. Wace and P. Schaff, eds. (OXford
and New York, 1893), IV, *Writings, Athanasius, Discourse Against the Arians*, III,
25:24-25: II, 15:18.

제 19 장

성례에 대하여

이 "성례"(sacrament)라는 말은 이제 일반적으로 그리스도의 약속과 은혜를 지시하기 위한 표로 그리스도께서 제정하신 외적인 말씀과 형식을 지칭하는 데 사용되고 있다. 우리는 세례와, 그리스도의 몸과 피에 참여(*Niessung des Leibs und Blutes Christi*)라는 두 가지 성례가 있다고 말한다. 이에 대해서는 그리스도 자신이 명령하시고, 은혜의 약속을 주신 말씀과 형식이 있는 것이다. 이는 하나님의 교리가 우리를 가르치시는 대로 이 외적인 표지들을 사용하는 이들에게 은혜의 약속이 주어지고 적용된다는 것을 증언하고 상기시키는 것이다.

첫째로, 우리는 왜 이 각각의 경우에 있어서 하나님께서 자신의 약속에 대해 외적인 표(signs)를 덧붙이셨는지를, 그리고 우리가 이를 어떻게 사용해야 하는지를, 그리고 어떻게 어두워진 사람들이 이 성례에 대한 바른 사용에서 우상 숭배로 빠져 들어갔는지를 생각해야만 한다.

여러 가지 이유에서 하나님께서는 처음부터 그의 말씀을 지시하게 하는 외적인 표들(external signs)을 세우셨다. 아담, 아벨, 셋과 노아는 하나님의 계시에 의해서 하나님께서 인류를 위해 희생시키실 미래의 구주를 표시하는(signify) 양을 희생으로 드렸다.[1] 또한 하나님께서는 처음 조상들

---

1) 이것이 아담, 셋, 아벨, 노아의 희생 제사에 대한 전통적인 이해이다. 그러나 이것이 과연 당시까지 주신 계시에 충실한 해석인지, 구속사의 진전을 너무 무시하는 무시간적인 해석이 아닌지를 질문해야만 하고, 근자에 그런 질문이 구체화되고 있다. 근자

의 희생에 대한 계속적인 상기로 할례의 표징(true sign of circumcision)을 제정하셨다. 하나님의 아들 예수 그리스도는 세례와 그의 만찬을 지키라고 명령하셨다. 이런 외적인 표(external signs)들은 왜 제정되었는가? 이에 대한 우리의 대답은 다음과 같다.

전능하신 하나님께서는 친히 자신이 하나님이시요, 모든 피조물들의 창조주이심을 은혜롭게 계시하였다. 또한 그는 인류가 영원한 생명과 지혜와 의와 기쁨을 위해 어떻게 창조되었는지를 계시하셨고, 사람이 어떻게 타락했는지와 하나님께서 그의 아드님 때문에 영원한 구원을 위해 자신에게로 영원한 교회를 다시 모으시기를 얼마나 원하는지도 계시하셨다. 이 목적을 위해서 그는 분명한 증언과 함께 그의 약속을 계시하셨으며, 표(signs)를 수립하셨으니, 이는 그의 말씀이 공개적으로 알려지며, 그의 교회(his church)가 인식되고 다른 사람들로부터 구별될 수 있도록 하기 위한 것이다. 하나님께서는 그의 말씀과 교회가 빛 가운데 있으며 공개적으로 알려지기를 원하신다. 왜냐하면 그는 사람들이 은혜를 받으며, 다른 방식으로가 아니라 그의 교회 안에서 복음의 선포를 통해서 구원받기를 원하시기 때문이다. 구원으로 예정된 모든 사람들은 그의 참된 교회의 지체들이 되어야만 한다. 바울이 "또 미리 정하신 그들을 또한 부르시고"라고 말씀하신 바와 같다(롬 8:30).

그러므로 성례들은 하나님의 은혜의 표(signs)와 서약(pledges)이고, 약속들 가운데 있는 은혜의 적용과 전유이다. 그가 이해하기 시작하시는 방식으로 주 그리스도께서 우리에게 주신 성례들을 사용하는 자마다 약속을 알아야만 하고, 그 약속과 은혜가 다른 사람들에게만이 아니라 자신에게도 그 자신의 유익을 위해 주어짐을 믿어야 하며, 성례들의 사용이 하나님의 은혜스러운 뜻을 상기시키며, 증언하며, 서약(pledge)하고, 자신에게로의 적용하는 것임을 믿어야 하는 것이다. 우리는 이런 믿음을 가지고서 성례를 사용해야 한다. 그래서 바울은 로마서 4:11에서 아브라함은 할례로서

의 성경신학(계시사의 진전을 살피는 작업)의 글들을 참조하라(역주).

칭의 받은 것이 아니라, "저가 할례의 표를 받은 것은 무할례 시의 믿음으로 된 의를 인친 것이니"라고 가르치는 것이다. 즉, 아브라함은 하나님의 명령으로 이 표를 자신 안에 갖게 된 것이니, 이는 후손들에게 약속된 은혜를 상기시키는 것이고, 그것을 증언하는 것이며, 서약이고, 그 은혜의 적용이다.

그런데 이런 이해는 어두워진(암매에 빠진) 사람들로 하여금 이런 행위들로 자신들이 죄 용서를 받으며, 하나님 앞에서 칭의 받을 수 있다는 생각에로 빠져들어가게끔 한다. 그래서 이교도들은 희생 제사를 계속하고, 아랍인들과 이집트 사람들, 그리고 현재는 유대인들과 이슬람교도들은 더 많은 우상숭배를 창안해 내는 것 외에도 계속하여 할례를 행하는 것이다. 또한 교황주의자들과 수도사들은 죽은 자들과 신자들을 위한 죄 용서를 얻으려고 노력하며, 마치 바리새인들과 이교도들이 그들의 희생 제사를 팔듯이 이 행위를 팔기 때문에 그리스도의 몸과 피의 유익을 오용하고 왜곡시키고 있다. 이런 오류들에 대해서는 후에 더 논의하기로 하자.

재세례파들도 성례들은 단지 "선행의 표"(signs of good works)일 뿐이라고 말함으로써 성례에 대한 바른 이해와 바른 사용을 파괴한다. 그들은 세례는 우리가 많은 고난을 받아야함을 의미하며, 주의 만찬은 우리가 서로의 좋은 친구들이어야 함을 의미한다고 말한다. 이런 논의에서 그들은 약속, 신앙, 그리고 위로에 대해서는 아무것도 말하지 않는다. 그러나 참된 교리는 우리를 약속에로 인도하여 다음과 같이 말하는 것이다: "성례들을 너 자신에 대한 하나님의 은혜의 표로 사용하라. 그리고 그리스도 덕분에 하나님께서 너에게 은혜스러우심을 믿으라. 그리고 이를 성례로서 확증하라. 마치 하나님께서 기드온이나 히스기야에게 주셨던 것처럼, 너에게 주시는 특별한 음성과 표로 말이다."

성례의 수에 대해서는 세례와 주의 만찬을 그리스도께서 제정하셨다는 것이 분명하다.[2] 그러므로, 그것들을 교회 안에서 지키도록 하신 것이 분명

---

2) 아래의 22장을 보라.

히 하나님의 뜻이다. 만일 성례가 하나님께서 명령하신 말과 외적인 형태
들이라면, 이것들은 성례들인 것이다.[3]

　사죄(absolution)는 다음과 같은 말로 주 그리스도께서 제정하신 말씀
이다. "너희가 무슨 죄를 사하든지 사하여질 것이요"(cf. 마 16:19; 요
20:23).[4] 사죄는 하나나 여러 사람에게 약속을 적용하는 것이므로 많은
이들이 이를 성례라고 부른다. 그러나 이를 성례라고 부르지 않고, 그저 교
회에서의 섬김(a service of the Church) 또는 "열쇠"의 권한에 속한 일
이라고 여기기를 좋아하여도 나는 그것으로 만족할 수 있다.[5]

　교황주의자들은 견신례(confirmation)와 종유(unction)도 성례라고 주
장하며 논쟁한다. 그들은 이것들이 필수적인 것은 아니라고 인정하며, 기
름에 더하여 말하여지는 축복은 분명히 우상숭배이다. 그렇기 때문에 우리
는 기름붓는 것을 거부하기를 망설일 필요가 없으며, 더 이상 거짓되고 신
성모독적인 견해에 사로잡히지 말아야만 한다. 더구나 이에 덧붙여진 죽은
자들을 부르는 행위 역시도 우상숭배적인 것이다. 사도들은 기름을 약으로
써 병든 사람에게 발랐고, 초기 선지자들도 어떤 이들은 분명히 의사들이
었으며 신유의 은사(*donum sanationis*)를 가지고 있었으나, 우리는 이를
죽은 의식과는 구별해야 하는 것이다.

　임직(ordination)은 후에 논의될 것이다. 그것은 선포의 직무(the office
of preaching)에로 부름을 받았음을 공적으로 증언하며 선포하는 것이다.
그리고 이 부름은 교회의 필수적인 직임들에 반드시 있어야 하는 것이다.
즉, 교회가 목회자들을 필요로 할 때, 하나님께서는 교회, 또는 교회 안의

───────────

　3) 여기서부터 개신교의 전통적인 두 성례에 더하여 '사죄'(absolution)도 성례라는
루터파의 견해가 제시된다. 이는 신중한 논의를 필요로 하는 부분이나 주께서 분명히
이를 성례로 제정한 근거가 없다고 판단된다. 따라서 여기서부터는 뛰어넘어가거나,
루터파의 논의를 알기 위해 읽어 보는 것이 좋을 것이다(역주).

　4) 위에서도 밝혔지만 그리스도께서 이를 말씀하실 때 성례로 제정하기 위해 말씀
하셨는지는 의심스럽다. 심각한 주해에 근거한 논의를 필요로 하는 말이다(역주).

　5) 여기에 멜란히톤의 좋은 태도가 잘 나타나 있다. 따라서 그에게 있어서도 사죄선
언은 엄밀한 의미의 성례가 아닐 수 있는 가능성이 있다(역주).

중요한 사람들이 자격이 있는 분들을 이 직무에로 부르도록 명령하셨다. 우리는 이런 자격자들이 그 순수한 교리를 가지고 있는지를 시험해 보아야 하고, 후에 그 부름을 공개적으로 증거해야 하고, 하나님께서 교회를 유지해 주시도록 하나님께 기도해야 하는 것이다. 우리는 이 큰 은사를 인정해야만 하고, 주 그리스도께서, 우리가 선택한 이 사람의 선포 행위를 통해서 역사(役事)하실 것임에 대해서 감사해야 한다. 왜냐하면 로마서 1:16이 말하듯이 "복음은 ··· 하나님의 능력"이기 때문이다. 설교자들을 불러서 임직케 하는 일이 교회의 직무라는 것은 분명하므로 그렇게 불려져야만 한다.

그런데 교황주의자들은 그들의 임직(서품)을 성례라고 부른다. 그들은 여러 가지 오류도 섞여진 그들의 의식들을 성례라고 하는 것이며, 그들은 선포의 직무에 대해서는 아무 말도 하지 않고, 오히려 죽은 자들과 산 자들을 위한 제사에 대해서는 많이 말하는 것이다. 후에 말한 것과 같이 그것은 옳지 않다. 그와 마찬가지로, 그들은 자신들의 임직(서품)에 옳지 않은 여러 의무를 덧붙이니, 참된 교리를 핍박하고, 이렇게 임직하는 이들이 혼인을 하지 못하도록 하는 것이다. 그렇기 때문에 우리는 교황주의의 주교들(the papal bishops)에 의해 임직받기를 추구할 수 없다. 그들은 핍박자들이기 때문이다. 바울이 "다른 복음을 전하면 저주를 받을지어다"(갈 1:8)고 말하는 바와 같다.

하나님의 참된 교회에서 하나님께서는 부름(the calling)을 제공하심을 인정하도록 하자. 그러므로 우리는 공부하는 것을 돕는 일에 아주 힘써야 한다.[6] 이로써 우리가 자격을 갖춘 사람들을 얻고, 그들을 찾아 그들로 하

---

6) 여기서 공부하는 것을 돕는 일이란 일반적인 학문 연구 자체를 돕는 일이란 의미이며, 구체적으로는 앞으로 목회자가 되기 위해 공부하는 것을 돕는 일이란 의미이다. 이처럼 앞으로 목회자가 되기 위해 공부하는 것(좁게 말하여 신학교에서 공부하는 일)을 돕는 일은 교회의 중요한 책무인 것이다. 이 중요한 책무에 힘쓰고 있는 우리 주위의 교회가 얼마나 있는지? 주께서 이 면에서도 우리의 열심을 진작시키시고, 우리의 책무를 깨닫고 감당하게 해 주시기를 기도할 뿐이다(역주).

여금 점검하며, 가르치며, 돌아보는 일을 잘 감당하도록 해야 하는 것이다.[7]

하나님께서 형벌을 경감하시고, 은혜스러운 통치를 주시기를 원한다면 기독교 통치자들이 이런 필요한 일들은 진지하게 수행하도록 해야만 하는 것이다. 그리스도께서 마태복음 10:42에서 다음과 같은 선언을 하시기 때문이다. "누구든지 제자의 이름으로 이 소자 중 하나에게 냉수 한 그릇이라도 주는 자는 내가 진실로 너희에게 이르노니, 그 사람이 결단코 상을 잃지 아니하리라."

---

7) 여기 목회자로 임직하는 이들이 해야 하는 일을 성도의 삶을 점검하는 일(examination), 가르치는 일(instruction), 그리고 돌아보는 일(visitations)로 말하고 있음은 좋은 제시라고 여겨진다. 특히 마지막의 요점과 관련하여 우리의 심방이 참으로 돌아보는 일이 될 수 있기를 원한다(역주).

제 20 장

세례에 대하여

마가복음 16장에 있는 그리스도의 말씀은 세례가 신약에 있는 하나님의 약속들의 외적인 표와 축복임을 보여준다: "믿고 세례를 받는 사람은 구원을 얻을 것이요"(16절). 그러므로, 우리가 세례를 받을 때, 그 약속은 우리의 몸에 기록되고 새겨지는 것이라고 할 수 있다. 이런 외적인 표들(external signs)은 또한 개인적인 의의도 지니고 있는 것이므로, 거룩한 세례는 회개와 그리스도를 통한 죄 용서, 또는 사도 바울이 말하는 "신생"(rebirth)과 그리스도께서 요한복음 3:5에서 말씀하신 "물과 성령으로 거듭남"을 뜻하기도(signifies) 한다.[1] 우리가 물 속에 잠길 때, 이것은 우리 안에 있는 옛 사람과 죄가 죽음을 뜻한다(signifies).[2]

이는 두려워 떠는 양심이 하나님의 심판과 죄에 대한 진노를 경험하고 불안해 하는 이들에게 일어나는 것이다. 그리고 우리가 물에서 올라오는 것은 우리가 물과 성령으로 이제 씻어졌으며, 새롭게 되어서, 이제 그리스

---

1) 여기서 세례가 죄 용서, 중생을 지시하고 뜻한다(signfy)고 말하고 있음에 유의하라. 이는 세례중생설을 의미하는 것으로 보기는 어렵다. 세례는 이미 죄 용서, 중생 등이 있음을 지시하는 것이란 의미로 이해될 수도 있기 때문이다. 그러나 멜란히톤이 과연 어떤 입장에 서 있는지는 좀 불분명하다. 루터파 사상에 세례중생설적인 함의도 있음을 부인하기는 어렵다(역주).

2) 여기서도 물에 잠기는 그 순간에 죽는다는 뜻이 아님에 유의하라. 잠기는 것이 우리의 옛 사람이 죽었음을 드러낸다고 이해해야 한다(역주).

도께서 우리를 위해 얻어 놓으신 새롭고 영원한 의와 생명을 기다리고 있음을 의미한다.

이 두 가지는 세례의 바른 사용을 지시해 주니, 그것은 외적인 표(the extrnal sign)요 약속(the promise)이다. "믿고 세례를 받는 자는 구원을 얻으리라"(막 16:16). 또한 세례 때에 사용하는 말들, 즉 "내가 성부와 성자와 성령의 이름으로 네게 세례를 주노라"라는 말도 마찬가지이다. 즉, 이 외적인 표(this external sign)를 통해서 나는 하나님 면전에서 네가 하나님과 화목하였으며, 네가 하나님, 즉 성부, 성자, 성령의 한 분 하나님에 의해 받아들여졌음을 증거한다고 하는 것이다. 그러나 성부는 성자 때문에 우리를 받으시며, 성령을 주셔서, 우리를 새롭게 하시고, 일깨우시며, 위로를 주시고, 거룩하게 하신다. 이런 말씀에 하나님의 영광스러운 위로에 찬 약속들과 전체 복음의 요약이 있는 것이다.

그러므로 거룩한 세례의 참된 사용은 일평생에 걸친 효과를 내는 것이니, 이는 우리로 하여금 우리가 그리스도를 통하여 하나님께서 우리가 화목하셨으며, 우리의 죄를 용서하실 것이며, 그가 이 언약의 표와 축복으로 세례를 제정하셨음을 확신하게 하기 때문이다. 비록 우리가 세례받은 후에도 죄에 빠질 수 있지만, 그럼에도 불구하고 만일 그들이 참된 신앙을 가지고 다시 돌이키며 위로를 찾고, 그들을 개혁하면 하나님의 언약은 모든 이를 위해 확고히 서 있는 것이다.

우리가 하나님의 약속의 말씀들을 열심히 성찰해 보고, 그에 대한 믿음을 행사하며, 죽음의 불안에 대해서, 악마와 죄에 대항하여 온갖 유혹에 대해 우리 자신을 굳게할 때에 세례의 열매와 능력을 더 충분히 이해할 수 있게 된다.

그리고 할례가 한 번 이상 행해지는 것이 아닌 영구한 표(a permanent sign)이듯이, 한 번 세례받은 사람도 다시 세례받아서는 안 된다.

둘째 계명은 우리가 하나님의 이름을 오용해서는 안 된다고 하며, 하나님 이름의 바른 사용에 손상을 주어서는 안 된다고 가르친다. 그런데 재세례파는 먼저 받은 세례를 반박하면서 말하기를 그때에는 하나님의 이름이 무용하게, 잘못 언급되고 선언되었다고 한다.[3] 그런데 이렇게 말하는 것은 하나님의 이름을 모독하는 것이다. 또한 만일 재세례파가 그들의 오류를 확대한다면, 훨씬 더한 복잡성이 세상에 더해질 것이다.

요한의 세례와 사도들의 세례에 대하여

이 세례들은 모두가 신약(새 언약)의 외적인 표와 증언이다. 요한의 세례가 미래의 그리스도를 지시하고 지적하며 사도들의 세례는 이미 오셔서 계시하신 그리스도를 지시한다는 것 외에는 세례 요한의 세례와 사도들의 세례의 구별이 없다. 이 두 가지 세례 모두가 하나의 같은 세례이며, 구주 그리스도에 대한 믿음을 요구한다. 요한에 의해서 세례받은 사람들과 사도들에 의해서 세례받은 사람들은 모두가 다 동등하게 거룩하게 되고 구원된다. 그러나 요한은 이렇게 말한다: "나는 너희로 회개케 하기 위하여 물로 세례를 주거니와, 내 뒤에 오시는 이는 나보다 능력이 많으시니 … 그는 성령과 불로 너희에게 세례를 주실 것이요"(마 3:11).

여기서 요한은 세례나 그 의식 자체를 구별하는 것이 아니라, 자신의 종된 신분과 그리스도의 신분을 구별하며, 그리스도 자신이 그를 통하여 세례가 신적인 효과와 능력을 가지며, 생명과 의와 성령과 영원한 구원을 주시는 구주와 주님이심을 지시하려고 한다. 이에 비해 자신은 외적인 표와 물만을 제시하고, 말씀을 선포하는 종임을 말하려는 것이다. 세례와 선포의 이런 외적인 직무는 요한이나 사도들이 동등하게 가진 것이고, 그리스도의 약속을 믿은 사람들에게 동등하게 유효하다.

---

3) 멜란히톤은 재세례파가 유아 세례를 거부할 때 하나님 이름의 바른 사용을 흠잡고 모독하는 것이라고 생각했다. 재세례파는 우리가 이 외적인 성례를 성령이 행하시는 내적인 회심의 표로 받기로 의식적으로 선택한 사람들만 이 세례를 받을 수 있다고 신자들의 세례만을 주장한다. 그들은 유아들이 그런 책임있는 선택을 할 수 없다고 생각하지 않으며, 따라서 유아 세례는 타당성이 없다고 생각하는 것이다(영역자 주).

그러나, 그리스도의 부활 이후에는 사도들의 역사에서와 같이 성령의 세례가 주어지는 더하고 분명한 예들이 도입되었다는 것도 사실이다.[4]

---

4) 그러나 그것은 오순절에 주어진 한 성례에의 세례를 드러내 주는 것으로 보아야 할 것이다. 이에 대한 해석을 위해선 **Richard Gaffin**의 글들을 참조하라(역자 주).

제 21 장

유아 세례에 대하여

사도 바울은 아주 엄숙하고도 열심히 우리가 영들을 시험해야 한다고 명령했다.[1] 그리고 그리스도께서는 마태복음 7:16에서 다음과 같은 규칙을 세우셨다: "그 열매로 그들을 알지니." 이단자들의 거짓되고 불경건한 교리를 분명히 확인할 수 있는 길이 여기 제시되어 있다. 그러므로 우리는 재세례파 안에 있는 이런 징조들을 주의해 보아야만 한다. 왜냐하면 그들은 유아 세례를 반대하기 때문이다.

그러나 이 문제에서 뿐만 아니라, 우리는 재세례파의 가르침에서 온갖 종류의 미워할 만하고, 무시무시한 오류와 거짓과 신성모독을 발견할 수 있다. 즉, 그들은 세례에 대해서만 잘못 가르칠 뿐만 아니라, 기독교의 교리 전체의 많은 중요한 조항들에 대해서도 잘못 가르치는 것이다. 그들은 그리스도인들이 정치에 관여해서는 안 되며, 군주나 귀족이 되어서는 안 된다고 한다. 또한 그들은 그리스도인은 그 어떤 사유 재산을 가져서는 안 되고 모든 것을 공유해야 한다고 하며, 맹세나 서약을 결코 해서는 안 된다고 하는 것이다. 이렇게 하여 그들은 질서지워진 통치에 대한 봉기와 반역을 가르치는 것이다. 이런저런 점들을 미루어 볼 때, 그들은 기독교적 의

---

1) 즉, 그리스도의 영을 가지고 있다고 주장하는 이들의 참된 동기와 확신을 분별해 보아야 한다는 것이다. 왜냐하면 그들이 다른 영을 가지고 있을 수 있기 때문이다(영역자 주).

(義)나 삶이 무엇인지를 결코 모르며, 그리스도나 신앙에 대한 지식을 전혀 가지고 있는 것 같지 않으며, 기독교적 존재는 그들이 규정한 외적인 삶(표현)에 있다고 상상하는 것이 분명하다.

뮌스터의 새로운 재세례파는 더 증오할 만하고 부끄럽게 가르친다. 혼인한 부부 중 한 편이 이 재세례파를 받아들이지 않으면 그 한 편이 다른 한 편을 버려도 좋다고 하는 것이다. 또한 그들은 전적으로 마귀에 사로잡혀 있으니, 그들은 "질서있는 권위"(orderly authority)를 몰아내고 없애버리려고 한다. 그들은 종말 전에 그리스도의 왕국이 이 땅 위에 설 것인데, 여기서는 성도들만이 통치할 것이고, 모든 불경건한 자들은 제거되고 소멸할 것이라고 상상하며 부끄럼 없이 이런 가르침을 베푸는 것이다.

이런 것들은 무시무시한 오류이며, 반역적인 교리들이고, 유대교적 우화요, 흠이고 검은 악마적 표지들이다. 더구나, 우리는 이런 광신성을 알고 증명할 수 있다. 재세례파는 이제 공개적으로 성경에 반해서 가르치고 있으므로, 그들은 정죄되고 몰아내야만 한다.

그들의 신앙 조항 속에는 성경에 반하는 많은 무시무시한 악마의 교리들과 오류가 있으니, 그 중의 하나로 그들은 유아 세례를 금한다. 예를 들어서, 그들은 원죄(原罪)는 없다고 말하고 가르친다. 이는 거짓말쟁이요, 살인자인 마귀의 표(birthmark)이다. 그들은 기독교 교리의 가장 높고 가장 필수적인 조항도 모르고, 성령에 대해서도 모르는 것이다. 그들은 죄의 본질도, 의의 본질도 모르는 것이니, 오직 커다란 외적인 악들(the gross external vices)과 부패들(depravities)만이 죄라고 믿기 때문이다.

이처럼 재세례파가 악한 영, 즉 악마에게 사로잡혀서 가르치고 있으므로, 우리는 그들의 가르침이 우리를 자극하여 기독교회의 수립된 교리인 유아 세례를 해야 하며, 이 세례가 기독교적이라는 것을 양보하도록 해서는 안 되는 것이다.

초기의 초대 교회에서 유아 세례가 시행되었다는 것을 보이기 위해서 옛 문헌에서 몇 가지 증언을 제시하도록 하겠다.

오리겐(Origen)은 로마서 제6장에 대해 언급하면서[2] 다음과 같이 말하

고 있다: "교회는 사도들로부터 우리가 세례를 어린 아이들(유아)에게까지 확대해야만 한다는 이 교리를 받았다. 왜냐하면 하나님의 것들의 신비를 부여받았던 이들은 모든 사람들이 물과 성령으로 씻어내야만 할 원죄와 본유적인 (악한) 열망을 가지고 있다는 것을 잘 알고 있었기 때문이다." 여기서 오리겐은 우리가 유아들을 세례주어야 하며, 이 세례를 통해서 그들도 죄 용서를 받으며 하나님과 화목하게 된다는 것을 고백하고 가르치는 것이다.[3]

키프리안(Cyprian)은 (니케아) 공의회가 우리가 난지 8일 되기 전에 유아 세례를 해서는 안 된다는 주장에 대해서 검토했으며, 그 공의회는 꼭 8일을 기다릴 필요 없이 유아 세례를 해야 한다고 결론지었다고 쓰고 있다.[4]

어거스틴(Augustine)은 도나투스파와의 논쟁 제4권에서 세례에 대해서 말하면서 다음과 같은 말로서 유아 세례에 대한 아주 분명하고 좋은 말을 제시해 주고 있다: "모든 교회가 주장하고 있는 유아 세례에 대한 이 조항은 어떤 공의회들에서 수립된 것이 아니다. 오히려 이는 교회 안에서 항상 주장되어 온 것이다. 그러므로, 우리는 유아 세례가 사도들 자신들에 의해서 시작되었으며, 규례로 굳어진 것이라고 옳게 믿는다. 이와 마찬가지로 유아 세례가 유아들에게 어떤 영향을 미치는가 하는 것도 하나님의 옛 백성에게 명령되었던 할례로부터 바르게 판단할 수 있는 것이다."[5]

---

2) Origen, *Commentary on the Letters on the Romans*, in *Patrologiae Cursus Completus: Series Graeca*, J. P. Migne, ed. (Paris, 1857-66), XXIV.

3) 물론 이 오리겐의 말에는 다음의 멜란히톤의 언급이 지적하고 있는 적극적이고 좋은 인식 외에도, 세례에서 원죄가 씻겨진다는 고대적 가르침이 나타나 있어서 잘못 발전될 가능성도 내포되어 있다. 세례는 우리의 모든 죄가 성령의 사역에 의해서 용서되었다는 것을 외적으로 인치는 표이다. 즉, 세례 때 씻어지는 것도 아니고 세례 때 원죄만 씻어지는 것도 아닌 것이다. 혹시 오리겐의 말에서 이런 생각을 하게 될까봐 이 역주를 덧붙이는 것이다(역주).

4) *Ante-Nicene Fathers*, A. Roberts and J. Donaldson, eds. (New York, 1890), V: *Epistles of Cyprian*, No. 58.

이런 구절들과 또 이와 비슷한 구절들은 처음부터 전체 기독교회가 유아 세례를 기독교적인 것으로 옳게 지켜왔음을 분명히 시사해 준다. 이와 같은 것을 우리는 부지런히 주목해야만 한다. 왜냐하면 어떤 사기꾼들은 고대 교부들은 유아 세례에 반하여 가르쳤다고 말하면서 잘 모르는 이들에게 압박을 가하려 하기 때문이다. 그러나 이것은 큰 악을 행하는 것이다.

모든 하나님을 경외하는 사람들은 초대 기독교회에서 전혀 증거가 없는 교리를 만들어내는 것은 아주 위험하고, 그 누구도 감히 그렇게 해서는 안 된다는 것을 주목해야만 한다.

이 외에도 우리는 우리가 왜 유아 세례를 해야 하는지 더 많은 이유를 성경으로부터 제시해 보려고 한다.

나의 첫째 논의는 다음과 같다: 유아들도 하나님 나라, 복음, 그리고 은혜의 약속과 관련되어 있다는 것은 분명하다. 또한 (말씀도 성례도 없는) 교회 밖에서는 구속도 죄 용서도 없다는 것 역시 분명하다. 그러므로 우리는 어린 아이들을 교회로 그 신령한 몸에로 데려와야만 한다. 그리하여 죄 용서와 약속이 그들에게도 속해 있음을 시사하는 외적인 표(the external sign)를 제공해야 하는 것이다.

약속과 하나님의 나라가 유아들에게도 해당한다는 것은 분명하니, 그리스도께서 친히 마가복음 10:14에서 "하나님의 나라가 이런 자의 것이니라"고 하시고, 또한 "이 소자들 중의 하나라도 멸망하는 것은 하늘에 계신 내 아버지의 뜻이 아니니라"(마 18:14)고 하시기 때문이다.

이런 구절들에는 마치 아무런 약속이 있지 않고, 단지 주께서 우리를 교훈하시기 위한 것이라고 하면서 이 구절을 싱겁고 재미없게 해석해서는 안 된다.[6] 이런 해석은 낯선 것이고, 너무 나아간 것이며, 공허한 것이다. 왜냐하면 여기서 그리스도는 어린 아이, 아주 어리거나 유아인 소자들에

---

5) *Works of Aurelius Augustine*, III, *Donatist Controversy*, Marcus Dods, ed. (Edinburgh, 1872), BK. IV, chaps. 5, 6, 24.

6) 이에 대해 영역문은 "순수성이나 그와 같은 것에서 어린아이와 같이 되지 말아야 한다"는 말이 있는데 여기엔 아마 not이 잘못 들어간 듯 싶다(역주).

대해 말하는 것임이 분명하기 때문이다. 또한 그리스도께서는 이렇게도 말씀하신다: "저희 천사들이 하늘에서 하늘에 계신 내 아버지의 얼굴을 항상 뵈옵느니라"(마 18:10). 그러므로, 그리스도께서는 그들이 하나님을 기쁘시게 하며, 천사들의 보호를 받는다고 시사하신다. 또 그리스도께서는 더 직접적으로 선언하시기를 "이 소자들 중의 하나라도 잃어버리는 것은 하나님의 뜻이 아니니라"고 하시는 것이다.

이 구절은 분명히 어린 아이들이 구원받으리라는 가치있는 위로를 교회에 주고 있다. 그러므로 우리는 이 위로가 되는 구절을 젊은이들의 정신에 부지런히 가르쳐서, 그들이 그 평생에 이 말씀을 지키고, 하나님의 약속으로 자신들을 위로하기를 배워가게끔 해야만 하는 것이다.

유아 세례는 또한 주 하나님께서 "내가 너희 하나님이 되리라"(렘 31:33)고 하신 할례의 법을 확언해 준다. 여기서 하나님께서는 할례에로 부르는 자들에게 자신이 은혜스러우실 것이며, 자신께서 유아에게 할례하도록 명령하심을 시사하신다. 그러므로 우리가 복음과 하나님의 나라에서 유아를 배제해서는 안 된다는 것은 그 누구도 부인할 수 없을 것이다.

둘째로, 복음도 성례도 하나님께 대한 참된 기도도 없는 교회 밖에서는 죄 용서도 은혜도 구원도 없다는 것은 분명한 사실이다. 이슬람교도들과 유대인들과 이교도들에게서 분명히 드러나듯이 말이다. 하나님께서는 우리에게 그런 은혜를 그의 교회를 통해서, 그의 말씀과 성례를 통해서만 주기를 원하신다. 그래서 그는 이렇게 말씀하시는 것이다: "물과 성령으로 거듭나지 아니하면 하나님 나라에 들어갈 수 없느니라"(요 3:5). 이 분명한 진술은 성례가 없는 — 오히려 성례에 대한 핍박이 있는 — "교회 밖"에서는 하나님께서 구원을 주시지 않으신다고 시사한다.[7]

이와 비슷하게 에베소서 5장에서도 바울은 교회가 "물로 씻어 말씀으로

---

7) 이렇게 말할 때 멜란히톤은 요 3:5이 세례에 대한 시사라고 여기는 듯하다. 여기에 루터파도 세례중생설(baptismal regeneration)을 가르친다는 중요한 시사가 있는 것이다. 이는 옳지 못한 주해라고 하지 않을 수 없다. "물"이 세례의 물을 가르치는 것이

깨끗하게 하사 거룩하게" 하신 백성이라고 가르친다.[8] 이로부터 하나님의 말씀과 세례 밖에는 교회가 없음이 분명하다.

더 분명한 구절은 사도행전 4:12에 있는 베드로의 이 말이다: "천하 인간에 구원을 얻을 만한 다른 이름을 우리에게 주신 일이 없음이니라." 그러므로, 교회 밖에는, 즉 그리스도의 이름이 불려지지 않는 곳에는 구원이 없음이 분명한 것이다.

이 모든 것으로부터 우리는 반드시 작은 아이들을 세례주어야만 한다는 결론이 도출된다. 왜냐하면 영생의 약속은 분명히 어린 아이들에게 속해 있으며, 이 약속은 구원이 없는 교회 밖에는 그 누구에게도 속하지 않기 때문이다. 그러므로 우리는 어린 아이들을 교회 앞에 세우고, 그들을 세례로써 교회의 지체가 되도록 해야만 하는 것이다. 이 논의를 진지하게 생각하는 자마다 이것이 분명하고 확고하다는 것을 발견하게 될 것이다.

이 두번째 논의는 아주 강하고 분명하다. 그 위에 그리스도의 이름이 불려지지 않는 이들, 그 어떤 성례로 규정되지 않는 이들은 분명히 하나님의 교회 안에 있지 않은 것이다. 그런데 이제 어떤 아이들은 분명히 교회의 한 부분이다. 그러므로, 그 위에 그리스도의 이름이 불려져야만 하고, 그들이 세례를 받아야만 한다는 것은 아주 분명하다. 그럼에도 불구하고 재세례파들은 그 위에 그리스도의 이름이 불려지지 않은(즉, 그리스도의 이름을 사용해 세례받지 않은) 사람들도 교회의 한 부분으로 만들 정도로 무례하다.[9] 그러나 다음 구절의 의미는 불변하는 것이다.

"예수 그리스도의 이름 외에는 구원을 얻을 다른 이름을 주신 일이 없

아니라, 성령의 새롭게 하시는 사역을 가르치는 것이라고 보는 주해가 더 자연스러울 것이다. A. Hoekema의 「개혁주의 구원론」 중생에 대한 부분과 E. Palmer의 「성령」의 해당 부분을 참조하여 보라(역주).

8) 멜란히톤은 아예 "하나님의 말씀과 세례로 깨끗하게 된 백성" (a people purified by God's word and baptism)이라고 하여 본문의 "물로 씻음"을 세례로 말한다. 여기서도 위의 요 3:5에 대해서와 같은 말을 할 수 있을 것이다. 이는 지나친 주해가 아닐 수 없다. 오히려 말씀을 사용하시는 성령의 깨끗하게 하시는 사역을 "물로 씻어"라고 표현한 것으로 보아야 할 것이다(역주).

음이니라"(행 4:12 참조). 그 위에 이 이름(그리스도의 이름)이 불려지지 않은 사람(즉, 그리스도의 이름으로 세례를 받지 않은 사람)은 하나님의 교회의 지체가 아니다.[10] 이런 그리스도의 이름 부름과 축복이 세례에서 발생하므로, 유아들 위에 그리스도의 이름이 불려지는 것을 원하지 않거나 세례를 통해 유아들이 축복받는 것을 원하지 않도록 악마가 그 세력을 부리는 것은 아주 무시무시한 일이다.

세번째 논의는 다음과 같다: 어린 아이들도 죄 용서를 필요로 한다. 그들도 인간의 연약성의 비참과 타고난 불순종을 가지고 있기 때문이다. 그런데 이제 하나님께서 교회로 죄를 사하라는 명령을 주셨고, 그 용서를 성례를 통해서 부여하신다.[11] 이로부터 우리는 세례를 통해서 유아들에게 죄 용서를 주어야 한다는 의무를 가지고 있다는 결론이 도출된다.

네번째 논의: 약속이 속한 자들에게는 이 표(this sign)도 분명히 속한다. 물건을 산 자들에게는 교환권도 주어지는 것이다. 그런데 이제 영생의 약속과 예수 그리스도의 죽음의 공로가 유아들에게 속한다는 것은 아주 분명하다. 이로부터도 어린 아이에게도 그 표가 속한다는 결론이 나오는 것이다.

---

9) 재세례파는 그 사람이 성령을 모시고 있는 한 외적인 세례가 절대적으로 필수적인 것은 아니라고 여긴다(영역자 주). (구원에 대해서는 이 주장이 잘못된 것이라고 할 수는 없다. 그리스도를 믿는 한 세례가 절대적으로 필수적이어서 세례 받지 않으면 구원받지 못하는 것은 아니기 때문이다. 그러나 참으로 그리스도를 믿는 이는 그리스도께서 제정하신 세례를 무시하거나 안 받으려고 하지 않을 것이다. 그리고 이 외적인 세례 의식은 외적인 교회의 일원이 되는 데는 필수적인 것이다. 만일 이 후자의 요점을 재세례파가 부인한다면 그것은 큰 문제이다 — 역주).

10) 이것도 "눈에 보이는 교회"(visible church)에 한해서 하는 말임에 유의하라. 하나님의 눈에 보이는 교회, 즉 우리에게 불가시적 교회에는 아직 세례받지 않았으나 그리스도께 대한 참 신앙을 가진 이도 분명히 그 교회의 지체인 것이다. 그러나 그런 이는 반드시 눈에 보이는 교회의 참된 지체가 되어야만 한다(역주).

11) 이것에도 성례가 자동적으로 그 자체로 죄 사하는 힘이 있는 듯이 생각하는 점이 있으면 문제이다. 루터파 사상에도 성례가 그 자체로 역사한다(*ex opere operato*)는 사상이 있다는 혐의가 이런 데서 나오는 것이다(역주).

주 그리스도, 하나님의 아들은 어른들만을 위해서가 아니라, 어린 아이들을 위해서도 죽으셨다. 이 고귀한 구속이 어린 아이들에게도 속하고, 또 그리스도께서는 복음과 성례를 통해서 이를 우리에게 주기를 원하시므로, 이 세례의 표가 아이들에게도 속한다는 것은 확실하다.

재세례파 가운데 있는 속이기 잘하고 악독한 마귀는 유아들에게는 죄가 없으므로, 하나님의 아들이 이들을 위한 희생 제물이 되지 않으셨다고 주장한다. 이런 살인자적 오류를 피하기 위해서라도 우리는 유아들에게서 그리스도의 은혜의 표를 빼앗아서는 안 되는 것이다.

다섯번째 논의: 세례는 구별없이 모두에게 분명히 명령된 것이다. "물과 성령으로 거듭나지 않는 자는 하나님 나라에 들어갈 수 없느니라." 이 구절의 참되고 자연적인 의미가 잘 보여주듯이, 이 구절은 모든 사람에 대한 것이다. 이로부터 우리는 아이들에게 세례를 주어야만 한다는 결론이 나온다. 그리고 세례를 우습게 보거나 경멸하는 것은 요한복음의 이 구절에 명백히 반하는 것이다.

어른들은 그들 자신의 신앙을 일으키기 위해서 이런 연관된 이유들을 열심히 생각해 보아야만 하고, 그들도 세례를 통해서 하나님께 받아들여져야만 한다. 하나님께서는 친히 약속하시기를 중보자 예수 그리스도의 영원한 아버지이신 성부께서 그의 아들 예수 그리스도 때문에 우리를 구원하실 것이라고 하신다. 또한 우리를 받아들이자마자 그는 우리에게 새로운 의와 영생을 주시는 당신의 성령을 주기를 원하시는 것이다.

그리고 어른들이 자신들의 세례에 대해서 이와 같은 방식으로 생각하듯이, 그들은 유아 세례도 존중해야 하고, 하나님께서 당신의 교회와 은혜에로 유아들을 세례를 통해 받아들여주심에 대해 감사해야 한다. "어린 아이들이 내게 오는 것을 금하지 말라. 하나님의 나라가 이런 자들의 것이니라"고 하신 그리스도의 명령에 따라서 우리들은 우리의 자녀들을 주 그리스도께 데려와 세례를 받게 해야 한다. 그리하여 그들이 교회에 속하도록 해야 하고, 그래서 하나님이 그들을 받아들이시고, 그들에게 원죄를 용서하시고,[12] 그들 안에서 깨끗하게 하는 일을 시작하시도록 해야 하는 것이다.

하나님께서 분명히 유아들을 받아주시리라는 믿음으로 어른들은 어린 아이들 위에 하나님의 이름을 불러야만 하고, 진지한 기도로 그들을 하나님께 드리고, 후에 아이들이 말하기를 시작하면서부터는 그들에게 하나님과 주 그리스도를 부르도록 하여서, 계속해서 복음의 가르침 가운데서 양육하고 훈련시켜야만 한다.

그런데 재세례파는 이런 기독교적 권고와 위로에 대항하여 소리를 높인다. 첫째로, 그들은 신앙이 없는 곳에서는 세례란 무용(無用)이라고 한다. 유아들은 교회를 이해할 수 없으므로, 믿음이 없는 것이고, 따라서 그들에게 세례를 베푸는 것은 헛되다는 것이다.

이에 대해서 우리는 이렇게 대답하고자 한다. 성령은 세례를 통하여, 세례 안에서 유아들에게 주어지고, 세례 안에서 그 기능에 따라 역사(役事)한다.[13] 엘리사벳의 태 중에 있는 요한 안에서도 그렇게 역사(役事)했듯이 말이다.[14] 어른과 유아 사이에 구별이 있으니, 어른은 그들의 행동을 주목하고 그 안에 있는 하나님께 대한 성향이 주목되는 데 비해서, 유아들 안에서는 성령의 활동들이 주목된다.

그러나 유아들이 하나님께 이끌려지고, 세례를 통해서 교회에로 이끌려질 때에야 하나님께서 역사(役事)하신다는 견해는[15] 새로운 창안물이 아니다. 교회 안의 어린 아이들은 구원받는다. 그리스도께서 말씀하신 대로 말이다: "이 소자들 중의 하나라도 잃어버리는 것은 내 아버지의 뜻이 아니니라." 또한 "하나님의 나라가 이런 자들의 것이니라." 즉, 죄 용서, 은혜,

---

12) 여기서도 "원죄"라고 언급한 것이 아쉽다. 아직도 로마 카톨릭의 가르침에서 벗어나지 못하는 측면을 보게 되기 때문이다(역주).

13) 과연 성령이 세례를 통해서 세례 안에서 역사한다고 할 수 있을까? 세례에 하나님의 은혜가 있음은 분명하나 성령의 역사를 이처럼 성례와 묶어놓을 수는 없을 것이다(역주).

14) 세례 요한의 예가 오히려 성령의 역사가 세례와 묶여져 있지 않음을 잘 보여 주는 것이 아닐까?(역주)

15) 위에서도 말했지만 멜란히톤과 루터파의 이런 견해는 한편에서는 아직도 천주교회의 성례관을 벗어나지 못한 측면으로 여겨질 수 있을 것이다(역주).

성령의 활동, 새로운 의, 그리고 영원한 생명이 어린아이들의 것이기도 하다는 것이다. 왜냐하면 이 모든 것들이 "하나님의 나라"라는 말에 포함되기 때문이다.

또한 하나님의 활동 없이는 그 누구도 영원한 생명을 얻을 수 없음은 아주 분명하다. 요한복음 3:5에 잘 표현되어 있듯이 말이다. "물과 성령으로 거듭나지 아니하면, 하나님 나라에 들어갈 수 없느니라." 이와 마찬가지로 로마서 8:14도 분명히 말하기를 "하나님의 영으로 인도함을 받는 자들이 하나님의 자녀"라고 한다. 그리고 고린도전서 15장도 죽음에서 파멸될 혈과 육은 영원한 구원을 가질 수 없다고 하며, 우리는 생명과 빛이신 그리스도를 통하여 새롭게 되어야만 한다고 요한과 같이 말하는 것이다.

이교도나 유대인들이나 이슬람교도들의 자녀들에게는 이런 은혜와 활동이 없으니, 그들은 하나님과 그리스도를 핍박하고, 따라서 그 자녀들 위에 하나님의 이름이 불려지지 않는 것이다. "어린 아이들이 내게 오는 것을 금하지 말라. 하나님의 나라가 이런 자들의 것이니라"는 이 말은 두 가지 의미를 지니고 있다. 첫째로, 그리스도께서는 우리에게 어린 아이들을 그에게 데려오라고 하신다. 그리고는 덧붙이시기를, 이런 자들, 즉 우리가 그리스도에게 데려온 그 아이들이 하나님의 나라가 속하는 것이지 하나님과 그의 아들 그리스도와 복음, 그리고 세례를 핍박하고 무시하는 자들이하나님 나라에 속하는 것이 아니라고 하신다.[16]

어린 아이들이 분명히 교회 안에서 구원받으므로, 다음 두 가지가 분명히 따라나온다. 즉, 우리가 반드시 아이들에게 세례를 베풀어야 한다는 것과 그러면 하나님께서 그들을 받으시고, 그들에게 성령을 주셔서, 그 기능에 따라 그들 안에서 역사하도록 하신다는 것 말이다. 복음에서 선포된 바와 같이 성령은 우리가 세례를 받을 때에 주어진다.[17] 요한복음 3장과 디도서 3장은 분명히 세례를 성령을 통한 신생의 씻음이라고 부르고 있다.[18]

---

16) 의미는 좋으나, 이것이 과연 주해적으로 정당화될 수 있으려는 지는 의문이다 (역주).

세례받은 어린 아이들은 참된 기독교의 상당한 부분을 차지하고 있고, 그들도 참으로 하나님의 백성이고, 교회며, 성도들이다. 어른들은 이를 부지런히 생각하여서 세례에서 이미 받아들여진 어린 아이들이 진지하게 교육받고, 인도되며 보존되도록 하여, 그들이 악마의 계교나 그들 자신의 멀리 보지 못함이나 악한 친구들에 의해서 하나님에게서 채어져 나가지 않도록 해야 하는 것이다.

둘째로 재세례파들은 우리가 명령받지 않은 것은 하나도 해서는 안 된다고 한다. 복음서에서는 유아세례에 대한 명령을 찾아볼 수 없으므로, 유아에게 세례를 베풀어서는 안 된다는 것이다.

이에 대해서 우리는 다음과 같이 대답한다. 우리가 명령받지 않은 것을 하지 말아야 한다는 것은 사실이다. 그러나 세례에 속한 모든 것들이 그리스도의 나라에 속한다는 것은 분명한 것이다. 요한복음 3:5 "물과 성령으로 거듭나지 아니하면, 하나님 나라에 들어갈 수 없느니라." 이런 말은 명령이다. 이로부터는 그 누구도 면제될 수 없는 것이니, 이는 유아나 어른이나 모든 이에 관한 것이다. 모든 합리적인 사람은 이 아주 강한 부정의 말을 다 아는 것이다.

또한 다음과 같은 것도 참되다. 즉, 하나님의 말씀과 명령에서 참으로 이끌어져[19] 나오는 모든 것도 하나님의 말씀과 명령이라고 불린다는 것이다. 앞에서 나는 은혜와 영생이 어린 아이들에게 약속되어 있다는 것이 하나님 말씀에서 도출되어진다는 것을 시사하였다. 따라서 그들이 세례를 통해

---

17) 과연 그렇게 말할 수 있을까? 사도행전 2:38에 이런 시사가 있으나 그것이 언제나 그런 순서로 주장될 수 있을까? 오히려 믿고 회개하는 것 자체가 이미 그 안에 성령이 주어진 표가 아닐까? 그리고 세례는 그런 성령이 이미 주어져 있음을 밖으로 표하는 것이 아닐까?(역주).

18) 이 두 곳이 과연 세례를 가르치는지 의문이다. 이 둘 다 세례를 직접적으로 의미하지는 않는다는 것이 대부분의 주해가들의 견해가 아닌가?(역주).

19) 이를 "합리적으로 이끌어져"라고 하는 것이 그 의미를 더 잘 전달할 것이다. 이는 성경에 명백히 진술되어 있는 것뿐만 아니라, 그로부터 분명하게 합리적으로 도출해 낼 수 있는 것도 하나님의 말씀이요, 명령이라는 뜻이다(역주).

교회에로 이끌려져야만 한다는 결론이 분명히 도출되는 것이다. 이 은혜와 약속의 축복은 하나님의 교회 밖에는 전혀 존재하지 않는다. 그것은 유대인 어린 아이들이나 이슬람 어린 아이들에게 해당하는 것이 아니다. 또한 하나님과 그의 아들 예수 그리스도가 무시되거나 핍박되는 그 어떤 아이들에게 해당하는 것도 아니다.

여기서 우리가 유아들에게도 세례를 베풀어야만 한다는 것을 도출해 낸 다른 앞의 논의들을 다시 반복할 수도 있다. 유아들도 죄 용서를 필요로 하므로 교회는 유아들에게 세례를 통한 용서를 제공해야만 한다. 그러나 재세례파에게는 다음과 같은 큰 오류가 있으니, 그들은 원죄가 아무것도 아니라고 생각하기 때문이다.

셋째로, 재세례파는 또 다음과 같이 큰 소리로 외친다: 세례는 자신이 악한 성향들을 죽이고, 어려운 생활을 견뎌나가겠다고 서약하는 언약이다. 그런데 유아들은 이를 이해하고 이를 수행할 수 없다. 그러므로, 그들은 유아에게는 세례가 무익(無益)하다고 말한다.

이에 대해서 우리는 다음과 같이 대답한다: 재세례파의 이 말은 어두움(암매)의 소리밖에 아무것도 아니다. 세례는 무엇보다 먼저 우리에 대해 하나님의 은혜의 증언이고, 그것을 통해서 하나님께서 우리에게 그의 은혜를 약속하시는 언약이다. 이것을 먼저 알아야만 한다. 사역자가 "성부와 성자와 성령의 이름으로 내가 세례를 주노라"고 말할 때 그것은 다음과 같은 의미이다. "나는 하나님께서 명령하신 이 일로써, 영원하신 아버지께서 너를 받아주신 그의 아들 예수 그리스도 때문에 너의 죄를 용서하시고, 또한 너를 주신 성령을 통해서 새로운 빛과 의와 영생을 네 안에 시작시켜 주기를 원하심을 확신시키노라." 세례서의 이 말들을 바르게 이해하기 원하는 이들은 이를 다음과 같은 의미로 해석해서는 안 되는 것이다: "나는 어려운 삶으로, 인내에로 너를 세례주노라."

유아 세례의 보존을 위해서 시사한 이 모든 것을 하나님을 경외하는 이들이 부지런히 살펴서 재세례파의 수많은 오류에 대해서 자신들을 지키고, 자신들의 믿음을 강화시키기를 기도한다. 나는 또한 우리 구주 예수 그리스도의 영원하신 아버지이신 하나님께서 모든 하나님을 경외하는 이들을 보존시켜 주시며, 그들이 재세례파나 다른 오류에 빠지지 않도록 하시며, 우리 구주 예수 그리스도의 죄로 구속하신 그의 가련한 교회를 억압하는 모든 문제들을 뿌리뽑아 주시며, 하나님께서 은혜스럽게 우리의 눈을 밝혀 주시고, 가르쳐 주시고, 인도해 주시기를 기도한다. 아멘.

제 22 장

주의 만찬에 대하여

우리는 앞에서 하나님께서 우리로 하여금 그 말을 유지하고 생각하도록 하기 위해 우리의 생각과 기억을 강화시키는데 사용되는 일정한 외적인 표들을 그의 말과 약속에 묶어주셨다고 시사하였다. 동시에 그 말과 하나님이 주신 이런 기억을 통해서 신앙이 일깨워지게 하신 것이다.

하나님의 아들이 나타나셔서 그의 복음을 갱신시키고, 그것을 온 세상에 선포하라고 명령하신 후에, 그는 이 두 가지 기쁘고 사랑스러운 의식을 기념으로 지키라고 제정하셨다. 그 중 하나인 세례는 우리가 우리 구주 예수 그리스도의 죽음에로 세례받았으며, 우리의 죄가 씻어졌으며, 순수한 영생에로 부활하셨음을 상기시킨다.

그리고 이 의식은 지나간 때의 할례보다 더 만족스러운 것이다. 그때에는 할례가 여러 가지 이유에서 특별한 일로 제정되었던 것이다. 하나님께서는 그를 통하여 우리가 구원받고 복을 얻을 후손을 약속하시고, 이에 대한 표를 제정하셨던 것이니, 이교도들은 이를 이상스러운 일로만 여겼던 것이다. 그러나 진지함과 하나님을 부르면서 수행된다면 세례는 분명히 아름다운 의식이다.

함께 모여서 말씀과 기도와 함께 주의 만찬을 지키는 관습은 이전 시대에 소를 잡아 드리는 것보다 훨씬 더 기쁜 것이다. 이 기억된 만찬이 하나님의 말씀에서 명령된 대로, 그리고 정해진 목적에 따라서 옳게 지켜지도록 우리는 주의해야 한다. 그러면 다음 네 가지 요점이 중요해진다. 첫째로, 무엇이 어떻게 시행되어야 하는가? 둘째로, 어떤 목적을 위해서 그리스도의 몸과 피를 먹고 마시는가? 셋째로, 누가 이 만찬에 참여할 수 있는가? 넷째로, 이 제정을 손상시키는 미사의 희생 제사와 그 오용에 대해서는 어떻게 생각해야 하는가?

첫째 요점에 대하여

주의 만찬을 어떻게 지켜야 하는지는 바울의 글에서 표현되어졌다. 그리스도인들은 공적인 존중할 만한 모임을 가져야만 한다. 하나님은 처음부터 지금까지 그의 교회가 이런 모임을 갖도록 하셨다. 아담, 노아, 아브라함, 이삭, 야곱이 그리했고, 후에 레위인들은 성막에서 가르쳤다. 하나님께서 항상 이런 모임을 갖도록 하신 이유는 그의 교리와 선포가 어떤 구석에서 나오지 아니하고, 모든 피조물들, 왕들, 군주들 앞에서 공개적으로 선포되고, 공개적으로 증언되며, 후세들에게 전달되도록 하기 위해서이다.

비록 이 세상은, 공적인 복음 선포로 하나님을 찬양하고 기원하며, 사람들이 가르침을 받는 아름답고 거룩한 회중을 없애려고 자주 시도하였지만,[1] 그럼에도 불구하고 교회의 모임은 놀랍게도 계속 유지되어 왔다. 때로는 다른 때보다 좀더 순결하여, 하나님의 특별한 은사를 통해 자주 갱신되었으며, 선지자들을 통해 그 예배가 자주 갱신되어왔다.

그런 모임에는 반드시 공적인 의식(a public ceremony)이 있어야 한다. 즉, 그것을 통해서 신앙이 행사되고 인정되며, 그것으로 하나님의 약속이 기억되며, 하나님의 이름이 불려지고 감사가 올려지는 그런 공적인 의식이 있어야 하는 것이다. 이를 위해 성찬이 제정되었으니, 여기서 우리는 하나님의 아들과 그의 수난과 부활, 그리고 그의 약속과 은혜와 통치에 대해서 선포하고, 떡과 포도주를 앞에 놓고 그의 말씀을 말하며, 그것을 회중

---

1) *Versammlung*은 "모여진 회중" 또는 "모임" 등으로 문맥에 맞게 적절하게 옮겼다(영역자 주).

들에게 나누어 주는 것이다. 이 떡과 포도주로써 그는 그의 몸과 피를 우리에게 주시고, 그로써 그가 우리를 받아주셔서 우리를 그의 지체로 만들어주시고, 죄 용서를 내려주시며, 우리를 그의 피로 정결하게 하시며, 우리 안에 거하심을 증언하신다.

이 만찬에 참여하는 것은 이교적인 기념 의식도 아니고, 율리우스(Julius)를 위해 지키는 의식도 아니고, 죽어서 우리와 아무런 관련도 없는 이를 위해 지키는 행사도 아니다. 우리의 이 성찬 참여에는 살아계신 우리 구주 예수 그리스도, 하나님의 아들이 참으로 임재하시며 역사하셔서, 그것을 통하여 그가 우리 안에 영존하심을 증언하시는 것이다.

이 만찬이 어떻게 제정되었고, 원래 어떻게 시행되었는가 하는 것은 고린도전서 11장에 길게 설명되어 있으니, 여기서 바울은 우리가 함께 주의 만찬을 지키는 공개적이고 존중할 만한 모임을 가져야만 한다는 것을 지적하고 있다.

둘째 요점에 대하여

이 성찬의 열매와 사용에 대해서는 하나님을 경외하지 않고 의식적으로 죄악 가운데 살며 믿음이 없는 회심하지 않은 자들, 즉 그리스도께 대한 참된 의존이 없는 자들에게는 만찬이 무익하다는 것을 말하는 것이 아주 필요하다. 오히려 그것은 바울이 진지하게 가르치듯이 그들의 형벌에만 기여하는 것이다.

그러므로 성찬에 참여하기 위해서는 참된 신앙이 동반되어야만 한다. 왜냐하면 성례에 대해서 앞서 말한 바와 같이, 그의 약속에 덧붙여져 있는 그리스도의 명령, 하나의 증언이기 때문이다. 하나님의 아들이 친히 "이는 새 언약의 잔"이라고 하신다(고전 11:25). 즉, 이는 하나님께서 죄와 죽음을 제거하시고, 그 목적을 위해 보내신 중보자를 통하여 영원한 칭의와 영원한 생명을 시작하신다고 서약하시는 숭고한 약속인 것이다.

자주 말한 바와 같이, 우리는 이 약속을 믿음으로 받아들여야만 한다. 그러므로, 믿음은 약속을 우리에게 나타내기 위해 성례를 사용하는데 반드시 있어야만 하는 것이다. 이 성찬 참여는 죄로부터 돌이켜서 그리스도에게서 위로를 찾는 사람들 안에 믿음을 일으키고 강화시키기 위해 반드시 있어야만 한다. 그들은 그리스도께서 참으로 그들을 받아주심을 믿는 일에 참여해야 한다. 왜냐하면 그리스도께서는 그들을 그의 몸의 지체로 만들어 주시며, 그들의 죄를 참으로 용서하기를 원하시기 때문이다. 바로 그것을 위해 그가 십자가에서 죽으신 것이다.

그러므로, 성찬에의 외적인 참여는 말씀과 약속, 즉 우리를 위해서 죽으시고 다시 살아나셨으며, 이제도 그가 축복하기를 원하시는 그의 교회와 그 몸의 지체들의 기도를 들으시는 하나님의 아들을 향하는 것이다. 이 성찬에서 우리의 마음과 믿음은 그리스도를 보고, 그리스도 안에서 위로를 찾아야 한다.

이 성찬 참여의 최고의 유익은 그리스도께서 "이를 행하여 나를 기념하라"고 하신 말에 있다고 여겨진다. 즉, 우리는 이교도로서가 아니라, 믿는 자로서 하나님의 아들이 우리를 위해서 죽으시고 다시 일어나셔서 죄와 영원한 죽음을 제거하시고, 영원한 의와 영생을 주시고, 그가 우리 안에 거하겠다고 하시며, 우리가 이 모든 것을 믿음으로 받아들여야 한다는 것을 기억해야만 한다. 이것이 분명히 그리스도께서 하신 말씀의 의미이다. 우리는 이를 잘 생각하여서 왜 이 참여가 일어나며, 왜 그 최고의 열매가 신앙을 일깨우며 강화시키는 것인지를 스스로에게 알리도록 해야 한다.

다른 유익들도 따라나와서 우리로 하여금 그 은혜에 대하여 감사하도록 상기시키는 역할을 한다. 설교와 가르침과 하나님께 기도드리는 일이 그 안에서 주어지는 공개적이고, 존중할 만한 모임으로 교회를 모으기 위해서 필요한 관습으로 주장되어야만 한다. 그리스도인들은 이 모임에 참여함을 통해서 그들의 신앙을 고백해야 한다.

또한 이 공동의 참여로서 우리는 우리의 한분이신 주요, 구주이신 예수 그리스도의 지체들로서 서로 우정과 사랑과 신실함과 도움을 나타내야만 한다. 이 의무에 대해서는 바울도 말하기를 "우리가 한 떡에 참여하므로 한 몸이라"(고전 10:17)고 한다. 그러므로, 성찬에 참여한 후에 형제의 양심에 손상을 주면 그리스도의 몸과 피를 손상시키는 것이다.

셋째 요점에 대하여

누가 이 거룩한 성찬에 참여하도록 허용되었는가? 성찬의 용법을 바로 이해하면 이것이 쉽게 이해될 수 있다. 바울은 이렇게 말한다: "사람이 자기를 살피고 그 후에야 이 떡을 먹고 이 잔을 마실지니, 주의 몸을 분변치 못하고 먹고 마시는 자는 자기의 정죄를 먹고 마시는 것이니라"(고전 11:28f.). 이로부터 우리는 의식적으로 악 가운데 살고 있는 사람은, 즉 회심하지 않고, 그 죄를 뉘우치지 않았으며, 죄 용서를 바라지 않고, 그리스도를 믿고 신뢰하지 않는 사람은 성찬에 참여할 수 없다고 결론내릴 수 있다.

하나님의 진리를 핍박함에 의해서나 마술, 간음, 그리고 살인 등으로 공개적으로 범죄한 복음의 사역자들도 성찬에 참여할 수 없다. 고대 교회가 아주 필요한 금지를 유지해 왔던 것과 같이 이는 진지하게 다시 시행되어야만 한다.

그러나 죄에서 돌이킨 사람들, 죄를 후회하고 무서워 떠는 이들은 그들의 신앙을 강화시키기 위해 성찬에 참여해야만 한다. 그들은 이 질서를 통해서 그리스도의 약속이 주 그리스도의 몸의 지체들에게 실제로 적용되고 주어지게 된다는 것을 이해한다. 왜냐하면 그리스도께서는 이로써 그가 우리를 당신의 지체들로 만드심을 증언해 주신다. 죄 때문에 두려워하는 양심은 그들 자신의 순결이나 거룩성을 믿고서 성찬에 참여해서는 안 되고, 자신들의 연약성을 인정하고 하나님께서 중보자 그리스도 덕분에 그들에게 은혜스러우시다는 것을 신뢰해야만 한다.

바울이 "자기를 살피고서 그 후에야 먹고 … 마실지니"라고 할 때, 그는 성찬 참여에의 준비와 그 가치를 말하는 것이다. 이런 자기 성찰은 성찬 참여의 한 부분이므로, 아직 하나님의 말씀으로 충분히 가르침 받지 않은 어린 아이들을 성찬에 참여시키는 것은 교회의 관례가 아니다.

넷째 요점에 대하여

내가 이제까지 말해 왔던 성찬의 바른 용법들에 반해서, 피하여야만 하고 금해야만 하는 무시무시한 성찬의 오용이 많이 일어났다. 그것은 바울이 "우상 숭배"라고 말하는 것에 가깝다고 할 수 있다(엡 5:5 참조).

그러므로 다음과 같은 규칙은 조심스럽게 주목해야만 한다. 성례, 즉 하나님께서 세우신 질서와 의식들은 그것이 제정된 그 제정과 그 제정의 의도에 따라서 수행될 때에만 성례요 하나님의 일(divine works:聖事)이다. 예를 들어서, 만일 어떤 이가 세례의 물을 들고 다니면서, 마치 성령이 그 안에 계신 것처럼 가장한다면, 이것은 우상숭배가 되는 것이다. 마찬가지로 만일 어떤 이가 문둥병에 대한 치료책으로 세례를 베풀려고 한다면 그것은 마술의 영역에로 나아가는 것이지, 세례가 아닌 것이다. 그러므로, 유대인들과 이슬람교도들이 현재 시행하고 있는 할례는 더 이상 성례가 아니라 그것을 가지고 하나님을 모독하는 것이 되는 것이다.

복음의 사역자들과 평신도들이 모두 동시에 성찬에 참여해야만 한다. 그리스도께서는 어떤 특정한 사람들, 즉 사제들(priests)만이 죽은 자들과 산 자들을 위한 희생 제사를 드려야 한다든지, 성찬이 죄 용서를 공로로 얻게 할 수 있다든지, 성찬의 떡을 가지고 행진하면서 사람들 앞에 보이고, 그것에 대해 사람들로 하여금 경배를 하고 높이도록 하라고 말씀하지 않으셨다.

이런 것들은 모두 부분적으로는 오류에서, 또 부분적으로는 의도적인 속임에 의해서 성직자들이 만들어내고 수행하는 일일 뿐이다. 이런 오용에 의해서 성례가 왜곡될 때에는, 이는 성례가 아니라 무시무시한 우상숭배일 뿐이다. 하나님께서는 우상숭배를 큰 전쟁이나 정권의 교체로 심각하게 벌하여 오셨으므로, 지금 이슬람교도들의 잔혹한 분노가 일어나고 있는 것은 미사, 죽은 자들의 이름을 부르는 것, 그리고 순수하지 못한 (사제의) 독신 제도에 따라 나타나는 온갖 추악한 부도덕성에 대한 하나님의 심판이라는 것은 의심의 여지가 없는 것이다. 우리 구주 예수 그리스도의 영원하신 아버지이신 하나님께서 이 모든 오류를 뿌리뽑아 주시고, 가련하게 버려진 교회를 보호해 주시고 유지해 주시기를 기원한다.

이 문제에 대해서는 다른 많은 글들이 나와 있기는 하지만, 그럼에도 불구하고 왜 교황주의의 미사가 금지되고 폐지되어야만 하는지를 간단히 언급해 보고자 한다.

사제들(신부들)의 희생 제사가 자신들과 (죽거나 살아 있는) 다른 이들을 위한 죄 용서를 공로로 얻게 할 수 있다는 이 오류는, "의인은 믿음으로 산다"(롬 1:17 참조)는 이 구절이 분명히 말하듯이 우리가 오직 예수 그리스도를 믿고 신뢰함을 통해서만 죄 용서를 얻을 수 있다는 신앙의 조항과 모순되는 것이다. 이 신앙의 조항은 분명히 참된 것이고, 그에 반대되는 그 어떤 인간의 행위도 마치 그것이 죄 용서를 공로로 얻을 수 있는 듯이 수립되거나 허용될 수 없는 것이므로, 미사의 희생 제사는 잘못된 것임이 아주 분명한 것이다.

히브리서 10장에서는, 그리스도께서 오직 한 번 일어난 그의 희생 제사를 통하여 성도들을 완전히 거룩하게 하였다고 기록되어 있다. 그러므로 사람들을 정화하기 위한 그 어떤 희생 제사도 필요없는 것이다. 신실한 자들은 그리스도께서 친히 그의 죽음으로 이루신 한 번의 이미 이루어진 희생 제사 덕분에 순결하게 되고 거룩하게 된 것이다(만일 그들이 그들 자신의 신앙을 통해서, 즉 그 희생 제사를 신뢰함으로써 그 희생 제사를 자신에게 적용한다면 말이다). 그러므로 사제들에 의한 희생 제사는 이와 나란히 설 수 있는 것으로 여겨져서는 안 되는 것이다.

둘째로, 가련한 사람들이 하나님의 아들을 희생 제사로 드려야 한다는 명령은 전혀 없는 것이다. 히브리서가 말하듯이 하나님의 아들만이 자기 자신을 희생 제사로 드리신 대제사장이시다. 그 누구도 먼저 중보자께서 죄에 대한 진노를 누그러뜨려 화목케 하신 일 없이 하나님 앞에 나아갈 수는 없다. 가장 거룩한 자라도 그리할 수 없는 것이다.

참으로, 그 어떤 피조물도 이 놀라운 하나님의 경륜을 다 파악할 수는 없다. 하나님께서는 그 자신의 아들이신 그리스도 외에 그 어떤 다른 사람을 통해서도 화목하기를 원하지 않으신다. 이것은 그 어떤 천사나 사람에 의해서도 누그러뜨려질 수 없는 심각한 진노를 죄에 대해 가지신다는 것을 아주 분명히 보여준다. 그러나 이것은 또한 하나님께서 사람들에 대해 얼마나 큰 사랑을 주셨는지를 우리에게 분명히 보여 준다.

우리가 비록 이 문제들을 다 파악할 수는 없지만, 우리는 한편으로는 죄에 대한 하나님의 진노가 과연 어떤 것인지를 알기 위해서, 또 한편으로는 우리가 그리스도의 은혜를 받아들이고 그것을 신뢰할 때에 그리스도 안에서 우리의 것이 되는 그 큰 은혜를 배우기 위해서 그리스도께서 하나님의 진노를 진정시키신 **그리스도의 단일한 그 희생** 제사를 성찰해 보아야만 한다. 그리스도의 희생 제사의 공로는 그리스도께서 명령하지 않으신 어떤 다른 방법을 통해서가 아니라, 우리의 신앙을 통해서 우리에게 부여된다. 그리고 하나님의 분명한 명령 없이 우리들이 희생 제사를 만들어내는 것은 분명히 잘못된 것이다.

그렇기에 우리는 그리스도의 만찬을 그것이 제정된 대로 지켜야만 한다. 설교나 권고의 말을 한 후에 그리스도의 수난을 상기하면서 이 만찬에 대한 그리스도의 말을 기도로 말하고, 그후에 떡과 포도주 모두가 위로를 찾고 진전을 나타내 보이는 모든 자에게 주어져야 한다. 이로써 그들은 그들의 신앙을 강화하고, 살아계신 하나님의 아들이 그들을 받아주시며, 그들을 그의 몸의 지체들로 만들어 주셨음을 확실히 믿어야 한다. 이것이 복음서에서 선포된 용법이며, 이는 원래 교회 안에서 이렇게 지켜진 것이다. 이를 받아들이는 것을 넘어서 이를 구경거리로 만드는 것은 우상숭배일 뿐이니, 왜냐하면 성례가 그 제정된 용법대로 시행되어야만 성례이기 때문이다.

좀더 알기를 원하는 자들을 위해 말하자면, 3세기까지만 해도 교회 안에는 개인적 미사(private mass)가 없었고,[2] 미사의 규례들은 (지금 우리가 볼 수 있는 것과) 같은 것이 아니었다. 비록 옛날에 학자들이 때때로 "희생 제사"(sacrifice)라는 말을 성찬에 대해서 사용한 일은 있으나, 그들은 사제(신부)가 하나님의 아들을 희생 제사로 드린다는 의미로 그 용어를 사용한 것이 아니다. 또한 그들은 사제의 이 행위가 다른 이들을 위한 죄 용서를 공로로 얻을 수 있다고 생각하면서 이 용어를 사용한 것이 아니다. 그 어떤 합리적인 사람이라도 쉽게 판단할 수 있듯이 그들이 "희생 제사"(sacrifice)라고 부른 것은 기도, 신앙, 참여, 그리고 감사드리는 것 전체를 포함해서였던 것이다. 더구나 옛 규례 중 하나는 모여진 회중이 가난한 자들의 복지를 위해서 많은 떡과 포도주를 가져오는 것이었는데, 이것 역시도 희생 제사로 불렸던 것이다.[3]

특히 성찬을 죽은 자들을 위한 희생 제사로 드릴 수 있다는 것은 명백한 거짓말이고 우상숭배이니, 왜냐하면 성찬은 오직 산 자들의 신앙의 훈련을 위해 제정된 것이기 때문이다[4] "희생 제사"라는 말이 성경과 많은 학자들에 의해서 여러 번 사용되었으므로, 이에 대해서 간단히 언급해 보고자 한다.[5]

---

2) 개인적 미사란 특정한 개인을 위해 드려지는 미사란 뜻으로, 천주교에서는 죽은 자를 위한 미사를 드리기도 하고, 또 특정한 산 자를 위한 개인적 미사를 드리기도 한다. 이에 일정한 돈이 지급되는 것이 관례였다. 문제는 이렇게 미사를 파는 것만이 아니라, 이런 개인적인 미사가 드려진다는 데에 있다. 이는 천주교만의 문제가 아니라, 공예배를 너무 사예배화하여 개인이나 특별한 가정을 위해 드리는 예배가 만연하는 것은 심각한 문제가 아닐 수 없다. 개인적 예배(private service)가 있으나 이는 각 개인이나 그 가정이 드리는 것이지, 교회의 직임자가 그 예배를 인도하도록 되어 있지 않은 것이다(역주).

3) 그러나 예배 전체를 지칭하든지, 헌물을 지칭하든지 그런 것도 희생 제사로 언급하는 것은 별로 덕스럽지 않을 것이다. 많은 오해만을 증대시킬 뿐이라고 여겨진다. 오히려 신약(로마서 12장 등)의 강조점은 성도들의 성도다운 삶이 "산 제사"로서 희생제사의 의미를 지닐 수 있다는 데에 있을 것이다. 혹시 찬미의 삶이 여기에 포함될 수도 있을 것이다. 그 외의 것에 대해서 희생 제사를 자주 언급하는 것은 별로 유익이 되지 않는 일일 것이다(역주).

4) 이는 신자들이 그들의 신앙을 사용하여서 믿음으로 성찬에 참여하여 그 보증하고 인치는 효과에 참여하도록 하려고 성찬이 제정되었다는 의미이다(역주).

5) 그 내용이 다음 장인 듯하다(역주).

제 23 장

의식들, 성례들, 그리고 희생 제사들의 구별

세례나, 그리스도의 만찬에의 참여와 같은 몇 가지 의식들은 하나님께서 우리에게 무엇인가를 주시기 위해서 제정해 주신 것이다. 그런 의식들은 하나님의 약속들과 연관되어 있고, 따라서 대개 성례들(sacraments)이라고 불린다.

그러나 다른 일들, 즉 고난 가운데서 인내하거나, 구제하거나 순결을 지키는 일과 같이 하나님께 순종을 돌리며 존중을 표현해 내는 일들은 (산)제사들(sacrifices)이라고 불리니,[1] 이는 우리가 하나님께 우리의 순종을 표현하여 드리는 행위들이기 때문이다. 우리는 이를 오직 영원하신 하나님을 위하여 그에게만 드려야 하며, 그런 것들로 우리는 하나님을 섬기는 것이다.

그러므로 두 가지 종류의 희생 제사가 있는 것이 된다. 첫째는 죄에 대하여 값을 치르는, 죄를 속하는, 다른 이를 위하여 죄책에 대한 용서와 영원한 형벌을 담당하는 희생 제사가 있다. 이는 하나님의 진노를 누그러뜨리는 것이며, 하나님의 불쾌히 여기심을 진정시키고, 영원한 고통과 죄책을 속하는 희생 제사이다(이는 예수 그리스도께서 십자가에서 영단번에

---

1) 이는 아주 독특한 사용이나, 롬 12:1-3의 의미에서 제사로 사용될 수 있다는 의미에서 (산)이란 말을 덧붙여 '산 제사'로 옮겼다. 우리의 행위가 공로를 가진 제사가 될 수 있다는 의미로 오해하지 말아야 할 것이다(역주).

드리신 희생 제사이다 — 보역).

그리고 둘째 제사는 감사의 제사(a sacrifice of thanks, *Dankopfer*)라고 부르는 것이다. 이는 죄 용서를 공로로 얻을 수 없는 것이며, 이를 통해서 하나님과 화목하게 된 사람이 은혜와 용서에 대해 감사를 드리는 순종의 행위인 것이다.

이때 내가 죄에 대한 두 가지 희생 제사를 말하고 있지 않음을 유의해야 한다. 히브리서에서 죄에 대한 하나의 희생 제사가 있을 뿐임이 분명히 가르쳐졌다. 히브리서 전체가 온 세상에 있을 수 있는 유일한 희생 제사(only one single sacrifice)는 죄를 속하는 제사임을 가르친다. 그러므로 다른 모든 제사는 우리가 우리의 순종을 표현하는 감사의 제사(sacrifices of thanks)라는 결론이 나오는 것이다.

모세의 율법에는 여러 가지 제사가 나오지만, 이 모든 것이 다 이 두 종류의 희생 제사에 포함될 수 있다. 그 중 몇 가지는 속죄제라고 불리었으나, 이는 그 자체가 죄 용서를 줄 수 있는 공로가 있어서가 아니라, 그 제사가 뜻하는 바 때문에 주어진 이름이다. 즉, 그것들은 (구약의 관점에서는) 장차 있을 고귀하고 값비싼 희생 제사인 그리스도의 희생 제사를 가리키고 있는 것이다.

그러나 (그 시대에는) 율법과 외적인 성격과 연관하여 그런 희생 제사들을 통하여 죄 용서를 얻게 되었다고 할 수 있으니, 그렇게 화목된 사람이 회당이나 유대인의 공동체에서 배제되지 않을 수 있었던 것이다. 성경에서는 그런 희생 제사들은 속죄제(sin-sacrifices), 속건제(guilt-sacrifices), 그리고 번제(burnt sacrifices)라고 불렀다. 다른 것들은 소제(food-sacrifices), 전제(drink-sacrifices), 찬미의 제사(sacrifices of praises), 첫 열매(first fruits), 십일조(tithes) 등으로 불린다.[2]

---

2) 이는 일반적으로 감사제(thank offerings)라고 불린다(영역자 주). 여기서 영역자는 번제를 또 한 번 언급하였는데 이는 잘 이해할 수 없는 처사이므로 뺐다. 이 후자의 희생 제사들은 그저 감사의 표시였다. 신약에서는 그런 감사의 표시가 찬미의 제사,

그러므로 죄에 대해서는 오직 하나의 유일한 희생제가 있을 뿐이니, 이는 그리스도의 죽음과 피의 희생 제사이다. 히브리서 10:4이 잘 가르치고 있듯이 말이다: "이는 황소와 염소의 피가 능히 죄를 없이 하지 못함이라." 그리고 그 뒤에 히브리서는 그리스도의 순종과 뜻에 대해서 말하면서 다음과 같이 선언한다: "이 뜻을 좇아 예수 그리스도의 몸을 단번에 드리심으로 말미암아 우리가 거룩함을 얻었노라"(히 10:10).

요한복음 17:19 이하에서는 그리스도께서 친히 그의 죽음과 피가 우리를 위한 희생 제사라고 말씀하신다: "또 저희를 위하여 내가 나를 구별하여 드리니,[3] 이는 저희도 진리로 거룩함을 얻게 하려 함이니이다. 내가 비옵는 것은 이 사람들만을 위함이 아니요, 또 저희 말을 인하여 나를 믿는 사람들도 위함이니." 이것이 우리의 중보자요 대제사장이신 분의 말임을 주목하여 보라. 그는 자신을 온 기독교계와 교회를 위해서 주셨고, 그들을 위해 위로에 찬 기도를 하시는 것이다. 이 말을 우리는 잊어서는 안 될 것이다.

선지자 이사야도 모세의 율법을 설명하기를, 죄에 대한 속죄는 모세의 율법의 희생제들이 아니요, 오직 메시야의 죽음과 피라고 제시하고 있다. 이사야 53:10에서 그는 이렇게 말하는 것이다: "그의 영혼을 속건 제물로 드리기에 이르면, 그가 그 씨를 보게 되며, 그 날은 길 것이요." 이것은 장차 참으로 죄를 제거할 다른 희생 제사가 있을 것임을 말해 주는 것이다. 그러므로, 모세의 율법의 날마다의 희생 제사는 죄를 제거하지 못하고, 영원한 죽음에서 구원하지 못하는 것이다.

사도 바울도 갈라디아서 3:13에서 다음과 같이 말할 때 이사야서의 구절을 더 분명히 설명해 주고 있다고 할 수 있다: "그리스도께서 우리를 위하여 저주를 받은 바 되사 율법의 저주에서 우리를 속량하셨으니." 로마서

온 삶으로 드리는 순종이라는 산 제사로 이해될 수 있을 것이다. 헌금 등을 여기에 넣어 이해하는 것은 오히려 많은 오해를 낳을 수 있으므로 주의해야 할 것이다(역주).

3) 멜란히톤의 희생제사로 이해하려는 의도에 따라서 이렇게 옮겼다. 그것이 우리 개역의 "거룩하게 하오니"에 담긴 뜻이기도 하다(역주).

8:3도 마찬가지이다. "죄를 인하여 자기 아들을 죄 있는 육신의 모양으로
보내사 육신에 죄를 정하셨으니." 즉, 그가 죄를 제거하시고 벌하시고, 죄
에 대한 그의 희생제로 구속을 이루셨다는 말이다. 히브리어에서 죄에 대
한 희생 제사는 죄로 언급되기도 하기 때문이다.[4]

죄를 제거하는 것은 이 한 희생 제사 이외에 더 이상 다른 것이 없음이
분명하다. 왜냐하면 율법에 나온 속죄제들은 그것들이 지시하는 바, 즉 십
자가에서의 그 하나의 희생 제사(그리스도의 희생 제사) 때문에 속죄제라
고 언급된 것이기 때문이다. 그러므로 그리스도께서 계시되고 그가 오신
후로는 그전의 희생 제사가 폐지된 것이다. 왜냐하면 그것들은 참된 화목
에 대한 그림자에 불과한 것이기 때문이다. 사도 바울이 분명히 선언하듯
이 말이다. "그러므로, 진리이신 그리스도가 계시된 후에는 그것들은 그쳐
지니라"(cf. 히 10:1, 9-14).

감사의 제사에 대하여

그러면 이제는 성경에 나오는 감사의 제사, 또는 찬미의 제사에 대해서
말해 보기로 하자. 그리스도인들이 이런 것을 하나님께 드릴 때, 그들은 참
으로 그리고 순수하게 복음을 선포하는 것이며, 신앙과 기도와 감사와 환
난과 곤란 중에서 인내와 복음을 고백함을 보이는 것이다. 일반적으로 말
해서 성도들의 신앙의 선한 열매들은 모두 감사의 제사들이다.

이런 감사의 제사들은 죄를 위한 만족이나 구속의 행위가 되지 않으며,
또한 누군가가 행하거나 다른 이에게 적용되는 희생 제사들이 아니다. 그
것들은 그 자체로 작용하여(*ex opere operato*), 즉 하나님을 경외함이나
믿음이 없이 행해도 죄 용서를 공로로 얻는 것은 아닌 것이다.

그러므로 신약성경에는 **그리스도의 죽음과 죄**라는 가장 고귀하고 높은

---

4) 이는 맨 앞에 있는 "죄를 인하여"에 대한 언급이다. "for sin"으로 옮겨진 것에
대한 멜란히톤의 해석인 것이다(역주).

희생 제사 외에는 죄에 대한 대속이나 속죄제가 없다. 신약에 나타나는 다른 모든 제사들은 다 감사의 제사들이다. 베드로전서 2:5은 다음과 같이 말한다: "너희가 … 신령한 제사를 드릴 거룩한 제사장이 될지니라." 사도 베드로가 "신령한 제사"라는 말을 사용할 때, 그는 율법에 나오는 황소나 숫염소를 죽이는 것만이 아니라, 다른 모든 외적인 선행들도 그 자체로는 (*ex opere operato*), 즉 성령과 믿음이 없이는 신령한 제사가 아니라고 시사하는 것이다. 여기서 "신령한"이란 말은 마음 가운데서의 성령의 빛과 살아 있는 행위를 뜻하는 말이다.

히브리서 13장도 이 신령한 제사에 대해서 말한다: "그러므로 우리가 예수로 말미암아 항상 찬미의 제사를 하나님께 드리자"(15절). 사도는 분명하게 말하기를 찬미의 제사는 그 이름을 증거하는 입술의 열매라고, 즉 복음을 선포하며 기도하고, 하나님을 불러 아뢰는 것이라고 한다. 이런 감사와 찬미의 제사는 그저 행위로, 그 자체로(*ex opere operato*) 행해질 때는 공허한 것이고 위로가 없는 것이다. 왜냐하면 하나님께서는 오직 믿음을 통해서 그리스도 덕에 드려지는 것만을 기뻐 받으시기 때문이다. "예수로 말미암아"라는 말이 시사해 주듯이 말이다.

그러나 그리스도인들에게는 그 마음에 그들의 모든 행위와 환난과 고난이 하나님을 기쁘시게 하는 고귀하고 값비싼 감사의 제사들이며, 그것들을 통해 하나님이 영광을 받으시고 높여지심을 안다는 것은 아주 큰 위로가 아닐 수 없다. 시편과 선지서의 많은 아름다운 구절들이 이런 감사의 제사들을 말해 주고 있다. 시편 50:14: "감사로 하나님께 제사를 드리며(찬미의 제사를 드리며) 환난날에 그를 부르라." 시편 51:17도 그러하다. "하나님께서 받으실 만한 제사는 상한 심령이라."

둘째로, 우리는 신약 시대에는 예배가 그저 외적인 형식이나 보이기 위한 행위가 아니라, 그 마음에 하나님의 빛이 있고, 믿음과 경외와 위로와 하나님을 기뻐함이 있는 것이라는 점을 알아야만 한다. 영생의 시작과 이에 따르는 행위는 마음 속에 있는 신적인 빛과 생명에서 나오는 것이다. 선지자가 다음과 같이 말하듯이 말이다. "내가 나의 법을 그들 속에 두며,

그 마음에 기록하여"(렘 31:33). 그리고 그리스도께서는 요한복음 4:23에
서 이렇게 말씀하신다: "아버지께 참으로 예배하는 자는 신령과 진정으로
예배할지니라." 그러므로 모세 율법의 의식들과 희생 제사는 모두 폐지되
었다. 왜냐하면 신약성경은 마음의 영적 제사, 즉 참된 신앙, 하나님에 대
한 참된 경외, 그리고 이로부터 '외적인 신앙의 참된 열매들'을 요구하기
때문이다.

신약성경은 어떤 기계적으로 수행된 일(그들이 말하는 *ex opere
operato*)을 통해서 자신을 위해서나 다른 이들을 위해서 죄 용서를 공로
로 얻게 하는 희생 제사나 하나님 섬김을 가지고 있지 않다. "아버지께 예
배하는 자는 신령과 진정으로 예배할지니라"라는 이 구절은 분명히 그런
희생 제사를 반대하는 것이다. 그러므로 어떤 이가 마음이나 신앙 없이 기
계적으로 수행된 행위가 죄 용서를 공로로 얻게 할 수 있다고 한다면 그
것은 증오할 만하고, 냉혹하고, 바리새주의적인 가르침이요, 오류이다.

성경과 전 '성경의 역사'가 분명히 시사해 주고 있듯이, 이스라엘 백성
들이 바리새주의적 오류 가운데서 은혜와 죄 용서를 얻기 위하여 희생 제
사와 제단과 거룩한 사역을 준비했을 때에, 선지자들은 그것에 반대하면서
그들의 힘을 다해서 그런 바리새주의적 가르침을 근절하려고 노력했던 것
이다.

시편 50:13에 의하면 하나님은 찬미와 기도의 제사를 애호하면서, 그런
희생제들을 거부하신다. "내가 숫소의 고기를 먹으며, 염소의 피를 마시겠
느냐? 감사로 하나님께 제사를 드리며 … "

이사야 1:11 "여호와께서 말씀하시되, 너희의 무수한 제물이 내게 무엇
이 유익하뇨? "

예레미야 7:22 "대저 내가 너희 열조를 애굽 땅에서 인도하여 낸 날에
번제나 희생에 대하여 말하지 아니하며, 명하지 아니하며, 오직 내가 이것
으로 그들에게 명하여 이르기를 너희는 내 목소리를 들으라. 그리하면 나
는 너희 하나님이 되겠고, 너희는 내 백성이 되리라."

선지자가 주께서는 그 조상들에게 희생 제사에 대하여 말하지 아니하였

다고 하는데 비해서, 모세의 율법에는 희생 제사에 대한 언급이 많이 있으므로, 예레미야는 하나님께서 요구하지 않으신 외적인 희생 제사의 외식을 꾸짖고 있음이 틀림없다. 왜냐하면 하나님께서는 그들의 마음을 원하시기 때문이다.

이와 비슷한 바리새주의적 오류로 영혼들에 대한 수많은 미사의 의식과 다른 미사들이 교회에 의해 채용되었고, 사제들(신부들)은 그런 미사들이 하나님께 기쁨이 되며, 그것이 그 자체로(*ex opere operato*), 즉 그 자체를 수행함으로써 자신들과 다른 이들을 위한 죄 용서를 공로로 얻게 할 수 있다고 신성모독적으로 가르쳤었다. 그들은 또한 그 미사를 통해서 우리가 십자가에서의 그리스도의 희생 제사에 참여한다고 가르쳤었다. 그러나 사실은 미사나 다른 행위를 통해서가 아니라, 각자가 각자의 신앙을 통해서 공로 없이, 은혜로, 그 어떤 행위 때문이 아니고, 그저 그리스도의 죽음과 희생 제사에 참여해야 하는 것이다.

그러므로, 제정된 대로의 성찬에 참으로 참여하는 것은 그것을 통해서 하나님의 아들이 우리에게 주시고, 은혜 가운데서 우리를 받아주시는 언약이다. 그러므로 그것은 희생 제사(a sacrifice)가 아닌 것이다. 우리는 참된 믿음과 하나님의 약속을 믿음으로 주어진 은혜를 받아들여야만 하고, 이 믿음과 신뢰에서 하나님과, 중보자이신 그리스도에 대한 참된 기도와 구속과 다른 은사에 대한 감사가 나오는 것이다.

또한 여기서 복음에 대한 신앙고백이 나온다. 이는 주 그리스도의 성찬에 모여 앉아서 서로 선한 모범을 제시하고, 참된 가르침을 베풀고, 격려하여 전진하도록 하는 것과 함께 조화롭게 나타나는 것이다.

복음의 선포와 기독교적인 격려는 이 의식과 함께 주어져야만 한다. 이 의식에 따라나오는 이 마음의 행위는 감사의 제사이고, 이는 히브리서 13:15에 함의되어 있는 것이기도 하다. "우리가 예수로 말미암아 항상 찬미의 제사를 하나님께 드리자. 이는 그 이름을 증거하는 입술의 열매니라."

이런 일들에 대해서 고대의 습관을 따라서 "제사"(sacrifice)라는 말이 사용되었고 후에 오용으로 말미암아 그것이 의식화 되기에 이르렀다. 그럼에도 불구하고, 우리는 외적인 행위와 마음 속에서의 참된 하나님 경배를 분명히 구별해야만 한다. 그것이 없이는 그 의식들이 유용하지도 않고, 그 누구에게도 열매가 될 수 없는 것이다. 앞에서도 말한 바와 같이 "참으로 예배하는 자는 신령과 진정으로" 예배해야 하는 것이다. 즉, 마음 속에 참된 열망을 일으키시는 성령 안에서 예배해야 하는 것이다. 로마서 8:26의 "성령이 우리의 연약함을 도우시나니"라고 하듯이 말이다.

의식의 희생 제사와 그 적용에 대한 교황주의자들의 가르침은 분명히 무시무시하게 공허한 오류이고, 하나님을 경배하는 것에서 아주 먼 것이다. 오히려 그것들은 하나님을 더 화나게 할 뿐이다. 모든 경건한 사람들은 하나님께 교회를 정화시켜 주시고, 모든 우상숭배를 근절해 주셔서, 사랑 받는 자들이 그의 아들 그리스도에 대한 참된 신뢰를 가지고 영원하신 하나님을 옳게 불러 아뢸 수 있도록 해주시기를 기도해야만 한다.

그러나 어떤 이들은 이에 반박하면서, 모든 희생 제사는 다른 이들을 위하여 이루어져야 하며 다른 이가 참여하도록 하는 것이 모든 희생 제사의 성질이라고 주장할 것이다. 그러나 로마서 1장과 2장은 이런 주장이 잘못된 것임을 시사해 준다.

"하나님께서 각 사람에게 그 행한 대로 보응하시되"(롬 2:6). 또한 "오직 의인은 믿음으로 살리라." 지혜로운 다섯 처녀와 어리석은 다섯 처녀의 비유도 이 점을 지적해 준다.

그런 하나님 섬김은 모든 그리스도인들에게 요구되는 것이니, 사도 바울은 "우리가 빚진 자"라고 하며(롬 8:12), 또한 "만일 내가 복음을 전하지 아니하면 화가 있으리라"(고전 9:16)고 한다. 우리들의 행위가 그 자체로는 충분하지 못하나, 그리스도에 대한 우리의 믿음이 우리의 행위를 받으심직하게 하는 것이다. 그렇다면 만일 우리가 우리의 행위가 우리만을 위해서가 아니라 다른 이를 위해서도 죄를 갚는 것으로 여긴다면 그처럼 바리새주의적이고 높은 교만이 어디 있겠는가? 그리스도께서는 눅 17:10에서 이렇게 말씀하신다: "이와 같이 너희도 명령 받은 것을 다 행한 후에 이르기를 '우리는 무익한 종이라 우리의 하여야 할 일을 한 것 뿐이라' 할

지니라"

시편 50편은 환난 날에 기도와 부르짖음을 희생 제사(a sacrifice), 감사를 드림, 또는 찬미의 제사라고 부른다. 그런데 우리를 불안과 곤란으로부터 구원해 주심에 대하여 하나님께 감사를 드리는 것은 다른 이에게 부여될 수 있거나, 우리에게 적용될 수 있는 행위가 아니다. 그러므로, 모든 제사의 성격은 다른 이의 제사에 우리가 참여하는 것이라고 말하는 것은 잘못된 것이다. 오직 하나의 희생 제사, 즉 십자가에서 그리스도께서 드리신 희생 제사만이 다른 이들을 위하여 일어났고, 다른 이들에게 부여되는 희생제사이다. 다른 것들은 감사의 제사들이고, 그것들은 다른 선행들이나 신앙의 열매 이상의 역할을 하지 않는다. 그러므로, 그것들은 죄 용서를 얻도록 하기 위해 다른 이들을 위해 행해진 제사라고 여겨서는 안 되는 것이다.

여기서 다음과 같이 말할 이도 있을 것이다: "그럼에도 불구하고, 우리는 다른 이들을 위해 기도하지 않습니까?" 이에 대한 우리의 대답은 다음과 같다. 기도는 딴 문제이니, 우리가 기도할 때 우리는 다른 이를 위해 무엇을 갚기 위해서 행위를 하나님께 가져오는 것이 아니라, 오히려 우리가 하나님에게서 무엇인가를 받으려고 추구하는 것이기 때문이다. 하나님께서는 우리가 기도하는 것을 우리와 다른 이들에게 주겠다고 약속하셨다. 따라서 여기서 우리는 그 두 가지를 쉽게 구별할 수 있는 것이다.

기도할 때 우리는 우리의 행위를 희생 제사로나 다른 이들을 위한 죄의 대가로 가져오지 않고, 우리는 중보자 그리스도를 통해서 무엇인가를 얻으려 하는 것이다. 주께서 친히 말씀하시기를 "너희가 무엇이든지 내 이름으로 아버지께 구하는 것을 그가 너희에게 주시리라"(마 7:7; 눅 11:9 참조)고 하셨기 때문이다. 우리 자신의 행위에 의지해서가 아니라, 그리스도께 대한 믿음으로 하나님께 나아간다는 것은 우리 자신의 행위를 공로로 하여 그것을 다른 이에게 부여할 목적으로 하나님 앞에 나아가는 것과 전혀 다른 것이다.

그렇기에 우리는 우리 자신의 선행들이 다른 이들에게 은혜와 죄 용서를 얻도록 부여되며 적용된다는 가르침에 양보해서는 안 된다. 왜냐하면 "오직 의인은 믿음으로 산다"고 기록되었기 때문이다(롬 1:17).

더 나아가서, 어떤 이들의 죄 때문에 하나님의 심판과 재앙이 다른 이들에게 현세에서 주어짐을 알아야만 한다. 그러나 몇몇 경건한 사람들의 덕 때문에 하나님께서는 자주 다른 이들을 구하여 주시며, 현세적 심판을 모면하도록 하기도 하시니, 많은 구절들과 예들이 이를 잘 시사해 준다.

예레미야 49:12: "나 여호와가 이같이 말하노라. 보라 이 잔을 마시지 않을 자도 마시지 아니치 못하겠거늘, 네가 형벌을 온전히 면하겠느냐? 면하지 못하고 반드시 마시리라."

이와 마찬가지로 이사야 33장도 어떤 하나님을 경외하고 경건한 사람들 때문에 하나님께서 나라와 백성들에게 선한 통치자들을 내려주시고, 현세적인 평안과 다른 것들을 주시는 복을 주신다고 지적한다. "오직 의롭게 행하는 자, 정직히 말하는 자, 토색한 재물을 가증히 여기는 자, 손을 흔들어 뇌물을 받지 아니하는 자, 귀를 막아 피 흘리려는 꾀를 듣지 아니하는 자, 눈을 감아 악을 보지 아니하는 자, 그는 높은 곳에 거하리니 견고한 바위가 그 보장이 되며, 그 양식은 공급되고 그 물은 끊치지 아니하리라 하셨느니라. 너의 눈은 그 영광 중의 왕을 보며, 광활한 땅을 목도하겠고 …"(15-17절).

여기서 하나님께서는 무엇보다도 몇몇 하나님을 경외하는 사람들 때문에 정부가 조용히 전진하겠고, 일반적 평화가 유지될 것이라고 약속하시는 것이다.

또 몇몇 사람들의 범과와 죄 때문에 다른 이들이 형벌을 받은 예들도 있다. 다윗의 죄 때문에 백성이 형벌을 받았다. 역으로, 만일 몇몇 의롭고 경건한 자들이 있었다면, 하나님께서는 소돔을 심판하지 않으시려고 했던 것이다. 나아만 때문에 하나님께서는 시리아 전역에 복과 행운을 내려주셨다. 그러므로, 우리는 하나님께서 보상과 형벌을 넓게 확대하셔서 우리가 더욱더 선한 일에 힘쓰도록 하셨음을 알아야만 한다.

그러나 이런 또 비슷한 성경 구절들에서 우리는 이 모든 것이 주된 신앙의 조항, 즉 우리가 어떻게 하나님 앞에서 의롭다 함을 받는가 하는 것에 관련된 것이 아님을 알아야만 한다. 즉, 다른 이들의 선행들, 성도들과 경건한 자들의 선행이 불경건하고 불의한 자들을 하나님과 화목하게 하거나, 그들을 위해서 죄 용서를 얻어줄 수 있는 것은 아닌 것이다. 오직 그리스도를 통하여 경건하고 거룩한 자들이 된 자들에 대해서만 온갖 선한 은사의 기회가 될 수 있으니, 신실한 그리스도인들은 그리스도의 몸의 지체들이기 때문이다.

둘째로, 우리는 우리의 행위를 다른 이들에게 부여해 줄 자격이 없으니, 그것은 복음에 반하여서 우리 자신의 행위를 신뢰하는 것이 되겠기 때문이다. 그리스도인들의 순종에 대해서 일반적으로나 구체적으로 보응해 주시는 것은 오직 하나님께만 있는 특권이다. 그러나 그리스도인들은 그 형제, 자매들을 위해 기도할 수 있으니, 이때 그들은 자신들의 공로에 근거해서가 아니라, 그리스도에 대한 은혜의 약속에 근거하고 믿음 안에서만 기도할 수 있기 때문이다.

이로부터 우리는 수도사들이 아주 높이는 행위의 적용과 부여라는 것이 어떻게 이해되어야 하는지를 잘 알 수 있게 된다. 하나님 앞에서의 칭의에 관한 한, **믿음이 없이**는 적용이 있을 수 없다. 그러나 믿음은 말씀과 성례의 수단을 사용한다. 그것들이 각자가 다른 이의 행위에 의해서가 아니라, 자신들의 신앙을 통해서 그리스도의 은혜라는 보화를 받게됨을 증거해 주기 때문이다. 여기서 미사에 대해서는 이 정도만 논의해 두기로 한다.

제 24 장

고해와 사죄에 대하여[1]

옛날 학자들 중 몇몇은 고해(회개)가 성례에 속한다고 여겼다고 생각되었다. 그래서 고해에 대한 가르침이 그리스도인들에 의해서 쉽게 전달될 수 있게 된다고 여겨졌다.

여기서 무엇보다 먼저 이단자들이 정죄되어야 하니, 모든 성경에 반해서 세례 이후에 다시 타락한 자들은 죄 용서를 받을 수 없다고 가르치고 말하는 노바티아누스파(the Novatianists)와 카타리파(Cathari)가 정죄되어야 한다. 그들은 죄가 무엇인지, 믿음으로 말미암는 의가 무엇인지를 모르기 때문에 결국 그런 이단 사상을 발전시킨 것이다. 카타리파는 스스로를 속이며, 원죄에 대해서 아무것도 모르며, 그들이 자신들의 행위로서 깨끗해질 수 있다고 생각했었다. 그들은 이런 환상 가운데 머물러 있었고, 우리가 우리의 생 전체를 통해 죄 용서를 필요로 한다고 지적하는 복음에 대해서 아무것도 이해하지 못했던 것이다.

그래서 첫째로 세례 이후에 다시 타락한 이들이 죄 용서를 받을 수 있으며, 그들이 다시 하나님께 돌이키기만 하면 교회는 그들에게 위로와 사죄를 부여해야 한다는 것을 시사하는 성경 구절들을 생각해 보기로 하자.

이에 대해서는 신·구약 성경에 수많은 예가 있다. 다윗과 므낫세가 그러하고 베드로도 그리스도를 부인한 후에 다시 은혜를 얻었었다. 더구나,

---

1) 제25장 내의 한 항목도 참조하라.

이 베드로는 후에 다시 잘못하여 사도 바울에 의해, 책망을 받았으며, 그에 의해 다시 사죄를 얻게 되었다.[2] 사도 바울은 고린도후서 2장에서 권징받은 죄인들을 공식적 사죄의 의식을 거친 후에 다시 받아들이라고 명령한다. 에스겔 33:11에도 "여호와께서 나의 삶을 두고 맹세하노니 나는 악인의 죽는 것을 기뻐하지 아니한다"고 기록되어 있다. 타락한 자들을 회개하도록 하고 사죄에 이르게하는 이런 좋은 가르침은 선지서 곳곳에 나타나 있다.

에스겔서의 이 구절은 특별히 위로가 되니, 이 약속 가운데서 여호와 하나님은 그의 삶을 두고 맹세하시기 때문이다. 하나님께서 맹세하시므로, 양심이 더 기쁨을 얻고 위로를 얻게 되니, 왜냐하면 하나님의 약속만을 듣는 것이 아니고, 지고한 엄위자의 맹세도 듣기 때문이다.

노바티아누스파가 가련한 죄인들이 세례를 받은 후에 다시 타락하면 더 이상 죄 용서를 받을 수 없다고 가르칠 때, 그들은 하나님께서 거짓말하신다고 비난하는 것이 되며, 위증죄를 하나님께 돌리는 것이 된다. 불안한 마음과 양심에게 하나님의 맹세는 아주 큰 위로가 되니, 왜냐하면 이는 하나님께서 우리가 하나님을 믿기를 원하시는 것을 잘 나타내 보여 주기 때문이다. 새 언약을 보면서 신·구약의 이런 말들은 무용(無用)의 것이라고 말하는 이들은 거짓말을 도입하는 것이다. 선지자들의 이 말은 하나님의 참 백성, 즉 전체로서의 기독교회가 관련되는 말이다. 아벨의 때부터 하나의 신앙과 정신을 가진 하나의 거룩한 기독교회(one holy Christian Church)가 있어 왔으므로, 신약과 구약 모두에 하나의 죄 용서가 있는 것이다(따라서 구약에서 범죄한 후에 사죄의 예가 있으면 신약에서도 그럴 수 있는 것이다 ― 보역).

신약에 나타나는 또 다른 증언들도 주목해 보아야만 한다. 그리스도께서

---

2) 이에 대해 영역문은 "were brought again to penance by St. Paul" 이라고 해서 오해의 여지를 주고 있으나, 여기서는 그 뜻만을 살펴 걸림이 전혀 되지 않도록 옮겼음에 유의하라(역주).

는 마태복음 18:15에서 이렇게 말씀하신다: "네 형제가 죄를 범하거든 가서 너와 그 사람과만 상대하여 권고하라. 만일 들으면 네가 네 형제를 얻을 것이요." 그리스도께서는 분명히 그런 권고가 효과를 가져올 것임을, 그리고 이전에 복음을 받아들이고 거룩함에 참여하였다가 다시 죄를 범한 사람들에 대해서 말하는 것임을 분명히 시사하신다. 또한 그는 만일 그들이 (끝까지) 듣지 않거든 교회에서 배제되고 정죄되어야 한다고 시사하신다.

그리고 베드로 사도가 그 형제를 얼마나 많이 용서해야 하느냐고 물었을 때, 그리스도께서는 일흔 번씩 일곱 번이라도 하라고 말씀하신다(마 18:21-22 참조).

이것은 한 번 믿은 후에 다시 타락한 자들도 죄 용서를 얻을 수 있음을 시사해 준다. 그리스도께서 그리스도인들과 교회가 용서하기를 원하신다면 그 자신도 용서하실 것이니, 그가 조금 전에 "그리하면 네가 그 형제를 얻은 것이요"라고 말씀하시기 때문이다.

또한 기독교회 전체는 날마다 "우리의 죄를 용서하옵시며"라고 기도한다. 이는 세례 후에 다시 타락한 사람들의 죄도 용서해 주시기를 기원하는 것이 아닐 수 없다.

갈라디아서 6:1: "형제들아 사람이 만일 무슨 범죄한 일이 드러나거든, 신령한 너희는 온유한 심령으로 그러한 자를 바로잡고, 네 자신을 돌아보아 너도 시험을 받을까 두려워하라." 사도 바울은 타락한 이들이 회개에로 나아와야 한다고 명령하고 있으므로, 이는 그들의 죄가 용서받으리라고 시사하는 것이다.

누가복음 15:7에서 그리스도는 이렇게 말씀하신다: "내가 너희에게 이르노니 이와 같이 죄인 하나가 회개하면 하늘에서는 회개할 것 없는 의인 아흔 아홉을 인하여 기뻐하는 것보다 더하리라"

계시록 2:5 "그러므로 어디서 떨어진 것을 생각하고 회개하여 처음 행위를 가지라" 이런 구절들은 아주 분명한 것이다.

그러나 노바티아누스파 이단들은 다른 구절들은 제쳐놓고 두 구절만을

강조한다. 그 중의 하나가 히브리서 6:4f.이다: "한번 비침을 얻고 하늘의
은사를 맛보고 … 타락한 자들은 다시 새롭게 하여 회개케 할 수 없나니."
비록 이 구절이 어려워 보이지만, 만일 그리스도인의 마음과 양심이 옳게
가르침을 받으면, 그는 분명히 위로를 받을 것이다. 왜냐하면 그리스도와
사도들의 말에 분명히 근거하고 있는 이 절대적으로 필요한 조항이 제거
되기 전에 히브리서 전체가 버려져야 하기 때문이다.[3] 고대 학자들은 히브
리서가 사도 바울에 의해서 씌어진 것이 아니라, 그의 제자들 중의 하나에
의해서 씌어졌다고 한다.[4]

그리고 우리가 다른 분명히 성경 구절들로부터 세례 이후에 다시 타락
한 자들이 죄 용서를 얻을 수 있다는 것을 배운다면, 우리는 한 구절의 말
을 고집하면서 (이상스럽게 해석하지 말고), 그 구절을 다른 성경의 원리
에 따라서 해석해야 한다.[5]

옛 사람들은 이 구절에 대한 다양한 해석을 시도하였으나, 희랍어 본문
에서는 전혀 의미를 감하지 않고 "그리스도를 다시 못박고 멸시하는 자들
은 … 다시 회개할 수 없나니"라고 되어 있다. 이는 복음을 버리고 저주하
는 이들, 세례와 회개에 대한 교리를 저버리는 이들은 회개로 다시 회복할
수 없다는 것을 의미할 수 있고, 또 그렇게 이해되어야 한다. 이것은 이 구
절에 대한 참된 해석이고, 회개와 사죄의 교리에 반하는 것이 아니니, 그처
럼 복음을 부인하고, 그리스도를 새롭게 못박는 자들은 회개와 사죄로 다
시 회복될 수 없기 때문이다.

만일 이런 설명이 불충분하다고 여기는 이가 있다면, 공적인 신성모독자

---

3) 여기서 멜란히톤은 교리에 근거하여 이를 정경으로 받아들이는가 아닌가를 결정
하려는 루터적 경향을 나타내 보이고 있다. 오히려 이 구절에 대한 다른 바른 해석을
찾는 것이 옳은 태도일 것이다(역주).

4) 멜란히톤 자신은 때때로 히브리서가 바울에 의해 씌어졌다고 말하기도 한다. 오
늘날엔 정확히 누가 히브리서를 썼는가 말하기 어렵다는 견해가 지배적임을 유의하라
(역주).

5) 여기서 멜란히톤은 아주 귀한 성경 해석의 원리를 제공해 주고 있는 것이다. 이
를 유념해야 할 것이다(역주).

들에 대한 다음 구절을 해석해 보는 것이 좋은 것이다. 그것은 아주 강하고 무서운 말로 다음과 같이 말하고 있기 때문이다: "그들은 그리스도를 다시 못박아 현저히 욕보임이라"(히 6:6). 이것은 연약함 때문에 범하는 평상적인 죄가 아니고, 공개적이고, 무시무시한 신성모독이다. 완고한 이들과 에피쿠로스 사상가들이 그런 신성모독자들이다. 그들은 자신들의 양심에 반(反)해서 하나님의 말씀과 진리를 핍박하고, 모든 권고와 회개와 사죄를 뻔뻔하게 무시하며, 오히려 하나님과 신적인 것들을 비웃는 것을 즐거워하며, 자신들의 지혜를 높이려 하는 것이다.

이처럼 신성모독의 죄가 용서받을 수 없으므로, 모든 죄가 다 용서받을 수 없다고 주장하는 것은 공허한 논의일 뿐이다. 주 그리스도는 분명히 시사하시기를 다른 죄들은 용서를 받으리라고 하신다. 마태복음 12:31: "그러므로 내가 너희에게 이르노니 사람의 모든 죄와 훼방은 사하심을 얻되 성령을 훼방하는 것은 사하심을 얻지 못하겠고." 또한 요한일서 5:16 "사망에 이르는 죄가 있으니, 이에 대하여 나는 구하라 하지 않노라."

뒤에서 신성모독에 대해서 좀더 말할 것이다. 그러나 여기서는 히 10:26에 대해서만 먼저 말하고자 한다: "우리가 진리를 아는 지식을 받은 후 짐짓(deliberately) 죄를 범한즉 다시 속죄하는 제사가 없고, 오직 무서운 마음으로 심판을 기다리는 것"만이 있는 것이다.

이 구절도 회개에 대한 가르침에 반대되는 것이 아니다. 왜냐하면 사도는 타락한 자들이 회개하지 않기를 원하는 것이 아니라, 우리가 그리스도를 통해 얻은 화목과 은혜를 다른 희생 제사, 다른 죄값 치름과 만족 등과 대조시키는 것이기 때문이다. 만일 우리가 그리스도와 복음을 알고, 이 보화를 보존하지 않으면, 필연적으로 무시무시한 심판의 형벌이 따라올 것이니, 왜냐하면 우리가 그 하나의 희생 제사를 가지고 있지 않으면, 행위도 희생 제사도 헛된 것이기 때문이다. 히브리서 기자는 죄 가운데 떨어진 이들이 다시 그리스도와 그의 희생 제사에로 오지 못한다고 말하는 것이 아니라, 만일 그리스도께 오지 않는다면 심판과 영원한 진노를 기다리는 것 외에는 그 어떤 다른 것도 발견할 수 없다고 말하는 것이다.

제 25 장

성령을 훼방하는 죄에 대하여

성 어거스틴은 성령을 훼방하는 죄에 대하여, 그것은 복음에 대한 원수와 무시하는 자들과 핍박자들의 완고함을 지칭하는 것인데, 결국 그들이 회개하지 않고 하나님의 은혜에 대하여 절망하는 정도로 그리하는 자들의 완고함을 뜻하는 것으로 이해한다. 그 이유는 그가 이 죄를 은혜에 저항하는 죄라고 이해하는 데 있다. 다른 죄들은 아무리 큰 죄라고 할지라도 은혜를 구하고 바라기만 하면 용서를 받을 수 있는 것이다. 그러나 그리스도의 복음을 핍박하고 절망하는 자들은 은혜를 저버리는 것이다. 또한 어거스틴은 다음과 같은 말에서 그리스도의 말씀과 일치하여 말하고 있다: "성령에 반하여 말하는 이는 … (즉 성령의 증언을 통해 선포되고 수립된 은혜의 말을 종국적으로 저버리는 것은) … 용서받을 수 없는 죄이다."[1]

어거스틴의 이 설명은 기독교적이고 성경에 일치하는 것이다. 인정된 진리에 따라서 우리는 모든 죄를 성령에 반하는 죄라고 여겨서는 안 되고 따라서 용서받을 수 없는 죄라고 해서는 안 되는 것이다. 그렇기에 나는 많은 죄들이 용서받았다고 시사하는 성경의 많은 구절들을 지적하였다. 우리는 교리에 대한 모든 핍박이 용서받을 수 없는 죄라고 여겨서는 안 되

---

1) *Works of Aurelius Augustine*, III, *Donatist Controversy*, Marcus Dods, ed.(Edinburgh, 1872), *A Treatise Concerning the Correction of the Donatists*, 제11장.

니, 므낫세도 바울도 용서를 받았기 때문이다.

우리는 두 가지를 조심스럽게 주목해야 한다. 첫째로, 믿음을 가진 사람들의 모든 죄들은 분명히 용서받을 것이다. 왜냐하면 죄 용서와 그리스도의 은혜는 몇몇에게만이 아니라, 모두에게 제공될 것이기 때문이다. 다음 구절들이 시사하듯이 말이다: "저를 믿는 자마다 멸망하지 않을 것이요"(요 3:16). "죄가 많은 곳에 은혜가 넘쳤느니라"(롬 5:20). 요일 2:2 "저(그리스도)는 우리 죄를 위한 화목 제물이니, 우리만 위할 뿐 아니라 온 세상의 죄를 위하심이라." 그러므로, 만일 어떤 이가 그런 값비싼 희생제물이신 그리스도가 그의 죄를 위해서는 값을 치르지 않으셨다고 말한다면, 그는 그리스도를 비방하는 것이 되는 것이다. 또한 우리가 죄의 왕국이 그리스도와 은혜의 왕국보다 더 강하고, 강력하다고 여긴다면 그것은 하나님과 그의 은혜를 경멸하는 것이 된다. 그러므로 우리는 믿는 사람의 모든 죄는 사해질 것이라고 확신해야만 한다.

둘째로 (하나님의) 최고의 명령은 하나님의 아들의 말을 듣고 그를 믿으라는 것이다. 이 명령은 이전의 우리의 죄가 아무리 크더라도 그리스도께 돌이키도록 한다.

이제는 두번째 부분으로 나아가야 하니, 사도 요한이 "죽음에 이르는 죄"(요일 5:16 참조)라고 부르는 용서받을 수 없는 죄를 성경이 말하고 있음도 사람들은 알아야만 하기 때문이다. 이것이 어떤 종류의 죄이고, 누가 범하는가 하는 것은 우리가 판단할 문제가 아니다. 그러나 그리스도와 복음을 핍박하고 모독하는 것은 위험한 것이다. 그러나 회개하고 다시 복음에로 돌이키는 자들에게는 용서받지 못할 죄가 없다고 결론지어야만 한다.

이로부터 우리는 그 누구도 위협으로 그리스도로부터 떨어질 수 없다는 것을 배울 수 있다. 위협은 다시 그리스도와 신앙에게 오지 않는 이에게만 영향을 미친 것이니, 은혜와 죄 용서는 그리스도와 신앙에게로 다시 오는 모든 이에게 제공되기 때문이다. 그러므로 우리는 죄가 무엇이며, 어떤 이에게 그런 죄가 있는지를 유념해야 한다. 왜냐하면 용서받지 못할 죄는 회개와 믿음에로 다시 돌이키지 않는 자들에게만 있는 것이기 때문이다. 성경의 많은 구절들이 이를 가르쳐 주고 있다.

사도 바울은 디도서 3:10 이하에서 다음과 같이 말한다: "이단에 속한 사람을 한두 번 훈계한 후에 멀리 하라. 이러한 사람은 네가 아는 바와 같이 부패하여져 스스로 정죄한 자로서 죄를 짓느니라."

또한 로마서 11:7 이하: "그 남은 자들은 완악하여졌느니라. 기록된 바 하나님이 오늘날까지 저희에게 혼미한 심령과 보지 못할 눈과 듣지 못할 귀를 주셨다 함과 같으니라."

이런 구절들은 복음을 비웃고 핍박하는 자들의 무시무시한 미혹됨에 대해서 말하고 있다. 이들은 계속해서 가인과 같은 악독함과 진리에 대한 증오와 분노로 가득 차 있는 것이다. 설교도 권고도 쓸데없고, 기도도 권면도 도움도 저버리니, 그 마음과 양심이 성경과, 이적에 나타난 성령의 공적인 증거에 의해 권면을 많이 받으나, 그들은 계속해서 불경건한 교리와 삶을 정당화하기를 그치지 않는다. 바로는 그와 같이 높은 신적인 이적들에 의해 감동받지 않았고, 오히려 더 분을 내어서 이스라엘 백성을 억압하였고, 유대인들도 그리스도와 사도들에게 그리했던 것이다. 양심에 반하여 이렇게 하나님의 진리를 핍박하는 이들이 마태복음 12장이 말하고 있는 신성 모독자들인 것이다.

내 견해로는 이것이 그리스도의 말씀에 대한 유용하고 바른 독법인 것이니, 이는 위에서 언급한 두 부분을 무엇보다 먼저 놓으면 자연스럽게 나타나는 결론이다. 믿는 자들에게는 모든 죄들이 용서되는 것이 분명하므로, 성령에 반하는 죄란 그리스도께 와서 믿음으로 복음을 받아들이기를 원하지 않는 자들에게만 있는 것이라는 결론이 나오는 것이다.

교회는 믿는 자들에게는 모든 죄가 용서된다는 성경적인 위로를 가지고 있고, 죄에 대하여 풀고 맺는 명령을 가지고 있으므로, 기독교적 마음과 양심은 어떤 죄가 용서받지 못할 죄인가 논박하기를 먼저 할 것이 아니라, 하나님의 말씀과 명령에 순종하고 회개에 대한 설교를 듣고 그와 함께 은혜를 추구해야만 하는 것이다. 만일 우리가 그렇게 한다면, 용서받지 못할 죄는 우리 안에 있지 않을 것이다. 사도 바울이 디모데전서 1:15에서 말한 대로와 같이 말이다: "미쁘다 모든 사람이 받을 만한 이 말이여! 그리스도 예수께서 죄인을 구원하시려고 세상에 임하셨다 하셨도다." 이에 대해서는 이것으로서 충분할 듯싶다.

회개에 대하여[2]

이제 나는 회개에 대하여 말하려고 하는 바를 비로소 말할 수 있게 되었다. '푀니텐티아'(*poenitentia*)란 말에 대해서 논쟁할 필요는 없으니, 교회에서 이 말을 사용하는 용법에 따르면 이는 "변개"(變改, conversion, *Bekehrung*) 또는 "갱신"(renewal, *Erneuerung*)을 뜻하기 때문이다. 라틴어 '푀니텐티아'(*poenitentia*)는 "회개"(repentance, *Reue*)를 의미하고, 하나님의 진노 앞에서의 무서워함과 회개라고 불리는 '통회'(*contritio*)라는 말과 잘 일치하는 말이다. 라틴어 성경은 이 전체를 가리켜서 '푀니텐티암'(*poenitentiam*)이라고 부른다. 스콜라 신학자들은 이를 세 가지 부분으로 나누었으니, 통회(repentance), 고백(confession), 그리고 보속(satisfaction)이 그것이다. 나는 후에 이 셋 중에 얼마만큼이 남겨져야 하는가를 말하기로 하겠다. 그러나 이에 대해서 더 정확히 말하기 위해서 회개를 두 부분으로 나누어서 논의해 보기로 하자.

첫째로 회개는 죄에 대한 하나님의 진노를 인식하고 그 앞에서 떨며 회개하는 통회(*contritio*)를 포함한다. 둘째로 회개는 그리스도께 대한 믿음을 포함한다. 만일 어떤 이가 이것에 회개의 열매인 "기독교인다운 삶"(the Christian life)을 포함시키기 원한다면, 나는 굳이 그것에 반대하지는 않겠다. 나는 그리스도에 대한 신앙을 회개의 한 부분이라고 하였으니, 이는 회개에 대한 생각이 항상 그리스도에 대한 믿음을 상기시키도록 하

---

2) 제24장도 참조하라(영역자 주). 영역문을 그대로 옮기면 "고해"에 관하여이다(of Penance). 그러나 그 의미상 회개로 옮겼음에 유의하라(역주).

려는 것이다. 만일 우리가 죄 용서를 다룬다면, 우리는 반드시 그리스도에 대한 믿음의 교리에 관심을 가져야 하니, 그것이 없이는 죄 용서가 있을 수 없기 때문이다. 그러나 스콜라 신학자들은 회개(즉, 그들의 고해)에 대해 말할 때에 그리스도에 대한 믿음을 절대로 말하지 않으니, 이 때문에 그들은 무서운 오류를 가르쳤다고 말하게 되는 것이다.

이제 우리는 먼저 통회(contrition)에 대하여 말하고자 한다. 이는 우리의 죄에 대한 하나님의 진노 앞에서 진지하고 참되게 두려워 떠는 것이고, 우리가 죄 가운데 있고, 하나님을 분노케 하였으므로 불안해하고 고통을 느끼는 것이다. 복음이 "회개하라! 하나님의 나라가 가까왔느니라"(마 3:2)고 할 때에 성경은 이 통회에 대해서 말하는 것이라고 (나는 생각한다). 또한 요한복음 16:8에서 "성령이 죄에 대하여 세상을 심판하리라"고 할 때도 마찬가지이다. 또한 고린도후서 7:9: '내가 지금 기뻐함은 … 너희가 근심함으로 회개함에 이른 까닭이라." 롬 1:18: "하나님의 진노가 모든 불의와 불경건에 대하여 하늘로부터 좇아 나타나나니." 또한 요엘 2:13 "너희는 옷을 찢지 말고 마음을 찢고." 사 57:15: "나는 … 또한 통회하고 마음이 겸손한 자와 함께 거하나니 … ." 그리고 사 66:2: "무릇 마음이 가난하고 심령에 통회하며 나의 말을 인하여 떠는 자, 그 사람은 내가 권고하려니와." 시편 34:14: "악을 버리고!"(시편에는 이런 언급이 많이 있다!) 시 38:4: '내 죄악이 내 머리에 넘쳐서 무거운 짐같으니 감당할 수 없나이다." 잠언 9:10: "여호와를 경외하는 것이 지혜의 근본이요." 그리고 성경은 항상 여호와 경외와 믿음을 나란히 병렬시키고 있다. "여호와는 그를 경외하는 자에게 은혜로우시고, 그의 선하심을 바라는 자들에게 은혜로우시다"(시 33:18; 147:11; 31:19; 103:11, 17 참조).

이런 구절들과 또 이와 비슷한 구절들이 참되고 가슴 속 깊은 곳으로부터의 회개와 죄의 인정이 변개(變改, conversion, *Bekehrung*)에 필요하다는 것과 그런 인정은 더 넓혀져서 우리가 외적으로 범한 죄만 인정할 뿐 아니라, 하나님을 경시하고 하나님의 뜻에 대해 조급해 하던 것 같은 우리 마음 속 깊은 곳에 있는 깊은 불신까지도 죄로 인정해야 한다는 것을 시사해준다.

그러므로, 그 마음 속에 그 어떤 불안도 없이 위선적인 형태와 수도사적 행위를 신뢰하고 그것에 근거하여 행위를 쌓으면서 자신들이 죄가 없다고 생각하는 거룩하지 않은 자기만족적 위선자들에게는 참된 회개가 없는 것이다.

그리스도께서는 "너희도 회개하지 아니하면 그와 같이 멸망하리라"(눅 13:3)고 말씀하실 때 이런 위선자들과 거짓된 성자들의 안전하다고 생각하는 바를 엄히 꾸짖으셨다.

심각한 불안과 마음의 공포는 이와 같은 식으로 일어난다. 주님의 놀라운 경륜 가운데서 인류를 그의 아들을 통하여 영원한 죽음에서 다시 구하려고 결정하신 영원하신 하나님께서는 처음부터 자신의 말씀을 선포할 높고 거룩한 직무를 제정하셔서 사람들의 죄를 지적하며, 죄에 대한 하나님의 진노를 보이도록 하셨다(이 죄에 대한 진노는 이 세상의 삶에서도 많은 재앙들로 그가 친히 보여 주신 것이기도 하다). 이에 따라서 하나님께서는 아담과 하와의 죄를 벌하시고, 후에는 가인과 그 후손들의 죄를 벌하셨다. 또한 그는 족장들에게 구원자(구속자, *Erlöser*)에 대한 위로에 찬 약속도 주셨던 것이다.

이 선포의 직임은 선지자들을 통해 계속되었고, 신약에서도 설명되었고, 그리하여 온 세상에 번져가게 되었다. 세례 요한은 불경건한 자들이 영원한 불에서 영원한 형벌을 받으리라고 분명히 선언한다. 동시에 그는 회개를 외치면서 돌이키는 자들에게 위로를 주는 것이다. "보라! 세상 죄를 지고 가는 하나님의 어린양을 보라"(요 1:29)! 후에 그리스도께서는 돌이키지 않는 자들에게 있을 죄에 대한 영원한 형벌에 대해서 더 분명히 선포하시고, 마태복음 25:41에서는 그들의 심판이 있을 것을 말하신다: "저주를 받은 자들아! 나를 떠나 마귀와 그 사자들을 위하여 예비된 영영한 불에 들어가라." 또 이를 위해서 그리스도께서는 사도들에게 땅끝까지 선포하라고 명령하신다. 이를 위해서 사도 바울도 로마서 1장에서 선포를 통하여 하나님의 진노가 모든 사람의 죄에 대하여 나타난다고 말한다(16-18

절 참조).

하나님께서는 이 형벌들 가운데서 그의 율법이 선포되도록 하셔서, 이 세상이 죄에 대한 심판을 항상 알 수 있도록 하신다. 그런 음성을 통해서 하나님께서는 사람들의 모든 불순종과 하나님을 무시하고 경멸하는 것과 의심과 신성모독과 악을 벌하시고 영원히 정죄하시는 것이다. 그는 또한 만일 우리가 믿음으로 하나님의 아들을 높이며 받아들이지 않으면 복음의 목소리로 세상을 꾸짖으신다. 이 목소리를 통해서 하나님께서는 이 설교를 멸시하지 않는 자들 속에서 죄에 대한 인정과 공포를 일으키시는 것이다.

요한복음 16:8은 "성령은 죄에 대하여 세상을 심판하실 것"이라고 한다. 즉, 그의 목소리로 그가 마음 속에서 활동하시고 죄를 심판하셔서 세상이 하나님의 진노를 인정하고, 영원한 죽음이 가져올 절망을 참으로 느끼며 그에 대해 떨게 하신다는 것이다. 만일 우리의 마음이 중보자이신 하나님의 아들께서 우리를 위해 얻어 주신 큰 은혜에 대한 인식을 통해 다시 위로를 받지 못하게 된다면 말이다.

따라서 회개에서는 하나님의 율법과 죄에 대한 심판을 통해서 마음에 하나님의 진노를 느끼고 죄를 인식하는 것이 와야 한다. 그러나 이것에 위로와 두번째 부분이 반드시 덧붙여져야만 한다. 즉 우리를 위해 죄 용서를 공로로 얻으셔서 약속해 주시는 하나님의 아들 예수 그리스도에 대한 믿음이 덧붙여져야만 한다. 이 신앙은 거룩한 복음과 약속의 목소리를 통해 오는 것이니, 그 안에서 성령이 역사(役事)하는 것이다.

또한 이 믿음은 역사나 율법에 대한 지식일 뿐만 아니라, 각각의 그리스도인들이 그의 죄들이 용서를 받았다는 것을 참으로 믿는 분명한 확신이기도 한 것이다. 우리 편에서의 그 어떤 공로도 없이 오직 그리스도 덕에 은혜로부터만 주어진다는 것을 말이다. 믿음이 없이는 그 누구도 죄 용서를 얻지 못하니, 이제 우리가 곧 살펴보려는 구절들이 분명히 시사해 주듯이 말이다.

이 신앙이 베드로의 회개와 유다의 후회의 차이와 다윗의 회개와 사울의 후회의 차이를 만드는 것이다. 후회와 슬픔이 사울과 유다를 돕지 못하였으니, 그들은 은혜의 약속에 대한 믿음을 가지고 있지 않았기 때문이다. 다윗과 베드로의 회개는 죽음과 정죄로부터 그들을 해방시켰으니, 왜냐하면 그들은 그것을 통해 죄 용서와 위로를 받는 은혜의 약속을 믿었기 때문이다.

만일 우리가 믿음에 관한 이 가르침을 안다면, 우리는 어린아이 같은 경외와 노예 같은 공포를 구별할 수 있다. 여기서 우리는 통회(contrition)와 회오(悔悟, attrition)에 대해서, 또한 회개가 사랑에서 나오는 것인지 아니면 형벌을 노예적으로 두려워하는 데서 나오는 것인지에 대해서 논의할 필요는 없다고 생각된다. 어린아이다운 경외와 노예적 두려움은 위대한 성인(聖人)들과 하나님의 참된 자녀들에게서도 함께 섞여 있는 것이다. 그러나 그리스도에 대한 믿음이 없을 때는 그 마음이 노예적 두려움으로 가득 차게 되리라는 것과, 은혜의 약속을 믿고 공포 가운데서도 은혜를 붙드는 그리스도에 대한 믿음이 있으면 그 마음에 하나님을 향한 어린아이 같은 경외로 가득 차게 되리라는 것이 분명하다.

이로부터 우리는 우리가 수도사들보다 진정한 통회와 참된 회개와 슬픔에 대해서 충분하고 더 나은 가르침을 줄 수 있으리라는 것을 쉽게 인식할 수 있다. 더구나, 수도사들은 우리가 우리의 통회의 공로를 통해서 우리의 회개와 슬픔 덕분에 죄 용서를 얻는다고 말하는 데서 아주 잘못된 것이다. 두려움에 떠는 마음과 양심들은 그들의 회개와 슬퍼함, 그들의 우는 것과 눈물이 충분치 않으므로 죄 용서를 받을 수 없다는 큰 불안과 사투 가운데서 절망할 것이고, 그 죄 가운데서 멸망하고 말 것이다.

더 나아가서 우리가 회개로 죄 용서를 공로로 얻을 수 있다는 교리로부터 논쟁과 끝없이 양심의 함정이 나타나게 되었다. 그 통회나 회개가 단순히 저주에 대한 공포에서가 아니라 하나님에 대한 사랑에서 나왔다고 해도 그 누구도 그것이 사랑에서 나온 것인지를 확실히 말할 수는 없기 때문이다. 따라서 그들은 수많은 가련하고 비참한 양심들을 그 불안과 절망 가운데서 방치해 놓는 것이다. 오늘날까지도 그들은 그들의 책에서 이에 대해 말하고 쓰고 있어서, 그들 자신도 이것을 이해했는지도 잘 알 수 없게, 모호하게 하고 있다.

이에 반해서 우리는 회개와 슬퍼함이 참된 회개에 속한다고 분명히 가르치고 말한다. 우리는 또한 회개와 슬퍼함이 하나님의 화목, 즉 죄 용서를 공로로 얻을 수 없다고 분명히 말하며, 우리는 우리의 회개와 깊은 속으로부터의 불안 때문에 은혜를 얻는 것이 아니라, 우리의 죄가 **우리 편에서의 아무런 공로 없이 그리스도 덕분에** 용서된다는 믿음, 그 확신이 있어야만 한다는 것을 분명히 한다.

그리고 하나님께서는 죄를 용서하실 것이라고 일반적으로 내가 믿는 것으로는 불충분하다. 악마도 그 정도는 믿는 것이다. 악마도 교회 안에는 죄 용서가 있다는 것을 잘 알고 있다. 우리들 각자는 우리 자신의 죄가 실제로 용서되었다고 결론지어야만 하는 것이다. 우리는 지금 나와 당신의 마음 가운데 있는 이 믿음에 대해 말하고 있는 것이다. (그 믿음을 통해서) 우리 각자가 그리스도의 은혜를 자신의 것으로 하는 그 믿음을 말이다.

성경 구절들

행 10:43: "저에 대하여 모든 선지자도 증거하되 저를 믿는 사람들이 다 그 이름을 힘입어 죄 사함을 받는다 하였느니라." 이 구절은 우리가 그리스도 덕분에 죄 용서를 받고, 우리가 믿음으로 그리스도께 분명히 의지할 수 있다는 것을 보여주는 아주 분명한 구절이다.

롬 5:1: "그러므로 우리가 믿음으로 의롭다 하심을 얻었은즉 우리 주 예수 그리스도로 말미암아 하나님으로 더불어 화평을 누리자." 즉, 우리가 복되고 평화로운 양심을 가지자는 말이다.

그러나 만일 어떤 사람이 "우리는 믿음으로 말미암아 의롭다 함을 얻는다는 것을 성경이 가르침을 압니다. 그러나 '공로 없이' 의롭다 함을 얻는다는 것은 증명되어야 하지 않겠습니까?"라고 묻는다면 어떻게 할 것인가? 이에 대한 우리의 대답은 다음과 같다: 극단적인 투쟁 가운데서 양심은 위로를 동경하고 추구한다. 모든 사람의 마음은 자연적인 법칙에 따라서 하나님은 선하시며 은혜로우시며 자비스러우심을 말하며, 그는 또한 죄를 용서하신다는 것도 말하는 것이다. 그러나 바로 이 점에서 양심은 괴로워한다. "하나님께서 과연 죄인들은 용서하시고, 무가치한 자들을 용서하시는가? 우리가 무가치해도 하나님께서는 나와 당신의 죄를 용서하실 것인가?" 그러므로 무엇보다도 은혜의 약속은 모든 사람에게 주어진 것임과, 둘째로 죄악되고 무가치한 우리가 우리 편에서의 아무런 공로 없이도 그리스도를 통해 용서받으리라는 것을 분명히 가르치는 구절들을 유념하는 것이 필요하다.

롬 3:24f.: "그리스도 예수 안에 있는 구속으로 말미암아 하나님의 은혜로 값 없이 의롭다 하심을 얻은 자 되었느니라. 이 예수를 하나님이 그의 피로 인하여 믿음으로 말미암는 화목 제물로 세우셨으니."

이 문장은 은혜로, (우리 편에서의) 공로 없이 용서함 받는 것임을 분명히 해준다. 선행이나 믿음의 열매를 배제하고, 우리가 용서를 받는 것은 우리의 가치 때문이 아니라, 그리스도 덕분임을 말하여, 그 약속을 아주 강하고 분명하게 해주는 것이다. 그러므로 우리는 우리가 우리의 회개나 행위 때문이 아니라, 주 그리스도 덕분에 죄 용서와 은혜를 얻게됨을 확신해야 한다.

엡 2:8f.: "너희가 그 은혜를 인하여 믿음으로 말미암아 구원을 얻었나니, 이것이 너희에게서 난 것이 아니요, 하나님의 선물이라. 행위에서 난 것이 아니니, 이는 누구든지 자랑치 못하게 함이니라."

롬 8:3: "율법이 … 할 수 없는 그것을 하나님은 하시나니." 즉 ① 우리는 하나님의 율법을 지킬 수 없어서 율법이 항상 우리를 정죄한다. ② 그러므로 우리는 하나님의 진노와 진지한 심판에서 우리의 무가치함을 자유롭게 할 수 없다. ③ 그러므로 우리는 중보자이신 그리스도를 통해서 은혜와 죄 용서를 얻어야만 한다.

롬 5:2: "또한 그로 말미암아 우리가 … 이 은혜에 들어감을 얻었으며."

그리고 롬 4:16의 구절은 특별히 주목해야만 한다: "그러므로 후사가 되는 이것이 은혜에 속하기 위하여 믿음으로 되나니, 이는 그 약속을 그 모든 후손에게 굳게 하려 하심이라." 만일에 우리의 공로와 회개 때문에 화목이 우리에게 주어진다면, 우리로서는 율법을 다 지킬 수 없으므로, 그 약속은 불분명하고 공허한 것이 될 것이다.

이것에 선지자들의 글과 시편의 구절들을 덧붙일 수 있을 것이다. 시편 32:5: "내가 이르기를 내 허물을 여호와께 자복하리라 하고 주께 내 죄를 아뢰고, 내 죄악을 숨기지 아니하였더니, 곧 주께서 내 죄의 악을 사하셨나이다."

시편 143:2: "주의 목전에는 의로운 인생이 하나도 없나이다." 이런 구절들과 이와 비슷한 구절들은 우리가 우리 자신의 공로 때문에가 아니라, 순전히 그리고 단지 자비로 용서와 은혜를 얻는다고 분명히 가르친다.

그러므로 우리는 이제 그리스도에 대한 믿음을 통하여 죄 용서를 받는다는 것을 안다. 그리고 믿음은 우리의 행위에 의존하는 것이 아니고, 중보자이신 그리스도에 의지하여 유지되는 것이다. 오직 이 신앙을 통해서만 우리의 마음은 강화되고, 불안과 공포에서 해방되며, 죽음과 지옥의 손아귀에서 빠져나올 수 있다. 복음의 이런 강화시키며 구원하는 위로에서 우리는 죽음으로부터 그리스도와 함께 부활하며, 성령을 통해서 새롭게 되는 것이다.

그래서 사도 바울은 고린도전서 15:56 이하에서 이렇게 말한다: "사망의 쏘는 것은 죄요, 죄의 권능은 율법이라. 우리 주 예수 그리스도로 말미암아 우리에게 이김을 주시는 하나님께 감사하노니"

지금까지 우리는 통회와 회개, 슬퍼함과 그리스도에 대한 신앙에 대하여 말하였다. 따라서 우리는 회개에 속하는 두 가지 중요한 부분들을 제시하는 것을 애호하게 된다. 이는 전체 성경의 요약이 될 수도 있으니, 모든 성경은 율법과 복음 이 두 가지를 가르치고 있기 때문이다. 선지자들과 율법의 모든 설교들은 하나님의 법의 위협과 그리스도의 약속이라는 두 가지를 다루고 있는 것이다.

만일 그리스도를 통하여 우리가 하나님께 화목되었으면, 그후에는 신앙의 열매요, 선한 양심인 기독교적인 삶이 따라나와야 한다. 세례 요한이 다음과 같이 말하듯이 말이다: "회개에 합당한 열매를 맺고"(눅 3:8). 또한 로마서 8:12도 보라: "그러므로 형제들아 우리가 빚진 자로되 육신에게 져서 육신대로 살 것이 아니니라." 그러므로 그 누구도 하나님의 율법을 온전히 지킬 수 없으므로, 기독교적 양심은 언제나 그리고 무엇보다 먼저 이 한 가지 기초를 분명히 수립하고 유지해야 한다. 즉 사람들은 그리스도 덕에 하나님에 의해서 의롭다 함을 얻으며, 하나님에 의해 받아들여졌고, 그 믿음에 따라나오는 행위는 그 사람이 구주이신 그리스도를 통하여 하나님께 화목되었으므로 하나님께 기쁨이 된다는 이 기초를 말이다. 이를 말하였으니, 이제 우리는 고백과 만족에 대하여 말하기로 하자.

제 26 장

죄 고백에 대하여

죄 고백(confession)과 만족(satisfaction, *Genugthuung*)은 원래 공적인 고해의 몇 가지 의식들로부터 발전되었다. 처음에 교회는 공개적인 신성모독과 죄 가운데 사는 이들을 공표하고 그들에게 일정한 금지를 선언하고, 그들이 영적인 목자 앞에서 죄를 고백하고, 겸손히 죄 용서를 간구하고, 자신들의 삶을 개선하기로 약속한 후에야 그들을 다시 받아들였다. 그때에 그들에게 보속이, 즉 공개적인 형벌이 부과되었으니, 이는 다른 이들로 하여금 그와 비슷한 죄와 신성모독에 빠지지 않도록 하려는 것이며, 회개하는 자들의 진지함을 드러내려는 것이었다. 바로 이런 의식들로부터 죄 고백과 보속이 발전된 것이다. 먼저 죄 고백에 대해서 말하기로 하겠다. 우리는 우리의 모든 죄들을 일일이 다 말하고 열거하라는 명령을 받지 않았으니, 성경에서 그렇게 말하는 곳이 없기 때문이다. 또한 그렇게 모든 죄를 일일이 다 열거한다는 것은 불가능하기도 하다. 시편 19:12이 말하고 있듯이 말이다: "자기 허물을 능히 깨달을 자 누구리요?" 또한 교회법학자들 자신도, 특히 똑똑한 이들은 인정하기를 그렇게 죄를 일일이 다 열거하는 것은 성경에서 명령된 것이 아니라고 한다.

그래서 콘스탄티노플에서는 죄 고백이 오랫동안 전적으로 제거되었었으니, 어떤 부제가 개인적 고해에서 여인에게 불명예스러운 일을 행했기 때문이다. 만일 이런 개인적인 죄 고백을 하나님께서 명령하셨다면, 사람들이 이를 제거할 능력을 가지지 못했을 것이다.

경험은 우리에게 많은 경건한 마음과 양심이 그들이 만일 하나의 죄라도 고해하기를 빠뜨렸다면 그들은 정죄받으리라고 가르침을 받았기 때문에 굉장한 어려움을 겪은 예가 많음을 잘 보여준다. 그러므로 죄를 일일이 다 고해해야 한다는 그런 명령과 교회의 법과 가르침은 인간적인 규례일 뿐이라고 말하는 것이 아주 필요한 일이다.

그러나 또 한편으로는 죄 용서는 교회 안에서만 주어진다는 것을 분명히 하는 것도 아주 필요한 일이다. 특히 배우지 못한 이들을 점검하고 교육하는 일과 선한 교육을 증진시키는 일에 있어서 특별한 대화의 역할을 할 수 있는 것이다. 죄를 고백하지 않은 자들이 스스로를 살피지도 않고 성례에 참여하도록 허용하는 것은 적절하지 않은 것이다. 성찬에 참여하는 이들이 무엇을 믿는지도 목사가 모르고, 그들이 그리스도에 대해서 어떻게 아는지도 모르고, 또 그들이 회개하기로 약속했는지도 목사가 모르면서 그대로 성찬에 참여하도록 해서는 안 된다는 말이다. 영적인 목자들은 이런 문제들을 반드시 발견해야만 하고, 그렇기 때문에 교우들은 그런 죄를 고백해야만 하는 것이다.[1] 이 특별한 대화를 유지하는 것은 중요하다. 그러나 이를 위해서 양심이 죄를 일일이 다 세야 하는 그런 부담을 가져서는 안 되는 것이다.

그러나 어떤 이들을 "사람들이 먼저 자신들이 가지고 있는 죄가 무엇인지를 말해야 심판자는 그에 대한 사죄의 선언을 할 수 있지 않은가?" 하는 일반적인 논의를 제기할 수 있다. 다시 말해서 "사람들이 용서받고 죄로부터 풀려나기 위해서는 죄가 먼저 일일이 다 언급되어야 하지 않느냐?"는 것이다.

이에 대해서 우리는 이렇게 대답한다. 교회, 또는 교회 안의 영적인 지도자들에게는 이중의 권세(a twofold powers)가 있다. 첫째로, 선포의 직무

---

1) 그러나 이 때문에 반드시 개인적 죄 고백의 제도가 유지되어야 할 것인가? 루터파는 이를 유지하려 했고, 개혁파는 그 정신을 살리면서 개인적 죄 고백을 필수적으로 요구하지는 않았었다. 그러나 그 정신은 성례에 참여하는 일을 위한 권징의 시행에서 잘 반영되어 나왔던 것임을 유념해야 한다(역주).

(the office of preaching), 또는 목회적 직임(the pastorai office)이 있으니, 이를 통해서 복음이 가르쳐지고, 성례가 집행되며, 죄 용서가 각자에게 선언되어지는 것이다. 사제들(priests)은[2] 죄를 일일이 다 듣고 그에 대해서 판단을 하라는 명령을 받지 않았고, 사죄를 통해서 죄 용서와 은혜를 선언하라는 명령을 받았을 뿐이다. 이것은 자신만 아는 은밀한 죄를 회개하며, 그 죄가 용서받았다고 믿는 자들에게도 해당되는 것이다.[3] 그러므로 결정을 내리기 위해서 모든 죄를 다 열거해야 하는 것은 아니다.

교회에는 또 다른 권세가 있으니, 그것은 교회가 공개적인 신성모독에 대해서 어떤 이들을 정죄할 수 있는 권세이다. 이런 판단은 어떤 일이 벌어졌는지를 먼저 (충분히) 안 연후에야 내려지고 선언될 수 있는 것이니, 사람들의 죄를 분명히 하지 않고서 어떤 이들을 정죄하거나 교회에서 출교할 수는 없는 것이기 때문이다. 또한 우리는 먼저 사정을 잘 알아 보고 그 사람이 충분히 회개하였음을 알고 난 후에야 사죄의 선언을 해야 한다. 그러나 이것은 마음 속에 있는 은밀한 불안과 죄에 대한 판단이 아니라, 외적인 행동과 행위에 대한 판단일 뿐이다. 성례의 집행과 외적인 권징의 이 구별은 잘 지켜져야 하니, 선포의 직무와 성례의 집행은 양심과 관련된 문제이기 때문이다.

일반적인 죄들과 특별한 죄들이 복음의 능력에 의해서 용서된다는 것은 다음 구절들이 잘 보여주고 있다:

요 20:23: "너희가 뉘 죄든지 사하면, 사하여 질 것이요."

마 18:21: "주여 형제가 내게 죄를 범하면 몇 번이나 용서하여 주리이

---

2) 루터도 그렇지만 멜란히톤과 후기 루터파 사상도 (그리고 성공회에서도) 목사에 대해서 '사제'(제사장)이라는 용어를 때때로 사용하고 있다. 이는 어떤 면에서 종교개혁의 원리를 충분히 적용하지 않은 것이라고 여겨진다. 언제나 철저히 그 원리를 적용해 보려는 노력이 있어야 할 것이다(역주).

3) 이는 문맥상 개인의 은밀한 죄를 일일이 목사 앞에 고하지 않고도 개인적으로 고백하고 그에 대한 교회의 사죄 선언을 믿으면 그 죄도 용서된 것으로 믿으라는 의미이다(역주).

까?" … 여기서 마태는 하나님이 기뻐하시는 죄 용서에 대해서 말하는 것이다.

그렇기에 우리는 각자에게 구체적으로 언급되는 사죄(赦罪)의 선언(absolution)을 높이 여겨야만 한다. 하나님을 경외하는 마음과 양심에게는 이런 식으로 약속이 자신들에게 전유되고 적용되는 것을 듣는 것이 아주 위로에 찬 일이고, 유용한 일이다.

어떤 이들은 이 사죄 선언(absolution)에 대하여 큰 소리로 반박하면서 사람들은 죄를 용서할 능력을 가지고 있지 않다고 말한다.[4] 만일에 사죄의 선언, 또는 위로와 복음의 말이 하나님의 이름으로 언급되지 않는다면 그것은 옳은 말이다. 그러나 복음은 공통적으로 모두에게 그리고 각자에게 구체적으로 죄를 용서하신다는 하나님의 명령이다.[5] 성례를 집례하는 교회의 사역자들도 죄를 용서하는 것이다.[6] "내가 네게 세례를 주노라"라고 할 때에 이것은 "내가 네 죄를 용서하노라"라고 말하는 것과 같은 것이다.[7] 성례를 통해서 하나님의 신비와 복음이 시행되는 것이고,[8] 이런 인침과 안전함은 복음의 보화가 우리에게 속함을 보이는 것이다. 어떤 이들이 죄 용

---

4) 개인적으로 나는 이 반대의 소리에 나의 목소리를 더하고 싶다. 사도들을 제외하고서는 그 누구도 하나님과 그리스도를 대신해서 사죄를 선언할 수 있다고 할 수 없을 것 같다. 혹시 있다면 그것은 회중의 한 사람으로서 사죄의 약속을 믿으면서 하나님의 사죄의 약속을 반복해주는 역할을 할 수 있을 것이다(역주).

5) 그렇다. 교회 안에서의 복음의 선포가 이미 사죄 선언을 포함하는 것이다. 따라서 후에 따로 발전된 사죄 선언의 예식 같은 것은 불필요한 것이다. 예배 중에도 따로 죄 고백과 사죄 선언이 들어 가기보다는 하나님의 말씀의 선포 속에 선언이 들어 있다고 본 후대 화란 개혁 교회의 의식이 훨씬 더 옳을 것이다(역주).

6) 이런 표현이 오해를 낳지 않을까? 위의 두 가지 역주를 참조하여 판단하기 바란다(역주).

7) 과연 그럴까? 세례는 이미 그가 성령으로 중생하였음을, 그리하여 그리스도를 믿고 회개하였음을 인정하여 표시한 것이라고 볼 때에 "내가 용서한다"는 말은 있을 수 없는 것이다. 오히려 "하나님께서 그리스도의 회생 제사를 통해 믿는 너를 용서하셨음을 내가 공적으로 표시하고 인치노라"라는 뜻이라고 보아야 할 것이다(역주).

8) 이런 표현에서 루터파가 가톨릭적 성례 이해를 어느 정도 계승하고 있음을 암묵리에 드러내는 것이다(역주).

서를 얻는다고 보는 것으로는 충분하지 않다. 각자가 자기 자신의 죄가 용서되었다고 믿어야만 하는 것이다. 그리스도께서 말씀하시듯이 "네 믿음이 너를 구원하였느니라"(눅 7:50).

또한 사도 바울도 로마서 5:1에서 이렇게 말한다: "그러므로 우리가 믿음으로 의롭다 하심을 얻었은즉 우리 주 예수 그리스도로 말미암아 하나님으로 더불어 화평을 누리자."

죄 고백에 대한 다른 질문들도 쉽게 대답할 수 있다. 그러나 우리는 죄를 인정한다, '죄를 고백한다'(confessio)는 이 말이 성경에서는 자주 내가 내 죄를 주님께 고백하고 인정한다는 의미로 사용되었음을 알아야만 한다. 즉, 이는 내가 하나님 앞에서 내 죄를 인정한다는 말이다. 만일 우리가 우리 마음 속에 있는 죄를 참으로 인정하고 은혜와 자비를 구한다면 그런 인정은 큰 공포와 불안을 동반하여 이루어지게 된다.

시편 51:3: "대저 나는 내 죄과를 아오니, 내 죄가 항상 내 앞에 있나이다."

시편 38:3: "주의 진노로 인하여 내 살에 성한 곳이 없사오며, 나의 죄로 인하여 내 뼈에 평안함이 없나이다."

또한 시편 32:5 "주께 내 죄를 아뢰고."

이런 죄 고백은 실제적으로 가슴 속 깊은 곳으로부터의 회개와 슬퍼함이니, 만일 우리가 죄와 하나님의 진노를 인정하고 불안 가운데서 떤다면 그것은 우리 심정의 진지한 고백이기 때문이다. 이런 구절들은 참된 회개와 슬픔은 마음 속의 진지함과 불안임을 시사해준다. 그런 공포가 없으면 참된 회개가 없는 것이다. 그리고 그런 공포를 가지지 않은 사람들은 베드로가 말하는 것과 같이 이성 없는 동물들인 것이다.[9]

---

9) 이 모든 것은 우리가 참으로 진지하게 가슴 깊은 곳으로부터 죄를 고백하고 개인적으로 그 사죄를 믿어야 한다는 것을 잘 보여준다. 그러나 이것이 죄 고백의 예식이나 의식이 있어야함을 보여 줄 수는 없는 것이다(역주).

제 27 장

만족에 대하여

초대교회에서는 그들이 만족(satisfaction) 또는 보속(compensation)이라고 부르는 형벌을 받아야만 공개적인 죄와 신성모독을 범한 자들이 다시 받아들여졌었다. 이런 관습이 버려진지는 벌써 오래 전이지만, 만족 또는 보속이라는 말은 많은 논란을 일으켰다.

교회에서의 공적 고해의 의식(the ceremony of public penance)은 외적인 치리요, 형벌이고, 외적인 형벌로 제정된 것이다. 그런 치리(discipline)는 전적으로 외적인 것이고, 양심과는 아무런 관련이 없다. 그러나 다른 많은 것들과 마찬가지로 어떤 배우지 못한 사람들은 이 외적인 것을 하나님을 섬김에 있어서 필수적인 것으로 만들었고, 하나님 앞에서 죄 용서를 얻기 위해서는 그런 만족(satisfaction)이 필요하다고 겁없이 상상하기에 이르렀다. 이제 이중의 얼마만큼이 유지되어야 하는지를 곧 말하겠지만, 여기서는 이 거짓된 교리와 오류를 뿌리째 뽑아버리는 것이 유용하다고 생각함을 밝히고자 한다. 이것들은 위험하고 양심에 해를 끼치는 것이기 때문이다. 그러므로 하나님 앞에서 죄책의 용서와, 고통과 형벌의 용서의 구별을 말하고자 한다. 이를 혼동하는 것은 큰 해를 가져올 수 있기 때문이다.

첫째로, 우리가 만족(satisfaction)에 대해서 말할 때, 우리는 예를 들어서 "도적질하지 말라"는 계명과 연관해서 보상에 대해서 말하는 것이 아니다. 우리는 물론 우리의 것이 아닌 재화를 취하거나 그것에 대해 손상을 주었을 때 우리는 그것에 대해 보상, 또는 만족(satisfaction)을 주어야 한다. 이것은 하나님께서 명령하신 것이고, 회개와 슬퍼함, 그리고 사죄에 참으로 속하는 것이다. 이사야서 1:16이 말하듯이 말이다: " … 악행을 그치며 … ."

그러나 우리의 대적자들은 말하기를, 요구되지 않은 여기서의 행위는 각각의 모든 죄에 대해서 하나님이 부과하시는 특정한 형벌과 연옥의 고통을 갚는 보속(satisfaction)이라고 말한다. 수도사들은 말하기를 하나님은 그의 자비 때문에 죄책을 용서하시지만, 그의 공의 때문에 정죄의 영원한 고통을 연옥의 잠시 동안의 고통으로 바꾸신다고 한다. 그들은 또한 덧붙여 말하기를, 그 연옥의 고통 중 일부가 (교회에 주어진) 열쇠의 능력을 통해 사해질 수 있으나, 이에 대해서는 만족(satisfaction), 즉 보속(compensation)이 반드시 이루어져야만 한다고 말한다. 그것이 그들의 상상을 요약한 것이라고 할 수 있다.

그들이 말하는 것 중에서 다음의 말은 사실이다. 즉, 하나님 앞에서의 죄책은 우리가 행하는 보속이나 만족의 행위 때문에 용서되는 것이 아니라는 것은 옳은 관찰이다. 그러나 그들이 영원한 고통이 연옥의 어느 기간 동안의 고통으로 바뀐다고 하는 것은 잘못된 말이다. 영원한 고통이 우리의 보속의 행위(satisfaction) 때문에 제거된다고 가르치는 것은 오류이다. 그들은 아주 어리석게도 하나님께서 가르치지도 않고 명령하시지도 않은 행위들로써 우리가 영원한 죽음에 대해 값을 치를 수 있다고 주장했던 것이다.

그러나 우리는 영원한 고통과 죄책을 구별할 수 없다. 우리는 예수 그리스도에 대한 믿음을 통해서 우리 편에서의 공로 없이 그 모두를 제거받은 것이다. 믿음을 통해서 우리는 그리스도 덕분에 죄책에서와, 영원한 죽음에서, 그리고 하나님의 진노로부터 구원함을 얻었다. 고린도전서 15:56 이하가 말하듯이 말이다: "사망의 쏘는 것은 죄요 … (그러나) 우리 주 예수 그리스도로 말미암아 우리에게 이김을 주시는 하나님께 감사하노니." 또한 로마서 6:23도 보라: "하나님의 은사는 그리스도 예수 우리 주 안에 있는 영생이니라."

만일 우리가 믿음을 통해서 위로와 죄 용서를 얻는다면, 우리는 영원한 죽음에서 구원을 얻은 것이다. 사도 바울이 말하듯이 말이다. "믿음으로 말미암아 의롭다 하심을 받았으니 … 하나님으로 더불어 화평을 누리자"(롬 5:1). 그러므로, 자신의 보속의 행위로 영원한 죽음을 제거할 수 있다고 생각하는 자마다 그리스도를 수치스럽게 하고 신성모독을 하는 것이다.

둘째로, 비록 죄책의 용서와 영원한 죽음의 제거가 구별될 수 없지만, 우리는 하나님 앞에서 죄책의 용서와 이 땅에서의 현세적 형벌의 경감은 구별해야만 한다.

성도들이라도 이 세상의 삶을 사는 동안에는 다양한 재앙을 감내해야만 한다는 것은 사실이다. 죽음과 병, 세상에서의 핍박, 그리고 일반적 파괴에서 같이 입는 손상 등은 모든 인류가 아담의 타락 때문에 그 아래 처하게 된 일반적 필요악과 불안인 것이다.

이사야, 다니엘, 그리고 세례 요한은 비록 하나님의 자녀들이지만, 육체적으로는 어려움을 당했고 죽음 가운데 묻혔다. 로마서 8장에 잘 나타나 있듯이 말이다.[1] 그리고 하나님은 다음과 같은 이유들 때문에 아주 은사를 많이 받은 이 성도들을 억압하고 괴롭히신 것이다.

첫째로, 세상은 미혹되어서 하나님이 다스리시지 않으시며, 죄에 대하여 심각하게 진노하지 않으신다고 생각하기 때문이다. 즉, 세상은 재앙들을 자연적인 것이라고 일반적으로 생각하며, 제국들의 멸망을 하찮은 것으로 여겨버리는 것이다. 그러나 하나님께서는 그의 교회가 죄와 죽음과 하나님의 진노를 인정하기를 원하신다. 성도들은 이런 재난이 이 세상에 일어나는 것은 하나님께서 죄에 대하여 분노하시며, 모든 육체가 범죄했으므로

---

1) 이는 이런 어려움 당함이 여기 기록되어 있다는 의미이지, 이사야, 다니엘, 세례 요한의 경우가 기록되었다는 의미가 아님에 유의하라(역주).

모두 다 죽음을 경험하게 된다는 것을 아는 것이다. 그들은 하나님의 진노를 인정하므로, 하나님 앞에서 떨고, 하나님을 부르며, 스스로를 깨끗하게 하고, 재앙들을 통해 끊임없는 회개와 기도에로 나아가도록 되는 것이다. 그러므로 그들은 게을러지지 않는 것이다.

왜 성도들도 재앙을 당하며 더 당하기도 하는가의 두번째 이유는 그들의 재난이 내세의 생명과 공의가 그들에게 주어지리라는 증언이 되어야만 하기 때문이다. 이적들이 보여 주듯이 하나님께서 이사야와 함께 하셨다는 것은 분명한 것이다. 그런데 그가 유다 왕 므낫세에 의해서 사지가 잘려졌으므로, 우리는 내세에서의 삶과 공의가 시행되어야만 한다고 결론내릴 수 있으니, 하나님께서 후에 바르고 공정하게 판단하실 것이 아니라면 하나님은 자신에게 속한 자들이 폭군들의 손에 빠지도록 하지 않으실 것이기 때문이다.

세번째 이유는 하나님께서는 우리보다는 자신이 더 강하고 힘이 있으시며, 그는 우리의 연약함 가운데서 강하시다는 것을 보여 주기 원하시기 때문이다. 하나님께서 왜 당신의 교회 안에 있는 지혜로운 백성들을 아주 낮추셔서 세상의 힘과 무례의 발 밑에 있게 하시며, 애굽과 바벨론과 터키와 같은 나라들에 짓밟히게 하셨는지는 기독교회에서만이 이해될 수 있는 지혜인 것이다.

또한, 이런 일반적인 재앙 외에도 하나님께서는 어떤 성도들의 죄를 특별한 재앙으로 벌하시기도 하신다.[2] 예를 들자면, 다윗은 간음과 사람을 죽이게 한 것 때문에 엄히 벌을 받았다. 그의 아들들은 서로를 죽였고, 압살롬은 반역을 일으켜서 그의 아버지로 도망하도록 하였고, 그 아버지의 후궁을 욕보였다. 그리고 많은 사람들이 죽음을 당하는 등 — 이 강한 사람 다윗도 그렇게 어려움을 겪었던 것이다. 또한 지혜와 큰 일로 유명한 바벨론 왕도 아주 낮추어져서 미쳐서는 몇 달 동안 짐승같이 방황하게 되었었

---

2) 이때 이것을 벌하시는 것(punishment)은 형벌이 아닌 부모의 징계(discipline)의 의미가 강하다(역주).

다. 왕들의 역사는 전쟁과 파멸이 우상 숭배와 부도덕과 살인 때문에 기인한 것임을 자주 보여준다. 그렇기에 성도들은 자신들의 교회에 임하는 특정한 형벌을 받을 만한가 여부를 깊이 생각해 보아야만 한다.

시편 89:32f.도 선택된 자들에게 임하는 형벌에 대해서 말하고 있다: "내가 지팡이로 저희 범과를 다스리며 채찍으로 저희 죄악을 징책하리로다. 그러나 나의 인자함을 그에게서 다 거두지 아니하며, 나의 성실함도 폐하지 아니하며." 또한 사도 베드로도 다음과 같이 말한다: "하나님의 집에서 심판을 시작할 때가 되었나니"(벧전 4:17). 그리고 예레미야도 12:7에서 아주 분명한 진술을 하고 있다. "내가 … 내 마음의 사랑하는 것(즉 나의 백성)을 그 대적의 손에 붙였노니."[3]

이런 구절들과 이런 예들은 이 세상에서의 현세적 심판과 죄책과 영원한 죽음의 용서와 면제를 구별하는 것이 아주 필요함을 잘 시사해 준다.

하나님께서 부과하시는 이런 현세적 형벌(temporal punishment)에 대해서는 교회에 주어진 열쇠의 권한이 그 형벌을 부과할 수도 없고, 제거할 수도 없음을 분명히 하도록 하자.

그리고 우리는 성도들이 당하는 일반적인 슬픔은 결국 이 세상에 죄가 있다는 현실 때문에 임하는 것이기는 하지만, 그들의 특정한 슬픔과 당하는 재앙이 그들의 특정한 죄 때문에 기인하는 것이 아니며, 반드시 하나님께서 특별히 그들에게 진노하신다는 표지일 필요는 없다는 것을 알아야만 한다.

요한과 바울, 또 그와 같은 이들이 다 순교당했고, 옛 사람 이사야는 80년 동안 정직하고 능력있게 사역하였지만 사지가 잘려졌으며, 40년 동안

---

3) 위의 역주에서도 말했듯이 이 모든 구절들은 성도들의 죄에 대한 형벌에 대한 시사가 아니라, 그들의 죄에 대한 하나님의 아버지로서의 징계(discipline)를 시사해 주는 것으로 보는 것이 더 옳을 것이다. 성도들의 죄에 대한 형벌은 이미 그리스도의 십자가에서 그가 다 담당해 주셨기 때문이다. 그러므로 성도들은 더 이상 죄에 대한 형벌을 받지 않는다. 단지 자애로운 아버지의 징계가 있을 수 있고, 있음을 유념해야 한다 (역주).

백성들을 잘 지도하였던 예레미야도 결국 돌에 맞았었다. 욥도 그의 죄 때문에 어려움을 당한 것이 아님을 하나님께서 인정해 주셨다.[4]

이런 예들은 성도들이 당하는 재난이 언제나 그들의 특정한 죄에 대한 형벌이 아니라, 하나님께서 그들에게 행사하시는 특이한 사역들(singular works)이고, 그들의 연약함 가운데서 하나님의 능력을 나타내시기 위한 것임을 가르쳐준다. 또한 우리 앞에 이런 예들을 제시하신 것은 우리로 하여금 사후에 심판과 우리에게 주어질 생명이 있음을 배우도록 하려는 것이다. 비록 어떤 재난들은, 다윗의 경우에서 보는 바와 같이, 특정한 죄에 대한 형벌이지만,[5] 일반적으로는 모든 재난은 우리로 회개하고 기도하며, 믿음을 훈련하고 강화시키도록 하기 위해 주어지는 것이다. 후에 고난과 십자가라는 제목에서 이를 더 말하겠지만 말이다.

셋째로, 일반적인 형벌들과 특정한 형벌들은 우리들의 개선에 의해서 경감될 수 있다는 것을 조심스럽게 주목하기로 하자. 이사야서 1장이 분명히 시사해 주듯이 말이다. 그리고 스가랴서에서는 하나님께서 이렇게 말씀하신다: "너희는 내게로 돌아오라 … 그리하면 내가 너희에게로 돌아가리라"(슥 1:3). 즉, 내가 너희에게 평강과 먹을 것과 복스러운 삶을 주겠노라고 하시는 것이다. 여기에 "구제는 죄로부터 구원하느니라"(참조 벧전 4:8)는 말도 포함시킬 수 있으니, 이는 구제는 현세적 심판을 경감시키고 죄 용서를 얻게 한다는 것이다.[6]

교회에서 우리가 형벌과 재난은 죄 때문에 주어진 것이고, 만일 우리가

---

4) 이 번역에서는 그 의미를 부드럽게 하였지만, 여기 "어려움 당하다"에 사용된 말이 punished임을 생각하면, 멜란히톤의 용어 사용이 그렇게 정확하지 않음을 생각하게 된다. 따라서 위의 역주와 같이 생각하는 것이 더욱 더 좋을 것이다(역주).

5) 이것도 형벌로보다는 징계로 표현하는 것이 더 나았을 것이다(역주).

6) 이는 벧전 4:8에 대한 이상스러운 독법과 이해에서 나온 잘못된 견해라고 해야 할 것이다. ἀγάπη καλύπτει πλῆθος ἁμαρτιῶν은 우리 개역이 잘 옮긴대로 "사랑은 많은 죄를 덮느니라"고 이해해야 할 말이다(역주).

회개한다면 그것이 경감된다는 것을 가르치고 선포하는 것은 아주 필수적이다. 그러나 여기서 우리는 진정하고 의로운 회개를 말하는 것이지, 우리의 대적자들이 중죄(mortal sin)를 지었을 때에라도 유용한 것이라고 말하는 유치하고 어리석은 만족과 보속(satisfaction and compensation)에 대해서 말하는 것이 아니다. 이 보속 교리의 어리석음과 불경건함은 쉽게 알 수 있으니, 경건하지 않은 자들의 섬김과 행위는 주 하나님께 기쁨이 될 수 없기 때문이다. 시편 5:4이 말해주듯이 말이다: "주는 죄악을 기뻐하는 신이 아니시니."

넷째로, '스콜라 학파에서 말하는 만족'(*satisfactiones scholasticae*)은 복음과 율법 모두를 폐하며, 복음보다는 사람들의 규례를 더 중요시하며 높이도록 하는 것이다. '만족'에 대한 그들의 가르침에서 율법이 다른 행위들에 의해서 만족된다면, 그들은 율법이 요구하는 것 이상의 어떤 것이 일어난다고 주장하는 것이 되기 때문이다. 그러므로 기독교회에서는 성도들의 최고의 행위도 율법을 이루는 것은 아니라는 것이 분명하고도 정확히 설명되어야만 한다.

결국 그들은 그들의 행위로 복음을 폐하는 것이니, 그들은 우리가 행하는 '만족'(satisfactions)이나 '보속'(compensations) 때문에 하나님께서 영원한 고통과 죽음을 경감시키시고, 현세적 형벌들도 경감하신다고 가르치기 때문이다. 따라서 배우지 못한 이들은 이런 만족과 보속의 행위를 통해서 죄와 죄책이 용서되는 것이라고 믿게 될 위험이 있는 것이다.

또한 이런 만족과 보속 교리는 사람들과 수도사들의 규례들이 하나님을 섬기는 것이 된다는 개념을 강화시킨다. 이에 반해서 마태복음 15:9에 있는 그리스도의 가르침이 분명히 유지되어야만 한다: "사람의 계명으로 교훈을 삼아 가르치니, 나를 헛되이 경배하는도다." 그러므로, 그런 사람들의 규례들은 하나님을 섬기는 것으로 여기지 않는 것이 필요한 것이다.

이로부터 우리의 양심이 만족과 보속으로 부담을 느끼지 않도록 해야만 한다는 것을 조심스럽게 이해하도록 하자. 첫째로, 그리스도인들은 그들의 행위나 공로 없이 그리스도를 통해서 얻는 죄 용서를 가르치고, 또 그렇게 죄를 용서하라는 명령과 열쇠를 가지고 있는 것이다. 그러나 그리스도인들은 어떤 만족(satisfaction)의 행위를 해야 한다고 부과하거나, 형벌을 부과하라는 명령을 받은 일이 없다. 또한 우리가 행하는 만족과 보속의 행위 때문에 영원한 죽음이 현세적 형벌로 변경된다는 것도 잘못된 것이다. 더 나아가서, 만족에 대한 가르침은 근본적으로 율법과 복음을 폐지하며, 사람들의 규례에 의존하도록 만든다. 그리스도인들은 만족이라는 거짓된 행위를 통해서가 아니라, 하나님께서 우리에게 행하라고 명령하신 참된 회개를 통해서 현세적 형벌과 재난이 경감된다는 것을 인식하도록 하자. 그러므로 우리는 백성들에게 기독교적인 행위를 하도록 권고해야 한다. 그래서 우리의 회개를 통해서 현세적인 악이 경감되도록 해야 하는 것이다.[7]

여기서 다음과 같이 질문할 사람들이 있을 것이다. "그렇다면 우리는 육체를 모든 감각적 쾌락에 방임해야 한다는 것인가? 어떤 종교적 행위, 금식, 그와 비슷한 것들로 우리 자신들을 억압해야 하지 않는가? 당신은 우리가 순결을 지키고 도덕적이고 조절하여 사는 것을 그만두라고 하는 것인가?" 이에 대한 우리의 대답은 다음과 같다: 하나님의 말씀을 사랑하는 자는 이미 이에 대한 대답을 알고 있다. 나는 자주 회개가 하나님의 명령에 대한 새로운 순종을 일으킨다고 말한 바 있다. 진지한 순종이 따라오지 않는 곳에는 회개도 없고, 믿음도 없는 것이다. 요한이 말한 바에 의하면, 변화하지 않고 그들의 양심에 반해서 계속해서 죄 가운데 머무르는 자를 정죄된 자라고 한다: "죄를 짓는 자는(즉 그 양심에 반하여 죄를 짓는 자는) 마귀에게 속하나니"(요일 3:8).

하나님께서는 우리에게 적당히(with moderation) 먹고 마시고, 일하라고 명령하셨다. 또한 몸을 훈련하며, 먹고 마시는 것이나 즐기는 것 때문에 순결함을 버리지 말라고 하셨으며, 하나님께서 우리에게 주신 몸을 주연과

---

7) 이렇게 표현하는 것도 우리의 회개의 행위를 일종의 공로화하는 오해를 낳게 할 위험성을 지니고 있다. 그런 오해를 제거하는 식의 표현을 찾아야 할 것이다(역주).

환락과 부도덕의 부패에 빠지게 하지 말라고 하셨으며, 술마시고 흥청거리는 것으로 우리의 부르짖음과 기도가 막히지 않도록 하라고 명령하신 것이다. 이런 것들이 하나님께서 명령으로 주신 행위들이다: 이런 것에 순종하고 이를 열심히 행하는 것은 항상 있어야 하는 것이지, 이는 어떤 특정한 날에만 하는 것도 아니고, 어떤 특정한 음식과만 관련된 것이 아니다. 이 명령은 끊임없이 계속해서 준수되어야만 한다. 이것은 성경 가운데서 수백 번 명령된 것이다.

그리스도께서는 이렇게 말씀하신다. "너희는 스스로 조심하라. 그렇지 아니하면 방탕함과 술 취함 … 으로 마음이 둔하여지고"(눅 21:34 참조). 마태복음 17:21: "기도와 금식이 아니면 이런 유가 나가지 아니하느니라." 즉, 진지한 기도에 의해서만 이루어진다는 것이다. 쾌락과 방탕 가운데 사는 태만한 마음에서는 게으르고 수치스러운 기도만 나올 뿐이다. 모세는 백성들이 먹고 마시고 그 주위에서 춤출 송아지 우상을 만들었다고 한다. 우리의 경험은 게으름과 육욕과 무절제와 방탕이 간음과 오만과 살인과 어리석음과 불경건함과 온갖 종류의 악을 생성해 냄을 보여준다. 호세아서 4장은 이렇게 말한다: "하나님을 아는 지식도 없고, 오직 저주와 허위와 살인과 간음뿐이요, 강포하여 피가 피를 뒤대임이라"(호 4:1f. 참조). 즉, 그들이 미혹당하여 불경건함과 어리석음을 낳았으므로 악이 따라 나온다는 것이다. 사도 바울도 갈 5:19ff.에서 다음과 같이 말한다: "육체의 일은 현저하니, 곧 음행과 더러운 것과 호색과 우상숭배와 술수와 … 그와 같은 것들이라 … 이런 일을 하는 자들은 하나님의 나라를 유업으로 받지 못할 것이요."

이와 같은 구절들과 비슷한 구절들은 하나님께서 먹고, 마시는 것과 다른 욕망에 관해서 훈련을 해야 한다는 것을 명령하셨음을 분명하게 보여준다. 이런 일을 열심히 하는 것은 과도한 일을 하는 것이 아니고, 필요한 일을 하는 것일 뿐이다. 마치 기도와 구제가 필수적인 명령된 일이듯이 말이다. 우리는 구제를 위한 특별한 주장들을 추구할 필요가 없다. 하나님께서는 가장(家長)들에게 충분한 비참함을 주신다. 여기서 참되고 진지한 구제가 발생할 수 있다. 우리는 가난한 고아들과 병든 사람들과 가난하나 옳은 여종들과 굶주리는 가족을 부양해야 하는 목사들과 가난한 학생들과 어려움을 당하는 가난하나 경건한 시민들과 그 생계가 그와 같이 위협을 당하는 이들에게 구제를 베풀 수 있고, 마땅히 그렇게 해야만 하는 것이다. 이 세상에서 어떤 이는 부유하고, 어떤 이는 가난하나, 부유한 자들은 가난한 자들을 도와야 한다는 것이 하나님의 뜻이다. 그리스도께서 "내가 굶주릴 때에 너희가 음식을 주었으며 … "라고 말하듯이 말이다(마 25:35). 이것은 우리로 하여금 우리 능력에 따라서 돕도록 한다. 때로는 빌려주고, 선물로 주고, 미리 주고 하여 종들이 그들의 삶과 생계를 꾸려가게끔 해야 하는 것이다. 고린도후서 8장에서 분명히 가르쳐졌듯이 말이다. 우리는 사람들에게 이런 필수적인 구제를 하도록 권고해야 한다. 그 영광을 드러내는 요란한 구제가 아니라, 이런 필수적인 구제를 하도록 말이다. 그런 요란한 구제는 이전에 많은 미사를 드리는 것과 비슷한 것이다.

어떤 이들은 고린도전서 11:31에 있는 사도 바울의 말을 인용하기도 한다: "우리가 우리를 살폈으면 판단을 받지 아니하려니와." 이것을 그들은 다음과 같은 뜻을 지닌 것이라고 해석한다. 즉, 만일 우리가 자신에게 형벌을 내리고 보속(compensation)을 하면 우리가 주에게서 형벌을 받지 않는다는 것이다. 그리하여 우리의 보속을 통해 고통과 형벌이 감하여진다고 한다. 이에 대한 우리의 대답은 다음과 같다. 사도 바울은 이 구절에서 우리가 해도 되고 하지 않아도 되는 일이나 보속(compensations)에 대하여 말하고 있는 것이 아니다. 그는 참된 회개에 대하여 말하고 있는 것이다. 이 구절에서 심판은 참된 회개와 슬퍼함에서 발생하는 마음 속 깊은 곳으로부터의 정죄이고, 일평생을 걸친 회개를 뜻하는 것이다.

나는 앞에서 우리가 마땅히 해야만 하는 회개와 일을 통해서 현세적 재앙과 심판이 경감된다고 말한 바 있다. 이것을 가르치는 것은 유용한 것이다. 이사야서 58:3-8에서 이사야가 사람들의 규례를 반박하고 하나님의 명령이 하도록 명하는 바를 요구할 때의 가르침이 바로 이런 유용한 가르침을 주는 것이다: "보라 너희가 금식하는 날에 오락을 찾아 얻으며, 온갖

일을 시키는도다. 보라 너희가 금식하면서 다투며 싸우며 악한 주먹으로
치는도다 … 이것이 어찌 나의 기뻐하는 금식이 되겠으며 … ."

더 나아가서 참된 금식에 대해서는 이렇게 말한다: "나의 기뻐하는 금
식은 … 주린 자에게 네 식물을 나눠주며 유린하는 빈민을 네 집에 들이
며, 벗은 자를 보면 입히며 … 그리하면 네 빛이 아침 같이 비칠 것이며."
선지자들은 여러 곳에서 이와 같이 가르치고 있다. 한 가지 예를 더 들면,
미가 6:8: "사람아 주께서 선한 것이 무엇임을 네게 보이셨나니, 여호와께
서 네게 구하시는 것은 오직 공의를 행하며,[8] 인자(仁慈)를 사랑하며, 겸손
히 네 하나님과 함께 행하는 것이 아니냐?"

여기서 어떤 이들은 또 다음과 같은 변명을 제기하기도 한다. 즉, 죄는
형벌을 받아야만 하니, 형벌을 만족시키기 위해 충분한 것이 이루어지지
않으면 죄가 용서될 수 없다고 말이다. 그러므로 만일 회개를 통해서 죄가
용서된다면 회개 자체가 형벌에 대한 보속(compensation)이 된다고 한다.

이런 변명을 통해서 그들은 교묘하게 만족(satisfaction)을 확대시키는
것이다. 그러나 우리의 행위나 슬퍼함을 통해서 형벌을 보속하려고 열심히
한다고 해서 죄가 사해질 수 있는 것은 아니다. 하나님께서는 은혜 가운데
서 모든 것을 구하고 스스로를 돌이키는 이들에게 현세적 재난과 형벌로
부터의 용서와 경감을 약속하신다. 니느웨의 경우가 이것을 시사해준다.
더 나아가서 재난과 형벌의 경감은 회개하는 자에게 주어지나, 이것은 그
들의 보속(compenstions)과 슬퍼함 때문이 아니고, "내게 돌이키라, 그리
하면 내가 너희에게 돌리키리니"(렘 31:18)라고 하신 하나님의 약속에 따
라 은혜로 주어지는 것이다.

만족과 보속 교리를 위해 그들은 또한 다윗의 예를 들어보려고 한다. 그
들은 말하기를, 다윗의 죄책은 비록 용서되었어도, 그 죄에 대한 형벌은 받
아야 했으니, 그에 대한 반역이 일어나고 온나라가 그에게 적대한 것이 그

---

8) 이에 대해 멜란히톤은 "하나님의 말씀을 지키며"(to keep God's Word)라고 말
하고 있다(영역자 주).

런 것이라는 것이다. 즉, 그들은 말하기를, 죄책이 용서된 후에도 아담은 자연적인 죽음과 다른 형벌을 보속(compensation)으로 받아야만 했다는 것이다.

이런 예에 대해서 나는 하나님께서 때때로 형벌과 재난을 내리실 수 있다고 말한 바 있다.[9] 그러나 이런 형벌에 대해서는 (교회에 주어진) 열쇠의 권한은 아무런 관련이 없는 것이다. 또한 그런 (현세적) 형벌은 만족이나 보속의 행위를 통해 경감되는 것이 아니고, 위에서 말한 바와 같이 우리의 삶 전체를 통한 참된 기독교적 회개를 통해서 경감되는 것이다.[10] 또한 나는 앞에서 하나님께서 성도들에게 주시는 환난과 어려움은 언제나 이전 죄에 대한 형벌이 아니고, 그들의 믿음을 훈련하게끔 하기 위한 것이라고 말하였다.

옛 학자들이나 교회사가들이 만족(satisfaction)에 대해서 말할 때, 그들은 그 당시에 흔히 사용되던 공적인 고해(public penance)의 외적인 의식에 대해서 말하는 것이었다. 그들은 그런 의식이나 행위의 공로로 연옥에서의 고통이나 죄책을 용서받고 경감된다는 것이라는 의견을 가지고 있지 않았다. 그들은 이런 공적 고해가 사람들이 수립한 교회의 외적인 의식으로서 이는 다른 사람들로 하여금 죄와 부패에 대해서 무서워하게 하려는 것이고, 참회하는 자가 참으로 자신을 개혁함을 드러내고 분명히 하도록 하려는 목적을 지닌 것임을 알고 있었다. 암브로스는 분명히 말하기를 공적인 참회(public penance)는 일생에 한 번 있는 것으로 족하다고 한다. 이런 말들은 이런 종류의 만족(satisfaction)을 위한 행위들이 구원을 위해 필요한 것도 아니고 죄 용서를 얻도록 하지도 못함을 보여준다. 그 외에도 현행대로의 고해 제도에 의하면 이것이 여러 번 반복되도록 되어 있다.

---

9) 그러나 이에 대해 구교도들처럼 우리 죄에 대한 보속(compensation)으로 그리하신다고 이해해서는 안 될 것이다(역주).

10) 이때도 이런 회개의 삶이 무슨 공로가 되어서 경감되는 것으로 이해해서는 안 될 것이다. 오히려 그리스도의 십자가 사건에서 모든 것이 다 해결된 것으로 보는 것이 옳을 것이다(역주).

교회의 이 옛 의식으로부터, 형벌의 면제와 그런 외적인 의식과 공적인 형벌로부터의 풀림 이외에 다른 것이 아닌 면죄부 제도가 발전되었다. 그 후에 무식하고 사악한 어떤 위선자들과 속이는 자들이 이런 외적 형벌의 면제와 면죄부를 굉장한 말로 장식해대고, 그것이 모든 고통과 죄책을 경감시킨다고 말하면서 고해를 연중 행사로 만들었다. 그리고 살아 있거나 죽은 모든 회개한 사람들의 풍부한 과도한 공로 때문에 남은 선행의 금고가 있고, 그것이 교황과 주교들에 의해서 정해진 값에 하나님께 드려질 수 있다고 한 것이다.

결과적으로 하나님을 경외하며 이 문제를 잘 배운 이들이 쉽게 관찰할 수 있듯이, 이 형벌의 면제와 동반하여 많은 오류와 속임과 사기가 나타났다. 면죄부나 형벌의 면제의 참된 근거와 진리는 처음에는 만족을 말하는 옛 교회법을 완화시키는 것에 불과한 것이었으나, 세월이 지나자 그 교회법과 함께 면죄 제도도 부패하게 된 것이다. 보속이라고 불리는 의식들은 인간적 규례들이고, 하나님 앞에서 고통과 죄책의 경감에 아무런 도움도 줄 수 없다. 새롭게 창안된 면죄부나 형벌의 면제는 고통과 죄책의 용서를 조금도 도울 수 없고, 그것들은 공허한 사기요 거짓일 뿐이다.

제 28 장

교회의 권세 또는 열쇠의 권한에 대하여

성경에서 "열쇠"라는 단어는 집안을 다스림(a household government) 과 관련되어 있다.[1] 따라서 복음과 교회의 힘은 주먹으로가 아니라, 오직 설교와 금지(ban)에 있는 하나님의 말씀을 통하여 형벌을 제거하는 은혜 스럽고, 모성적인 집안 다스림을 뜻하는 것이다. 그래서 우리는 교회의 권 세를 열쇠의 권한이라고 부르니, 교회의 권세(power)와 열쇠의 권한은 같 은 하나의 것이기 때문이다.

이와는 대조적으로 세상의 권세와 통치는 "칼"(sword)이라고 언급되니, 이는 칼로 물리적인 형벌을 행사하기 때문이다. 그리고 세상의 통치와, 교 회의 다스림, 또는 열쇠의 권한이라고 불리는 이 명령과 봉사나 직임 사이 에 큰 차이가 있다. 세상의 통치는 외적인 정의를 유지하고, 질서와 평화를 유지하며, 사람과 재산을 보호하고, 불순종하는 자들에게 물리적 형벌을 가하는 명령이다. 여기에 신민들과 주권, 즉 재화와 소유를 다스리는 권한 이 속하는 것이다. 만일 이 세상의 통치가 그 질서 안에서 잘 견딜 만하게 행사된다면 — 이는 우리가 다윗이나 여호사밧이나 다른 경건한 통치자들 에게서 찾아볼 수 있는 것인 바 — 그것은 하나님으로부터 온 큰 은사라 고 할 수 있다. 이에 대해서는 이 책의 마지막에 가서 좀더 이야기하기로 하자. 여기서는 이 두 직임 사이의 구별만을 분명히 하고자 한다.

---

1) 결국 이는 "경륜"(economy)이란 말을 이렇게 옮긴 것이라고 여겨진다(역주).

이에 비해, 열쇠의 권한은 하나님의 말씀을 선포하고, 거룩한 성례를 집례하며, 일반적으로나 구체적으로 죄를 용서하고, 교회의 사역자들을 임직하며, 불순종하는 자들이 공개적인 부패 가운데 있기를 계속 고집하면 그들을 금하고, 그들이 돌아와서 용서받기를 원하면 용서하고 풀어주는 일을 하라는 하나님의 명령이다.

여기 언급된 이 여섯 가지가 교회의 필수적이고 참된 직무, 또는 열쇠의 권한을 섬기는 것이다. 그것들은 영적인 것들 곧 하나님의 말씀, 성례들, 칭의, 선포의 직임, 그리고 하나님 말씀과 금지를 통한 죄의 형벌과 관련된 것이다. 이것은 물리적인 힘으로 행사되어서는 안 된다. 그러므로 이런 봉사를 하는 설교자들이나 감독들은 물리적인 힘이 필요하거나 큰 정사나 주권 등이 필요하지 않다.[2] 이는 하나님의 명령과 이름과 그의 능력으로 수행되어야만 하고 이는 영원한 것들, 칭의, 그리고 영원한 복락이나 영원한 형벌과 관련된 것이다. 그럼에도 불구하고 우리들은 설교자들이나 교회의 사역자들을 순종해야 하고 그들의 명령하는 권세를 존중해야 한다.

여기서 우리는 감독, 즉 참된 기독교의 설교자들과 목회자들이 명령하고 법을 만들 권한을 가졌는가, 그리고 그것은 얼마까지 확대되는가 하는 문제를 질문할 수 있다. 이에 대한 우리의 대답은 다음과 같다. 첫째로, 교회의 열쇠의 권한과 섬김을 높이고, 참되고 가슴 속 깊은 곳에서 나오는 감사와 더불어 이를 하나님께서 주신 최고의 은사로 높이는 것을 배우는 것이 아주 필요하다. 왜냐하면 하나님께서는 잃어버려진 인류에게 자신의 유일하신 아들 예수 그리스도를 보내셨고, 이 열쇠의 권한으로 그의 말씀과 명령을 유효하게 하여 우리를 영생에로 다시 이끄시기 때문이다. 그러므로 우리가 하나님께 진지한 순종을 해야 하므로, 우리는 목사의 사역에서와

---

2) 멜란히톤은 어떤 면에서는 감독제를 염두에 두고 이렇게 썼지만, 우리는 장로가 곧 감독이라는 사도행전과 신약의 교훈에서 이를 이해하는 것이 더 좋을 것이다. 다음 문단에는 멜란히톤도 우리의 이해에 접근함을 시사하는 발언이 있기도 하다. 그러므로 목사(교훈 장로)와 장로(치리 장로)를 포함하는 장로가 감독이라는 이해를 더 강조하게 된다(역주).

설교에서, 그리고 죄를 벌하는 데서와 금하는 데서 선언된 하나님의 말씀에 순종해야만 한다고 말한다. 불순종은 영원한 진노를 받아 마땅한 죄이다. 따라서 우리는 목사에게 순종해야만 하니, 이는 그가 명령하는 권세와 능력을 받았기 때문이다. 명령하기만 하는 것이 아니라, 하나님께서는 그를 통하여 순종하는 자에게 복을 내리고, 불순종하는 자에게 저주를 내리는 일을 하시는 것이다.[3]

그러나 이 모든 것은 하나님의 말씀을 넘어서서 어떤 것을 명령하거나, 새로운 법을 제정하여 그것이 하나님을 섬기는 도리라고 요구하는 그런 통치를 말하는 것이 아니다. 교회의 섬김은 세상의 폭군이나 왕의 권능을 가지고 다스리는 것과 같지 아니하니, 이런 폭군의 권한은 제한을 받지 아니하며 일정한 법에 따르는 것이 아니기 때문이다.

교회의 사역자들은 그들이 항상 순종해야만 하는 아주 분명하고 엄격한 질서를 가지고 있다. 만일 그들이 그들의 직무를 넘어서서 다르거나 모순되는 교리를 주장하면, 우리는 그들을 버리고 저주하며, 끝까지 그리하면 추방되리라고 위협해야만 한다.

교회 사역자들의 권세는 또한 왕의 권세와도 같지 않으니, 왕들도 어떤 분명한 법을 가지고 있기는 하나, 그래도 그들은 주권을 가지고 명령을 요구하며 재산을 가질 수 있고, 물리적 평화와 재화의 보호를 위해 유용한 법을 만들 수 있기 때문이다.

복음에 대한 바른 이해도 없고 하나님에 대한 경외도 가지지 않은 세상적으로 지혜로운 자들은 교회의 직임을 세상의 권세와 같은 왕적인 통치로 만드는 일이 항상 있어 왔고, 그런 일들은 아마도 늘 있게 될 것이다. 즉 그런 일은 이 세상에서는 평범한 일(늘 있는 일)이다.

---

3) 그러나 목사가 축복하고, 저주할 수 있다고 멜란히톤이 말하지 않음에 유의하라. 목사는 신실하게 하나님의 뜻을 선포하여 그 말씀을 온 성도가 지키도록 해야 하며, 그에 대해 하나님께서 필요한 조치를 취하시는 것이다. 목사가 하나님의 하시는 일을 대리하려 하거나 자신을 그런 이로 높이는 일은 있을 수 없는 신성모독임에 유의하라. 이는 다음 문단에서 잘 표현되고 있다(역주).

그들은 교회 안에 하나님의 법이 있다는 것을 본다. 그럴지라도 그들은 자신들이 다스리려고 하고, 그들이 지닌 지위의 권위를 높이려고 새로운 법을 만드는 능력을 가지려고 하는 것이다. 그리고 그들은 생각하기를 만일 교회가 왕과 같은 권세를 가지고 있지 않다면, 교회는 권위도 없고, 힘도 없으며, 남들을 순종하게 할 수도 없고, 오직 혼란만을 가져오게 하는 비참하고 연약한 통치를 가질 뿐이라고 한다. 이 세상의 눈과 이성에는 그렇게 보이는 것이다. 만일 우리가 교회로부터 명령하고 강제하는 왕적인 권능을 제거한다면, 교회는 아주 연약하고 작아질 것이다. 그러나 참된 교회는 항상 그런 형태를 가져 왔었다. 셈과 아브라함과 이삭과 예레미야 때로부터 그리스도와 사도들 때까지 그러했던 것이다. 그러나 교회는 연약하거나 작지 않았으니, 하나님께서 교회 안에 계셔서 능력있고 힘있게 그 안에서 역사하시고, 음부의 권세에 대항해서 교회를 유지하시기 때문이다.

그러므로 우리는 세상적인 생각을 마음에서 제거하고, 하나님께서 제정하신 대로의 교회의 통치를 바라보며, 하나님께서 항상 자신의 참된 교회를 세상의 지혜 이상으로 유지하시며 인도하심을 보아야 한다. 그리고 교회라는 이 학교는 솔론(Solon)이나 아우구스투스(Augustus)와 같은 현명한 통치자들이나 플라톤이나 아리스토텔레스와 같은 철학자들이 정치적인 문제로 논쟁하는 그런 논쟁의 장소가 아니다.

참된 기독교회는 하나님의 말씀, 살아계신 하나님의 아들의 능력과 권세, 그리고 성령을 통하여 유지되어야 하고 그 형태를 얻는 놀라운 통치이다. 사도 바울은 에베소서 1장과 고린도전서 12장에서 이를 분명하게 표현해 내고 있다.

또한 다음 구절들로 이에 대해서 말한다:

눅 10:16: "너희 말을 듣는 자는 곧 내 말을 듣는 것이요, 너희를 저버리는 자는 곧 나를 저버리는 것이요, 나를 저버리는 자는 나 보내신 이를 저버리는 것이니라." 히 13:17: "너희를 인도하는 자들에게 순종하고 복종하라 …"

이런 구절들과 이와 비슷한 다른 구절들은, 우리가 목사들의 직무에 순종해야 한다고, 즉 만일 그들이 하나님의 말씀을 수행하고 그에 따라 권징을 시행할 때에는 그들에게 순종해야 한다는 것을 가르치는 진지한 명령들이다. 우리가 모든 겸손과 순종으로 목사의 직임을 존경하며, 그들이 그 직임을 잘 수행할 수 있도록 돕는 것이 우리에게 향하신 하나님의 진지한 뜻이다. 그러나 이런 구절들은 목사들이나 장로들에게 복음 외의 어떤 다른 통치를 생성해 낼 권세를 주는 것이 아니다.[4]

교회의 통치가 어떠한 것인가, 즉 그것은 전제적 통치나 왕적인 통치도 아님을 말했고, 우리가 하나님의 말씀이 선포하는 그 높고 영예로운 직임에 대해 마땅히 순종해야 한다는 것을 말했으므로, 이제 이 조항들을 설명하는데 도움이 될 수 있는 몇 가지 규칙들을 간단히 제시해 보기로 하자.

첫째 규칙: 만일 목사들(즉 감독들 또는 교회의 사역자들)이 하나님의 말씀과 모순되는 어떤 것을 가르친다면, 그것을 듣는 모든 사람들은 반드시 그런 것을 거부해야만 한다. 만일 목사들(감독들)이 계속해서 그런 오류 가운데 있으려 하면, 교회는 그런 오류에 찬 설교자들(감독들)을 버려야만 한다. 이 규칙은 하나님의 말씀에서 명령된 규칙이다. 행 5:29: "사람보다 하나님을 순종하는 것이 마땅하니라."

갈 1:8: "그러나 우리나 혹 하늘로부터 온 천사라도 우리가 너희에게 전한 복음 외에 다른 복음을 전하면 저주를 받을지어다." 참되지 않은 교사들이 이처럼 저주를 받은 자들이라면, 우리는 그들을 따르거나 그들에게 순종해서는 안 되는 것이다. 교회에서의 "금지"는 사소한 저주가 아니다. 그것은 저주받고 금지된 자에게 형벌을 내리는 것을 허용하시는 하나님의 참된 분노인 것이다. 사울이 저주를 받았을 때, 그는 끝나버렸다. 이에 대해서는 후에 더 말해 보기로 하자.

---

4) 여기에 표현된 목사의 말에 대한 순종의 조건이 무엇인가에 유의하라. 하나님의 말씀에 근거한 것만 순종하되 하나님의 말씀 때문에 순종하는 것이다. 목사직은 원칙상 하나님의 말씀을 바르게 선포하기 때문에 영예로운 것이지, 만일 그 직을 가진 이가 하나님의 말씀을 잘 드러내지 못하고 오히려 가리운다면 그는 그 영예스러운 직임을 손상시키는 것이 됨에 유의하라(역주).

영원하신 하나님께서 그리스도에 대하여 이렇게 말씀하신다: "이는 내 사랑하는 아들이니 그의 말을 들을지어다"(마 17:6). 이 명령은 다른 것의 여지를 남기지 않는다. 따라서 우리는 이 명령에 모순되는 참되지 못한 교사들(감독들)에게 순종해서는 안 되는 것이다. 그리스도께서는 또한 "거짓 선지자들을 삼가라"라고 말씀하신다(마 7:15). 우리가 불순종적이며 분리 (schisms)와 나뉨(dissensions)을 일으킨다고 우리를 나무라는 자들의 악독한 중상에 대항해서 우리의 양심을 위로하기 위해서 이런 구절들과 이와 비슷한 구절들을 주목해 보아야만 한다. 우리는 오히려 모든 사람들이 하나님의 명령에 의해서 마땅히 잘못된 교사들이나 감독들을 저주받은 자로 여기고 버려야만 한다고 지적해야 할 것이다. 이에 대해서도 후에 좀더 말하기로 하자.

둘째 규칙: 감독들(또는 영혼의 목자들)은 하나님을 섬기는 새로운 법을 만들어 명령할 권한을 가지고 있지 않다. 예를 들어서, 교황이 사제들의 혼인을 금하는 것이라든지, 음식먹는 일에 구별을 두는 것과 같은 것을 만들 권한이 없다는 것이다. 이런 것들에 속하는 것으로 반박되어야만 하는 세 가지 오류가 있다. 첫째는, 그것을 행함으로써 은혜를 공로로 얻을 수 있다고 주장되는 그런 행위들이다. 이는 믿음의 교리와 모순되는 커다란 오류이다. 두번째 오류는 어떤 식자들이 첫째 오류가 너무 큰 것을 보고서 좀더 겸손하게 다음과 같이 말하는 데에서 나타나는 오류이다: "비록 이 행위들은 은혜를 공로로 얻을 수는 없지만, 그래도 그것들은 하나님께서 아주 특별하게 여기시는 하나님을 섬기는 행위이다." 이것 역시도 오류이니, 그리스도께서는 마태복음 15:9에서 아주 분명하게 말씀하시기 때문이다: "사람의 계명으로 교훈을 삼아 가르치니 나를 헛되이 경배하는도다." 세번째 오류는 그런 것들을 필요한 일들로 만들고 그런 계명을 지키지 않는 것이 죄라고 가르치는 것이다. 그러나 복음은 그런 일들을 필요한 것으로 지키는 것을 금한다. 인간들의 규례에 대한 장에서 후에 논의할 바와 같이 말이다.[5]

세번째 규칙: 영혼의 목자들 또는 참된 감독들은 어떤 권세를 가졌는

가?

대답: 기독교적인 영혼의 목자는, 마치 학교 선생님이 질서를 유지해서 어린이들이 언제 모여야 하며, 또 어떤 때에 무엇을 읽어야 하는지를 알도록 해야만 하는 것처럼, 선한 질서를 유지하고 모임에서 읽어야 할 분량(*lectiones*)을 결정하는 권세를 가지고 있다. 인간성과 야수의 차이는 인간의 이성은 질서를 이해하며, 모든 행위에 있어서 적절한 질서와 분량을 유지해야 하는데, 야수들은 질서에 대해서는 아무것도 모른다는 데에 있다.

그리고 교회 안에서 가장 아름다운 질서가 유지되어야 한다는 것은 합리적인 일이니, 교회에서 우리는 하나님의 명령에 의해서 영생에 관한 하나님의 말씀을 사람들에게 설명하는, 그리고 하나님을 불러 아뢰는 등의 중요하고 진지한 일을 하기 때문이다. 그렇기에 사도 바울은 교회 모임 안에서는 모든 것이 질서 있고, 겸손하게 이루어져야만 한다고 명하는 것이다.

이에 따라서 몇 가지 날들이 수립되었다. 예를 들어서, 주일에 우리는 선포를 듣고, 하나님을 불러 아뢰며, 성례를 집행하기 위해 함께 모인다. 또한 그리스도의 탄일(*Natalis Christi*), 그의 할례 기념일(*Circumcisio*), 수태고지일(*Annunciatio*), 기독교적 유월절(*Pascha*), 승천 기념일(*Ascensio*), 그리고 오순절(*Pentecoste*) 등과 같은 다양한 축일들이 있는 이유도 여기에 있다.[6] 우리가 하루에 그리스도의 생애 전부를 다 말할 수 없고, 기독교 교리의 모든 부분을 다 말할 수 없으므로, 우리는 그 전체를 몇 가지 축제일들로 나누어야만 한다. 마치 우리가 학교의 강의를 적절하게 나누듯이 말이다. 그리고 이런 축제일들은 그것이 역사적 시간을 표시

---

5) 아래의 제34장을 보라.

6) 부활절을 제외하고는 다른 모든 날을 지켜야 할 필요가 있을까? 여기서 루터파와 개혁파의 의견이 갈린다. 루터파는 이런 축일들을 계속해서 지키지만, 개혁파는 꼭 그런 축일을 지켜야 할 이유는 없다고 여긴다. 이런 축일 지킴이 과연 하나님의 뜻에 따른 것이라고 할 수 있을까?(역주).

해 주고, 기억하는데 도움을 주므로 만족스러운 것이다.[7]

그리스도께서는 수난당하시고 죽으셨으나, 우리가 부활절을 지키는 때쯤에 부활하셨다. 이와 연관해서 하나님께서는 구약 시대에 유월절 어린양을 준비하는 의식을 제정하셨다. 교회는 이에 따라서 비슷한 시기에 수난과 부활을 선포하였고, 기념을 위해서 그날을 유월절(pascha)이라고 불렀다. 이집트로부터의 출애굽을 가르치고 기념하는 목적으로 유월절은 올해 1548년까지 3058년 동안이나 유지되었다. 이런 칭찬할 만한 관례는 그리스도의 수난과 부활이라는 참된 유월절(pascha)에 대해서 사람들을 권고하기 위해 지켜진 것이다. 오늘날의 많은 성도들이 그리한 것처럼 이를 무시하거나, 제쳐 놓는 것은 아주 야만스러운 일이다.

그러나 (이런 축일을 지킴에 있어서) 우리에게 요구되지 않은 것으로 여겨도 되는, 또는 그것을 지킴으로써 어떤 은혜를 공로로 얻는 것처럼 생각하지 않아도 되는, 외적인 행위들이 있음을 유념해야 한다. 예를 들어서, 이런 축일들에 일하는 것은 필연적으로 죄라든지 할 수 없다는 말이다. 이로부터 영혼의 목자들의 질서를 수립하고 유지하는 권능이 얼마나 포괄적인가 하는 것은 쉽게 이해할 수 있다.

그런데 다음 구절들을 너무 이상하게 해석하는 이들이 있다. "너희 말을 듣는 것이 내 말을 듣는 것이요"(눅 10:16). 그리고 "(그들이) 모세의 자리에 앉았으니, 그러므로 무엇이든지 저희의 말하는 바를 행하고, 지키되"(마 23:2-3).

이런 구절들로부터 어떤 이들은 결론내리기를 자신들이 법을 만들어낼 권한을 가지고 있으며, 그런 법은 반드시 지켜야만 한다고 한다. 그러나 이런 구절들은 선포의 직임이 하나님의 말씀을 진전시키는 의무를 가지고 있음을 말할 뿐이다. 이것은 그들에게 하나님의 말씀 이상으로 나아가서

---

7) 그러나 그런 목적을 위해서 꼭 축일을 사용해야 할 것인가? 차서 있게 그리스도의 생애를 가르치고, 교리를 가르치는 것으로 그 모든 목적을 다 달성할 수 있지 않을까? 교회력의 사용은 많은 문제를 낳을 수 있음에 유의해야 할 것이다(역주).

새로운 법이나 다른 가르침을 만들어내도록 하지 않는 것이다. 그렇기에 "그들이 모세의 자리에 앉았으니"라고 말하는 것이다.[8] 왜냐하면 만일 그들이 하나님의 법 밖에 있는 이상한 것들을 가르친다면 그들은 모세의 자리에 앉은 것이 아니라, 하나님의 명령 없이 능력과 통치를 휘두르는 개인의 자리를 만든 것이기 때문이다.

네번째 규칙: 영혼의 참된 목자들이나 감독들은, 우리가 하나님의 명령에 의해서 순종해야 하고, 공개적인 죄인들이 불림을 받고, 만일 그들이 권고를 받고도 회개하지 않는다면, 그들이 물리적인 힘에 의해서가 아니라, 말씀에 의해서 기독교적 모임과 의식에서 배제되어야 하는 그런 다스림의 권한을 가지고 있다. 마치 사도 바울이 부도덕한 고린도인들을 배제할 때에 그리한 것처럼 말이다. 이런 판단에 있어서 우리는 하나님의 명령 때문에 그 목자들에게 순종해야만 한다. 왜냐하면 그리스도께서 마태복음 18장에서 이런 판단을 명령하셨기 때문이다. 그리고 이런 것이 교회들에서 진지하게 수행된다는 것은 아주 필요한 일이다. 그런 "금지"(ban)는 효과 없는 사람의 말로 여겨져서는 안 되니, 이는 하나님께서 명령하신 것이고, 하나님께서는 저주받은 자에게 참된 심판이 내리도록 하실 것이기 때문이다. 다음과 같은 많은 예들이 이를 시사해 주듯이 말이다.

암브로스(Ambrose)가 스틸리코(Stilicho)의 비서를 저주하였을 때, 그 비서는 귀신들렸고, 암브로스가 그를 위해 기도할 때에야 온전하게 되고 낫게 되었다. 그 비서가 암브로스에게 이제부터는 하나님을 경외하며 하나님을 순종하리라고 하자 암브로스는 그에게 다시 사죄를 선언했었다.

그러므로 우리는 교회의 중보 기도와 교회의 저주가 사소한 것이라고 생각해서는 안 된다. 왜냐하면 이런 선언들은 참된 것이기 때문이다. 창 12:3: "너를 축복하는 자에게는 내가 복을 내리고, 너를 저주하는 자에게는 내가 저주하리니." 우리가 이 말씀을 높이든지 말든지 하나님은 이 말

---

8) 이 구절에 근거해서 무슨 논의를 하려는 것이 옳지 못하다. 본문의 문맥은 그런 서기관과 바리새인의 태도를 비판하는 것이 아닐까? (역주).

씀을 지키신다. 그러므로 올바르게 선언된 저주에 대해서는 심각한 심판이 따르는 것이다. 시편 109:18이 말하는 바와 같이 말이다: "저주하기를 옷 입듯하더니 저주가 물같이 그 내부에 들어가며, 기름같이 그 뼈에 들어 갔나이다."[9] 그러므로, 우리는 교회의 참된 금지와 저주를 진지하게 여기고, 무서워해야만 한다.

그러나 이 형벌은 주먹과 칼이라는 물리적 강압을 통해서가 아니라, 말씀과 설교를 통해서 일어나는 것이라고 나는 말하였다. 세속적 권세만이 주먹과 칼로 형벌을 내릴 수 있는 것이다. 이 차이를 주목해 보는 것이 아주 필요하다. 그래서 우리는 토마스 뮌쳐(Thomas Müntzer)가 그리한 것 같이, 또 후에 1534년에 뮌스터(Münster)에서 재세례파가 그리했던 것 같이 교회를 세속적인 왕국으로 만들려고 해서는 안 되는 것이다. 그들의 견해에 의하면, 설교자들은 검을 휘두르고, 그들의 가르침을 받아들이지 않으려고 하는 자들에게 받아들일 것을 강요하든지 아니면 죽이든지 해야 한다고 한다. 이런 주장은 오류에 찬 것이고, 설교자들은 그렇게 해서는 안 된다는 것을 마태복음 20:25-28의 다음 구절들이 잘 증명해 준다: "예수께서 제자들을 불러다가 가라사대 이방인의 집권자들이 저희를 임의로 주관하고 그 대인들이 저희에게 권세를 부리는 줄을 너희가 알거니와 너희 중에는 그렇지 아니하니 너희 중에 누구든지 크고자 하는 자는 너희를 섬기는 자가 되고, 너희 중에 누구든지 으뜸이 되고자 하는 자는 너희 종이 되어야 하리라. 인자가 온 것은 섬김을 받으려 함이 아니라 도리어 섬기려 하고 자기 목숨을 많은 사람의 대속물로 주려 함이니라."

이런 말들은 사도의 직임이 새로운 나라를 준비하거나 칼을 휘둘러서는 안 되고, 오직 그리스도께서 그리하셨듯이 복음을 선포하고 그것을 위해서 수난을 당하려고 해야 한다는 것에 대한 분명한 명령이다. 요 18:36: "내 나라는 이 세상에 속하지 아니하였느니라." 고후 10:4:"우리의 싸우는 병

---

9) 이 구절 인용은 멜란히톤이 말하려는 요지와 상관없는 듯하다. 이는 저주를 자주 하는 자는 그 자신이 저주를 받게 된다는 문맥의 말이기 때문이다(역주).

기는 육체에 속한 것이 아니요, 오직 하나님 앞에서 견고한 진을 파하는 강력이라." 고후 4:5: "우리가 우리를 전파하는 것이 아니요 … 우리가 너희의 종된 것을 전파함이라"(1:24 참조). 고후 3: "복음은 영생을 얻게 하는 영의 직임이라"(6절 참조).

요한은 선포하고, 하나님은 그의 설교를 통해서 역사하신다. 이 직임은 트라얀(Trajan) 황제가 그의 외적인 통치를 하는 것을 방해하지 않고, 오히려 트라얀 황제로 하여금 공의를 시행하며, 형벌을 집행하고, 전쟁을 주관하도록 허용하는 것이다. 이 모든 것들은 물리적인 것들이고, 이는 사도의 직임에 속하지 않는다.

이런 이해에 의하면, 그리스도께서는 선포의 직임만이 아니라 세상 나라들 위의 주권과 통치를 교황에게 주셔서, 왕들을 세우기도 하며 폐하기도 하며, 따라서 이 목적을 (수행하기) 위해서 교황들은 큰 나라와 많은 백성을 가지고 있어서 대적자들을 칼로 다스릴 수 있어야 한다고 말하는 교황의 법은 전적으로 잘못되었음이 분명한 것이다. 이런 미명하에 그들은 땅과 백성을 자신들의 것으로 하고, 그런 나라의 유지를 위해서 이교적 왕국과 법과 우상숭배를 만들어내었다.

주 그리스도께서 붉은 옷을 입히시고 머리에 가시관을 쓰셨을 때 그의 수난에서 이 모든 것이 묘사되었다고도 할 수 있다. 이와 비슷한 방식으로 교황들과 감독들은 참된 교회를 오랫동안 핍박하고, 그들의 세속적 왕국들을 통해서 복음과 참된 '하나님 섬김'을 억압하고, 그들의 분명히 우상숭배적인 적그리스도적 왕국을 다스렸던 것이다. 내가 이를 말하는 이유는 하나님을 경외하는 사람들이 교황과 주교들의 적그리스도적 통치에 반대하고 그들의 독재에 참여하지 말아야 함을 상기시키기 위해서이다.

다섯번째 규칙: 사도들의 직임이 칼을 휘두르는 것이 아니라는 것은 참이다. 만일 어떤 사도나 설교자가 칼을 휘두르고 세속적 정치를 하면서 동시에 목사가 되려고 한다면 그것도 방해가 되는 것이라는 것도 참이다. 그래서 그런 것들이 옛 공의회들에서 금하여졌다.

이와 함께 우리는 [존] 위클리프의 오류도 반박해야 하니, 그는 목사들

은 재산을 가져서는 안된다고 하였기 때문이다.[10] 이 오류는 재산을 갖지
않는 것에 더 큰 거룩성이 있다는 수도사적 상상에서 나온 것이다. 우리는
위에서 재산을 소유할 수 있음은 하나님께서 세우신 질서이고, '도적질하
지 말라'는 계명에서도 수립되었으며, 모든 성도들은 이 질서를 사용할 수
있다는 것을 밝힌 바 있다. 먹고 마시는 것을 하나님께서 세우신 질서로
사용할 수 있듯이 말이다.

또한 여기서 교회와 귀족들은 목사들과 영혼의 목자들의 생활을 지지해
주어야만 한다는 것을 밝혀야 하겠다.[11] 그리스도께서 "일하는 자가 그 삯
을 받는 것이 마땅하다"고 말씀하셨듯이 말이다(눅 10:7; 딤전 5:18 참
조). 그러면 목사가 절약해서 모으고, 또는 상속받고, 또는 자신과 아내와
자녀들을 위해 가지고 있는 것은 그 자신의 것인 것이다. 또 이 경우에는
목사와 다른 기독교인 가장 사이에 아무런 구별도 있어서는 안 되는 것이
다.

그러나 이 악한 세상에서 경건한 목사들은 그들이 항상 그래왔듯이 아
마도 가난한 자들로 남아 있을 것이다. 그들과 대조되는 것이 불경건한 사
제들이다. 그들은 큰 소유를 가지고서 그들이 하나님을 섬긴다고 상상하는
것이다. 그것이 자신들의 소유와 위세와 세력을 높이는 것에 유용한 듯이
말이다.[12]

---

10) John Wycliffe(1328-1384)는 「목사의 직임에 대하여」(*On the pastoral office*,
1378)에서 목사의 의무는 교회의 부도덕성을 정화하고, 영적인 양식으로 백성을 먹이
는 것이라고 주장했다. 그는 극한 검약이 목사들의 타당한 생활 방식이요, 따라서 그들
은 자신들의 모든 소유를 가난한 자들에게 나누어 주어야만 한다고 선언하였다. 「주의
주님되심」(*On Divine Lordship*, 1375)과 「세속적 영주됨」(*On Civil Lordship*, 1376)
에서 위클리프는 사람들이 재화와 직임을 가지는 것은 모든 것이 그에게 속한 하나님
의 청지기들로서만 그리하는 것이라고 논의하였다. 그러므로 청지기직을 잘 수행하지
못하면 그의 재산과 직임을 빼앗을 수 있는 근거가 된다는 것이다. Cf. *Advocates of
Roform*, Matthew Spinka, ed. (Philadelphia, 1953)(영역자 주).
11) 당신의 상황 때문에 이런 표현이 나왔음에 유의하라. 오늘날의 표현으로 하면
"교회와 그 대표자들은"이라고 하면 좋을 것이다(역주).
12) 오늘날에도 이런 사제와 목사들이 있으니, 이런 이야기를 들을 만한 목사님들은

목사들과 영혼의 목자들의 직임에 대하여

그런 지위(title)와 이름을 가진 감독들은 복음을 핍박하는 자들이므로, 그들은 우리의 목사들을 인정하려하지 않는다. 그러므로 어떤 이들은 우리의 영혼의 목자들이 감독들에 의해 인준받거나 임직되지 못했을 때 그들이 목사직에 있을 수 있느냐에 대한 논의를 한다. 따라서 이 문제에 대한 기본적 기독교적 대답이 필요하다.

감독이라는 이름과 지위와 그들이 하는 사제의 임직(consecration)에 관한 관습은 유지될 수 있지만,[13] 배우지 못한 사람들에게 어떤 환상을 창조해내는 것은 아주 타당하지 못한 것이다. 복음의 핍박자들은 감독들이어서는 안 되고, 그들은 쫓겨난 것으로 여겨져야만 한다(갈 1:6-24 참조). 관습적으로 감독들에 의해서 집행되는 임직 의식(the ceremony of the consecration)은 잘못되고 오류투성이의 것이다. 마치 죽은 자들을 위한 미사와 성체를 봉헌하고 화체(化體)를 믿는 것이 그러하듯이 말이다.

그러나 설교자들의 부름과 세움, 임직을 하게 하는 바른 방법도 있는 것이다. 사도 바울은 디도에게 여러 성의 감독들을[14] 이곳저곳에서 임직케 하라고 명령하고 있다. 이로부터 설교자들과 영혼의 목자들이 필요하게 될 때 참된 영혼의 목자들은 교회들에서 자격있는 사람을 얻어서 안수와 기도로 그들을 임직시키고 장립해야 한다는 명령을 받았음이 분명하다. 임직이란 바로 이것이다. 그것은 그의 교리를 찬찬히 살펴본 후에 선택된 자를 장립(confirmation)하는 것 외에 다른 것이 아니다. 그것은 교회의 몇몇 사람들이 그의 머리에 손을 얹고,[15] 그에게 하나님께서 세우신 질서에 따

이 문단을 잘 숙고하고, 그 생활방식(life-style)을 바꾸어야 하지 않을까? (역주).

13) 과연 그럴 수 있을까? 이런 절충 때문에 루터파 교회는 오늘까지 비성경적인 감독 제도를 가지고 있는 것이 아닌가?(역주).

14) 멜란히톤은 여기서 "사제들"(priests)이라고 말한다. 계속되는 오해의 연장일듯 싶다. 원의에 따라서 "감독들"이라고 옮겼다. 이는 오늘날의 목사인 장로와 치리 장로를 포함하는 장로들인 감독들의 의미로 이해되어야 할 것이다(역주).

라서 (목사의) 직임을 위임하고, 하나님께서 그에게 성령을 주시고, 그를 다스리시며, 그의 설교와 성례의 수행을 통해서 하나님의 능력이 나타나기를 기도하는 것이다: "복음은 모든 믿는 자에게 구원을 주시는 하나님의 능력"이라는 말씀(롬 1:16)과 같이 말이다.

사도 바울이 디도에게 각 성의 감독들을 세우라고 한 것은 "감독"이란 명칭을 가진 사람들만을 말하는 것이 아니라, 모든 기독교적 영혼의 목자들에 대한 말이다.

제롬(Hieronymous, St. Jerome)은 하나님의 법에 의하면 감독과 다른 사제들 사이에 차이가 없다고 기억하고 있고, 그의 말은 *decret. distinctione XCIII*에 보존되어 있다.[16] 그러므로 어떤 기독교적 목자가 덕스러운 사제(a virtuous priest)를[17] 다른 교회에 보내달라는 요청을 받으면, 그는 그를 장립할 권세를 가졌다는 데에 의심이 없고, 많은 경우들에 있어서 그렇게 해야만 하는 책임을 지니는 것이다.

디도서에 있는 사도 바울의 말은 감독(bishop) 또는 참사회원(canon)이라고 불리는 복음의 핍박자들에게는 전혀 적용되지 않는 것이니, 그들은 쫓겨난 것으로 여겨져야만 한다. 그들로부터 임직과 장립을 받으려고 노력해서는 안 된다.

더 나아가서 교회는 사도들의 때로부터 수백 년 동안 사제와 평신도의 모든 지위의 지도자들이 다 모인 가운데 그들 중에서 기독교적 신앙과 선한 행실을 가진 것으로 알려진 이들을 감독들로 선출하는 관습을 가져왔음을 알아야만 한다. 인근 도시의 두세 감독이 그렇게 선택된 자들의 교리

---

15) 이에 대한 미신적 사상이 부가되어서는 안 된다. 사도시대 이후에는 이런 안수가 상징적인 것이고, 따라서 있을 수도 있고, 없을 수도 있는 것(optional)임에 유의하라. Cf. Louis Berkhof, *Systematic Theology* (Grand Rapids: Eerdmans, 1939, 1941), p. 588(역주).

16) Cf. *Nicene and Post-Nicene Fathers*, H. Wace and P. Schaff, eds. (Oxford and New Yok, 1893), VI, *Principal Works of St. Jerome* 52, 146(영역자 주).

17) 보다 정확히는 "덕스러운 설교자" 또는 "덕스러운 목사"라고 해야 하지 않을까? 루터파 사상의 이런 절충은 오히려 많은 문제를 내지 않는가?(역주).

를 확인하고 그후에 그들을 장립했던 것이다. 회중들이 선택하고 동의를 해야 했으며, 감독들은 그 교리를 알아본 후 안수하여 장립하는 의식을 행했었다.

키프리안(Cyprian)은 여러 번, 특히 고넬료에게 보낸 넷째 편지에서 이 관습을 언급하였는데, 여기서 그는 회중들이 자격있는 사제들을 선택하며, 자격없는 이들을 거부할 권세를 가졌음을 분명히 언급하고 있다. 어거스틴(Augustine)도 그의 첫째 서신에서 같은 선언을 하고, 옛 공의회에도 많은 분명한 구절들이 같은 것을 시사하고 있다.[18] 역사도 역시 그런 것을 보여 준다. 암브로스는 밀라노에서, 아타나시우스는 이집트에서 모든 지위의 그리스도인이 함께 모인 가운데 선출되었다.

교회의 규례들과 역사를 살펴보면, 교황들이 어떻게 이 옛 관습을 점차적으로 바꾸어서, 수도를 유일한 선택의 자리로 하고 그 장립(confirmation)을 자신의 권한에 두는 제도를 수립하였는지를 쉽게 볼 수 있다. 이것은 고대교회의 관습은 아니었다. 로마에서만 장립을 얻게 하려던 다마수스 교황(Pope Damasus)에게 보낸 동방주교들의 편지에서 분명히 드러나듯이 말이다.[19] 그들은 아주 신실하게 그들의 교회에 이 새롭고 비합리적인 규례를 부가하려 하지 않았고, 오히려 사도들의 시대와 같이, 그리고 니케아 공의회의 결정에 따라서 그 어느 때든지 가까운 도시의

---

18) Cf. *Ante-Nicene Fathers*, A. Roberts and J. Donaldson, eds. (Grand Rapids, 1957), V, *Epistles of Cyprian*, 40, 41, 42, 44, 51, 61, 67, 또는 *Works of Aurelius Augustine*, III, *Donatist Controversy*, BK 3, 16, 17, 18장을 보라(영역자 주).

19) 다마수스 교황은 366-384 동안의 로마의 감독이었다. 교황의 권위에 대한 이 논쟁에 관하여서는 *Patrologiae Cursus Completus*, Series Latina, J. P. Migne, ed.(Paris, 1878-90), XII, 581, 586을 보라. 그 투쟁은 교회 안의 서로 대립하는 파들에 의해서 선출된 감독들인 다마수스(Damasus)와 우르시누스(Ursinus)을 둘러싸고 일어났다. 우르시누스는 황제 발레리안(Valerian)의 반대를 받았으나 교회를 분열시켰고, 이때는 세속권과 교회권의 문제가 해결되지 않았었다. 그리고 감독들과 사제들이 로마 감독에게 복종하느냐 하는 문제가 아직 명료하게 해결되지 않았던 것이다(영역자 주).

두세 감독이 감독을 선출하는 일을 감당하기에 충분하다고 여겼던 것이다. 이로부터는 교황에 의한 장립(confirmation)을 얻어야 할 필요가 없음이 분명해진다. 이 편지는 테오도레(Theodoret)의 글에서 찾아볼 수 있다.[20] 교회는 분명히 자격이 있는 사람들을 영혼을 돌아보도록 하기 위해 선택할 힘을 가지고 있고, 그들에게 감독의 직임을 맡길 수 있는 권한을 가지고 있는 것이다.

교회에 의한 이런 선택은 다음 구절들에 근거를 두고 있다. 마태복음 18:17에서 그리스도께서는 "교회에 말하고"라고 말씀하셨다. 이 본문에서 그는 교회의 재판권을 규정하고 계신데, 교회의 최고의 권력을 어느 한 지위의 사람들에게 부여하시지 않고, 모든 지위의 그리스도인들(Christians of all ranks)에게 부여하시는 것이다. 그들이 가르침을 판단해야 한다. 이로부터 임직하고 면직하는 최고의 권위가 교회 공동체에 있음이 분명히 드러난다. 이 본문은 또한 다음과 같이 말한다: "무엇이든지 너희가 땅에서 매면 하늘에서도 매일 것이요, 무엇이든지 땅에서 풀면 하늘에서도 풀리리라 … 두세 사람이 내 이름으로 모인 곳에는 나도 그들 중에 있느니라"(마 18:18f.).

여기서 그리스도께서는 분명히 죄 용서에 대해서 말씀하시며, 이 책임을 회중에게 부여하신다. 이것은 교회가 그런 직임을 어떤 특정한 이들에게 부여할 수 있는 권한이 있으며, 또한 그런 직임이 없이 죄 용서를 선언할 수 없음을 의미한다.

벧전 2:9: "너희는 왕 같은 제사장들이요." 이 말도 전체 교회에 대한

---

20) 테오도레(Theodoret, 약 393-458)는 시리아에 있는 키루스의 감독(Bishop of Cyrrhus)이었고, 5세기의 이교주의와 이단에 대한 강한 반대자였으며, 네스토리우스(Nestorius)와 알렉산드리아의 시릴(Cyril of Alexandria) 사이의 기독론 논쟁에 관여했었다. 시릴에 반하는 그의 글들은 553년 콘스탄티노플 공의회에서 정죄되었다. 그는 그의 생애 후기에 그의 네스토리우스적 견해를 버렸음이 분명하다. 여기서 멜란히톤이 언급하고 있는 논쟁에 대해서는 *Nicene and Post-Nicene Fathers*, III, *Theodoret, Ecclesiastical History*, 제8장: 그리고 *Letters*, 113-133, 146, 152, 157, 181을 보라 (영역자 주).

말이니, 여기서는 성도들이 누구나 회중들에 의해서 그런 직무로 부름을 입으면 이런 직임으로 하나님에 의해서 성별되는 것이다.

에베소서 4장은 직임에 대해 가장 중요한 구절을 포함하고 있으니, 이에 의하면 하나님께서는 교회를 수립하시고, 그 교회는 천상에 계신 그리스도에 의해서 인도되는데, 그리스도께서는 교회에 다음과 같은 은사들을 부여해 주신다고 한다. 즉, 사도들, 선지자들, 목사와 교사들을 말이다. 이와 같은 말로써 사도 바울은 교회가 직임과 사역을 가지고 있어야 하며, 또한 일정한 교리가 유지되도록 하여야 하며, 마치 이교도들이 날마다 새로운 신들을 만들어내듯이 자신들의 상상으로 특별한 종교를 창안해 내어서는 안 된다고 선언하는 것이다. 하나님께서는 직임과 사역이 교회 안에 있기를 원하시며, 그렇게 유지하신다. 사역은 필수적이고 유지되어야만 하므로, 소위 감독들과 그 추종자들이 핍박자들이어서 교회에 자격 있는 목자들을 공급해 주지 않을 때에는 교회가 필요한 만큼 자주 자격있는 이들을 반드시 선택해야 하는 권한을 가지고 있다는 결론을 내릴 수 있다.

이처럼 근거가 분명하고 잘 조화된 이런 이유들 때문에, 만일 소위 감독들과 그 추종자들이 핍박자들일 때는 교회는 자격있는 목자들을 선택하고 장립해야만 하는 것이다. 그리고 이로부터 우리들의 교회들과 목자들을 통해 시행되는 임직이 옳고 기독교적이라는 것이 분명해진다.

제 29 장

교회에 대하여

앞 장에서 우리는 열쇠의 권한, 즉 그것을 통해서 교회(즉, 하나님의 백성들)가 영적으로 다스려지는 직임들에 대해서 몇 가지를 언급하였다. 직임들, 즉 선포하고 성례를 집행하며, "금지"(ban)를 통해서 치리를 하는 하나님께서 세우신 직임에 대해서 안다는 것은 교회가 무엇인지 안다는 것이다. 교회는 그런 하나님의 직임이 바르게 행사되는 회중(the gathered company, *Versammlung*)이다.

하나님의 말씀을 핍박하는 위선자들이 자주 자신들을 "교회"라는 이름으로 장식하므로 나는 이에 대한 짧고 분명한 기독교적 진술을 해 보려고 한다.

첫째로, 하나님의 성경 가운데서 '교회'는 자주 오직 성도들, 즉 하나님을 기쁘시게 하고, "머리요 구주이신 그리스도의 산 지체들"이라고 흔히 언급되며, 참된 복음, 성례의 옳은 사용, 참된 교리의 고백, 그리고 그리스도를 신뢰하면서 하나님을 불러 아뢰는 것과 같은, 다른 사람들과 구별되는 외적인 표시들을 가진 이들을 지칭하는데 사용되고 있음이 분명하다. 이런 것들과 함께 하나님께서 그들을 받아주셨으며, 그들을 그가 다스리시며, 그들을 통해 그 능력을 나타내신다는 증거들이 있다. 마치 모세, 사무엘, 엘리야, 엘리사, 다니엘, 베드로, 바울 등과 같은 이들에 대해 큰 기사로 그 백성과 함께하심의 증거를 항상 주셨듯이 말이다.

그래서 에베소서 1:22 이하에서는 교회에 대해서, 즉 불경건한 자들을 배제한 하나님을 기쁘시게 하는 이들의 회중에 대해서 다음과 같이 말하고 있다: "그를 만물 위의 교회의 머리로 주셨느니라, 교회는 그의 몸이니 만물 안에서 만물을 충만케 하시는 자의 충만이니라." 그리고 에베소서 5-27에 의하면 "(교회는) 티나 주름잡힌 것이" 없다. 그리고 디모데전서 3:15에서는 이렇게 말한다. "살아 계신 하나님의 교회요, 진리의 기둥과 터니라." 교회 안에 진리가 있고 항상 있을 것이라는 이 약속은 분명히 불경건한 자들이 아니라, 오직 하나님을 기쁘시게 하는 자들에게만 속한 것이다.

그래서 사도신경은 교회에 대해서 "나는 거룩하고 보편적인 교회, 성도들의 교통(communion, *Versammlung*)을 믿사오며"라고 말한다. 이 조항은 분명한 이유를 가져서 이 신경에 포함된 것이니, 이 조항은, 대부분이 불경건하며 불경건한 자들이 최고 지위와 최고 권력을 가지고 있는 세상 속에서 절망하거나 하나님께서 인류를 전적으로 잊어버리셨으며 교회를 끝내시거나 그 누구도 교회에 약속된 은혜에 대해 희망을 갖지 않거나 하나님께 기도할 필요가 없다고 생각하지 않도록 상기시키는 역할을 하는 것이다.

이 조항은 하나님께서 언제나 그 백성과 함께 하심을, 그리고 언제라도 하나님께서 교회에 약속하신 바를 지키시리라는 것을 증언함으로써 이런 유혹에 반해서 우리에게 위로를 준다. 그리스도에 대한 믿음 가운데서 기도하며 용서를 구하고 복음을 따르는 이는 누구나 어느 시대나 어디에 있든지를 막론하고 이 교회의 지체이다. 여기에 "보편적"(*catholica*, universal church)이란 말의 의미가 있다. 즉, 이는 하나님의 백성은 반드시 사람들의 규례나 로마나 안디옥에 속하는 것이 아니라, 보편적인 교회가 고백하는 복음에만 속한다는 것을 상기시키는 것이다. 이렇게 교회란 무엇보다도 거룩한 복음을 고백하고 그에 따르며, 성례를 옳게 사용하는 성령을 통해 거듭난 자들인 "하나님의 백성"(God's people)을 의미한다. 요한복음 1:13은 "하나님께로서 난 자들"이라고 말한다.

우리의 대적자들이 우리가 "눈에 보이지 않는 교회"(不可視的 教會, an

invisible church)에 대해서 말하며 핑계를 대려한다고 소리를 높이므로, 나는 "눈에 보이는 교회"(可視的 敎會, the visible church)에 대해서 몇 가지를 말하고자 한다.

"눈에 보이는 교회"는 성령으로 중생하여 복음을 고백하고 복음을 따르는 사람들의 모임이다. 물론 이 모임에 위선자들이 섞여 있고, 그들이 참된 교리를 고백하는 한 성도들과 함께 참 교리의 고백에 동참하기는 하지만 말이다. 그러므로 눈에 보이는 교회는 사가랴, 엘리사벳, 마리아, 시므온, 안나, 목자들, 그리고 그들과 같이 고백하는 이들의 때부터 있었다고 할 수 있다. 그럼에도 불구하고 그들과 함께 수많은 불경건한 제사장들과 선포의 직임과 정부에 속해 있던 다른 이들이 섞여 있었던 것이다. 또 이런 의미에서 교회는 엘리, 엘리야, 그리고 엘리사 때에도 있었다. 그러나 그때에도 수많은 거룩하지 않은 백성들이 섞여 있었다.

그러나 거룩하지 않은 백성들도 두 종류이다. 어떤 이들은 하나님을 경외하지는 않고, 그 양심에 반하여 계속하여 죄를 범하지만 참된 교리를 고백하는 이들이다. 고린도에 있는 바울의 제자들은 같은 고백을 하는 이들이었지만, 모두 거룩하지는 않았고, 모두가 중생한 이들은 아니었다. 그런 이들은 교회의 죽은 지체들이라고 부를 수 있다. 만일 그들이 공개적인 죄와 악을 범하여 출교와 금지의 벌을 받지 않는 한 그들은 교회의 직임을 맡을 수도 있고 성례를 집행할 수도 있다. 그럼에도 불구하고, 그들이 그 직임을 가지고 있는 한, 그 직임과 하나님의 말씀은 계속 유효하고 타당하며, 성도들은 그들의 섬김과 선포와 성례를 사용할 수 있다. 이것을 기억해야 하니, 이로써 우리는 교회 안에서 말씀을 선포하고 성례를 집행하는 사역자들이 거룩하지 않은 한 그들의 선포와 성례는 헛된 것이라는 거짓된 핑계와 주장으로 곧 분리와 살인을 일으킨 도나투스파의 오류를 거부할 수 있기 때문이다. 도나투스파는 개개인이 스스로를 분리시키고 그런 목자들을 금해야 한다고 주장했었다.

그러나 도나투스파의 이 견해가 잘못되었다는 것은 다음 구절들에서 분명히 드러난다. 마태복음 13장에서 그리스도께서는 교회를 좋은 고기와 나쁜 고기가 함께 모여 드는 그물로 비유한다. 그는 또한 죽은 자들의 부활까지는 교회 안에 가라지가 있을 것이라고 하신다. 이 세상의 끝까지 교회는 노아의 때와 같을 것이다.[1]

이런 구절들은 죽은 자의 부활 때까지는 교회 안에 많은 거룩하지 않은 무리들이 있고, 또 있을 것임을 분명히 시사해준다. 만일 우리의 믿음이 사람들의 공로에 의존한다면, 우리는 전혀 확신할 수 없을 것이니, 그리스도께서 "교회 안에 거룩한 종들과 거룩하지 않은 종들이 있을 것"이라고 말씀하시기 때문이다(마 13:24-30, 36-40 참조). 사람의 눈은 다른 사람의 마음을 볼 수 없으므로 우리는 성도들 가운데서 위선자들을 구별할 수 없으므로, 만일에 위선자들이 선포하는 복음과 그들이 집행하는 성례가 헛되고 효과가 없다면, 복음과 성례에 약속된 것을 우리가 과연 얻을 수 있을까고 항상 의심해야만 할 것이다. (그러나 주님은 우리로 이것을 의심하도록 하지 않으시는 것이다. 따라서 도나투스파의 주장은 잘못된 것이다 — 보역).

우리는 하나님의 영원히 불변하는 약속은 고정된 것이고 유효한 것이라고 여겨야만 한다. 그것을 사도 바울이 말하든, 데마가 말하든 상관없이 말이다.[2] 그래서 그리스도께서는 성례들로부터 자기 자신에게로 우리를 이끄시는 것이다: "너희 말을 듣는 자는 내 말을 듣는 것이요." 이것은 마치 다음과 같이 말하는 것과 같다: "그것은 너희의 말이 아니다. 그것은 너희의 공로에 의존하는 것이 아니다. 그것은 그로써 내가 효과있게 사역하기를 원하는 영원한 하나님의 명령이다." 그러므로, 자주 언급되는 바와 같이 그것은 필수적인 것이다. 왜냐하면 하나님의 말씀의 이 종들은 그들 자신이 창안한 거짓말을 선포하는 것이 아니기 때문이다.

---

1) 특히 이 구절이 교회에 대한 말인지는 의심스럽다. 이 세상이 그러하다는 말씀이기 때문이다(역주).
2) 바울과 누가의 동반자였던 데마(Demas)에 대한 성경의 언급에 대해서는 골 4:14: 몬 24: 딤후 4:10을 보라.

옳고도 유용하게도 도나투스파에 반대하여 글을 썼던 어거스틴도 우리에게 말해 주기를, 칭찬할 만한 황제 콘스탄티누스가 이 논쟁을 두 번 검토하게 한 후에 종국적으로 자신이 이 논쟁을 듣고서는 이 오류에 대한 기독교적 금지를 선언하였다고 한다. 그것은 서신 166에서 발견된다.[3] 여기서 어거스틴은 또한 만일 위선자들의 섬김에 의해서 하나님의 말씀이 무효가 되고 효과없이 된다면 우리의 신앙은 전혀 확실한 것이 될 수 없을 것이라고 논의하고 있다. 그리고는 다음과 같은 그리스도의 말이 인용되었다. "서기관과 바리새인들이 모세의 자리에 앉았으니"(마 23:2). 여기서 그리스도는, 만일에 위선자들이 섬긴다고 해도, 그들이 명령된 말을 선포하고, 자신들을 높이고 자신들의 교리를 선포하지 않는 한 그들의 봉사는 헛되지 않다는 것을 상기시킨다.[4] 도나투스파의 오류에 대항해서 우리의 양심을 위로하는 데에는 이것으로 충분할 듯 싶다

인간의 연약성이 이와 같으므로 관습에서의 결점이 전혀 없도록 할 수는 없을 것이다. 목자들을 가정의 아버지들과 같다. 그들은 가난하고 여러 가지 압박을 받으며, 때로는 조급해지고, 백성들 가운데 그들의 적들에 의해서 이상하게 이용되기도 한다. 또 다른 이들은 경박하고, 선하기보다는 그저 사교적 모임만을 더 애호할 수도 있다.

만일 이런 사람들이 옳고 참되게 가르친다면, 우리는 인내를 가지고서 그들을 수납해야 하니, 참된 교사들은 큰 부담을 담당하기 때문이다. 이것은 노아의 이야기에서 묘사되었으니, 악한 함이 그저 누워있는 그의 아버지에게 모욕을 주었을 때의 상황이 그런 것이다(창 9:20-27 참조).

주 그리스도께서는 제자들의 발을 씻어주셨고, 우리도 그와 같이 하라고

---

3) *Works of Aurelius Augustine*, Marcus Dods, ed. (Edinburgh, 1875), *Letters*, II, 166.

4) 지난 장에서도 말했지만, 이런 주해는 좀더 신중하게 다루어져야만 할 것이다. 아무리 옳은 주장도 바르지 못한 주해에 근거하여 진행되면 그 주장의 주장력(force of argument)이 손상될 것이기 때문이다(역주).

명령하셨다. 즉, 우리도 서로에게 충실하고 친근해야만 한다는 것이다. 우리는 도덕적 관습을 어긴 이들을 참고 수납하며, 가능한 한 많이 달래고, 속죄하고, 열심히 보상함으로써 서로의 발을 씻어주어야 한다. 능력이 같은 두 사람이 한 직분을 담당하는 일은 드문 일이므로 평화가 유지되고 무엇이 이루어지도록 하려면 그 둘이 서로 돕고 서로의 힘을 빌려 주어야만 하는 것이다(한 사람이 그 직임을 차지하고, 한 사람은 그 직임을 갖지 못한 상황에서 말이다 — 보역).

요나단은 그의 아버지 사울을 도왔고, 가능한 한 많이 자신을 향상시켰다. 이런 예들은 세상 정치에서 흔히 찾아볼 수 있다. 테미스토클레스(Themistocles)는 아리스티데스(Aristides)에게 상당히 불친절하게 하였다. 그러나 필요하게 되자 그들은 함께 통치하였고, 아리스티데스는 악의를 나타내지 아니하였고 오히려 열심히 돕고 테미스토클레스에게 양보할 줄 알았다.

하나님께서는 우리에게 사려깊게 그의 복음을 다루도록 명령하신다. 따라서 우리는 마치 부모님을 존경하듯이, 옳게 선포하는 종들을 존경하고 높여야만 한다. 그렇기 때문에 관습의 약간의 결함 때문에 교회 안에 논쟁을 일으켜서는 안 되는 것이다.

그러나 만일 영혼의 목자들이 막 살고 간음을 행하는 등 분명한 결함을 가지고 있으면, 또한 폭력을 행사하고 존중할 수 없는 사람들과 함께 한다면, 기독교적 권위자는 다른 신민들을 처벌하듯이 그들도 처벌해야만 한다. 왜냐하면 하나님께서는 그 세속 권세들에게 물리적 형벌을 사용하도록 명령하셨기 때문이다. 교회, 즉 그중 중요한 지체들은 그런 성가신 사람들을 질서 있는 방식으로 권면해야만 하고, 그래도 개선되지 않으면 그들을 출교(excommunication)로 처벌해야만 한다. 그런 일은 마땅히 이루어져야만 한다. 그러나 그리 된다고 해도, 그런 사역자들에 의해서 수행된 말씀과 성례도 타당하고 유효한 것이다.

이제까지 나는 그 가운데서 복음의 교리가 순결하고 공개적인 우상숭배[5] 없이 성례가 옳게 집행되는, 눈에 보이는 교회에 대해서 말하였다. 비록 이 눈에 보이는 교회 안에 많은 위선자들과 불경건한 사람들이 있어서 그들도 같은 고백을 한다고 해도, 참된 교리가 그곳에 있는 한, 하나님을 참으로 인정하고 하나님을 불러 아뢰는 성도들과 영생의 상속자들 역시도 그 모임에 참여해야만 한다. 아브라함 때나 사도들의 때에도 듣는 모든 사람들이 다 거룩한 것은 아니었어도, 그곳에는 참된 교리를 고백하는 이들, 하나님의 자녀들이 항상 있어 왔던 것이다.

우리는 이것을 아주 조심스럽게 주목해야만 한다. 왜냐하면 어디서 하나님의 백성을 찾고, 하나님의 자녀들이 어디 있는지를 아는 것은 큰 위로가 되는 것이기 때문이다. 사도신경은 이것이 그러하다는 것을 분명히 보여 주고 있다: "나는 하나의(*eine*) 거룩한 보편의 교회, 즉 성도들의 교통을 믿사옵나이다." 이 조항은 (이 세상에) 성도들과 영생의 상속자들이 있으며, 항상 있을 것임을 시사해 준다.

그리고 이들을 교황이나 감독들의 칭호 아래서 찾아서는 안 되고, 그것이 소위 교회들에서든지, 학교들에서든지 도시에서든지 마을에서든지 복음이 참으로 인정되고 가르쳐지는 곳에서 찾아야만 한다. 복음의 핍박자들은 교회가 아니다. 그들은 이교도, 유대인, 이슬람교도, 폭군들, 교황, 또는 감독들이라고 불린다. 그리스도의 다음 말씀을 유념해야 한다. "내 양은 나의 음성을 듣나니"(요 10:16). 그러므로 교회 또는 하나님의 참된 백성은 복음에 묶여져 있다. 복음이 참으로 인정되는 곳에는 반드시 거룩한 어떤 이들이 있는 것이다.

이사야 59:21의 이 가장 아름다운 구절이 말하는 바와 같다. "내가 그들과 세운 나의 언약이 이러하니, 곧 네 위에 있는 나의 신과, 네 입에 둔 나의 말이 이제부터 영영토록 네 입에서와 네 후손의 입에서와 네 후손의 후손의 입에서 떠나지 아니하리라. 여호와의 말씀이니라." 이 위로에 찬 구절은 항상 참된 교회와 하나님의 백성이 있을 뿐만 아니라, 어디에 어떻게 그들이 있을 것인가를 보여 주기도 하니, 즉 복음의 바르고 참된 교리가

---

5) 이는 구교적 미사에 대한 언급임에 유의하라(역주).

울려 퍼지는 곳에 그 교회가 있다고 하는 것이다.

물론 눈에 보이는 교회 곁에는 경건하지 않은 다른 백성들, 거짓되게 가르치고, 복음의 참된 백성을 핍박하며, 바르지 않은 교리를 지지하는 자들이 있다. 예레미야 때나 유다 마카베오(Judas Maccabaeus) 때에, 또는 그리스도 때에도 대제사장들, 레위인들, 그리고 유대 백성의 대다수의 사람들은 참된 교리를 반대하고, 선지자들과 그리스도와 사도들을 핍박했었다.

비록 그들이 정부를 장악하고 어떤 의식을 거행하는 이들이라고 해도, 이런 부류의 사람들은 참된 교회가 아니며, 눈에 보이는 교회의 한 부분이 아니다. 그들은 원수요, 금해진 자들(banned)로 여겨야 하고 사람들은 이런 자들로부터 스스로를 분리시키고 그들과 바르지 못한 교리와 우상숭배를 금해야 한다.[6]

그러므로 악한 사람들을 구별해야만 하니, 즉 그래도 참된 신앙고백 안에 머물러 있는 악한 이들과 참된 교리를 핍박하는 다른 가야바 파에 속한 이들을 구별하는 것이 필요하다. 우리는 이런 가야바 파는 금하고 버려야만 한다. 소아시아의 감독들이 아리우스(Arius)의 독과 오류를 따를 때에 사람들은 그들로부터 자신들을 분리시켰어야만 했던 것이다.

그리고 이제 교황과 주교들과 다른 고위 성직자들이 참된 기독교 교리를 핍박하고, 경건한 그리스도인들을 살해한다면(마치 가야바나 네로나 막센티우스나 다른 이들이 그리했듯이), 우리는 분명히 그들을 쫓겨난 이들(exiled)로 버려야만 하며, 그들을 더 이상 교회의 지체들이라고 여겨서는 안 되는 것이다. 따라서 미사와 성자 숭배와 그들이 성례를 집행하면서 범하는 각종 우상숭배에 나타나는 오류에 참여해서는 안 되는 것이다. 그러

---

6) 몇 문단 전에서 말한 위선자들과 그런 의미의 거룩한 자들이 참 교회에 속하지는 않으나 눈에 보이는 교회의 한 부분으로 인정된 것에 비해, 이런 이들은(의미상, 그리스도 당시의 유대의 지도자들, 이교도들, 종교개혁기의 교황주의자들 등)은 아예 눈에 보이는 교회 밖에 있는 이들로 언급되었음에 유의하라. 소위 교회 안에 유력한 지위를 차지한 "눈에 보이는 교회 밖의 사람들"도 있음은 그 교회가 하는 것이 배교한 교회임을 말해 준다.

나 그들이 그 직임과 권세를 유지하고 있는 지역에서는 그들에게서 세례를 받을 수는 있다. 그렇지만, 가야바 때에 그의 불경건한 무리들이 할례를 행할 때와 같이, 세례는 그들의 행위로서가 아니라, 하나님의 행위(God's work)로 받아야만 하는 것이다.

이스라엘에서 제사장들과 레위인들이 핍박자가 된 일이 종종 있었지만, 그래도 참 교회인 선지자들과 그들의 말을 듣는 이들이 제사장들에게서 할례를 받았고, 그들의 헌물을 성전에 가지고 갔었다. 사도 바울은 적그리스도가 교회 안에서 다스릴 것이라고 하였는 바, 교황과 주교들이 바로 그런 것이 아니고 무엇인가?

이런 저주받은 자들을 백성들은 반드시 버려야만 한다고 분명한 명령이 있다. 갈 1:8: "그러나 우리나 혹 하늘로부터 온 천사라도 우리가 너희에게 전한 복음 외에 다른 복음을 전하면 저주를 받을지어다." 마 7:15: "거짓 선지자들을 삼가라." 고전 10:14: "우상 숭배하는 일을 피하라." 마 10:33: "누구든지 사람 앞에서 나를 부인하면 나도 하늘에 계신 내 아버지 앞에서 저를 부인하리라."

이런 말씀들이 우리로 기독교적 진리와 교리의 핍박자들을 버려야만 하며, 그들의 우상 숭배와 전제를 강화시키는 일을 도와서는 안 된다는 것을 상기시키기에 충분할 것이다.

그리고 만일 교황과 주교들과 그들의 지지자들이 그들이 교회요, 하나님 백성의 치리자들이라고 주장하고, 우리가 마땅히 그들을 도와야만 하고 순종해야 한다고 하며, 만일 그들이 자신들은 오류를 범할 수 없다고 자랑한다면, 이런 거짓되고 잘못된 창안된 말들은 내가 위에서 제시한 정보들을 가지고서 쉽게 반박될 수 있을 것이다.

그렇게 공개적으로 그 많은 기독교 교리들을 정죄하고, 자신들의 우상숭배를 정당화하기 위해 불의하게 사람들을 죽음에 몰아넣는 이들이 하나님의 백성일 수는 없다. 이것은 아주 자명하므로, 그 누구도 그들을 도와서는 안 되고 그들을 버려야만 한다는 것이 자명해진다. 그러나 만일 그들이 자신들이 오류를 범할 수 없다고 말한다면 하나님의 말씀과 초대 교회가 기준이 되도록 하여 판단해야 할 것이다. 그러면 하나님을 경외하는 이들은 각자가 그리고 모두가 쉽게 그들이 오류를 범하고 있음을 발견할 수 있을 것이다.

만일 그들이 또한 교회는 주교들이라고 이름을 얻는 이들과 연관되어 있고, 그들은 오류를 범할 수 없다고 주장한다면, 그것 역시 참되지 않은 것이니, 교회는 교황이나 주교들에게 묶여 있는 것이 아니라, 하나님의 말씀에 묶여 있기 때문이다. 그리고 하나님께서는 몇몇 사람들 속에 항상 그 불꽃을 유지하신다. 즉, 바울이 말한 대로 토대, 즉 신앙의 조항을 튼튼히 하고(고전 3:10f. 참조) 공개적인 우상숭배를 승인하지 않고 반박한 자들이 항상 있는 것이다. 그리고 비록 그런 사람들이 주교나 고위 성직자가 아닐지라도, 어디엔가 이런 설교자, 교사, 가장들은 항상 있는 것이다.

교회의 표지들에 대하여

우리가 눈에 보이는 교회(可視的 敎會)라고 부른 참된 교회, 하나님의 백성은 복음의 순수한 교리(a pure doctrine of the gospel)와 성례의 바른 사용(right use of the sacraments)이라는 외적인 표지들(marks)을 가진다. 이와 함께 어떤 사람들은 그것을 통해서 그리스도의 이름이 영광스럽게 되는 덕들(virtues)과 이적의 특별한 일들이라는 성령의 증거들을 말하기도 한다. 그와 비슷한 어떤 것들이 이교도들 가운데서도 나타날 수는 있으나, 그것들은 하나님께서 우리에게 보내신 구주이신 예수 그리스도를 영광스럽게 하는 의도를 지닌 것이 아니다.

어떤 이들은 주교들에게 대한 순종과 사람들의 규례에 대한 따름과 일치와 같은 다른 표지들을 만들어 내기도 한다. 나는 영혼의 목자들에게 얼마나 순종해야 하는지에 대해서 자주 말하였고, 후에 사람들의 규례들에 대해서 종합적으로 말하려고 한다.

그 논의로부터 하나님의 명령 없이 수립된 의식의 통일성은 꼭 필요한 것이 아니라는 것을 쉽게 이해할 수 있을 것이다. 어거스틴이 이레니우스에게 쓴 글에서 잘 나타나듯이 말이다.

그리고 이것은 사도 바울이 로마서 14:17에서 길게 말하고 있는 데서도 분명히 드러난다: "하나님의 나라는 먹는 것과 마시는 것이 아니요, 오직 성령 안에서 의와 평강과 희락이다. 이로써 그리스도를 섬기는 자는 하나님께 기뻐하심을 받으며, 사람에게도 칭찬을 받으니라." 사람들의 규례에 대한 항목에서 이에 대해서 더 논의하기로 한다.

교회에서의 "해석의 은사"에 대하여

하나님의 교회를 세상적인 왕국처럼 묘사하는 것이 얼마나 해로운 것인지에 대해서 나는 여러 번 말한 바 있다. 세상적 통치에서는 최고의 권위가 법을 해석하고, 악화시키거나 날카롭게 적용하는 권한을 가진다. 그리고 백성[臣民]들은 그 해석을 받아야만 한다. 왜냐하면 하나님께서 결정하고 명령하는 권한을 참된 권위자에게 주셨기 때문이다.

그러나 교회에서는 성경을 해석하는 것이 권세가 아니고, 또한 주교들이 성경을 어떻게 해석했다고 해서 우리가 그것을 반드시 따라야만 한다는 결론이 나오는 것은 아니다. 성경 해석은 주교들이나 어떤 특별한 지위에 있는 이에게만 주어진 것이 아닌 성령의 은사(a gift of the Holy Sprit)이다.

그리고 사도 바울의 다음 규칙은 항상 참된 것이다. "자연인은 하나님의 성령의 일을 이해하지 못한다." 오직 성령이 마음에 그의 빛을 비춰 주실 때에야 참된 이해가 있을 수 있는 것이다. 요 6:45: "너희가 하나님의 가르침을 받으리라."

그런데 현재 소위 주교라고 하는 이들 중 많은 이들이 불경건하므로, 우리는 그들의 지위가 그들이 오류를 범치 않게 한다고 적극적으로 말할 수 없다. 성도들이라도 오류에 빠질 수 있는 것이다. 예를 들어서, 갈라디아의 교회는 사도 바울의 교리에서 떠나가기도 했었다.

그러므로 성경 해석을 권세로 보는 것과 은사로 보는 것 사이엔 큰 차이가 있다. 왕은 그의 법을 해석할 **권세**를 가지고 있지만, 스데반은 선지자들을 해석할 **은사**를 가졌던 것이다. 이 둘은 구별되어야 하고, 교황권과 감독권은 그들이 해석권을 가졌다는 미명하에 과장되어서는 안 되는 것이다.

제 30 장

그리스도의 왕국에 대하여

복음서는 그리스도의 왕국(나라)이 외적인 나라가 아니라 영적인 나라라고 분명히 시사해준다. 주 그리스도께서는 하늘에 오르셨고, 하나님의 우편에 앉으셔서 우리를 위하여 기도하신다. 그 나라의 능력은 그가 그의 모든 신실한 신자들을 아버지께 화목시키시고, 그들에게 빠짐없이 성령과 위로와 힘을 주시는 것이다. 여기 이 땅에 있는 교회에서 그를 부른 이는 모두가 성화되었고, 하나님을 아는 지식에서 점점 더 조명을 얻는다. 그리고 그는 교회를 보호하시고, 마지막 심판의 날에 그들을 죽은 자들로부터 영생과 영광에로 일으키실 것이다. 다음의 간단하나 아주 위로에 찬 문장에 묘사되어 있듯이 말이다: "그 누구도 내 양을 내 손에서 빼앗을 자가 없느니라"(요 10:28).

선포의 사도적 직임은 그리스도의 이 말할 수 없는 보화를 얻도록 하기 위해 수립된 것이다. 에베소서 3장에서 바울이 그렇게 말하듯이 말이다. 이 직임을 통해서 하나님께서는 모든 사람을 하나님과 그리스도를 아는 지식에로 부르시고, 복음의 말씀을 통하여 하나님께서는 그의 성령을 주시기 원하신다. 그러나 최후의 심판날이 이르기까지는 기독교와 교회가 핍박을 받아야 하고, 교회 안에는 악한 무리들이 경건한 자들과 함께 섞여 있는 것이다.

성경은 그리스도의 나라에 대해서 이와같이 말하고, 복음도 역시 그와같이 말한다. 그러므로 마지막 심판날이 이르기 전에 기독교와 교회가 이 땅 위에서 세상적이고 뛰어난 나라가 되어 성도들이 다스리며 칼을 휘두르고, 모든 불경건한 자들을 몰아내고 모든 나라를 정복하리라고 상상하는 재세례파는 아주 잘못되고 무시무시한 오류를 가르치는 것이다.

이에 대해서 그리스도의 영적 왕국에 대하여 말하는 몇 가지 성경 구절을 언급하기로 하자. 이는 재세례파나 다른 열광주의자들의 그런 가르침을 반박하기 위해서만이 아니고, 그런 구절들을 가지고 우리 스스로 위로하며, 유혹 가운데서 신앙과 인내를 나타내며 기도하도록 하기 위한 것이다. 그리스도의 나라가 세속적 정치적 형태를 가지리라는 것은 유대교적 꿈이었고, 아주 잘못된 오류이다. 그것은 악마에게서 온 것이고, 많은 해를 끼치는 것이다.

그리스도의 나라가 영적이라는 것을 믿고, 알지 않는 이들은 성경과 복음의 모든 위로를 상실하였고, 그들은 신앙을 잃고 기도하기를 그친 것이며, 외적인 세력에 항복한 것이라고 할 수 있다. 그들은 그리스도의 나라의 큰 보화와 세력이 죄 용서이며 하나님이 우리와 화목하신 것과 은혜스러우신 것임을 이해하지 못하는 것이다. 그들은 이 땅 위에서의 물리적인 재화와 물리적인 나라를 기대하므로 죽음과 부활에서 자신들을 위로할 수 없다. 그들은 믿기를 그만둔 것이고 육적(carnal)으로 되었다고까지 말할 수 있다.

그리스도의 왕국이 영적임을 보여 주는 성경의 증거들이 여기에 있다: 요 17:2f.: "아버지께서 아들에게 주신 모든 자에게 영생을 주게 하시려고 만민을 다스리는 권세를 아들에게 주셨음이로소이다. 영생은 곧 유일하신 참 하나님과 그의 보내신 자 예수 그리스도를 아는 것이니이다." 여기서 주 그리스도께서는 그의 나라와 영광이 영생임을 분명히 시사하신다. 그는 또한 영생은 세상에 대한 지배가 아니라 참 하나님과 우리 주 예수 그리스도에 대한 참된 지식임을 시사하는 데까지 나아간다. 롬 8:26: "하

---

1) Melanchthon은 롬 8:26을 그리스도에 대한 언급으로 말한 듯하다. 그러나 우리 성경에 시사된 대로 성령에 대한 언급으로 보는 것이 더 자연스러울 것이다(역주).

나님 우편에 계셔서 참으로 우리를 위해 간구하시는 분."[1] 사 11:10: "그 날에 이새의 뿌리에서 한 싹이 나서 만민의 기호로 설 것이요, 열방이 그 에게로 돌아오리니 그 거한 곳이 영화로우리라."

이 구절들은 그리스도의 나라와 그의 제사장 되심을 언급하면서, 그 둘 모두가 다 영적이라고 시사한다. 그리스도께서는 세상의 세속적인 정부를 세우지 않으셨고 하늘로 돌아가셨다. 거기서 그는 우리의 대제사장이시요, 왕이시며, 하늘과 땅의 주님으로서 우리를 위해서 기도하시고 땅 위에 있 는 그리스도인들의 기도를 들으시고, 자신의 성령을 통해서 그를 부르는 모든 사람들을 거룩하게 하시며, 보호하시고 강하게 하시는 것이다.

사도 바울이 말하는 바와 같이, "성령이 친히 우리 영으로 더불어 우리 가 하나님의 자녀인 것을 증거하신다"(롬 8:16 참조). 예레미야 31:33도 역시 같이 말한다: "내가 나의 법을 그들 속에 두며 … ." 만일 물리적 왕 국과 돈과 정욕에 대한 유대교적 희망과 꿈이 백성들에게 강요된다면 그 리스도의 통치의 이 행위는 이해될 수 없는 것이다.

롬 8:17ff.: "자녀이면 또한 후사, 곧 하나님의 후사요, 그리스도와 함께 한 후사니, 우리가 그와 함께 영광을 받기 위하여 고난도 함께 받아야 될 것이니라 … 우리가 알거니와 하나님이 미리 아신 자들로 또한 그 아들의 형상을 본받게 하기 위하여 미리 정하셨으니, … 우리가 종일 주를 위하여 죽임을 당케 되며, 도살할 양같이 여김을 받았나이다." 이 구절들은 그리스 도의 통치의 물리적 현현이 이 현세의 삶 중에 있지 않고 오히려 교회는 이 세상에서는 고난과 핍박을 당하게 될 것이라고 한다.

마 16:24: "아무든지 나를 따라 오려거든 자기를 부인하고 자기 십자가 를 지고 나를 좇을 것이니라." 요 16:33: "세상에서는 너희가 환난을 당하 나 담대하라! 내가 세상을 이기었노라." 그리고 딤후 3:12: "무릇 그리스 도 예수 안에서 경건하게 살고자 하는 자는 핍박을 받으리라." 이처럼 교 회는 이 땅 위에서는 세상 끝까지 핍박과 환난을 받아야만 한다.

골 3:3f.: "너희 생명이 그리스도와 함께 하나님 안에 감취었음이니라 우리의 생명이신 그리스도께서 나타나신 그때에 너희도 그와 함께 영광

중에 나타나리라." 요일 3:2: "사랑하는 자들아, 우리가 지금 하나님의 자녀라 장래에 어떻게 될 것은 아직 나타나지 아니하였으나 그가 나타내심이 되면 우리가 그와 같을 줄을 아는 것은 그의 계신 그대로 볼 것을 인함이니." 이 구절도 하나님 나라의 영광이 세상적인 왕국이 아니라 우리가 죽은 자로부터 부활하고, 영원한 영광 가운데서 그리스도와 함께 살 때에야 찬연히 드러날 (그러나 지금도 있는) 영적인 것임을 시사해 준다.

사도 바울은 마지막 심판이 있기 전에 적그리스도의 통치가 있으리라고 분명히 말한다. 그후에 그리스도께서 오셔서 적그리스도의 나라를 폐하실 것이다. 그렇기에 기독교나 교회는 세상 나라들을 소유하지 않을 것이고, 더 큰 위험과 환난과 핍박을 당하게 될 것이다. 벧후 3:3f.에서는 이렇게 언급되고 있다: "먼저 이것을 알지니 말세에 기롱하는 자들이 와서 (자기의 정욕을 좇아 행하며) 기롱(譏弄)하여 가로되 주의 강림하신다는 약속이 어디 있느뇨? … 하리니." 그러므로 교회와 그리스도인들을 핍박하는 어떤 원수들은 항상 있을 것이다. 그리고 다니엘은 말하기를 그리스도께서 나타나실 때에는 짐승들이 불에 던지워지리라고 한다. 이는 심판의 날까지는 이 세상 나라들과 불경건한 폭군들이 잔존할 것임을 시사해 주는 것이다(단 7장 참도).

요 20:21: 그리스도께서 (부활 후에) 제자들에게 나타나셨을 때, 그는 선포하고 가르치라는 명령만을 주셨을 뿐이다. "아버지께서 나를 보낸 것 같이 나도 너희를 보내노라"(21절). 그리스도께서는 "내 나라는 이 세상에 속한 것이 아니니"라고 친히 말씀하신 바와 같이(요 18:36) 세상 나라를 수립하러 오신 것이 아니라, 아버지에 대하여 선포하도록 보냄을 받으셨다. 그리고 눅 22:25f.에서 그리스도께서는 사도들에게 남을 다스리려고 하지 말라고 하신다: "이방인의 임금들은 저희를 주관하며 그 집권자들은 은인(恩人)이라 칭함을 받으나 너희는 그렇지 않을지니." 또한 마 5:39: "악을 악으로 대적하지 말고." 즉, 새로운 (세상적) 나라를 수립하는 데 복음을 사용하거나 칼과 권력을 가지고 무엇을 하려고 하지 말라는 것이다. 사도들은 선포하라고 보내심을 받은 것이지 왕국들을 취하라고 보냄을 받은 것이 아니다.

그렇기에 사도 바울은 "복음은 영의 직분"이라고 한다. 즉, 복음은 세상에 대한 지배가 아니라 영적인 것과 영원한 것을 제공한다고 말이다.

고후 10:4: "우리의 싸우는 병기는 육체에 속한 것이 아니요, 오직 하나님 앞에서 견고한 진을 파하는 강력이라. 모든 이론을 파하며 하나님 아는 것을 대적하여 높아진 것을 다 파하고 … " 또한 고후 5:20: "우리가 그리스도를 대신하여 사신(使臣)이 되어" 또한 고후 6:4: "하나님의 일군으로 자천하여 많이 견디는 것과 환난과 … " 그리고 고후 1장: "우리가 너희 믿음을 주관하려는 것이 아니요"(1:24 참조).

사도들은 오직 복음을 선포하라는 명령을 받았으므로, 재세례파들과 그와 비슷한 이들의 가르침은 악마의 가르침이다. 왜냐하면 그들은 심판날 전에 그리스도의 왕국이 이 땅 위에 물리적인 영광과 위엄을 지니게끔 수립된다고 말하기 때문이다. 또한 그 나라 안에는 불경건한 자나 위선자가 없고, 오직 성도들이 다스리며, 그들이 모든 불경건한 자들을 제압하리라고 가르치기 때문이다. 악마는 계속하여 교회 안에 이런 유대교적 꿈과 우화를 일으켰으니, 처음부터 이런 열광주의자들, 천년왕국주의자들과 몬타누스주의자들이[2] 있어 왔기 때문이다.

그러면 여기서부터는 심판날까지는 교회 안에 선과 악이 섞여 있을 것임을 가르치는 몇몇 성경 구절들을 시사해 보기로 하자.

눅 17:28f.: "또 롯의 때와 같으리니, 사람들이 먹고 마시고 사고 팔고 심고 집을 짓더니 … 인자의 나타나는 날에도 이러하리라 … 하나는 데려감을 당하고, 하나는 버려움을 당할 것이요[3] 또한 마 13:30, 39, 41에서 그리스도께서는 가라지에 대하여 말하면서 "함께 자라도록 두어라"라고

---

2) (이에 대해 멜란히톤은 Pepuzianists라고 언급하고 있는데) 이는 새 예루살렘이 페푸자(Pepuza)에 수립될 것이라는 그들의 새로운 특별 계시를 말하는 몬타누스(Montanus)의 추종자들에게 때때로 적용되는 용어이다.

하시고 "추수 때는 세상 끝이니"라고 말씀하셨다. 또한 말씀하시기를 "인자가 그의 천사들을 보내리니, 그들은 그의 나라에서 모든 넘어지게 하는 것과 또 불법을 행하는 자들을 거두어 내고"라고 하셨다.

이런 구절들과 또 이와 비슷한 구절들은 심판날까지는 악행자들이나 위선자들이 참된 신자들과 구별되지 않으리라고 시사해 준다.

물론 모든 감독들, 목사들, 그리고 영혼의 목자들은 물리적 힘의 행사 없이 명백히 악을 행하는 자들과 신성모독자들을 제거해야 한다는 명령을 받았다. 사람은 마음 속에 들어가 보거나, 숨겨진 은밀한 죄를 판단할 수 없다. 사도 바울도 딤전 5:19에서 그와 같이 말한다: "장로에 대한 송사는 두세 증인이 없으면 받지 말것이요." 이렇게 증인들의 분명한 증언에 근거하여 공개적으로 극복될 수 없는 이들은 교회 밖으로 내어 칠 수 없다. 그러므로 최후의 심판 날 전에는 교회가 그 안에 불경건한 위선자는 전혀 없는 나라를 수립할 수 없는 것이다.

그러므로 기독교 목사들과 목자들은 그들의 직무를 수행하여 복음을 열심히 그리고 신실하게 가르치고, 내세에서는 완전히 정화되고, 평화와 영광과 기쁨 가운데서 살 그리스도인들을 하나님의 보호 가운데 있게 해야만 한다. 그러나 그 동안 현세에서는 교회가 항상 그 안에 악하고 경건하지 않은 세상 사람들을 가지고 있을 것이니, 그들이 교회를 소유하고 이 세상의 통치도 소유하여 그리스도께서 친히 하늘로부터 오실 때까지는 성도들과 그리스도의 나라를 잔혹하게 핍박할 것이다. 그러나 이 원수들과 핍박에도 불구하고 주 그리스도께서는 놀랍게 자신의 교회를 보존하실 것이며, 악마가 교회를 아주 없애지는 못할 것이다. 바로 이런 나라가 이 땅에서의 그리스도의 나라이다.

---

3) 이 구절은 앞장의 역주에서도 지적한 바와 같이, 오히려 이 세상 안에 두 종류의 백성이 있음을 시사한다고 보는 것이 좋을 것이다. 문맥상 교회 내에 그 두 종류가 있다는 직접적인 시사는 없는 듯하다. 물론 이 세상에 두 종류 사람이 있으므로 간접적으로 교회 안에서도 그러하리라고는 말할 수 있으나, 그것이 이 구절이 직접적인 가르침이라고 하기는 어려울 것이다(역주).

이것이 분명하므로, 감독들과 교사들과 설교자들이 하나님으로부터의 새로운 분명한 명령이 없이 칼을 사용해서 그런 새로운 교회와 왕국을 세울 수는 없는 것이다. 그런 새로운 교회가 이 땅에 있다 해도 말이다.[4] (즉, 그런 소위 교회는 교회가 아니라는 말이다 — 보역). 새로운 말씀이나 명령을 기대할 수는 없으니, 그리스도께서는 복음에 반하는 명령을 하시지 않기 때문이다.

그러나 유대인들과 재세례파는 메시야 왕국에 대해서 말하면서 마치 세상의 나라에 대해서 말하는 것과 같은 말을 사용하고 있는 이사야나 예레미야 선지자의 말을 끌어들이고 있다. 이것에 대해서 우리가 할 수 있는 첫째 대답은 복음서와 사도들의 글이 선지자들을 설명하고 있다는 것이다. 복음은 그리스도의 나라가 영적이라고 말한다. 즉, 그리스도의 나라는 영원하고 영적인 것을 의미하며, 그것은 세상의 주권이나 통치여서는 안 되고, 핍박을 받게끔 되어 있다고 말하는 것이다. 그러므로 우리는 선지서들을 복음에 따라서 해석해야만 한다. 또한 사도들 자신도 사도행전에서 다윗 왕국에 대해서 약속된 모든 것을 그리스도의 영적인 나라와 교회에 대한 언급으로 이해하고 있다. 교회는 이 땅에서 환난과 핍박을 당하게 되어 있다고 보는 것이다. 사도들이 이방 나라를 소유하는 유대교적 개념들을 가지고 있었을 때 그리스도께서는 그들을 꾸짖으셨다.

둘째, 선지자들은 비록 그들이 물리적 왕국에 속하는 용어와 말을 사용하고 있을지라도 그들 자신이 메시야 왕국은 영적이라고 지적하고 있다. 예를 들자면 다니엘 9:26은 분명히 이렇게 말한다: "기름 부음을 받은 자가 끊어져 없어질 것이며." 또한 이사야 53:10도 말하기를 "그가 자신을 속건제물로 드리기에 이르면" 등으로 말한다. 그러므로 메시야는 이 현세에 세상의 통치를 수립하지 않을 것이다. 그 외에도, 선지자들은 분명하고 의미심장한 말로 그리스도의 나라가 영원하리라고 선언한다. 그러나 그 어

---

4) 이는 재세례파의 교회와 왕국 수립에 대한 언급임이 분명하다(역주).

떤 세상 나라도 이 땅 위에서는 영원하지 않다. 그러므로, 선지자들이 사용하는 말들은 마치 그것이 물리적 왕국에 대해 말하는 듯이 들릴지라도 사실은 **영적인** 나라를 지시하는 것이고, 따라서 **영적으로** 해석되어야만 한다.

이 '그리스도의 영원한 나라'는 이 땅 위에서 하나님의 말씀과 영과 믿음을 통해서 기독교회 안에서 시작되고, 그리고는 영원히 존재할 것이다. 선지자들은 여기 이 땅 위에서 교회 안에서 이루어지는 것(이에 대해서도 성경은 "하늘 나라"라고 부른다)과 미래의 영생에서 이루어질 것을 구별하지 않는 방식으로 말하곤 하였다(이는 소위 선지자적 시간 단축법이라고 불리는 현상에 대한 언급이다 — 보역). 그러나 그들도 구별을 하기는 하니, 그들이 이 땅 위에서 교회는 핍박을 당할 것이라고 말할 때에 그리하는 것이다.

예를 들면, 시편 2편에서는 이렇게 말한다: "세상의 군왕들이 나서며 관원들이 서로 꾀하여 여호와와 그 기름부음 받은 자를 대적하며." 또한 시편 116:15: "성도의 죽는 것을 여호와께서 귀중히 보시는도다." 그리고 시편 72:14: "저희 피가 그 목전에 피하리로다." 또한 이사야도 교회가 어떻게 이 땅 위에서 가난과 환난을 당해야 하는지를 묘사하고 있다. 이사야 30:20에서 그가 다음과 같이 주장할 때에 말이다: "주께서 너희에게 고난의 떡과 고생의 물을 주시나 네 스승은 다시 숨기지 아니하시리니 … ." 여기서 이사야는 교회가 온갖 유혹과 환난하에서도 유지되리라는 것을 분명히 시사하고 있다.

다니엘도 마지막 심판날 전에 그리스도의 나라와 교회가 핍박을 당하게 됨을 분명한 말로 제시하고 있다. "백성 중에 지혜로운 자가 많은 사람을 가르칠 것이나 그들이 칼날과 불꽃과 사로잡힘과 노략을 당하여 여러 날 동안 쇠패하리라"(11:33). "그 때에 네 백성 중 무릇 책에 기록된 모든 자가 구원을 얻을 것이라"(12:1).

그리스도인들은 이런 구절들과 또 비슷한 구절들로 자신들을 위로하고, 그리스도의 나라가 영적임을 인식해야만 한다. 그래서 그들은 어려움에 따라 간절히 그들의 주님을 부르고, 그에게서 위로를 찾아 자신들의 신앙을 발휘해야 한다. 이런 구절들은 오직 성도들이 다스리는 땅 위의 물리적 그리스도의 왕국이라는 유대교적 꿈을 반박하기에 충분한 것이다.[5]

---

5) 이는 장차 언젠가 그 영적인 나라가 권능으로 임할 날이 있음을 부인하는 것이 아님에 유의하라(역주).

제 31 장

죽은 자들의 부활에 대하여

영생과 죽은 자들의 부활에 관한 조항은 기독교의 전체 복음 교리 가운데서 가장 지고한 것 중의 하나이다. 신약성경에서 이는 분명히 선포되었고, 자주 반복되고 인용되었다.

그리스도께서는 그것에 관하여 마태복음 25장에서 분명히 선포하셨다. 여기서 그는 말씀하시기를 의로운 자들은 영원한 기쁨을 얻으며, 불경건한 자들은 영원한 고통을 당할 것이라고 하신다. 그리고 요한복음 5장과 6장에서도 그리스도는 이렇게 말씀하신다: "내 아버지의 뜻은 아들을 보고 믿는 자마다 영생을 얻는 이것이니 마지막 날에 내가 이를 다시 살리리라 하시니라"(요 6:40). 그리고 사도 바울도 고린도전서 15장에서 이 조항에 관하여 고귀한 설교를 하고 있다. 그리스도인들이 이런 분명하고 명백한 구절을 가지고서 경건과 신앙을 강화시키는 것은 아주 유용한 것이다.

신약성경의 이 구절들은 잘 알려져 있는 것이므로, 우리는 구약 선지자들의 글에서 몇 가지 중요한 구절들을 언급하고자 한다.

이사야 26:19-21은 이렇게 말한다: "주의 죽은 자들은 살아나고 우리의 시체들은 일어나리이다. 티끌에 거하는 자들아 너희는 깨어 노래하라. 주의 이슬은 빛난 이슬이니 땅이 죽은 자를 내어 놓으리로다. 내 백성아 갈지어다. 네 밀실에 들어가서 네 문을 닫고 분노가 지나가기까지 잠깐 숨을지어다 보라 여호와께서 그 처소에서 나오사 땅의 거민의 죄악을 벌하실 것이라. 땅이 그 위에 잦았던 피를 드러내고, 그 살해 당한 자를 다시는 가리우지 아니하리라." 이사야의 이 설교는 분명히 죽은 자의 일어남에 대하여 말하고 있다. 거룩한 자들은 기쁨과 영원한 구원을 얻을 것이고, 불경건한 자들은 영원한 고통을 당할 것이라고 하는 것이다. 또한 이는 이 땅 위에서 교회가 핍박당함도 말하고 있다. 우리는 이런 뛰어나고 참으로 사도적인 선지자들의 설교들을 열심히 상고해 보아야만 한다.

그는 말하기를, 주의 죽은 자들이 일어날 것이라고 한다. 그는 하나님의 성도들을 죽은 자들이라고 부른다. 이로써 그는 교회가 하나님 때문에 환난과 핍박을 받으리라고 시사하는 것이다. 마치 그가 다음과 같이 말했듯이 말이다: "주님 때문에 죽임을 당한 주님의 자녀들을 주님이 다시 보리이다." 더 나아가서 그는 말하기를, 영생은 기쁨이 충만할 것이라고 한다. 성도들은 영원한 기쁨을 얻을 것이니, 이는 그들에게 죄가 없고, 연약한 것이나 죽음, 그리고 마귀를 두려워함이 없을 것이기 때문이다. 그들은 이루 말할 수 없는 지혜를 얻을 것이며, 아버지의 마음을 알고, 하나님의 풍성한 선하심을 알 것이다. 그리고 그 영적인 정원과 초원에서 이슬을 머금고 그들은 영원한 즐거움으로 꽃피울 것이다.

선지자는 또한 교회가 잠시 동안 숨기워져야만 한다는 말로써 잠시 동안 고난 받아야 하는 이들을 위로한다. 성도들과 경건한 자들은 최후의 날까지 말씀과 하나님의 성령에 의해서 교회 안에서 유지될 것이다. 그 후에 그는 "땅이 그 살해 당한 자를 다시는 가리우지 아니하리라"는 말로써 불경건한 자들의 심판과 부활을 선언한다.

이사야 66:22-24:"나의 지을 새 하늘과 새 땅이 내 앞에 항상 있을 것같이 너희 자손과 너희 이름이 항상 있으리라. 여호와가 말하노라. 매 월삭과 매 안식일에[1] 모든 혈육이 이르러 내 앞에 경배하리라. 그들이 나가서

---

1) 이는 후의 멜란히톤의 설명에서 나타난 바와 같이 "월삭에서 월삭까지 그리고 안식일에서 안식일까지"이나(NIV 참조), 그 의미는 매달, 또는 매 주마다라는 뜻으로 이해되기도 한다. 이렇게 되면 우리 개역 성경이 바르게 옮긴 것이 된다. 같은 해석으로는 John D. W. Watts, *Word Bibical Commentary*, vol. 25: *Isaiah 34-66* [Waco, Texas: Word Books, 1987], p. 365; F. Delitzsch, *Commentary on the Old*

내게 패역한 자들의 시체들을 볼 것이라. 그 벌레가 죽지 아니하며 그 불이 꺼지지 아니하여 모든 혈육에게 가증함이 되리라."

여기서 선지자는 불경건한 자의 영원한 고난과 고통을 묘사하고, 성도들과 신자들의 기쁨과 황홀함을 묘사하고는 영생이 마치 매일이 안식일 같을 것이라고 선언한다. 모든 성도들은 영원토록 하나님을 찬양할 것이고, 그에게 감사를 드릴 것이다. 영생과 영광은 영원히 가슴 속 깊은 곳에서 하나님을 기뻐하는 것이며, 영원히 하나님을 찬양하고 감사하는 것이다. 그때 우리는 하나님의 크신 선하심과 피조물들의 영원한 칭의를 온전히 알게 될 것이며, 거기에 죄도 죽음도 없을 것이다.

이사야 65:17-20: "보라 내가 새 하늘과 새 땅을 창조하나니 이전 것은 기억되거나 마음에 생각나지 아니할 것이라. 너희는 나의 창조하는 것을 인하여 영원히 기뻐하며 즐거워할지니라. 보라 내가 예루살렘으로 즐거움을 창조하며, 그 백성으로 기쁨을 삼고, 내가 예루살렘을 즐거워하며 나의 백성을 기뻐하리니, 우는 소리와 부르짖는 소리가 그 가운데서 다시는 들리지 아니할 것이며, 거기는 날 수가 많지 못하여 죽는 유아와 수한이 차지 못한 노인이 다시는 없을 것이라. 곧 백세에 죽는 자가 아이겠고, 백세 못되어 죽는 자는 저주 받은 것이리라."

이 두번째 구절보다 더 분명한 선지서의 구절들이 있겠지만, 이 아름답고 뛰어난 대 이사야의 설교는 전체 피조계가 갱신되고, 성도들과 하나님

Testament, vol. VII: *Isaiah* [Grand Rapids: Eerdmans, 1976], pp. 515f.: A. S. Herbert, *The Cambridge Bible Commentary* :Isaiah 40-66[Cambridge : Cambridge University Press, 1975], p. 196: Claus Westermann, *Isaiah 40-66*[London: SCM, 1969], p. 428 등이 있다.

그러나 이것의 의미는 새하늘과 새 땅 전체가 모두 하나님의 안식일 것이라고 보는 해석으로는 *Calvin's Commentaries*, vol. VIII: *Isaiah 33-66*, translated by William Pringle [Grand Rapids: Baker, 1993], pp. 438f.: George A. F. Knight, *International Theological Commentary: Isaiah 56-66* [Grand Rapids: Eerdmans, 1985), p. 118이 있다. 멜란히톤은 후자의 해석에 근접하면서 이를 '날마다' 란 뜻으로 해석하고 있다(역주).

의 자녀들이 기쁨을 얻을 것이며, 그 가운데서는 더 이상 우는 소리가 들리지 않으리라고 선언한다.

이것들은 짧은 말이나 아주 크고 위대한 일들을 말하는 것이다. 죄와 죽음이 그쳐지고, 노인과 어린 아이들이 영원히 산다는 것이다. 백세된 죄인, 즉 회개함 없이 계속해서 그 죄를 고집하는 자들은 영원한 정죄의 심판을 받을 것이라고 한다.

이 말씀들은 부활과 마지막 날 전에 교회가 환난과 핍박을 받게 될 것임을 분명히 증언하며, 부활 후에 하늘과 땅, 즉 온 피조계가 갱신되고 영광스럽게 될 때가 있다고 말하고 있다. 따라서 선지자는 유대인들과 재세례파가 헛되게 상상하듯이 그리스도의 나라가 현세에서 이미 물리적인 왕국이 되는 것이 아니라고 분명히 증언하는 것이다.

이사야 25:7-8: "또 이 산에서 모든 민족의 그 가리워진 면박과 열방의 그 덮인 휘장을 제하시며, 사망을 영원히 멸하실 것이라. 주 여호와께서 모든 얼굴에서 눈물을 씻기시며, 그 백성의 수치를 온 천하에서 제하시리라." 이 구절도 죽음과 죄가 그칠 것이고, 하나님의 자녀들은 모든 수치에서 벗어날 것이고, 모든 슬픔과 우는 것에서 벗어나게 된다고 선언한다. 즉, 죄와 죽음과 악마를 두려워함과 종국적으로 모든 악에서 구원될 것이라고 하는 것이다. 그가 말하는 가리워진 면박이란 말로써 그는 죽음을 의미한다(왜냐하면 그들은 죽은 자들을 천으로 덮었기 때문이다). 그 면박, 즉 죽음이 완전히 없어질 것이라는 것이다.[2]

---

2) 이 구절에 대해서는 크게 두 가지 다른 해석이 있다. 그 하나는 여기서의 "면박"과 "휘장"을 불신자들이 믿지 못하도록 그들의 심령을 가리고 있는 "암매"(blindness)로 해석하는 것이다. 이는 대개 고후 3:15과 이 구절을 연관시키면서 해석하는 것이다(F. Delitzsch, p. 440: Calvin, p. 198: Gleason L. Archer, Jr, "Isaiah," in *The Wycliffe Bible commentary*, p. 626, 그리고 Geoffrey W. Grogan은 *Expositor's Bible Commentary*, vol. 6 [Grand Rapids: Zondervan, 1986] p. 160에서 다음 해석의 가능성을 인정하면서도 이런 해석이 본문의 취지에 더 가까운 해석이라고 본다). 이에 비해 다른 이들은 이를 죽음과 연관시키나 대부분은 죽음에 대해 곡하고 상을 당한 자들이 쓰는 면박으로 해석한다(Willian A. VanGemeren, "Isaiah," in

또한 이사야 24:21-23: "그 날에 여호와께서 높은 데서 높은 군대를 벌하시며, 땅에서 땅의 왕들을 벌하시리니, 그들이 죄수가 깊은 옥에 모임 같이 모음을 입고 옥에 갇혔다가 여러 날 후에 형벌을 받을 것이라. 그 때에 달이 무색하고 해가 부끄러워하리니, 이는 만군의 여호와께서 시온산과 예루살렘에서 왕이 되시고, 그 장로들 앞에서 영광을 나타내실 것임이니라."

이사야 35:10: "여호와의 속량함을 얻는 자들이 돌아오되 노래하며 시온에 이르러 그 머리 위에 영영한 희락을 띠고 기쁨과 즐거움을 얻으리니, 슬픔과 탄식이 달아나리로다." 그리고 주 그리스도는 이사야서 9장에서 "영원한 아버지", 즉 영생의 시작자(a beginner of eternal life)로 불리어졌다.

다니엘 12:2: "땅의 티끌 가운데서 자는 자 중에 많이 깨어 영생을 얻는 자도 있겠고, 수욕을 받아서 무궁히 부끄러움을 입을 자도 있을 것이며." 호세아 13:14: "내가 저희를 음부의 권세에서 속량하며, 사망에서 구속하리니, 사망아 네 재앙이 어디 있느냐? 음부야 네 멸망이 어디 있느냐?"(사망아 내가 네 재앙이 되며, 음부야 내가 네 멸망이 되리로다 — 영역문의 직역). 에스겔 37:12: "보라! 내 백성들아! 내가 너희 무덤을 열고 너희로 거기서 나오게 하고, 이스라엘 땅으로 들어가게 하리라." 또한 에스겔 33:11:"나의 삶을 두고 맹세하노니, 나는 악인의 죽는 것을 기뻐하지 아니하고 악인이 그 길에서 돌이켜 떠나서 사는 것을 기뻐하노라."

Evangelical Commentary on the Bible [Grand Rapids: Baker, 1989], p. 490: George Buchanan Gray, *ICC: The Book of Isaiah* [Edinbugh: T&T. Clark, 1912], p. 430. Otto Kaiser, *Isaiah 13-39* [London: SCM, 1974], p. 201에서 같은 견해를 표한다). 오직 John D. W. Watts, *Word Biblical Commentary: Isaiah 1-33* (Waco, Texas: Word Books, 1985), p. 331에서만 이를 죽음과 직접 연관시킨다. 멜란히톤은 이에 동의하는 듯하다.

때로는 이 두 가능성 모두를 그저 다 언급하는 이들도 있다(Derek Kidner, "Isaiah" in *NBC*, p. 604: S. H Widyapranawa, *Isaiah 1-30* (*International Theological Commentary*) [Grand Rapids: Eerdmans, 1990], p. 150(역주).

또한 여기서 그리스도의 나라와 영원한 영광에 관해 말하는 선지서의 모든 구절들이 포함된다.

시편 16편은 그리스도에 대하여 이렇게 말한다: "내 영도 즐거워하며 내 육체도 안전히 거하리니, 이는 내 영혼을 음부에 버리지 아니하시며 주의 거룩한 자로 썩지 않게 하실 것임이니이다"(시편 16:9f.). 다윗은 그리스도에 대해 말하면서, 그리스도의 지체들, 즉 모든 성도들을 포함하여 말하고 있다.[3] 사람들은 그 복된 후손, 즉 그리스도께서 뱀의 머리를 상하게 하시고 악의 나라를 멸망시키리라는 약속을 잘 알았을 것이다.

시편 22:26: "가난한 자는[4] 먹고 배부를 것이며, 여호와를 찾는 자는 그를 찬송할 것이라. 너희 마음은 영원히 살지어다." 시편 34:21: "악이 악인을 죽일 것이다." 불경건한 자에게는 이 세상의 삶에서 모든 것이 다 잘되어가는 것 같아도, 선지자는 내세(the next life)에서의 형벌을 말하고 있음이 분명하다.

또한 시편 116:15: "성도의 죽는 것을 여호와께서 귀중히 보시는도다"고 했으니, 이는 현세 다음에 그들에게 위로와 기쁨과 영생이 있기 때문이다. 여기에 시편 34:19도 언급될 수 있다: "의인은 고난이 많으나 여호와께서 그 모든 고난에서 건지시는도다."

그리고 시편 49편에서 선지자는 한편에 이 세상에서 부유하고 모든 것이 잘되는 것 같은 불경건한 자들과 또 한편에 이 땅에서 모든 것이 다 잘못되는 것 같은 거룩하고 경건한 자를 놓고 관찰하면서, 이것이 사후에는 역전되리라고 한다. 불경건한 자에 대해서 그는 이렇게 말한다. "양같이 저희를 음부에 두기로 작정되었으니, 사망이 저희 목자일 것이라 … 저희 아름다움이 음부에서 소멸하여 그 거처조차 없어지려니와 … ." 그러나 거룩

---

3) 멜란히톤은 본문의 '주의 거룩한 자'를 성도로 보는 독특한 해석을 하면서 이렇게 말하는 것이다. 논란의 여지가 있다(역주).

4) 우리 개역은 "겸손한 자"라 옮겼고, 멜란히톤은 "환난을 당한 자"(the afflicted)라고 옮겼다. 여기서는 (그 두 의미의 포괄을 위해) N. I. V.를 따라 옮겼음에 유의하라(역주).

하고 경건한 자에 대해서는 이렇게 말한다. "하나님은 나를 영접하시리니 이러므로 내 영혼을 음부의 권세에서 구속하시리로다"(시편 49:14f.). 선지자는 시편 4:7 이하에서도 불경건한 자와 신자에 대해 이렇게 말하고 있다: "주께서 내 마음에 두신 기쁨은 저희의 곡식과 새 포도주의 풍성할 때보다 더하니이다. 내가 평안히 눕고 자기도 하리니(나를 안전히 거하게 하시는 이는 오직 여호와시니이다)." 그리스도의 영원한 나라에 관하여 말하는 선지서의 모든 구절들이 여기에 속한다.

욥기 19:25ff.: "내가 알기에는 나의 구속자가 살아계시니, 후일에(at last) 그가 땅 위에 서실 것이라. 나의 이 가죽, 이것이 썩은 후에 내가 몸을 가지고(in my flesh)[5] 하나님을 보리라. 내가 친히 그를 보리니 내 눈으로 그를 보기를 외인처럼 하지 않을 것이라." 이것은 우리가 이 육체 가운데서, 우리가 지금 가지고 있는 이 몸을 가지고 부활할 것이고, 우리의 몸과 전체 본성이 새롭게 되리라고 선언하는 아름다운 구절이다. 마치 바울이 가르치는 것과 같이 말이다. 이 구절은 또한 영생의 본질이 하나님과 모든 피조물을 명확하고 분명하게 알게 되는 것이라고 말한다.

출애굽기 3:6: "나는 … 아브라함의 하나님, 이삭의 하나님, 야곱의 하나님이니라." 이 말로부터 주 그리스도께서는 마태복음 22:32에서 아브라함, 이삭, 야곱이 살아 있다고 결론을 내리셨으니, 하나님은 죽은 자의 하나님이 아니요 산 자의 하나님이시기 때문이다.

조상들에게 주신 이 모든 하나님의 약속과 예들로부터 우리는 결론적으로 현세의 삶과는 다른 영생이 있음을 말할 수 있다. 하나님께서 조상들에게 주신 이 모든 신적 약속들은 부활과 영생을 간접적으로 포함한다. 하나님께서는 아브라함, 이삭과 다른 족장들에게 영광스러운 약속을 주셨으니, 그들이 위로와 복과 기쁨과 하나님을 즐기는 것을 얻으리라고 말씀하셨던

---

5) 우리 개역은 "육체 밖에서"라는 해석을 취하였으나, 멜란히톤은 "육체 안에서"라고 하였고, N.I.V.도 이를 취하고, "육체 밖에서"를 난하 주에 배치했다. Meredith G. Kline는 여기서 "죽은 후의 전인의 갱신"을 보고 있다(WBC)(역주).

것이다. 아브라함에게는 이렇게 말씀하신다: "두려워 말라! 나는 너의 방패요 큰 상급이니라"(창 15:1).

현세의 삶에서는 가장 위대하고 가장 고귀한 성도들도 슬픔과 가슴의 비참함을 경험하고, 그럴 때는 마치 하나님께서 그들을 버린 것 같고, 그들에게 관심을 기울이지 않으시는 것처럼 보일 수도 있다. 그렇기에 하나님께서 성도들에게 영원한 위로와 영광과 영생의 기쁨을 주셔서 그들로 기쁨을 누리게 하실 다른 생명(another life)이 있다는 것이 분명하다. 모든 성도들은 이런 확신에서 모든 환난과 비참함과 이생의 비천함을 견디며, 영생의 끝없는 보화와 말할 수 없는 위로를 인내 가운데 기다린다.

창세기 4장은 하나님께서 가인과 모든 불경건한 자들에 대한 심판과 보복을 미루고 계시며, 지금 형벌을 받지 않는 죄가 내세에서는 심판을 받게 될 것임을 시사해준다. 그러므로 모든 죄가 드러나고 형벌을 받게 될 일반적인 심판이 반드시 올 것이다. 가인이 받은 형벌과 심판은 홍수로 이루어진 심판의 예표(prefiguration)요, 상징(symbol)이고, 소돔과 고모라에 내린 무시무시한 심판에 대한 예표와 상징이었다. 사도 베드로는 베드로후서 2장에서 하나님께서는 모든 불경건한 자들 앞에 이런 예들을 제시하였다고 말한다.

창세기 3장에 주어진 하나님의 약속은 뱀의 머리가 상할 것이고, 악마의 왕국은 파괴될 것이라고 선언한다. 즉, 죽음과 죄가 그쳐지고 제거되리라고 하는 것이다. 이를 위하여 사람의 본성이 반드시 새롭게 되어야만 한다.

대 족장 야곱은 창세기 49장에서 인류의 구주가 되실 영웅(the champion, *Helden*)에 대해서 예언하고 있다. 우리 조상들과 족장들은 복된 자손, 즉 그리스도에 대한 약속들이 물리적인 왕국의 의미로 이해돼서는 안 되고, 그리스도의 영적인 나라, 영원한 칭의와 영생의 의미로 이해되어야만 함을 잘 이해하고 있었다. 또한 그들은 분명히 교회, 하나님의 백성과 자녀들이 이 세상에서 투쟁하며, 죄와 연약함, 비참함과 슬픔에 놓여지리라는 것을 알고 있었다. 심지어 아담도 그러하였으니, 그의 눈 앞에서 아벨이 끔찍하게 살해 당하는 것을 보았을 때에 말이다.

하나님께서는 아브라함을 불러 그 아들을 죽여[6] 희생 제사로 드리라고 하셨다. 중요한 사람들은 여기서 그 복된 후손, 즉 그리스도가 희생이 되시고 수난을 당해야 한다는 예언을 찾았었다.[7] 즉, 그리스도는 이 땅 위에 물리적인 왕국을 갖지 않는다는 예언을 말이다.

에녹과 엘리야는 산 채로 현세에서 하나님께 취하여졌다. 이는 하나님께서 우리에게 영생의 가시적(可視的) 증거를 주기 원하셨기에 일어난 것이다. 만일 현세만 있고 내세가 없는 것이라면, 그들은 하나님과 함께 있을 수 없기 때문이다. 그러나 그들은 하나님과 함께 있는 것이니, 이는 새롭고 신적이며, 영원한 삶 가운데서 사는 것을 의미한다. 이런 공개적인 예들은 하나님의 말씀이나 약속들만 있는 것보다 더 분명한 시사를 주는 것이다. 의심할 바도 없이, 대족장들이나 후에 선지자들은 이런 예들과 하나님의 약속들에 근거하여 많은 권고를 하였었다.

현세 후에 또 다른 영원한 삶이 있다는 것은 아브라함이나 다른 족장들과 이야기를 나눈 천사들로부터도 명백히 드러난다. 이런 대화로써 천사들은 우리가 영생에서 그들과 함께하며, 그들에 참여하리라는 것을 시사해 주니, 그들이 우리를 보호하고 보존하기 때문이다.

민수기 24:17에서 발람은 의로운 자의 죽음을 죽기 원한다는 말을 한다. "내가 그를 보아도 이 때의 일이 아니며, 내가 그를 바라보아도 가까운 일이 아니로다."

---

6) 창세기 22장을 꼭 이렇게 해석해야 하느냐에 대해서는 논란이 있을 수 있다. 우리는 여기서 루터파의 전형적인 해석을 본다. 루터파였던 후일의 키에르케고르의 해석을 생각하라. 「공포와 전율」(역주).

7) 이는 제대로 된 주해에 근거한 것이라고 보기 어렵다. 오히려 알레고리적 해석에 근거한 것이라고 보아야 할 것이다. 이런 데서 개혁자들과 그 후예들도 알레고리에서 완전히 벗어나지 못하고 때때로 그런 해석에 빠져듦을 찾아볼 수 있다. 우리는 그런 실수를 반복하지 말아야 할 것이다(역주).

제 32 장

환난과 십자가를 짐에 대하여

교회는 현세에서 핍박을 당하고 십자가를 지고 가야만 한다는 것을 이미 말한 바 있다. 그러나 이 점을 좀더 살펴보기로 하자. 우리는 교회에서 이것을 열심히 가르치고 선포해야만 한다. 그래서 환난과 유혹과 불안 가운데 있는 그리스도인들이 위로를 얻을 수 있도록 해야 하는 것이다. 그리스도인들의 이 위로에 관하여 우리는 다음 네 가지를 알아야만 한다.

첫째로, 불안 가운데 있는 마음들은 환난이 하나님의 경륜이나 허용 없이 오는 것이 아니라는 것을 확신하는 것이 아주 필요하다. 이교도들과 에피쿠로스주의자들은 하나님은 이런 것들과는 전혀 관계가 없으며, 그것들은 하나님 편에서의 예정이나 예지 없이 그저 자연법을 따라서 오든지, 우연히 일어나는 것이라고 생각한다. 그러나 우리는 하나님께서 자신의 교회의 수난을 보고 계심을 알아야만 한다. 그가 친히 그 안에서 그렇게 작정하셨고, 그것이 얼마나 오래 갈 것인지를 정하신 것이다. 욥의 이야기에서 잘 볼 수 있는 것처럼 말이다.

예레미야 애가 3:3ff.에서 예레미야는 다음과 같이 말한다: "주의 명령이 아니면 누가 능히 말하여 이루게 하랴? 화(禍), 복(福)이 지극히 높으신 자의 입으로 나오지 아니하느냐? 살아있는 사람이 어찌 원망하랴?"

여기에 하나님의 미리보심을 말하는 모든 구절들이 다 열거될 수 있다. 마 10:29: "너희 아버지께서 허락하지 아니하시면 (참새) 하나라도 땅에 떨어지지 아니하리라." 행 17:28: "우리가 그를 힘입어 살며 기동(起動)하

며 있느니라." 시 100:3: "그가 우리를 지으신 자시요." 시 94:9: "귀를
지으신 자가 듣지 아니하시랴, 눈을 만드신 자가 보지 아니하시랴?" 시
33:15: "저는 모든 이의 마음을 지으시며 저희 모든 행사를 감찰하시는
자로다." 그리고 고전 11:31 이하에서 바울은 이렇게 말한다: "우리가 우
리를 살폈으면 판단을 받지 아니하려니와 우리가 판단을 받는 것은 주께
징계를 받는 것이니 … ." 여기서 바울은 분명히 환난은 주님께서 보내신
것이라고 말한다. 그리고 삼상 2:6의 한나의 노래에서는 이런 말이 있다:
"여호와는 죽이기도 하시고, 살리기도 하시며, 음부에 내리게도 하시고, 올
리기도 하시는도다."

둘째로, 그리스도인들은, 하나님께서 자신의 교회의 수난을 보시고, 우리
가 겸손하기를 아시며 정하시고 뜻하시기만 하신 것이 아니라, 또한 그가
불쾌하셔서 우리를 멸망시키려고 벌주시는 것이 아니고 우리로 회개케 하
며 믿음을 사용하도록 하시려고 그리하신다는 것을 확신해야만 한다. 환난
은 우리로 그에게서 멀리 가도록 하시려는 것이 아니라 우리가 하나님께
로 돌이켜야만 한다는 것을 상기시키는 것이다.

이것은 그리스도인들에게 가장 크고 가장 중요한 위로이니, 큰 유혹과
불안 가운데서 가장 처음드는 생각은 하나님이 진노하시며 나를 벌하신다
는 생각이기 때문이다. 우리의 마음이 하나님이 은혜로 우리를 벌하심을
이해하지 못할 때, 즉 우리를 정죄하려고 벌하시는 것이 아니라 믿음을
훈련하게끔 하려는 아버지다운 관심에서 그리하시는 것임을 이해하지 못
할 때, 우리에게 닥친 유혹과 불안은 더 커지고, 결국 사람은 절망에 이르
게 되는 것이다. 그러므로, 복음은 환난을 은혜의 표지로 말하기도 한다.

성경은 자주 이런 식으로 우리에게 위로의 말을 전한다. 예를 들어서 고
린도전서 11:31f.에서는 이렇게 말하는 것이다: "우리가 판단을 받는 것
은 주께 징계를 받는 것이니, 이는 우리로 세상과 함께 정죄함을 받지 않
게 하려 하심이라." 잠언 3:12: "대저 여호와께서 그 사랑하시는 자를 징
계하시기를 마치 아비가 그 기뻐하는 아들을 징계함같이 하시느니라." 히
브리서 12:6: "주께서 그 사랑하시는 자를 징계하시고, 그 받으시는 아들

마다 채찍질하심이니라." 시편[94:12]: "여호와여 주의 징벌을 당하여 주의 법으로 교훈하심을 받는 자가 복이 있나이다." 계시록 3:19: "무릇 내가 사랑하는 자를 책망하여 징계하노니." 이사야 28:9 이하는 징계의 매가 경건한 아이들을 만듦을 주목하고 있다: "그가 뉘게 지식을 가르치며, 뉘게 도를 전하여 깨닫게 하려는가? 젖 떨어져 품을 떠난 자들에게 하려는가?" 즉, 위로함이 없고 가련한 자들에게 그리한다는 것이다.[1] 이사야 26:16: "여호와여 백성이 환난 중에 주를 앙모하였사오며, 주의 징벌이 그들에게 임할 때에 그들이 간절히 주께 기도하였나이다." 나훔 1:7: "여호와는 선하시며 환난 날에 산성이시라. 그는 자기에게 의뢰하는 자들을 아시느니라." 렘 31:19: "내가 교훈을 받은 후에 내 볼기를 쳤사오니 … ." 마 5:3: "심령이 가난한 자는 복이 있나니 천국이 저희 것임이요." 눅 6:21f.: "애통하는 자는 복이 있나니." 그리고 "너희 웃는 자들에게 화가 있나니."

환난은 율법의 한 부분이라고 할 수 있으니, 이는 환난은 율법이 위협하는 형벌이기 때문이다. 복음은 율법의 옳은 용법, 즉 율법은 우리를 겸손케 하여 그리스도를 찾게 한다는 그 바른 용법을 가르쳐 주므로, 복음은 또한 율법의 형벌과 환난이 우리를 파멸시키기 위해서 주어진 것이 아니라, 우리로 회개케 하며, 어디서 위로를 찾아야 하는지를 상기시키며 가르쳐주는 것이다.

이런 일반적인 의미를 지닌 성경의 여러 구절들 역시 여기서 열거될 수 있다. 사도 바울은 로마서 11:32에서 이렇게 말한다: "하나님이 모든 사람을 순종치 아니하는 가운데 가두어 두심은 모든 사람에게 긍휼을 베풀려 하심이로다." 여기서 불순종 가운데 가두어 두신다는 말은 온갖 환난을 당하게 한다는 말만이 아니라 영원한 정죄를 주신다는 말이기도 하다(따라서 이 구절은 하나님이 사람의 죄에 대해서 이렇게 엄히 다루시는 이유는 그들로 믿어서 긍휼을 받도록 하기 위함이라는 뜻이 된다 ― 보역).

---

1) 이 문장은 이 구절에 대한 바른 이해에 터하고 있지 않은 듯하다(역주).

복음은 율법이 이런 공포를 가져다주는 이유가 우리를 파멸시키기 위해서가 아니라, 그리스도의 풍부한 은혜에로 이끌어 주시기 위함이라고 말한다. 에스겔이 "나는 죄인이 죽는 것을 기뻐하지 않는다"고 말하는 것도 같은 의미의 말이다.

더 나아가서, 이 땅에서 기독교회와 모든 성도들이 수난을 당하고 늘 경계하며 믿음을 가지고 있어서, 그 마음 가운데 하나님에 대한 참된 경외와 믿음이 증진될 수 있게 하려는 것이라고 선언하는 성경의 구절들도 많은 것이다.

베드로전서 1:6f.: "너희가 이제 여러 가지 시험을 인하여 잠간 근심하게 되지 않을 수 없었으나 오히려 크게 기뻐하도다. 너희 믿음의 시련이 불로 연단하여도 없어질 금보다 더 귀하여." 고린도후서 1:9 "우리 마음에 사형선고를 받은 줄 알았으니, 이는 우리로 자기를 신뢰하지 말고 오직 죽은 자를 다시 살리시는 하나님만 의뢰하게 하심이라." 고린도후서 4:16: "겉사람은 후패(朽敗)하나 우리의 속은 날로 새롭도다." 로마서 5:3f: "환난은 인내를, 인내는 성품(character)을,[2] 성품은 소망을 이루는 줄 앎이로다." 야고보 1:2: "내 형제들아 너희가 여러 가지 시험을 만나거든 온전히 기쁘게 여기라." 창세기 22:12에서 하나님께서는 아브라함에게 "내가 이제 네가 하나님을 경외하는 줄을 아노라"고 하셨다.

그리스도인들은 이와 같은 구절들을 염두에 두고서 하나님의 약속과 위로의 말들을 굳게 붙잡아야 하니, 모든 환난들은 은혜스러운 아버지의 의지의 표현이기 때문이다. 하나님께서 이 환난을 보내심은 우리를 파괴하고 정죄하려는 것이 아니요, 오히려 우리로 회개케 하고 신앙을 연단하도록 하려는 것이다. 이런 위로가 절망에 대항하여 기독교적 마음을 강화시키

---

2) 우리 개역엔 "연단"이라고 되어 있어서 ἡ δοκιμή의 기본적인 뜻에 가깝게 옮겼으나, 이는 그 연단을 거쳐서 형성된 인격(approved character)이란 의미도 지니고 멜란히톤은 이런 의미로 쓰고 있으므로 이에 따라 성품으로 옮겼음에 유의하라. N.I.V.도 같이 하고 있다(역주).

고, 왜 십자가와 환난이 유용한지를 가르치도록 해야 한다.[3]

셋째로, 인간성에는 큰 연약성이 있어서 그것이 우리로 하여금 하나님께서 우리를 너무나 심하게 다루시며, 너무 요구하신다고 생각하도록 한다는 것을 유념해야 한다. 그래서 우리는 자주 인내하지 못하고 하나님께 대항해서 불평하고 중얼거리며, 마치 그가 너무 하시는 양 하는 일이 많다. 불경건한 자들과 폭군들이 즐거움 가운데, 풍성함과 화려한 위엄을 자랑하면서 살고, 우리는 비참하고 가난하게 그리고 참담한 삶을 살 때에 하나님의 심판과 행하심이 공정하지 않다고들 (잘못) 생각하는 것이다.

그러므로 우리는 사탄이 우리 가운데서 일으키려고 하는 마음의 슬픔과 하나님에 대한 조바심이 계속되지 않도록 해야 한다고 그리스도인들에게 경고해야만 한다. 왜냐하면, 그것은 첫 계명에 반하는 큰 죄이기 때문이다. 명령으로 주어진 사도 베드로의 말에 의하면 하나님께서는 순종을 요구하신다: "하나님의 능하신 손 아래서 겸손하라"(벧전 5:6).

여기서 우리는 특별히 교회와 하나님의 자녀들에게 임하는 고난에 대해서 말하고 있는 성경 구절들을 인용해야 한다. 이런 구절들은 하나님께서 순종을 요구하시며, 원하신다는 것을 지시해준다. 따라서 우리는 이 놀라운 위로를 받아야만 한다. 첫째로, 하나님께서는 그리스도인들과 교회가 순종하기를 원하신다. 둘째로, 이렇게 받는 어려움은 하나님께서 받으실 만한 제사요 하나님 섬김이므로, 우리는 이것이 하나님의 진노의 표현이라거나, 하나님께서 우리를 버리기 위해서 이런 고난을 내리신다고 생각해서는 안 되고, 오히려 우리의 머리이신 그리스도를 따라서 하나님께 마땅한 순종을 드려야만 한다. 셋째로, 교회는 이 땅에서 비참함과 참담함을 당하게끔 되어 있으므로, 이런 어려움은 진노의 표현이 아니니, 하나님께서는 그리스도를 죽은 자들 가운데서 일으키시듯이 교회를 사랑하시고, 그것을

---

3) 여기서나 이 장 전체에서 (제목도 그런 시사를 주듯이) 십자가를 그저 그리스도인이 당하는 어려움의 뜻으로 사용하고 있으나, 이것이 그렇게 좋은 이해인지는 논란의 여지가 있다. 오히려 어려움과 십자가의 의미를 나누어 고찰했어야 했을 것이다(역주).

구원하기를 기억하시기 때문이다.

그러나 교회와 성도들이 이 땅에서 고난을 당해야만 하는 이유는 무엇보다도 그리스도의 나라가 종국적으로 새롭게 되어 영원하고 새로운 의와 새로운 생명으로 가득 차게 될 것이기 때문이다. 여기 이 땅에서, 이 현세의 삶에서는 가장 위대한 성도들에게라도 연약함과 죄가 여전히 있는 것이다. 하나님께서는 육체와 옛 사람이 죽임당하기를 원하시므로, 우리를 온갖 환난과 무시무시한 형벌과 자연적인 죽음을 당하도록 하신다. 그리하여 후에 우리가 새로운 몸을 입고, 죽음과 죄가 없는 새로운 영원한 삶 가운데서 영광스럽게 될 수 있도록 하시는 것이다. 현세의 삶에서는 우리 마음 가운데서 신앙을 나타내기를 원하시는 것이다. 롬 8:10에서 바울이 말하듯이 말이다: "몸은 죄로 인하여 죽은 것이나." 롬 6:6: "우리 옛 사람이 예수와 함께 십자가에 못박힌 것은 죄의 몸이 멸하여 … ."

어떤 이는 여기서 인간의 이성을 도입시켜서 말하기를, 성도들은 거룩하므로 그들이 환난을 당해야만 한다는 것은 합리적이지 않다고 한다. 이에 대해서 우리는 다음과 같이 대답한다: 물론 그리스도인들이나 교회는 의롭고 거룩하다. 그러나 그것은 오직 하나님께서 그리스도 덕분에 그들을 의로운 자들로 여겨주시기 때문이다. 육체를 따라 말하면 성도들은 아직도 연약하고 죄악에 빠져 있다. 그러므로, 하나님께서는 환난과 죽음과 십자가의 형태로 그들에게 부담을 주고 치리하시는 것이다.

이에 대해서 어떤 이는 이성에 의하면 경건한 자들과 의로운 자들에게 일어난 것은 적어도 합리적이어야 한다고 주장할 수 있다. 모세와 율법에 대해서는 이것이 옳은 말이다. 그러나 복음은 어디서나 율법을 설명하며, 현세에서도 성도들이 죄와 그들 안에 있는 연약성 때문에 죽음에 종속된다고 가르친다. 하나님 앞에서 교회는 그리스도 덕분에 순결하고 거룩하므로, 그것은 종국에는 온전히 구속될 것이다.

이제 교회의 핍박에 대한 몇 가지 구절들을 제시하고자 한다. 왜냐하면 세상의 시초부터 하나님의 자녀들은 악마와 세상에 의해서 핍박을 받아왔기 때문이다.

첫째로, 무엇보다도 이에 대한 가장 현저한 예는 주 그리스도 자신이 받은 핍박과 수난이고, 세상의 시초부터 있어온 온 교회의 수난이니, 아벨, 아브라함, 이삭, 이집트에서의 온 이스라엘 백성, 그리고 모든 사도들과 선지자들이 받은 핍박과 수난도 말할 수 있다. 이 뛰어난 예들은 우리를 위로하고 우리에게 기독교회가 그리스도를 본받아야함을 권고하기 위한 것이다. 따라서, 하나님을 경외하는 이들은 핍박을 당하고, 교회는 환난을 당할 것이다.

그렇기 때문에, 우리가 당하는 유혹과 불안이 아무리 크고 쓴 것이어도, 우리는 마음이 연약해져서는 안 되고, 교회가 교회의 참된 원리이신 주 그리스도부터 내려온 것임을 알아야만 하고, 아벨과 그리스도 자신, 모든 선지자들과 사도들이 모두 핍박을 받고 죽임을 당하였음을 기억해야 한다. 사도 바울은 로마서 8장에서 우리가 하나님의 아들 그리스도와 같이 되어야만 한다고 말한다. 벧전 4:17에서 사도는 "하나님의 집에서 심판을 시작할 때가 되었다"고 말한다. 또한 "너희를 시험하려고 오는 불시험을 이상한 일 당하는 것 같이 이상히 여기지 말고, 오직 너희가 그리스도의 고난에 참여하는 것으로 즐거워하라"고 한다(벧전 4:12f.). 마태복음 16:24에서는 그리스도께서는 친히 이렇게 말씀하신다: "아무든지 나를 따라 오려거든 … 자기 십자가를 지고 나를 좇을 것이니라." 딤후 3:12: "무릇 그리스도 예수 안에서 경건하게 살고자 하는 자는 핍박을 받으리라." 시편 126:5f.: "눈물을 흘리며 씨를 뿌리는 자는 기쁨으로 거두리로다." 시편 118:18: "여호와께서 나를 심히 경책하셨어도 죽음에는 붙이지 아니하셨도다." 시편 116:15: "성도의 죽는 것을 여호와께서 귀중히 보시는도다."

이런 구절들에서 이 뛰어난 위로가 발견될 수 있다. 그리스도인들의 시험과 환난은 하나님 앞에서 받으실 만한 제사이니, 이는 제사는 특히 하나님의 영광을 위해 발생하며 하나님께서 받으시는 하나님께 드리는 섬김을 의미하기 때문이다. 시편 51:17: "여호와께 받음직한 제사는 상한 심령이라. 하나님이여 상하고 통회하는 마음을 주께서 멸시치 아니하시리이다." 로마서 12:1: "너희 몸을 산 제사로 드리라."

하나님께서는 또한 순종을 요구하신다. 그래서 우리가 환난 가운데 인내할 수 있으니, 이는 하나님을 기쁘시게 하는 높고 고귀한 제사요 하나님을 섬기는 것이 되기 때문이다. 따라서, 우리는 우리가 하나님에 의해서 버림을 받았다고 생각해서는 안 되고, 또 우리가 완전히 버려진 자들처럼 하나님께 불평해서는 안 되는 것이다. 오히려 우리는 위에서 지적한 대로 십자가와 환난의 유용성과 열매를 생각해야만 한다. 그래서 우리는 인내와 순종을 즐겁게 드러내야 하는 것이다. 사도 베드로가 말하듯이 말이다. "오직 너희가 그리스도의 고난에 참여하는 것으로 즐거워하라"(벧전 4:13). 순종은 그 자체가 선한 것이다. 왜냐하면 하나님께서 인내 가운데서의 순종을 우리에게 명하시기 때문이다. "환난중에 참으라"(롬 12:12). 그리고 고전 10:10: "너희는 저희와 같이 원망하지 말라."

둘째로, 십자가와 환난은 우리의 신앙을 훈련하게 하고 강화시키는 열매를 맺으며, 우리로 회개케 하는 것이다.

또한 어려움을 당하는 것은 하나님을 섬기는 것이 되고, 하나님께서 받으실 만한 제사임이 우리에게 위로가 된다. 왜냐하면 이것에 하나님이 받으실 만한 거룩한 제사라고 하는 것 이상의 높은 명칭을 부여할 수 없기 때문이다. 그러나 우리가 하나님의 의도를 생각하고 하나님께 순종하면서, 우리의 수난이 그리스도 때문에 하나님께 기쁨이 됨을 믿으면서 이 어려움을 당해야만 그것이 제사가 되는 것이다.

여기서 우리가 말하는 어려움이나 수난은 수도사들의 위선과 같이 우리들 스스로가 창안해낸 것들을 말하는 것이 아니라, 우리의 선택 없이 우리에게 오거나 올 어려움이다. 즉, 자연 재해로 임하는 수난이나 사단과 폭군들, 그리고 다른 악한 사람들이 우리에게 가져다주는 어려움이다. 그러기에 사도 베드로는 "하나님의 뜻에 따라 인내하라"고 분명히 말한다. 즉 너희가 문제를 자초하지는 말라는 것이다. 만일에 우리가 어떤 일을 만들어내고서 그것이 하나님이 받으실 만한 제사라고 한다면(마치 바알의 제사장들이 그들의 몸을 상처내고 했듯이 한다면) 그것은 이교적인 오류이다. 하나님께서는 어려움 가운데서 순종을 요구하시고, 우리가 불평 없이 그의 뜻을 견디기를 원하시므로, 우리는 하나님에 대해 조바심치고 불평해서는 안 되고, 교회에 대한 하나님의 뜻은 시험과 환난을 참고 견디는 것이라고 말하는 성경구절들로부터 위로를 받아야만 한다.

셋째로, 우리가 모든 환난과 시험 가운데서 믿음을 가지고 하나님을 불러 아뢰어야만 한다는 것을 아는 것은 필수적인 것이다. 그러므로, 우리는 그런 것이 하나님의 허용하심 없이 우연히 일어나는 것이 아니며, 그것들이 하나님의 진노의 표시가 아님을 주목해야 한다. 또한 조바심치고 하나님께 불평하는 것이 죄이며, 하나님께서는 순종을 요구하심을 알아야 한다. 우리는 또한 하나님께서 우리에게 가까이 계셔서 죄를 용서하시고, 형벌을 감하심을 믿으면서 그리스도 같은 방식으로 환난을 감수해야 한다. 시편 34:18: "여호와께서는 마음이 상한 자에게 가까이 하시고." 또한 그는 우리의 생각에 따라서가 아니라, 하나님의 지혜와 경륜에 따라서 우리를 도우시고 구원하실 것이다.

어려움과 환난의 가장 큰 열매는, 불안과 필요성 때문에 우리가 우리의 신앙을 증시(證示)할 동기를 갖게 되는 것에 있으니, 이때는 우리가 간절히 하나님께 기도하기 때문이다. 그 기도에 따라오는 위로와 힘주심에서 우리는 하나님이 가까이 계시며, 우리를 참으로 돌아보신다는 것을 알게 된다.

이와 같은 방식으로 하나님을 아는 지식의 빛은 우리의 마음 가운데서 더 빛나게 되고, 신앙이 우리 가운데 성장하게 된다. 역대하 33:12 이하의 므낫세 왕의 경우가 잘 보여 주는 바와 같다. 그 본문은 이렇게 말한다: "저가 환난을 당하여 그 하나님 여호와께 간구하고 그 열조의 하나님 앞에 크게 겸비하여 기도한 고로 하나님께서 그 기도를 받으시며 그 간구를 들으시사." 므낫세는 여호와가 하나님이심을 인정한 것이다. 시편 50:15: "환난 날에 나를 부르라. 내가 너를 건지리니, 네가 나를 영화롭게 하리로다." 즉, 그때에 네가 나를 더 온전히 인정할 것이다. 시편 69:32: "억압받는 자가 이를 보고 기뻐하나니, 하나님을 찾는 너희들아 너희 마음을 소성케 할지어다." 하나님께서 자신에게 속한 자들에게 가까이 계시다는 강하고 분명하며, 풍부한 위로를 주목해 보라. 고린도후서 1:3 이하에서 사도 바울은 우리에게 아주 아름다운 말을 전해 주고 있다: "찬송하리로다 … 우리로 하여금 하나님께 받는 위로로써 모든 환난 중에 있는 자들을 능히 위로하게 하시는 … ." 즉, 하나님의 풍성한 선하심이 더 분명히 더 넓게 알려질 수 있도록 하심에 대해 감사한다는 것이다.

그러므로 우리는 하나님의 명령과 하나님의 약속이라는 이 두 가지 이유에서 인내로 환난을 견뎌 나가야만 한다. 하나님의 명령은 우리로 기도하게 하시며, 인내로 도움을 기대하게 하신다. 시편 50편에서 "환난 날에 부르짖으라. 내가 너를 구원하리라"고 말씀하시듯이 말이다. 그리고 시편 4:5: "의의 제사를 드리고 여호와를 의뢰할지어다." 또한 마태복음 7:7에서 그리스도께서는 "구하라 그리하면 주실 것이다"고 말씀하신다. 그리고 누가복음 18장에서도 그는 우리에게 항상 기도하라고 명령하신다. 살전 5:17에서 바울은 "쉬지말고 기도하라"고 한다. 빌 4:6: "아무것도 염려하지 말고 오직 모든 일에 기도와 간구로 너희 구할 것을 감사함으로 하나님께 아뢰라." 시편 55:22: "네 짐을 여호와께 맡겨 버리라. 너를 붙드시고." 우리를 권고하는 기도하라는 이런 명령은 더 확실하게 하나님을 불러 아뢰도록 격려하고, 그런 마음을 일으켜준다.

그후에 우리는 하나님의 약속도 살펴보아야만 한다. 요 16:23: "내가 진실로 진실로 너희에게 이르노니, 너희가 무엇이든지 아버지께 구하는 것을 내 이름으로 주시리라." 마 7:11: "너희가 악할지라도 좋은 것으로 자녀에게 줄 줄 알거든, 하물며 하늘에 계신 너희 아버지께서 구하는 자에게 좋은 것을 주시지 아니하겠느냐?" 그리고 시편에는 셀 수 없이 많은 위로에 찬 약속들이 있으니, 예를 들면 시편 10:14: "주는 벌써부터 고아를 도우시는 자니이다." 또한 시편 50:15: "환난 날에 나를 부르라 내가 너를 건지리니 네가 나를 영화롭게 하리로다."

신앙의 참된 증시(證示)와 그리스도인들의 최고의, 가장 거룩한 하나님 섬김은 마귀가 미워하여 핍박하려하는 교회와 국가 안에서의 일반적인 필요와 위험과 시험을 인식하는 것이며, 강하고 불굴의 신앙을 가지고서 하나님께 당신의 교회를 다스려 주시고, 잘못된 교리와 오류와 위선과 거짓으로부터 교회를 해방시켜 주시기를 간구하는 것이다. 세상 정부는 질서와 평화와 안정을 유지해야 하며, 우리에게 좋은 환경을 제공하고, 폭도들의 완고하고 사나운 방탕함을 모두 제거해 주고, 기독교적 질서와 덕과 명예와 정직을 유지하는 것이다.[4]

그리하여 하나님의 거룩한 이름이 거룩히 여김을 받고, 영화롭게 되며, 존경을 받고, 그의 나라가 증진되며 강화되고, 악마의 나라가 패하게 되는 것이다.

환난 중에서 이러한 신앙의 증시를 함으로써 하나님에 대한 바른 지식과 성령의 온갖 열매가 마음 가운데 자라나게 된다. 그것이 아브라함, 요셉, 다윗, 다니엘, 모든 초기 조상들, 선지자들, 그리고 사도들이 보여준 최고의 '하나님 섬김'이었다.

수도사적인 게으름과 위선, 거짓 안전과 이 세상을 즐기는 것 속에서는 마음 속의 신앙이 꺼지고마니, 만일 우리가 어려움 가운데서 하나님께 돌이키고, 간절히 도움을 간구하는 일에 익숙해지지 않는다면, 우리의 마음은 둔해지고 냉담해지며, 악마는 쉽게 우리를 훔치고 우리의 연약함과 육체를 어둡게 하여서, 사람들이 하나님은 그들을 받지 않으며, 이 세상에서 일어나는 일들은 하나님의 개입 없이 일어난다고 생각하게 되기 쉬운 것이다. 그렇기에 성경은 사람들이 편하고 좋은 시절에는 맹목적이 되고 불경건하게 되기가 쉽다고 말한다. 즉, 그들은 믿음을 나타내지 못하고 하나님으로부터의 도움과 구원을 찾지 못하게 되는 것이다. 모세가 출애굽기 32:6에서 말하듯이 말이다: "그들이 … 앉아서 먹고 마시며 일어나서 뛰놀더라." 신명기 32:15: "네가 살지고 부대(富大)하고 윤택하매 자기를 지으신 하나님을 버리며, 자기를 구원하신 반석을 경홀히 여겼도다." 그리고 호세아 7:5: "방백들이 술의 뜨거움을 인하여 병이 나며(광폭해 지며의 뜻)." 불행히도 교회에서나 세상 정부에서나 가정에서도 항상 기도하고 하

---

4) 16세기적 상황에서 하는 말임에 유의해야 한다(역주).

나님을 불러 아뢰야 하는 긴급한 이유들이 있을 정도로 우리의 참담함은 심각하다. 그러나 술에 취하고, 부유하며, 안전하다고 생각하고 쾌락을 추구하는 자들은 사정이 이와 같다는 것을 눈치채지 못한다.

철학자들도 어려움 가운데서 참아내는 덕을 높이 칭찬했다. 자연적 이성 (natural reason)은 사람이 강하고 확고해서 슬픔과 유혹이 그로 하여금 이성에 반하여 행동하고, 그래서 (카토나 안토니우스처럼) 자신을 해하거나 다른 많은 이들을 해하게끔 해서는 안된다고 가르친다.

그러나 기독교적 인내는 훨씬 높은 덕이며, 우리가 인내하지 못함이 어떤 악을 가져오는가를 생각해 보면 우리는 이를 바르게 이해할 수 있을 것이다.

첫째로, 악마가 인내하지 못하도록 부추겨서 육체에로 달려가거나 하나님께 대항하여 분노하고 불평하도록 하는 이들은 믿음과 하나님께 대한 순종을 다 떠나도록 하는 것이다. (이는 참으로 무시무시한 일이 아닐 수 없다). 인내하지 못하고 화를 내며 분을 내는 마음은 하나님이 그들에게 주목하지 않으시며, 기도할 필요나, 위로와 도움을 기다리고 기대할 필요가 없다고 생각한다. 참으로 큰 유혹 가운데서 그런 마음은 조급하게 신성모독의 죄를 범하고, 의기소침해지고, 하나님의 명령에 반해서 인간의 위로와 도움을 추구하게 된다. 마치 사울 왕이 신접한 여인을 찾아갔듯이 말이다. 하나님을 향한 계명들에 반하는 그런 무시무시한 중죄(重罪)는 바로 인내하지 못함에서 나오는 것이다. 조금만 더 참으면 상당한 선을 이루는 경우가 많은 것이다.

그러나 참지 못하면, 또한 두번째 돌판에 반하여서 이웃을 미워하고 시기하며, 그들에게 독한 마음을 품고, 해하게 하는 일이 발생하니, 그것은 또한 성냄과 폭력과 죽음과 복수를 낳게 한다. 그리고 역사가 보여 주듯이, 이로부터 분열과 싸움과 투쟁과 전쟁, 반란, 폭동, 피흘림, 혼란과 참담함과 슬픔이 나오는 일이 많이 있다. 예를 들어서 코리올라누스(Coriolanus)는 원수를 갚기 위해서 자기 나라를 침략했었다. 그러나 스키피오(Scipio)는 더 가치있게, 그리고 더 군주적인 정신을 가지고 행동했다.[5] 즉 그는 몇몇

민중선동가들을 비웃었고, 민중의 눈을 피하여 도시 밖으로 나아가서 그 적들로 하여금 큰 적대감의 여지를 허락하지 않았던 것이다. 그는 힘을 써서 자신을 보호하고 복수할 수 있었다. 그러나 그는 정부의 유익을 위해서 자신의 손상과 부담을 제쳐두었던 것이다. 그러므로 스키피오는 마리우스(Marius)나 다른 스스로 원수를 갚고 많은 해를 일으킨 사람들보다 더 가치있게 행동했다고 할 수 있다.

트라시불루스(Thrasibulus)는 아테네에서 공동체에서 승리한 사람들은 그들이 어려움을 겪어야만 했을 때 견뎌야만 했던 것을 잊어버리고서, 공공의 유익을 위하여 부가적인 요구를 하지 말아야 한다는 법을 만든 일이 있다. 이것은 가치있고, 군주다운 생각이었다. 그러나 마리우스는 그가 로마에 돌아왔을 때 그의 반대편 지도자들을 모두 무자비하게 처형하고 억압하였고, 그리하여 상당한 어려움이 뒤따라왔다. 이처럼 강한 성향과 참지 못함은 끝없는 치명적 손상들을 일으킨다. 많은 이들이 참지 못하기 때문에 자살하는 것이다.

기독교적 인내는 아주 필수적인 것이다. 첫째로, 우리는 불순종 가운데서 하나님께 저항하는 데로 떨어져서는 안 되고, 오히려 참된 믿음 가운데서 굳건히 서야만 하기 때문이다. 둘째로 이렇게 인내함으로써 교회와 정부 안에서의 평화와 일치가 유지될 수 있다. 그리고 그렇게 할 때에 우리의 마음도 더 큰 만족을 얻는다. 그래서 성령은 사도들을 통해서 인내할 것을 권면하곤 하였다. 골로새서 3:15에서 사도 바울이 이렇게 말하듯이 말이다: "그리스도의 평강이 너희 마음을 주장하게 하라." 즉, 우리가 하나

---

5) Publius Cornelius Scipio Africanus the Elder (237-183 B.C)는 Scipio the Younger를 입양에 의한 손자로 둔, 202년에 자마(Zama)에서 한니발(Hannibal)을 물리쳤던 유명한 로마의 장군이었다. 헬레니즘에 대한 그의 옹호, 정복한 카르타고에 대한 관대함, 그 문화를 파괴하지 않으려고 한 것 등은 로마에서 그의 정적들과의 불화를 일으켰다. 그래서 그는 수년 동안 공적인 삶에 참여하지 않고 여생을 보내다가 캄파니아(Campania) 해안에서 그의 생을 마쳤다. 젊은 스키피오(Scipio the Younger)에 대한 설명을 위해서는 제5장의 주 9를 참조하라(영역자 주).

님께 순종해야 하며, 그에게서 도움과 위로를 기대해야 하는 신앙을 마음에 가지라는 말이다. 만일 우리가 인내함으로 기다린다면, 우리는 봉기나 전쟁을 준비하지 않을 것이다.

따라서 이사야 30:15은 "너희가 돌이켜 안연히 처하여야 구원을 얻을 것이요, 잠잠하고 신뢰하여야 힘을 얻을 것이라"고 말한다. 즉, 하나님께서는 인내하는 자, 하나님으로부터의 도움과 위로를 기다리는 자, 화를 내거나 하나님을 향해 불평하지 않는 자, 그의 조바심 가운데서 문제를 일으키지 않는 자, 하나님께서 금하신 도움을 찾지 않는 자, 인간적 보복의 위로를 추구하지 않는 자를 도우신다는 말이다. 시편 4:4은 "너희는 분을 내어도 범죄치 말지어다"고 가르친다.

그렇기에 우리는 어려움을 인내하며 견디도록 해야 하며, 그렇게 함으로써 믿음을 단련하고, 우리의 뜨거운 감정이 원수 갚기를 요구할 때에도 분노와 참지 못함 가운데서 성급하게 행동하지 않도록 해야 한다. 이런 때에 우리 자신의 유익이나 영광을 구하지 않고, 교회와 민족과 백성들과 그들의 복지를 생각하는 것은 아주 높고 고귀한 기독교적인 덕이다. 그런 덕이 발휘되면 원수 갚으려는 욕망으로 인한 많은 문제가 미리 제거될 수 있는 것이다.

제 33 장

기도에 대하여

"기도"라는 말을 하면 우리는 본능적으로 하나님을 불러 아뢰고 (invocation), 감사하는 것을 생각하게 된다. 그래서 우리는 기독교적 기도를 이 두 부분으로 나누어 생각할 것이다. 기원(invocation)은 진지하게 하나님께 무엇인가를 구하는 것이고, 감사(thanksgiving)는 하나님께서 반복적으로 위로와 도움을 주시는 것에 대해서 그것을 인정하고 찬양하며 영광돌리고, 높이는 것과 그런 것에 대해 즐거움을 느끼는 것을 의미한다.

성경에서는 이 두 부분이 자주 함께 나타난다. 시편 50:15: "환난 중에 나를 부르라 … 네가 나를 영화롭게 하리라." 빌 4:6의 사도 바울: "기도와 간구로 너희 구할 것을 감사함으로 하나님께 아뢰라." 그러나 먼저 간구, 또는 기원에 대해서 무엇인가를 말하기로 할 것이다.

우리는 기독교적 기도의 다섯 부분을 생각해야 한다. 첫째는 우리의 기도의 대상이신 하나님이시요, 둘째는 기도하라는 하나님의 명령이고, 셋째는 기도에 대한 하나님의 약속이고, 넷째는 믿음으로 그 약속들을 이해하는 것이고, 다섯째는 하나님 앞에 나아가는 일의 필요성이다.

첫째로, 우리는 우리가 기도하는 것을 생각하고, 주 그리스도를 통해서와 그의 말씀과 이적으로 당신을 계시하신 참되신 하나님을 생각함으로써 우리의 기도를 이교도들의 기도와 구별해야만 한다.

둘째, 하나님께서 우리에게 그에게 불러 아뢰라고 하셨으므로 우리는 하나님의 명령을 생각해야만 한다. 하나님께서는 우리에게 살인하는 것, 간음하는 것, 그리고 도적질하는 것만이 죄가 아니라, 기도하지 않는 것, 위로를 기다리지 않는 것, 수많은 축복에 대해서 감사하지 않는 것, 그리고 그에게 그가 요구하시는 경배를 드리지 않는 것도 큰 죄라고 말씀하신다.

그러므로 우리는 우리 연약성을 계속 유지하고, 하나님의 명령에 반하여 우리의 불신을 유지하려고 해서는 안 된다. 비록 우리가 아담의 타락 이후에는 모두, 하나님께서 우리에게 주의를 기울이시며, 기도를 들으시는가에 대한 회의와 불신을 가지고 태어나지만 말이다. 계속해서 회의 중에 있고, 하나님의 선하심을 믿지 않는 이는 기도할 수 없다. 왜냐하면 "내 기도는 소용이 없다"고 생각하는 한, 기도는 있을 수 없기 때문이다. 마음 속의 이런 어두움과 암매는 사람들이 하나님에게서 피난처 찾는 것을 불가능하게 한다.

그렇기에 우리는 하나님의 명령을 기억하고 우리 스스로에게 다음과 같이 말해야만 한다: "우리는 참으로 하나님의 명령에 순종해야만 한다. 하나님께서는 명령하셨고, 필요한 때에 그를 불러 아뢰라고 하셨는데, 그는 쓸데없이 명령을 내리신 것이 아니다. 그는 분명히 그의 말씀에 순종하여 기도하는 이의 기도를 들으시고, 기도하지 않는 이들은 벌하실 것이다. 나는 하나님을 영예롭게 해야 한다. 나는 그의 명령을 비웃거나 가볍게 여겨서 바람에 날아가도록 해서는 안 된다."

우리는 또한 우리 자신의 무자격에도 불구하고 하나님의 이런 명령을 유념해야 한다. 왜냐하면 어떤 이들은 완전히 불경건하지는 않을지라도 다음과 같이 생각할 수 있기 때문이다: "하나님께서 어떤 이들의 기도를 호의를 가지고 들으시지만, 나의 기도는 듣지 않으실 것이다. 나는 죄인이요, 무가치하다고 여겨지기 때문이다." 그런 생각은 우리를 뒤로 물러가게 한다. 우리의 무자격 때문에 우리는 하나님에게서 무서워하며 물러가는 것이다. 그러나 우리는 우리에 대한 하나님의 명령을 순종해야만 한다. 왜냐하면 도적질하지 말라, 살인하지 말라는 등의 하나님의 명령을 순종할 자격이 없다고 논의하는 것은 아주 어리석은 것이 되겠기 때문이다. 이것은 마치 그 군주에 의해서 날마다 어떤 일을 행하라는 명령을 받은 봉신(vassal)이 다음과 같이 말하며 핑계를 대는 것과 같을 것이다. "나는 당신의 명령을 순종할 자격이 없습니다 … " 우리는 기도해도 좋고, 기도하지 않아도 좋은 것이 아니다. 우리는 반드시 기도해야만 하는 것이다. 우리는 우리가 자격이 있네, 없네 하는 생각을 하지 말고, 하나님께서 기도하라고 명령하셨음을 생각해야 한다.

여기서 하나님께서 기도하라고 명령하신 몇몇 성경 구절들을 생각하기로 하자: 마 7:7: "구하라, 그러면 주실 것이요, 찾으라 찾아질 것이니." 여기에 주 그리스도께서는 "구하는 이마다 얻을 것이요 … "라는 말씀을 덧붙이신다. 누가복음 18장에서 주께서는 항상 기도하고 낙심하지 말아야 하는 것에 대한 비유를 말씀하여 주신다. 또 마 26:41: "시험에 들지 않게 깨어 있어 기도하라." 딤전 2:1: "그러므로 내가 첫째로 구하노니, 모든 사람을 위하여 간구와 기도와 도고(禱告, intercessions)와 감사를 하되." 살전 5:17f.: "항상 기뻐하라, 쉬지 말고 기도하라, 범사에 감사하라. 이는 그리스도 예수 안에서 너희를 향하신 하나님의 뜻이니라." 시편 50:15: "환난 날에 나를 부르라." 이런 구절들은 십계명의 두번째 계명에 속하는 것이니, 신실한 기독교적 기도는 가장 거룩한 하나님 섬김(the holiest divine service)이기 때문이다.

셋째로, 우리는 하나님께서 우리가 기도하면 들으시고, 우리의 기도가 헛되지 않으리라고 분명히 말씀하시는 하나님의 약속을 존중해야만 한다. 이와 같은 약속은 성경 가운데서 자주 반복되고 있다. 요 16:23: "내가 진실로 진실로 너희에게 이르노니, 너희가 무엇이든지 아버지께 구하는 것은 내 이름으로 주시리라." 눅 11:13: "하물며 너희 천부께서 구하는 자에게 성령을 주시지 않겠느냐?" "시편 50:15: "환난 날에 나를 부르라. 내가 너를 구원하리니 네가 나를 영화롭게 하리라."

하나님의 선하심과 자비는 이처럼 아주 크다. 즉, 하나님께서는 우리에게 명령만 하신 것이 아니라, 그의 아버지다운 선하심과 은혜스러우신 약속으로 우리로 기도하게끔 하는 유인도 주셨다. 만일 우리가 성부의 마음에 있는 이 지고한 사랑과 비교해서 우리 자신의 마음을 들여다 본다면, 우리는 우리의 마음이 그 어떤 돌이나 철이나 다이아몬드보다 더 강하여, 우리는 하나님의 진지한 명령에 순종하지 않을 정도로 은혜스러운 약속들을 참으로 볼 수 없고, 우리의 마음은 너무 차갑고, 썩어 있고, 게으르고, 음울해서 간구하지도 기도할 수도 없다는 것을 고백하지 않을 수 없는 것이다.

그러므로 다음과 같은 타울러(Tauler)의 말은 아주 옳은 것이다: "우리가 갖기를 참으로 원할 때, 하나님은 천배나 더, 그리고 수로 셀 수 없을 정도로 더 진지하게 주기를 원하시고, 주실 준비를 갖추고 계신다. 왜냐하면 그는 참으로 하나님이시기를 원하시며 자신의 약속을 지키기 원하시기 때문이다.[1]

넷째로, 참된 기도엔 **신앙**도 속한다. 왜냐하면 우리는 **그리스도**에 대한 신앙을 통해서만 하나님과 화목되기 때문이다. 이 그리스도를 통한 화목이 없으면, 우리의 연약성은 너무 커서 우리가 하나님께 간구하고 기도할 때에 하나님께서 죄인들의 기도를 듣지 않으신다는 생각을 먼저하게 되는 것이다. 그러므로, 우리는 그리스도를 통하여 우리가 화목되었으며 하나님 앞에서 의롭다 함을 얻었음을 기억해야만 한다. 만일 우리가 회개하고 죄를 인정하며, 그리스도를 통하여 우리의 죄가 용서되었다고 선언하고 복음을 믿는다면, 우리는 하나님이 은혜로우시며, 우리의 죄가 용서받았다는 지식 가운데 분명히 서게 될 것이다. 우리가 여전히 죄를 경험하고 우리 안에 악한 성향들을 발견하더라도 말이다.

---

1) 이것은 1498년 Leipzig에서 처음 출판된 타울러의 설교들의 공통된 사상이었다. 비평적인 본문을 찾아보려면 *Deutsche Texte des Mittelalters*, XI, *Johann Taulers Predigten*, F. Vetter, ed. (Berlin, 1906). Cf. 설교 83(영역자 주).

그러므로 그리스도께서는 "내가 진실로 진실로 너희에게 이르노니, 너희
가 무엇이든지 아버지께 구하는 것을 내 이름으로 주시리라"고 하신다. 이
것은 마치 그가 다음과 같이 말하는 것과 같다: "너희는 너희 자신의 정결
함과 가치를 가지고서는 나의 아버지 하나님 앞에 설 수 없다. 너희는 중
보자와 대제사장이 필요하다. 그러므로 나에게 피하라. 그리고 너희가 내
덕분에 하나님께 기쁨이 됨을 의심하지 말아라."

우리는 하나님의 약속들을 그리스도 자신에게 주신 약속들로 생각해야
만 하고, 하나님께서 분명히 그의 아들 그리스도를 들으실 것임을 확신해
야 한다. 이것은 우리의 무가치함, 자격 없음에 대한 참되고, 든든한 하나
님의 위로이다. 그렇기에 우리는 우리의 기도 중에 "우리 주 예수 그리스
도를 통하여"라는 말을 포함시켜야 하는 것이다.

참된 기독교적 기도가 있으려면 먼저 그리스도에 대한 신앙이 있어야만
한다. 즉, 그리스도를 통하여 칭의를 받고, 죄 용서를 받고, 우리의 기도가
그리스도 덕에 하나님께 기쁨이 됨을 알아야만 하는 것이다. 만일 신앙이
있다면 우리는 확신을 가지고 하나님께서 약속하시는 도움과 위로를 기다
릴 수 있다.

하나님께서는 그가 분명히 우리를 받아주시며, 우리 죄를 용서하시고,
영생을 주시겠다고 말씀하셔서 복음 가운데서 당신의 뜻을 분명히 표하셨
으므로, 우리는 그런 것이 확실하다고 결론내리고 회의를 극복하고서, "만
일 당신이 원하시면", 그리고 "내가 가치가 있다면"이라는 말로 이 확신을
낮추지 않도록 해야 한다. 물론 우리는 무가치하고 자격이 없다. 그러나 중
보자 덕분에 우리는 은혜로 받아들여졌고, 하나님께서는 맹세하시기를 "내
가 나의 삶을 두고 맹세하노니, 나는 악한 자들이 죽는 것을 기뻐하지 아
니 하노라"고 하셨음을 믿는 것이다.

여기서 하나님의 영원하신 통찰(eternal divine foresight)에 대하여 논
박하는 것은 불필요하니, 우리는 약속을 믿어야 한다는 하나님의 명령과
그 약속에 반하는 생각을 상상하거나, 하나님의 뜻에 대해서 판단하지 말
아야 한다는 명령을 가지고 있기 때문이다. 또한 우리는 하나님의 말씀 밖

에서, 또는 말씀 없이 하나님의 뜻을 찾으려고 해서는 안 된다. 그리고 나는 이미 하나님의 약속들은 몇몇 사람에게만이 아니라, 모두에게 은혜를 제공한다고 말한 바 있다.

하나님을 섬긴다는 것 때문에 물리적인 위험을 당해야만 하는 때에 환난을 당한다는 것은 하나님을 순종하는 것이다. 그리고 하나님께서는 그런 순종을 요구하시고, 그의 때에 우리에게 위로를 주시고 도움을 주시기 원하신다는 것을 알아야만 한다. 모든 기도 가운데는 **일반적인 믿음** (*generalis fides*), 즉 그리스도를 통해서 우리의 죄가 사해진다는 일반적인 믿음, 그리고 **그리스도 덕분**에 우리 기도를 하나님께서 들으시며, 하나님께 기쁨이 된다는 믿음, 그리고 우리의 기도가 헛된 것이 아니어서 이를 통해서 우리가 환난과 어려움에서 구원받고, 그 어려움의 경감을 경험할 수 있다는 그런 일반적 믿음이 있어야만 한다. 그리고 그 어떤 인간적 조건에 근거하지 않는 이 믿음은 항상 우리 마음에 평화를 가져다 준다.

그러나 믿음 가운데서 우리가 특별한 짐에서 건짐받기를 기원하면, 우리는 도움과 구조를 기대해야 한다. 그러나 다음과 같은 말을 덧붙이기는 해야 한다: "하나님께서 원하시면," "만일 하나님께서 복주시기를 원하시면" 등의 말을 말이다. 그러므로 우리는 순종하려는 의지를 준비해야 하며, 동시에 구조를 기대해야 한다. 그러나 "만일 하나님이 원하시면"이란 생각을 잊어서는 안 되는 것이다.

다윗은 압살롬이 빼앗은 그 왕국을 다시 얻도록 하나님께서 도와주시기를 기도할 때에 다음과 같이 기도한다: "만일 내가 여호와 앞에서 은혜를 얻으면, 도로 나를 인도하사 내가 그 궤와 그 계신 데를 보이시리라. 그러나 저가 말씀하시기를 내가 너를 기뻐하지 아니한다 하시면 종이 여기 있사오니, 선히 여기시는 대로 내게 행하시옵소서 하리라"(삼하 15:25-26). 복음서에서 문둥병자는 "주여, 원하시면, 나를 깨끗게 하실 수 있나이다" (마 8:2; 막 1:40; 눅 5:12)고 말한다. 그리고 그리스도께서는 "아버지여, 원하시면 이 잔을 내게서 지나가게 하옵소서"라고 하셨었다(마 26:39). 사도 바울은 로마서 8:26에서 "우리가 마땅히 빌 바를 알지 못하나"라고 말한다. 즉, 우리의 연약한 육체는 불안하고 어려울 때에 구조해 주시기를 바라고, 그 어려움을 그대로 받아들여 순종하지 않으려고 한다. 그러나 성령께서 우리를 다시 인도하셔서 하나님께 순종하게 하시며 인내하게 하시는 것이다. 그리스도께서도 구조를 기도하기도 했었으나, 하나님의 뜻에 대항해서 저항하지 않고, 하나님과 그의 거룩하신 뜻을 신뢰했던 것이다.

이런 기도와 신앙의 몇몇 뛰어난 예들이 있다. 마태복음 15장의 가나안 여인의 예와 마태복음 8장의 가버나움 백부장의 예가 그러하다. 그들은 그리스도께서 도와주실 것인지에 대해서 사변하지 아니하고 그들의 마음 가운데서 확신을 가지고 다음과 같이 결론을 내린다: "만일 내가 그리스도께 가면, 그는 나를 도와주실 것이다." 여기 이 신앙은 아주 강하고 크며, 마음의 바람은 아주 강렬하고, 그 간구는 강력하여 반드시 반응을 얻고야 만다. 그리스도께서는 다음과 같은 말로써 이런 강한 신앙에 대해서 말씀하신다. "믿음을 가지고 이 산을 들어서 바다에 던지우라 하여도 … "(마 17:20; 21:21; 막 11:23 참조).

이런 것들은 개별적이고 아주 특별한 예들이다. 이에 대해서는 (마르틴 루터 박사가 말씀하듯이) 설교나 가르침 가운데서 말할 수 있는 것이 적다. 다음과 같이 가르치는 것으로 충분할 것이다. 즉 아무런 합리화 없이 믿음은, 우리의 기도가 그리스도 덕분에 하나님을 기쁘시게 하며, 따라서 우리의 모든 물리적 필요가 다 제거되지 않는 한이 있어도 적어도 경감은 있다고 결론을 내려야만 한다. 그러나 우리는 우리가 처한 물리적인 필요를 구체적으로 언급해야만 한다. 그것이 전쟁이든지, 기아든지, 병이든지, 또는 자녀들이 고통받는 것이든지를 막론하고 말이다. 하나님께서는 온갖 필요를 다 사용하셔서 우리의 믿음을 증시하기를 원하시며, 그래서 우리가 그에게 아뢰기를 배울 수 있도록 하시기 때문이다. 하나님께서 왜 성도들에게도 어려움을 주시는가 하는 그 주된 이유는 그들이 위험과 필요 가운데서 위로와 도움을 얻을 때 그들이 하나님이 자신의 교회에 대해 멀리 계신 것이 아니라, 가까이 계심을 주목할 수 있도록 하기 위함이다. 예레미야가 말하듯이 말이다.

그러므로 기독교인의 마음은 하나님의 뜻을 인내하며 받기를 준비해야만 한다. 왜냐하면 이것이 참으로 옛 사람을 죽이는 것이며, 하나님께서 도우시리라는 것을 의심하지 아니하고 믿음을 통해서 확고히 서는 것이기 때문이다. 구체적으로 무엇인가를 구할 때에 우리는 그것이 하나님의 뜻이면 이루어 달라는 말을 덧붙여야 하지만, 그러나 그것이 확신을 가지지 않는 것이 아니며, 오히려 믿음과 겸손 가운데서 기다리고 끝까지 견디면서 우리의 눈을 하나님의 약속에서 떼지 않는 태도를 가지는 것이다. 그리스도께서는 마 8:13에서 백부장에게 "믿음대로 될지어다"고 하신다. 또한 회당장에게도 그의 딸이 다시 살리라고 믿으라고 명하신다.

이런 예들이 제시된 이유는 우리가 온전한 신뢰와 강한 믿음을 가지고 기도할 수 있기 위해서이며, 그리하여 그런 간구와 기도를 통해서 믿음이 행사될 수 있도록 하기 위해서이다. 이런 기도 가운데서 우리의 순종은 우리가 하나님의 뜻에 의존하는 것이며, 우리를 도우시고 구하시는 것에 대해 하나님께 시공간의 제약을 드리지 않는 것이다. 사도 바울이 에베소서 3:20에서 말한 바와 같이: "우리 가운데서 역사하시는 능력대로 우리의 온갖 구하는 것이나 생각하는 것에 더 넘치도록 능히 하실 이"가 하나님이시라고 인정하는 것이다. 우리는 하나님께서 당신의 신적인 지혜에 따라서 우리의 모든 생각 이상으로 놀랍고도 은혜스럽게 하실 수 있음을 알아야만 한다. 주 하나님께서는 자신의 성도들을 놀랍고도 신기한 방식으로 인도하신다. 그래서 그들은, 사도 바울이 말하듯이 하나님의 뜻을 인정하고, 자신들을 신뢰하지 않고, 하나님의 부르심에 따라서 하나님께 순종하며, 하나님이 다스리시고, 인도하시며, 도우시고, 보수하시기를 기다릴 수 있는 것이다. 하나님께서는 아브라함, 이삭, 야곱, 모세와 다윗을 이와같이 인도하셨다.

그리고 하나님께서는 이 땅 위에 있는 그의 자녀들과 거룩한 교회를 놀랍게 인도하시며 이끄시되, 사람들의 생각 이상으로 하심을 알도록 하기 원하신다. 시편 4:3이 말하듯이 말이다: "여호와께서 그의 성도들을 놀랍게 인도하시는 줄을 알지어다."[2] 즉, 하나님께서는 그의 성도들을 인간의 경륜과 뜻에 따라서가 아니라, 하나님의 경륜과 뜻에 따라서 도우신다는 것이다. 사도 바울도 고린도전서 10:13에서 이렇게 말한다: "오직 하나님은 미쁘사 너희가 감당치 못할 시험 당함을 허락치 아니하시고, 시험 당할 즈음에 또한 피할 길을 내사 너희로 능히 감당하게 하시느니라."

그러므로 우리는 기도하기를 꺼리거나 피하려고 해서는 안 된다고 바울은 말한다. 비록 우리가 구하는 바를 곧바로 얻지 못한다고 해도 우리는 쉬지 말아야 한다. 그리스도께서 악한 재판관과 과부에 대한 비유 가운데서 가르쳐 주신 대로 말이다.

다섯째로, 기독교적 기도에서 우리는 하나님 앞에 엎드려서 우리가 바라는 바를 진지하게 구해야 한다. 쓸데없는 횡설수설이나 그저 공기를 울리며 주절대는 것은 기독교적인 기도가 아니다. 기도는 우리가 하나님을 우리의 주와 아버지로 인정하며, 그가 자비로우시고 은혜로우시며, 우리를 돌아보시고 받아주시며, 그저 하늘에 무료히 앉아 계시는 것이 아니고, 이 땅 위에 있는 자신의 교회에 풍성한 은사와 풍부한 위로를 값없이, 또 분명히 내려주시는 분이심을 드러내는 기독교적인 하나님 섬김(a divine sevice)의 하나이다. 그렇기에 우리는 하나님께 구하며, 우리의 필요를 그 앞에 아뢰고, 그의 은사에 대해서 감사를 드려야 한다. 하나님께서는 그렇게 인정되기를 원하신다. 즉, 영예와 영광을 그의 이름에 돌리기를 원하시는 것이다. 마리아의 노래에 짧은 말로 이런 것이 언급되었다: "그는 … 주리는 자를 좋은 것으로 배불리셨으며"(눅 1:46-55). 주 그리스도께서도 마 7장에서 이렇게 말씀하신다: "구하라, 그리하면 너희에게 주실 것이요, 찾으라 그리하면 찾을 것이요, 문을 두드리라, 그리하면 너희에게 열릴 것이니라." 선지자들과 사도들의 성경은 우리가 영적인 것과 물질적인 것 모두를 구해야 한다고 분명히 가르치고 있다.

---

2) 여기서 Melanchthon은 자기 식으로 이 구절을 말하고 있음에 유념해야 한다. 본래는 개역처럼 "선택하신 줄을" 또는 N.I.V. 처럼 "구별하신 줄을"이라는 말이다(역주).

그러므로 우리는 물질적인 것은 구할 필요가 없다고 하는 무지한 위선자들이 가르친 생각을 버려야만 한다. 하나님께서는 정부의 유익을 위해서, 좋은 기후를 위해서, 그리고 풍성한 수확을 위해서 기도하기를 원하신다. 그러므로 우리는 몸과 영혼의 모든 위험을 생각해야 하고, 그 중에서 하나님께서 보호해 주시고 우리의 피난처가 되어 주시기를 기도해야 한다. 베드로전서 5:8에서 사도 베드로는 이렇게 말한다: "근신하라 깨어라 너희 대적 마귀가 우는 사자같이 두루 다니며 삼킬 자를 찾나니."

악마에게는 큰 힘과 능력과 굉장한 궤계가 있다. 악마는 이것들을 사용해서 거짓 교리와 오류와 이단과 독으로 우리를 유혹하고 오도하기를 원한다. 그는 불신으로 우리의 마음을 사로잡고, 거짓된 안전으로 우리의 눈을 멀게 한다. 그는 거룩한 외양과 거짓된 예배와 위선과 거짓들로 우리를 속이는 것이다. 그는 우리를 압박하고, 어려움과 슬픔과 조급함을 일으키고, 때때로는 천박한 이유 때문에 그러하다. 그래서 우리를 참담함 가운데 몰아넣는 것이다. 인간의 생각과 말은 그렇게 악독하고, 독으로 가득 차 있으며, 하나님과 그리스도와 그의 교회에 대해 화를 내는 그런 영을, 또 그의 힘과 궤계가 얼마나 간악한지를 묘사할 수 없다. 왜냐하면 그는 끊임없이 기독교회를 해하려고 하기 때문이다. 특히 우리가 연약하고, 게으르고 나태할 때에 그리한다.

그러므로 우리는 우리가 얼마나 많은 참상과 슬픔과 비참함과 불안과 위험과 문제를 가지고 있는지를 열심히 유념해야만 한다. 얼마나 많은 이상하고, 잔혹하며, 무시무시한 일을 당하는지를, 그리고 얼마나 많은 병과 가난과 살인과 전쟁과 불행이 이 땅에 있는 이 인생들에게 찾아올 수 있는지를 말이다.

그래서 우리는 우리 자신의 필요를 위해서만이 아니라 전체 교회의 필요를 위해서 기도해야만 한다. 사도들은 우리에게 이단들과 부패와 악마의 그런 모독들로부터 교회를 보호해 주셔서, 많은 사람들이 유지되고 복음에로 올 수 있기를 위해 하나님께 구하라고 권한다. 또한 디모데전서 2장에서 사도는 이 세상의 권위자들과 정부를 위해서 기도하라고 한다. 우리는 하나님께 선한 통치와 예배와 영예와 치리를 유지하도록 보편적 평강을 주시기를 구해야 하고, 하나님께서 우리에게 먹을 것과 다른 물질적 은사를 주시기를 기도해야 한다. 이 모든 것이 주께서 가르치신 기도에 포함되어 있다.

주께서 가르치신 기도에 대한 짧은 설명

하늘에 계신 우리 아버지여!

즉, 참으로 주님의 교회와 주님의 자녀들에게 가까이 계셔서, 그들을 보시며, 그들의 기도를 들으시는 영원하신 아버지시여!

I. 이름이 거룩히 여김을 받으시오며

즉, 사람들로 하여금 주님을 참으로 살아계신 하나님과 아버지로 알 수 있도록 하옵소서. 주님의 말씀이 순수하게 선포되어서 그것을 통해서 하나님의 영광이 바르게, 그리고 참되게 알려지게 하옵소서. 그리고 사람들이 믿음 가운데서 주님을 인정하기를 배울 수 있도록, 그리고 필요한 때에 주님께 기도할 수 있도록, 그리고 성령과 진리 안에서 주님을 바르게 섬길 수 있도록 하여 주옵소서.

이렇게 주께서 가르치신 기도의 첫 기원은 십계명 가운데 가장 첫째이며, 가장 중요한 명령에 관한 것이다. 왜냐하면 우리는 하나님의 영광과 순수한 기독교 교리가 유지되며, 교회가 항상 제대로 될 수 있기를 위해 기도하기 때문이다. 여기서 "이름"은 하나님에 대한 참된 지식을 의미한다.

II. 나라가 임하옵시며!

즉, 우리를 주님의 성령으로 밝히시며, 다스려 주옵소서. 그리하여 우리가 주님의 말씀을 참으로 믿게 하옵소서 주님의 나라를 우리 가운데서 시작하시어 우리가 영생과 그 풍성함의 상속자들이 될 수 있게 하옵소서.

이처럼 둘째 기원은 하나님께서 우리를 다스리시고 우리를 인도하시는

'복음의 열매'에 대해서 말한다.

III. 뜻이 하늘에서 이룬 것 같이 땅에서도 이루어지이다.

즉, 이 땅의 모든 사람들이 하나님께 순종하게 하옵시며, 참된 목자들과 감독들과 왕들과 군주들과 영주들과 모든 권위자들과 교사들과 설교자들, 그리고 모든 신민들과 종들이 열심히, 그리고 신실하게 자신들의 직무를 수행하게 하옵시며 하나님께 순종하게 하옵시고, 하나님을 기쁘시게 하는 길로 행하게 하옵소서. 마치 하늘의 천사들이 하나님을 기쁘시게 하며 주님께 순종하듯이 말입니다.

이 셋째 기원은 모든 영적인 것들이 하나님의 영광과 사람들의 구원을 위해 유용하게 되는 것을 포함한다. 그리고 여기에 물리적 은사에 대한 기원이 뒤따르는 것이다.

IV. 오늘날 우리에게 일용할 양식을 주옵시며

즉, 우리에게 양식을 주시고, 열심있는 하나님을 경외하는 권위자들을 통하여서 현세적 평강을 허락하시며, 우리의 피난처가 되시며, 우리를 보호하시고, 행복과 정부의 융성과 젊은이들 사이에서의 바른 도덕과 현세의 모든 일에서의 복지를 허락하여 주옵소서.

V. 우리가 우리에게 죄지은 자를 사하여 준 것 같이 우리 죄를 사하여 주옵시며

이 기원은 다음과 같은 믿음이 모든 기도 가운데 있어야함을 시사해 준다. 즉, 그리스도를 통해서 우리가 죄 용서를 받았다는 믿음 말이다. 그리스도를 우리의 대제사장과 중보자로 붙드는 우리에게는 그 모든 죄가 사해진 것이다. 그러므로 우리는 그리스도를 통해서 아버지께 나아감을, 그리고 그리스도 덕분에 아버지께서 우리를 들어주심을 안다.

이 기원에서 거룩한 기독교 교회 전체와 모든 성도들은 그들이 여전히 그 안에 죄를 가지고 있음을 인정하는 것이다. 그러나 여기에는 또 위로도 있으니, 그리스도께서 친히 죄 용서를 구하라고 했으므로, 그가 우리를 용서하시리라는 것에 의심의 여지가 없는 것이다.

"우리가 우리에게 죄지은 자를 사하여 준 것 같이"란 말이 있으나, 그리스도께서는 우리가 용서했기 때문에 우리가 용서받은 것이라고는 말씀하지 않으신다. 우리가 하는 용서는 용서받은 후에 당연히 따라나와야 하는 순종이다. 그러나 이것이 여기 포함된 것은 우리가 하는 용서가 하나님께서 이미 우리의 죄를 용서하셨으며, 또 용서하실 것이라는 것을 상기시키는 것이 되기 때문이기도 하다.

Ⅵ. 시험에 들지 말게 하옵시고

즉, 사랑하시는 아버지여! 어려운 시험 때문에 우리가 망하지 않도록, 우리를 보호하시고 수호해 주옵소서. 악마의 냉혹하고 무서운 계략 앞에서 우리가 오류와 미혹과 슬픔과 불신에 빠지지 않도록, 그래서 하나님의 은혜와 선하심에 대해 절망하지 않도록 하여 주옵소서.

Ⅶ. 다만 악에서 구하옵소서. 아멘!

이것이 모든 기원에 대한 일반적인 결론이다. 이는 우리를 모든 연약함과 죄, 참상과 이 삶의 비참함에서 구조해 주시기를 구하는 것이다. 짧게 말해서, 이 세상의 삶의 슬픔에서 구원되어서 영원한 의와 영생을 얻게 될 수 있기를 위해 기도하고 "아멘"이라고 하는 것이다.

주 그리스도께서 우리에게 주신 이 고귀한 기도인 주기도문은 아주 간략한 방식으로 우리가 영적인 것과 물질적인 것 모두를 위해 기도해야 할 것을 가르친다. 그리고 선포의 직임과 보편적 교회와 정부와 보편적 평강과 현세와 내세의 필요를 위해 기도할 것을 가르치는 것이다.

우리가 이 고귀한 기도를 할 때에 우리는 우리의 눈을 뜨고서 악마의 무시무시한 분노만이 아니라, 하나님께서 우리를 유지해 주시는 날마다의 은사와 유익을 볼 수 있어야 한다. 그래서 우리가 기도하기를 신실하게 배우고, 주기도문의 각 기원에 우리의 현세적 필요를 포함시킬 수 있도록 해야 한다. 이와 같은 것이 참으로 기독교적인 신앙을 증시하는 것이며, 하나님께서 받으실 만한 섬김이다.

선지자 스가랴는 그리스도와 복음을 통해서 우리가 가지는 보화를, 그리고 그의 섬김의 성질을 포괄하여, 다음과 같이 말한다: "내가 다윗의 집에 … 은총과 간구하는 영을 부어 주리니"(슥 12:10). 은총의 영은 우리가 그리스도를 통해 얻는 양자의 영이다. 그것은 우리가 은혜로운 하나님을 가지며, 우리가 그를 기쁘게 함을 확신시켜 준다. 선지자는 또한 우리가 하나님 앞에서 어떻게 의롭다 함을 받으며, 무엇이 가장 높고, 고귀하며, 거룩한 섬김인지를 시사해 준다. 왜냐하면 간구하는 심령은 필요한 때에 하나님을 불러 아뢰며, 기쁨으로 그에게 감사를 드리고, 기쁨으로 그의 말씀을 고백하는 것이기 때문이다.

이제까지 우리는 기도와 간구에 대해서 말하였다. 그러나 우리의 기도에는 하나님의 섬김에 대한 감사가 포함되어 있어야만 한다. 우리는 날마다 우리가 다 알지도 못하는 셀 수 없는 은사를 하나님 앞에서 받고 있다. 만일 하나님께서 그의 강력으로 우리를 보호하지 않으신다면 우리는 수많은 위험에 직면할 것이고, 많은 불행을 기대할 수 있을 것이다. 그래서 바울은 "범사에 감사하라"고 말한다(살전 4:18). 또한 고린도후서 1장에서는 하나님께서 보호하시고 유지해 주시는 것에 대해서 감사하기 위해서 기도해야 한다고 말한다. 그는 이런 기도가 그리스도인들이 항상 드려야만 하는 '하나님 섬김'의 하나라고 시사하는 것이다.

제 34 장

교회 안에 있는 인간들의 규례에 대하여

우리는 이제까지 하나님께 대한 참된 지식, 죄의 용서, 믿음, 성령이 우리 마음 가운데서 일으키시는 새로운 순종, 교회, 성례들, 내세의 삶과 이 세상에서의 고난 등 많은 것들을 논의해 왔다.

하나님께서 그의 말씀을 통해 자신의 교회에 계시하신 은밀한 지혜는 철학이나 의학이나 정치 등에서 발견할 수 있는 것과 같은 이성에서 오는 지혜와는 아주 다르다. 그런 이성의 지혜는 칭찬할 만한 것이지만, 우리는 교황주의자나 수도사들이나 재세례파와 같이 그 두 가지를 모두 같이 취급해서는 안 된다.

관습들도 이와 같이 여러 종류가 있다. 어떤 것들은 하나님께서 명령하신 것으로 우리는 그것에 대해서 신법(神法, divine law)과 관련하여 말한 바 있다. 어떤 것들은 이 세상의 일반적 평화와 도덕을 수립하고 유지하기 위한 세속 권세자들을 위한 관습이 있다. 예를 들자면, 도시에서는 무기를 지니고 다녀서는 안 된다는 통치자의 명령과 같은 것이 이에 속한다. 또 어떤 것들은 특별한 날들과 일에 관한 외적인 규범들이니, 예를 들어서 감독이 교회에서 규정한 것이거나 교사가 학생들을 규제하기 위해서 모이는 시간, 수업 시간 등을 정하는 것이 이에 속한다.

이런 인간적 의식들(human ceremonies)은 인간의 관습 가운데서 가장 낮은 것이라고 할 수 있다. 이런 것들은 훈련과 가르침과 인도와 덕(德)을 도입시키는 데에는 도움이 될 수 있지만, 이것들을 얼마나 존중해야 할 것인지에 대해서는 아주 주의해야만 한다. 사람들은 대개 이런 외적인 규칙들을 강조하고, 그들이 타고난 암매 때문에 이런 규칙들을 거룩히 여기고 그것에 공로를 부여한다. 이런 오류 가운데서 사람들은 역사 전체를 통해 어디서나 의식들(ceremonies)을 만들어내고, 그것들을 집적시켰었다.

이교도들은 어떤 때에 초기 조상들이 양이나 소들을 희생 제사로 드리는 것을 보고서는 왜 그렇게 하는지를 이해하지 않고, 그런 일을 자신들도 하게 되었다. 그들이 그 행위 자체가 하나님과 화목케 되는 섬김이 된다고 생각했으며, 그 희생 제사가 더 값질수록 그 행위가 더 거룩하고 공로가 많다고 상상한 것이다. 그래서 큰 군주들은 쓸데없이 수백 마리의 소를 죽여서 제사했으며, 때로는 사람을 희생 제사로 드리는 것이 더 고귀하다고 생각하면서 사람들을 희생 제사로 드리기도 했다.

이런 예들을 볼 때 그리스도인 독자들은, 인간의 맹목이 얼마나 잘못되어 나아가서, 사람들이 만들어낸 외적인 규칙들을 하나님을 섬기는 것이며, 하나님께 화목이 되는 것이라고 생각했는지를 살펴볼 수 있을 것이다. 이로부터 더 많은 오류들과 다툼과 큰 어두움이 나타나게 된다. 이를 시정하기 위해서 우리는 교회 안에서는 어떤 인간적 규례(human precepts)를 어느 정도 지켜야 하는지를 사람들에게 조심스럽게 가르쳐야만 한다.

이 조항은 생명과 재산을 보호하고, 세상 왕국을 유지하기 위해 특별히 고안된 세상 통치와 연관된 계명들에 관한 것이 아니다. 이는 감독들이 명령하고, 관습에 의해서 수립되고, 특별히 거룩한 일이라고 여겨지는 교회의 의식들(church ceremonies)에 관한 것이니, 어떤 때에 어떤 음식을 먹어야 하며, 어떤 옷을 입어야 하는지 하는 문제들에 관한 것이다.

비록 철학자들은 우리가 일반적인 인간의 법에 대해 수라장을 만들고, 감독의 권위에 대한 경멸을 일으키고, 칭찬할 만한 관습을 파괴하며, 뻔뻔스러움과 불만을 일으킨다고 소리치며 반박하지만, 그럼에도 불구하고 하나님을 경외하는 모든 사람들은 사람들의 구원을 위해서 그 안에서 그의 아들 예수 그리스도를 계시하신 복음의 빛이 모든 인간적인 것, 감독의 권위, 또는 평화보다 더 높은 것으로 간주되어야만 한다는 것을 알아야 하고,

분명히 주장해야만 한다.

물론 이 조항을 무례하게 오용(誤用)한 어떤 사람들이 있기는 하다. 그러나 그것이 이 진리를 억압할 이유는 못되는 것이다. 우리는 이 진리를 분명히 하고, 오용을 반박해야만 한다. 이것에 대해 나는 다음 세 가지 규칙을 제시하고자 한다.

첫번째 규칙: 만일 감독들과 세상의 권위자들이 하나님의 명령에 반(反)하는 어떤 것을 행하도록 명한다면, 우리는 하나님의 명령이 더 높다고 생각하고서, 사람의 명령에 순종해서는 안 되는 것이다. 바벨론 왕이 황금 신상에게 절하라고 했을 때, 모든 사람은 그런 우상숭배를 저버리고 참된 신앙을 고백해야만 했던 것이다(단 3장 참조). 또한 대제사장들이 사도들에게 복음을 선포하는 것을 금했을 때, 그들은 오히려 그런 금지를 우습게 여기고, 그리스도께서 그들에게 맡기신 직무를 수행해야 했던 것이다. 사도행전 5:29은 이 규칙을 다음과 같은 말로 제시하고 있다. "사람보다 하나님을 순종하는 것이 마땅하니라."

그러면 이제 죄를 불러일으키는 어떤 감독들의 법(episcopal laws)에 대해서 생각해 보기로 하자. 예를 들어서, 우상숭배적 미사를 지키라든지, 죽은 사람들의 이름을 불러 기도하라는 등의 법칙에 대해서 말이다. 여기엔 또한 사제들이 혼인하는 것을 금하는 독신 제도에 대한 법도 속한다. 대개의 경우에 있어서는 이 독신 제도는 무시무시한 죄를 범하지 않고서는 주장될 수 없는 것이니, 하나님께서는 사람들이 번성하도록 창조하셨기 때문이다. 사도 바울도 이렇게 명령하고 있다: "사통(fornication)을 피하기 위해서 남자마다 자기 아내를 두라"(고전 7:2,9). 성직자든지 일반 신도든지 혼인이 그들에게 필요하다는 것을 발견하게 되면, 그들은 교황의 금지에도 불구하고 반드시 혼인해야만 한다는 것을 알아야 한다.

그런데 하나님의 명령을 순종하려 하지 않는 폭군들은 오히려 순수한 사람들을 핍박하며, 문제를 일으킨다. 그렇지만 하나님의 명령을 따르는 하나님을 경외하는 이들에게 잘못이 있다고 할 수는 없다. 우리가 이런 변화를 일으킴으로써 문제를 야기시켰다고 세상적으로 현명한 철학자들이 불평할 때에는 이를 기억하는 것이 위로가 된다. 하나님의 진리와 질서를 핍박하는 폭군들은 이를 생각해야만 하는 것이다.

두번째 규칙: 명령된 어떤 일들은 그 자체로는 아디아포라(adiaphora), 즉 "본질적인 것이 아닌 것"(nonessentials, indifferent things)이다. 그것은 하나님의 말씀에서 명령되지도 않았고, 금해지지도 않은 고기를 먹는 것, 긴 옷을 입느냐 짧은 옷을 입느냐 등의 문제에 관한 것이다. 이런 외적인 것들이 그 자체로는 비본질적인 것이지만, 거짓된 교사들은 언제나 그것들을 법으로 만들어냄으로써 오류에 찬 상황을 만들어 낸다. 교황주의자들은 다음과 같은 7가지 오류를 범하고 있다.

교황주의자들이 법으로 만든 일곱 가지 오류들

1. 첫번째 오류는 우리가 이런 일을 함으로써 죄 용서를 공로로 얻을 수 있다는 그들의 주장이다. 이것은 믿음과 은혜의 교리를 혼동하는 바리새주의적 부조리이다. 만일 우리가 이런 일들을 통해서 죄 용서를 공로로 얻을 수 있다고 생각한다면, 우리는 주 그리스도에게서 그의 영광을 빼앗는 것이 된다. 이런 비천한 일들에 대한 거짓된 신뢰가 계속된다면, 참된 신앙은 사라지게 된다.

그래서 사도 바울은 아주 진지하게 할례와 유대인들의 다른 의식들을 폐하려고 노력하여서, 믿음이 교회에서 완전히 없어지지 않도록 한 것이다. 왜냐하면 우리는 우리 자신의 공로나 다른 이들의 공로 때문이 아니라, 그리스도 덕분에 은혜로 칭의를 받고, 하나님께서 받아주셨기 때문이다. 사도 바울은 사람들의 규례들로 우리가 복음의 참된 빛을 없애지 않도록 주의하라고 상기시키고 있다. 그러므로 이 바리새주의적 오류가 아주 진지하게 반박되어야만 한다는 것에는 의심의 여지가 없는 것이다.

2. 인간의 규례에 집착하는 두번째 오류는 더 교묘한 것이다. 어떤 이들

은 우리의 비천한 행위를 근거로 죄 용서와 같은 영예를 주장한다는 것은 너무 지나친 것임을 너무나 잘 알고 있다. 죄 용서는 오직 하나님의 아들에게만 속하기 때문이다. 그러나 위선자들은 그들의 의식들(ceremonies)이 아주 높여지기를 원하여서, 비록 그것들이 죄 용서를 공로로 얻을 수는 없지만, 그것들이 특별한 의식(cultus)이요, 하나님을 섬기는 것(divine service)이라고 과장하여 말한다. 하나님이 그런 행위에 주의를 기울이시며, 그런 것들에 의해서 영광을 받으시기를 원하며, 이 특별함 때문에 그것들이 하나님께 기쁨이 되기 때문이라는 것이다. 예를 들자면, 술을 마시지 않는 나실인적 의식(the Nazirite ceremony)이 비록 죄 용서를 공로로 얻을 수는 없는 것이지만, 하나님을 기쁘시게 하고, 하나님을 특별히 높여 드리는 선한 일이라는 것이다. 이런 과정은 수치스러운 것이고, 큰 속임수이다. 악마의 계략과 교묘한 궤변을 막기 위해서는 우리가 이를 잘 파악할 수 있어야만 한다.

우리는 이런 것에 반하여 투쟁해 나가야 하니, 위선자들은 하나님께서 규정하시지도 않았고, 제정하시지도 않은 그들의 사역이 하나님께서 모세를 통해서 그의 말씀 가운데서 제정하신 행위들과 동등한 것이라고 생각하기 때문이다. 유대교의 행위들은 하나님을 섬기는 것이었으니, 이는 그들이 하나님의 말씀을 가지고 있기 때문이다. 그러나 오직 사람들의 규례들에 의해서만 명령된 행위들은 이교적 행위들과 같이 하나님의 말씀에 근거를 두지 않은 것들이다. 그러므로, 그것들은 하나님을 섬기는 것이 아닌 것이다.

우리는 열심히 하나님의 말씀을 고찰해야만 한다. 왜냐하면 하나님께서는 우리가 그의 말씀 없이 우리 자신이 "하나님 섬기는 방법들"을 창안해 내기를 원하지 않으시기 때문이다. 이교도들은 그들이 하나님을 섬기는 거룩한 도리라고 여기는 많은 아름다운 관습들과 행위들을 가지고 있다. 그러나 사실은 그들이 잘못되었기에 하나님의 말씀 없이 그들 자신의 섬김을 수립해 보려고 하는 것이고, 그래서 계속해서 많은 불결한 행위들을 도입하였던 것이다. 예를 들자면, 개와 돼지와 나귀와 사람을 희생 제사로 드리며, 형상들을 만들고, 생산의 신(Priapus)을 경배하는 일들이 이에 속한다. 우리가 하나님께서 명령하신 것만이 "하나님께 섬김이 된다"는 법칙을 조금 약화시키기만 하면 이런 부조리가 따라나타난다. 이런 법칙은 마태복음 15:9에서 분명히 찾아 볼 수 있다: "사람의 계명으로 교훈을 삼아서 가르치니 나를 헛되이 경배하는도다." 또한 골로새서 2장에서 사도 바울은 어떤 음식을 먹지 않는 것과 같은 우리가 창안하고 세운 법과 그것을 지킴으로써 얻는다는 거룩성을 거부하는 것이다.

3. 세번째 오류는 위선자들이 더 나아가서 그들의 행위를 온전한 것으로 만들고, 수도사들의 삶과 그들의 깨끗하지 못한 독신 제도를 자랑하고, 이렇게 창안된 위선들을 하나님께서 명령하신 소명과 행위 위에 놓는 것이다.

4. 네번째 오류는 그들이 이 모든 것을 본질적인 것들로 만들고, 이런 위선을 따르지 않는 것이 중죄(重罪)이고, 교회와 하나님의 백성에 대한 반역이라고 가르치는 것이다. 바로 이 이유 때문에 이런 규례들(precepts)은 반박되고 버려져야만 한다. 그리스도의 왕국은 하나님의 말씀을 고백하고 믿는 것과 성례의 바른 사용과 선한 양심과 우리 안에서의 성령의 활동에 근거하는 것이지, 인간적 의식(human ceremonies)에 따르고 그에 일치하는 것에 묶여 있는 것이 아니기 때문이다.

이는 골로새서 2:16, 20에서 충분히 살펴볼 수 있는 내용이다: "그러므로 먹고 마시는 것과 절기나 월삭이나 안식일을 인하여 누구든지 너희를 폄론(貶論)하지 못하게 하라(let no one pass judgment on you) … 너희가 세상에 대하여 그리스도와 함께 죽었거든, 어찌하여 (아직도) 세상에 속한 것 같이 의문(儀文, laws)에 순종하려 하느냐?"

5. 다섯번째 오류는 위에서 나오는 것으로서 우리가 기독교를 유대교화하고 복음과 신앙과 은혜와 참된 하나님 섬김을 온갖 방식으로 모호하게 하는 것이다. 교황의 칙령들(the papal decrees)은 유대교가 의식들(ceremonies)을 가지고 있었고, 음식에 대한 규제들을 가지고 있었던 것처럼, 복음의 선포를 위한 감독들이 더 큰 거룩함을 위한 새로운 의식들을

수립해야만 한다고 공개적으로 자랑하고 있다.

그래서 그들은 그리스도인들이 이스라엘 백성의 후예들이고, 레위적 제사장 제도의 제사장들이 특별한 직임을 가졌듯이 그들의 사제들로 그러하고 교회의 다른 지체들과는 구별된다고 하는 핑계 가운데서 혼인을 금하고, 고해를 제도화하고, 성화와 우상을 사용하며, 온갖 다른 유해한 위선들을 자행한다. 그러나 이 오류는 갈라디아서와 히브리서에서 반박된 것이다. 그리고 이런 심취와 부조리한 모방이 상당한 해를 가져왔음을 주목해야 한다.

6. 여섯번째 오류는 감독들이 자신들이 (실제로는) 가지지 않은 권세를 가지고 수행하려는 것이다. 왜냐하면 사람들에 의해서 만들어진 그와 같은 일들이 큰 거룩함이고 하나님을 섬기는 것이라는 거짓되고 우상숭배적인 견해가 주도한다면 감독들이 지배하고, 그들 마음대로 하게 될 것이니, 그들에게 율법을 만드는 권한이 속하고, 따라서 그들은 새로운 '하나님 섬김', 미사를 제사로 드리는 것, 성례를 숭배하는 것, 성인들을 숭배하는 것, 혼인을 금하는 것 등을 창안해 낼 것이기 때문이다. 그리고 그들은 이런 것을 지키지 않는 자는 누구나 영원히 정죄된 것이라고 가르친다. 왜냐하면 그들은 하나님께서 교회를 감독들의 법(the episcopal laws)에 묶어 두셨고, 따라서 우리는 그들에게 순종해야만 한다고 하기 때문이다.

이 오류가 수많은 사람들을 절망과 영원한 저주에로 이끌었다는 것은 쉽게 이해할 수 있으니, 혼인 금지는 사제들에게 독재적으로 부과되어서 죄와 영원한 해(害)의 원천이 되었기 때문이다.

또한 사람들이 감독들은 그러한 명령을 교회에 과할 수 있고, 교회는 반드시 그들에게 순종해야 하며, 만일 교인들이 이 명령들에 순종하지 않는다면, 그들은 더 이상 하나님의 백성이 아니라고 생각하기 때문에 그에 의해서 양심이 어겨지는 것들이 많이 있다.

7. 일곱번째 오류는 우리가 이런 인간적 계명들이 필요하다고 생각하면 손상이 되는 분리와 불화가 따라온다는 것이다. 초기에 교회는 부활절 날에 대해 의견이 서로 달라서 교회가 분리되고 싸운 적이 있었다. 동방교회

와 서방교회는 성찬에서 무교병 혹은 유교병을 사용하는 문제로 논쟁했다. 교황의 교서들은 교황의 명령에 반대되는 고백을 가르치는 모든 사람들에게 저주를 선언하였다. 그리고 이런 일이 계속되고 있다.

이런 일곱 가지 오류 모두나 그 일부를 위한 위선자들의(사람들의) 규례들에 대한 옹호는 계속되고 있다. 가톨릭교회의 옛 책이나 근자의 책들이 보여 주고 있듯이 말이다. 비록 커다란 오류들이 교묘하게 윤색되고 가장되고 있어도, 감독들의 불의한 세력을 강화시키기 위해 이런 순종이 필요하다는 개념은 항상 있어 온 것이다 … .

인간들이 만들어낸 의식들(ceremonies)에 대해서 우리는 일반적으로 이런 결론을 내릴 수 있다. 그것들이 비본질적인 것일지라도 만일에 그것들이 앞서 언급한 오류들을 주장하거나 강화시키려는 의도를 가진 것이라면, 설교자들은 반드시 그것들을 드러내어야만 하는 것이다. 거짓된 "하나님 섬김"이나 양심을 구속하는 것들로 교회에 짐지우는 일에 동의해서는 안 된다.

이런 위선적인 계명들은 반드시 처벌되어야만 하고 타당하지 않은 것이므로, 잘 아는 이들은 다른 이들을 사랑으로 상기시키고, 그들에 반대하여 행함으로써 미신들을 근절해야만 한다. 마태복음 15장에서 사도들은 손씻는 것에 대한 바리새인들의 규칙을 지키지 않았을 때 아주 옳았던 것이다.

키프로스(Cyprus)의 거룩한 감독이었던 스피리돈(Spiridon)은 아주 좋은 예를 남겨 주었다.[1] 예를 들어서, 금식 기간 동안에 외국인 손님이 그에게 왔다. 미리 준비해 놓지도 못했고, 급하게 피곤하고 굶주린 손님을 대접하려고, 그는 딸에게 절인 고기를 내어놓으라고 명하였다. 그 고기를 보

---

1) Spiridon, 또는 St. Spyridon은 키프로스의 감독으로서 303-4년에 있었던 디오클레티안(Diocletian) 하에서의 핍박을 받았으며, 니케아 공의회(325)와 사르디아(Sardia, 343) 공의회에서 매우 활동적이었고, 많은 초기 전설의 중심 인물이 되었다. Cf. Socrates (Scholasticus), *Ecclesiastical History*, Bk. I, chap. xii, 그리고 Sozomen, *Ecclesiastical History*, Bk. I, chap. xi, in *Nicene and Post-Nicene Fathers*, 2nd Series, Henry Wace and Philip Schaff, eds.(Oxford, 1891), II(영역자 주).

고서 그 손님은 이 기간 동안에는 고기를 먹는 것이 자신의 관례가 아니니, 자신은 그리스도인이기 때문이라고 하였다. 이에 대해서 스피리돈은 대답하기를, 더한 이유로 그는 고기를 먹어야만 하니, 그리스도인은 음식을 가려 먹는 것에 의해서 거룩해지거나 죄되는 것이 아니기 때문이라고 하였던 것이다.

만일에 우리의 대적자들이 우리가 금식이나 다른 비슷한 인간적 의식들을 폐하는 것은 불필요한 변화를 일으키는 것이라고 말한다면, 사도 바울의 다음 두 구절을 기억하도록 하자. 골 2:16에서 바울은 "먹고 마시는 것으로 … 누구든지 너희를 폄론하지 못하게 하라"고 한다. 그리고 딤전 4:1에서 그는 음식을 폐하라는 가르침을 귀신의 가르침이라고 한다. 모든 합리적인 사람들은 반드시 저항하고 나아가야 하는 '이런 문제들에 대한 오류'가 많이 있다.

사도 바울은 모세의 의식들도 지키려하지 않았으니, 이는 그의 예로써 그가 다른 이들을 오류로부터 돌이키고, 참된 하나님 경배를 이해시키기 원했기 때문이다. 그는 오류를 강화시키기를 원하지 않았다. 이제 우리 시대의 대적자들이 금식이나 다른 비슷한 인간적 의식들을 지키지 않는 것이 큰 죄라고 말할 때, 그들은 자신들의 갖가지 오류들을 확언할 뿐이다.

피기우스(Pygius)는[2] 하나님의 계명에 반해서 부도덕한 일들을 자행하는 것보다는 (사제가) 혼인하는 것이 더 크고, 더 무시무시한 죄를 범하는 것이라고 한다. 그는 순종을 하며 교회의 통일성을 이루는 것을 아주 강조한다. 그러나 피기우스의 이 진술은 비기독교적이고, 에피쿠로스적이며, 손상을 주는 진술이 아닌가? 그런데 이 위선적 구실 하에서 우리의 대적자들은 자신들의 위선과 독재와 부도덕성을 윤색하고 있는 것이다. 그러므

---

2) Albertus Pighius(ca. 1490-1542). 이는 보름스 제국 의회와 레겐스부르크 (Regensburg) 제국 의회에 참여했던 화란의 천주교 논쟁가였다. 그는 교황권을 강하게 변증하였고, 성경 이외에도 전통을 지식의 근거로 높이 여겨 호소하였다. 그의 주저 『교회의 위계질서를 주장함』(*Hierarchiae ecclesiasticae assertio*)(Cologne, 1538)은 천주교회와 그 입장에 대한 변증서이다(영역자 주).

로, 우리가 참된 고백과 교리의 예들을 말하고 쓰며, 지적하는 것은 의심할 바 없이 옳은 일이다. 그러나 이런 반대 예들과 함께 우리는 그리스도에 대한 믿음과 참된 하나님 섬김과 인간적 의식들로부터의 자유에 대해서 가르쳐야만 하는 것이다.

세번째 규칙: 앞의 두 가지 서로 연관된 규칙들은 오류에 반박하고, 양심을 가르쳐서, 우리의 양심이 거짓된 하나님 섬김에 사로잡히거나 미혹되지 않도록 하는 것이다. 그러나 이것은 질서가 전혀 없어야 했다는 것을 의미하는 것은 아니다. 왜냐하면 고린도전서 14장에서 사도 바울은 교회 안에서는 모든 것이 원리를 따라 좋은 질서에 따라 이루어져야만 한다고 말하기 때문이다.

학교에서는 공부하는 시간이 있고, 운동하는 시간이 있다. 그리고 세상의 시작부터 하나님의 명령에 반하지 않게 사람들이 제정하고 하나님의 백성들이 유지해 온 금식과 공부와 의식과 규칙 등이 있다. 예를 들어서 임직식에서나 다른 일에서 축복의 말이 누구에겐가 언급될 때 그의 머리에 손을 얹고서 하는 것이 이에 속한다. 이런 관습은 야곱과 모세의 때부터 사용된 것이고, 후에 제사장들과 그리스도와 사도들에 의해서 사용되었고, 오늘날까지도 임직식에서 사용되는 것이다.

인간과 야수들의 차이는 사람은 이성을 가지고 있고, 질서 있는 삶을 위해 창조되었다는 데에 있다. 하나님께서 인간에게 이 빛, 또는 질서를 이해할 수 있는 능력을 주셨다. 그러므로 우리는 맹수들과 같이 질서 없이 살아서는 안 되는 것이다. 질서가 없는 곳에는 평화도 없다. 그렇기에 금식, 주일, 다른 날들이 제정되어서 사람들이 언제 함께 모여야 하는지가 알려지는 것이다.

우리는 참된 교리와 하나님 섬김을 위해 수립된 대로 이런 의식들을 교회 안에서 지켜야만 한다. 그러나 그것들을 거룩의 표로 여기거나 필수적인 일들로 지켜서는 안 된다. 위에서 내가 언급한 오류들은, 특히 질서 유지를 위해서 배제되어야만 한다. 실족케 하는(scandal) 경우를 제외하고서는 이런 인간적 의식들을 지키지 않는다고 그것이 죄가 되는 것은 아니다. 어떤 경우가 실족케 하는 일(scandal)이 되는가에 대해서는 후에 말하기로 한다.[3]

제르송(Gerson)과[4] 다른 이들은 이들 의식들(ceremonies)에 대해서 많이 논의하고, 양심을 돕는 길들을 추구했었다. 그러나 우리의 가르침은 양심을 위로하는 것이면서 동시에 선한 질서와 평화를 이루는 데 도움이 되는 것이어야만 한다. 우리가 그런 의식들이 거룩의 표(marks of holiness)가 아니요, 필수적인 것이 아님을 아는 한 이런 규례들로부터 양심이 사로잡히는 일이 나올 수는 없다.

그럼에도 불구하고, 우리는 그것들이 선한 질서를 이루는데 유용하게 사용될 수 있고, 특히 참된 교리가 높여지는 교회에서는 걸림돌(scandal)을 피해야만 한다는 것을 알기 때문에, 가장 뛰어나고 유용한 관습들만이 유지되어질 수 있도록 해야만 한다. 겸손한 사람들은 악한 예를 남기는 것을 좋아하지 않으며, 선한 질서와 기강이 유지되기를 원한다. 특히 교회에 관한 것에 대하여 그리하는데, 이는 하나님께서 세우신 공적으로 모여진 이 모임 가운데서 우리가 하나님을 배우며, 그에게 기도하고, 그에게 감사드리며, 모든 것을 잘할 수 있기 위해서이다.

질서들 그 자체는 어린 아이들과 배우지 못한 백성들에게 하나님의 행

---

3) 아래의 35장을 보라.

4) Jean Gerson (1363-1429). 이는 프랑스의 명목론주의적 신학자요, 수년 동안 노트르담과 파리 대학교의 총장으로 있었던 인물로 특히 공의회에 대한 견해로 유명한 인물이다. 그는 공의회(a General Council)가 교황보다 우위에 있다고 주장함으로써 대 분열(the Great Schism, 1378-1417)에서 극복해 보려고 노력했었다. 콘스탄스 공의회(1414-1418)에서 그는 존 후스(John Hus)를 정죄하는 데 도움을 주었으며, 콘스탄스 4 신조(the Four Articles of Constance)를 작성했다. 이 때문에 그는 때때로 갈리아주의(Gallicanism)의 아버지로 불리기도 한다. 교회의 개혁자로서 그는 기도의 갱신, 희생적인 삶, 순종과 자애의 갱신을 주장했다. 그는 그의 생애의 마지막 10년을 리용에서 저술하면서 보냈다. 그의 주저로는 『묵상의 산』(*The Mountain of Contemplation*, 1397)과 『교회의 힘』(*The Power of the Church*, 1417)이 있다(영역자 주).

적과 우리 주 예수 그리스도를 상기시킨다. 교회력의 성일들을 통해서 그리스도의 이야기가 이야기되는 것이다.[5] 즉, 겨울에 우리는 (그가 이 때쯤에 태어나셨으므로) 그리스도의 탄생을 기념하게 되고, 봄에는 (그가 이 때쯤에 그런 일을 겪으셨으므로) 우리 주 예수 그리스도의 수난과 부활의 절기들을 지키게 되고, 그와 같이 계속되는 것이다.

이런 절기들은 사람들의 마음 속에 그 이야기를 그려주며, 하나님의 행하심과 교리를 열심히 배우고, 그 이야기를 귀 기울여 듣도록 권고하는 영원한, 생각나게 하는 것이 되어, 그들로 하나님에게 향할 수 있도록 하게 된다.

따라서 모든 기독교인 아버지들은 그 자녀들이 이 유용한 의식들에 친숙해지도록 해야 하고, 그들로 기도하기를 가르치며, 아침과 저녁으로, 그리고 식사 전후에 기독교 교리의 일부를 읽거나 말하도록 가르쳐야만 한다.

바르게 사용된 이런 질서는 사도 바울이 갈 3:24에서 높이 사는 것이기도 하다: "율법이 우리를 그리스도에게로 인도하는 몽학 선생(custodian)이 되어."[6] 즉, 의식들과 다른 규례들은 우리가 그리스도를 바로 알게 되기까지 상기시키고 억제하는 기능을 하도록 우리에게 주어진 것이라는 말이다.

질서가 전혀 없는 곳에는 치리(discipline)도 없고, 그러면 사람들을 가르칠 수 없기 때문이다. 이로부터 우리는 우리가 앞서 언급했던 오류들을 어떻게 배제해야 하며, 그러나 왜 몇 가지 유용한 의식들은 선한 질서를 위해 지켜져야 하는지를 이해할 수 있을 것이다.

---

5) 그러나 이 때문에 교회력이 유지될 필요는 없을 것이다. 왜냐하면 그것 없이도 그리스도의 이야기가 언급될 수 있기 때문이다. 이런 점에서 멜란히톤은 아직도 상당히 중도적임을 알 수 있다(역주).

6) 이 구절이 여기서 바로 인용된 것인지에 대한 논란의 여지가 있을 수 있다. 즉, 그렇다면 이미 그리스도를 아는 이들에게는 이런 의식들이 어떻게 이해되고 사용되어야 하는가 하는 문제를 남기기 때문이다(역주).

옛 사람의 죽음과 선택된 훈련들에 대하여

우리의 대적자들은 사람들과 수도사들의 규례들을 고난 가운데서의 인내와 살펴보시는 진노하시는 하나님 면전에서의 참된 두려움에 대한 진지한 설교로 잘 꾸며보려고 한다. 이런 고난과 두려움을 사도 바울은 "옛 사람의 죽음"이라고 부른다. 로마서 12:1에서 그는 "너희 몸을 산제사(a living sacrifice)로 드리라"고 한다. 고후 4:10에서는 "우리가 항상 예수의 죽음을 몸에 짊어진다"고 한다. 그리고 로마서 8:13에서는 "영으로 몸의 행실을 죽이면 살리니"라고 한다.

그러나 바울이 말하는 이 죽음과 사람들이 만든 인간적인 훈련들 사이에 큰 차이가 있음에 주목하라. 옛 사람의 죽음은 "수난과 어려움 가운데서의 인내, 또는 죄에 대한 하나님의 진노 앞에서의 진지한 두려움"을 의미한다. 이런 인내는 하나님께서 명령하신 것이고, 모든 참된 그리스도인을 위한 필수적인 "하나님 섬김"의 한 부분이다. 이는 하나님을 참으로 기쁘시게 한다. 시편 51:17이 말해 주듯이 말이다: "주 하나님께서 받으실 만한 제사는 상한 심령이라. 하나님이여 상하고 통회하는 마음을 주께서 멸시하지 아니 하시리이다."

또 다른 일들도 하나님께서 명령하셨으니, 곧 먹는 것과 마시는 것을 검소하게 적절히 하는 것과 일하는 것과 몸을 규제하여서 호색적이지 않게끔 하는 것이다. 왜냐하면 쉽게 살고, 게으르고, 잔치를 일삼으며, 많이 먹고 마시게 되면 우리가 거칠게 되고, 하나님께 기도하기를 잊어버리고, 감각적인 쾌락을 추구하고, 바르지 못한 열망과 정욕으로 타오르게 되리라는 것이 아주 분명하기 때문이다. 더구나, 우리가 맨정신을 가지고 사는 날이 적으면 적을수록 기도하고, 연구하며, 큰 일을 생각하고, 끝까지 견디지 않게 되리라는 것이 분명하다. 또한 우리의 최선의 시간과 대부분의 시간들을 감각적인 것에 들이게 되면 우리는 필요한 것들을 위한 시간을 가질 수 없게 되기 때문이다.

이런 것으로부터 나오는 해들은 너무 많아서 다 언급하기도 어렵다. 그러나 나는 독자들 스스로가 이를 생각해 보고, 그리고 그리스도의 진지한 명령들을 숙고해 보기를 요청한다.

눅 21:34: "너희는 스스로 조심하라. 그렇지 않으면 방탕함과 술 취함과 생활의 염려로 마음이 둔하여지고 … ." 마 17:21: "기도와 금식이 아니면 이런 유가 나가지 아니 하느니라."[7] 즉, 정신을 차리고 진지하게 기도하라고 하신다. 또한 엡 6:4에서 사도 바울은 다음과 같이 말한다: "아비들아 너희 자녀를 … 오직 주의 교양과 훈계로 양육하라." 우리는 젊은이들이 존경할 만하고, 절제가 있으며 순결과 사랑을 가지고 살며, 존경할 만한 일을 하리라고 기대하면서, 공부와 기도에 습관이 되도록 양육해야만 하는 것이다. 이런 구절들은 일생을 통하여 계속되어야만 하는 필수적인 일들에 관한 명령들이다.

그러나 질서와 정도와 시간은 가변적임도 사실이다. 학교 교사가 학생들이 공부할 때와 훈련할 때를 정하는 것처럼 모든 사람들도 기회 있는 대로 자녀들에게 훈련할 때를 자유롭게 정할 수 있는 것이다. 이렇게 정하는 것을 선택된 훈련(a chosen exercise)이라고 부를 수 있다. 학교의 질서가 선한 일이듯이(물론 그것이 그 자체로 거룩의 표나 '하나님의 섬김'의 한 부분은 아니지만, 하나님께서 젊은이들을 양육하라고 하신 일반적인 명령에 따라서 생각하면), 신중하라는 일반적인 명령 때문에 집 안에서도 질서는 선한 일이다. 물론 특별한 때를 지키는 것 그 자체가 수도사들이 그들의 위선 가운데서 자랑하듯이 거룩의 표나 하나님을 섬기는 것은 아닌 것이다.

사도 바울이 자신의 몸을 쳐서 복종케 한다고 말할 때 그 의미는 몸이 죄의 원인이 되게 하거나, 몸이 그로 하여금 기도와 자신의 직무를 방해하도록 하지 않게 한다는 것이다(고전 9:27 참조). 이것은 일반적인 명령이다. 따라서 각자가 그때그때에 따라서 (이를 위한) 시간과 방식을 결정해

---

7) 이는 사본상 이견이 있는 구절이다. 중요한 사본에는 우리 개역 성경과 같이 이 구절이 빠져 있음에 유의하라(역주).

야 한다.

물론 사람들 사이에는 상당한 차이가 있다. 젊은이들과 염려와 불안 없이 사는 게으른 사람들은 자신들을 훈련하기 위해서 상대적으로 좀더 많은 선택된 훈련을 해야만 한다. 그런데도 항상 그리고 계속해서 나귀처럼 행하는 사람들이 있다. 그들은 맞을 일을 하여 맞고서도 더 빨리 가려고 하지 않는다. 이런 사람들은 하나님의 명령에도 불구하고 쉬운 삶을 추구하는 게으른 사람들이다. 그들은 가장 쉬운 훈련과 행위들만을 한다.

그러나 또한 이미 너무 많은 염려와 일을 하며, 또 그들이 견딜 수만 있다면 더하려고 하는 이들도 있다.

또한 어떤 명령된 훈련을 지킬 수 있고 지키려 하고, 강하며 너무 심한 부담을 가지고 있지 않고 하나님을 경외하는 이들도 있다. 사도 바울은 우리에게 다음과 같은 제한을 상기시키고 있다. 우리는 어떤 의식들을 행함으로써 은혜를 공로로 얻거나 하나님을 섬기는 것으로 생각해서는 안 된다. 그리고 우리는 몸에 손상을 주어서는 안 된다. 왜냐하면 우리는 몸에게도 합당한 영예를 돌려야 한다는 명령도 받았기 때문이다. 즉, 몸은 욕심이나 부도덕이나 과도한 위험이나 손상을 주는 굶음이나 너무 지나치고 불필요한 어려운 일로 부담을 느끼게 되어서는 안 되는 것이다. 우리가 생명, 몸과 영혼, 건강과 정신이 모두 하나님의 일이요, 은사요, 그의 형상임을 아는 것을 하나님은 원하신다. 그래서 하나님께서는 몸을 죽여서는 안 되며, 몸을 무질서하게 그리고 마구 파괴하거나 낭비해서는 안 된다고 명령하셨다.

이것이 사도 바울의 다른 구절의 의미이다: "육체의 연습은 약간의 유익이 있으나, 경건은 범사에 유익하니"(딤전 4:8). 여기서 그는 명령된 질서와 자의로 만든 질서를 구별한다.[8] 명령된 일들은 매우 유용하다. 그리고 바울은 그 모든 것들을 "경건"이란 말에 포함시키고 있다. 즉, 하나님 경외, 회개, 참된 신앙, 기도, 인내, 사랑, 참음, 진리, 직업에서 열심히 하는 것 등

---

8) 과연 딤전 4:8에서 이렇게 추론할 수 있을지는 의문이다(역주).

을 모두 이에 포함시켜서, 이런 것들을 통해 우리가 하나님의 영광을 위해 봉사할 수 있다고 하는 것이다. 이런 덕들은 모두에게 유용하다. 현세에서는 하나님께서 그 보답으로 영적인 은사를 더해 주시고, 선한 경륜과 위로와 순결과 승리와 평강과 음식과 건강을 주시고, 영생에서도 풍성한 보상을 주신다.

반면에 육체적인 연습은 약간의 가치를 가진다. 그러나 이것은 분명한 어떤 것을 위한 작은 가치일 뿐이다. 우리는 이런 제한이 명령된 일보다는 작은 것이라고 여겨야 하며, 그로부터 어떤 일반적인 법칙을 도출해 내서는 안 된다. 각자가 자신을 위해서 그의 기회와 시간과 질서를 정하고 선택할 수 있는 것이다.

사도 바울이 "육체의 연습은 약간의 유익이 있으니"라고 의미심장하게 말하듯이, 만일 우리가 그것들을 오류와 위선과 몸을 손상함 없이 사용하여서, 과도함이나 무질서 때문에 부도덕한 일을 하게 되는 이유를 제공하거나 기도가 막히거나 필요한 일을 못하게 하는 일이 없도록 한다면, 그런 경우에는 그런 질서가 벌할 만한 것이 아니고, 무엇인가를 위해 섬기는 것이 되는 것이다. 어떤 관습이 그 자체로 공로가 되거나 거룩의 표가 되는 것이 아니고, 이 세상의 삶에서는 질서 자체가 요구된다는 말이다.

인간성이 그렇게 살도록 창조되었고, 질서는 건강과 사업의 증진과 합리적인 평화와 성찰과 기도에 도움이 되므로 사람들이 질서있는 삶을 사는 것이 바람직하지만, 특히 독일에서는 많은 사람들이 아주 야만적이고, 너무들 많이 먹어대고, 너무 파티가 많고, 무질서하여 그로부터 많은 병과 장애물들이 뒤따르므로, 우리는 마땅히 그에 대해 불평해야만 한다.

그러나 우리는 교회의 법들로 무질서와 야만성을 개혁할 수 없으니, 그렇게 하면 곧 위선을 얻게 되기 때문이다. 그러나 상황을 잘 이해하는 설교자들은 사람들에게 절제와 다른 덕들에 대한 하나님의 명령을 잘 선포해서, 가장들로 하여금 그 집 안에서 존중할 만한 질서를 유지하도록 정중하게 권고해야만 할 것이다.

제 35 장

'실족케 하는' 범과에 대하여

'걸려넘어지게 하는 것'이란 말은 어떤 이를 마음 가운데서 복음으로부터 돌이키게 하고, 복음에 대해서 저항하게 하고 다른 이들의 옳지 않은 교리나 예를 따르도록 하는 범과(犯過)를 의미한다.

'스칸달룸'(scandalum)이란 말은 엄격하게 말해서 동물이 덫에 걸릴 때와 같이 올가미에 채어지는 것을 의미한다. 교회는 이 '스칸달룸'이란 말을 사람을 쳐서 그를 사로잡는 어떤 것을 지칭할 때 사용하고 있다.

이런 범과에는 두 가지 종류가 있다. 첫째는 바리새적인 범과라고 할 수 있는 것인데, 이는 어떤 이가 참된 교리를 선포하고, 잘 알려진 우상숭배를 파괴하는 것에 대하여 합리적인 동기 없이 진노하고 화를 내는 것이다. 이러한 하나님의 말씀에 대한 원수들이 많으니, 이들은 이해 관계나 권력이나 특권 때문에 그들의 오류에 찬 관례에 대한 반박을 받으려 하지 않는 이들이다. 결과적으로 그들은 하나님의 말씀과 종들과 싸우며 핍박하는 것이다. 이런 분노를 우리가 바리새주의적 범과라고 부른 이유는 이로써 하나님의 참된 종들이 어떤 범과를 금해야 하며, 금하지 말아야 하는지를 말할 수 있기 때문이다.

하나님의 백성들의 이야기 전체가 많은 예들을 제공해 주지만, 그리스도와 사도들의 예들, 그리고 우리 시대의 예들만 보아도 유용한 교훈과 위로를 얻을 수 있다. 사도들은 그것을 통해 하나님께서 자신을 세상에 계시해 보이신 구원 사역, 즉 우리가 그리스도 덕분에 은혜로 구원을 얻으며, 모세의 의식들을 버려도 된다고 말하는 그리스도의 부활과 거룩한 복음을 선포했으므로, 유대인들 중 제사장들과 세상적인 철학자들이 아주 심하게 분노했다. 그렇게 중요하고 진지한 사람들의 진노는 존중할 만한 외양을 가지고 있어야 하므로, 앞에 말했던 제사장들은 어떤 좋은 이유가 있어서 화를 내는 듯이 가장했었다.

첫째로, 그들은 사도들의 선포에 큰 반대가 있는 것을 보고서, 그 어떤 논리적인 이도 큰 고통 없이 그런 반대를 몰고 오는 것을 주장할 수 없을 것이라고 말했다.

둘째로, 그들은 모세의 법이 하나님에 의해서 주어진 것임을 알고 있었고, 따라서 그들은 그 법이 세상 끝까지 유지되어야만 한다고 주장했다. 그래서 그들은 그 아름다운 '하나님 섬김'이 버려져야 한다는 것에 대해서 심하게 불평했던 것이다.

셋째로, 그들은 사도들이 말하는 것과 같이 잘 질서지워진 통치와 제도가 파괴되는 것을 기다리는 것은 아주 고통스럽고 참담한 것이라고 말했다.

넷째로, 제사장들은 질서지워진 권력을 가지고 있었고 많은 이들이 그들을 따르고 있었는데 비해서, 사도들과 그들의 말을 듣는 이들은 별로 중요하지 않은 사람들이었고, 그들은 잘 질서지워진 세력에 대해 불필요한 반역을 꾀하는 이들로 보였다. 이 모든 것이 제사장들과 바리새인들에게 특권을 주었고, 사도들을 억압하게 한 것이다.

사도들은 비록 파괴를 원하지는 않았지만, 그들은 하나님의 명령과 영예를 평화, 만족, 위세, 그리고 제사장들의 입장보다 더 존중하고 높였다. 제사장들과 바리새인들의 비합리적인 분노에도 불구하고 말이다. 모든 인간적인 경륜과 물리적인 상황에 대해서 첫 계명과 둘째 계명의 정신을 가지고 그들은 "사람의 말을 듣는 것보다 하나님께 순종하는 것이 더 옳다"고 말했다.

이 말로부터 우리의 첫째 원리가 취해질 수 있다. 우리는 신적인 진리를 고백하고, 우상숭배를 피하며, 하나님께서 명령하신 일을 수행해야만 한다.

그러므로 대적자들이 더 강력해지고, 우리를 넘어뜨리게 하며, 화를 내고, 그들의 비합리적인 강퍅함 때문에 반대하고 나온다고 해도 우리가 단념하거나 제지당해서는 안 되는 것이다.

우리 시대에 영원하신 하나님께서 그의 크고 이루 다 말할 수 없는 자비로 다시 한 번 그의 거룩하신 복음의 빛을 우리 가운데 밝히 비취도록 하셨고, 교황주의자들의 많은 오류와 우상숭배들이 반박되게 하셨으므로, 고위 성직자들은 분노하고 있다. 이는 그들이 별로 중요하지 않은 이들에 의해서 반박되기를 원하지 않으며, 참된 교리가 그들의 높은 지위를 낮추게 하고, 재물에 손해를 가져오게 할까봐 걱정하기 때문이다. 그들은 여러 가지 다채로운 핑계로 자신들의 오류를 감추려 하고, 우리가 분열을 일으키고, 교회의 질서지워진 권세로부터 떠났으며, 보편적 교회를 버렸다고 외쳐대고 있다.

이런 신성모독이 합리적인 사람들을 상당히 괴롭히고 있기는 해도, 우리는 반대자들이 크게 분노하고 반대와 핍박을 일으킨다고 해도 참된 교리에 반하여 행동하거나 이 참된 교리가 손상되도록 해서는 안 된다.

여기서 우리는 고린도전서 10:14의 이 분명한 구절로 무장해야만 한다. "우상숭배하는 일을 피하라!" 평화가 파괴되고, 분열이 오며, 죽음이나 핍박이 따라온다고 해도 우리는 우상숭배를 묵인해서는 안 된다. 마태복음 10:33, 35은 다음과 같이 말한다: "누구든지 사람 앞에서 나를 부인하면 나도 하늘에 계신 내 아버지 앞에서 저를 부인하리라 … 내가 온 것은 사람이 그 아비와, 딸이 어미와, 며느리가 시어미와 불화하게 하려 함이니 …."

그러므로 참되고 잘 근거지워졌으며, 순수한 교리를 보호하고, 거짓이나 궤변으로 양심을 굽히지 않는 것이 아주 필요한 것이다.

이제까지 우리는 바리새주의적 범과에 대해서 말했다. 그러나 또 한 가지 종류의 범과가 있으니 이는 그리스도께서 마태복음 18:7에서 말한 범과이다: "실족하게 하는 그 사람에게는 화(禍)가 있으리로다!" 이것은 우리가 진지하게 피하려고 노력해야만 하는 형벌받을 만한 범과에 대한 언급이다.

이 벌받을 범과(a punishable offense)는 다른 이들로 하여금 악에로 향하게 하거나, 복음으로부터 무서워 돌이키게 하는 잘못된 교리나 나쁜 예(모범)와 관련된 것이다. 이런 실족케 하는 일들은 항상 있어 왔고, 또 항상 있을 것이다. 그것들은 모든 거짓된 교리, 이단, 그리고 우상숭배를 포함한다. 그리고 죄를 범치 않고서는 지킬 수 없는 온갖 인간적 규례들과 다른 이들을 죄에로 이끄는 악과, 복음에서 떨어져가게 하는 모든 악한 행위들이 이에 속한다. 얼마나 많은 사람들과 죄들이 이 범주에 속하는지를 생각해 보라!

이 범과를 처음으로 범한 이는 사단이었다. 즉, 그가 하와를 속여서, 자신의 간교함으로 사람을 꾀어 범죄하도록 한 것이 바로 이런 실족하게 하는 일이었다고 할 수 있는 것이다. 타락은 사단에게 또 다른 새로운 죄의 근거를 제공해 주었다. 그는 하나님에 대한 승리를 자랑하고, 하나님의 피조물들을 하나님으로부터 냉혹하게 채어가고 신성모독을 일으킨 것이다. 이때로부터 인간들 사이에 많은 무시무시한 죄들이 나타나게 되었고, 인류 중 상당한 부분은 영원한 정죄에 이르게 되었다.

여기서 하나님을 경외하는 모든 사람들은 각기 한 죄 안에는 항상 많은 죄와 범과와 손상들이 숨겨져 있음을 생각해야만 한다. 다윗이 간음을 범했을 때 나라의 분란이 일어났다. 또 압살롬이 그 아버지의 적법한 처들을 범했을 때, 많은 백성이 죽게 되었던 것이다. 누가 이와같이 범과를 연관시킬 수 있을까? 첫째로, 사단은 압살롬을 통해 분란을 일으키게 함으로써 많은 사람들을 영원한 정죄에 이르게 함으로써 하나님께 대한 자신의 승리를 자랑하려고 했다. 또 압살롬으로 하여금 거룩한 처들을 범하게 함으로써 마음의 슬픔을 일으키게 했음에 틀림없다. 다윗의 모든 경건한 신하들이 어려움을 당했고, 압살롬의 무리에 있는 젊은 귀족들은 그들이 원하는 대로 많은 방탕한 일을 자행했음에 틀림이 없다. 이런 예를 제시하는 이유는 우리가 경건 가운데 살도록 상기시키고, 큰 범과와 많은 죄들이 종종 하나의 죄로부터 나온다는 것을 기억하도록 하기 위함이다.

그러나 이것도 악한 행위들만을 말한 것에 불과하다. 거짓된 교리 역시도 아리우스 그리고 마호메트의 오류들을 따르는 이들에게서 보는 바와 같은 많은 심각한 손상을 일으킨 것이다. 교황의 교리도 많은 손상을 일으켰다. 죽은 자들의 이름을 부르는 것은 얼마나 큰 우상숭배인가! (사제들의) 혼인을 금하는 것은 얼마나 큰 죄이고, 얼마나 많은 해를 낳게 하였는가! 미사를 사고파는 것은 또 어떤 우상숭배란 말인가! 우리 시대에는 재세례파의 오류가 또 얼마나 큰 손상을 자행하였는가? 뮌스터에서 그들은 그들 나름의 왕국을 준비하였었다. 하와를 처음 넘어뜨렸던 사단은 계속해서 그의 방탕함을 강화시켜 기독교회를 손상시키려 하고 있으며, 하나님의 아들이 공적인 마지막 심판에서 그를 영원한 심판과 고통에 던져버리기까지 계속해서 그리할 것이다. 우리는 이런 예들을 성찰해 보고, 그리스도께서 "실족케 하는 자에게는 화가 있으리라"고 경계하신 것을 주목해야 한다. 이 말들은 온 세상에 있는 무시무시한 해들에 대해서 하는 말인 것이다.

필수적인 것이 아닌, 그저 사람의 규례에 대한 범과에 대하여

위에서 우리는 바리새주의적 범과에 대해서 말한 바 있다. 그러므로 하나님을 경외하는 사람들은 바리새적 사람들이 그것은 범죄라고 외쳐댄다고 해도 필수적인 일들을 가르치고 행하는 일에서 지체함이 있어서는 안 될 것이다. 예를 들어서, 비록 바리새주의적인 사람들이 노발대발한다고 해도 경건한 사제들은 만일 필요하다면 혼인해야만 한다.

그렇다면, 고기 먹는 것이 금해진 날에 고기를 먹는 것과 같은 필수적이지 않은 것에 대해서는 어떻게 해야 하는가? 이에 대한 대답을 다음과 같다: 참된 예배에 관한 바른 교리를 언제나 먼저 선포해야만 한다. 그러나 사람들이 충분히 가르침을 받지 않았을 때는 이런 사소한 문제들(indifferent things)에 대한 관례를 곧바로 깨지 않는 것이 옳을 것이다.[1]

왜냐하면 잘못하면 우리가, 복음이 사람들을 야만인으로 만들까봐 걱정하는 잘 알지 못하는 사람들을 복음에서 돌이키게 할 수도 있고, 어떤 방탕한 이들이 자유를 너무 지나치게 확대 해석하는 기회를 줄 수도 있겠기 때문이다. 그러므로 사도 바울은 말하기를, 우리가 연약한 자들을 고려하며, 그들을 도와서 그들이 믿음 가운데서 자랄 수 있도록 해야 한다고 한다. 불필요하고 무용한 만용으로 복음을 막기보다는 온건하고 지각있는 행동으로 복음을 진전시키는 것이 더 칭찬할 만하고 더 나은 것이다.

그러나 사람들이 비교적 잘 가르침을 받았을 때에도 자신들이 이전에 가졌던 교리가 잘못되었음을 인정하면서도 무용한 의식들이 폐기되는 것을 참으려 하지 않는 완고한 사람들도 여전히 있기 마련이다. 이들은 결국 온갖 범과를 다 행하는 것이 된다. 왜냐하면 그들의 예는 참된 기독교 교리의 원수들의 입장을 강화시켜 주고, 배우지 못한 이들로 의심하게 만들기 때문이다. 왜냐하면 그들은 만일 이 교리가 옳다면, 잘 이해하는 배운 사람들은 우리 다른 이들이 먹는 것을 먹으리라고 생각하기 때문이다.

그러므로 그들은 경건한 단순한 백성들 안에 있는 성령을 억압하는 것이 된다. 그것은 사소한 문제가 아니다. 유세비우스(Eusebius)는 그의 교회사 제5권에서 리용에서 있었던 그리스도인들에 대한 심각한 박해에 대해서 말하고 있다.[2] 아탈루스(Attalus)라고 이름하는 경건한 귀족과 그 아내 블란디나(Blandina)도 기독교 신앙을 고백한다고 고문을 당했었다고 한다. 자주 옥에 갇히고, 그 시의 중심 광장에서 형벌을 받아 그들의 신앙

---

1) 여기서 '사소한 문제'(indifferent things)란 성경 가운데 명백한 가르침도 없고, 금지도 없는 문제들, 소위 '아디아포라'(adiaphora)의 문제들은 가리킨다. 이에 대한 멜란히톤의 접근은 매우 신중함을 주목해 볼 수 있다. 언제나 가르침 받는 자들의 성숙과 가르침의 정도에 비추어서 그들을 조심스럽게 이끌어가려고 하는 이 태도를 우리는 존중하며 배우고 본받아야 할 것이다. 그러나 충분히 가르침을 베푸는 길로 나아가야 하고, 종국에는 모두가 다 그 가르침의 선상에서 쓸데없는 지킴을 벗어날 수 있는 길을 향해 나아가려고 한다는 것을 잊어서도 안될 것이다(역주).

2) Cf. *Nicene and Post-Nicene Fathers*, 2nd series, H. Wace and P. Schaff, eds. (Oxford, 1891), *Ecclesiastical History*, Bk. V, chap. 1.

을 저버리도록 강요받았다는 것이다. 그때 그리스도인들 중에 엄격한 금식을 하여 고기도 먹지 않고 술도 마시지 않는 한 남자가 있었다. 아탈루스는 그 사람에게 그의 금식을 그만두고 다른 이들과 같이 일반적이고 자연적인 음식을 먹으라고 말해야 한다는 생각을 갖게 되었으니, 그는 단순한 사람들로 하여금 그처럼 음식에 있어서 구별을 갖는 것이 필수적인 거룩이라는 오해를 일으킬 수 있었기 때문이다. 아탈루스가 이 점을 지적했을 때, 그 사람은 그 가르침에 순종했다고 한다.

만일 어떤 이들이 참된 교리를 이해하려고 하지 않고, 참된 교리에 대한 미움 가운데서 그들의 거짓된 관례를 유지한다면, 그들은 자신들이 복음의 원수들임을 드러내는 것이고, 하나님이 장차 심판하실 원수들과 핍박자들로 여겨져야만 한다.

또한 개중에는 참된 교리를 이해하면서도, 그들의 이전 관습을 확고히 지키는 이들이 있다. 이들은 여기서 하나님의 영광을 구하는 것이 아니라, 자신들을 위한 높은 지위를 추구하는 것이거나, 큰 군주임을 나타내려고 하고 자신들이 새로운 것을 받아들임으로 안정되지 않게 나타나는 것을 원하지 않는 것이다. 간단히 말한다면, 하나님의 영광을 참으로 추구하는 이들은 참으로 적은 것이다.

우리는 이들이 이런 문제에 있어서 왜 하나님의 영광을 추구하지 않고, 자신들의 지위만을 추구하며, 악함을 가지고 행하는지를 쉽게 이해할 수 있다. 그들의 예로써 그들은 복음의 원수들을 강화시키고, 겉으로만 하나님의 영광을 찾는 듯이 보이는 것이다. 우리 각자가 각자의 마음을 살피고 자신이 하나님께 반하여 행하지 않는가를 생각하도록 하자. 왜냐하면 하나님께서는 우리 모두에게 그의 복음을 존중하라고 하시며, 참된 교리의 전파를 도우라고 하시기 때문이다.

자신들의 지위를 추구하지 않고, 하나님을 무시하지 않는 사람들도 있다. 그들은 하나님의 영광을 증진시키려고 한다. 왜냐하면 그들은 복음의 원수들을 강화시키며, 참된 교리의 진전을 방해하고, 참된 교리의 선포자들을 억압하며, 또 단순한 백성들의 마음에 의심을 불어넣고, 성령을 소멸하는 것이 얼마나 큰 범과인지를 생각했기 때문이다.

만일 우리가 징조를 바로 읽는다면, 우리는 사람들 스스로가 칭찬할 만한 습관과 방식을 갈구하고 있음을 보게 될 것이고, 따라서 우리는 용감하게, 그리고 확고히 그것들을 지켜나가게 될 것이다.

우리 모두는 하나님의 영광을 증진시키고, 복음을 넓게 전파하는 일에 참으로 힘을 써야만 한다. 실족케 하는 것에 대하여 더 많은 것을 말할 수 있지만, 이것만을 기억하여야만 한다. 모든 죄가 냉혹하고 어려운 범과들을 일으키며, 모든 죄가 제2계명을 범하는 것이라는 것을 말이다.[3] 하나님과 경건한 교리에 대하여 악한 것을 말하는 것과 그것을 조롱하고 빈정대는 것은 특히 "네 하나님 여호와의 이름을 망령되이 일컬지 말라"는 계명에 대한 범과인 것이다.

그러나 생각해 보면 결국 모든 죄가 다 이런 하나님을 모독하는 것의 기연이 된다. 첫째로, 사람이 죄를 범하면 마귀가 모독을 하니, 그것이 공적인 죄이든 은밀한 것이든 죄가 범해지면 하나님의 뜻과 그리스도에 대한 승리를 마귀가 선언하는 것이 되기 때문이다. 그리고 이 모든 죄에는 더 많은 죄와 형벌이 따르며, 공적인 범과와 교회에 대한 모독과 경건한 자들에 대한 환난이 따라오게 된다.

교회가 불명예스럽게 되고, 경건한 자들이 어려움을 겪으며, 교리가 사소한 것들로 여겨지는 것은 공적인 손상이다. 예를 들어서, 다윗의 간음이 알려지자 불경건한 자들은 조롱하면서 "이가 거룩하다고 자처하던 이가 아니냐?"고 말했었다. 그리고 많은 이들이 그의 교리를 의심하게 되었던 것이다.

우리 시대에는 이 모든 것이 쉽게 이해된다. 왜냐하면 불행히도 많은 예들을 볼 수 있기 때문이다. 대소간의 공직에 있는 많은 이들이 교회를 모독하고, 모든 경건한 사람들에게 큰 환난을 가져다주고, 다른 이들로 하여금 우리와 함께 있기를 의문시하도록 하는 공개적인 악을 자행하고 있다.

---

3) 내용상은 우리들의 3계명임을 이제는 누구나 알 것이다(역주).

그리고 또 이런 상처를 아주 널리 퍼뜨리면서 우리의 인격뿐만 아니라 우리 교회들에서 고백하는 교리들, 즉 하나님의 거룩한 복음이 손상되도록 하는 악한 이들이 많이 있다.

그런데 하나님의 계명은 "하나님의 이름을 헛되이 사용하는 이는 벌을 받으리라"고 하고 있다. 또한 삼상 2:30에서 하나님은 이렇게 말씀하기도 하신다. "나를 존중히 여기는 자를 내가 존중히 여기고, 나를 멸시하는 자를 내가 경멸히 여기리라."

세련되고 분별있는 사람들이 종종 비참함과 불명예에 빠지는 것을 많은 이들이 이상히 여길 때에 이 구절에서 우리는 그 이유를 발견할 수 있다. 그들이 이전에 하나님의 이름을 불명예스럽게 하고 범과를 했을 수도 있는 것이다.

복음을 믿고 고백하는 우리들은 특히 만일 우리가 복음에 손상을 주면 하나님께서 얼마나 심각하게 분노하시려는지를 생각해야 한다. 그런 죄 때문에 하나님께서는 엘리 제사장과 그의 두 아들들을 내치셨다. 삼상 2:17의 본문이 말해주듯이 말이다: "이 소년들의 죄가 여호와 앞에 심히 큼은 그들이 여호와의 제사를 멸시함이었더라."

하나님께서 희생 제사에 대해 나쁘게 말할 수 있는 이유를 제공하는 이들에게 대해 화를 내시므로, 우리는 복음을 모독하거나 경멸할 이유를 주거나 그런 것을 지지하는 이들에게 대해 아주 심각하게 진노하실 것임을 의심해서는 안 된다. 그러므로 우리는 교리와 습관에서 조심하여서, 범과적인 교리나 손상이 되는 예들로 하나님의 진노를 일으키지 않도록 해야만 한다.

제 36 장

세속 권위에 대하여

우리의 물리적인 삶에는 어떤 제한과 수단으로 인류를 유지하는, 하나님께서 제정하신 질서와 일이 있다. 이런 질서를 보면서 우리는 인간성이 하나님의 독특한 경륜 없이 창조된 것이 아니며, 이런 방식으로 하나님께서는 그의 선하심을 우리에게 비추사 우리를 유지하시며 우리에게 질서를 제공하신다는 것을 알아야만 한다.

혼인 제도가 그 첫째 것이니, 하나님께서는 사람이 가축처럼 살기를 원하지 않으셨기 때문이다. 그래서 하나님께서는 한 남자와 한 여자의 영원하고 분리할 수 없는 교제로 혼인을 제정하셨다(창 2장; 마 19장; 고전 7장).

더 나아가서 레위기 18장은 어떤 사람과 혼인할 수 있으며, 어떤 사람과는 혼인할 수 없는가를 규정하고 있다. 이런 구절들에서 우리는 혼인에 대한 본질적인 교리를 발견할 수 있다. 혼인은 만일 그 두 사람이 하나님에 대한 참된 신앙과 순종 가운데서 기쁘게 함께 살며, 함께 하나님을 불러 아뢰고, 하나님에 대한 지식과 덕 가운데서 자녀들을 키운다면 아주 사랑스럽고 아름다운 교제이며, 하나님의 교회인 것이다.

이 질서가 하나님에 의해서 창조되었고, 그의 말씀으로 수립되고 높여지고 있으며, 참으로 하나님을 믿는 가운데서는 하나님 섬김(a holy divine service)이라는 것은 하나님의 말씀 가운데 많은 증언들로부터 분명히 말할 수 있다. 마태복음 19장, 고린도전서 7장, 디모데전서 2장, 그리고 히브리서 13장이 보여주듯이 말이다.

반면에 이슬람교도들이 하는 것처럼 하나님께서 제정하신 혼인을 파괴하거나, 교황들을 포함하여 어떤 이들이 그리하듯이 혼인을 금하는 것은 분명히 하나님의 명령에 반하여 행하는 것이며, 그런 금지는 마귀의 가르침으로 여기고 피해야만 하는 것이다. 이외에도 혼인 금지로부터는 하나님께 대한 부도덕과 인류 전체에 대한 손상이 따라나온다는 것이 분명하다. 물리적인 삶의 첫 질서인 혼인에 대해서는 이런 것을 말하였다.

그러나 이 세상에서의 삶을 보호하고 유지하기 위해 제정된 질서와 일들은 그외에도 더 많이 있으니, 즉 권세, 공의, 형벌 집행, 정당한 전쟁, 재산의 소유와 분배, 사고 파는 일에서의 공정한 교환, 빌리고 갚는 일, 또한 여러 가지 유용한 기술들, 숫자들, 척도들, 태양의 진전에 따른 시간의 구분, 농업, 의학, 건축 등등의 것이 이에 속한다.

만일 이 아름다운 질서들이 어디서나 지켜진다면, 즉 만일 모든 통치자들이 하나님의 영광을 추구하고 백성들의 보호와 유익의 증진을 추구한다면, 그리고 만일 재판이 참되고 공정하다면, 그리고 사고 파는 일에 있어서 거짓이 사용되지 않는다면, 우리는 이 유용하고 건전한 질서와 일들에 대해서 불평할 것이 거의 없을 것이다.

그러나 마귀와 인간의 악은 그것들에 너무나도 많은 더러운 것을 도입시켜서 칼리굴라(Caligula)와 네로(Nero)와 같은 수많은 손상을 주는 악마적 폭군들이 있어온 것이다. 그리고 이렇게 되니까 사람의 정신은 정부가 과연 하나님께로서 온 것인지, 아닌지를 의심하기 시작한다.

바로 이 이유 때문에 많은 광신적이고 왜곡된 영혼들이 일어났고 있어왔으니, 마르키온(Marcion)과 마니교도들, 그리고 재세례파들은 권위와 세상 통치와 재판과 형벌을 반박하고 모독하기를 이런 것들은 다 하나님께 대한 죄라고 하면서, 왕이나 군주나 재판장이나 군인이나, 궁정의 하인이나 그 어떤 일이든 공직을 가진 이는 그 누구든지 구원받을 수 없다고 주장하였다.

또 켈수스(Celsus)[1]나 줄리안(Julian)이나[2] 마르켈리누스(Marcellinus)[3]와 같은 다른 많은 사람들은 복음이 정부와는 대립하는 것이라고 모독적인 말을 하였었다. 복음서에는 우리가 스스로 복수를 하려고 하지 말라는 기록이 있다. 이런 말들이 하나님께서 권위자들에게 명령하신 형벌 집행에 적용되는 것으로 잘못되게 해석된 것이다.

이 조항으로부터 자주 논쟁이 일어나고, 많은 손상을 미치므로, 사람들은 바르게 가르침을 받아야만 한다. 이 조항에 대한 바른 이해는 정부와 재판이라는 이 하나님의 선물들이 태양 빛이나 겨울이나 여름과 같이 인류에게 유익하도록 하나님께서 주신 것이라는 것을 보여주는데 도움이 될 것이다. 그리고 우리는 이 아름다운 질서에 대해서 하나님께 감사할 수 있고, 그 안에서 하나님의 뜻과 계명을 보고서 하나님께 순종할 수 있는 것이다! 이 모든 것은 평화와 법과 정부에 대한 존중을 가져오게 할 것이다.

그러나 첫째, 우리는 사람과 질서를 구별해야함을 주목해야만 한다. (하나님께서 세우신 질서와 그 의도에도 불구하고) 사람들은 하나님을 위한다는 것 외에 다른 어떤 것을 목적으로 하고 혼인에 임할 수 있기 때문이다. 예를 들어서, 어떤 이는 돈 때문에 혼인을 할 수도 있는 것이다. 그러나 사람이 질서를 이처럼 오용한다고 해도 그 질서 자체는 옳은 것이다. 따라서 권위와 정부와 대해서 말할 때에도 직무와 사람은 분명히 구별되어야만 한다.

---

1) 켈수스(Celsus)는 2세기의 이교철학자로서 기독교의 주된 비판가 중의 한 사람이다. 그의 강한 비판 *True Discourse*(약 179년경의 작품)는 오리겐의 이에 대한 답변인 「켈수스에 반하여」(*Against Celsus*, 248)를 통해서 알려졌다.

2) 배교자 줄리안(Julian the Apostate, 332-363)은 361년부터 로마의 황제였는데, 그는 기독교에 대한 강력한 원수였고, 이교의 주창자로서 그는 로마 제국 전체에 이교를 다시 융성케 하려고 시도했었다. 그 자신의 생각은 스토아주의와 엘류시스 밀교(the Eleusinian mysteries)에 뿌리를 두고 있었다. 그는 부활 교리가 제국에 대해 특별히 위험한 것이라고 여겼었다(영역자 주).

3) 이는 아마도 교황 마르켈리누스(Pope Marcellinus, 296-304)를 뜻하는 것으로 보인다. 그는 디오클레티안 치하의 박해 동안에 배교를 했으나, 후에 회개하고 참수형을 받았다. 그는 카타콤을 넓힌 일 외에는 별로 알려진 바가 없다.

질서가 모든 인간 집단들을 하나로 묶으며, 그 질서들은 신지식과 선한 관습과 평화와 연합과 법과 재판과 형벌을 위해 주어졌다는 것을 열심히 생각해 보라. 영주들과 공직을 가진 이들은 이런 법과 재판과 형벌을 유지해야만 한다. 그리고 순종함으로 도덕성을 시행하는 신민들은 평화를 깨뜨리지 말아야 한다. 이것이 정치 사회(*politica societas*), 또는 정치라 불린다.

이 질서는 선지자들과 사도들이 하나님의 창조하신 것으로 보았으며 그들은 다니엘이 바벨론에서 했던 바와 같이 질서를 존중하고, 순종하고, 평화를 유지하는 일을 도왔었다. 비록 그들은 벨사살 왕이나 폭군 네로와 같은 이들의 통치는 저주하고 준엄하게 꾸짖기도 했지만 말이다. 그러므로 그 직무와 사람을 잘 구별하는 일은 무엇보다 본질적인 것이다.

둘째로, 질서가 무엇인지를 생각했으니, 이제 나는 그 질서가 전 인류를 위한 하나님의 일이고 창조물임을 밝히고자 한다. 즉, 그것들은 낮의 빛이나 태양의 진행이나 여름이나 겨울과 같이 모든 사람을 위한 하나님의 일이다. 하나님께서는 사람들에게 빛, 즉 그것을 통해서 정부를 만들고 질서를 지켜야 하며 자연법을 하나님의 뜻으로 순종해야만 한다는 자연법에 대한 이해를 주셨을 뿐만 아니라, 하나님께서는 주권과 정부와 재판과 형벌을 주시고 유지하시기도 하는 것이다. 그것들은 마치 땅이 열매를 내는 것이 하나님의 하시는 일인 것과 같은 하나님의 일이다. 더러운 폭군들이 있어 왔고, 또 많은 폭군들이 있을 것이지만, 그럼에도 불구하고 그의 때에 하나님께서는 깨어진 정부들을 정비하기 위한 사람들을 다시 일으키시고, 또 일으키실 것이다. 느브갓네살, 고레스(**Cyrus**), 솔론(**Solon**), 테미스토클

---

4) 파비우스(Fabius)는 아주 흔한 로마 이름이기 때문에 이것이 누구를 뜻하는 것인지 모호하다. 아마 퀸투스 파비우스 막시무스 베루코수스(Quintus Fabius Maximus Verrucosus, 203 B.C. 사망)를 뜻하는지 모르겠다. 그는 지연하는 전술로 한니발(Hannibal)을 괴롭혔고, 그의 생애가 플루타르크 영웅전에 포함되어 있다. 아니면 이는 268-287에 로마의 장관이었던 Junius Fabius Maximus를 뜻하는 것일 수도 있다(영역자 주).

레스(Themistocles), 파비우스(Fabius),[4] 스키피오(Scipio),[5] 아우구스투스(Augustus), 콘스탄티누스(Constantine), 그리고 테오도시우스(Theodosius)와[6] 같은 이들이 그런 이들이라고 할 수 있다.

마찬가지로, 우리가 분명히 볼 수 있듯이, 살인자들이 종국적으로 형벌을 피하지 못하는 것이다. 때때로 그들이 오랫동안 도망하여 산다고 해도 종국적으로는 하나님의 놀라운 섭리에 의해서 마땅한 형벌을 받음으로써 모든 사람이 하나님께서 친히 진지하게 정부라는 제도를 받으시며 지지하심을 볼 수 있게 되는 것이다.

그렇다. 통치에 대해서 조금이라도 알며, 이 세상에서의 모든 큰 변화를 생각하는 이는 누구나 통치가 하나님께서 정부를 유지하심을 공적으로 드러내어 보여 주는 하나님의 놀라운 일이라는 것을 고백해야만 한다. 이교도 중에서도 많은 현명한 통치자들은 그와 같이 고백하고, 말하고, 썼다.

그러나 이에 반해서 처음부터 살인한 자인 마귀는 자만과 증오와 탐욕과 부도덕에의 충동 등등을 통해서 온갖 종류의 무질서와 살인을 준비하고 있다. 그런데 인간성이 부분적으로 미혹받고, 부분적으로 악으로 가득하고, 또 부분적으로는 연약해서 마귀는 이 세상에서 아주 강력한 영향을 미치는 것이다. 그러기에 하나님의 아들도 그를 "이 세상 임금"(the prince of this world)이라고 부르신다. 그러나 그 아버지 다윗에 대항하여 무시무시한 반란을 일으켰던 압살롬의 경우나, 지금 온 세상에서 분노하며 살인을 일으키고 있는 회교도들의 경우에서 보는 바와 같이, 하나님께서는 그 죄에 대해서 반드시 벌하신다.

---

5) 아마도 대 Scipio를 뜻하는 것이라고 여겨진다(영역자 주).

6) 테오도시우스 대제로 알려진 로마의 황제였던(379-395) 테오도시우스 1세를 뜻한다. 그는 영국에서의 야만인의 공격에 대항하여 싸웠고, 아프리카에서의 반역을 잘 평정했다. 그는 기독교를 로마 제국에서의 유일한 합법적 종교로 공인하였다. 이때 이는 이교와 아리우스주의(Arianism)에 반하는 기독교만이 공인된 것이다. 암브로스(Ambrose)의 요구에 따라서 그는 309년에 데살로니가 대학살에 대해서 참회함으로써 교회에 대한 그의 순종을 나타내었다(영역자 주).

하나님께서는 인류를 유지하시는 한, 하나님께서는 주권과 법과 재판과 공의와 형벌을 유지하실 것이다. 어떤 때는 은혜롭고 조용히, 또 때로는 아주 심하고 재난을 가져다주시면서 말이다. 한 해는 땅이 풍성한 열매를 맺고, 또 한 해는 그렇지 못한 그런 과정을 통해서 말이다.

물론 인간의 이성은 여기서 하나님과 마귀의 큰 투쟁을 적절히 이해할 수 없을 것이다. 그럼에도 불구하고, 우리는 생명과 죽음, 그리고 선과 악을 구별해야 하고, 선한 질서가 하나님의 하시는 일이며, 질서가 유지되는 한 그것이 날마다 하나님을 통해서 유지된다는 것을 알아야만 한다. 하나님께서는 항상 몇몇 현명하며, 공정하고, 참된 재판장들과 통치자들을 주셔서 마귀가 온 세상을 단번에 파괴하지 못하도록 하신다. 왜냐하면 하나님께서는 선택하신 교회만을 위해서 이 세상을 잠시 동안 유지하기를 원하시기 때문이다.

우리가 권세, 정부, 그리고 정치가 하나님의 것이라고 말할 때, 그것은 하나님이 죄가 일어나도록 하신다거나, 죄를 주신다거나, 그의 능력 있는 행위로 이를 막으시려고 하는 일을 전혀 하지 않으신다는 뜻이 아님도 잘 주목해 보라. 우리는 하나님께서 재판의 직무를 강요하시는 것이라고 생각해서는 안 된다. 왜냐하면 그것은 마치 여름과 겨울의 질서가 있고 날마다 하나님에 의해서 유지되며, 선함을 가지고 있듯이, 그 질서 자체를 하나님께서 창조하신 것이라는 데에 진리가 있기 때문이다. 분명히 하나님의 말씀은 질서를 명령하시고, 선한 일로 그 질서를 수립하시는 것이다. 이에 대해서는 후에 더 말하기로 하자. [세상 권세]의 직무가 하나님이 만드신 것이요, 하나님의 일이라는 것을 말했으므로, 이제 나는 선지자들과 사도들의 글로부터 이를 분명히 확언해 주는 몇몇 구절들을 인용해 보고자 한다. 하나님께서는 이 조항을 헛되게 주신 것이 아니다. 그는 우리가 이를 알며, 이를 그의 일과 행위로 존중하고 높여서, 우리의 마음의 이 질서 가운데서 사람들에게가 아니라, 하나님께 순종할 수 있도록 하기를 원하시는 것이다.

잠언 16:11에서 솔로몬은 이렇게 말한다: "공평한 간칭과 명칭(皿稱)은 여호와의 것이요." 이 구절은 이 세상에서의 삶에서 또는 정치에서 수립된 질서를 의미심장하게 하나님의 일로 말하고 있는 아주 좋은 구절이다. 우리가 사는 것과 파는 것에 대해 말할 때, 하나님은 다른 것들, 즉 재판과 권위도 포함해서 말하는 것이니, 그것들은 같이 가는 것이기 때문이다.

잠언 18:15에서 솔로몬은 그 자체에 대해서 이렇게 말하는 하나님의 지혜에 대해서 말하고 있다: "나로 말미암아(by me) 왕들이 치리하며, 방백들이 공의를 세우며." 여기서 솔로몬은 정부의 통치가 하나님의 지혜의 사역임을 분명히 가르친다. 다니엘 2:21: "그는 … 왕들을 폐하시고, 왕들을 세우시며." 시편 144:9f.: " … 주는 왕들에게 구원(victory)을 베푸시는 자시요 … " 이런 말들의 의미는 아주 분명하다. 하나님께서 왕들을 도우시는 한 통치는 하나님의 일이고, 이 통치 질서는 죄가 아니고, 선한 것이며, 하나님을 기쁘시게 하는 것이 된다는 것이다.

시편 82:6: "내가 말하기를 너희는 신들이며 … ". 즉, 나 하나님이 너를 정부에 세웠으며, 내 말을 통해 네게 명령하며, 네가 신들이라고 즉 나의 대리자로 행동하며, 백성들을 하나님의 지식 가운데 살게 하며, 평화를 유지시키고, 치리를 하며, 옳게 판단하고, 경건한 자들을 보호하며, 악행하는 자들을 처벌하는 존재라고 하는 것이다. 이 모든 것들은 명령할 권한을 가진 직임자들이 할 수 있는 일이다. 그래서 하나님께서는 그들에게 그 자신의 이름을 부여하셔서, 그의 대리자가 되게 하신 것이다.

역대하 19:6: "너희는 행하는 바를 삼가하라. 너희의 재판하는 것이 사람을 위함이 아니요, 여호와를 위함이니, 너희가 재판할 때에 여호와께서 너희와 함께하실지라." 로마서 13:1f.: "각 사람은 위에 있는 권세들에게 굴복하라. 권세는 하나님께로 나지 않음이 없나니, 모든 권세는 다 하나님의 정하신 바라. 그러므로 권세를 거스리는 자는 하나님의 명을 거스림이니."

참으로 이런 말들은, 특히 그리고 근본적으로 정부에 중요한 것을 시사하는 중요한 말과 문장들이다. 권세는 성경에서 사도 바울의 뛰어난 설교에서 아주 칭찬을 받고 있다. 그러므로 정부 제도가 하나님께서 주신 선물이요, 하나님의 일임을 인정하지 않으려는 모든 사람들의 잘못된 사상을 성령께서 벌하실 것임에 틀림이 없다. 그러나 사람들은 참된 질서, 참된 재판, 그리고 합리적인 법과 함께 무질서, 억압, 방탕함, 부도덕, 그리고 통치자들의 다른 악들을 종종 보게 된다. 그래서 다스리는 일이, 자만하고 무엄하며 남들보다 더 힘이 세고 다른 이들을 복속시킬 수 있는 이에게 주어진다고 생각하고서 하나님의 정의는 이런 통치와는 전혀 관계 없다고 생각하게 되기도 한다. 그러나 우리는 (성경에서) 성령이 그런 오류와 에피쿠로스적인 사상을 벌하시며, 수도사들의 부조리한 정신을 막으시고, 거룩한 권세를 강하게 하시며, 위로하신다는 말을 듣는다. 이런 말씀을 숙고하고 깊이 생각하는 것은 매우 유익한 결과를 낼 것이다.

무엇보다도 권세는 하나님에게서 온다고 바울은 말하고 있다. 그러므로 우리는 그것이 그저 운명의 한 부분이라고, 즉 하나님의 고정된 질서라고, 즉 낮과 밤이 질서지워진 것처럼 그런 것도 하나님의 창조요 일이라고 생각해서는 안 된다.[7] 바울은 또한 정부가 질서이며, 그런 질서는 하나님의 일인데 비해서, 무질서와 부도덕, 살인, 압제 등은 마귀와 폭군들의 일이요, 마귀의 지체들의 일로서 하나님의 질서를 전복시키려는 것이라고 시사하고 있다.

이 바울의 말에는 많은 유용한 교리가 포함되어 있으나 [정부에 대해서 생각해야 할 다른 것들이 있으므로] 그 모든 것을 여기서 다 말하기에는 너무 긴 진술이 될 것이다.

디모데전서 1:8: "율법은 선한 것이라 … 법은 오직 불법한 자와 복종치 아니하는 자 … 를 위해 제정된 것이다." 이 말들은 모세의 의식법들에 대한 말이 아니라, 온 세상의 모든 이와 관련되는 일반적인 법에 관한 것이다.[8] 왜냐하면 모든 것들이 덕을 가르침과 악을 벌함에 관한 것이기 때

---

7) 이는 에피쿠로스적인 운명론적으로 사고하는 것을 반박하는 내용으로 이해해야 할 것이다(역주).

8) 이는 주해적으로 좀더 검토해 보아야 할 주장임에 유의하라(역주).

문이다. "율법은 … 거룩하지 아니한 자와 망령된 자며 … 살인하는 자며, 음행하는 자며 … 이런 이들을 벌하기 위한 것이다"(딤전 1:9 참조). 분명히 여기서 권세는 법의 본질적인 부분으로 포함되고 있다. 마치 사람의 머리나 팔이 사람 몸의 지체들이듯이 말이다. 만일에 법이 하나님의 뜻이요 일이라면, 권세와 정부도 그러한 것이다.

이런 연관된 증언들은 명백하고 분명하다 … 그러나 하나님께서 권세를 수립하셨음을 구체적으로 시사하고 있는 하나의 최종적인 구절을 제시하는 것이 좋으리라고 생각된다. 창세기 9:6에서 하나님께서 살인 금지를 갱신시키면서 다음과 같이 말씀하셨다: "무릇 사람의 피를 흘리면 사람이 그 피를 흘릴 것이니." 여기서 하나님께서는 살인자를 죽이기 위한 이 직임(this office)을 제정할 것을 명하신 것이다. 그리고 같은 말로써 하나님께서는 노아를 통해 다시 새롭게 시작된 세상 권세를 수립하신 것임에 틀림이 없다. 왜냐하면 노아에게 하신 그의 말씀은 헛된 것이 아니기 때문이다.

이 모든 것은 권세와 정부가 하나님에 의해 창조되고 유지되는 선한 일이며, 그의 말로 수립되고, 굳게 되며, 하나님을 기쁘시게 하는 것임을 분명히 보여 주고 있다.

이제까지 나는 직임에 대하여 말하면서, 직임을 사람과 구별하였다. 그런데 우리는 모든 사람이 다 덕스러운 것이 아니며, 하나님의 질서가 무엇인지를 염두에 두고 있는 것이 아님을 배워야만 한다. 또한 우리는 하나님께서 어떤 덕스러운 사람들을 세우시는 목적도 주목해 보아야만 한다. 왜냐하면 하나님께서는 때때로 덕스러운 사람들을 일으키시고, 힘을 부여하시며, 감동시켜 주시기 때문이다. 예를 들자면, 하나님께서는 삼손, 다윗, 고레스, 대 스키피오, 또 영웅들이라고 불리는 다른 이들을 보내셔서 공의와 법을 세우시고, 폭군들을 벌하시며, 왕국을 변하게 하셨다. 페르시아인들이 독재적이 되어서 유대라는 작은 나라, 그 하나님의 교회를 삼켜버리려고 할 때에 하나님께서는 알렉산더를 일으키셨다. 또 후에 수리아와 이집트에서 희랍인들이 너무 제멋대로 하고 방탕하게 되었을 때, 그 나라는 로마의 권력에 의해 망하게 된 것이다.

그러므로 높여지고 칭찬할 만한 통치자들에게서 우리는 정부가 하나님의 일임을 볼 수 있게 된다. 왜냐하면 하나님께서는 이들에게 특별한 은사를 부여해 주셨기 때문이다. 군주들이 일정한 질서를 지킬 때, 우리는 정부의 그런 변화가 하나님의 경륜과 판단 없이 이루어지는 것이 아님을 관찰해야만 한다.

그런데, 이에 반해서 복음은 원수 갚는 것을 금했다는 것의 증거로 마태복음 5장과 로마서 3장이 인용되는 일이 있다(마 5:22, 39, 44 참조). 이에 대해서 우리는 다음과 같이 답한다: 개인의 원수 갚는 일과 하나님께서 세우신 직임 사이에는 큰 차이가 있다.

그리고 앞에 인용된 구절들로부터 하나님께서 직임을 세우시고, 명령하시고, 제정하셨다는 것이 분명하다. 더구나, 마태복음 5장과 다른 구절들은 개인적인 원수 갚음, 증오, 그리고 원한풀이를 모두 금하고 있다. 그러나 여기서 복음은 외적인 규율에 관한 것이 아니다. 오히려 그것은 정부에게가 아니라 개개인들에게 적용되는 참회적 설교를 제시하고 있는 것이다. 그것은 우리의 마음이 하나님을 향한 불순종으로 가득 차 있으며, 마땅히 우리 안에 있어야만 하는 순종이 없다는 것을 보여 준다.

즉, 이 모든 것은 "우리가 죄로 죽음에 처하였고, 따라서 (그로 인해) 슬퍼하리라"는 것이다(롬 3:9-19 참조). 카이사르나 폼페이우스가 그리했던 것처럼, 누군가 동료가 우리를 자세히 살펴 본다면, 만일 그가 우리의 마음을 독함과 증오로 가득 차게 하여 우리가 그를 제거하고 싶어지게 될지라도, 우리는 인내해야만 한다. 그가 불의를 우리에게 행하면, 우리는 (스스로 원수 갚으려 하지 말고) 하나님께서 명하신 자로 공의를 시행하도록 해야 하는 것이다.

개인적으로 원수 갚으려는 불순종을 그리스도께서는 무질서라고 책망하시며, 따라서 그리스도께서는 질서 있는 권위의 형벌을 폐하시지 않으실 것이다. 사실 하나님께서 "원수 갚는 것이 내게 있으니, 내가 갚으리라"(롬 12:19)고 하실 때 그는 권위자의 직임(the office of authority)을 말하시는 것이다. 권위자는 이런 직무에로 세움을 입은 하나님의 손이라고 할 수 있다. 따라서 (정당한) 재판에 따른 형벌과 공정한 전쟁은 하나님께서 명령하신 일이라고 할 수 있다. 이에 대해서는 다른 곳에서 더 말한 바 있다.

셋째는, 이제까지 시사한 것에 근거해서, 즉 권위자와 정부가 하나님께서 작정하시고, 명령하시고, 세우신 선한 일이라는 것에 근거해서 우리는 상당히 유용한 교리를 세울 수 있다. 다음과 같은 것이 우리의 **첫번째 규칙**이 되도록 하자:

참 성도로서 그리스도의 지체들은 음식, 마시는 것, 산수, 재는 일, 혼인 등과 같은 하나님의 질서를 사용하여 이런 일들 가운데서 하나님께 순종할 수 있다. 그는 또한 정부의 권위자, 재판정, 그리고 물려받은 법, 형벌 등을 그런 것이 하나님께 반하는 것이라고 느끼지 않고 사용할 수 있다. 따라서 성도, 즉 그리스도의 한 지체가 군주일 수도, 재판관일 수도, 법정의 관리일 수도 있다. 그가 법정에 호소하거나, 재판을 청구하고, 답할 수도 있는 것이다. 또한 그의 부르심 받은 바에 따라서 정당한 전쟁에서 섬길 수도 있는 것이다.

그 그리스도의 지체는 또한 바울이 다음과 같이 말한 바에 따라서 행동할 수도 있는 것이다: "하나님의 지으신 모든 것이 선하매 감사함으로 받으면 버릴 것이 없나니"(딤전 4:4). 세상 정부도 하나님께서 주신 선한 질서의 한 부분이다. 따라서 우리는 이것도 먹고, 마시는 것처럼 사용할 수 있는 것이다.

누가복음 3:14에 나오는 군인들에 대한 요한의 설교도 이를 보여준다: "사람에게 강포하지 말며, 무고하지 말고, 받는 요를 족한 줄로 알라." 여기서 군인들은 그들이 회개할 때에 그 직무를 어떻게 선한 양심을 가지고서 준행할 수 있는지, 즉 그 직임이 정당히 요구하는 대로만 하라는 권고를 받았다.

이처럼 시편과 선지서들도 왕들이 참으로 하나님의 이름을 부르고, 하나님을 영화롭게 할 것이라고 자주 말한다. 이로부터 왕들과 정부 제도는 거룩한 것이고 그에 봉사하는 이들이 그리스도의 지체들임도 분명히 나타나는 것이다. 시편 102:21f.: "여호와의 이름을 시온에서, 그 명예를 예루살렘에서 선포케 하려 하심이라. 때에 민족들과 나라들이 모여 여호와를 섬기리로다." 시편 47:9도 역시 그러하다. "열방의 방백들이 모임이여, 아브라함의 하나님의 백성이 되도다. 세상의 모든 방패는 여호와의 것임이여, 저는 지존하시도다!"

여기서 시편은 특히 권위자(주권자)에 대해서 말하는 것이다. 만일 군주들이 하나님을 바르게 인정하고, 그를 섬기면 상당한 선이 뒤따를 것임을 말하면서 말이다. 여호사밧, 히스기야, 그리고 요시야가 통치했을 때, 백성들은 참된 종교와 선한 보호와 공의를 누릴 수 있었다. 그들은 이 왕들에게 승리와 평안을 가져다주는 하나님의 이적들을 보았던 것이다. 이 군주들은 경건하였고, 하나님을 존중하고 높였다. 그리고 백성들은 하나님에 대한 지식을 갖기에 이르렀고, 이들 하나님을 경외하는 군주들 덕분에 하나님께서 그들에게 큰 유익을 내려주심을 볼 수 있었다. 그래서 그들은 감사함으로 이들 유익에 대해 찬양했던 것이다.

몇 가지 예를 들어보는 것은 이 규칙에 도움이 될 수 있다. 선한 통치자들은 이스라엘에만 있었던 것이 아니고, 이교 왕국들에서도 있었다. 요셉은 이집트에, 다니엘과 그 친구들은 바벨론에 있었던 것이다. 그리스도께서는 마태복음 8장에서 백부장을 칭찬하셨고 사도행전에서는 고넬료가 높임을 받았다. 하나님께서는 그와 그 종들에게 큰 선물을 주셨으니, 즉 성령의 임재를 가시적으로 볼 수 있게 해 주셨다. 이로써 이교와 세상의 통치자들도 영생의 상속자와 그리스도의 지체들이 될 수 있음을 선언해 주신 것이다.

우리는 또한 복음을 받아들이고 그들의 직무에 남아있으면서 그들 안에서 역사하시는 성령의 이적들을 경험한 군인들의 많은 이야기를 알고 있다. 예를 들자면, 세베루스(Severus) 황제 때의 아탈루스(Attalus), 발레리안(Valerian) 황제 때의 로마 귀족이었던 아스테리우스(Asterius), 그리고 막시미안(Maximian) 황제 때의 마우리키우스(Mauricius) 등 많은 이들의 이야기를 말이다.[9]

그리고 이들 질서가 하는 일, 즉 정부와 법정과 전쟁의 일들이 그리스도에 대한 지식과 믿음이 있으면, 참된 '하나님 섬김'이 될 수 있음을 주목해 보라. 만일 우리가 마음으로 하나님께서 그의 아드님 때문에 우리를 받아주셨음을 믿는다면, 우리는 우리가 부름받는 그 직임의 소명을 하나님을 찬양하며 이웃의 선을 위해 수행할 수 있는 것이다.

이들 세상적인 일들이 의식들과 수도사적인 매력을 가지고 있지 않으므로 정부의 일에서 많은 무질서가 일어났다. 즉, 바른 이해를 가지고 있지 않은 이들이 혼동이 되어서 이런 일들을 '하나님 섬김'으로 생각하지 않는 것이다. 그리고는 오히려 수도사적인 것을 더 높고, 더 거룩한 것으로 여기고, 선하고 유용한 통치자들도 때때로 이 오류에 빠지는 일이 있다.

선지자들도 때때로 이런 오류들을 지적하였으니, 이스라엘 사람들은 그들의 제사가 그들을 거룩하게 만든다고 기대하고서는, 공의와 치리, 형벌 등의 필수적인 일들을 행하는 것을 무시했기 때문이다. 그래서 이사야는 그의 책 제1장에서 하나님께서는 제사를 기뻐하지 아니하시며, 오히려 바르게 사는 것, 법정에서의 공의, 그리고 고아와 과부를 보호하는 것을 요구하신다고 선언하고 있다. 만일 이것을 다하면 하나님께서 그들에게 은혜스러우시겠다고 하신다.

스가랴 7장에서 선지자는 금식을 하는 것으로 큰 거룩을 가장하는 백성

---

9) 이 세 사람의 순교자들에 대해서 정확히 아는 것은 매우 적다. 유세비우스는 마르쿠스 아우렐리우스(Marcus Aurelius, 161-180) 황제 때 리용에서의 박해에서 갈리아의 순교자로 아탈루스를 언급하고 있다. 셉티무스 세베루스(Septimus Severus)는 193-211년 사이의 황제였다. 순교자 아스테리우스(Asterius)는 262년 팔레스타인의 가이사랴에서 순교당한 이라고 루피누스가 말하고 있는 로마의 고위직 원로였다(Rufinus, *Opera omnia*, *Historiae ecclesiasticae*, Bk. 7. chap. 13, in *Patrologiae Cursus Completus*, *Series Latina*, J. P. Migne, ed. [Paris, 1878-90]). 발레리안은 253-260년 사이의 황제였다. 마우리키우스(Mauricius)는 디오클레티안(Diocletian)과 함께 통치했던 막시미안(Maximian)이 통치하였던 370년 후반쯤에 아르메니아의 니코폴리스(Nicopolis in Armenia)에서 순교당한 45명의 순교자들 중의 하나이다. 어떤 고대의 기록자는 그를 리키니우스(Licinius, 319-323) 치하의 순교자의 한 사람으로 언급하고 있기도 하다(영역자 주).

들을 꾸짖으면서, 하나님께서는 그런 것을 기뻐하지 않으시며, 그들이 공의롭게 판단하고, 고아와 과부를 압제하지 않는 것을 기뻐하신다고 말하고 있다.

이런 구절들은 많이 있다. 왜냐하면 사람들이 만들어낸 의식들이 '하나님 섬김'이 될 수 없다는 규칙이 자주 반복되고 있기 때문이다. 하나님께서는 자신께서 명령하셨고, 자신의 말씀으로 거룩하게 하신 일들로 영광받기를 원하신다. 이 규칙은 우리가 열심히 하나님의 말씀에 따라 살고 참된 순종 가운데 머무르도록 노력해야 한다는 것을 상기시키는 것으로 이 책에서 자주 언급되었다.

그러나 이것은 하나님을 경외하고 인내하며 땀을 흘리는 것을 의미하므로, 우리는 필요한 일들과 참된 '하나님 섬김'을 저버리고 가벼운 일들을 추구하는 경향이 있다. 다른 일을 신경쓰지 않는 수도사로 사는 것이 가정의 아버지나 시장이나 군인으로 사는 것보다 훨씬 더 평온한 일이다. 그러나 참으로 지적인 사람들은 '하나님을 섬기는 일'이란 다른 것들이 아니라 하나님께서 제정하신 일임을 알아야만 하고, 하나님께서는 그 가운데서 하나님을 아는 지식이 빛나고, 그 가운데서 우리의 믿음과 사랑이 행사되기를 하나님이 원하신 다양한 유대들로 인류를 엮어 놓으셨음을 알아야만 한다.

예를 들어서, 군인들은 참된 기독교적 교리와 구주 그리스도를 아는 지식을 유지하려고 애씀으로써 자신들의 신앙을 나타내야 한다. 따라서 위험 중에서 하나님을 불러 아뢰어야 하고, 자신의 신앙고백과 기도로 다른 이들을 힘있게 해주어야만 한다. 또한 그는 선한 정부와 평화와 모든 덕스러운 여인들과 아이들을 보호하기 위해 자신의 생명이라도 내어놓으려고 함으로써 사랑을 나타내 보여야만 하는 것이다. 이처럼 모든 직임(소명) 가운데서 이웃에 대한 우리의 모든 행위에서 우리의 신앙 고백과 하나님을 불러 아룀과 사랑과 믿음이 빛나야만 한다.

따라서 아브라함도 큰 군주들을 돌아보아야 할 필요가 있을 때, 하나님에 대한 참된 지식을 말하며 그들을 위해 기도하고, 자신의 의술로 그들을 섬겼었다.[10] 느브갓네살, 메대의 다리오와 고레스는 다니엘이 '참된 하나님 섬김'을 말하는 것을 듣고서 하나님께 돌이켰다.[11] 또한 기독교인인 부인 헬레나(Helena)는 그의 남편 콘스탄티우스(플라비우스 발레리우스)로 하여금 그리스도인들을 보호하도록 하였고, 그들의 아들 콘스탄티누스(Constantine)가 복음을 믿도록 했던 것이다.

이런 예들은 많이 있다. 우리는 그런 것들을 살펴 보고, 그것들이 우리의 삶을 규제하도록 해서, 참된 교리에 대한 신앙고백과 기도가 우리의 직업(소명) 가운데서 반영되도록 하며, 그 안에서 우리가 동료 인간을 섬겨야 하는 우리의 직무 가운데서 하나님께 대한 우리의 순종이 나타나도록 해야 한다. 이는 아버지, 시장, 학교 교사, 상인으로서의 각자의 위치와 직업에서, 그리고 이웃에 대한 이웃으로서의 우리의 지위에서 이루어질 수 있다.

두번째 규칙: 기독교인들은 더 이상 모세의 법에 묶여 있지 않다(물론 그 내용이 자연법의 내용과 동일할 때에는 예외이지만 말이다). 그러므로, 그리스도인들은 그것이 로마법이든지 다른 법이든지 합리적인 법들(reasonable laws)을 사용할 수 있다. 그리고 시민 각자는 그 정부의 합리적인 법을 지켜야만 한다. 왜냐하면 각자는 외국 정부가 아니라, 그 자신을 통치하는 권위자에게 복속하도록 되어 있기 때문이다.

프랑스는 그 나름의 전승된 법을 가지고 있고, 독일은 로마법을 지키고 있다. 그것들의 차이를 그리스도인들은 여름의 낮이 로마에서보다는 덴마크에서 훨씬 더 긴 것과 같이 생각해야만 한다. 그런 외적인 것들은 심중에서 영적인 영원한 본질과 섞여지거나 혼동되어서는 안 되니, 외적인 것들은 내면적인 영적인 것들과는 전혀 상관없을 수도 있기 때문이다.

---

10) 여기서 왜 아브라함이 언급되었는지는 모호하다. 이는 참 그리스도인인 의사의 환자들에 대한 태도를 잘 표현해 주는 것으로 이해하면 좋을 것이다(역주).

11) 그러나 그것이 생명에 이르는 회개인지는 모호한 점이 있을 수 있다. 확인하기 어려운 것이다(역주).

그러므로 이 두번째 규칙이 분명히 제시되어야 한다. 왜냐하면 때때로 어떤 잘못 생각하는 사람들이 모세를 재판정에 다시 도입하려고 하고, 그 것으로써 소동을 일으킨다는 보고가 자주 들어오고 있기 때문이다.[12] 예를 들어서, 슈트라우스(Strauss)와 토마스 뮌처(Thomas Müntzer)는[13] 사람 들이 이자를 주고 받는 것을 없애려고 하였다. 나는 이 문제가 많은 양심 을 괴롭힌 것을 안다. 좀 다른 문제로 도둑은 항상 교수형에 처해야 하는 가? 그렇다면 모세는 왜 밤에 훔치는 것과 낮에 훔치는 것을 구별하려고 했는가?

경건한 사람들이 모호한 가운데 남아 있지 않도록 하기 위해서는 이 규 칙[둘째 규칙]이 상기되어야만 한다. 즉, 각자는 그 정부와 그 다스리는 권 위자들의 합리적인 법을 유지해야 하며 그 누구도 자기의 환상에서 권위 자를 만들어내거나, 모세를 다시 도입하려 하거나, 스파르타나 크레타의 옛날의 죽은 법들을 다시 부활시키려고 해서는 안 되는 것이다. 이런 일은 해롭고 때로는 선동적인 것이 될 수도 있다.

"합리적인 법들"(reasonable laws)이란 말로써 나는 하나님께서 사람 안에 창조해 주셔서 우리가 덕을 존중하고 악을 벌하는 "옳음(또는 정의, recht)에 대한 자연적 (감각)"을 뜻하는 것이다. 이 규칙은 사도 바울도 로 마서 13장에서 제시한 것이다. 만일 법이 악을 존중하고 보호하여서 의롭 지 않은 공적인 고리대금업자를 유지하도록 한다면, 그 법은 잘못된 것이 다. 그러나 만일 법이 악을 벌하려고 한다면 그 법은 옳은 것이다. 그 형벌 의 양은 그 나라의 관습에 따라서 강하기도 하고 약하기도 할지라도 말이 다. 독일 사람들은 야만스런 백성이고 형벌은 매우 작다. 그러나 그 형벌이 매우 강하기는 한 것이다. …

재판장이 현재의 합리적인 법들을 유지해야만 한다는 것은 각자가 권위

---

12) 이는 그리스도인들은 그 사회 관계에서 모세의 율법에 따라 살아야 하고, 그 법 이 지배하는 사회를 만들어야 한다는 어떤 이들의 주장에 대한 언급이다(역주).

13) 제7장의 주 3과 제17장의 주 3을 참조하라(영역자 주).

자에게 복속해야 한다는 의무에 근거하고 있다. 특히 법은 권위있는 것이고, 위에서 말한 바와 같이 사람과 직임 사이엔 구별이 있다. 이교 나라에서 요셉과 다니엘은 모세의 법에 따라서 상속을 나누지 않고, 그 나라에서 옳다고 인정되는 바에 따라서 처결한 것이다.

법 사이의 그런 다양성은 복음과는 관계가 없다는 것은 복음을 다음과 같이 이해하는 이는 누구나 다 결론지을 수 있는 것이다. 즉, 복음은 새로운 세상 나라나 정치 사회를 세우는 것이 아니라, 믿는 이들의 마음에 은혜와 하나님의 새로운 빛을 가져다주어서, 그 영혼 안에서 새로운 순종과 영생과 하나님 경외와 하나님 신뢰와 인내를 시작할 수 있도록 하는 것이다. 그러므로 우리는 우리가 속한 정부 안에서 일반적인 선을 이루도록 힘써야만 한다. 이에 대해서는 그리스도의 왕국과 그리스도인의 자유에 대한 항목에서 이미 충분히 말한 바 있다.

세번째 규칙: 세속 권위에 대한 고의적인 불순종과 참되고 합리적인 법들에 대한 고의적인 불순종은, 우리가 계속 그 가운데 거한다면, 하나님께서 영원한 정죄로 벌하실 죄이다. 공개적인 하나님의 명령에 반대하려는 도모와 함께 하나님에 대한 믿음이 우리의 마음 가운데 있을 수는 없는 것이다.

내가 이 원칙을 제시하는 이유는 많은 공상가들이 세속 정부는 영원한 심판에서 우리를 묶을 수 없으니, 사람은 그 누구도 영원히 벌할 수는 없을 것이라고 썼기 때문이다. 그런 공상은 금언 안에서 발견된다. 그러나 하나님께서는 세상에 정부 제도를 세우셔서 정부에게 복속하게 하셨으므로, "위에 있는 권세에게 순복하라"는 하나님의 명령을 자의로 어기고 무시하는 이들의 불순종을 영원히 벌하신다.

이 세번째 규칙은 로마서 13:5에 있는 사도 바울의 말에서 분명히 표현되어 있다. "그러므로 굴복하지 아니할 수 없으니 노를 인하여만 할 것이 아니요 또한 양심을 인하여 할 것이라." 이것은 아주 분명한 말로써 이는 순종이 필수적인 것이며, 불순종은 양심을 해치는 것이고, 따라서 하나님께서 그것을 정죄하신다는 것을 보여주고 있다.

사도 바울의 이 진술은 모든 정부의 보루이다. 왜냐하면 모든 지각있는 사람들은 이 진지한 명령으로 하나님께서는 그들을 모든 합리적인 것에 있어서 순종으로 묶어 주시는 것이라고 이해하기 때문이다. 이교도들 가운데서는 이런 말이 발견되지 않는다. 그러므로 어떤 이교적 저작들을 통해서보다도 하나님의 교리를 통해서 정부는 가장 높이 존중을 받고 유지된다. 물론 이교적인 글들에서도 이에 대한 상당히 좋은 논의가 발견되기는 하지만 말이다. 그러나 여기 사도 바울의 글에 정부와 관련하여 모든 지각있는 사람들을 순종으로 엮어주는 주된 진술이 있는 것이다.

이런 규칙들에서 나는 옳고 합리적인 법들(right or reasonable laws)에 대해서 말하였다. 사도 바울이 사람들에 대해서가 아니라, 직임(office)에 대해서 말하고 있기 때문이다. 이 직임, 즉 옳고 합리적인 법들은 하나님의 질서이다. 다시 말해서, 사도 바울은 우상숭배를 명령하는 네로와 같은 인물에 대해서 말하는 것이 아니다. 그런 불의한 법(과 다스림)은 직임(the office)도 아니고, 하나님의 질서(God's order)도 아니다. 오히려 그것들은 악한 사람들과 마귀가 그들을 신성모독과 순결하지 못함과 살인으로 이끄는 것에서 나오는 혼돈과 무질서인 것이다.

이런 상황에서는 "사람의 말을 듣는 것보다는 하나님의 말씀을 듣는 것이 더 옳으니라"는 이 불변의 규칙이 적용된다. 그렇기에 만일 권세자가 우리에게 하나님에게 반(反)하여 행하도록 명령한다면, 우리는 그에게 순종해서는 안 되고, 오히려 우상에게 절하는 것이나 우상숭배를 거부했던 바벨론의 (다니엘의) 세 친구처럼 해야만 한다. 느브갓네살 왕이 이에 대해서 무시무시한 명령으로 선포할지라도 말이다(다니엘 3장).

사무엘상 22장에 나오는 사울의 폭정과 관련하여 사울이 죽이라고 명령할지라도, 무죄한 제사장 아히멜렉과 다른 제사장들과 그들의 경건한 부인들과 아이들을 죽이려고 하지 않은 고귀한 군인들과 같이 우리도 그렇게 행해야 하는 것이다. 만일에 군주들이 우리로 하여금 참되지 않은 교리와 우상숭배를 하도록 명령한다면, 우리는 결코 그런 명령에 순종할 수 없다. 우리는, 많은 식자(識者)들이 공포 때문에 아무 말 하지 않고 있듯이, 복음을 고백하는 무죄한 그리스도인들을 살인하는 이들을 (간접적으로라도) 도와서는 안 된다. 그런 살인과 그런 위선은 그리스도께서 마태복음 23:35에서 말씀하신 그런 무시무시한 심판의 대상이 될 것이다: "그러므로 의인 아벨의 피로부터 성전과 제단 사이에서 너희가 죽인 … 땅 위에서 흘린 의로운 피가 다 너희에게 돌아가리라." 왜냐하면 하나님의 아들이 심판자이실 것이고, 그는 모든 불경건한 자들을 영원한 심판으로 집어던지실 것이기 때문이다.

네번째 규칙: 이제까지 나는 세속 정부의 직임도 하나님의 것이며, 따라서 우리가 순종해야만 한다고 일반적으로 말하였다. 여기서 질문이 제기될 수 있다: "정확히 무엇이 그 직임이고, 무엇이 옳게 규정된 일인가? 즉, 통치자들이 해야만 하는 일은 무엇인가?"

아리스토텔레스는 모든 통치자의 마음에 새겨야만 할 것을 아주 단순한 문장으로 표현해 두었다: "통치자는 법의 손이고 지지자이다" (*Magistratus est custos legis*, "the authority is the hand and upholder of the laws). 이로부터 우리는 세속 권세자의 일과 직임은 하나님의 계명들과 그 땅의 합리적인 법들에 따라서 외적인 질서(external discipline), 공의(*Gericht*, justice), 그리고 평화를 유지하기 위해 물리적 형벌을 사용하는 것이라고 쉽게 이해할 수 있다.

직임(the office)에 대해서 이것은 일반적으로 이해된다. 우리가 권세자, 군주들, 또는 영주들에 대해서 생각할 때, 우리는 종종 한 손에는 십계명의 돌판을, 또 한 손에는 칼을 쥐고 있는 사람을 마음에 그려보곤 한다. 그가 (통치자가) 외적인 질서를 사용해서 보호하고 유지하는 일은 무엇보다도 십계명이다. 사실 그것은 하나님께서 제정하신 인도(the guidance)라고 할 수 있다. 그로부터 모든 교리와 잘 씌어진 정의가 나오며, 모든 법이 이에 의해 규제되어야만 하는 원천으로서 말이다.

헌법이나 정의의 유지, 재산의 분배, 형벌의 방법 등과 같은 다른 통치의 측면에 대한 법학과 철학의 특별한 책들이 씌어졌다. 그러므로 통치자들은 이런 책을 연구할 수 있고, 또 그렇게 해야만 하므로 이에 대해서는 더 말하지 않도록 하겠다.

그러나 근자에 논의되고 있는 문제와 연관해서 두 가지 문제를 고찰해 보려고 한다. 첫째는, 세속 권세는 하나님의 말씀을 통해 하나님의 교회에 주어진 것과 같이 외적인 우상숭배, 신성모독, 거짓된 '하나님 섬김'을 금하고, 폐지하며, 그리하는 자들을 형벌하며, 참된 교리와 참된 '하나님 섬김'을 수립해야 할 의무가 있는가?[14]

이에 대한 다음의 근본적인 대답은 잘 주목해야만 한다. 세속 정부는, 마치 소들이 먹을 음식만을 생각하면서 소떼를 초장으로 몰아가는 목동과 같이 사람들의 배만을 만족시켜 주는 일만을 하는 것은 아니다. 세속 정부는 무엇보다도 도덕성과 평화를 유지하기 위해 계명들을 강요하는 일을 해야만 하는 것이다. 그러므로 정부는 모든 진지함과 열정과 결단성을 가지고서 간음, 근친상간, 그리고 본성에 반하는 불결함을 처벌해야 할 의무를 가진다. 비록 이런 잘못된 일들이 (사회의) 평화와 (직접적인) 관련이 없을지라도 말이다. 세속 권세는 **모든** 계명에 따라서 외적인 질서를 유지해야할 의무가 있는 것이다. 이렇게 보면, 외적인 우상숭배, 신성모독, 거짓된 맹세들, 잘못된 교리들과 이단들은 첫 돌판에 반하는 것이다. 그렇기에 세속 권세는 이런 부패한 일들, 우상숭배 그리고 신성모독들을 금하고 폐지하고, 그것을 행하는 자들을 벌해야 할 의무를 가진다. 이는 디모데전서 1:9의 다음 구절에서 분명히 드러난다: "법은 … 불법한 자와 복종치 아

---

14) 이 질문에 대한 이하에 나오는 멜란히톤의 대답이나 칼빈의 입장, 웨스트민스터 신앙고백서 등의 입장은 모두 정상적인 경우에서의 세속 정부의 정상적 기능을 말하는 것이다. 즉, 그것이 "이상"이라 할 수 있다. 그러나 우리 나라와 같은 다원주의적 사회(pluralistic society)에서는 정부에게 이런 일을 해 줄 것을 요구할 수 없다. 왜냐하면 모두가 기독교 사회적 이상 아래 있지 않기 때문이다. 따라서 여기서 제시되는 이상을 염두에 두면서, 우리와 같은 다원주의적 사회에서 정부가 감당해야 할 일을 생각하는 것은 반드시 있어야 할 일이다(역주).

니하는 자와 ··· 자들을 위한 것이다. 여기서 사도는 우리가 에피쿠로스적인 논의와 모든 신성모독을 금하고 처벌해야 한다고 말하는 것이다. 시편 2:10: "그런즉, 군왕들아 너희는 지혜를 얻으며, 세상의 관원들아 교훈을 받을지어다." 시편 24:7 "(군주들아) 너희 문을 들어지다. 세상의 문들아 들릴지어다. 영광의 왕이 들어 가시리로다." 즉, "너희 군주들아 주 그리스도에게 너희 왕국을 개방할지어다. 그리하여 그의 복음이 거기서 선포되게 하며, 하나님이 알려지게 하며, 백성이 영생을 얻도록 할지어다"고 말하는 것이다. 마 10:33: "누구든지 사람 앞에서 나를 부인하면 나도 하늘에 계신 내 아버지 앞에서 저를 부인하리라." 마 17:5: "이는 내 사랑하는 아들이요, 내 기뻐하는 자니, 너희는 저의 말을 들으라."

이와 비슷한 구절들은 세속 권세자 자신이 거룩한 복음을 받아들이고, 믿고, 신앙을 고백하며, 다른 이들도 참된 '하나님 섬김'에로 이끌어야 할 의무를 가지고 있음을 분명히 보여준다. 그러므로, 그는 외적 우상숭배와 거짓된 교리를 금하고, 완고한 자들을 벌해야 한다. 세속 권세자가 하나님의 영광을 추구해야 하느냐, 아니면 그들 자신의 일반적 행복을 추구해야 하느냐에 대한 의문과 회의가 우리에게 있다면 그것은 참으로 한탄할 만한 일이다! 권세자의 직임은 무엇보다도 하나님을 섬기는 것이며, 모든 것을 하나님의 영광을 위해 규제하고 통제하는 것이다.

그러므로 비록 몇몇 안되는 왕들과 군주들이 하나님을 생각하지만, 하나님께서는 복음의 진전을 위해 크고, 작은 대리자들을 항상 주신다. 하나님께서 이 질서를 수립하셨기 때문에, 하나님께서는 이 질서가 영원한 정죄에로 완전히 떨어지는 것을 허용하지 않으실 것이기 때문이다. 그는 그를 인정하고 복음을 진전시키는 사람들을 부르시고, 일으키실 것이다.

성령께서는 이사야 49:23에서 참된 교회에 대해서 말하면서 모든 왕들과 군주들과 통치자들에게 복음을 증진시키라고 명령하셨다. "열왕은 네 양부가 되며, 왕비들은 네 유모가 될 것이며." 즉, 왕들과 주권자들이 설교자들에게 영양을 공급해 줄 것이며, 교회의 지체들에게 화를 내지 않을 것이라는 것이다.

그러나 처음부터 참된 교회를 돕는 이런 통치자들은 아주 적었다. 그럼에도 불구하고 하나님께서는 그 예와 그 보상을 열심히 생각해야 하는 몇몇 사람들을 부르시고 세우셨다. 다윗, 여호사밧, 히스기야, 요시야, 그리고 유다 마카베오 등은 이스라엘의 칭찬할 만한 군주들이다. 또한 이교 왕국들에서는 느브갓네살과 그의 아들 에빌메로닥, 그리고 후에 메대의 다리오, 고레스, 롱기마누스(Logimmanus),[15] 콘스탄티누스, 테오도시우스[16] 샤를마뉴, 경건한 루드비히와 투링기아의 루드비히[17] 등이 그런 예에 속한다. 그럼에도 불구하고, 어떤 때는 다른 때보다 더 순수한 교리를 가지는 시기가 있다. 느브갓네살과 메대의 다리오가 신성모독을 금지하고 이스라엘의 하나님의 이름을 불러 아뢰는 사람들에 대한 핍박을 금하도록 공적으로 선포하였음을 주목하라.

이런 예들은 우리 시대에도 우상숭배를 폐지하고 거짓된 교리를 폐하며, 복음의 순수한 교리와 참된 '하나님 예배'를 수립한 세속 군주들과 통치자들은 **옳게 行하였음**을 보여준다. 내가 앞서 인용했던 구절에 의하면, 모든 통치자들이 마땅히 그리했어야만 하는 것이다: "너희 군주들아 너의 문을 들지어다"(*Aperite portas, principes, vestras*).

또한 통치자들은 재세례파의 오류들과 같은 잘못된 교리를 금해야만 하며, 완고한 자들을 처벌해야만 한다는 의무도 지닌다. 왜냐하면 통치자들 자신들도 교회의 지체들로서 기독교 교리에 대한 지식을 가지고, 거짓된 교리에 대한 판단을 내려야만 하는 의무를 지니고 있기 때문이다. 이렇게

---

15) 롱기마누스(Longimanus), 더 일반적으로는 아르타크세르크세스(아닥사스다) 1세(Artaxerxes I, 465-425 B.C)이고 알려진 그는 에스라와 느헤미야에서 자주 언급되고 있다.

16) Theodosius I(379-395)는 기독교를 제국의 공식적 종교로 만든 로마의 황제였다.

17) 투링기아의 백작 경건한 루드비히(Ludwig the Pious, Landgrave of Thuringia 1172-1190)는 제3차 십자군 원정에서 Acre에서 자신을 드러내었다. 또 다른 투링기아의 백작 Ludwig IV(1217-1227)은 중세 문학에서 유명한 인물이 되었는 바, 그는 헝가리 왕의 딸인 St. Elizabeth와 혼인하였고, Frederick II세의 십자군 원정 중에 전사했다(영역자 주).

하기 위해서 그들은 하나님을 경외하며, 합리적이고, 잘 훈련된 그리스도인에게 가까이 하여 교리에 대해 판단을 내려야만 한다. 왜냐하면, 그리스도께서는 "두세 명이 내 이름으로 모인 곳에는 내가 그들 중에 있으리라"고 하시기 때문이다. 이 말씀은 신적인 진리를 유지하고 추구하기 위해 함께 모이는 하나님을 경외하는 이들에 대하여 말하는 것이지, 교황과 그 부속자들이나 공의회가 주장하듯이 교회라는 명칭과 이름하에서 자신들의 독재와 평안과 위엄과 감각적 쾌락을 추구하고 진리를 억압하는 이들에 대해서 말하는 것이 아니다.

따라서 하나님을 경외하는 주권자들은 반드시 교회의 유익을 위해서 필요한 직원들과 목사들과 학교와, 예배당과 법정과 병원들을 제공해 주어야만 한다. 그리고 이런 재화들이 우상숭배적이고, 게으르며, 부덕한 수도사들과 사제들에 의해 파괴되도록 허용하는 것도 옳지 않다.

또한 세속 주권자들이 이런 재산들을 취하는 것도 옳지 않다. 그들은 목사들과 학교와 법정에 적절한 도움을 주어야 하는 것이다. 주권자들은 마태복음 25:42에 있는 그리스도의 말씀을 조심스럽게 주목해야만 한다. "내가 주릴 때에 너희가 먹을 것을 주지 아니하였고, 목마를 때에 마시게 하지 아니하였고 … ."

그러나 제대로 일하여 참된 교리를 유지하고 증진시키는 일을 도운 모든 이들에게 하나님의 아들은 풍성한 보상을 약속하셨다. 마태복음 10:42: "누구든지 제자의 이름으로 이 소자 중 하나에게 냉수 한 그릇이라도 주는 자는 내가 진실로 너희에게 이르노니, 그 사람이 결단코 상을 잃지 아니하리라." 다윗과 여호사밧은 좋은 예이다. 주께서도 "나를 높이는 자를 나도 높이고 영광으로 입히리라"고 하신다(요한복음 5장 참조). 첫 질문에 대해서는 이제 충분히 말한 듯하다.

둘째 질문은 다음과 같은 것이다: "신민들도 소유물을 가지는가, 아니면 모든 재화가 군주들에게 속하는가? 통치자들은 그 신민들로부터 그들이 원하는 대로 많은 재화를 취할 수 있는가?"

세례 요한은 누가복음 3:14에서 이 질문에 대답하였다고 할 수 있다:

"사람에게 강포하지 말며, 무고하지 말고, 받는 요를 족한 줄로 알라"

물론 우리가 신실하게 내야 할 작정된 세금이 주권자들에게 주어져야 한다. 그러나 권세자의 재화와 신민들의 재화는 구별되고 나뉘어져야만 한다. 즉, 신민들도 하나님의 계명과 그 땅의 자연법들에 따라서 재산을 가질 수 있는 것이다. 하나님의 계명은 "도적질하지 말라"고 하신다. 이 말은 상속이나 존중할 만한 일, 매매, 또는 다른 바른 방법으로 취득한 소유를 인정해 주는 말인 것이다.

재산과 소유에 대해서 요약하자면, 신민들이 가진 것은 재판이나 형벌이 그러하듯이 세속 정부와 정치 사회에서 있어야 하는 하나님의 질서의 한 부분이라고 할 수 있다. 따라서, 군주들은 이 질서를 파괴해서는 안 된다. 그들은 자신들도 "도적질하지 말라"는 계명 아래 있음을 알아야만 한다. 즉, 그들은 불법적으로 그 신민들로부터 재화를 취하거나, 그들에게 너무 심한 부담을 주어서는 안 되는 것이다.

이것의 무시무시한 예가 왕상 21장에 묘사되어 있으니, 아합이 포도원을 사려고 했던 나봇의 이야기가 그것이다. 나봇이 그의 기업을 지키고 팔기를 원하지 않자, 이세벨이 그를 죽게 하였다. 이렇게 하여 아합이 그 포도원을 탈취한 것이다. 하나님께서는 먼저 엘리야를 통해서 그리고 그 죄 때문에 뒤에 따라나온 재앙을 통해서 이 폭군을 처벌하셔서 우리로 하여금 하나님께서 이런 강도짓에 대하여 분노하심을 알 수 있도록 하신 것이다. 후에 하나님께서는 이 강도 아합과 살인자 이세벨을 죽게 하셨다.

이 예를 염두에 두어야 한다. 왜냐하면 이런 행동과 형벌이 자주 일어나기 때문이다. 비록 이 세상이 하나님은 주무시고 계시며, 이런 일에 주의도 기울이지 않고, 알지도 못한다고 생각하고 있다고 해도 말이다. 몇몇 하나님을 경외하는 통치자들이 있으므로, 이 교리는 강조되어져서 그들이 그 신민들의 재화를 무리하게 탈취하지 않도록 해야함을 기억하도록 해야 한다. 그 나라가 이를 필요로 하는 공공적 필요성이 있기 전에는 그런 일을 할 수 없다는 것을 말이다.

그러나 사무엘상 8:11을 인용하고자 하는 이들도 있을 것이다: "너희를 다스릴 왕의 제도가 이러하니라. 그가 너희 아들들을 취하여 그 병거와 말을 어거케 하리니 … 또 너희 아들들 … 자기 밭을 갈게 하고 … ." 그렇지만 이 구절은 그 땅을 보호하는 공동의 일을 위해 필요한 것 이상의 것을 하도록 주권자에게 힘을 부여해주는 말씀이 아니다. 예를 들어서, 이슬람교도들이나 불의한 전쟁을 일으킨 원수들이 우리 나라를 침입하여 방어와 구조가 필요하게 되면, 우리는 우리의 재산뿐만 아니라 우리 생명까지라도 희생해야 할 의무를 가지는 것이다. 요한일서는 그리스도께서 우리를 위하여 그의 생명을 주셨으므로 우리도 마땅히 같은 영원하신 하나님과 우리 구주 예수 그리스도의 아버지의 이름을 부르고, 구주 그리스도에 대한 신앙을 고백하는 우리 형제들을 보호하기 위한 우리의 생명을 무릅써야만 한다고 분명히 진술하고 있다.

다섯번째 규칙: 권세가 무엇이고, 직무가 어떤 것이어야 하며, 신민들은 복종해야만 한다는 것을 말하였으므로, 우리는 이제 이 복종과 순종이 전인과 관련된 것인지, 그의 능력에 따른 각자와 관련된 것인지를 주목해 보아야 한다. 영혼은 권세자에게 존경을 나타내 보여야만 한다. 그리고 몸은 군인이 된다든지 하는 것과 같은 합리적인 일을 해야만 한다. 또한 재산으로는 세금과 같은 부담을 감당해야 하는 것이다.

그리고 여기서 우리는 존경과 존중이 우리의 머리가 주권자의 권력에 복속한다는 것을 시사하기 위한 인사와 같은 외적인 표로만 구성되는 것이 아니라, 마음으로부터의 참된 존중도 있어야만 한다는 것을 상기해야 한다. 그런데 마음으로부터의 존중에는 다음과 같은 세 가지 일이 포함된다.

최고의 영예와 존중은 정부라는 질서가 하나님의 일과 은사로서 이를 통해서 하나님께서는 평화와 부녀자와 아이들을 보호하기 위한 법과 같은 수많은 좋은 것들을 내려주시며, 우리의 상행위를 보호하신다고 알고 참으로 믿는 것이다. 이런 정부 제도의 질서는 교회의 은신처(보호자)라고 할 수 있다 … 이런 지식과 믿음은 우리로 사랑하게 하고 정부의 권세자들을 순종하게 한다. 다스리는 사람만이 아니라, 이 질서를 만들어 주신 하나님을 말이다.

그 다음의 두번째 존중은 하나님께서 은혜로 주신 것에 대해서 하나님께 감사를 드리고, 하나님께서 악마의 소동에 반해서 정부와 통치자들을 보존하고 보호해 주시기를 간구하는 것이다. 주권자들도 하나님으로부터 오는 도움이 필요하다는 것은 아주 분명한 일이다. 인간의 능력만으로는 통치할 수 없기 때문이다. 칼리굴라(Caligula)와 네로(Nero)의 경우처럼 마귀가 인간의 마음을 주관하게 되면, 참으로 큰 불행이 따라오는 것이다.

이런 두 가지 일은 신민들만이 해야 할 일이 아니고, 주권자들과 통치자들도 그런 존중을 나타내야만 한다. 왜냐하면 그들도 수립된 질서와 그 자신들의 인격 사이에 차이가 있음을 이해해야 하기 때문이다. 그러므로 그 사람, 또는 그 질서를 섬기는 종 자신이 하나님의 일임을 인정하고 사랑하며, 다른 이들에게 복속해야 하는 것이다. 그 자신이 무질서를 일으켜서는 안 되고, 기도로 하나님께 도움을 청해야 하는 것이다.

그러나 불행히도 이렇게 주어진 질서를 존중하며 영예를 표하는 주권자들을 별로 없다. 오히려 많은 이들이 악한 행위들과 부도덕과 독재로 이 질서 자체를 명예롭지 못하게 한다. 그들은 자신들은 주권자이므로 형벌을 받지 않으리라고 생각하고, 자신들은 원하는 대로 행할 권리를 가지고 있다고 생각하는 것이다. 그러나 하나님께서는 그의 말씀 가운데서 그들에 대해서 충분히 많은 경고를 하셨다. 그리고 그들의 문 앞에 주권자들의 악을 그가 어떻게 처벌하시는지에 대한 예들을 제공하신다. 이사야 10:1f.에는 이런 말씀이 있다: "불의한 법령을 발표하며, 불의한 말을 기록하며, 빈핍한 자를 불공평하게 판결하여 내 백성의 권리를 탈취하는 자에게 … 화 있을진저 … ." 고린도전서 6:9f.에서도 비슷한 경고가 있다. "미혹을 받지 말라. 사통하는 자나 우상숭배하는 자나 간음하는 자나 … 도적질하는 자나 후욕하는 자나 토색하는 자들은 하나님의 나라를 유업으로 받지 못하리라." 그러므로 그가 주권자이든지 신민이든지 누구이든지를 막론하고 하나님을 경외하는 자는 정부 제도가 하나님의 선물임을 배워야만 하고, 정부 제도를 그런 것으로 존중하고 사랑해야만 하는 것이다.

존중과 영예돌림에 속하는 세번째 일은 합리적인 통치자들이 때때로 실수하고 결함을 나타내도 그것을 참고 인내하는 일이다. 크고 작은 통치자 모두에게 마귀와 인간적 약점은 연합하여 방해를 일으킨다. 그래서 많은 것들을 무시하게 하고, 잘못 행하도록 하는 것이다. 그러므로 지혜로운 이는 인간의 통치가 모든 것을 이룬다고 생각해서는 안 된다. 왜냐하면 선한 정부는 하나님 자신의 일이기 때문이다(God's own work).

솔로몬이 말하듯이 "눈이 보는 것과 귀가 듣는 것은 하나님의 지으신 것이다"(*Ut oculus videat, et auris audiat, Deus facit utrumque*, 잠언 20:12 참조). 즉, 통치자가 선한 경륜을 보고 발견하여 그것을 따르며, 그것에 반하거나 막지 않을 때 거기서 하나님께서 역사하신다는 것이다. 예를 들어서, 아우구스투스(Augustus)는 현명한 통치자였는데, 그렇게 연약한 사람이 그의 권위를 유지하고 다른 이들도 순종하게 한 것은 하나님의 사역이 아닐 수 없다. 물론 아우구스투스도 때때로 잘못된 일을 행했다. 즉, 그는 모든 것을 다 들은 것도 아니고, 싸우는 일을 그칠 수 없던 이였다. 그러므로 어떤 때는 다른 때보다 좀더 부드럽지만, 그렇기 때문에 신민된 우리들은 인내를 가져야 하고, 압살롬이 그의 아버지에 대항하여 그리하였듯이 합리적인 통치자에 대항해서 반역을 일으켜서는 안 된다. 비록 어떤 것이 옳지 않게 행해진다고 해도 말이다. 왜냐하면 우리는 우리 부모들의 결점들을 참아내야 하는 것과 같이 합리적인 통치자들의 결점도 참아야 하기 때문이다.

이것은 노아의 아들들의 이야기에서 예증될 수 있다. 함은 자신의 아버지를 비웃었으므로 저주를 받았던 것이고, 다른 두 아들 셈과 야벳은 그 아버지를 가리웠으므로 축복받았던 것이다(창 9:20-27 참조).

우리는 때때로 다른 이들의 결점을 용서해 주고, 연약함을 참아 주라는 명령을 받는다. 그런데 이것은 특히 정부에 필수적으로 적용되어야 한다. 그래서 과거에 그런 일이 일어났던 것처럼 정당한 이유 없이 반역이나 전쟁이 일어나지 않도록 해야 한다. 다음과 같은 말에서 사도 베드로는 특별히 이것에 대해서 말하는 것이다: "다스리는 이들이 항상 친절하게 행하지는 않을지라도 우리는 다스리는 이들에게 순종해야 한다"(벧전 2:13-14, 20 참조).

그리고 사도 바울은 이렇게 말한다: "사랑은 사람들을 하나로 묶는 끈이니라"(엡 5:28-33; 살전 4:9-10 참조). 이는 다른 이들의 관습이나 결점을 참아내는 덕(*Epiikia*)을 통해서만 실현 가능한 것이다. 특히 고레스가 믿을 수 없는 키악사레스(Cyaxares)를 참아낸 것이나 파비우스(Fabius)가 미누키우스(Minucius)의 함께함을 참아낸 것처럼 가까이 있을 때에는 더욱 그러하다. 이해하는 이들이 발견할 수 있듯이, 이때 인내한다는 것은 아주 어렵지만 말이다.[18]

물론 나는 여기서 폭군에 대해서 말하는 것이 아니라, 합리적인 통치자들에 대해서 말하는 것이다. 우리는 합리적인 통치자들, 즉 옳은 일에 헌신하고 일반적으로 그리하는 이들이 때때로 잘못하기도 하고, 어떤 일을 잊는다고 해도 우리는 이런 합리적인 통치자들을 용서해 주어야만 한다. 다윗, 여호사밧, 그리고 요시야와 같은 이들을 말이다. 잘못하는 일이 전혀 없거나 실수하지 않는 통치자는 하나도 없다. 그러므로 합리적인 통치자들의 실수에 대해서는 인내해야 하는 것이다. 반면에 전적으로 잘못된 일에

---

18) 멜란히톤은 아마도 585-549 B.C.의 메대의 왕이었던 키악사레스 Ⅱ세(Cyaxares Ⅱ)를 지칭하는 것인 것 같다. 그는 키악사레스 Ⅰ세의 손자요, 아스티아게스(Astyages)의 아들이요 계승자였다. 크세노폰(Xenophon)에 의하면, 그는 고레스의 조카요, 사위이기도 했다고 한다. 고레스는 이 신실하지 못한 친척을 정치적인 적수로 다루어야만 했고, 결국에는 그를 폐위시키고 메대와 페르시아를 통합시키는 것이 필요하다고 생각하게 되었다.

미누키우스(Minucius)는 아마도 주전 3세기 초반에 살던 Marcus Minucius Refus를 지칭하는 듯하다. 그는 로마는 민회(the Comitia)에 의해서 지연자 파비우스(Fabius Cunctator)에게 대한 기병대장(*Magister equitum*)으로 임명되었다. 미누키우스가 파비우스의 명령에 반해서 게르니움(Gerunium)에서 성공적으로 한니발을 격퇴했을 때, 파비우스는 한니발을 지치게 만드는 전략을 취하고 있었다. 미누키우스의 용맹에 대해서 백성들은 그를 파비우스와 함께 통치하는 이로 만들었다. 이는 결국 그 직임을 손상시키는 결과를 가져왔다(영역자 주).

자신을 헌신하고, 대개는 부도덕과 살인을 자행하는 네로와 같은 폭군들이 있다. 이런 피를 찾는 피묻은 자들에게는 존경과 용서가 있어서는 안 된다. 따라서 우리가 미친 개를 다루듯이, 다른 통치자들이 질서 있는 방식으로 이들을 억제해야 하는 것이다.

여기서 몇 가지 필수적인 구별을 할 필요가 있다. 우리는 각 나라의 주도적인 목적을 추구해야 한다. 예를 들어서, 어떤 나라는 무엇보다도 하나님의 영광과 말씀과 지식을 유지하는데 주력하는 것이다. 하나님께서는 유대 왕국을 이런 목적을 위해서 사용하셨고, 그 가운데서 기사를 행하셨다. 또 어떤 나라는 비록 하나님을 잊어버렸지만, 그 나라는 하나님의 말씀을 핍박하기 위해서가 아니라, 평화를 유지하기 위해서 수립된 것이다. 어떤 왕들은 이렇게 섬겨서 존경할 만한 법을 시행하고 좋은 재판을 유지했던 것이다. 로마의 역사가 잘 보여 주듯이 말이다.

이런 나라들은 기도 중에서 존중되고 늘 기억되어야 한다. 우리는 다윗 왕국만을 위해서 기도하는 것이 아니라, 아우구스투스의 왕국(즉, 로마)을 위해서도 기도해야만 한다. 예레미야는 바벨론을 위해 기도하라고 백성들에게 경고하였으니, 이는 그런 나라들이 하나님의 사역과 선물이요, 그 나라들을 통해서 하나님께서 사람들에게 유익을 내려주시기 때문이다.

반면에, 하나님의 말씀을 핍박하고, 우리 구주 그리스도의 이름을 폐하기 위해 수립된 나라들도 있다. 마호메트의 왕국은 바로 이 목적을 위해 시작되었다. 다른 나라들처럼 평화와 정의를 유지하기 위해서가 아니라, 신성모독과 부도덕과 살인을 위해 세워진 것이다. 왜냐하면, 그 위에 사라센 제국과 터키 왕국이 세워진 마호메트적인 법은 평화가 유지되는 것을 명령하는 것이 아니라, 평화가 사라지고 살인이 일어나도록 명하고 있기 때문이다. 물론, 그들이 사람들에게 대해 특히 적대적인 것은 아니다. 그러나 그들은 ① 선지자들과 사도들에 의해서 주어진 하나님의 성경과 ② 우리 주 예수 그리스도의 이름에 대해서 적대적인 것이다. 그들은 이 두 가지를 폐하기로 맹세하였다. 그래서 마호메트 왕국은 신성모독과 살인 위에 근거한 잔혹하고, 무자비한 독재국이다. 또 다른 결점도 가지고 있으니, 그 왕국은 참된 혼인을 유지하지 않고, 무시무시한 부도덕을 허용하기 때문이다. 이런 나라는 위에서 우리가 언급한 왕들과는 정반대되는 나라이기 때문에, 하나님께서는 다니엘과 에스겔 선지자들의 글에서 우리에게 경고하셔서, 하나님이 이를 폐하실 것이며, 그 나라가 교회를 완전히 삼켜버릴 수 없으며, 그 나라는 벌을 받으리라는 것을 우리가 알 수 있도록 하셨다. 이런 경고가 주어진 것은 우리가 절망하여서 복음에서 떠나지 않도록 하기 위한 것이다. 왜냐하면 터키의 세력과 지배는 크고, 인간의 마음은 잘되는 것과 잘되지 않는 것에 의해 크게 움직여지기 때문이다. 다니엘은 분명히 말하기를 네번째 왕국(로마 제국)이 멸망한 후에, 신성을 모독하고, 성도들에 대항해서 승리하나, 결국에는 벌을 받을 강한 나라가 올 것이라고 한다 (마호메트의 왕국).[19]

하나님께서 마호메트의 왕국을 친히 정죄하시고 그것을 신성모독과 살인의 왕국이라고 부르고 계시므로, 우리는 이에 대해서 달리 생각해서는 안 된다. 신성모독과 살인은 마귀에 의해서 일으켜진 무질서이므로, 우리는 하나님께 진지하게 간구하기를 하나님께서 속히 이를 종국에 이르게 해주시도록 간구해야 한다. 하나님의 말씀은 선지자 다니엘을 통해서, 신성모독에 근거한 이 나라를 존중하지 말고, 다른 나라를 위해 기도하듯이 이런 나라를 위해 기도하지 말고, 오히려 마호메트 왕국 전체에 대항하여 기도하라고 가르치신다.[20]

우리 시대에는 우리가 이 가르침을 주목해 보아야만 한다. 왜냐하면 터키 왕국은 진실로 사소한 심판이나 단순한 정권이나 왕국의 변화와 같이 생각해서는 안 되기 때문이다. 즉, 이 나라가 나타난 것은 갈대아에서 페르시아로, 페르시아에서 희랍으로, 희랍에서 로마로 정권이 바뀐 것과는 전

---

19) 이는 이 시대의 독특한 상황에서 나온 독특한 해석으로 이해해야 할 것이다(역자 주).

20) 멜란히톤은 다니엘서에 나오는 세상 왕국들 거부에 대한 일반적인 언급을 하는 것이다(3:13-18; 5:17-30; 7:17-18, 25-28; 8:10-12 참조].

혀 성격이 다른 것이다. 비록 이런 정권의 변화가 큰 전쟁과 폐해를 가져 오기는 했지만, 각각의 나라에는 그 땅을 위로한 몇몇 칭찬할 만한 통치자 들이 있기 때문이다.

그러나 터키는 전체적으로 다른 관습을 가지고 있다. "터키"라는 이름이 "파괴자"(destroyer)라는 뜻이듯이, 그들은 참으로 파괴자인 것이다. 곡과 마곡은 일정한 거주지가 아니라 텐트(장막)에 거하는 자들을 의미하는데, 터키인들이 그리한다. 소아시아 전역에서 그리하였듯이, 그들이 한 도시를 점령하면, 그들은 그 거주자들을 다른 땅으로 옮기고, 그들의 낯선 야만성 을 도입시키는 것이다. 그리하여 무질서와 황폐가 난무하게 되고, 부인들 과 어머니들, 아버지와 아이들이 서로 헤어지게 되는 것이다.

비록 이 모든 것은 보고 듣기에도 심히 두려우나, 다니엘의 말은 더 두 려우니, 그 말은 오랫동안의 분노를 시사하고 있기 때문이다. 그럼에도 불 구하고, 다니엘은 끝도 말하고 있다. 그러나 그 전에 큰 해가 있으리라고 하는 것이다. 그러나 후에 부활 바로 전에 큰 왕이신 하나님의 아들이 와 서 하나님의 백성을 위해 싸우실 것이라고 다니엘은 말한다.

우리는 이 모든 말씀들을 다 끌어내어서 신실하게 고찰해야 한다. 우리 의 삶의 증진을 위해, 우리의 신앙의 강화를 위해, 그리고 터키의 야만성에 의해서 우리 나라와 교회들이 파괴되는 것으로부터 하나님께서 우리를 보 존하시고, 보호해 주시기를 기도하자고 권고하기 위해서 말이다.

모든 합리적인 사람들은 이 조항이 여기서 다 다루기 어려운 너무 많은 것들을 포괄한다는 것을 알 수 있을 것이다. 그러나 그 대부분의 문제에 대해서 다음과 같은 일반적 규칙이 적용될 수 있다. 그러므로 다음의 규칙 이 기억되어야만 한다. 그리스도의 왕국은 사람의 마음에 영원한 유익과 은혜와 하나님의 사역을 가져다주며, 그의 나라는 외적 정부와 법정과 사 고 파는 일에서 합리적이고 적절한 법을 변경시키지 않으며, 오히려 밤낮 으로 이런 질서를 우리가 사용할 수 있도록 하는 것이다.

하나님을 경외하는 사람들은 하나님께서 우리가 이 질서로부터 빛을 비 침받고 또 빛내도록 참된 신앙과 사랑을 가지기 원하신다는 것을 알아야만 한다. 그렇기에 하나님께서는 인류를 다양한 관계로 엮어 놓으셨고, 우리로 하여금 합리적이고 적절한 법에 따라서 이런 일들에서 평등을 유지하기를 원하신다. 그래서 그는 속임과 고리대금과 다른 부적절한 일들을 금하시는 것이다.

이러한 것들이 일반적으로 우리가 알아야만 하는 규칙들이다. 이런 규칙을 가지고 있으면, 하나님을 경외하는 이들이 이런 문제에 대해서 어떤 결정을 하는 것이 그리 어렵지 않을 것이다. 그들이 순종하는 가운데서 영원하신 하나님께 종속되어 있으려 하고, 하나님께서 우리를 엮어 놓으신 목적인 이웃과의 관계에서 평등을 추구한다면 말이다.

역자 후기

이 책은 루터의 후계자로 독일의 종교개혁을 완수하는 일에 큰 역할을 담당한 루터파 신학자 Philip Melanchthon의 『신학총론』(*Loci Communes*) 결정판인 1555년판을 시카고 신학교 교회사 교수였던 Clyde L. Manschreck이 영역한 것에 근거하여 우리 말로 전부 옮긴 것이다. 그러므로 이 번역의 대본은 *Melanchthon on Christian Doctrine : Loci Communes 1555*, translated and edited by Clyde L. Manschreck (Oxford : Oxford University Press, 1965 ; Paperback edition, Grand Rapids : Baker Book, House, 1982)을 사용하였다.

흔히 개신교 최초의 조직신학 책으로 불리는 1521년 초판의 *Loci Communes*가 여러 번의 수정을 통해 드디어 1555년판 *Loci*가 되었다. 마치 Calvin의 1536년 초판의 『기독교 강요』가 결국 1559년의 결정판 『강요』가 되었듯이 말이다. 이 책에 대한 우리의 관심은 역시 이것이 개신교 최초의 조직신학서라는 데에 있다. 여기서 우리는 Melanchthon의 *Loci*와 Calvin의 *Institutes*의 비교를 시도할 수도 있고, 그들이 그렇게 갖기를 원했던 (그러나 결국은 이룰 수 없었던) 개신교권 전체의 하나됨을 위한 길을 찾을 수도 있을 것이다. 결국 Calvin이, 그래도 그의 사상에 가까이 오려했던 Melanchthon과 똑같을 수는 없다 해도 비슷하게 한 무리의 사람들로서 나아갈 수 없었던 것은 곳곳에서 발견되는 Melanchthon의 철저하지 못한 개혁의 태도 때문이 아닐까? 그럼에도 불구하고 루터파 신학자 가운데서 그래도 칼빈과 가장 가까이 갈 수 있었던 이가 Melanchthon임은 앞으로 우리도 이런 노력에 근거해서 그들이 하려던 대화와 통합에의 시도를 계속할 수 있는 토대의 하나가 바로 이 책이 될 수 있으리라고 생각하게 한다. 단지 이제 우리의 작업은 좀더 철저한 성경 주해에 근거하려 하고, 상식적 이해와 전통적 적용을 벗어나려는 노력에 근거해야 할 것이다. 앞으로 이런 작업을 위해서 이 책이 유용하게 사용될 수 있었으면 한다(그것을 위해 때때로 역주를 달았는 바, 불필요하다고 느끼는 독자들은 이를 뛰어넘어가도 무방할 것이다).

역자가 대학 시절 개신교 최초의 조직신학서가 이 책이라는 것을 읽고 서, 읽기를 원하고 있다가 Baker출판사에서 Paperback을 낸 1982년 신학원 1학년 때에 이 책을 구하여 읽고 여러 생각을 하며 혹시 우리 말로 소개할 수 있을까 생각하던 것이 이미 10년 이상이 지났을 때, 크리스챤 다이제스트사에서 이 고전을 기독교 고전 시리즈의 하나로 번역하기로 하고 번역 요청을 하였을 때 선뜻 그 요청에 응했던 것은 바로 그런 매혹이 Melanchthon과 이 책에 있었기 때문이다. 이 책을 읽는 이들은 여기서 Heidelberg 요리문답과 이 책의 연관성을 쉽게 찾아볼 수 있을 것이다. 그래서 개혁파와 루터파의 대화가 현대 루터파 신학자나 목사님들보다 이 책을 통해 좀더 쉽게 이루어질 수 있지 않을까 하는 의도가 루터파의 이 결정적인 신학서를 한 사람의 개혁신학자가 우리 말로 옮기는 기쁨 속에 잠재해 있었다고 표현하는 것은 지나친 과장일까? 이 일이 가능할 수 있게 하신 하나님께와 늘 도움을 주시는 국제신학대학원 대학교의 이사장님과 동료 교수님들, 학우들, 그리고 크리스챤 다이제스트의 박명곤 사장께 감사를 드린다.

2000년 3월 20일
국제신학대학원 연구실에서
이 승 구

신학총론(최종판)

초판 발행 2000년   9월   10일
중쇄 발행 2010년 10월 15일

발행처 **크리스챤다이제스트**
발행인 박명곤
주소 경기도 고양시 일산동구 정발산동 1193-2
전화 031-911-9864, 070-7538-9864
팩스 031-911-9824
등록 제 98-75호
판권 ⓒ 크리스챤다이제스트 2000
총판 (주) 기독교출판유통
전화 031-906-9191~4
팩스 080-456-2580
· 값은 표지에 씌어 있습니다.